Bohner
Ott
Deusch

M
K
/

und Analytisc...

Bohner
Ott
Deusch

Mathematik für die Qualifikationsphase

Kerncurriculum Niedersachsen

Berufliches Gymnasium

Analysis, Stochastik, Lineare Algebra und Analytische Geometrie

Merkur
Verlag Rinteln

Wirtschaftswissenschaftliche Bücherei für Schule und Praxis
Begründet von Handelsschul-Direktor Dipl.-Hdl. Friedrich Hutkap †

Die Verfasser:

Kurt Bohner
Lehrauftrag Mathematik am BS Wangen
Studium der Mathematik und Physik an der Universität Konstanz

Roland Ott
Studium der Mathematik an der Universität Tübingen

Ronald Deusch
Lehrauftrag Mathematik am BSZ Bietigheim-Bissingen
Studium der Mathematik an der Universität Tübingen

Umschlag: Kreis oben: Syda Productions - www.colourbox.de

* * * * * * * *

1. Auflage 2019

Gesamtherstellung: MERKUR VERLAG RINTELN Hutkap GmbH & Co. KG, 31735 Rinteln
E-Mail: info@merkur-verlag.de; lehrer-service@merkur-verlag.de
Internet: www.merkur-verlag.de

ISBN 978-3-8120-**0696-5**

Vorwort

Vorbemerkungen

Der vorliegende Band „Mathematik für die Qualifikationsphase“ ist ein Arbeitsbuch für den Mathematikunterricht in allen beruflichen Gymnasien in Niedersachsen der Fachrichtungen Wirtschaft und Verwaltung, Gesundheit und Soziales und weiteren Bildungsgängen, die den Erwerb der allgemeinen Hochschulreife ermöglichen. Das Buch behandelt den gesamten Lehrstoff, die Analysis mit Differenzialrechnung und Integralrechnung, die Stochastik, die Lineare Algebra und die Analytische Geometrie.

Die Grundlage der Inhalte ist das Kerncurriculum von 2018. Das Autorenteam berücksichtigt sowohl die in den Rahmenrichtlinien geforderten inhalts- als auch die prozessbezogenen Kompetenzen (modellieren, argumentieren, kommunizieren, nutzen mathematischer Werkzeuge und Darstellungen, lösen innermathematischer Problemstellungen sowie das Umgehen mit formalen und symbolischen Elementen).

Von den Autoren wurde bewusst darauf geachtet, dass die in den Richtlinien aufgeführten Kompetenzen wie auch die Zielformulierungen inhaltlich vollständig und umfassend thematisiert werden. Dabei bleibt den Lehrkräften genügend didaktischer Freiraum, eigene Schwerpunkte zu setzen.

Begleitend werden ein Arbeitsheft (ISBN 978-3-8120-2696-9) und eine Formelsammlung (ISBN 978-3-8120-1695-0) angeboten. Das Arbeitsheft soll Schüler und Lehrer durch Aufgaben zur Wiederholung und Vertiefung unterstützen.

Hinweise und Anregungen, die zur Verbesserung beitragen, werden dankbar aufgegriffen.

Die Verfasser

Dieses Buch können Sie auch als digitale Version erhalten. Nähere Informationen finden Sie auf unserer Webseite, Suche: 6696

Der Aufbau dieses Buches

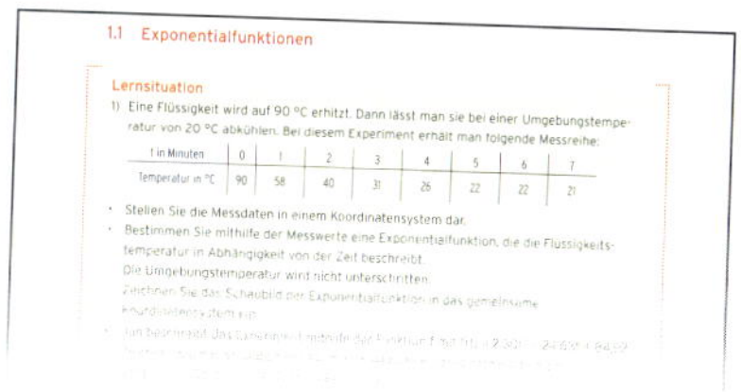

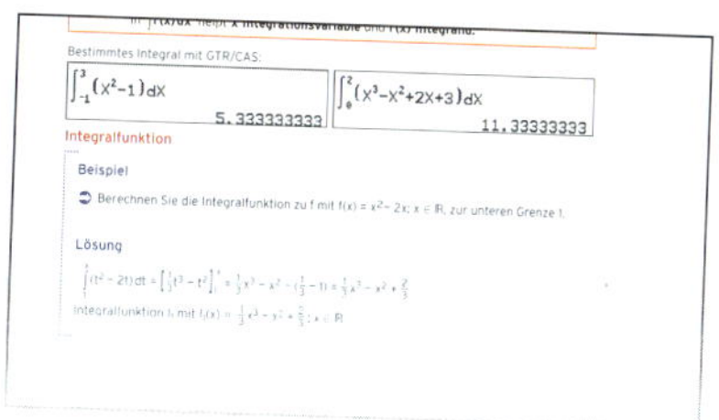

Jedes Hauptkapitel beginnt mit berufsbezogenen **Lernsituationen**, die die Schüler/innen eigenverantwortlich und selbstorganisiert bearbeiten. Der Stoff in den einzelnen Kapiteln wird schrittweise anhand von **Musterbeispielen mit ausführlichen Lösungen** erarbeitet. Dabei legen die Autoren großen Wert auf die Verknüpfung von Anschaulichkeit und sachgerechter mathematischer Darstellung. Die übersichtliche Präsentation und die methodische Aufarbeitung beeinflusst den Lernerfolg positiv und bietet dem Schüler die Möglichkeit, Unterrichtsinhalte selbstständig zu erschließen bzw. sich anzueignen.

Kompetenzorientierte Fragestellungen mit unterschiedlichem Schwierigkeitsgrad ermöglichen es dem Schüler, den Stoff zu festigen und zu vertiefen. Beispiele und Probleme aus dem Alltag und aus der Wirtschaft stellen einen praktischen Bezug her.

Jede Lerneinheit endet mit einer umfassenden Anzahl von Aufgaben. Diese sind zur Ergebnissicherung und Übung gedacht, aber auch als Hausaufgaben geeignet.

Eine **Differenzierung der Aufgaben** ist durch Farben gegeben;

blau: Lösung ohne Hilfsmittel
schwarz: keine Vorgabe zur Lösung.

Themen und Aufgaben für das erhöhte Anforderungsniveau (eA) sind farblich hinterlegt.

Für **Aufgaben mit dem Download-Logo** stehen ausführliche Lösungen zum Download bereit. Sie finden diese in der Mediathek zum Buch auf unserer Website http://www.merkur-verlag.de.

Definitionen, Festlegungen, Merksätze und mathematisch wichtige **Grundlagen** sind in Rot gekennzeichnet.

Prüfungsvorbeitung – Analysis, Stochastik, Lineare Algebra und Analytische Geometrie
Schüler/innen bereiten sich durch die Bearbeitung prüfungsähnlicher Aufgaben auf Kursarbeiten und auf die Abiturprüfung vor. Die mathematischen Anforderungen werden wiederholt und die Schüler/innen lernen die prüfungsspezifischen Formulierungen kennen.

Die Aufgaben **„Test zur Überprüfung Ihrer Grundkenntnisse"** werden im Anhang ausführlich gelöst.

Inhalt

I Analysis 11

II Stochastik 156

IV Analytische Geometrie 356

Anhang 389

I Analysis

1 Differenzialrechnung

1.1 Exponentialfunktionen

Lernsituation

1) Eine Flüssigkeit wird auf 90 °C erhitzt. Dann lässt man sie bei einer Umgebungstemperatur von 20 °C abkühlen. Bei diesem Experiment erhält man folgende Messreihe:

t in Minuten	0	1	2	3	4	5	6	7
Temperatur in °C	90	58	40	31	26	22	22	21

- Stellen Sie die Messdaten in einem Koordinatensystem dar.
- Bestimmen Sie mithilfe der Messwerte eine Exponentialfunktion, die die Flüssigkeitstemperatur in Abhängigkeit von der Zeit beschreibt.
  Die Umgebungstemperatur wird nicht unterschritten.
  Zeichnen Sie das Schaubild der Exponentialfunktion in das gemeinsame Koordinatensystem ein.
- Jan beschreibt das Experiment mithilfe der Funktion f mit $f(t) = 2{,}30t^2 - 24{,}68t + 84{,}92$.
  Zeichnen Sie das Schaubild von f in das gemeinsame Koordinatensystem ein.
  Vergleichen Sie die beiden Näherungskurven.

2) In eine Tasse wird 90 °C heißer Tee eingeschenkt. Der Tee kühlt auf die Zimmertemperatur von 20 °C ab. Die Funktion h mit $h(t) = 20 + 70\,e^{-0{,}2t}$ beschreibt diesen Abkühlvorgang. Dabei ist t die Zeit in Minuten und h(t) die Temperatur in °C.

- Berechnen Sie die Zeit, bis der Tee auf die Trinktemperatur (50 °C) abgekühlt ist.
- Berechnen Sie die momentane Abkühlgeschwindigkeit nach 1 Minute und nach 10 Minuten. Interpretieren Sie Ihre Ergebnisse.

Bearbeiten Sie diese Lernsituation. Erwerben Sie die rechts aufgeführten **Qualifikationen und Kompetenzen**.

Qualifikationen & Kompetenzen

- Wachstumsvorgänge modellieren
- Exponentialgleichungen lösen
- Ableitungen bestimmen
- Graphen untersuchen
- Realitätsbezogene Zusammenhänge mit Exponentialfunktionen beschreiben, darstellen und deuten

1.1.1 Die Euler'sche Zahl e

Beispiel

➲ Nehmen wir an, wir hätten 1€ bei einer (sehr großzügigen) Bank zu 100 % angelegt. Nach einem bestimmten Zeitabschnitt (z. B. nach einem Monat) wird der Zins dem Konto gutgeschrieben und ab dem nächsten Zeitabschnitt (ab dem nächsten Monat) mitverzinst. Berechnen Sie die Höhe des Kapitals am Ende des Jahres.

Lösung

Die Zinsgutschrift erfolgt	**Kapital am Ende des Jahres**
jährlich	$K_1 = 1 + \frac{100}{100} = 2$
vierteljährlich	$K_4 = \left(1 + \frac{1}{4}\cdot\frac{100}{100}\right)\left(1 + \frac{1}{4}\cdot\frac{100}{100}\right)\left(1 + \frac{1}{4}\cdot\frac{100}{100}\right)\left(1 + \frac{1}{4}\cdot\frac{100}{100}\right)$ 1. 2. 3. 4. Quartal
Kapital nach dem 4. Quartal:	$K_4 = \left(1 + \frac{1}{4}\right)^4 = 2{,}44$
monatlich	$K_{12} = \left(1 + \frac{1}{12}\cdot\frac{100}{100}\right)\left(1 + \frac{1}{12}\cdot\frac{100}{100}\right)\cdot\ldots\cdot\left(1 + \frac{1}{12}\cdot\frac{100}{100}\right)$ 1. 2. ... 12. Monat
Kapital nach dem 12. Monat:	$K_{12} = \left(1 + \frac{1}{12}\right)^{12} = 2{,}61$
täglich	$K_{360} = \left(1 + \frac{1}{360}\right)^{360} = 2{,}71$
in n gleichen Abschnitten eines Jahres:	$K_n = \left(1 + \frac{1}{n}\right)^n$

Schreibt man die Zinsen in immer kürzeren Abständen (d. h., n geht gegen unendlich) dem Kapital gut, so spricht man von einer **stetigen Verzinsung.**

Das Kapital von 1€ steigt am Ende des Jahres jedoch nicht ins Unendliche, sondern strebt gegen eine feste Zahl, wie man anhand der Tabelle erkennen kann.

n	1	10	100	1000	10 000
$(1+\frac{1}{n})^n$	2	2,5937...	2,7048...	2,7169...	2,7181...

Für $n \to \infty$ wächst das Kapital auf das 2,718...-Fache.

Die (irrationale) Zahl 2,718... heißt **Euler'sche Zahl e.**

> **Euler'sche Zahl e = 2,718 281 828 459 ...**

Das Kapital nimmt also bei einer Verzinsung von 100 % und unendlich häufigem Zinszuschlag in einem Jahr **(stetige Verzinsung)** den Wert $\mathbf{K^* = K \cdot e}$ an.

Am Ende des Jahres hätten wir ein Kapital von 2,72 €.

> **Beachten Sie**
>
> **Die Euler'sche Zahl e ist der Grenzwert von** $\left(1 + \frac{1}{n}\right)^n$ für $n \to \infty$.
>
> Schreibweise: $e = \lim\limits_{n \to \infty}\left(1 + \frac{1}{n}\right)^n$

1.1.2 Exponentialfunktionen zur Basis e

In den Naturwissenschaften, in der Technik und in den Wirtschaftswissenschaften sind die **Exponentialfunktionen** von überragender Bedeutung. Dabei spielt die **Basis e** eine besondere Rolle: $e = 2{,}718\,281\,828\ldots$

Beachten Sie

Die **Exponentialfunktion zur Basis e** ist die Funktion f mit $\mathbf{f(x) = e^x}$; $x \in \mathbb{R}$.

Viele mathematische Probleme können mit einer **Exponentialfunktion zur Basis e (e-Funktion) beschrieben werden.**

Untersuchung der Exponentialfunktion f mit $f(x) = e^x$ bzw. g mit $g(x) = e^{-x}$; $x \in \mathbb{R}$

Wertetabelle

x	f(x)	g(x)
-2	0.1353	7.389
-1	0.3678	2.7182
0	1	1
1	2.7182	0.3678

$e^0 = 1$
$-e^0 = -1$

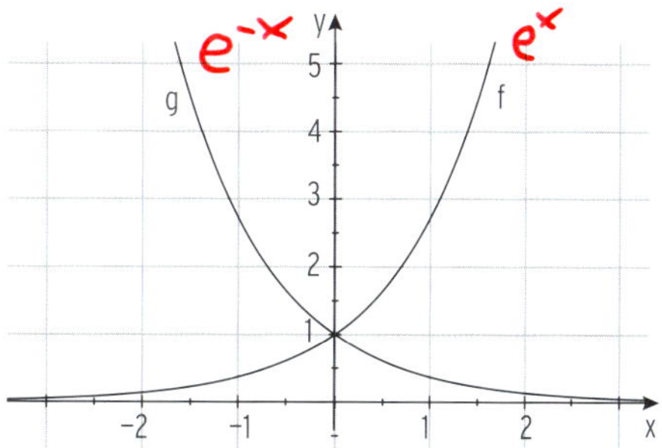

Eigenschaften

1. Das zugehörige Schaubild verläuft **oberhalb** der Abszissenachse: $e^x > 0$; $e^{-x} > 0$
   Es gibt keine Schnittpunkte mit der Abszissenachse.

2. Wertetabelle für f mit $f(x) = e^x$

x	$-\infty \leftarrow$	-12	-8	-4
f(x)	$0 \leftarrow$	0,000006	0,0003	0,018

$e^x \to 0$ für $x \to -\infty$

Wertetabelle für g mit $g(x) = e^{-x}$

x	4	8	12	$\to \infty$
g(x)	0,018	0,0003	0,000006	$\to 0$

$e^{-x} \to 0$ für $x \to \infty$

Die Abszissenachse ist waagrechte Asymptote.

3. S(0 | 1) liegt auf dem Graph, denn $e^0 = 1$.

f(x) $-e^x$

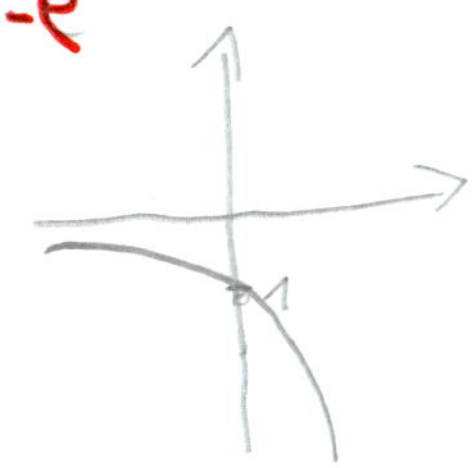

Potenzwerte: $e^0 = 1$
$e = e^1 \approx 2{,}718$
$e^{10} \approx 22\,026$
$e^{-10} \approx 4{,}5 \cdot 10^{-5}$
$e^{-1} = \frac{1}{e} \approx 0{,}368$

e^0
1
e^1
2,718281828
e^{-1}
0,3678794412

Aufgaben

1 Zeichnen Sie das Schaubild der Funktion f mithilfe einer Wertetabelle.
Untersuchen Sie das Verhalten der Funktionswerte für $x \to \pm\infty$.

a) $f(x) = e^{1-x}$ b) $f(x) = 0{,}5\,e^{x} - 2$ c) $f(x) = 45\,e^{0{,}0125\,x}$

2 Gegeben ist der Graph der Funktion f mit $f(x) = e^{x}$.
Die beiden Graphen von g und h entstehen aus dem Graphen von f.
Bestimmen Sie die zugehörigen Funktionsterme.

a)

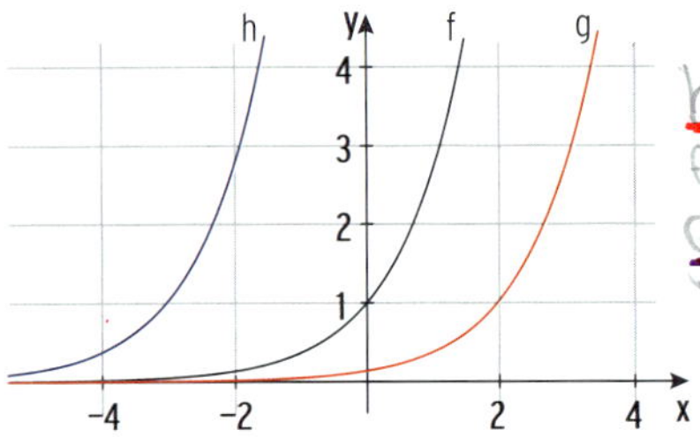

b)

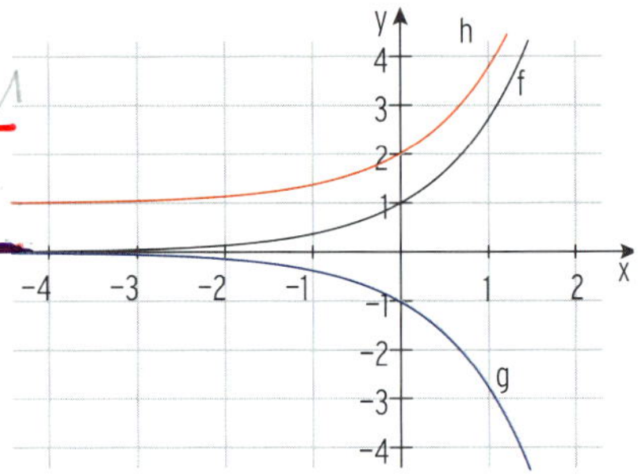

3 Die Funktion f ist gegeben durch $f(x) = e^{-x}$.
Durch Abbildung des Graphen von f entsteht der Graph der Funktion g mit $g(x) = ae^{-x} + b$.
Bestimmen Sie a und b, wenn es sich um eine

a) Verschiebung um 3 nach oben,
b) Spiegelung an der Abszissenachse (x-Achse),
c) Streckung in Ordinatenrichtung mit dem Faktor 0,5 und eine Verschiebung um 6 nach unten,
d) Verschiebung um 2 nach rechts handelt.

Beschreiben Sie eine gemeinsame Eigenschaft aller Kurven.

4 Ein Schaubild in der nebenstehenden Abbildung gehört zu der Funktion f mit $f(x) = e^{1-2x}$.
Begründen Sie Ihre Wahl.

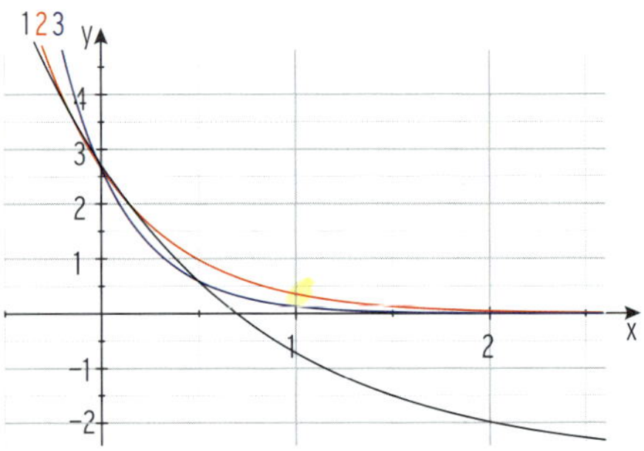

5 Ein Bestand von 2 000 Bakterien vermehrt sich exponentiell innerhalb von 4 Stunden auf 2 600.
Zeigen Sie, dass sich der Bakterienbestand in Abhängigkeit von der Zeit t (in h) durch die Wachstumsfunktion $B(t) = 2\,000 \cdot e^{0{,}06559\,t}$; $t \geq 0$, beschreiben lässt.
Nach etwa 25 Stunden sind es 10 000 Bakterien. Überprüfen Sie.

1.1.3 Graphen von Exponentialfunktionen

Beispiel 1

➲ Gegeben ist das Schaubild der Funktion f mit $f(x) = e^x - 2;\ x \in \mathbb{R}$.
Beschreiben Sie den Verlauf des Graphen von f. Kennzeichnen Sie $f(-1)$. Entscheiden Sie, ob die Nullstelle von f kleiner als 0,7 ist. Erläutern Sie, wie der Graph von g mit $g(x) = f(x + 1)$ aus dem Graphen von f entsteht.

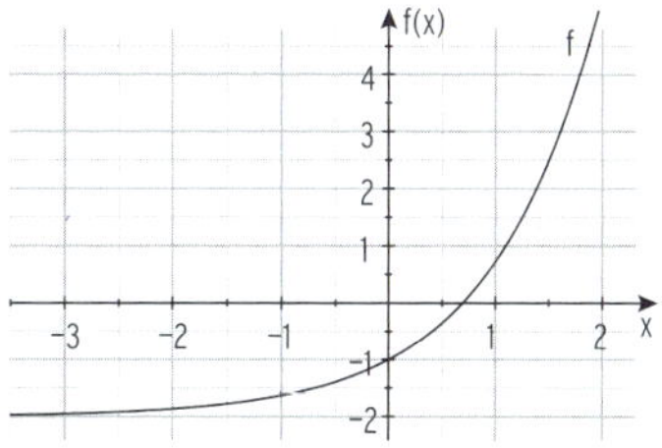

Lösung

Der **Graph von f**

- verläuft vom 3. in das 1. Feld.
- schneidet die Ordinatenachse in $S_y(0\,|\,-1)$
- nähert sich für $x \to -\infty$ der Geraden mit $y = -2$ an **(waagrechte Asymptote).**
- ist steigend, f ist (streng) monoton wachsend.

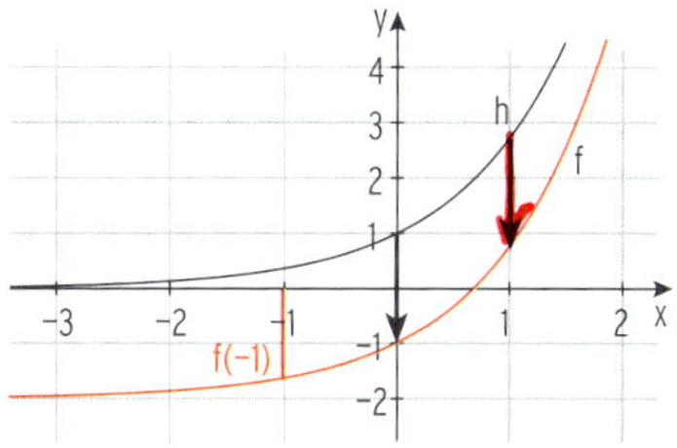

$f(0{,}7) = 0{,}013... > 0$ Die Nullstelle von f ist kleiner als 0,7.

Hinweis: Der Graph von h mit $h(x) = e^x$ (Asymptote: $y = 0$) wird um 2 nach unten **verschoben** und man erhält den Graphen von f (Asymptote: $y = -2$).

$g(x) = f(x + 1) = e^{x+1} - 2$

Der Graph von f wird um 1 **nach links verschoben.**

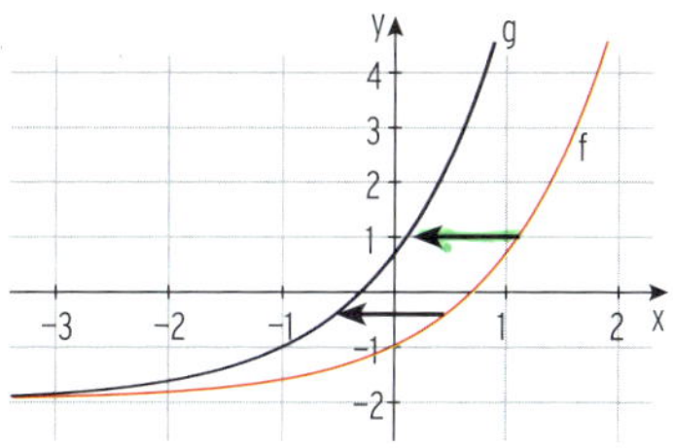

Beispiel 2

➲ Gegeben ist die Exponentialfunktion f mit $f(x) = -1{,}2\,e^{-0{,}3x} + 2{,}5;\ x \in \mathbb{R}$.
Skizzieren Sie den Graphen von f und beschreiben Sie den Verlauf.
Berechnen Sie die Schnittpunkte des Graphen von f mit den Koordinatenachsen.

Lösung

Der Graph von f verläuft vom 3. in das 1. Feld, nähert sich für $x \to \infty$ der Geraden mit $y = 2{,}5$ an **(waagrechte Asymptote).**
Der Graph von f ist steigend.
$f(0) = 1{,}3$; $SP_y(0\,|\,1{,}3)$
Nullstelle $x_N \approx -2{,}5$; $SP_x(-2{,}5\,|\,0)$

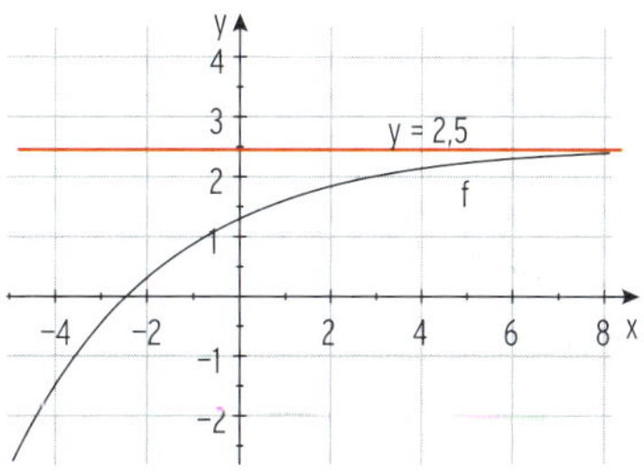

Beispiel 3

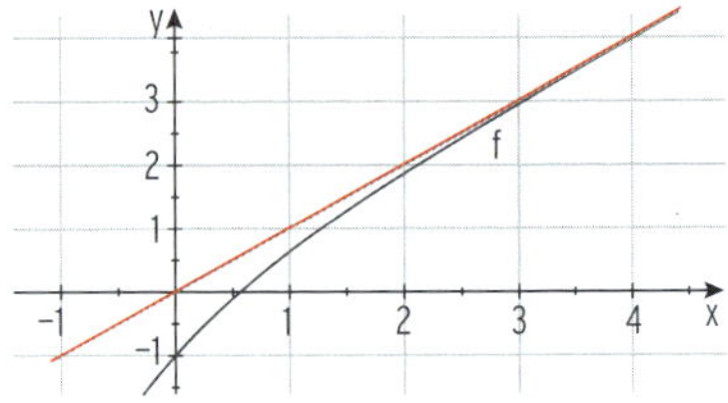

➲ Die Abbildung zeigt den Graphen von f mit $f(x) = x - e^{-x}$; $x \in \mathbb{R}$ und eine Ursprungsgerade. Beschreiben Sie den Verlauf des Graphen von f. Begründen Sie: Der Graph von f verläuft stets unterhalb der Geraden.
Zeigen Sie: Die Nullstelle von f liegt zwischen 0,56 und 0,57.

Lösung

Verlauf des Graphen von f: • vom 3. in das 1. Feld • monoton steigend • $S_y(0\,|\,-1)$
• nähert sich für $x \to \infty$ der Geraden mit $y = x$ an **(schiefe Asymptote: $y = x$)**
Der Graph von f verläuft stets **unterhalb der Geraden,** da $e^{-x} > 0$ ist und damit $f(x) < x$ gilt für alle x.
Nullstelle: $f(0{,}56) = -0{,}011...$; $f(0{,}57) = 0{,}0047...$
f(x) wechselt das Vorzeichen zwischen 0,56 und 0,57, also liegt (mindestens) eine Nullstelle auf diesem Bereich.
Aus der Zeichnung: Der Graph von f verläuft **oberhalb der Abszissenachse** für $x > 0{,}57$.

Beachten Sie

Für $x \to \infty$ strebt $e^{-x} \to 0$
d.h., setzt man in $f(x) = x - e^{-x}$ und $y = x$ immer größere x-Werte ein, unterscheiden sich die errechneten Werte immer weniger, da $e^{-x} \to 0$ strebt: $f(x) \approx x$ für $x \to \infty$.
Die **schiefe Asymptote hat die Gleichung** $y = x$.

x	f(x)	y = x
1	0.6321	1
5	4.9932	5
10	9.9999	10
50	50	50

Beispiel 4

➲ Gegeben ist die Funktion f durch $f(x) = (x-2)e^x$; $x \in \mathbb{R}$.
Beschreiben Sie den Verlauf des Graphen von f.

Lösung

Achsenschnittpunkte: $N(2\,|\,0)$; $S_y(0\,|\,-2)$
Verhalten von f(x) für $x \to -\infty$:
Anhand der Wertetabelle erkennt man, dass das Produkt $(x-2)e^x$ gegen null strebt.
Hinweis: $-5\,E-4$ bedeutet: $-5 \cdot 10^{-4} = -0{,}0005$

X	Y1
-40	-2E-16
-30	-3E-12
-20	-5E-8
-10	-5E-4
0	-2
10	176212
20	8.73E9
30	3E14
40	8.9E18
50	2.5E23

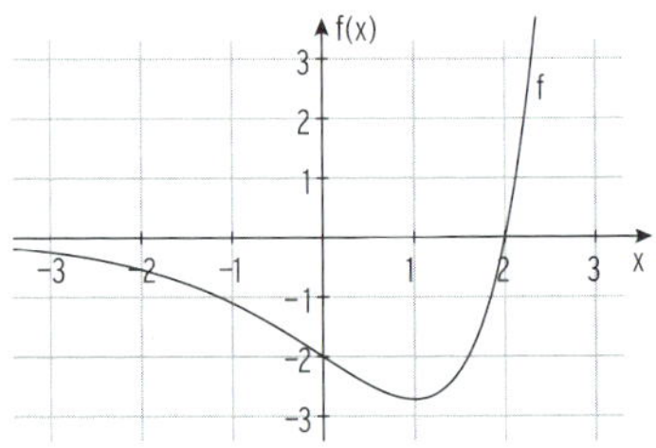

Beachten Sie

Für $x \to -\infty$ strebt e^x „schneller" gegen null als $(x-2)$ gegen $-\infty$,
damit gilt: $f(x) = (x-2)e^x \to 0$. Die **waagrechte Asymptote** hat die Gleichung $y = 0$.

Asymptoten bei Schaubildern von Exponentialfunktionen

f mit $f(x) = 0{,}5\,e^x$

$e^x \to 0$ für $x \to -\infty$

Der Graph von f hat eine **waagrechte Asymptote:**

y = 0 (Abszissenachse)

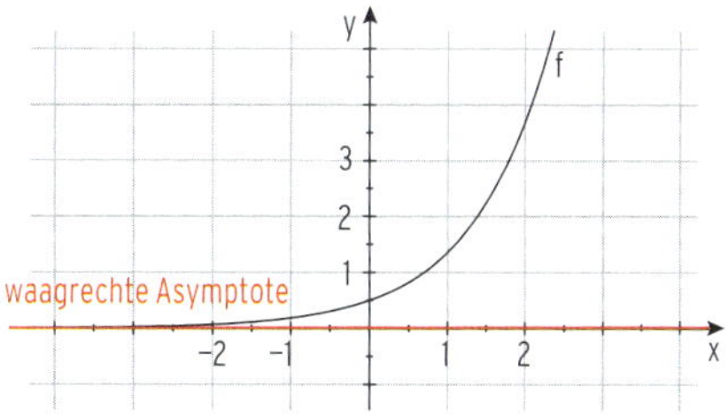

f mit $f(x) = e^{-x} + 1$

$e^{-x} \to 0$ für $x \to \infty$

Der Graph von f hat eine **waagrechte Asymptote:**

y = 1

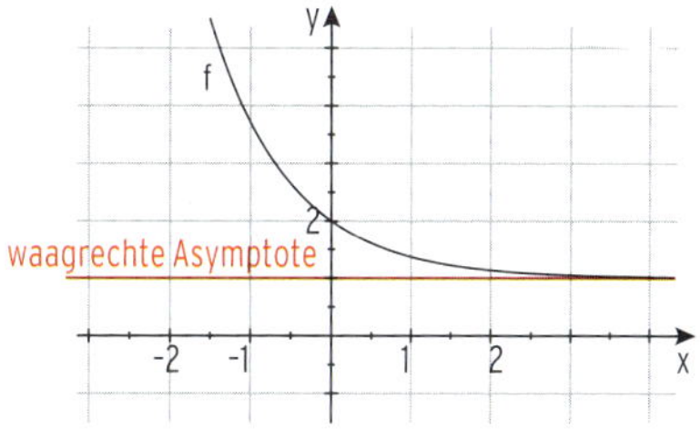

f mit $f(x) = e^{-x} + x$

$e^{-x} \to 0$ für $x \to \infty$

Der Graph von f hat eine **schiefe Asymptote:**

y = x

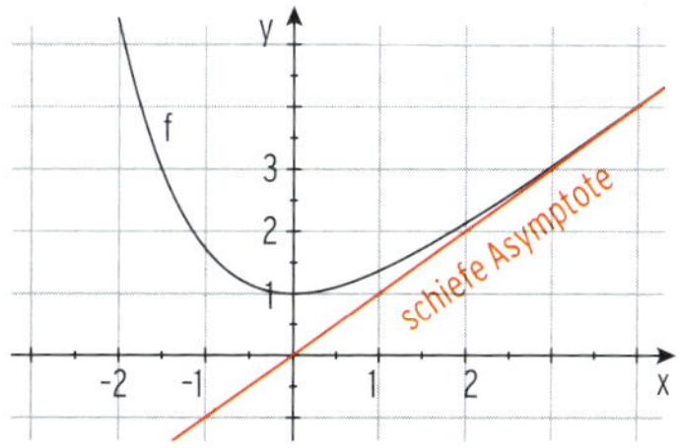

Beachten Sie

Wegen $e^{ax} \to 0$; $a \neq 0$, für $x \to \infty$ $(a < 0)$ bzw. $x \to -\infty$ $(a > 0)$ hat das Schaubild von f mit $f(x) = e^{ax} + bx + c$ die Asymptote mit der Gleichung $y = bx + c$.

Für b = 0: Das Schaubild von f mit $f(x) = e^{ax} + c$ hat die waagrechte Asymptote mit y = c.

f mit $f(x) = 3(1 - x)e^{-x}$

Für $x \to \infty$ strebt e^{-x} schneller gegen null als $3(1 - x)$ gegen $-\infty$.

$f(x) = (1 - x)e^{-x} \to 0$ für $x \to \infty$.

Der Graph von f hat eine **waagrechte Asymptote:**

y = 0

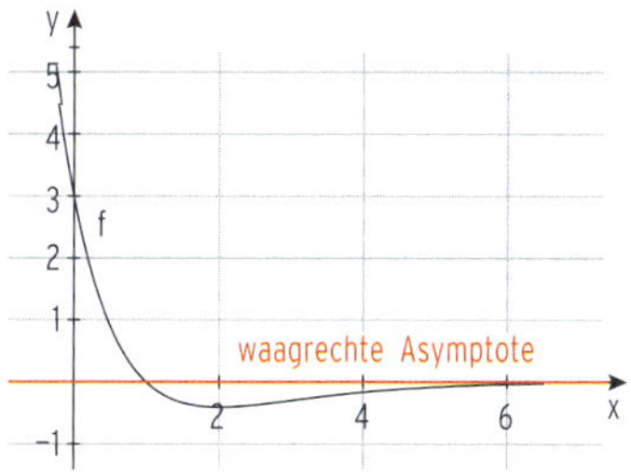

f mit $f(x) = 8x^2 \cdot e^{2x}$

Für $x \to -\infty$ strebt e^{2x} schneller gegen null als $8x^2$ gegen ∞.

$f(x) = 8x^2 \cdot e^{2x} \to 0$ für $x \to -\infty$.

Der Graph von f hat eine **waagrechte Asymptote:**

y = 0

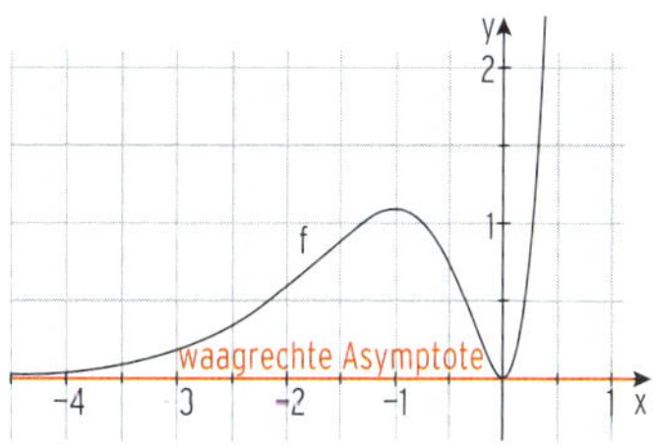

Aufgaben

1 Skizzieren Sie den Graphen die Funktion f mit $f(x) = 2e^x$; $x \in \mathbb{R}$, und beschreiben Sie seinen Verlauf. Kennzeichnen Sie $f(-1)$.
Berechnen Sie den Schnittpunkt des Graphen von f mit der Ordinatenachse. Begründen Sie, warum der Graph von f keine gemeinsamen Punkte mit der Abszissenachse hat.
Nennen Sie einen Zusammenhang von $f(x)$ und $f(x+1)$.
Beschreiben Sie die Veränderung des Funktionswerts, wenn man x um 1 verkleinert.

2 Gegeben ist die Funktion f mit $f(x) = 2 - e^{-x}$; $x \in \mathbb{R}$. Beschreiben Sie den Verlauf des Graphen von f. Zeigen Sie, die Nullstelle von f liegt zwischen $-0{,}69$ und $-0{,}70$.
Erläutern Sie, wie der Graph von f aus dem Graphen von g mit $g(x) = e^{-x}$; $x \in \mathbb{R}$, entsteht.

3 Die Funktion f ist gegeben durch $f(x) = (2x - 1)e^x$; $x \in \mathbb{R}$.

a) Skizzieren Sie den Graphen von f und beschreiben Sie den Verlauf.

b) Für $x < -4{,}50$ haben die zugehörigen Kurvenpunkte einen Abstand von der Abszissenachse, der kleiner als 0,1 ist. Überprüfen Sie diese Behauptung.

4 Die Schaubilder gehören zu einer Funktion vom Typ $f(x) = a e^{-x} + b$.
Bestimmen Sie a und b und begründen Sie Ihre Wahl.

Abb.1

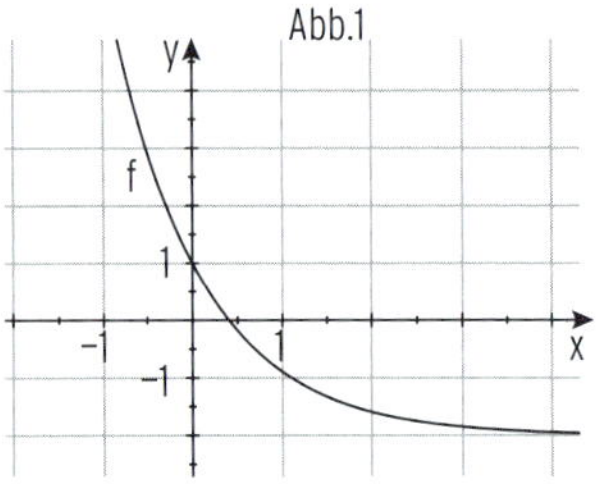

Abb. 2

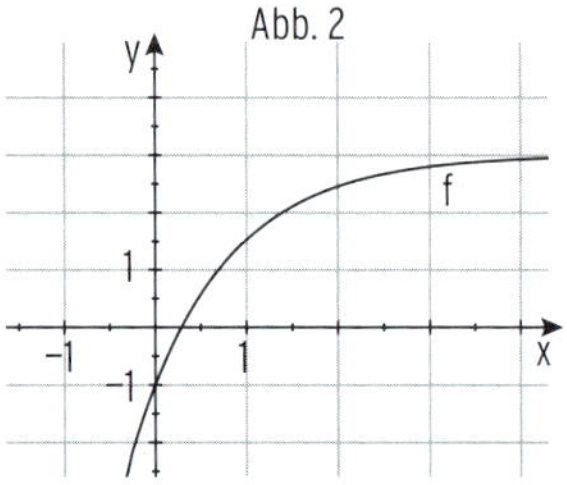

5 Gegeben ist die Funktion f mit $f(x) = 2 - e^{2x}$ und die Funktion g mit $g(x) = e^{-2x}$; $x \in \mathbb{R}$.

a) Zeichnen Sie die Schaubilder der beiden Funktionen.

b) Lösen Sie die Gleichungen $f(x) = 0{,}5$; $g(x) = 4$ und $f(x) = g(x)$ mithilfe Ihrer Zeichnung. Interpretieren Sie Ihr Ergebnis geometrisch.

6 Die Abbildungen zeigen Graphen einer Funktion f vom Typ $f(x) = a\,x\,e^{b\,x}$.
Formulieren Sie Aussagen über a und b.

Abb. 3

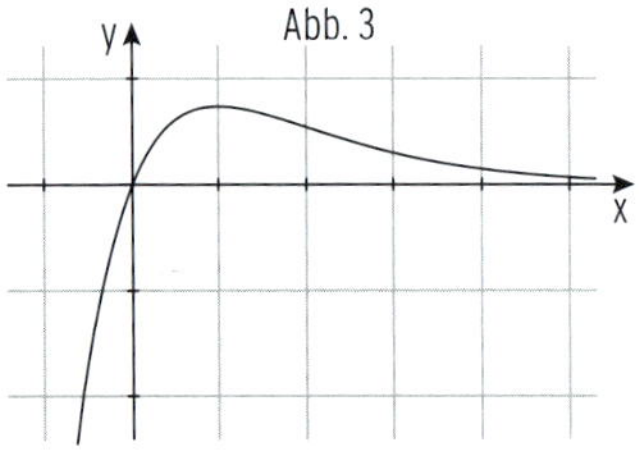

Abb. 4

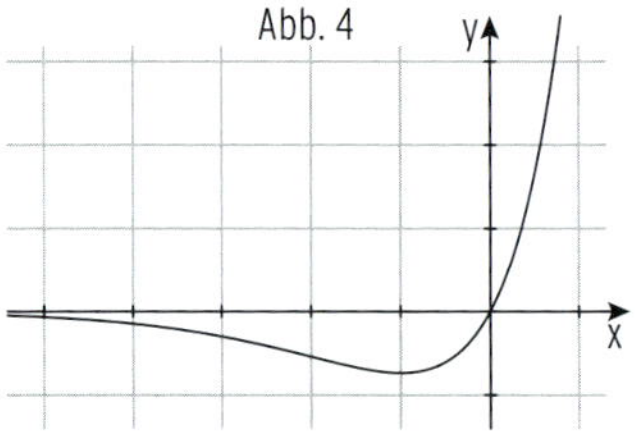

7 Gegeben sind die Funktionen f mit $f(x) = (1 - 3x)e^{-0,5x}$ und $g(x) = 2e^{-x} + 1$; $x \in \mathbb{R}$.
Die Gerade mit der Gleichung $x = 0,5$ schneidet den Graphen von f im Punkt P und den Graphen von g im Punkt Q. Berechnen Sie die Länge der Strecke PQ.

8 Ordnen Sie jeder Abbildung eine Funktionsgleichung zu. Begründen Sie Ihre Wahl.
$f_1(x) = 0,5e^x - 2$; $f_2(x) = (x - 1)e^x$; $f_3(x) = 0,5x + e^{-x}$; $f_4(x) = 2e^{-0,5x}$

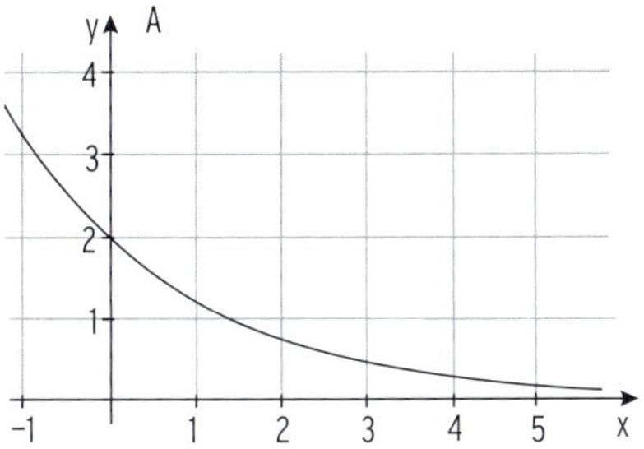

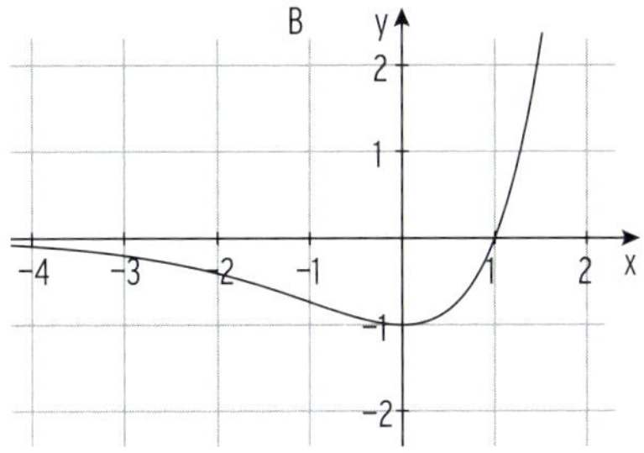

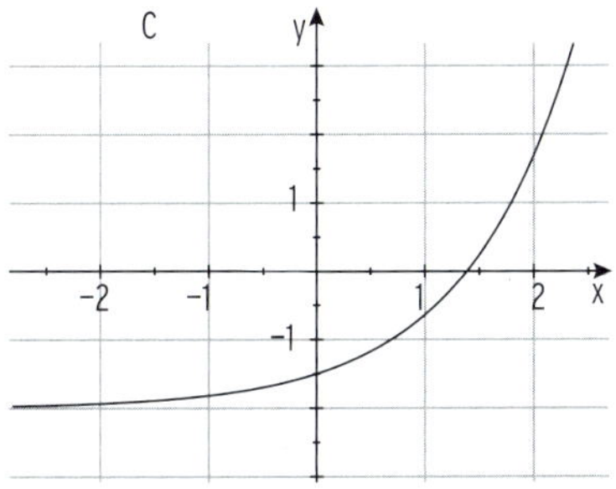

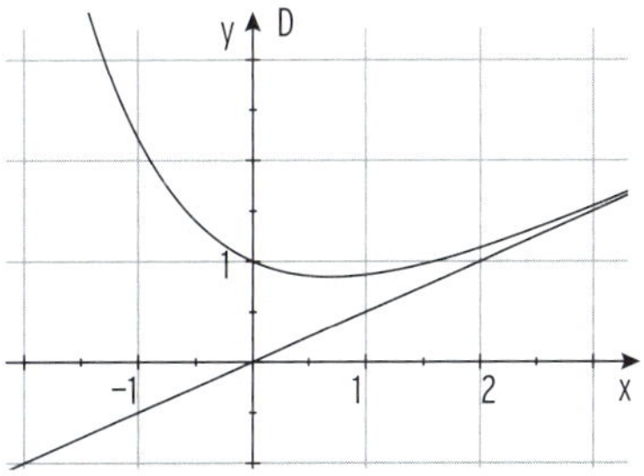

9 Eine Abbildung zeigt den Graphen der Funktion f mit $f(x) = e^{1 - 0,1x^2}$; $x \in \mathbb{R}$.
Entscheiden Sie und begründen Sie Ihre Wahl.

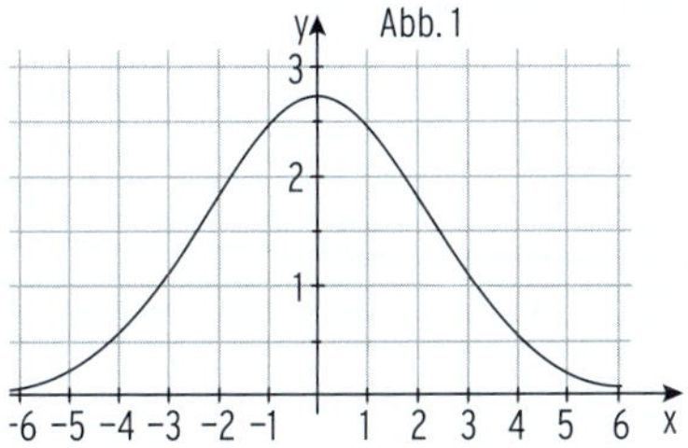

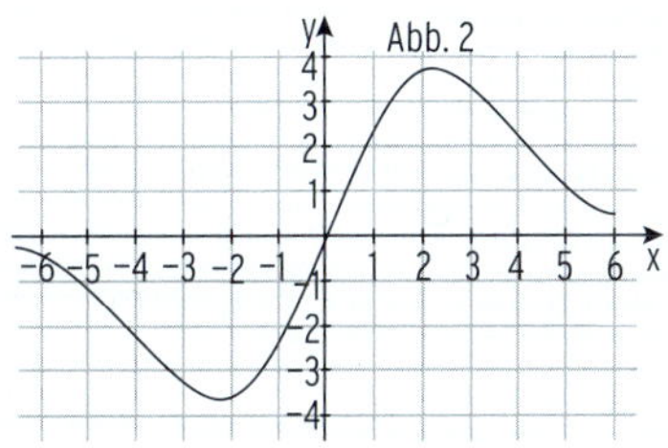

10 Untersuchen Sie den Graphen von f auf Asymptoten. Bestimmen Sie den Schnittpunkt des Graphen von f mit der Ordinatenachse. Skizzieren Sie den Verlauf.

a) $f(x) = (x + 1)^2 \cdot e^{-x^2}$; $x \in \mathbb{R}$

b) $f(x) = (x + 1)^2 \cdot e^{-x}$; $x \in \mathbb{R}$

11 Zeigen Sie, der Graph von f mit $f(x) = 4e^{1 + 2x^2}$; $x \in \mathbb{R}$, hat keine waagrechte Asymptote. Skizzieren Sie den Graphen von f in ein geeignetes Koordinatensystem.

1.1.4 Exponentialgleichungen und geometrische Interpretation

1.1.4.1 Der natürliche Logarithmus

In der Gleichung $2^x = 8$ ist die Hochzahl x gesucht.

Die **Exponentialgleichung** $2^x = 8$ hat die Lösung $x = 3$.

Die gesuchte Hochzahl $x = 3$ heißt **Logarithmus von 8 zur Basis 2.**

Schreibweise:	$\mathbf{3 = \log_2(8)}$
Exponentialgleichung zur Basis e:	$e^x = 4$
Die gesuchte Hochzahl x heißt:	$x = \log_e(4) = \ln(4)$ (**Logarithmus** zur Basis e)
	$x \approx 1{,}386$, d. h., $e^{1{,}386} \approx 4$

Die **Hochzahl** $\mathbf{x = \ln(4)}$ heißt der **natürliche Logarithmus von 4.**

> **Beachten Sie**
>
> **Logarithmus-Definition:** $e^x = b \Leftrightarrow x = \ln(b),\ b > 0$
>
> $\ln(b)$ ist die **Hochzahl zur Basis** e, sodass die Potenz den Wert b hat.

Beispiele	$\ln(e^2) = 2$	denn $e^2 = e^2$
	$\ln\left(\frac{1}{e}\right) = -1$	denn $e^{-1} = \frac{1}{e}$
	$\ln(1) = 0$	denn $e^0 = 1$
	$e^{\ln(0{,}5)} = 0{,}5$	
Folgerungen	$e^{\ln(5)} = 5$	**allgemein:** $e^{\ln(b)} = b$
	$\ln(e^4) = 4$	**allgemein:** $\ln(e^x) = x$
	$\ln(1) = 0$	
	$\ln(e) = 1$	

Hinweis: Den **Logarithmus zur Basis e** kann man mithilfe des Taschenrechners (mit der ln-Taste) bestimmen.

Z. B. $\ln(3{,}5) = 1{,}25276...$

$\ln(0{,}5) = -0{,}6931...$

$\ln(-1)$ ist nicht definiert, da $e^x > 0$ für alle $x \in \mathbb{R}$.

```
ln (3.5)
                1.252762968
ln (0.5)
               -0.6931471806
ln (-1)
  Math.-Fehler
```

Aufgaben

1 Bestimmen Sie auf zwei Dezimalen gerundet.

a) $\ln\left(\frac{e}{2}\right)$ b) $\ln(3e)$ c) $\ln(0{,}5)$ d) $\ln(100)$

e) $2\ln(5)$ f) $\frac{\ln(5)}{2}$ g) $3\ln(2) - 1$ h) $\ln(2) - \ln\left(\frac{1}{2}\right)$

2 Berechnen Sie.

a) $\ln(e)$ b) $\ln(e^{-3})$ c) $e^{\ln(2)}$ d) $\frac{1}{2}e^{\ln(1{,}5)}$

e) $6e^{\ln(0{,}5)}$ f) $\ln(e^4)$ g) $(e^{\ln(4)})^2$ h) $1 - 4\ln\left(\frac{1}{e}\right)$

1.1.4.2 Exponentialgleichungen

Gleichungstyp 1: Lösung durch Anwendung der Logarithmus-Definition

Beispiele

Bestimmen Sie die ungerundeten Lösungen folgender Exponentialgleichungen.

1) $e^x = 5$

Lösung

Anwenden der Definition: $e^x = 5$

$x = \ln(5)$

2) $\frac{1}{2}e^{1-x} - 3t = 0;\ t > 0$

Lösung

Anwenden der Definition: $\frac{1}{2}e^{1-x} = 3t \Rightarrow e^{1-x} = 6t$

$1 - x = \ln(6t)$

$x = 1 - \ln(6t)$

3) $e^{2x} - 2e = 0$

Lösung

Anwenden der Definition: $e^{2x} - 2e = 0 \Rightarrow e^{2x} = 2e$

$2x = \ln(2e)$

$x = 0{,}5\ln(2e)$ **Hinweis: e** wird wie eine Zahl behandelt.

4) $e^{-2x} + 3 = 0$

Lösung

Unlösbar wegen: $e^{-2x} = -3$

$e^{-2x} > 0$

5) $e^{x^2} = 5$

Lösung

Anwenden der Definition: $e^{x^2} = 5$

$x^2 = \ln(5) > 0$

$x_{1|2} = \pm\sqrt{\ln(5)}$

Bemerkung: **Gleichungen der Form** $a \cdot e^u - b = 0$ (u ist ein Term in x.)
werden **vereinfacht** zu $e^u = \frac{b}{a} \Leftrightarrow u = \ln\left(\frac{b}{a}\right)$

Auflösen von u nach x ergibt für $\frac{b}{a} > 0$ die Lösung.

Aufgaben

1 Lösen Sie folgende Exponentialgleichungen.

a) $e^x = 30$ b) $e^{3x} = 12$ c) $e^{1-x} = 1000$

d) $\frac{e^{-x}}{2} - 3 = 0$ e) $-e^{x-1} - 2 = 0$ f) $-3e^{-3x} + 6e = 0$

g) $5 - e^{0{,}25x} = 0$ h) $e^{-\frac{1}{2}x+3} = 4$ i) $-2e^{-\frac{1}{8}x} + 13 = 0$

j) $0{,}2e^{0{,}2x} = 10$ k) $2e^{-0{,}1tx} = 1{,}5;\ t \neq 0$ l) $6e^{-4x} - 18t = 0;\ t > 0$

2 Bestimmen Sie die Werte von a so, dass die Gleichung $e^x - \frac{a}{2} = 0$ eine Lösung hat.
Geben Sie die Lösung in Abhängigkeit von a an.

3 Lösen Sie: a) $e^{x^2} = 1$ b) $4e^{-2x^2} = 2$ c) $2e^{2-x^2} - 6 = 0$

Gleichungstyp 2: Lösung durch Ausklammern und Anwendung des Satzes vom Nullprodukt

Beispiele

Lösen Sie die folgenden Exponentialgleichungen.

1) $e^x - e^{2x} = 0$

Lösung

Ausklammern:	$e^x(1 - e^x) = 0$
Satz vom **Nullprodukt:**	$e^x = 0 \vee 1 - e^x = 0$
Einzige Lösung wegen $e^x \neq 0$:	$x = \ln(1) = 0$

2) $4e^{-x} - 2e^x = 0$

Lösung

Ausklammern:	$e^{-x}(4 - 2e^{2x}) = 0$
Satz vom **Nullprodukt:**	$e^{-x} = 0 \vee 4 - 2e^{2x} = 0$
Wegen $e^{-x} \neq 0$:	$4 - 2e^{2x} = 0 \Leftrightarrow e^{2x} = 2$
	$2x = \ln(2) \Leftrightarrow x = 0{,}5\ln(2)$

Alternative:

Beide Seiten mit e^x multiplizieren:	$4e^{-x} - 2e^x = 0 \quad \mid \cdot e^x$
	$4e^{-x} \cdot e^x - 2e^x \cdot e^x = 0$
	$4 - 2e^{2x} = 0 \Leftrightarrow x = 0{,}5\ln(2)$

Beachten Sie

$e^x \cdot e^x = e^{x+x} = e^{2x}$	$e^x \cdot e^{-x} = e^{x-x} = e^0 = 1$
$e^{2x} \cdot e^{-x} = e^{2x-x} = e^x$	$e^x \cdot e^y = e^{x+y}$

3) $3e^{4x} - xe^{4x} = 0$

Lösung

Ausklammern:	$e^{4x}(3 - x) = 0$
Satz vom **Nullprodukt:**	$e^{4x} = 0 \vee 3 - x = 0$
Wegen $e^{4x} \neq 0$, einzige Lösung:	$x = 3$

Aufgaben

1 Lösen Sie folgende Exponentialgleichung.

a) $2e^{2x} - 3e^x = 0$ b) $(0{,}5x - 5)e^x = 0$ c) $-\frac{1}{2}xe^x + 2x = 0$

d) $\frac{e^x}{2} - \frac{e^{-x}}{4} = 0$ e) $(\frac{1}{4}x^2 - 1)e^{-2x} = 0$ f) $e^{-x} = \frac{4}{3}e^{2x}$

g) $2xe^x - 3te^x = 0$ h) $\frac{x}{2}e^{t-x} = 2x$ i) $-x^2e^{-x} + 2e^{-x} = 0$

2 Ermitteln Sie alle Werte von a so, dass die Gleichung $ae^{2x} - e^x = 0$ keine bzw. eine Lösung hat.

3 Bestimmen Sie alle Lösungen.

a) $4xe^{1-2x^2} = 0$ b) $xe^{0{,}1x^2} = 5e^{0{,}1x^2}$ c) $(2x - \frac{1}{2}x^2) \cdot e^{x^2} = 0$

Gleichungstyp 3: Lösung durch Substitution

Beispiele

Lösen Sie die folgenden Exponentialgleichungen.

1) $e^{2x} - 5e^x + 6 = 0$

Lösung

Gleichung:	$e^{2x} - 5e^x + 6 = 0$
Substitution	
Man setzt $u = e^x$ und erhält:	$u^2 = (e^x)^2 = e^{2x}$
Quadratische Gleichung in u:	$u^2 - 5u + 6 = 0$
Auflösung nach u:	$u_1 = 3;\ u_2 = 2$
Auflösung nach x (Rücksubstitution):	$u_1 = e^x = 3 \Rightarrow x_1 = \ln(3)$
	$u_2 = e^x = 2 \Rightarrow x_2 = \ln(2)$
	$x_1 = \ln(3);\ x_2 = \ln(2)$

2) $e^x - 20e^{-x} = -1$

Lösung

Gleichung:	$e^x - 20e^{-x} = -1$
Nullform:	$e^x - 20e^{-x} + 1 = 0 \quad \vert \cdot e^x$
Form:	$e^{2x} + e^x - 20 = 0$
Substitution:	$u = e^x;\ u^2 = e^{2x}$
Quadratische Gleichung in u:	$u^2 + u - 20 = 0$
Auflösung nach u:	$u_1 = 4;\ u_2 = -5$
Auflösung nach x (Rücksubstitution):	$u_1 = e^x = 4 \Rightarrow x_1 = \ln(4)$
	$u_2 = e^x = -5$ unlösbar, wegen $e^x > 0$
	$x_1 = \ln(4)$

Beachten Sie

$e^{-x} = \frac{1}{e^x}$ $\qquad (e^x)^2 = e^{2x}$ $\qquad (e^{-x})^2 = e^{-2x}$

Aufgaben

1 Lösen Sie folgende Exponentialgleichung.

a) $e^{2x} - \frac{17}{2}e^x + 4 = 0$ b) $e^{2x} - 8e^x + 16 = 0$ c) $e^{2x} - 4e^x + 3 = 0$

d) $e^{-2x} = 3e^{-x} + 4 = 0$ e) $e^x - 4 - 5e^{-x} = 0$ f) $-\frac{1}{5}e^x - 1 + 10e^{-x} = 0$

g) $(e^x - 4)(e^x - 1) = 0$ h) $(e^{-x} + 2)(e^{-x} - 5) = 0$ i) $e^{4x} - 3e^{2x} - 4 = 0$

2 Zeigen Sie: $e^{2x} + te^x - 1 = 0$ hat für $t > 0$ genau eine Lösung.

Beachten Sie

Lösung von Exponentialgleichungen durch

- **Anwendung der Definition** — Beispiel: $e^{-2x} = 4$
- **Ausklammern und Nullprodukt** — $2e^{-2x} - e^{x} = 0$
- **Substitution** — $e^{2x} - 5e^{x} + 2 = 0$

Aufgaben

Lösen Sie die Gleichungen der Aufgaben 1 bis 5.

1 a) $2e^{-2x} - e^{x} = 0$ b) $-\frac{1}{3}e^{-x} + \frac{1}{6}e^{x} = 0$ c) $e^{-2x} = 4e^{-x}$
d) $e^{-0,5x} + 2 = 2(1 + e^{x})$ e) $e^{2x-3} = e^{-x}$ f) $e^{3x-2} - e = 0$

2 a) $-e^{-x} + 4 = 0$ b) $4te^{0,4x+2} - 6 = 0;\ t > 0$ c) $2e^{x} - 0,5e^{3x} = 0$
d) $\frac{1}{4}(6 - e^{-tx}) = 0;\ t \neq 0$ e) $(x - 5)e^{x} = 0$ f) $e^{x}(e^{x} - 2) = 0$

3 a) $e - 2e^{0,5x} = 0$ b) $\frac{2}{3}e^{-x} - 2 = 0$ c) $e^{2x} - 5xe^{2x} = 0$
d) $e^{2-x} = 1$ e) $e^{0,2x+1} - 1 = 0$ f) $3 - 0,5e^{0,25x} = 0$
g) $(3 + 2x)e^{x-1} = 0$ h) $8 - e^{x} = 7e^{-x}$ i) $2e^{0,5x} = e^{x}$

4 a) $3e^{2x} - e^{x} - 2 = 0$ b) $2e^{x} - \frac{4}{e^{x}} = 0$ c) $\frac{e}{2} - e^{-2x} = 0$
d) $2t - te^{4x} = 0;\ t \neq 0$ e) $\frac{e}{2} - e^{tx} = 0;\ t \neq 0$ f) $(x - t)e^{x+t} = 0$
g) $(2 - e^{x})^{2} = 0$ h) $\frac{1}{2}e^{x} - 8e^{-x} = 3$ i) $2x(e^{x} - 2) = 0$

5 a) $3e^{2x^{2}} - 12 = 0$ b) $4e^{1-x^{2}} = 1$ c) $(x^{4} - 2x^{2})e^{-2x} = 0$

6 Bestimmen Sie die Lösung auf zwei Dezimalen gerundet.
a) $200e^{0,0125x} = 450$ b) $300e^{0,75t} = 450$

7 Ermitteln Sie alle Werte von a so, dass die Gleichung $ae^{-0,14x} + 1 = 0$ keine Lösung hat.

8 Bestimmen Sie a so, dass $x = \ln(3)$ Lösung der Gleichung $ae^{x} - 9 = 0$ ist.

9 Gegeben ist die Gleichung $e^{x} - e + a = 0$.
a) Berechnen Sie die Werte von a so, dass die Gleichung eine Lösung hat.
b) Bestimmen Sie a so, dass $x = \ln(2)$ Lösung der Gleichung ist.

10 Zeigen Sie:
a) Die Gleichung $e^{x} + e^{-x} = 0$ hat keine Lösung.
b) Für alle $x \in \mathbb{R}$ gilt $e^{x} + e^{-x} \geq 1$.

11 Lösen Sie mit Hilfsmittel. a) $e^{x} = 3x$ b) $1 + 3e^{2x} = e^{-0,5x}$

1.1.4.3 Exponentialgleichungen mit der Basis $a > 0$

Beispiel 1

➲ Ein Kapital wird zu einem Zinssatz von 5 % angelegt.
Berechnen Sie die Zeit, nach der sich das Kapital verdoppelt hat.

Lösung

Ansatz: $K_0 \cdot 1{,}05^x = 2K_0 \quad | : K_0$

Exponentialgleichung: $1{,}05^x = 2$

Zum Lösen solcher Gleichungen verwendet man das 3. Logarithmengesetz.

Beide Seiten **logarithmieren:** $\ln(1{,}05^x) = \ln(2)$

Mit $\ln(1{,}05^x) = x \cdot \ln(1{,}05)$ erhält man: $x \cdot \ln(1{,}05) = \ln(2)$

Nach x auflösen: $x = \frac{\ln(2)}{\ln(1{,}05)} \approx 14{,}2$

Nach ca. 14 Jahren hat sich das Kapital verdoppelt.

Beachten Sie

Logarithmengesetze: **Für $u, v > 0$ gilt:**

1. $\ln(u \cdot v) = \ln(u) + \ln(v)$
2. $\ln\left(\frac{u}{v}\right) = \ln(u) - \ln(v)$
3. $\ln(u^r) = r \cdot \ln(u)$

Beispiel 2

➲ Berechnen Sie $x \in \mathbb{R}$ so, dass gilt: $1{,}5^x = 10$.

Lösung

Exponentialgleichung: $1{,}5^x = 10$

Logarithmieren: $\ln(1{,}5^x) = \ln(10)$

Mit $\ln(1{,}5^x) = x \cdot \ln(1{,}5)$ erhält man: $x \cdot \ln(1{,}5) = \ln(10)$

Nach x auflösen: $x = \frac{\ln(10)}{\ln(1{,}5)} \approx 5{,}68$

Aufgaben

1 Lösen Sie folgende Exponentialgleichung.

a) $1{,}075^x = 2$ b) $2500 \cdot 0{,}855^x = 1000$ c) $60 \cdot 10^{-0{,}025x} = 20$

2 Ein Kapital wird zu einem Zinssatz von 4 % angelegt.
Bestimmen Sie die Anzahl der Jahre, nach denen sich das Kapital verdreifacht hat.

3 Geben Sie mögliche Werte für a und b an, sodass die Gleichung $a^x = b$ die Lösung $x - 2$, $x = 0$ bzw. keine Lösung hat.
Begründen Sie: $2^x = b$ hat höchstens eine Lösung.

1.1.4.4 Bestimmung von gemeinsamen Punkten

Beispiel 1

➲ Gegeben ist die Funktion f durch $f(x) = e^{\frac{1}{2}x} - 2e;\ x \in \mathbb{R}$.

a) Beschreiben Sie den Verlauf des Graphen von f im Koordinatensystem und skizzieren Sie den Graphen. Ermitteln Sie den Bereich, auf dem der Graph von f unterhalb der Abszissenachse verläuft.

b) Der Graph von f wird in Ordinatenrichtung verschoben, sodass der verschobene Graph die Abszissenachse in 2 schneidet. Bestimmen Sie einen möglichen Funktionsterm.

Lösung

a) **Verlauf des Graphen von f**

- Vom 3. in das 1. Feld,
- nähert sich für $x \to -\infty$ der Geraden mit $y = -2e$ an **(waagrechte Asymptote),**
- monoton steigend,
- Der Graph hat einen SP mit der Abszissenachse.
- $S_y(0\,|\,1 - 2e)$ gerundet $S_y(0\,|\,-4{,}44)$

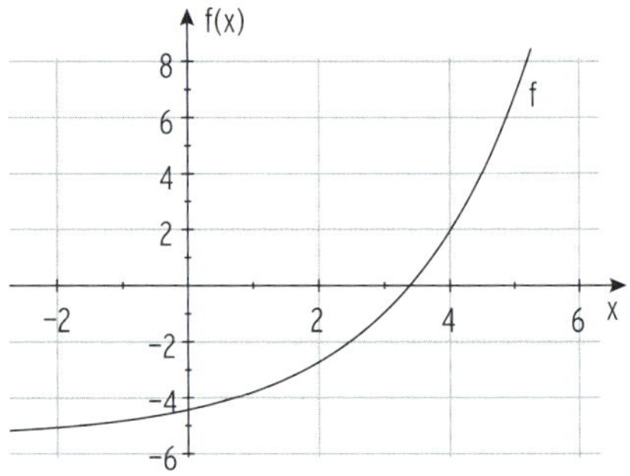

Schnittpunkt mit der Abszissenachse:

Bedingung: $f(x) = 0$ $\qquad e^{\frac{1}{2}x} - 2e = 0$

$e^{\frac{1}{2}x} = 2e \Rightarrow \frac{1}{2}x = \ln(2e)$

Nullstelle: $x = 2\ln(2e)$

gerundet $x = 3{,}39$

SP mit der Abszissenachse: $N(2\ln(2e)\,|\,0)$

Für $x < 2\ln(2e)$ gilt $f(x) < 0$.

Der Graph von f verläuft unterhalb der Abszissenachse **für $x < 2\ln(2e)$.**

b) Punkt auf dem Graphen von f mit der x-Koordinate 2: $\qquad f(2) = e^1 - 2e = -e$

$P(2\,|\,-e)$ wird nach $P^*(2\,|\,0)$ verschoben.

Der Graph von f muss also um e nach oben verschoben werden.

Funktionsterm: $g(x) = e^{\frac{1}{2}x} - e$

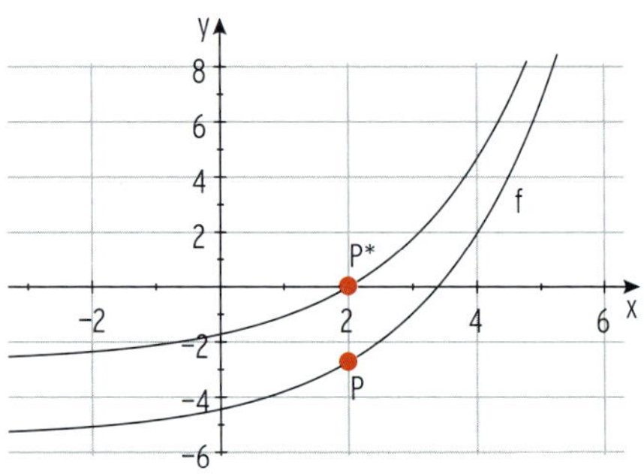

Beispiel 2

➲ Gegeben ist die Exponentialfunktion f durch $f(x) = 0{,}5xe^{2x}$; $x \in \mathbb{R}$.

a) Zeigen Sie, dass der Graph von f nur einen gemeinsamen Punkt mit der Abszissenachse hat.

b) Der Graph von g mit $g(x) = 0{,}25e^{2x}$; $x \in \mathbb{R}$, schneidet den Graphen von f. Bestimmen Sie die Koordinaten des Schnittpunktes.

Lösung

a) **Schnittpunkt mit der Abszissenachse:**

Bedingung: $f(x) = 0$ — $0{,}5xe^{2x} = 0$

Satz vom Nullprodukt ($e^{2x} \neq 0$): — $0{,}5x = 0 \Leftrightarrow x = 0$

$x = 0$ ist die **einzige** Nullstelle von f.

Ergebnis: Der Graph von f hat nur einen gemeinsamen Punkt mit der Abszissenachse.

b) **Schnittpunkt**

Gleichsetzen: $f(x) = g(x)$

$0{,}5xe^{2x} = 0{,}25\,e^{2x}$

Nullform: $0{,}5xe^{2x} - 0{,}25\,e^{2x} = 0$

e^{2x} ausklammern: $e^{2x}(0{,}5x - 0{,}25) = 0$

$e^{2x} \neq 0$ — $0{,}5x - 0{,}25 = 0$

Schnittstelle: $x = 0{,}5$

Ordinate: $g(0{,}5) = 0{,}25\,e^{2 \cdot 0{,}5} = 0{,}25e$

Die Graphen schneiden sich in $S(0{,}5 \mid 0{,}25e)$.

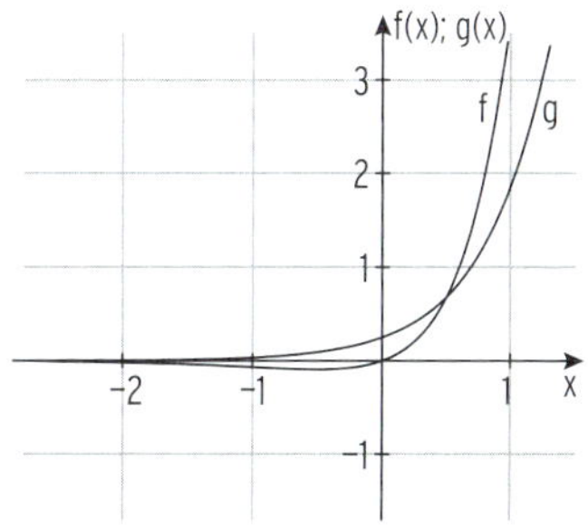

Beispiel 3

➲ Die monatliche Nachfrage nach und das monatliche Angebot von Ventilen werden durch folgende Funktionen modelliert:

$p_N(x) = -6\,e^{0{,}2x} + 300$; $p_A(x) = 0{,}5e^{0{,}4x} + 220$; x in ME; $p_N(x)$, $p_A(x)$ in GE/ME.

Stellen Sie die Marktsituation grafisch dar.

Berechnen Sie die Gleichgewichtsmenge und den Gleichgewichtspreis.

Lösung

Schnittpunkt von Nachfrage- und Angebotskurve

Gleichsetzen: $p_N(x) = p_A(x)$ — $-6e^{0{,}2x} + 300 = 0{,}5\,e^{0{,}4x} + 220$

Nullform: — $0{,}5\,e^{0{,}4x} + 6\,e^{0{,}2x} - 80 = 0$

Substitution: $u = e^{0{,}2x}$; $u^2 = e^{0{,}4x}$: — $0{,}5\,u^2 + 6\,u - 80 = 0$

Lösung der quadratischen Gleichung: — $u_1 = -20 < 0$; $u_2 = 8$

Mit $u = e^{0{,}2x} = 8$ folgt $x = 5\ln(8)$

Gleichgewichtsmenge: $x_G = 5\ln(8)$

Gleichgewichtspreis:

$p_N(5\ln(8)) = -6 \cdot 8 + 300 = 252$

Nachfrage- und Angebotskurve schneiden sich im Marktgleichgewicht MG $(5\ln(8) \mid 252)$.

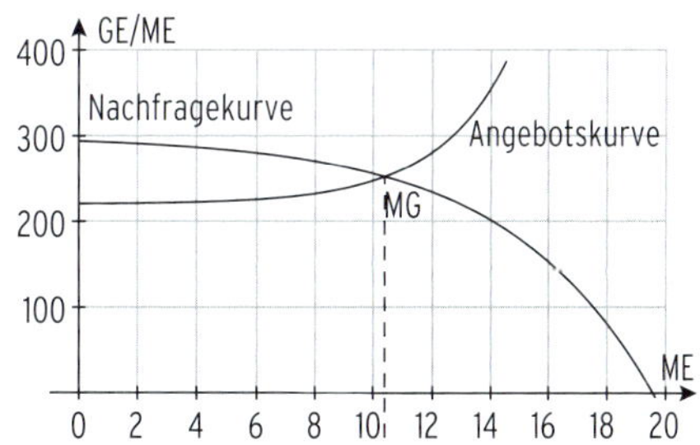

Aufgaben

1 Untersuchen Sie den Graphen der gegebenen Funktion f mit $x \in \mathbb{R}$ auf Achsenschnittpunkte und auf Asymptoten. Skizzieren Sie den Graphen von f.

a) $f(x) = e^{-0{,}4x} - 3$ b) $f(x) = e^{2x} - 2e^x$ c) $f(x) = 10(x-3)e^{-0{,}5x}$

2 Gegeben sind die Funktionen f und g durch $f(x) = 0{,}5e^x - 2$ und $g(x) = 2 - e^x$; $x \in \mathbb{R}$.
Zeigen Sie: Die Nullstelle von f ist doppelt so groß wie die Nullstelle von g.
Skizzieren Sie die Graphen von f und g in ein Koordinatensystem ein.
Berechnen Sie die Koordinaten des Schnittpunktes S der Graphen von f und g.
P und Q sind die Schnittpunkte der Graphen von f und g mit der Ordinatenachse.
Berechnen Sie den Inhalt des Dreiecks PSQ.

3 Wenn der Behälter vollständig gefüllt ist, wird die Abflussrate näherungsweise durch die Funktion w beschrieben mit $w(t) = 60e^{-0{,}0625t}$; $t \geq 0$; t in s; w(t) in Liter pro s.
Berechnen Sie die Zeit, nach der weniger als ein halber Liter pro Sekunde herausfließt.

4 Nachfrage und Angebot eines Gutes werden beschrieben durch $f(x) = \frac{1}{2}x + 1$ und $g(x) = 4 - 0{,}5e^{2x}$; x in ME. Ordnen Sie zu. Stellen Sie die Marktsituation grafisch dar.
Berechnen Sie die Gleichgewichtsmenge und den Gleichgewichtspreis.

5 Gegeben sind die Funktion h und g mit $h(x) = \frac{3}{4}x^2 e^x$ und $g(x) = \frac{3}{2}e^x$; $x \in \mathbb{R}$.
Die Graphen von h und g schneiden sich.
Berechnen Sie die Koordinaten der Schnittpunkte.

6 Wirtschaftsforschungsinstitute haben für die Regierung und die Opposition verschiedene Prognosefunktionen für die Neuverschuldung entwickelt.
$f(t) = 0{,}5t \cdot e^{-0{,}15t}$ bzw. $g(t) = 0{,}075t^2 \cdot e^{-0{,}15t}$.
Dabei ist t in Zeiteinheiten (ZE) und f(t) bzw. g(t) in GE/ZE angegeben.
t = 0 ist der Prognosebeginn.

a) Es liegt folgende unvollständige Grafik der beiden Prognosen f und g vor.
Geben Sie die Achsenbezeichnungen an und ordnen Sie die Funktionsgleichungen zu.

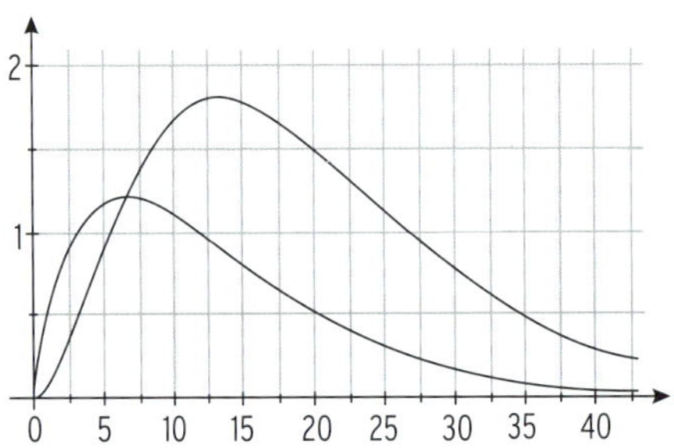

b) Bestimmen Sie den Zeitpunkt, in dem beide Prognosen eine Neuverschuldung in gleicher Höhe vorhersagen.

Test zur Überprüfung Ihrer Grundkenntnisse

1 Lösen Sie folgende Gleichungen.

a) $e^{x-4} = 2$

b) $e^{x} = 2e^{-x}$

c) $\left(2 + \frac{3}{2}x\right)e^{x+1} = 0$

2

a) Der Graph von g mit $g(x) = a e^{-x} + b$ verläuft durch die Punkte A (0|4) und B(1|2). Bestimmen Sie a und b.

b) Die Abbildung zeigt das Schaubild einer Funktion, die zum Typ $f(x) = a e^{kx} + b$ gehört. Machen Sie Aussagen über a, b und k.

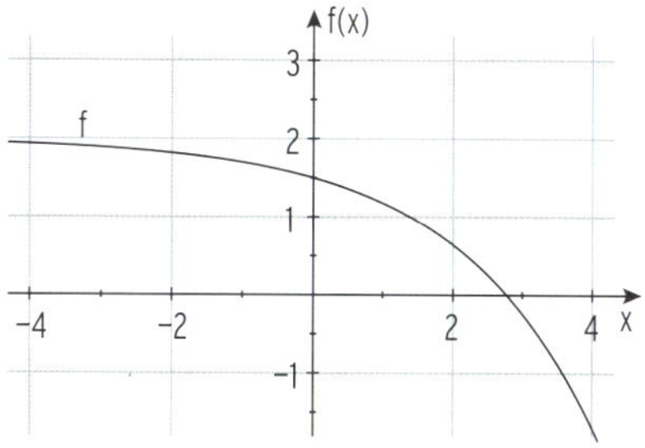

3 Gegeben sind die Funktionen f und g durch $f(x) = -2e^{-x} + 4$ und $g(x) = 2e^{x}$; $x \in \mathbb{R}$. Untersuchen Sie die gegenseitige Lage der Graphen von f und g. Begründen Sie Ihr Ergebnis durch eine Rechnung.

4 Die Funktion f ist gegeben durch $f(x) = (3 - x)e^{x}$; $x \in \mathbb{R}$. Der Graph von f wird um 2 nach rechts verschoben und mit dem Faktor 2 in Ordinatenrichtung gestreckt. Dadurch entsteht der Graph von g. Bestimmen Sie den Schnittpunkt des Graphen von g mit der Abszissenachse.

5 Gegeben ist die Exponentialfunktion f mit $f(x) = -\frac{1}{2}e^{x} + 3$; $x \in \mathbb{R}$.

a) Beschreiben Sie den Verlauf des Graphen von f. Ermitteln Sie den Bereich, auf dem der Graph von f unterhalb der Abszissenachse verläuft.

b) Der Graph von f wird in Ordinatenrichtung verschoben, sodass der verschobene Graph die Abszissenachse in 2 schneidet. Bestimmen Sie einen möglichen Funktionsterm.

6 Das Unternehmen FCB bietet als Polypolist verschiedene Fanartikel zur Fußball-WM an. Gegeben sind die Angebotsfunktion p_A mit $p_A(x) = 2 \cdot e^{0{,}2x}$ und die Nachfragefunktion p_N mit $p_N(x) = 5 \cdot e^{-0{,}3x} + 0{,}8$.
Berechnen Sie den Höchstpreis und das Marktgleichgewicht. Interpretieren Sie Ihre Ergebnisse aus ökonomischer Sicht.
Skizzieren Sie die Nachfrage- und die Angebotsfunktion in ein gemeinsames Koordinatensystem. Stellen Sie auch das Marktgleichgewicht grafisch dar.

1.1.5 Ableitungsregeln

Ableitung der natürlichen Exponentialfunktion

Beispiel

➲ Gegeben ist die Funktion f mit $f(x) = e^x;\ x \in \mathbb{R}$.
Ein elektronisches Hilfsmittel erstellt eine Wertetabelle für $f(x)$ und $f'(x)$.
Formulieren Sie eine Vermutung für die Ableitung von f.

X	Y1	Y'1
-1	0.3678	0.3678
0	1	1
1	2.7182	2.7182
2	7.389	7.389

Lösung

Vermutung: Die Funktion f mit $f(x) = e^x;\ x \in \mathbb{R}$, hat die Ableitung $f'(x) = e^x$.

Erläuterung: Ableitung an der Stelle 0
mithilfe des **Differenzenquotienten**:
$m = \frac{f(0+h) - f(0)}{h} = \frac{e^{0+h} - e^0}{h} = \frac{e^h - 1}{h}$
Aufgrund der Grafik kann man erkennen, dass der Grenzwert des Differenzenquotienten für $h \to 0$ den Wert 1 hat, also $f'(0) = \lim\limits_{h \to 0} \frac{e^h - 1}{h} = 1$.

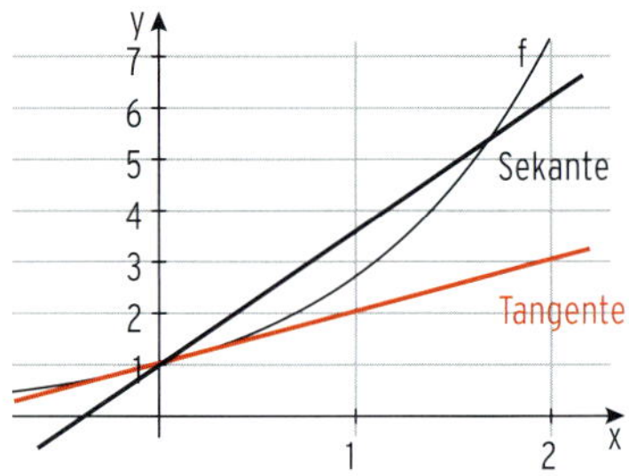

Ableitung von f mit $f(x) = e^x$ an der Stelle x_0

Differenzenquotient: $\frac{f(x_0 + h) - f(x_0)}{h} = \frac{e^{x_0 + h} - e^{x_0}}{h} = \frac{e^{x_0} \cdot e^h - e^{x_0}}{h} = e^{x_0} \cdot \frac{e^h - 1}{h}$

Grenzwert für $h \to 0$: $f'(x_0) = \lim\limits_{h \to 0} \left(e^{x_0} \cdot \frac{e^h - 1}{h} \right) = e^{x_0} \cdot 1 = e^{x_0}$

Beachten Sie

Ersetzt man x_0 durch x, so gilt für $f(x) = e^x$: $f'(x) = e^x$.
Die Ableitung der „e-Funktion" ist die „e-Funktion" selbst.

Verdeutlichung:
$f(0) = f'(0)$
$f(1) = f'(1)$
$f(x) = f'(x)$
Die Ordinate eines Kurvenpunktes stimmt mit der Steigung in diesem Punkt überein.

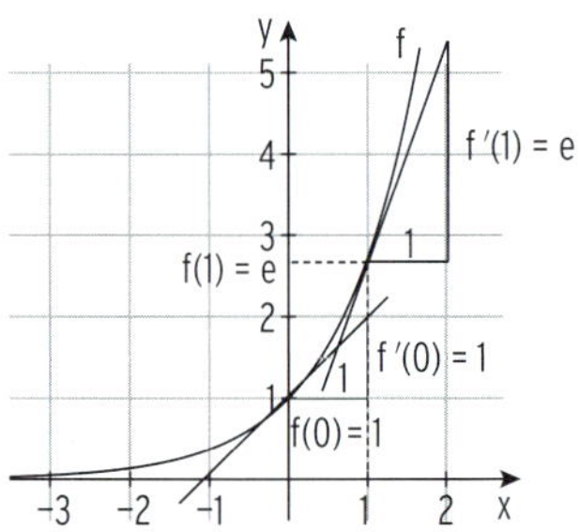

Beispiele

$f(x) = 3e^x + 4 \Rightarrow f'(x) = 3e^x$

$f(x) = 2 - e^x \Rightarrow f'(x) = -e^x$

$f(x) = 2x + 0{,}5e^x \Rightarrow f'(x) = 2 + 0{,}5e^x$

$f(x) = -5x^3 - 5e^x \Rightarrow f'(x) = -15x^2 - 5e^x$

$f(x) = \frac{e^x}{4} + 5 \Rightarrow f'(x) = \frac{e^x}{4}$

$f(x) = -0{,}125e^x - x \Rightarrow f'(x) = -0{,}125e^x - 1$

Kettenregel der Ableitung

Beispiel

➲ Gegeben ist die Funktion f mit $f(x) = e^{0,5x}$.

Der GTR erstellt eine Wertetabelle für f(x) und f′(x).

Formulieren Sie eine Vermutung für die Ableitung von f.

X	Y1	Y'1
-1	0.6065	0.3032
0	1	0.5
1	1.6487	0.8243
2	2.7182	1.3591

Lösung

Vermutung: $f'(x) = 0,5\ e^{0,5x}$.

Zur Bestätigung der Vermutung benötigt man eine neue Ableitungsregel, die **Kettenregel.**

Herleitung der Kettenregel

Die Funktion f ist eine Verkettung der Funktionen u und h: $f(x) = h(u(x))$,

$u: x \mapsto u(x)$ ist die innere Funktion,

$h: u \mapsto h(u)$ ist die äußere Funktion.

Ableitung der Funktion f an der Stelle x_0

Der Differenzenquotient von f lässt sich mithilfe der Differenzenquotienten von h und u darstellen:

$$\frac{f(x) - f(x_0)}{x - x_0} = \frac{h(u(x)) - h(u(x_0))}{x - x_0} = \frac{h(u(x)) - h(u(x_0))}{u(x) - u(x_0)} \cdot \frac{u(x) - u(x_0)}{x - x_0}$$

Für $x \to x_0$ gilt auch $u(x) \to u(x_0)$.

Der Grenzübergang $x \to x_0$ liefert: $f'(x_0) = h'(u(x_0)) \cdot u'(x_0)$

Beachten Sie

Ist die Funktion f eine Verkettung $f(x) = h(u(x))$, so gilt für die Ableitung von f:

$$f'(x) = \underbrace{h'(u(x))}_{\text{Ableitung nach u}} \cdot \underbrace{u'(x)}_{\text{Ableitung nach x}}$$

Merkregel: „äußere mal innere Ableitung"

Bestätigung der Vermutung für $f(x) = e^{0,5x}$ durch Ableiten mit der Kettenregel

$f(x) = e^{0,5x}$ — innere Funktion: $u(x) = 0,5x$ und $u'(x) = 0,5$

äußere Funktion: $h(u) = e^u$; $h'(u) = e^u$

Ableitung

$$f'(x) = h'(u) \cdot u'(x) = e^u \cdot 0,5$$
$$= e^{0,5x} \cdot 0,5$$
$$= 0,5\ e^{0,5x}$$

Kettenregel für eine Exponentialfunktion f mit $f(x) = e^{u(x)}$: $f'(x) = e^{u(x)} \cdot u'(x)$

Beispiele

1) $f(x) = e^{-2x}$ innere Funktion: $u(x) = -2x$; $u'(x) = -2$
äußere Funktion: $h(u) = e^u$; $h'(u) = e^u$

1. Ableitung: $f'(x) = h'(u) \cdot u'(x) = e^u \cdot (-2)$
$f'(x) = e^{-2x} \cdot (-2) = -2\,e^{-2x}$

2) $f(x) = \frac{1}{8}e^{3x+1}$ innere Funktion: $u(x) = 3x + 1$; $u'(x) = 3$
äußere Funktion: $h(u) = \frac{1}{8}\,e^u$; $h'(u) = \frac{1}{8}\,e^u$

1. Ableitung: $f'(x) = \frac{1}{8}\,e^u \cdot 3 = \frac{1}{8}e^{3x+1} \cdot 3$
$f'(x) = \frac{3}{8}e^{3x+1}$

3) $f(x) = e^{1-4x} + 5x$ $f'(x) = e^{1-4x} \cdot (-4) + 5$
1. Ableitung: $f'(x) = -4 \cdot e^{1-4x} + 5$
2. Ableitung: $f''(x) = -4 \cdot e^{1-4x} \cdot (-4) = 16 \cdot e^{1-4x}$
3. Ableitung: $f'''(x) = 16 \cdot e^{1-4x} \cdot (-4) = -64 \cdot e^{1-4x}$

4) $f(x) = 2^x$
Schreibweise in e-Basis: $2^x = (e^{\ln(2)})^x = e^{\ln(2) \cdot x}$
1. Ableitung: $f'(x) = e^{\ln(2) \cdot x} \cdot \ln(2) = \ln(2) \cdot 2^x$

$a^x = e^{\ln(a) \cdot x}$
$(a^x)' = \ln(a) \cdot e^{\ln(a) \cdot x}$
$= \ln(a) \cdot a^x$

5) $f(x) = e^{-3x^2+1}$
1. Ableitung: $f'(x) = e^{-3x^2+1} \cdot (-6x) = -6x \cdot e^{-3x^2+1}$

Aufgaben

1 Bestimmen Sie $f'(x)$.

a) $f(x) = -0{,}5e^x + 7$ b) $f(x) = 3 - \frac{1}{5}e^x$ c) $f(x) = 6x - e^x + 1$

2 Bestimmen Sie die erste und zweite Ableitung von f.

a) $f(x) = 2 - 5e^{-2x}$ b) $f(x) = -\frac{1}{5}e^{-1{,}2x}$ c) $f(x) = 6x - e^{-kx}$
d) $f(x) = 1 - 3e^{2-2x}$ e) $f(x) = 6 - \frac{3}{2}\,e^{mx}$ f) $f(x) = 2x - 2e^{4-3x}$
g) $f(x) = 4^x$ h) $f(t) = 300 \cdot 1{,}15^t$ i) $f(x) = 12 \cdot 0{,}25^x + 1$

3 Bestimmen Sie $f'(0)$ und $f''(1)$.

a) $f(x) = x - \frac{5}{2}e^{-0{,}2x}$ b) $f(x) = 1 - \frac{1}{3}e^{2x}$ c) $f(x) = \frac{x^2}{6} - e^{-3x}$

4 Gegeben ist die Funktion f mit $f(x) = x^2 - 3e^{1-0{,}5x}$; $x \in \mathbb{R}$.
Zeigen Sie: $f''(x) = 2 - \frac{3}{4}e^{1-0{,}5x}$.

5 Bestimmen Sie $f'(x)$.

a) $f(x) = -0{,}5e^{x^2} + x^2$ b) $f(x) = 3e^{2-x^2}$ c) $f(x) = e^{6x-x^2}$

Produktregel der Ableitung

Gegeben ist die Funktion f mit $f(x) = x e^x$.
Gesucht ist $f'(x)$.
Zum Ableiten einer Summe benötigt man die **Summenregel:**
Die Ableitung einer Summe ist die **Summe** der Ableitungen der Summanden. Eine entsprechende „einfache" Regel für ein Produkt gibt es nicht, wie man an einem Beispiel erkennen kann.

$$f(x) = x^2 \cdot (x^2 - 3) = x^4 - 3x^2$$
$$\downarrow \quad \downarrow \qquad\qquad \downarrow$$
$$2x \cdot 2x \neq 4x^3 - 6x$$

Man erkennt: Ein Produkt kann nicht faktorweise abgeleitet werden!
Für die Ableitung eines Produktes gibt es eine Regel, die Produktregel.

Produktregel	
Ist die Funktion f gegeben durch	$\mathbf{f(x) = u(x) \cdot v(x)}$,
so gilt für die Ableitung:	$\mathbf{f'(x) = u'(x) \cdot v(x) + u(x) \cdot v'(x)}$
In Kurzform:	$\mathbf{(u \cdot v)' = u' \cdot v + u \cdot v'}$

Beispiele

1) $f(x) = x \cdot e^x = u(x) \cdot v(x)$

Faktor: $u(x) = x \Rightarrow u'(x) = 1$ Faktor: $v(x) = e^x \Rightarrow v'(x) = e^x$

Mit der **Produktregel:** $f'(x) = 1 \cdot e^x + x \cdot e^x$

1. Ableitung: $f'(x) = (1 + x)e^x$

2) $f(x) = (2x - 1)e^{4x}$

$u(x) = 2x - 1 \Rightarrow u'(x) = 2$ $v(x) = e^{4x} \Rightarrow v'(x) = 4e^{4x}$ **(Kettenregel)**

Mit der **Produktregel:** $f'(x) = 2 \cdot e^{4x} + (2x - 1) \cdot 4e^{4x}$

1. Ableitung $f'(x) = (8x - 2)e^{4x}$

3) $f(x) = 200x \cdot e^{-0{,}05x^2}$

$u(x) = 200x \Rightarrow u'(x) = 200$

$v(x) = e^{-0{,}05x^2} \Rightarrow v'(x) = -2 \cdot 0{,}05 \cdot x \cdot e^{-0{,}05x^2} = -0{,}1x \cdot e^{-0{,}05x^2}$ **(Kettenregel)**

Mit der **Produktregel:** $f'(x) = 200 \cdot e^{-0{,}05x^2} + 200x \cdot (-0{,}1x \cdot e^{-0{,}05x^2})$

1. Ableitung $f'(x) = (200 - 20x^2) \cdot e^{-0{,}05x^2}$

Aufgaben

1 Bestimmen Sie $f'(x)$.

a) b)

a) $f(x) = (x + 1)e^x$ b) $f(x) = x^2e^{-0{,}25x}$ c) $f(x) = (x + 1)e^{-2x}$

d) $f(x) = (3 - 2x)e^{-0{,}5x}$ e) $f(x) = (x + 2)e^{2x}$ f) $f(x) = (x + 3)e^{4x - 3}$

2 Gegeben ist die Funktion f mit $f(x) = xe^{-x}$; $x \in \mathbb{R}$.
Formulieren Sie eine Vermutung für die vierte Ableitung von f.

3 Bestimmen Sie die erste Ableitung von f.

a) $f(x) = xe^{-0{,}2x^2}$ b) $f(x) = x^2e^{1 - x^2}$ c) $f(x) = (2x + 2)e^{x^2 - 2x}$

3 Bohner, Ott, Deusch - ISBN 978-3-8120-0696-5

Aufgaben

1 Gegeben ist die Funktion f mit $f(x) = 5x + 2e^{4-x}$; $x \in \mathbb{R}$.

a) Bestimmen Sie den Punkt auf dem Schaubild von f mit dem Anstieg 1.

b) Geben Sie den größten der drei Ableitungswerte $f'(0)$; $f'(1)$; $f'(-1)$ an.

2 Die Tangente an das Schaubild von f mit $f(x) = e^{-0{,}25x}$ in $x = -4$ schneidet die Abszissenachse im Ursprung. Überprüfen Sie.

3 Gegeben ist die Funktion f mit $f(x) = e + 3e^{-x}$; $x \in \mathbb{R}$.
Es gibt einen Punkt auf dem Graphen von f mit der Steigung 2.
Entscheiden Sie, ob diese Behauptung richtig ist.

4 Die Funktion f mit $f(x) = 4 - 2{,}2e^{-0{,}12x}$ beschreibt für $x \geq 0$ die Höhe eines Strauches.
Berechnen Sie $f'(0)$, $f'(20)$ und $f'(100)$ und interpretieren Sie diese Werte.

5 Das schwäbische Unternehmen „Duogema" produziert als Monopolist Trikots. Die Gesamtkostenfunktion K ist gegeben mit $K(x) = e^{0{,}2x} + 1{,}75x$. Dabei gibt x die produzierte Menge an Trikots in Mengeneinheiten [ME] an. Die Kosten sind in Geldeinheiten [GE] angegeben. Ermitteln Sie die Gleichung der Grenzkostenfunktion K'. Berechnen Sie die Kostenänderung für den aktuellen Auftrag über 6 ME. Berechnen Sie ohne Hilfsmittel die Stelle, an der die Grenzkosten und die Stückkosten übereinstimmen. Bestimmen Sie den Funktionswert der Schnittstelle von K' und k und interpretieren Sie beide Werte ökonomisch.

6 Wirtschaftsforschungsinstitute haben für die Regierung und die Opposition verschiedene Prognosefunktionen für die Neuverschuldung entwickelt.
$f(t) = t \cdot e^{-0{,}1t}$ bzw. $g(t) = 0{,}5t^2 \cdot e^{-0{,}1t}$.
Dabei ist t in Zeiteinheiten (ZE) und f(t) bzw. g(t) in GE/ZE angegeben.
$t = 0$ ist der Prognosebeginn.
Bestimmen Sie die Zeitpunkte, in dem die Graphen der Funktionen f und g die gleiche Steigung haben. Bestimmen Sie den zugehörigen Steigungswert.
Interpretieren Sie Ihre Ergebnisse ökonomisch.

7 Die Vertriebsleitung geht davon aus, dass sich die Absatzzahlen der Küchenmaschine „MIX4U" in Abhängigkeit von der Zeit t in Monaten durch die Funktion f mit $f(t) = 100 \cdot e^{-0{,}1t^2 + 0{,}2t}$; $t \in \mathbb{R}$, $t \geq 0$, beschreiben lassen. Dabei gibt f(t) die Anzahl der verkauften Küchenmaschinen in Stück im Monat t an.

Skizzieren Sie den Graphen von f in ein geeignetes Koordinatensystem.
Berechnen Sie die momentane Absatzänderung zu Beginn und nach 2 Monaten.
Die Tangente in $t = 1$ hat die Gleichung $y = 110{,}517$. Überprüfen Sie die Behauptung und interpretieren Sie das Ergebnis ökonomisch.

1.1.6 Kurvenuntersuchung

Beispiel 1

➲ Gegeben ist die Funktion f mit $f(x) = e^{2x-1} - 0{,}5x$; $x \in \mathbb{R}$.

a) Skizzieren Sie den Graphen von f und beschreiben Sie den Verlauf.

b) Zeigen Sie, f hat eine Minimalstelle. Bestimmen Sie die Koordinaten des Extrempunktes.

c) Untersuchen Sie den Graphen von f auf Wendepunkte.

Lösung

a) Skizze:

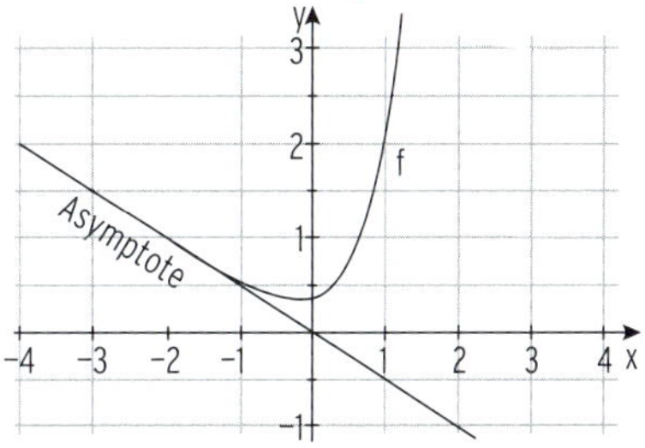

Verlauf des Graphen von f:
vom 2. in den 1. Quadranten;
Für $x \to \infty$: $f(x) \to \infty$
Für $x \to -\infty$: $e^{2x-1} \to 0$ und damit $f(x) \approx -0{,}5x$
Die Gerade mit $y = -0{,}5x$ ist Asymptote.

b) $f(x) = e^{2x-1} - 0{,}5x$
Ableitungen: $f'(x) = 2 \cdot e^{2x-1} - 0{,}5$; $f''(x) = 4 \cdot e^{2x-1}$
Minimalstelle mit $f'(x) = 0 \wedge f''(x) > 0$
Notwendige Bed.: $f'(x) = 0$ $\quad 2 \cdot e^{2x-1} - 0{,}5 = 0$
$e^{2x-1} = 0{,}25$
Diese Gleichung hat eine Lösung: $\quad x_1 = \frac{\ln(0{,}25) + 1}{2} \approx -0{,}19$
$f''(x_1) = 4 \cdot e^{2x_1 - 1} > 0$: x_1 ist Minimalstelle.
Tiefpunkt T(− 0,19 | 0,35).

c) Wegen $f''(x) = 4 \cdot e^{2x-1} > 0$ hat der Graph von f keinen Wendepunkt.

Beispiel 2

➲ Auf dem Markt für Fanartikel wird die Nachfrage beschrieben durch die Funktion p_N mit
$p_N(x) = 4e^{-0{,}2x} + 0{,}8$; $x \in \mathbb{R}$; $0 \leq x \leq 12$; x in ME, $p_N(x)$ in GE/ME.
Zeigen Sie, p_N ist monoton fallend und der Graph von p_N ist linksgekrümmt.

Lösung

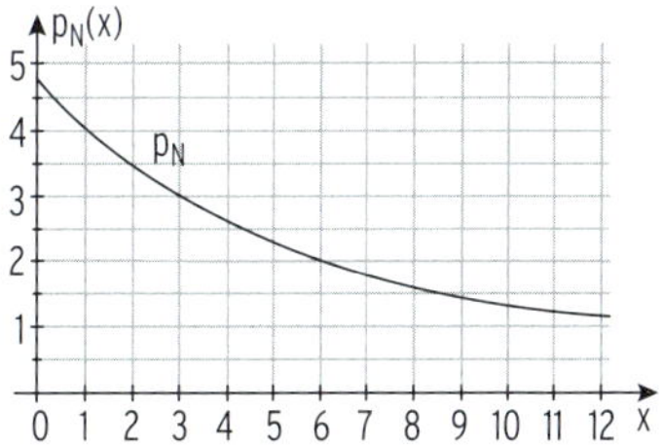

Hinweis: Der Graph von p_N hat (für $x \in \mathbb{R}$) für $x \to \infty$ eine waagrechte Asymptote (y = 0,8).

$p_N(x) = 4e^{-0{,}2x} + 0{,}8$

Ableitungen: $p_N'(x) = 4e^{-0{,}2x} \cdot (-0{,}2) = -0{,}8e^{-0{,}2x}$
$p_N''(x) = 0{,}16 \cdot e^{-0{,}2x}$

p_N ist monoton fallend
für $p_N'(x) < 0$: $\quad -0{,}8e^{-0{,}2x} < 0$ wegen $e^{-0{,}2x} > 0$

Der Graph von p_N ist linksgekrümmt
für $p_N''(x) > 0$: $\quad 0{,}16 \cdot e^{-0{,}2x} > 0$

p_N ist monoton fallend und der Graph von p_N ist linksgekrümmt.

Beispiel 3

➲ Gegeben ist die Funktion f mit $f(x) = x^2 \cdot e^{-x}$; $x \in \mathbb{R}$.

a) Skizzieren Sie den Graphen von f und beschreiben Sie den Verlauf.

b) Berechnen Sie die Koordinaten der Extrempunkte des Graphen von f .

c) Bestimmen Sie die Gleichung der Tangente an den Graphen von f in $x = 4$.
Zeichnen Sie die Tangente in Ihre Skizze ein.

Lösung

a) Skizze:

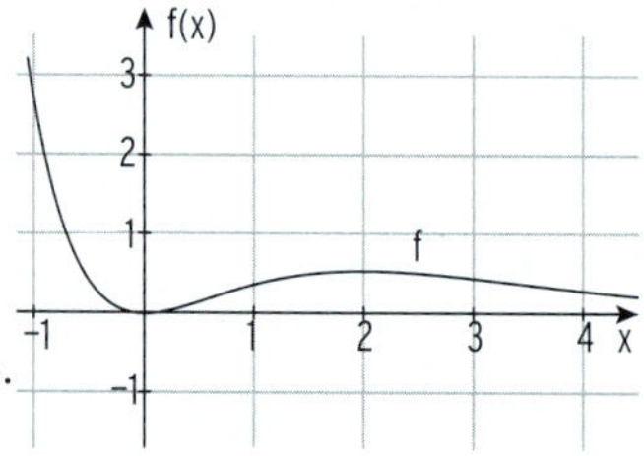

Verlauf des Graphen von f:

Verlauf vom 2. in den 1. Quadranten.

Der Graph von f berührt die Abszissenachse im Ursprung. Die Abszissenachse ist Asymptote für $x \to \infty$.

b) **Ohne Hilfsmittel**

$f(x) = x^2 \cdot e^{-x}$; Ableitungen: $f'(x) = 2x \cdot e^{-x} - x^2 \cdot e^{-x} = (2x - x^2) \cdot e^{-x}$

$f''(x) = (2 - 2x) \cdot e^{-x} - (2x - x^2) \cdot e^{-x} = (2 - 4x + x^2) \cdot e^{-x}$

Extrempunkte

Berechnung mit $f'(x) = 0 \wedge f''(x) \neq 0$

Notwendige Bed.: $f'(x) = 0$ $\quad (2x - x^2) \cdot e^{-x} = 0$

mit $e^{-x} \neq 0$ $\quad 2x - x^2 = 0$

Satz vom Nullprodukt: $\quad x \cdot (2 - x) = 0$

$x_1 = 0$; $x_2 = 2$

Einsetzen der x-Werte in $f''(x)$

$f''(0) = 2 > 0$: f hat in $x = 0$ ein (relatives) Minimum,
Der Graph von f hat einen Tiefpunkt an der Stelle $x_1 = 1$.

$f''(2) = -2e^{-2} < 0$: f hat in $x = 2$ ein (relatives) Maximum,
Der Graph von f hat einen Hochpunkt an der Stelle $x_2 = 2$.

Mit $f(0) = 0$ erhält man den Tiefpunkt T(0 | 0).

Mit $f(2) = 4e^{-2}$ erhält man den Hochpunkt $H(2 \mid 4e^{-2})$, gerundet H(2 | 0,54).

c) Tangente an den Graphen von f in $x = 4$

Berührpunkt: $f(4) = 16e^{-4}$ $\quad B(4 \mid 16e^{-4})$

Steigung: $f'(4) = -8e^{-4}$

Aus $y = mx + b$ ergibt sich:

$16e^{-4} = -8e^{-4} \cdot 4 + b$

$b = 48e^{-4}$

Tangentengleichung: $y = -8e^{-4} \cdot x + 48e^{-4}$

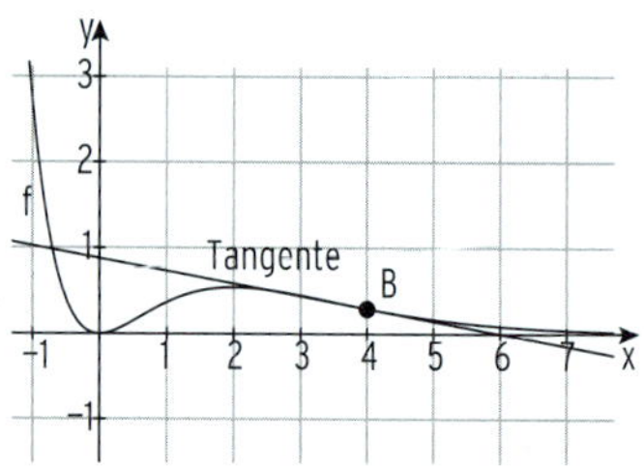

Tangentengleichung mit GTR/CAS:

$y = -1{,}47x + 0{,}88$

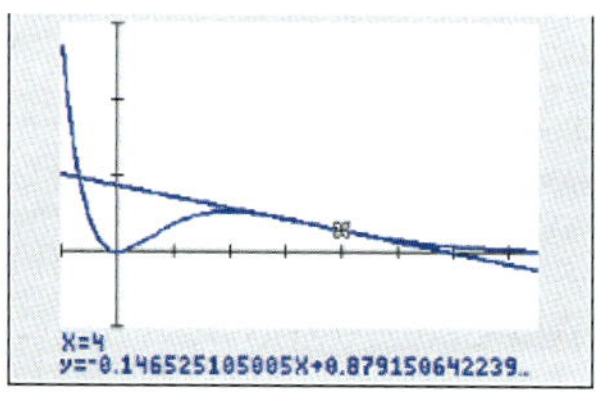

Beispiel 4

➲ Gegeben ist die Funktion f mit $f(x) = 3xe^{-0{,}04x^2}$; $x > 0$.

a) Skizzieren Sie den Graphen von f und beschreiben Sie den Verlauf.

b) Zeigen Sie: $f''(x) = (-0{,}72x + 0{,}0192x^3) \cdot e^{-0{,}04x^2}$. Bestimmen Sie den Punkt auf dem Graphen von f, in dem die Steigung am stärksten abnimmt.

c) Geben Sie den Bereich an, auf dem gilt: $f(x) \geq 2$.

Lösung

a) Skizze des Graphen von f:

Der Graph von f verläuft für $x > 0$ im 1. Quadranten, hat einen Hochpunkt und nähert sich für $x \to \infty$ an die Abszissenachse an.

Die Abszissenachse ist Asymptote für $x \to \infty$.

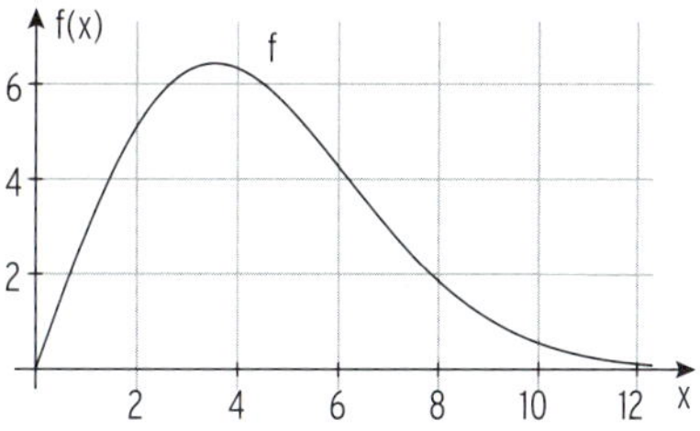

b) Ableitungen mit der Produktregel und der Kettenregel

$f(x) = 3xe^{-0{,}04x^2}$

Faktor: $u(x) = 3x$ — $u'(x) = 3$

Faktor: $v(x) = e^{-0{,}04x^2}$ — $v'(x) = e^{-0{,}04x^2} \cdot (-0{,}04 \cdot 2x) = -0{,}08xe^{-0{,}04x^2}$

(Kettenregel)

Mit der **Produktregel:** $f'(x) = 3 \cdot e^{-0{,}04x^2} + 3x(-0{,}08xe^{-0{,}04x^2})$

$f'(x) = (3 - 0{,}24x^2) \cdot e^{-0{,}04x^2}$

1. Ableitung: $f'(x) = (3 - 0{,}24x^2) \cdot e^{-0{,}04x^2}$

Faktor: $u(x) = 3 - 0{,}24x^2$ — $u'(x) = -0{,}48x$

Faktor: $v(x) = e^{-0{,}04x^2}$ — $v'(x) = -0{,}08xe^{-0{,}04x^2}$

Mit der **Produktregel:** $f'(x) = -0{,}48x \cdot e^{-0{,}04x^2} + (3 - 0{,}24x^2)(-0{,}08xe^{-0{,}04x^2})$

2. Ableitung: $f''(x) = (-0{,}72x + 0{,}0192x^3) \cdot e^{-0{,}04x^2}$

Wendepunkt

Die Steigung nimmt im Wendepunkt am stärksten ab.

Bedingung: $f''(x) = 0$ — $(-0{,}72x + 0{,}0192x^3) \cdot e^{-0{,}04x^2} = 0$

Lösungen mit GTR/CAS: $x_1 = 0$; $x_2 \approx -6{,}12$; $x_3 \approx 6{,}12$

Mit $x > 0$: $x_3 \approx 6{,}12$

Nachweis: x_1 ist eine einfache Nullstelle von f″ und damit eine Wendestelle.

Wendepunkt: W(6,12 | 4,10)

Im Punkt W(6,12 | 4,10) nimmt die Steigung am stärksten ab.

c) Bedingung: $f(x) \geq 2$

Lösung der Gleichung $f(x) = 2$ mit GTR/CAS: $x_1 \approx 0{,}68$; $x_2 \approx 7{,}85$

Mithilfe der Graphik:

Im Bereich von 0,68 bis 7,85 gilt: $f(x) \geq 2$.

Aufgaben

1 Untersuchen Sie den Graphen von f auf Extrem- und Wendepunkte. Bestimmen Sie die Gleichung der Asymptote des Graphen von f. Skizzieren Sie den Graphen von f.

a) $f(x) = 0{,}5xe^{-x}$ b) $f(x) = \frac{1}{8}e^{3x} - 2x$ c) $f(x) = (x - 1)e^{0{,}2x}$

2 Skizzieren Sie das Schaubild von f mit $f(x) = (2x - 1)e^{x}$ und die Tangente im Kurvenpunkt $P(1 \mid f(1))$ in ein Koordinatensystem ein. Bestimmen Sie die Gleichung der Tangente in P.

3 Auf dem Markt für Fanartikel wird das Angebot beschrieben durch die Funktion p_A mit $p_A(x) = 2e^{0{,}2x} + 0{,}4$; $x \in \mathbb{R}$; $0 \leq x \leq 12$; x in ME, $p_A(x)$ in GE/ME.
Zeigen Sie, p_A ist monoton wachsend und der Graph von p_A ist linksgekrümmt.

4 Bestimmen Sie die Wertemenge der Funktion f mit $f(x) = e^{0{,}5x}(x - 3)$; $x \in \mathbb{R}$. Untersuchen Sie den Graphen von f auf Wendepunkte. Geben Sie die Gleichung der Wendetangente an.

5 Gegeben ist die Funktion f mit $f(x) = -4x^2e^{x}$; $x \in \mathbb{R}$.

a) Zeigen Sie: $f'(x) = -4(x^2 + 4x + 2)e^{x}$. Berechnen Sie die lokalen Extrempunkte.

b) Zeigen Sie: Die Tangente an den Graphen von f in $x = -1$ verläuft durch den Ursprung.

c) Der Graph von f schneidet die Parabel mit der Gleichung $y = -x^2$ in zwei Punkten. Berechnen Sie die Koordinaten dieser Punkte.

6 Die Abbildung zeigt das Schaubild einer Funktion f.
Übertragen Sie die Abbildung in Ihr Heft.
Skizzieren Sie das Schaubild von f' und von f'' in das Koordinatensystem ein.
Erläutern Sie Ihre Vorgehensweise.

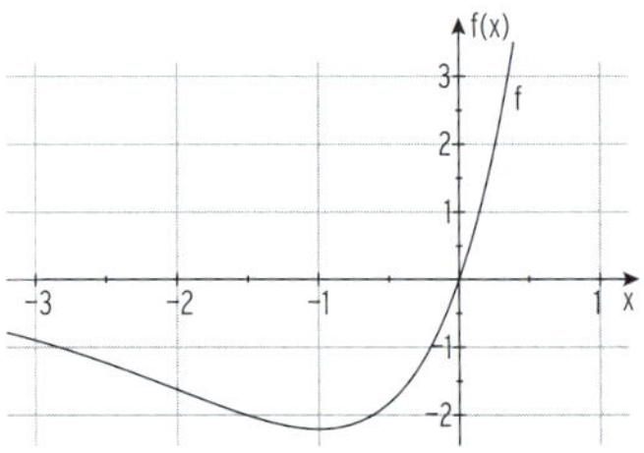

7 Für den Verkauf der T-Shirts lautet die Gewinnfunktion: $G(x) = 10xe^{-\frac{1}{10}x}$.
Zeigen Sie, dass der Grenzgewinn mit $G'(x) = 10e^{-\frac{1}{10}x} - xe^{-\frac{1}{10}x}$ beschrieben wird.
Berechnen Sie die Gewinnschwelle und das Gewinnmaximum.
Bestimmen Sie die Wendestelle von G und interpretieren Sie ökonomisch.

8 Auf einem Teilmarkt agiert ALDA als Monopolist. Aufgrund einer von ALDA in Auftrag gegebenen Marktuntersuchung wurde festgestellt, dass die Nutzer dieser Produkte Preisvorstellungen entsprechend der Preis-Absatz-Funktion p_N mit $p_N(x) = -xe^{0{,}5x} + 8$ haben.

a) Berechnen Sie die Sättigungsmenge.

b) Geben Sie die Gleichung der Erlösfunktion E an. Weisen Sie nach, dass E im ökonomisch sinnvollen Definitionsbereich keine Wendestellen hat.

9 Der Hersteller einer Automarke rechnet für ein Produkt mit der Nachfragefunktion p_N mit $p_N(x) = x\,e^{1-3x}$; $0 \leq x \leq 1{,}4$; x in ME, $p_N(x)$ in GE/ME. Eine Nachfragefunktion ist streng monoton fallend. Ermitteln Sie unter dieser Bedingung den ökonomisch sinnvollen Definitionsbereich für die Nachfragefunktion und das zugehörige Intervall der Nachfragepreise.

10 Untersuchen Sie das Schaubild von f mit $f(x) = xe^{-0{,}5x^2}$ auf Extrem- und Wendepunkte.

1.1.7 Exponentialfunktionen in Anwendungen

1.1.7.1 Wachstumsprozesse

Exponentielles Wachstum

Beispiel

➲ Die Anzahl der Individuen einer Population wurde im Laufe von 5 Wochen gemessen:

t (in Wochen)	0	1	2	3	4	5
Bestand f (t)	825	968	1135	1333	1564	1836

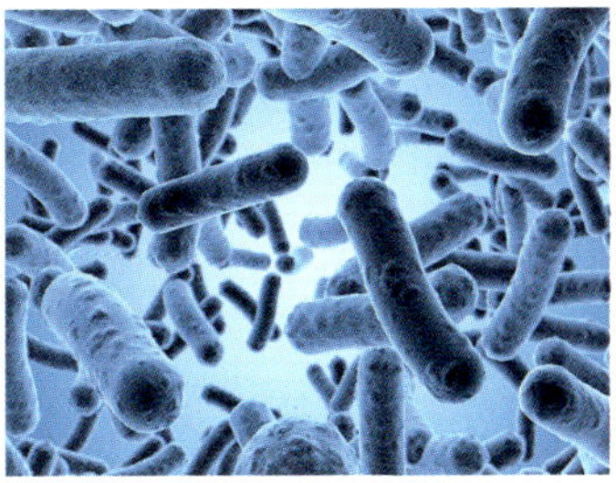

a) Begründen Sie die Annahme, dass der Bestand ungefähr exponentiell zunimmt.
Bestimmen Sie das Wachstumsgesetz der Form $f(t) = a\,e^{kt}$.

b) Prüfen Sie, ob die Differenzialgleichung $f'(t) = k \cdot f(t)$ erfüllt ist.
Interpretieren Sie die Gleichung.

c) Ermitteln Sie den Zeitpunkt, ab dem die Zunahme des Bestands pro Woche größer als 900 ist.

Lösung

a) **Exponentielles Wachstum** liegt vor, wenn die Anzahl der Individuen in einer Woche stets mit dem **gleichen Faktor** wächst: $\frac{f(1)}{f(0)} \approx 1{,}173$; $\frac{f(2)}{f(1)} \approx 1{,}172 \Rightarrow f(t+1) = 1{,}17 \cdot f(t)$

Der **Wachstumsfaktor** beträgt also 1,17. Die Anzahl der Individuen nimmt in einer Woche um 17 % des letzten Bestandes zu (Bestand zu Wochenbeginn).

Wachstumsgesetz: $f(t) = 825 \cdot 1{,}17^t$

Mit $1{,}17 = e^{\ln(1{,}17)} = e^{0{,}16}$ erhält man f (t) **in e-Basis:** $f(t) = 825 \cdot e^{0{,}16t}$

Alternative: **Ansatz für exponentielles Wachstum** $\mathbf{f(t) = a\,e^{kt}}$

Mit $f(0) = 825$: $a = 825$

$f(1) = 968$: $825\,e^{k \cdot 1} = 968$

$e^k = 1{,}17$

$k = \ln(1{,}17) = 0{,}16$

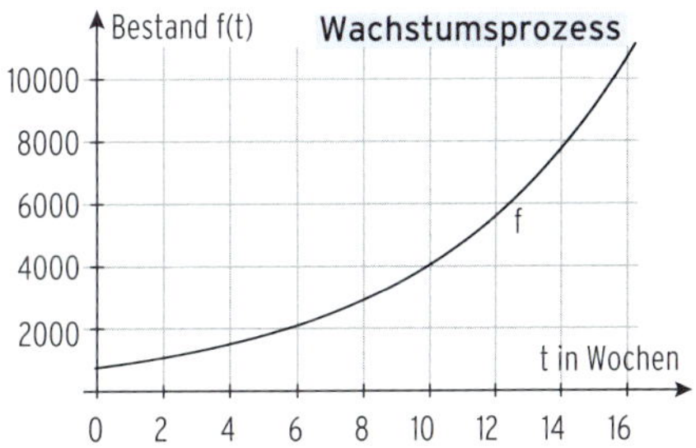

Wachstumsgesetz: $f(t) = 825 \cdot e^{0{,}16t}$

b) Ableitung: $f'(t) = 825 \cdot 0{,}16 \cdot e^{0{,}16t} = 132 \cdot e^{0{,}16t}$

Differenzialgleichung: $f'(t) = k \cdot f(t)$

Einsetzen: $132 \cdot e^{0{,}16t} = 0{,}16 \cdot 825 \cdot e^{0{,}16t}$

$132 \cdot e^{0{,}16t} = 132 \cdot e^{0{,}16t}$ Die Differenzialgleichung ist erfüllt.

Die Wachstumsgeschwindigkeit f′(t) ist proportional zum Bestand f(t).

Hinweis: In einer **Differenzialgleichung** kommen Ableitungen einer Funktion vor.

c) Die Ableitung von f gibt die Zunahme der Individuen pro Woche an.

Ansatz: $f'(t) = 132 \cdot e^{0{,}16t} = 900$

$e^{0{,}16t} = 6{,}82$

$t = \frac{\ln(6{,}82)}{0{,}16} = 11{,}99...$

Nach 12 Wochen ist die Zunahme der Individuen pro Woche größer als 900.

Exponentieller Zerfall

Beispiel

➲ Ein Zerfallsprozess eines radioaktiven Präparats lässt sich beschreiben durch $f(t) = 33{,}5 \cdot e^{-0{,}2053 \cdot t}$; t in Minuten, f(t) in 1000 Atome .

a) Bestimmen Sie die momentane Änderungsrate von f in $t = 2$. Interpretieren Sie.

b) Berechnen Sie den durchschnittlichen Zerfall auf dem Intervall [2; 6].

c) Ermitteln Sie den Zeitpunkt, in dem die Zahl der Atome am stärksten abnimmt. Geben Sie diese Abnahme an.

Lösung

a) Die momentane Änderungsrate wird beschrieben durch die 1. Ableitung: $f'(t) = 33{,}5 \cdot e^{-0{,}2053 \cdot t} \cdot (-0{,}2053)$

$f'(t) = -6{,}878 \cdot e^{-0{,}2053 \cdot t}$

$f'(2) = -4{,}56$ Die momentane Änderungsrate von f in $t = 2$ ist $-4{,}56$.

In $t = 2$ beträgt die Abnahme 4560 Atome pro Minute.

b) $\frac{\triangle f}{\triangle t} = \frac{f(6) - f(2)}{4} = \frac{9{,}77 - 22{,}22}{4} = \frac{-12{,}45}{4} = -3{,}1125$

Von der 2. bis zur 6. Minute nimmt die Zahl der Atome um 3112 pro Minute ab.

c) Es handelt sich um eine **Abnahme,** da $f'(t) < 0$ für $t \geq 0$.

2. Ableitung: $f''(t) = 1{,}412 \cdot e^{-0{,}2053 \cdot t}$

$f''(t) > 0$ bedeutet: der Graph von f ist linksgekrümmt

In $t = 0$ ist die Abnahme am stärksten: $f'(0) = -6{,}878$.

Die größte Abnahme beträgt 6878 Atome pro Minute.

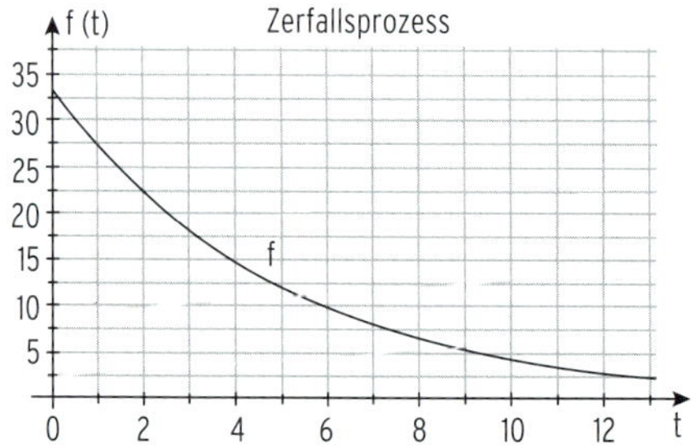

Hinweis: Differenzialgleichung: $f'(t) = k \cdot f(t)$

Einsetzen: $-6{,}878 \cdot e^{-0{,}2053 \cdot t} = k \cdot 33{,}5 \cdot e^{-0{,}2053 \cdot t}$ mit $k = -0{,}2053$

Die Differenzialgleichung $f'(t) = k \cdot f(t)$ ist erfüllt.

Die Wachstumsgeschwindigkeit $f'(t)$ ist proportional zum Bestand $f(t)$.

Aufgaben

1 Die Weltbevölkerung betrug 1975 etwa $4{,}1 \cdot 10^9$; 1993 lebten $5{,}5 \cdot 10^9$ Menschen auf der Erde. Das Wachstum für diesen Zeitraum kann näherungsweise beschrieben werden durch die Funktion f mit $f(t) = a e^{kt}$, t in Jahren, $t = 0 \triangleq 1975$, f(t) sei die Weltbevölkerung in Milliarden. Bestimmen Sie den Funktionsterm.
Die Vorhersage für 2014 weicht vom tatsächlichen Wert $7{,}2 \cdot 10^9$ ab.
Ermitteln Sie den Prozentsatz der Abweichung.
Beschreiben Sie die Entwicklung der Weltbevölkerung nach diesem Modell.
Das Modell hat Schwächen. Erläutern Sie diese. Berechnen Sie die momentane Änderungsrate von f für das Jahr 2017. Interpretieren Sie Ihr Ergebnis.

2 Das Wachstum einer Pflanze wird über einen Zeitraum von mehreren Jahren untersucht. Für die Wachstumsgeschwindigkeit w einer Pflanze in Abhängigkeit von der Zeit t liegen folgende Werte vor:

t in Jahren	1	2	3	4	5
w in $\frac{\text{Meter}}{\text{Jahr}}$	0,80	0,54	0,36	0,24	0,16

a) Zeigen Sie: Die Wachstumsgeschwindigkeit pro Jahr kann modelliert werden durch v mit $v(t) = 1{,}2e^{-0{,}4t}$; $t \geq 0$.
Dabei ist t die Zeit in Jahren und v(t) gibt die Wachstumsgeschwindigkeit in $\frac{\text{Meter}}{\text{Jahr}}$ zum Zeitpunkt t an.

b) Man betrachtet das Wachstum als beendet, wenn die Wachstumsgeschwindigkeit kleiner als 0,01 $\frac{\text{Meter}}{\text{Jahr}}$ ist. Bestimmen Sie diesen Zeitpunkt.

3 Zur Senkung des Blutdrucks wird der Betablocker Propranolol eingesetzt. Dieses Medikament kann intravenös (d.h. durch Einspritzen in eine Vene) oder in Tablettenform verabreicht werden. In einem Experiment wurde die Konzentration c des Wirkstoffes im Blut während 24 Stunden gemessen. c wird dabei in $\frac{\text{ng}}{\text{ml}}$ (Nanogramm pro Milliliter) angegeben. Dabei ergab sich folgende Wirkstoffkonzentration c mit
$c(t) = 52{,}93 \cdot 0{,}83064^t$, Zeit t in Stunden nach Verabreichung.

a) Stellen Sie die Wirkstoffkonzentration in einem Koordinatensystem dar.

b) Ermitteln Sie die Konzentration des Medikamentes 6 Minuten nach der Verabreichung. Bestimmen Sie die Zeit, die es dauert, bis nur noch die Hälfte des Medikamentes im Blut ist.

c) Erläutern Sie die Bedeutung von $c'(t)$ für den Zerfallsvorgang.
Begründen Sie: $c'(t)$ ist proportional zur noch vorhandenen Wirkstoffkonzentration.

Beschränktes Wachstum

Beispiel

➲ Eine Funktion f mit $f(t) = g - a \cdot e^{kt}$; $t \geq 0$ beschreibt für $g = 500$, $a = 300$ und $k = -0{,}036$ die Population von Mäusen in Abhängigkeit von der Zeit t ($t = 0$: Beginn der Messung; t in Jahren).

a) Geben Sie die Anzahl der Mäuse zu Beginn der Messung sowie den möglichenen Maximalbestand an. Nach 50 Jahren sind 90 % des Maximalbestandes erreicht. Nehmen Sie Stellung.

b) Prüfen Sie, ob die Gleichung $f'(t) = k \cdot (g - f(t))$ erfüllt ist. Interpretieren Sie.

c) Bestimmen Sie die momentane Änderungsrate von f in $t = 2$. Interpretieren Sie. Ermitteln Sie die durchschnittliche Änderungsrate von f auf dem Intervall [2; 10]

d) Bestimmen Sie die maximale Änderungsrate von f.

Lösung

a) $f(t) = 500 - 300\,e^{-0{,}036t}$; Anfangsbestand: $f(0) = 200$

Für $t \to \infty$ gilt: $f(t) \to 500$. Die waagrechte Asymptote hat die Gleichung $y = 500$.

Die maximal mögliche Population beträgt $g = 500$ **(Sättigungsgrenze g = 500)**.

90 % des Maximalbestandes entsprechen 450.

Bedingung: $f(t) = 450$ $\quad 500 - 300\,e^{-0{,}036t} = 450$

Umformung: $\quad e^{-0{,}036t} = \frac{1}{6}$

Logarithmieren: $\quad -0{,}036t = \ln\left(\frac{1}{6}\right)$

$t \approx 49{,}77$

Nach ca. 50 Jahren sind 90% des Maximalbestandes erreicht. Die Behauptung stimmt.

b) 1. Ableitung: $f'(t) = 10{,}8\,e^{-0{,}036t}$

Einsetzen in $f'(t) = k \cdot (g - f(t))$: $\quad 10{,}8\,e^{-0{,}036t} = -0{,}036 \cdot (500 - (500 - 300\,e^{-0{,}036t})$

ergibt eine wahre Aussage. $\quad 10{,}8\,e^{-0{,}036t} = 10{,}8\,e^{-0{,}036t}$

Die **Differenzialgleichung $f'(t) = k \cdot (g - f(t))$** ist erfüllt.

Die Wachstumsgeschwindigkeit $f'(t)$ ist proportional zur Differenz aus Sättigungsgrenze und Bestand.

Hinweis: Die Differenz aus Sättigungsgrenze und Bestand heißt Sättigungsmanko.

c) $f'(2) = 10{,}05$: Die **momentane Änderungsrate** von f in $t = 2$ ist 10,0.

Nach 2 Jahren beträgt die Zunahme 10 Mäuse pro Jahr.

Durchschnittliche Änderungsrate auf [2; 10]:

$\frac{\triangle f(t)}{\triangle t} = \frac{f(10) - f(2)}{8} = \frac{290{,}7 - 220{,}8}{8} = 8{,}7$

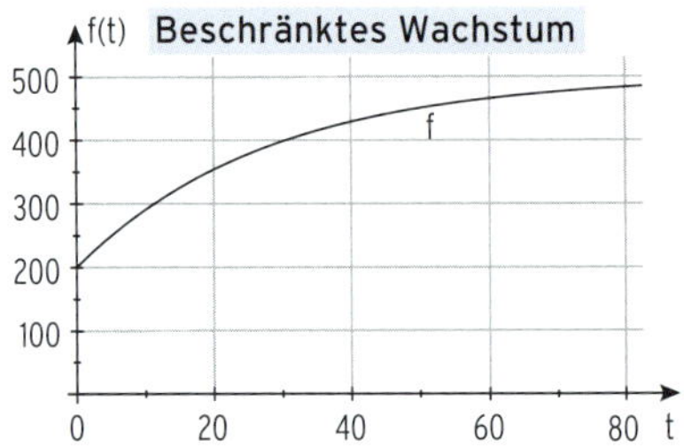

Vom 2. bis zum 10. Jahr nimmt die Population um etwa 9 Mäuse pro Jahr zu.

d) Zu Beginn der Messung ist die Änderungsrate von f (Steigung des Schaubildes von f) am größten: $f'(0) = 10{,}8$

Die maximale Änderungsrate von f beträgt ca. 11 Mäuse pro Jahr.

Aufgaben

1 Ein Behälter hat ein Fassungsvermögen von 1200 Liter. Die enthaltene Flüssigkeitsmenge zum Zeitpunkt t wird beschrieben durch die Funktion f mit $f(t) = 1000 - 800\,e^{-0{,}01t}$ (t in Minuten, f(t) in Liter).
Bestimmen Sie den Zeitpunkt, ab dem der Behälter zur Hälfte gefüllt ist.
Zeigen Sie, dass die Flüssigkeitsmenge im Behälter stets zunimmt.
Ein Techniker behauptet, dass die Flüssigkeitmenge höchstens um 9 Liter pro Minute zunimmt. Prüfen Sie die Behauptung.

2 Ein Hersteller von Küchenmaschinen untersucht die Bestandsentwicklung seines Modells LUNA, um Produktionsentscheidungen treffen zu können. Vom Vorgängermodell ist folgender Zusammenhang bekannt: $f'(t) = (500 - f(t)) \cdot 0{,}04$. Dabei ist t in Zeiteinheiten (ZE) und der Bestand in ME angegeben. t = 0 stellt den Anfangszeitpunkt dar. Der Anfangsbestand liegt bei 20 ME.
Erläutern Sie, um welchen Wachstumsprozess es sich handelt und geben Sie zwei wichtige Merkmale an.
Weisen Sie nach, dass f mit $f(t) = 500 - 480 \cdot e^{-0{,}04t}$ den Bestand beschreibt.
Die Produktionskapazität wird nach 5 ZE ausgeweitet, wenn die Wachstumsgeschwindigkeit mindestens 15 $\frac{ME}{ZE}$ beträgt oder der Bestand über 120 ME liegt. Untersuchen Sie, ob eine Ausweitung durchgeführt wird.

3 Der weltweite CO_2-Ausstoß von Kraftfahrzeugen soll beschrieben werden durch h mit $h(t) = 34{,}8 - e^{2{,}66 - 0{,}035t}$; t in Jahren, t = 0 entspricht dem Jahr 1990, h(t) in 10^9 Tonnen.
Beschreiben Sie den Verlauf des Graphen von h.
Interpretieren Sie h(t) im Sachzusammenhang.
Bestimmen Sie den CO_2-Ausstoß in den Jahren 2010 und 2030.
Die momentane Änderungsrate des CO_2-Ausstosses hat sich von 2010 bis 2030 halbiert. Beurteilen Sie diese Behauptung.

4 Kreuzfahrten liegen zurzeit im Trend. Die Entwicklung der Anzahl der Passagiere auf Kreuzfahrten kann mithilfe folgender Funktionsgleichung beschrieben werden:
$f(t) = 2000 - 800 \cdot e^{-0{,}05t}$, t gibt die Zeit in Wochen an, t = 0 ist dabei der Beginn der 1. Kalenderwoche (KW) 2017 und f(t) gibt die Anzahl der Passagiere in Mengeneinheiten (ME) an. Es wird zugrunde gelegt, dass ein Jahr 52 KW hat.

a) Skizzieren Sie den zugehörigen Funktionsgraphen in ein geeignetes Koordinatensystem. Beschreiben Sie die Entwicklung der Passagierzahlen bei Kreuzfahrten mithilfe von vier mathematischen Fachbegriffen.
Verdeutlichen Sie Ihre beschriebenen Fachbegriffe in der Skizze.

b) Bestimmen Sie den Zeitpunkt, an dem die Anzahl der Passagiere die größte Zunahme aufweist und geben Sie die Zunahme an.

c) Ermitteln Sie die durchschnittliche Zunahme der Anzahl der Passagiere im Jahr 2017 von Beginn der 20. KW bis zum Beginn der 30. KW und kennzeichnen Sie den Sachverhalt in Ihrer Graphik.

Logistisches Wachstum

Beispiel

Eine Funktion f mit $f(t) = \frac{1200}{1 + 2e^{-0{,}25t}}$; $t \geq 0$ beschreibt die Ausgaben für Infrastrukturmaßnahmen des Landes A in Abhängigkeit von der Zeit t (t = 0: Beginn des Jahres 2014; t in Jahren, f(t) in Millionen Euro).

a) Das Land A hat für die Jahre 2014 bis Ende 2017 für die Infrastruktur durchschnittlich jährlich ca. 600 Millionen Euro ausgegeben und wird langfristig jährlich mehr als 1200 Millionen Euro aufwenden. Überprüfen Sie diese Behauptungen.

b) Ermitteln Sie, in welchem Jahr die jährliche Zunahme der Infrastrukturfinanzierung erstmalig weniger als 50 Millionen Euro pro Jahr beträgt.

c) Bestimmen Sie den Beginn der degressiven Wachstumsphase der Landesausgaben.

Lösung

a) f mit $f(t) = \frac{1200}{1 + 2e^{-0{,}25t}}$

2014: t = 0 $\quad f(0) = 400$; $\quad$ 2017: t = 3 $\quad f(3) = 617{,}1$

Durchschnittliche jährliche Ausgaben: $\frac{f(0) + f(1) + f(2) + f(3)}{4} \approx 507{,}1 < 600$

$f(t) \to 1200$ für $t \to \infty$, aber $f(t) < 1200$ wegen $1 + 2e^{-0{,}25t} > 1$

Die Behauptung stimmt nicht.

b) Ausgabensteigerung wird beschrieben durch die 1. Ableitung

Bedingung: $f'(t) = 50$

z.B. durch grafische Lösung: $t \approx 8{,}0$

Im Jahr 2022 beträgt die jährliche Zunahme erstmalig weniger als 50 Millionen Euro pro Jahr.

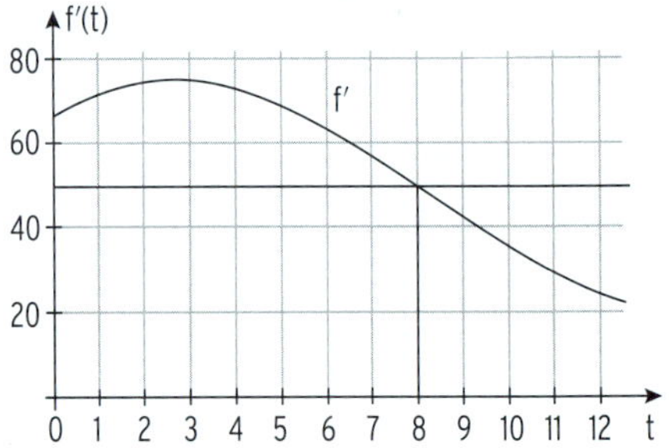

c) Degressive Wachstumsphase bedeutet Rechtskrümmung der Ausgabenkurve

Beginn in der Wendestelle: $f''(t) = 0$

Mit dem GTR: $t \approx 2{,}77$

(auch als Extremstelle von f')

Mit $f''(3) = -0{,}53$ gilt:

Der Graph von f ist eine Rechtskurve für $t > 2{,}77$.

Die degressive Wachstumsphase beginnt in der zweiten Hälfte des Jahres 2016.

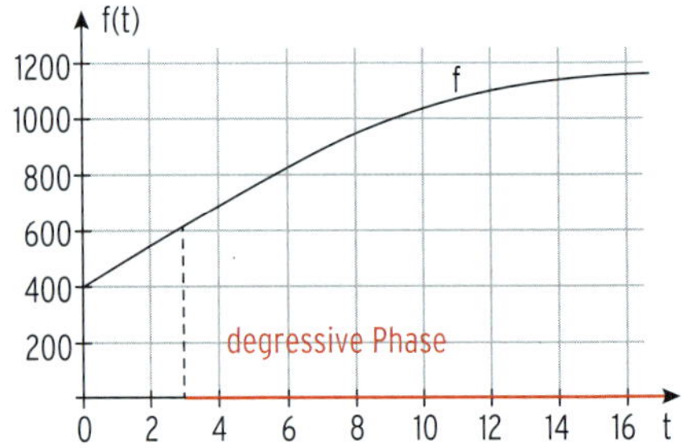

Hinweis: Die Funktion f erfüllt die Differenzialgleichung $f'(t) = k \cdot f(t) \cdot (g - f(t))$.

Aufgaben

1 In Niedersachsen hat die Nutzerzahl sozialer Netzwerke in den letzten zwei Jahren stark zugenommen. Die genaue Entwicklung des Gesamtmarktes hat ein Marktforschungsinstitut untersucht. Das Institut modelliert den Gesamtmarkt mit Hilfe der Funktion f_k mit $f_k(t) = \frac{180}{6 + 27 \cdot e^{-kt}}$.

Dabei ist $k \in \mathbb{R}\setminus\{0\}$ ein Parameter, der die Altersstruktur berücksichtigt.

a) Es soll berücksichtigt werden, dass die Graphen der Wachstumsfunktionen monoton steigend sind. Ermitteln Sie die Werte, die der Parameter k demnach annehmen kann. Das Marktforschungsinstitut vermutet, dass der Zeitpunkt der größten Änderung der Nutzerzahl abhängig von k ist. Weiterhin wird vermutet, dass die Nutzerzahl zu diesem Zeitpunkt unabhängig von k ist. Dem Marktforschungsinstitut ist $f_k''(t) = \frac{-4860 \cdot k^2 \cdot e^{-kt} \cdot (6 - 27 \cdot e^{-kt})}{(6 + 27 \cdot e^{-kt})^3}$ bekannt. Untersuchen Sie die Vermutungen des Marktforschungsinstituts. Beschreiben Sie, welche Auswirkung eine Veränderung des Parameters k auf das Erreichen der Nutzerzahl von 15 ME hat.

b) Im Folgenden gilt k = 0,3. Im Auftrag eines Anbieters sozialer Netzwerke sollen spezielle Entwicklungen untersucht werden. Zeichnen Sie den Graph der Funktion $f_{0,3}$ in ein geeignetes Koordinatensystem. Der Anbieter strebt langfristig einen Marktanteil von 45% an. Ermitteln Sie die Anzahl der Nutzer, die er als Kunden haben muss, damit der angestrebte Marktanteil erreicht wird.

c) Das Marktforschungsinstitut hat festgestellt, dass folgender Zusammenhang zwischen der Nutzeränderung und der Nutzerzahl besteht: $f'_{0,3}(t) = 0{,}01 \cdot f_{0,3}(t) \cdot (30 - f_{0,3}(t))$. Zeigen Sie, dass dieser Zusammenhang gilt.

2 Das Unternehmen Flaxbus richtet eine neue Strecke Hannover-Berlin ein. Die Entwicklung der Fahrgastzahlen beschreibt die Wachstumsfunktion f mit $f(t) = \frac{2500}{1 + 8e^{-0{,}25t}}$; t in Monaten und f(t) in ME/Monat. t = 0 entspricht dem 01.01. des Jahres um 0 Uhr .

a) Beschreiben Sie die Entwicklung der Fahrgastzahlen für die ersten 18 Monate. Ermitteln Sie, mit welchen Fahrgastzahlen langfristig pro Monat gerechnet werden kann.

b) Das Unternehmen beabsichtigt, die Preise zu Beginn des Monats zu erhöhen. indem der stärkste Anstieg der Fahrgastzahlen zu erwarten ist. Untersuchen Sie, wann der Preisanstieg erfolgen muss.

c) Ein Flaxbus-Mitarbeiter behauptet: Bei logistischen Wachstumsfunktionen f gilt $f(t_W) = \frac{g}{2}$ und $f'(t_W) = \frac{k \cdot g^2}{4}$. Dabei ist t_W die Wendestelle von f und g die Sättigungsgrenze. Überprüfen Sie die Richtigkeit der Behauptung mithilfe der zugehörigen Differenzialgleichung.

d) Eine Prognose besagt, dass die Änderungsrate zum Zeitpunkt t = 0 nochmals eintritt. Zeigen Sie, dass diese Prognose zutrifft.

Wachstumsarten

	Exponentielles Wachstum	Beschränktes Wachstum	Logistisches Wachstum
Funktionsgleichung:	$f(t) = a \cdot e^{kt}$	$f(t) = g - a \cdot e^{-kt}$	$f(t) = \frac{g}{1 + a \cdot e^{-bt}}$; $a = \frac{g}{f(0)} - 1$; $b = k \cdot g$
Differenzialgleichung:	$f'(t) = k \cdot f(t)$	$f'(t) = k \cdot (g - f(t))$	$f'(t) = k \cdot (g - f(t)) \cdot f(t)$
Eigenschaften:	$f'(t) \sim f(t)$ Die Änderungsrate ist proportional zum Bestand f(t).	$f'(t) \sim g - f(t)$ Die Änderungsrate ist proportional zum Sättigungsmanko $g - f(t)$.	$f'(t) \sim (g - f(t)) \cdot f(t)$ Die Änderungsrate ist proportional zum Produkt aus Sättigungsmanko und Bestand.
Begriffe:	Wachstumskonstante: $k > 0$ Zerfallskonstante: $k < 0$ Anfangsbestand: $f(0) = a$	Sättigungsgrenze: g Anfangsbestand: $f(0) = g - a$	Sättigungsgrenze: g Anfangsbestand: $f(0) = \frac{g}{1 + a}$
Graph:	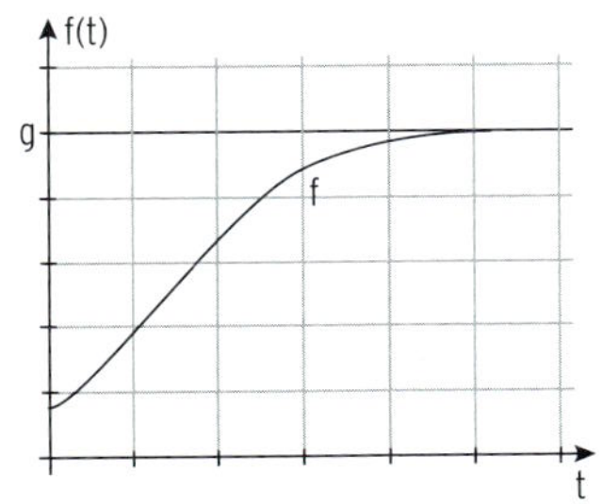	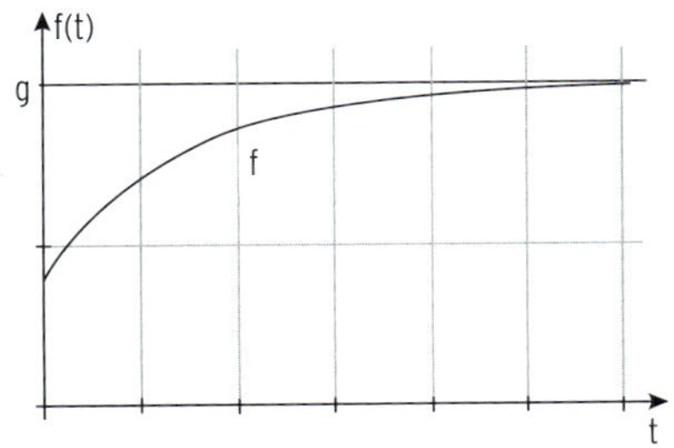	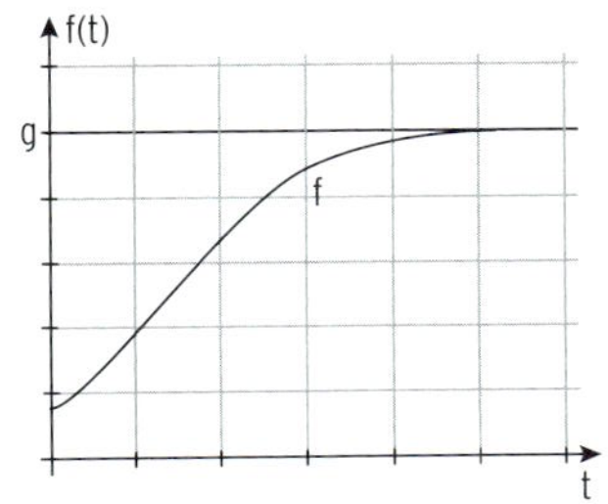

1.1.7.2 Wirtschaftliche Anwendungen

Gesamtkosten, Erlös, Gewinn

Beispiel

➲ Gegeben ist die Gesamtkostenfunktion K mit $K(x) = e^{0{,}08x} + 0{,}5x$; $0 \leq x \leq 40$; x in ME.

a) Die Gesamtkosten wachsen stets progressiv. Überprüfen Sie diese Behauptung.

b) Berechnen Sie den maximalen Gewinn, wenn der Erlös durch $E(x) = 1{,}5x$ beschrieben wird.

c) Bestimmen Sie einen Term für die Stückkostenfunktion.
Ermitteln Sie das Minimum der Stückkosten.

Lösung

a) Bedingung für progressives Wachstum: $K''(x) > 0$

$K(x) = e^{0{,}08x} + 0{,}5x$; $K'(x) = 0{,}08 \cdot e^{0{,}08x} + 0{,}5$; $K''(x) = 0{,}064 \cdot e^{0{,}08x}$

Wegen $e^{0{,}08x} > 0$ gilt: $K''(x) > 0$ Die Behauptung stimmt.

b) Gesamtkostenfunktion K mit $K(x) = e^{0{,}08x} + 0{,}5x$; $0 \leq x \leq 40$

Erlösfunktion E mit $E(x) = 1{,}5x$

Gewinnfunktion G mit $G(x) = E(x) - K(x)$ $G(x) = x - e^{0{,}08x}$

Gewinnmaximum: $G'(x) = 0$ $1 - 0{,}08e^{0{,}08x} = 0 \Rightarrow x \approx 31{,}57$

Mit $G''(x) = -0{,}08^2 e^{0{,}08x} < 0$: $G_{max} = G(31{,}57) \approx 19{,}07$

Der maximale Gewinn von ca. 19,1 GE wird erzielt für ca. 31,6 ME.

c) Stückkostenfunktion k: $k(x) = \frac{K(x)}{x} = \frac{e^{0{,}08x} + 0{,}5x}{x} = \frac{e^{0{,}08x}}{x} + 0{,}5$

Notwendige Bedingung für ein Minimum: $k'(x) = 0$

GTR: $x_{min} = 12{,}5$

Minimum der Stückkosten: $k(12{,}5) = 0{,}72$

Die minimalen Stückkosten betragen 0,72 GE/ME.

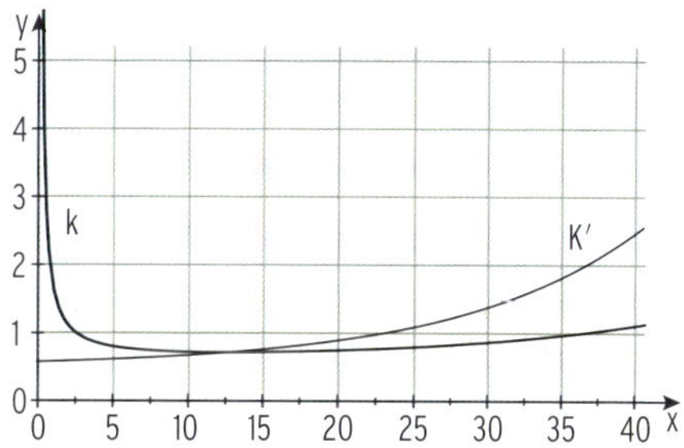

Aufgaben

1 Die Milchproduktion soll untersucht werden. Die Gesamtkostenfunktion K ist gegeben mit $K(x) = e^{0{,}3x} + 20$; x in ME, K(x) in GE.
Bestimmen Sie den Preis, mit dem die bäuerlichen Betriebe langfristig überleben können.
Die Milchgroßkette Lactes bietet den Bauern dauerhaft 3,5 GE/ME für die Abnahme ihrer Milchproduktion. Entscheiden Sie, ob die Bauern dieses Angebot annehmen sollen.

Angebot und Nachfrage

Beispiel

➲ Das Agrarinstitut FräKuhSius stellt für die Milchproduktion die Angebotsfunktion p_A mit $p_A(x) = 6 - 4e^{-0,5x}$ und die Nachfragefunktion p_N mit $p_N(x) = e^{-0,05x + 2,5} - 1$ fest.
Die Mengen x sind in ME, Preise in GE/ME angegeben.

Bestimmen Sie die Sättigungsmenge.
Bestimmen Sie für die Nachfragefunktion p_N und für die Angebotsfunktion p_A den maximalen ökonomisch sinnvollen Definitionsbereich.
Erläutern Sie, dass die Nachfragefunktion p_N und die Absatzfunktion p_A ökonomisch sinnvoll festgelegt sind. Berechnen Sie das Marktgleichgewicht.

Lösung

Sättigungsmenge: $p_N(x) = 0$ $\quad x_{Sätt} = 50$
Maximaler ökonomisch sinnvoller Definitionsbereich
von p_A: $D_{ök,\, p_A} = \{x \in \mathbb{R} \mid x \geq 0\}$
von p_N: $D_{ök,\, p_N} = \{x \in \mathbb{R} \mid 0 \leq x \leq 50\}$
p_A ist monoton wachsend, $p'_A(x) = 2e^{-0,5x} > 0$; $p_A(0) = 2 > 0$
p_N ist monoton fallend, $p'_N(x) = -0,05e^{-0,05x + 2,5} < 0$; $p_N(0) = e^{2,5} - 1 \approx 11,2 > 0$
p_N und p_A sind ökonomisch sinnvoll festgelegt.
Erläuterungen auch am Graph:

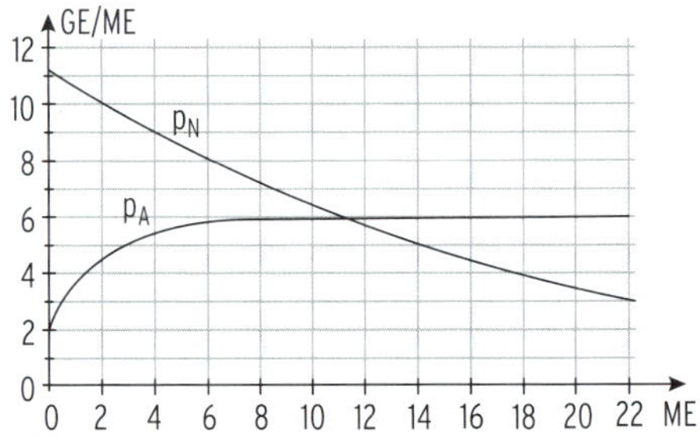

Marktgleichgewicht: $p_A(x) = p_N(x)$
mit GTR: MG(11,13 | 5,98).

Aufgaben

1 Der Hersteller eines neuen Stoffes hat sich seine Erfindung patentieren lassen. Damit ist er nahezu alleiniger Anbieter auf dem deutschen Markt. Aufgrund einer von ihm in Auftrag gegebenen Marktuntersuchung wurde festgestellt, dass die Nutzer dieses Stoffes Preisvorstellungen entsprechend der Nachfragefunktion p_N mit $p_N(x) = (5 - x) \cdot e^{0,2x}$ haben.
Er bietet sein Produkt entsprechend der Angebotsfunktion p_A mit $p_A(x) = 0,5x \cdot e^{0,2x + 1}$ an.
Bestimmen Sie den maximalen, ökonomisch sinnvollen Definitionsbereich dieser Marktsituation und begründen Sie Ihre Antwort.
Berechnen Sie das Marktgleichgewicht.
Weisen Sie rechnerisch nach, dass die Angebotsfunktion streng monoton wachsend ist und ihr Graph linksgekrümmt verläuft.

Produktlebenszyklus

Der **Produktlebenszyklus** beschreibt den **Lebenslauf eines Produktes** von der Einführung (Fertigstellung) bis zum Zeitpunkt der Herausnahme aus dem Markt.

Beispiel 1

➲ Das Unternehmen CARE hat ein neues Deo entwickelt. Für dieses Produkt wird von einem Produktlebenszyklus ausgegangen, der durch die Umsatzfunktion u mit $u(t) = 5te^{-0{,}4t}$ beschrieben werden kann. Die Zeit t wird in Zeiteinheiten (ZE) angegeben und der Umsatz u(t) in GE pro ZE.
Die Produkteinführung erfolgt zum Zeitpunkt t = 0.

a) Beschreiben Sie den Verlauf dieses Graphen mathematisch und interpretieren Sie ihn aus ökonomischer Sicht.

b) Bestimmen Sie den maximalen Umsatz für das neue Deo. Ermitteln Sie den Zeitpunkt, an dem die Umsatzänderung am stärksten ist. Das Produkt sollte vom Markt genommen werden, wenn der maximale Umsatz um 40 % unterschritten wird, spätestens aber, wenn der größte Umsatzrückgang zu verzeichnen ist. Ermitteln Sie den Zeitpunkt, an dem das Produkt vom Markt genommen werden sollte.

Lösung

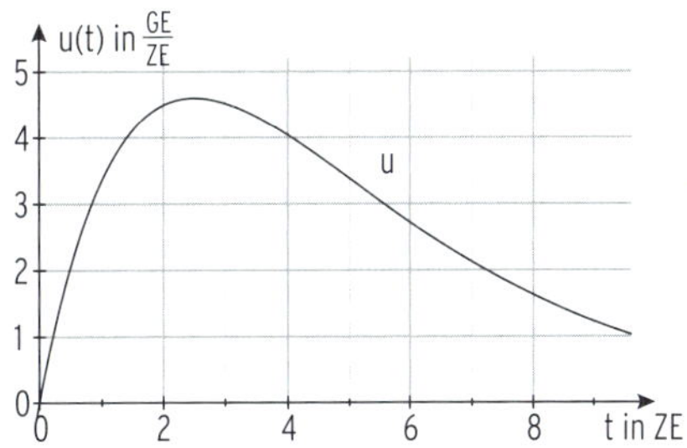

a) Bei t = 0 ist die Produkteinführung.
Der Graph verläuft durch den Ursprung und steigt zunächst an, der Anstieg ist degressiv.
Das Produkt wird von den Kunden akzeptiert, viele Kunden kaufen sofort das neue Deo.
Nachdem der Hochpunkt erreicht wurde, fällt der Graph, erst progressiv, dann degressiv (nach dem Wendepunkt).
Nachdem der Boom vorüber ist, kaufen viele Kunden das Deo dieses Herstellers nicht mehr, z. B. weil ein Konkurrenzprodukt auf den Markt gekommen ist.
Der Graph weist für $t \to \infty$ ein asymptotisches Verhalten auf. Die Asymptote ist die Abszissenachse. Der Umsatz geht gegen null, daher kann das Produkt nicht immer weiter verkauft werden.

Beachten Sie

u ist **progressiv wachsend (fallend),** d. h. u wächst (fällt) immer schneller.
u ist **degressiv wachsend (fallend),** d. h. u wächst (fällt) immer langsamer.

b) Maximaler Umsatz
Ableitungen: $u'(t) = (5 - 2t)e^{-0{,}4t}$; $u''(t) = (0{,}8t - 4)\,e^{-0{,}4t}$
Bedingung: $u'(t) = 0$ $\qquad 5 - 2t = 0$, also $t = \frac{5}{2}$
wegen $e^{-0{,}4t} > 0$ und VZW von $u'(t)$ von + nach − in $t = \frac{5}{2}$ gilt:
Relatives und absolutes Maximum in $t = \frac{5}{2}$: $u(\frac{5}{2}) = 4{,}60$
Der maximale Umsatz liegt zum Zeitpunkt 2,5 ZE bei ca. 4,60 GE/ZE.

Zeitpunkt der größten Umsatzänderung

Ableitungsfunktion u′ mit

$u'(t) = (5 - 2t)e^{-0{,}4t}$ (Grenzumsatz)

Der Verlauf des Graphen macht deutlich, dass die zu vergleichenden Zeitpunkte durch die Randstelle in t = 0 und die Minimalstelle gegeben werden:

Randextrempunkt: $u'(0) = 5$; $P(0 \mid 5)$

Tiefpunkt: $T(5 \mid u'(5)) = T(5 \mid -0{,}68)$

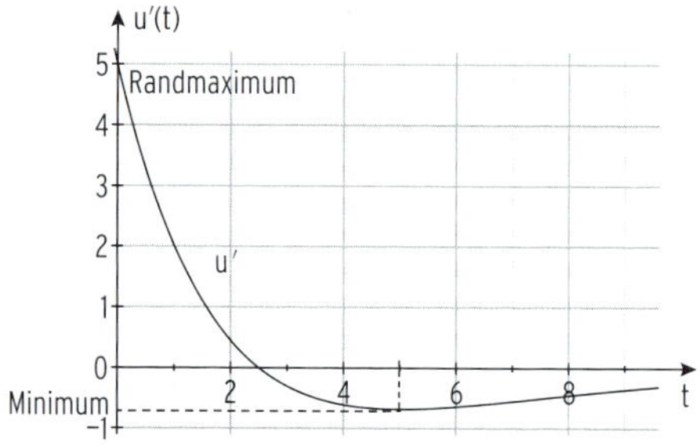

Bei der Umsatzänderung betrachtet man die Beträge:

$u'(0) = 5$	Umsatz**zunahme** pro ZE in t = 0: 5 GE/ZE
$u'(5) = -0{,}68$	Umsatz**abnahme** pro ZE in t = 5: 0,68 GE/ZE

Größte Umsatzänderung in t = 0

Maximaler Umsatzrückgang

t = 5 ist die Minimalstelle der Grenzumsatzfunktion u′.

t = 5 ist die Wendestelle der Umsatzfunktion u, d. h., dort ist der Umsatzrückgang bei einer kleinen zusätzlich umgesetzten Einheit am stärksten.

Bei 5 ZE liegt der Umsatz bei ca. 3,38 GE/ZE, die Umsatzänderung beträgt ca. − 0,68, d. h., der Umsatz geht um 0,68 GE/ZE pro ZE zurück.

Umsatz geht um 40 % zurück, d.h., es werden nur noch 60 % des maximalen Umsatzes erzielt: $0{,}6 \cdot 4{,}60 = 2{,}76$.

Bestimmung des Zeitpunktes

$u(t) = 2{,}76$ $\qquad 5te^{-0{,}4t} = 2{,}76$

$t_1 \approx 0{,}74$ oder $t_2 \approx 5{,}94$

Bei 0,74 ZE steigt der Umsatz, deshalb ist dieser Zeitpunkt nicht relevant.

Bei 5,94 ZE ist der maximale Umsatzrückgang schon überschritten, d. h., das Produkt sollte nach 5 ZE vom Markt genommen werden.

Beachten Sie

Wenn die Maximalstelle **keine Randstelle** ist, gilt

- **für den maximalen Umsatz:** $u'(t) = 0$ **und** $u''(t) < 0$
- **für die maximale Umsatzänderung (betragsmäßig):** $u''(t) = 0$ **und** $u'''(t) \neq 0$

Beachten Sie

Ein **Produktlebenszyklus** oder auch **Produktlebensdauerzyklus** ist ein Modell zur Beurteilung der Altersstruktur eines Produktionsprogrammes eines Betriebes.

Wird ein Produktlebenszyklus durch eine **Absatzfunktion** a beschrieben, so wird der Absatz a(t) in ME pro Zeiteinheit (ZE) angegeben.

Wird ein Produktlebenszyklus durch eine **Umsatzfunktion** u beschrieben, so wird der Umsatz u(t) in Geldeinheiten pro Zeiteinheit (GE/ZE) angegeben.

Eine Zeiteinheit ist z. B ein Monat oder ein Jahr.

Beispiel 2

Die Firma Transi produziert einen neuen MP3-Player. Marktanalysen haben ergeben, dass die wöchentlichen Verkaufszahlen durch folgende Funktion f mit $f(t) = 1000te^{-0,1t}$; $t \in \mathbb{R}$; $t > 0$, modellhaft beschrieben werden können.(t in Wochen nach Verkaufsbeginn; f(t) in Stück pro Woche.)

a) Skizzieren Sie den Graphen der Funktion f.

b) Bestimmen Sie den Zeitpunkt der Markteinführung, so dass das Maximum der wöchentlichen Verkaufszahlen in die erste Dezemberwoche fällt.
Bestimmen Sie, wie viele Geräte höchstens pro Woche verkauft werden.

c) Geben Sie die langfristige Entwicklung der Verkaufszahlen an.

Lösung

a) Graph von f

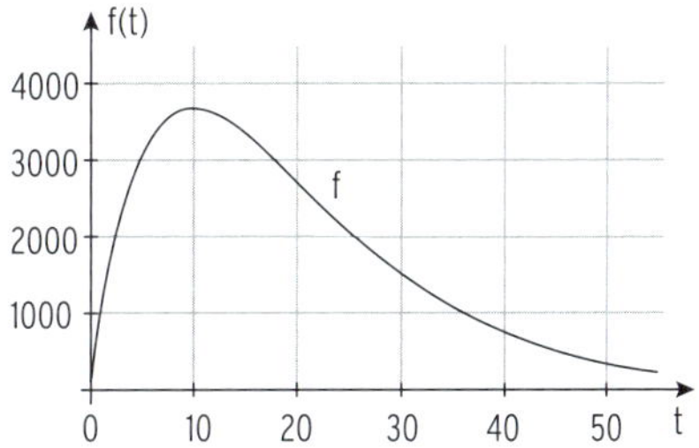

b) f mit $f(t) = 1000te^{-0,1t}$

Ableitungen mit der Produktregel und der Kettenregel:

$f'(t) = 100(10 - t)e^{-0,1t}$

$f''(t) = 10(-20 + t)e^{-0,1t}$

Maximum der Verkaufszahlen

Bedingung: $f'(t) = 0$ $\quad 100(10 - t)e^{-0,1t} = 0$

Satz vom Nullprodukt anwenden: $\quad 10 - t = 0$

$t = 10$

Nachweis: $\quad f''(10) = -100e^{-1} < 0$

t = 10 ist eine Maximalstelle.

Maximalwert: $\quad f(10) = 10^4 e^{-1} \approx 3678,8$

Die Markteinführung sollte 10 Wochen vor der ersten Dezemberwoche stattfinden, also in der 3. Septemberwoche. Die maximale wöchentliche Verkaufszahl beträgt ca. 3678 Geräte.

c) Mithilfe der Abbildung: Langfristig ($t \to \infty$) streben die Verkaufszahlen gegen null.
Mögliche Gründe: Nach der Markteinführung wird die Neuigkeit stark nachgefragt.
Ein anderes Gerät wird später zum Konkurrenzprodukt und verdrängt den MP3-Player vom Markt. Zusätzlich tritt nach einer gewissen Zeit eine Sättigung ein.

Aufgaben

1 Das Unternehmen Maro hat ein neues elektronisches Gerät entwickelt. Für dieses Produkt wird von einem Produktlebenszyklus ausgegangen, der durch die Umsatzfunktion u mit $u(t) = 20te^{-\frac{1}{2}t}$ beschrieben werden kann.
Die Zeit t wird in Monaten angegeben und der Umsatz u(t) in GE pro Monat.
Eine GE entspricht 100 000 €.
Die Produkteinführung erfolgt zum Zeitpunkt t = 0.

a) Skizzieren Sie den Verlauf des Graphen im Intervall [0; 9]. Beschreiben Sie den Verlauf dieses Graphen mathematisch und interpretieren Sie ihn aus ökonomischer Sicht.

b) Bestimmen Sie den Extrempunkt der Umsatzfunktion u und interpretieren Sie die Koordinaten aus ökonomischer Sicht.

c) Ermitteln Sie den Zeitpunkt, an dem die Umsatzänderung am stärksten ist.
Das Produkt sollte vom Markt genommen werden, wenn der maximale Umsatz um 45 % unterschritten wird, spätestens aber, wenn der größte Umsatzrückgang zu verzeichnen ist. Entscheiden Sie, wann das Produkt vom Markt genommen werden sollte.

2 Der Produktlebenszyklus eines neuen Produktes wird modelliert durch $a(t) = 10te^{-0{,}1t}$.
Dabei ist t die Zeit in Monaten nach der Einführung, a(t) der monatliche Absatz in ME.

a) Ermitteln Sie den maximalen monatlichen Absatz.

b) Bestimmen Sie den Monat, in dem es die größte Absatzsteigerung bzw. den größten Rückgang gab.
Geben Sie den monatlichen Absatz zu diesen Zeitpunkten an

c) Berechnen Sie den Zeitraum, in dem der Absatz über 20 ME liegt.

3 Das Unternehmen Agrema untersucht den zu erwartenden Absatz, also den Lebenszyklus seines Produktes. Das Unternehmen vermutet einen exponentiellen Verlauf, der folgender Funktionsgleichung genügt: $f(t) = 1{,}5t^2e^{-0{,}25t}$; t in ZE, f(t) in ME/ZE.

a) Berechnen Sie die maximale Absatzzahl.
Bestimmen Sie den zugehörigen Zeitpunkt.

b) Das Unternehmen beabsichtigt, das Produkt vom Markt zu nehmen beim stärksten Absatzrückgang oder spätestens wenn das Produkt nur noch 25 % des maximalen Absatzes erzielt. Berechnen Sie den Zeitpunkt.

c) Pro ZE können nur 12 ME produziert werden. Nehmen Sie Stellung zu der Aussage:
„Für mehr als 4 ZE sind die Absatzzahlen größer als die Produktionsmengen."

Produktionsentwicklung

Beispiel

➲ Die Funktion f mit $f(t) = 2te^{-0{,}02t^2}$; $0 \leq t \leq 15$, beschreibt näherungsweise die Sauerstoffproduktion einer Pflanze in m^3 pro Stunde (m^3/h).
Dabei ist t die Zeit in Stunden nach Sonnenaufgang,

a) Beschreiben Sie den Verlauf des Graphen von f im Sachzusammenhang.

b) Bestimmen Sie den Zeitpunkt, in dem die Sauerstoffproduktion am stärksten abnimmt.

c) Ermitteln Sie den Zeitraum, in dem mindestens 4 m^3 Sauerstoff pro Stunde produziert werden.

Lösung

a) Die Sauerstoffproduktion beginnt bei Sonnenaufgang (t = 0) und „endet" bei t = 15 (z. B. Sonnenuntergang).
Die größte Menge an Sauerstoff von etwa 6 m^3 pro Stunde wird nach 5 Stunden (t = 5) produziert, danach nimmt die Sauerstoffproduktion ab und strebt gegen Null.

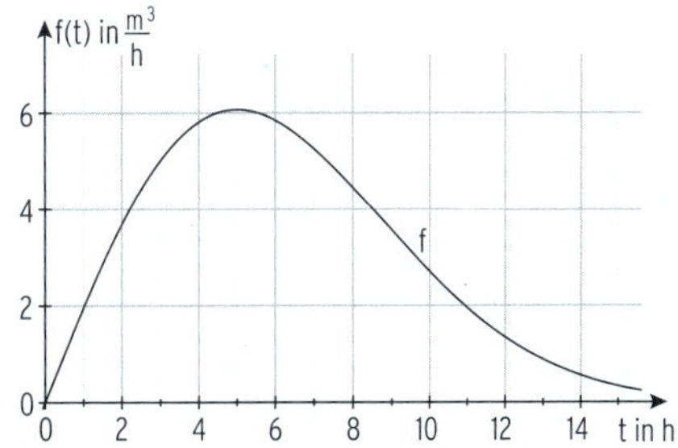

b) f mit $f(t) = 2te^{-0{,}02t^2}$
Ableitungen mit der Produktregel und der Kettenregel:
$f\,(t) = 2e^{-0{,}02t^2}(-0{,}04t^2 + 1)$; $f\,(t) = 2e^{-0{,}02t^2}(0{,}0016t^3 - 0{,}12t)$
Die Sauerstoffproduktion nimmt **am stärksten ab in der Wendestelle.**

Bedingung: $f\,(t) = 0$ $\qquad$ $0{,}0016t^3 - 0{,}12t = 0$

$t_1 = 0$; $t_2 \approx 8{,}66$

In $t_1 = 0$ nimmt die Sauerstoffproduktion **am stärksten zu:** $f\,(0) = 2 > 0$.

In $t_2 \approx 8{,}66$ nimmt die Sauerstoffproduktion **am stärksten ab:** $f\,(8{,}66) = -0{,}89 < 0$.

Die **stärkste Abnahme** der momentanen Sauerstoffproduktion beträgt 0,89 $\frac{m^3}{h}$ pro h.

c) Bedingung: $f(t) \geq 4$

Lösung der Gleichung f(t) = 4: $\qquad$ $2te^{-0{,}02t^2} = 4$

Mit GTR/CAS: $\qquad$ $t_1 \approx 2{,}2$; $t_2 \approx 8{,}5$

Im Zeitraum von etwa 2,2 Stunden bis 8,5 Stunden nach Sonnenaufgang werden mehr als 4 m^3 Sauerstoff pro Stunde produziert.

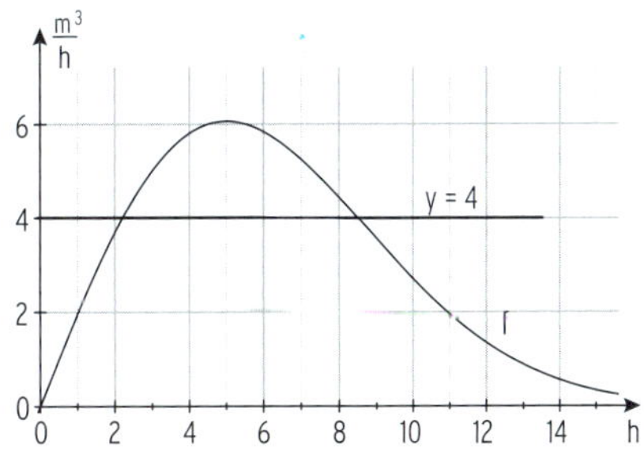

Aufgaben

1 Zur Beurteilung der Wirksamkeit von Medikamenten misst man die Konzentration des Wirkstoffes im Blutplasma. Daraus ergeben sich Konsequenzen für die Dosierung und die Dosierungsintervalle. Einem Patient wird eine Wirkstoffdosis eines Medikamentes verabreicht. Die Funktion f mit $f(t) = 45{,}88t \cdot e^{-0{,}5t}$ beschreibt die zeitliche Veränderung der Konzentration des Wirkstoffes im Blut.
Zeigen Sie, dass die Konzentration in den ersten zwei Stunden ansteigt. Bestimmen Sie die höchste Konzentration.

2 Nach dem Genuss einer Tasse Kaffee laufen im Körper zwei biologische Vorgänge ab. Zum einen wird im Magen-Darm-Trakt der Wirkstoff Koffein in den Blutkreislauf aufgenommen, zum anderen wird in der Leber das Koffein wieder abgebaut und anschließend ausgeschieden.
Die Funktion f mit $f(t) = (0{,}25t^2 + 0{,}5t)e^{-0{,}05t}$ beschreibt für $t \geq 0$ den zeitlichen Ablauf der biologischen Vorgänge im Körper für die Aufnahme von 60 µg Koffein recht genau. Die Zeit t wird in Minuten angegeben.

Für die weiteren Betrachtungen wird angenommen, dass der Kaffee sehr schnell getrunken wird und somit zum Zeitpunkt $t = 0$ die Gesamtmenge Koffein im Magen vorhanden ist.

a) Kaffeehersteller werben damit, dass die anregende Wirkung des Koffeins sofort in voller Stärke eintritt, d. h., das Maximum der Wirkstoffkonzentration tritt zum Zeitpunkt $t = 0$ auf. Beurteilen Sie die Werbeaussage der Kaffeehersteller, indem Sie den Zeitpunkt der höchsten Wirkstoffkonzentration und den zugehörigen Wirkstoffgehalt bestimmen.

b) Berechnen Sie die Wendestellen der Funktion f und erläutern Sie die Bedeutung der Wendestellen hinsichtlich des Koffeinaufbaus und Koffeinabbaus im Körper.
(Auf die dritte Ableitung kann verzichtet werden.)
Skizzieren Sie den Graphen der Funktion f in einem geeigneten Definitionsbereich.

3 Bei einer schweren Infektion entwickelt sich die Bakterienanzahl unbehandelt gemäß der Funktion $f(t) = 100e^{\frac{1}{100}(75t - t^2)}$ mit $t \geq 0$, wobei t in Stunden gemessen wird.

a) Geben Sie den Anfangsbestand der Bakterienkultur an. Zeigen Sie, dass f keine Nullstelle besitzt, dafür aber f(t) langfristig gegen Null geht, und interpretieren Sie diesen Sachverhalt im Kontext der Aufgabe. Ermitteln Sie den Zeitpunkt, zu dem rechnerisch noch genau 1 Bakterium vorhanden ist.

b) Berechnen Sie den Zeitpunkt, zu dem die maximale Anzahl der Bakterien erreicht ist, und geben Sie diese maximale Anzahl an.

c) Bestimmen Sie den Zeitpunkt der stärksten Bestandsänderung.
Geben Sie die Wachstumsgeschwindigkeit zu diesem Zeitpunkt an.

Test zur Überprüfung Ihrer Grundkenntnisse

1 Bestimmen Sie $f'(x)$. verkettung u+v durch + o. −

a) $f(x) = 2xe^{x-4}$ b) $f(x) = 3x - \frac{2}{3}e^{-4x}$ c) $f(x) = (1 + 3x)e^{-0,5x}$

verknüpfung von u+v durch mal

2 Skizzieren Sie das Schaubild von f mit $f(x) = (x - 2)e^x$ und die Tangente im Kurvenpunkt $P(2 \mid f(2))$ in ein Koordinatensystem ein.
Bestimmen Sie die Gleichung der Tangente im Kurvenpunkt P.

3 Gegeben ist die Nachfragefunktion p_N mit $p_N(x) = (4 - 0,5x)e^{2 - \frac{x}{4}}$.
Bestimmen Sie den maximalen, ökonomisch sinnvollen Definitionsbereich für die Funktion p_N. Zeigen Sie, dass das Schaubild von p_N linksgekrümmt ist.

4 Die Masse einer Substanz wird durch die Funktion f mit $f(t) = (t + 6)e^{-0,4t}$; $t \geq 0$ in Abhängigkeit von der Zeit t beschrieben (t in Minuten, f(t) in Gramm).

a) Bestimmen Sie die momentane Änderungsrate von f in $t = 3$. Interpretieren Sie.

b) Ermitteln Sie den Zeitpunkt, in dem die Masse am stärksten abnimmt.
Geben Sie die Höhe dieser Abnahme an.

5 Am 01.01.2009 lebten etwa 6,8 Milliarden Menschen auf der Erde. In welchem Jahr überschreitet die Erdbevölkerung die 10-Milliarden-Grenze, wenn man ein jährliches Wachstum von 1,8 % unterstellt?
Nach Berechnungen der Vereinten Nationen sollen bis 2050 etwa 9,1 Milliarden auf der Erde leben. Vergleichen Sie.
Berechnen Sie die momentane Änderungsrate von f für das Jahr 2030.
Interpretieren Sie Ihr Ergebnis.

6 Die ALDA AG stellt verschiedene Produkte der Autoelektronik her. Der Lebenszyklus eines Produktes lässt sich mithilfe der Absatzfunktion a mit $a(t) = 2t^2e^{-0,5t}$ darstellen.
Die Zeit t wird in Zeiteinheiten (ZE) und der Absatz a(t) in Mengeneinheiten pro Zeiteinheit (ME/ZE) angegeben. $t = 0$ ist der Zeitpunkt der Produkteinführung.
Ermitteln Sie mithilfe der notwendigen Bedingung den Zeitpunkt, zu dem der Absatzrückgang für das Produkt maximal ist.
Bestimmen Sie den Absatzrückgang und den Absatz zu diesem Zeitpunkt.

1.2 Gebrochenrationale Funktionen

Lernsituation

Ein Cateringunternehmen stellt Suppe unter Einsatz der beiden substituierbaren Produktionsfaktoren x (Küchengerätestunden) und y (Arbeitskraft in Stunden) her.
Für die Herstellung von 3 Mengeneinheiten [ME] Suppe können die beiden Produktionsfaktoren x und y in folgenden Mengenkombinationen eingesetzt werden:

x	2	6	16
y	18	6	4

Der Preis p_x für den Produktionsfaktor x beträgt 75 GE/ME, der Preis p_y für den Produktionsfaktor y beträgt 45 GE/ME.

a) Zeigen Sie, die Isoquantenfunktion I_3 mit $I_3(x) = \frac{15}{x-1} + 3$, stellt alle Faktorkombinationen dar, mit denen 3 ME hergestellt werden können.
Bestimmen Sie den mathematisch maximal möglichen Definitionsbereich D_{max} und den maximalen ökonomisch sinnvollen Definitionsbereich $D_{ök}$ für die Isoquantenfunktion I_3.
Skizzieren Sie den Graphen der Funktion I_3 für D_{max} und kennzeichnen Sie den Teil des Graphen, der die Isoquante darstellt.
Beschreiben Sie den Einfluss der Koeffizienten a, b und c auf den Verlauf des Graphen von I mit $I(x) = \frac{a}{x-b} + c$ im Vergleich zum Graphen der Funktion f mit $f(x) = \frac{1}{x}$.
Begründen Sie aus ökonomischer Sicht die Bedingungen, die die Koeffizienten a, b und c dieser Isoquantenfunktion erfüllen müssen.

b) Für die Isokostengerade gilt: $K = x \cdot p_x + y \cdot p_y$.
Ermitteln Sie die Minimalkostenkombination für einen Auftrag über 3 ME, d. h. die Faktormengen, mit denen der Auftrag bei minimalen Kosten realisiert werden kann.
Berechnen Sie daraus die minimalen Kosten zur Herstellung von 3 ME.

Bearbeiten Sie diese Lernsituation. Erwerben Sie die rechts aufgeführten **Qualifikationen und Kompetenzen**.

Qualifikationen & Kompetenzen

- Graphen von gebrochenrationalen Funktionen skizzieren
- Eigenschaften von Graphen erkennen
- Ableitungen bestimmen
- Wirtschaftliche Zusammenhänge beschreiben, darstellen und deuten

1.2.1 Einführung

Beispiel

➲ Ein Betrieb bestimmt seine Gesamtkosten K mithilfe des Funktionsterms
$K(x) = 2x + 50;\ x \in [0; 11]$.

a) Berechnen Sie die Stückkosten bei einer Ausbringungsmenge von x = 8 ME.

b) Bestimmen Sie den Funktionsterm für die Stückkostenfunktion.

Lösung

a) Gesamtkosten K für x = 8: $K(8) = 66$

Stückkosten k bei 8 ME: $k(8) = \frac{66}{8} = 8{,}25$

Ergebnis: Werden 8 ME produziert, betragen die Kosten 8,25 GE für 1 ME.

b) Die Stückkosten k(x) ergeben sich durch: $k(x) = \frac{K(x)}{x}$

Funktionsterm mit Definitionsbereich: $k(x) = \frac{2x + 50}{x};\ 0 < x \leq 11$

Die Variable x steht im Nenner.
In diesem Fall handelt es sich um einen neuen Funktionstyp.
Man nennt diesen Funktionstyp **gebrochenrationale Funktion.**

Definition

Eine **gebrochenrationale Funktion f** ist gegeben durch

$$f(x) = \frac{Z(x)}{N(x)} = \frac{\textbf{Zählerpolynom}}{\textbf{Nennerpolynom}}$$

mit der **maximalen Definitionsmenge D** = $\mathbb{R} \setminus \{x \mid N(x) = 0\}$.

Festlegung: Die größte Hochzahl von x im Zählerpolynom heißt **Zählergrad;**
die größte Hochzahl von x im Nennerpolynom heißt **Nennergrad.**

Hinweis: Ist das Nennerpolynom N(x) eine Konstante, so ist f eine ganzrationale Funktion.
Z. B.: f mit $f(x) = \frac{x}{2} = \frac{1}{2}x$ ist eine ganzrationale Funktion.

Beispiele für Funktionsterme gebrochenrationaler Funktionen:

$f(x) = \frac{1}{x};\quad g(x) = \frac{5 - 2x}{x - 2};\quad h(x) = \frac{x^2 + 4x + 1}{x} = x + 4 + \frac{1}{x};\quad l(x) = \frac{2}{x - 3} + 1$

1.2.2 Die Grundfunktion f mit $f(x) = \frac{1}{x}$

Wertetabelle

x	$-\infty \leftarrow$	−10	−5	−1	−0,1	$\rightarrow 0$
y	$0 \leftarrow$	−0,1	−0,2	−1	−10	$\rightarrow -\infty$

x	$0 \leftarrow$	0,1	1	5	10	$\rightarrow \infty$
y	$\infty \leftarrow$	10	1	0,2	0,1	$\rightarrow 0$

Verhalten der Funktionswerte für $x \rightarrow \infty$ bzw. für $x \rightarrow -\infty$

Aus der Wertetabelle:

Streben die x-Werte gegen $+\infty$ bzw. gegen $-\infty$, streben die f(x)-Werte gegen null.

Der Graph von f nähert sich in beiden Fällen der Abszissenachse an, sie ist **Näherungsgerade.**

Man nennt diese Näherungsgerade mit der Gleichung y = 0 **waagrechte Asymptote.**

Schreibweise: $f(x) = \frac{1}{x} \rightarrow 0$ für $x \rightarrow \infty$ $\qquad \lim\limits_{x \to \infty} \frac{1}{x} = 0$

$f(x) = \frac{1}{x} \rightarrow 0$ für $x \rightarrow -\infty$ $\qquad \lim\limits_{x \to -\infty} \frac{1}{x} = 0$

Verhalten der Funktionswerte für $x \rightarrow 0$

Aus der Wertetabelle:

Streben die x-Werte gegen null, streben die f(x)-Werte für $x > 0$ gegen $+\infty$, für $x < 0$ gegen $-\infty$.

Der Graph von f nähert sich in beiden Fällen immer mehr der Ordinatenachse an.

Die Ordinatenachse ist **Näherungsgerade** mit der Gleichung x = 0.

Man nennt diese Näherungsgerade **senkrechte Asymptote.**

Die Funktion f ist für 0 nicht definiert, der Nenner darf nicht null sein.

Eine Definitionslücke mit den beschriebenen Eigenschaften der f(x)-Werte nennt man eine **Polstelle.** $x_1 = 0$ ist eine Polstelle.

Die Funktion f mit $f(x) = \frac{1}{x}$; $x \neq 0$

Das Schaubild der Funktion f mit $f(x) = \frac{1}{x}$; $x \neq 0$

- hat keine Schnittpunkte mit den Achsen.
- hat eine waagrechte Asymptote (y = 0)
  $\lim\limits_{x \to \infty} \left(\frac{1}{x}\right) = 0$; $\lim\limits_{x \to -\infty} \left(\frac{1}{x}\right) = 0$.
- hat eine senkrechte Asymptote (x = 0):
  $f(x) \rightarrow \infty$ für $x \rightarrow 0$ und $x > 0$
  $f(x) \rightarrow -\infty$ für $x \rightarrow 0$ und $x < 0$
  $x_1 = 0$ ist eine Polstelle.
- ist symmetrisch zum Ursprung.

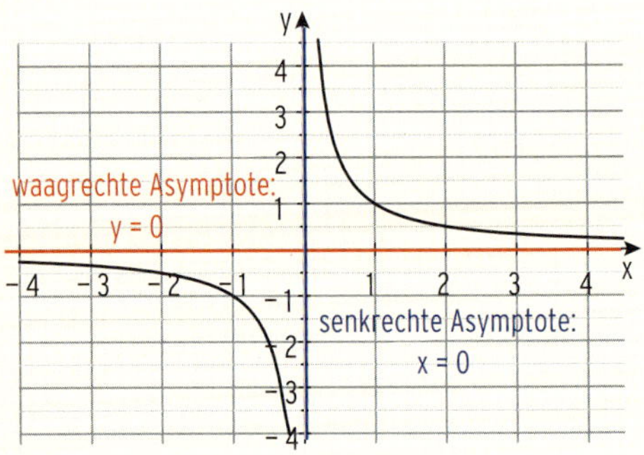

Parametervariation der Grundfunktion

a) Verschiebung in Ordinatenrichtung

Beispiel

➲ Verschieben Sie den Graphen der Funktion f mit $f(x) = \frac{1}{x}$; $x \neq 0$, um 1 nach unten.
Der verschobene Graph ist das Schaubild der Funktion g. Geben Sie g(x) an.
Untersuchen Sie den Graphen von g auf Schnittpunkte mit der Abszissenachse und auf Asymptoten.

Lösung

Schaubilder von f und g

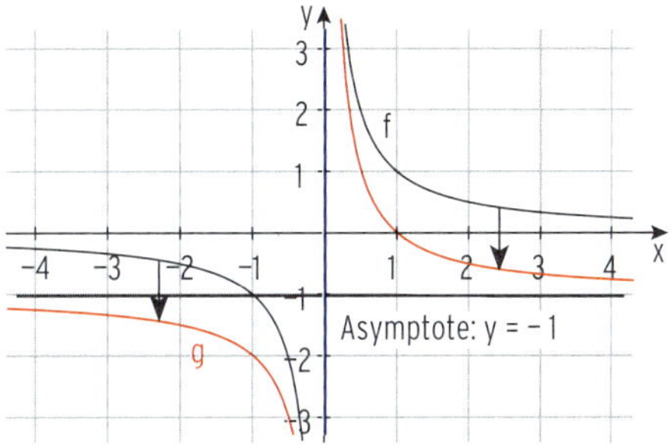

Der verschobene Graph ist das Schaubild der Funktion g mit $g(x) = \frac{1}{x} - 1$; $x \neq 0$.

Schnittpunkt mit der Abszissenachse

Bed.: $g(x) = 0$

$\frac{1}{x} - 1 = 0 \Rightarrow \frac{1}{x} = 1 \Rightarrow x = 1$

$N(1 \mid 0)$

Asymptoten

Bei der Verschiebung in Ordinatenrichtung bleibt die senkrechte Asymptote erhalten: $x = 0$.
Die waagrechte Asymptote wird wie der Graph von f um 1 nach unten verschoben: $y = -1$.

b) Verschiebung in Abszissenrichtung

Beispiel

➲ Verschieben Sie den Graphen der Funktion f mit $f(x) = \frac{1}{x}$; $x \neq 0$, um 2 nach links.
Der verschobene Graph ist das Schaubild von g. Geben Sie g(x) an.
Bestimmen Sie die maximale Definitionsmenge von g.
Untersuchen Sie den Graphen von g auf den Schnittpunkt mit der Ordinatenachse und auf Asymptoten.

Lösung

Der verschobene Graph ist das Schaubild der Funktion g mit $g(x) = \frac{1}{x+2}$; $x \neq -2$

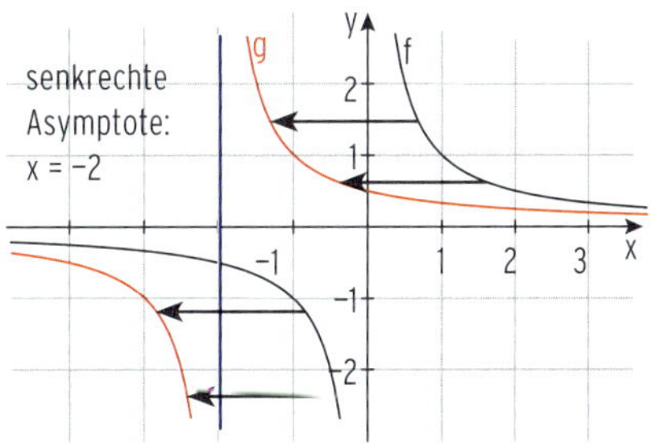

Hinweis: Bei der Verschiebung um 2 nach links ersetzt man $\boxed{x}$ durch $\boxed{x+2}$.

Maximale Definitionsmenge: $D = \mathbb{R}\backslash\{-2\}$

Hinweis: Maximale Definitionsmenge $D_{max} = \mathbb{R}\backslash\{\text{Nullstellen des Nenners}\}$

Schnittpunkt mit der Ordinatenachse

Bed.: $x = 0$ $g(0) = \frac{1}{2}$ $S_y(0 \mid \frac{1}{2})$

Asymptoten: Die waagrechte Asymptote bleibt erhalten: $y = 0$.

Die senkrechte Asymptote wird wie der Graph von f um 2 nach links verschoben: $x = -2$.

c) Streckung in Ordinatenrichtung

Beispiel

➲ Strecken Sie den Graphen der Funktion f mit $f(x) = \frac{1}{x}$; $x \neq 0$, mit Faktor 2 in Ordinatenrichtung. Der gestreckte Graph ist das Schaubild der Funktion g. Geben Sie g(x) an. Untersuchen Sie den Graphen von g auf Schnittpunkte mit der Abszissenachse und auf Asymptoten.

Lösung

Schaubilder von f und g

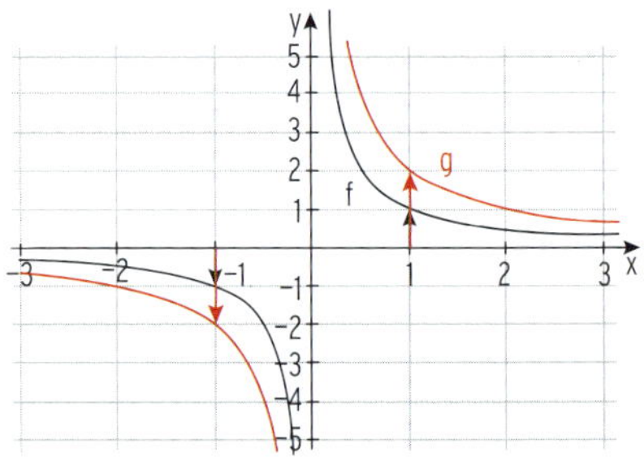

Der gestreckte Graph ist das Schaubild der Funktion g mit $g(x) = \frac{2}{x}$; $x \neq 0$.

Kein Schnittpunkt mit der Abszissenachse

Asymptoten

Die senkrechte Asymptote ($x = 0$) und die waagrechte Asymptote ($y = 0$) bleibt erhalten.

d) Streckung und Verschiebung

Beispiel 1

➲ Untersuchen Sie den Graphen von f mit $f(x) = \frac{3}{x-4} + 1$ auf Asymptoten. Beschreiben Sie, wie der Graph von f aus dem Graphen von g mit $g(x) = \frac{1}{x}$; $x \neq 0$ entsteht.

Lösung

$\frac{3}{x-4} \to 0$ für $x \to \pm\infty$; $D_{max} = \mathbb{R}\backslash\{4\}$

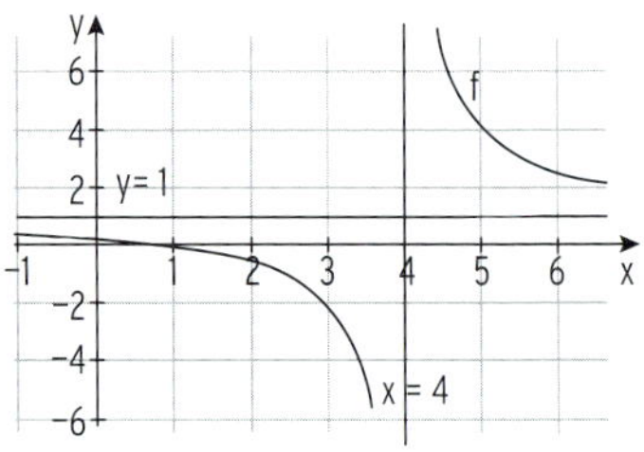

Der Graph von f hat eine waagrechte Asymptote ($y = 1$) und eine senkrechte Asymptote ($x = 4$)

Der Graph von f entsteht aus dem Graphen von g durch

- Streckung in Ordinatenrichtung mit Faktor 3: $g_1(x) = \frac{3}{x}$
- Verschiebung in Abszissenrichtung um 4 nach rechts: $g_2(x) = \frac{3}{x-4}$
- Verschiebung in Ordinatenrichtung um 1 nach oben: $f(x) = \frac{3}{x-4} + 1$

Beachten Sie

Der Graph von f mit $f(x) = \frac{a}{x-b} + c$; $a \neq 0$,

hat eine **waagrechte Asymptote** (y = c) und eine **senkrechte Asymptote** (x = b).

Beispiel 2

➲ Das Schaubild gehört zu einer Funktion vom Typ $f(x) = \frac{a}{x-b} + c$

Bestimmen Sie a, b und c.

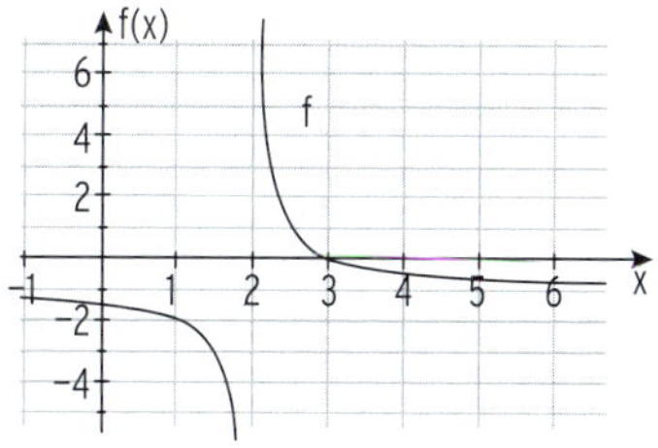

Lösung

senkrechte Asymptote mit x = 2 bedeutet: $b = 2$ (Nenner: x − 2)

waagrechte Asymptote mit y = − 1 bedeutet: $c = -1$

Funktionsterm: $f(x) = \frac{a}{x-2} - 1$

Punktprobe mit (3|0): $0 = \frac{a}{3-2} - 1$

$a = 1$

Beispiel 3

➲ Zeigen Sie, dass $f(x) = \frac{4x-1}{x+1}$ in der Form $4 - \frac{5}{x+1}$ dargestellt werden kann. Beschreiben Sie, wie der Graph von f aus dem Graphen von g mit $g(x) = \frac{1}{x}$; $x \neq 0$ entsteht.

Lösung

Umformung von $4 - \frac{5}{x+1}$ ergibt: $4 - \frac{5}{x+1} = \frac{4(x+1)}{x+1} - \frac{5}{x+1} = \frac{4x+4-5}{x+1} = \frac{4x-1}{x+1}$

Der Graph von f entsteht dem Graphen von g durch

- Streckung in Ordinatenrichtung mit Faktor 5: $g_1(x) = \frac{5}{x}$
- Verschiebung in Abszissenrichtung um 1 nach links: $g_2(x) = \frac{5}{x+1}$
- Spiegelung an der x-Achse: $g_3(x) = -\frac{5}{x+1}$
- Verschiebung in Ordinatenrichtung

  um 4 nach oben: $f(x) = -\frac{5}{x+1} + 4$

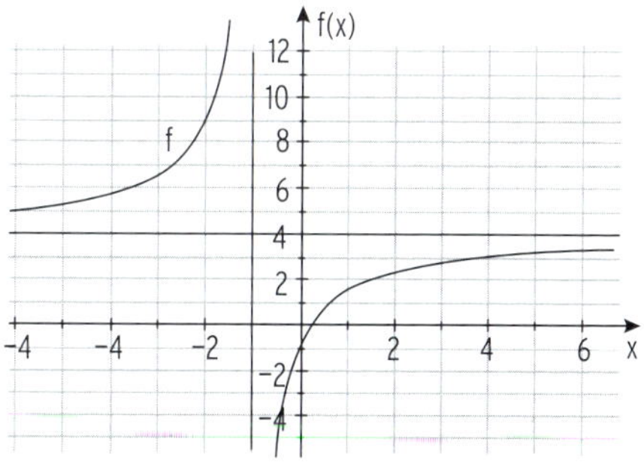

Aufgaben

1 Bestimmen Sie D_{max} und die Asymptoten. Beschreiben Sie, wie der Graph von f aus dem Graphen von g mit $g(x) = \frac{1}{x}$ entsteht. Skizzieren Sie den Graphen von f.

a) $f(x) = \frac{4}{x} + 2$ b) $f(x) = \frac{1}{x-3}$ c) $f(x) = \frac{1-3x}{x}$ d) $f(x) = 2 - \frac{1}{x+1}$

2 Gegeben ist die Funktion f mit $f(x) = \frac{2}{x}$; $x \in \mathbb{R}^*$. Verschieben Sie den Graphen von f um 3 nach rechts und um 2 nach unten. Geben Sie den neuen Funktionsterm an.

3 Für die Funktion f wurde folgende Wertetabelle erstellt:

x	−2	−1	0	1	2	3	4
f(x)	$-\frac{1}{3}$	$-\frac{1}{2}$	−1	–	1	$\frac{1}{2}$	$\frac{1}{3}$

Skizzieren Sie ein mögliches Schaubild von f. Geben Sie einen Funktionsterm an. Untersuchen Sie das zugehörige Schaubild auf Symmetrie.

4 Die Abbildung zeigt den Graphen von f. Bestimmen Sie die Asymptotengleichungen. Geben Sie einen möglichen Funktionsterm für f an.

a)

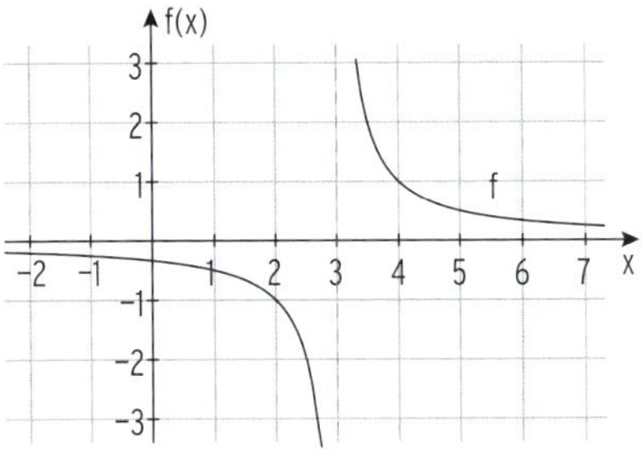

b)

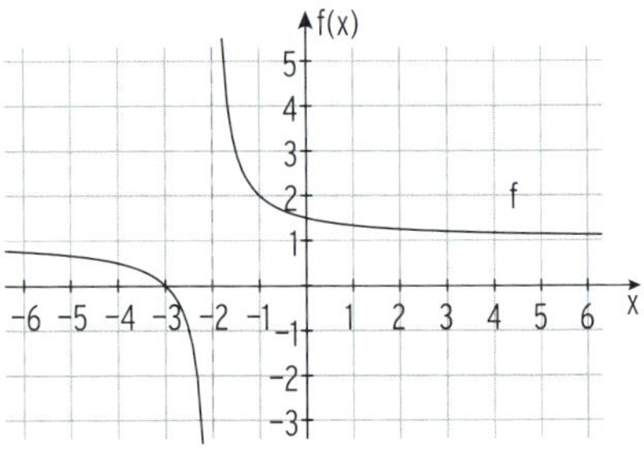

5 Die Abbildung zeigt den Graphen von f mit $f(x) = \frac{4}{x-1} + 2$ und einer weiteren Funktion g. Entscheiden Sie. Begründen Sie Ihre Entscheidung.

Abb. 1

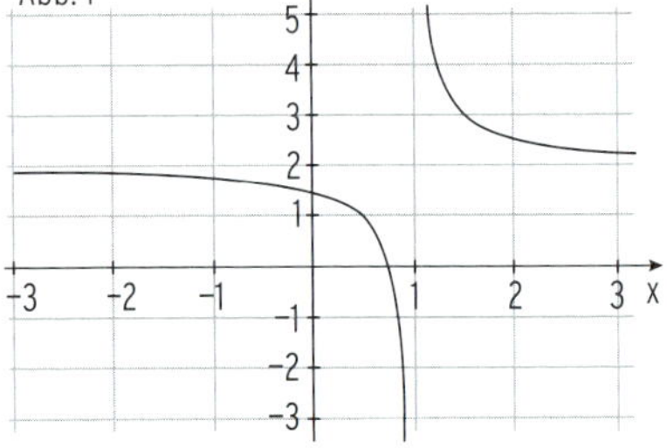

Abb. 2

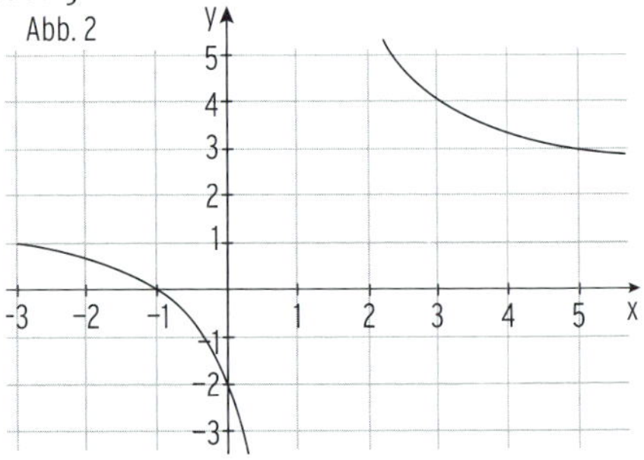

6 Zeigen Sie, dass $f(x) = \frac{2x-1}{x-2}$ in der Form $\frac{3}{x-2} + 2$ dargestellt werden kann. Wie entsteht der Graph von f aus dem Graphen von g mit $g(x) = \frac{1}{x}$; $x \neq 0$.

1.2.3 Ableitung von gebrochenrationalen Funktionen

Potenzregel:	Die Ableitung von f mit $f(x) = x^n$ ist $f'(x) = n \cdot x^{n-1}$; $n \in \mathbb{Q}$.
Faktorregel:	**Konstante Faktoren** bleiben erhalten.
Summenregel:	Die **Ableitung einer Summe** ist die **Summe der Ableitungen** der Summanden.
Kettenregel:	Für $f(x) = h(u(x))$ gilt: $f'(x) = h'(u(x)) \cdot u'(x)$ **Merkregel:** „äußere mal innere Ableitung"

Beispiele

$f(x) = 5 \cdot \frac{1}{x} = 5 \cdot x^{-1}$ $\quad$ $f'(x) = 5 \cdot (-1) \cdot x^{-2} = -5x^{-2} = -\frac{5}{x^2}$

$f(x) = 2 - \frac{5}{2x} = 2 - \frac{5}{2} \cdot \frac{1}{x} = 2 - \frac{5}{2} \cdot x^{-1}$ $\quad$ $f'(x) = -\frac{5}{2} \cdot (-1) \cdot x^{-2} = \frac{5}{2} \cdot \frac{1}{x^2} = \frac{5}{2x^2}$

$f(x) = \frac{1}{3x-6} = (3x-6)^{-1}$ $\quad$ $f'(x) = -1 \cdot (3x-6)^{-2} \cdot 3 = -\frac{3}{(3x-6)^2}$

$f(x) = \frac{2}{4x+5} + 8 = 2(4x+5)^{-1} + 8$ $\quad$ $f'(x) = -2 \cdot (4x+5)^{-2} \cdot 4 = -\frac{8}{(4x+5)^2}$

Aufgaben

1 Bestimmen Sie f'(x).

a) $f(x) = \frac{2}{5x}$ $\quad$ b) $f(x) = 4 - \frac{1}{2x}$ $\quad$ c) $f(x) = 3x^2 - \frac{2}{x^2}$

2 Leiten Sie die Funktion f zweimal ab.

a) $f(x) = -\frac{2}{3x}$ $\quad$ b) $f(x) = 2x - \frac{3}{2x}$ $\quad$ c) $f(x) = 1 + 3x - \frac{4}{x}$

3 Berechnen Sie die 1. Ableitung der Funktion f.

a) $f(x) = \frac{1}{5x+5}$ $\quad$ b) $f(x) = \frac{-3}{2x-1}$ $\quad$ c) $f(x) = \frac{5}{x+1} - 4$

d) $f(x) = \frac{a}{x-b} + c$ $\quad$ e) $f(x) = 2 - \frac{3}{3x-1}$ $\quad$ f) $f(x) = \frac{2}{6x+10} + \frac{7}{2}$

4 Für eine ertragsgesetzliche Kostenfunktion gilt: $K(x) = 0{,}1x^3 - 3x^2 + 50x + 300$

a) Bestimmen Sie die 2. Ableitung der Stückkostenfunktion.

b) Bestimmen Sie k'(10), k'(20) und k'(40). Interpretieren Sie.

c) Bestimmen Sie k''(5), k''(10) und k''(20) und interpretieren Sie Ihre Werte.

5 Gegeben ist die Funktion f mit $f(x) = \frac{-5}{1-2x}$; $x \in \mathbb{R} \setminus \{0{,}5\}$.

Bestimmen Sie f'(0); f'(1) und f'(−1).

Interpretieren Sie die Gemeinsamkeit.

1.2.4 Wirtschaftliche Anwendungen

Kosten, Betriebsoptimum

Beispiel

Die Gesamtkosten K in GE für ein Produkt werden bestimmt durch
$K(x) = \frac{1}{4}x^3 - \frac{7}{2}x^2 + 30x + 72$; $0 \leq x \leq 20$; x in ME.

a) Ermitteln Sie das Betriebsoptimum x_{BO} und die langfristige Preisuntergrenze. Skizzieren Sie das Schaubild der Stückkostenfunktion k.

b) Das Betriebsminimum liegt bei 7 ME. Bestimmen Sie die kurzfristige Preisuntergrenze. Das Produkt wird für 35 GE pro ME verkauft. Vergleichen Sie.

Lösung

a) Schaubild von k

Stückkostenfunktion k mit $k(x) = \frac{K(x)}{x}$

$k(x) = \frac{1}{4}x^2 - \frac{7}{2}x + 30 + \frac{72}{x}$

Minimum der Stückkosten

Mit Hilfsmittel: $x_{BO} \approx 8{,}84$

$k(8{,}84) \approx 26{,}74$

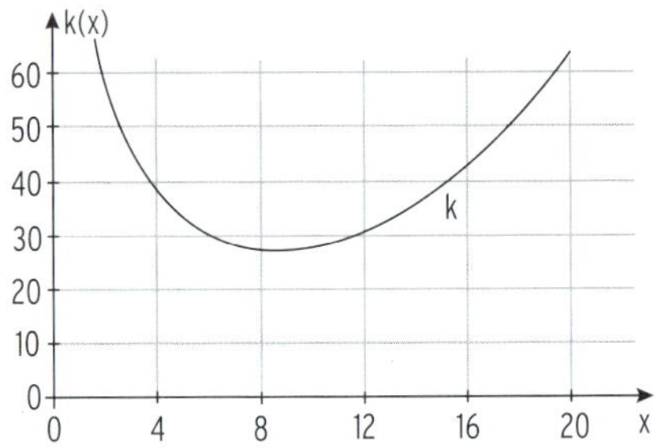

Das Betriebsoptimum liegt etwa bei 8,84 ME, die langfristige Preisuntergrenze etwa bei 26,74 GE (Minimum der Stückkosten).

b) Betriebsminimum: 7 ME

Variable Stückkostenfunktion: $k_v(x) = \frac{1}{4}x^2 - \frac{7}{2}x + 30$

kurzfristige Preisuntergrenze: $k_v(7) = 17{,}75$

Interpretation: Bei einem Verkaufspreis von 17,75 GE pro ME werden die fixen Kosten als Verlust in Kauf genommen.

Der Verkaufspreis kann bis auf 26,74 GE pro ME gesenkt werden, ohne Verluste zu machen.

Bei einem Verkaufspreis von mehr als 26,74 GE pro ME (z. B. 35 GE/ME) erzielt das Unternehmen einen Gewinn.

kurzfristige Preisuntergrenze 17,75 GE (je ME)	$<$	langfristige Preisuntergrenze 26,74 GE (je ME)	$<$	Verkaufspreis je ME 35 GE

Beachten Sie

Das **Betriebsoptimum** x_{BO} ist die Ausbringung (x-Wert), bei der die Stückkosten minimal sind. Bedingung für x_{BO}: $k'(x_{BO}) = 0$ und $k''(x_{BO}) > 0$.
Das Minimum der Stückkosten $k(x_{BO})$ gilt als **langfristige Preisuntergrenze** (LPU).
Senkt das Unternehmen den Verkaufspreis (je ME) bis auf die minimalen Stückkosten, sind bei der Produktion fixe und variable Kosten gerade noch gedeckt.

Angebot und Nachfrage

Beispiel

Nach Einführung des neuen Computerspiels Noxa wird der Monopolmarkt durch die Funktionen p_1 und p_2 mit $p_1(x) = \frac{175}{x+15} - 5$ und $p_2(x) = 5 - \frac{75}{x+14}$; $x \geq 0$, beschrieben.

a) Als ökonomische Kernaussage gilt auf einem Markt: Je höher der Preis, desto größer ist die angebotenen Menge und je höher der Preis, desto geringer die nachgefragte Menge.
Entscheiden Sie, welche der beiden gegebenen Funktionen die Angebots- bzw. die Nachfragefunktion darstellt. Begründen Sie Ihre Zuordnung mithilfe der Monotoniekriterien.
Bestimmen Sie den ökonomisch sinnvollen Definitionsbereich für beide Funktionen.
Skizzieren Sie die Graphen in ein geeignetes Koordinatensystem.

b) Bestimmen Sie das Marktgleichgewicht.

Lösung

a) $p_1(x) = \frac{175}{x+15} - 5$; $p_1'(x) = \frac{-175}{(x+15)^2}$

$p_2(x) = 5 - \frac{75}{x+14}$; $p_2'(x) = \frac{75}{(x+14)^2}$

Monotoniekriterium:

Wegen $p_1'(x) < 0$ für alle $x \geq 0$, gilt: p_1 ist fallend; p_1 ist die Nachfragefunktion p_N

Wegen $p_2'(x) > 0$ für alle $x \geq 0$, gilt: p_2 ist wachsend; p_2 ist die Angebotsfunktion p_A

Ökonomisch sinnvoller Definitionsbereich für p_N:

Sättigungsmenge: $p_N(x) = 0$ $\quad \frac{175}{x+15} - 5 = 0 \Leftrightarrow x = 20$

$D_{ök} = [0; 20]$

Ökonomisch sinnvoller Definitionsbereich für p_A:

$p_A(x) = 0$ $\quad 5 - \frac{75}{x+14} = 0 \Leftrightarrow x = 1$

$D_{ök} = [1; \infty)$

Skizze:

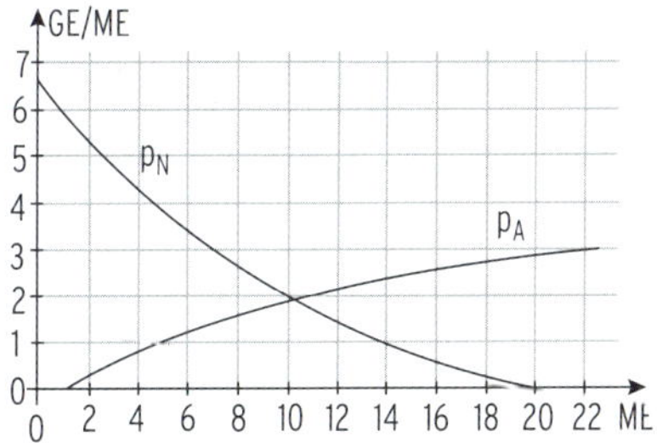

b) Marktgleichgewicht

Bedingung: $p_N(x) = p_A(x)$

GTR/CAS: $x_G \approx 10{,}31$

$p_N(x_G) \approx 1{,}91$

Marktgleichgewicht MG(10,31 | 1,91)

5 Bohner, Ott, Deusch - ISBN 978-3-8120-0696-5

Aufgaben

1 Die Gesamtkosten K einer Unternehmung lassen sich darstellen durch
$K(x) = \frac{1}{8}x^3 - 20x^2 + 1500x + 50\,000;\ x \in [0; 180]$. Der Stückerlös beträgt $p = 2\,000$ GE.

a) Zeigen Sie: Das Betriebsoptimum liegt bei 100 ME. Bestimmen Sie die langfristige Preisuntergrenze. Vergleichen Sie mit dem Erlös je ME. Beschreiben Sie die Auswirkungen für die Unternehmung.

b) Begründen Sie: Im Betriebsoptimum ist der Gewinn pro ME maximal.
Bestimmen Sie dann den Gewinn je ME und den Gesamtgewinn.

2 Die Gesamtkostenfunktion K und die Erlösfunktion E sind gegeben durch
$K(x) = 0{,}1\,x^3 - 7x^2 + 220x + 800$ und $E(x) = 250x$. Die Kapazitätsgrenze liegt bei 80 ME.

a) Berechnen Sie die Produktionsmenge, bei der die variablen Stückkosten am niedrigsten sind (Betriebsminimum). Bestimmen Sie den kleinstmöglichen Preis, zu dem die Unternehmung verkaufen kann, wenn sie die fixen Kosten als Verlust in Kauf nimmt.

b) Die Produktionsmenge, bei welcher der Gewinn je ME am größten ist, liegt bei ca. 38 ME. Bestimmen Sie die Produktionsmenge näherungsweise auf eine Dezimale gerundet. Begründen Sie Ihre Vorgehensweise. Bestimmen Sie den maximalen Gewinn je ME und der Gesamtgewinn bei dieser Produktionsmenge.
Vergleichen Sie mit dem maximal möglichen Gewinn.

3 Ein Monopolmarkt wird durch die Funktionen p_1 und p_2 mit
$p_1(x) = \frac{35}{x+2} - 5$ und $p_2(x) = 0{,}9x + 1;\ x \in D_{ök}$ beschrieben.

a) Entscheiden Sie, welche der beiden gegebenen Funktionen die Angebots- bzw. die Nachfragefunktion darstellt. Begründen Sie Ihre Zuordnung mithilfe der Monotoniekriterien. Bestimmen Sie den ökonomisch sinnvollen Definitionsbereich für beide Funktionen.

b) Bestimmen Sie die Sättigungsmenge und den Höchstpreis.
Berechnen Sie die erlösmaximale Menge sowie den maximalen Erlös.

c) Ermitteln Sie das Marktgleichgewicht mit der Gleichgewichtsmenge x_G und dem Gleichgewichtspreis p_G.

4 Im Rahmen einer alternativen Planung geht die Engel Maschinenbau AG von einem ertragsgesetzlichen Gesamtkostenverlauf aus, der durch die ganzrationale Funktion K mit $K(x) = 2x^3 - 12x^2 + 30x + 64$ gekennzeichnet ist. Durch den Koordinatenursprung und den beliebigen Punkt $P(x \mid K(x))$ verläuft eine Ursprungsgerade.

Bestimmen Sie die Steigungen der Ursprungsgeraden, die durch den Punkt $Q(1 \mid K(1))$ bzw. $R(2 \mid K(2))$ bzw. $S(4 \mid K(4))$ verlaufen.
Vergleichen und interpretieren Sie Ihre Ergebnisse im Hinblick auf die anfallenden Stückkosten. Bestimmen Sie die minimalen Stückkosten.

Preiselastizität

Preiselastizität der Nachfrage

Bei einer Ware wird Angebot und Nachfrage über den Preis reguliert. Eine Preisänderung hat eine Mengenänderung zur Folge, welche durch die Nachfragefunktion bestimmt wird.

Die Stärke der Reaktion bei einem bestimmten Preis wird untersucht.

Die Reaktion der Nachfrage auf Veränderungen des Preises misst man mit dem **Elastizitätskoeffizienten e_N.** Darunter versteht man die prozentuale (relative) Veränderung der Nachfrage bei prozentualen (relativen) Preisänderungen.

Preiselastizität der Nachfrage e_N $= \frac{\text{relative Mengenänderung}}{\text{relative Preisänderung}} = \frac{\frac{\triangle x}{x}}{\frac{\triangle p}{p}}$

Beispiele

1) Eine Preiserhöhung für ein Gut um 1 % hat einen Nachfragerückgang
   a) um 5 % zur Folge. Der Elastizitätskoeffizient hat den Wert $e_N = \frac{-5\%}{1\%} = -5$.
      Die Nachfrage heißt in diesem Fall **elastisch, da** $e_N < -1$.
   b) um 0,5 % zur Folge. Der Elastizitätskoeffizient hat den Wert $e_N = \frac{-0{,}5\%}{1\%} = -0{,}5$.
      Die Nachfrage reagiert **unelastisch, da** $e_N > -1$.
      Steigt der Preis des Gutes um ein Prozent, wird die Nachfrage um weniger als ein Prozent zurückgehen.
   c) um 1 % zur Folge. Der Elastizitätskoeffizient hat den Wert $e_N = \frac{-1\%}{1\%} = -1$.
      Die Nachfrage reagiert **fließend, da** $e_N = -1$.
      Eine Preiserhöhung um 1 % bewirkt einen Nachfragerückgang um 1 %.

2) Eine Marktuntersuchung hat ergeben, dass 400 Kunden eine Ware zu 450 € kaufen würden. Bei einem Preis von 300 € würden 1150 Käufer zugreifen.
   Für die **Preiselastizität der Nachfrage** bei einem Preis von 450 € gilt dann für die
   Nachfragemenge x = 450 und Preis p: $e_N = \frac{\frac{\triangle x}{x}}{\frac{\triangle p}{p}} = \frac{\frac{400-1150}{400}}{\frac{450-300}{450}} = \frac{\frac{-750}{400}}{\frac{150}{450}} = -\frac{750}{150} \cdot \frac{450}{400} = -5{,}625$

   Interpretation: Die Nachfrage heißt (sehr) **elastisch,** eine 1% ige Preiserhöhung hat einen 5,6 %igen Nachfragerückgang zur Folge.

Beachten Sie

Bei der **Preiselastizität der Nachfrage** gilt:

$e_N(x) = \frac{p_N(x)}{x} \cdot \frac{1}{p_N'(x)}$ (wegen $e_N(x) = \frac{p_N(x)}{x} \cdot \frac{1}{\frac{\triangle p_N}{\triangle x}}$ und $\lim\limits_{\triangle x \to 0} \frac{\triangle p_N}{\triangle x} = p_N'(x)$)

Die Funktion e_N heißt **Elastizitätsfunktion der Nachfrage.**

Die Nachfrage heißt in x_0 **elastisch,** wenn $e_N(x_0) < -1$, **unelastisch,** wenn $-1 < e_N(x_0) < 0$ und **fließend,** wenn $e_N(x_0) = -1$.

Bemerkung: Die Preiselastizität der Nachfrage gibt näherungsweise an, um wie viel % sich die Nachfrage bei einer Erhöhung des aktuellen Preises p_0 um 1 % ändert (verringert).

Da Nachfragefunktionen im Regelfall streng **monoton fallend** sind, ist die Preiselastizität der Nachfrage **negativ.**

Die **Nachfrage x** ist vom Preis abhängig.

Beispiel

➲ Gegeben ist eine Nachfragefunktion p_N durch $p_N(x) = -2x + 5300;\ x \in D_{ök}$.

a) Bestimmen Sie die Preiselastizität $e_N(x)$ in Abhängigkeit von der Menge x.

b) Ermitteln Sie die Stelle, für die die Nachfrage fließend ist.
Stellen Sie die Funktion e_N grafisch dar.
Geben Sie die Bereiche an, in denen die Nachfrage elastisch bzw. unelastisch ist.

Lösung

a) Ableitung: $p_N'(x) = -2$

Für die Preiselastizität $e_N(x)$ gilt:

$$e_N(x) = \frac{p_N(x)}{x} \cdot \frac{1}{p_N'(x)} = \frac{-2x + 5300}{x} \cdot \frac{1}{(-2)}$$

$$e_N(x) = \frac{-2x + 5300}{-2x}$$

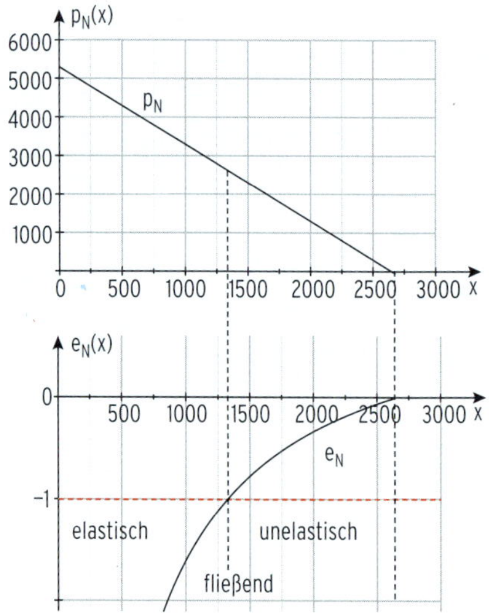

b) Ökonomisch sinnvoller Definitionsbereich:

Bedingung: $p_N(x) = 0 \qquad x = 2650$

$D_{ök} = [0; 2650]$

Die Nachfrage ist fließend, wenn $e_N(x) = -1$.

$$\frac{-2x + 5300}{-2x} = -1$$

Lösung der Gleichung: $x = 1325$.

Die Nachfrage ist fließend für $x = 1325$.

Grafische Darstellung von e_N:

Die Nachfrage ist elastisch, wenn $e_N(x) < -1$.

Mithilfe der Zeichnung: $0 < x < 1325$

Die Nachfrage ist unelastisch, wenn $-1 < e_N(x) < 0$.

Mithilfe der Zeichnung: $1325 < x < 2650$

Bemerkung: Die Nachfrage ist umso **elastischer,** je besser sich eine Ware durch eine andere Ware ersetzen lässt (Beispiel: Mineralwasser).

Die Nachfrage ist umso **unelastischer,** je unentbehrlicher und je schwerer ersetzbar die Ware ist (Beispiel: wirksames Medikament).

Preiselastizität des Angebots

Beachten Sie

Bei der **Preiselastizität des Angebots** gilt entsprechend: $e_A(x) = \frac{p_A(x)}{x} \cdot \frac{1}{p_A(x)}$

Die Funktion e_A heißt **Elastizitätsfunktion des Angebots.**

Ein Angebot heißt in x_0 **elastisch**, wenn $e_A(x_0) > 1$,
unelastisch, wenn $0 < e_A(x_0) < 1$ und
fließend, wenn $e_A(x_0) = 1$.

Beispiel 1

➲ Gegeben ist eine Angebotsfunktion p_A mit $p_A(x) = 32 + 2x^2$; $x \geq 0$.

a) Bestimmen Sie die Preiselastizität $e_A(x)$ in Abhängigkeit von der Menge x.

b) Geben Sie die Stelle an, für die das Angebot fließend ist.
Stellen Sie die Funktion e_A grafisch dar.
Geben Sie die Bereiche an, in denen das Angebot elastisch bzw. unelastisch ist.

Lösung

a) Ableitung: $p_A(x) = 4x$
Für die Preiselastizität $e_A(x)$ gilt:

$$e_A(x) = \frac{p_A(x)}{x} \cdot \frac{1}{p_A(x)} = \frac{32 + 2x^2}{x} \cdot \frac{1}{4x}$$

$$e_A(x) = \frac{32 + 2x^2}{4x^2}$$

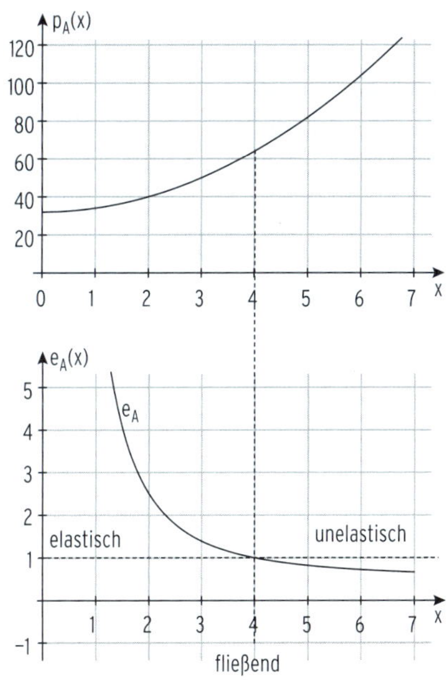

b) Das Angebot ist fließend, wenn $\mathbf{e_A(x) = 1}$.

$$\frac{32 + 2x^2}{4x^2} = 1$$

Lösung der Gleichung: x = 4.
Das Angebot ist fließend für x = 4.

Grafische Darstellung von e_A:

Das Angebot ist elastisch, wenn $e_A(x) > 1$.

Mithilfe der Zeichnung

Für $0 < x < 4$ ist das Angebot elastisch.

Das Angebot ist unelastisch,
wenn $0 < e_A(x) < 1$.

Mithilfe der Zeichnung

Das Angebot ist unelastisch für $x > 4$.

Beispiel 2

➲ Gegeben sind die Nachfragefunktion p_N mit $p_N(x) = 345 - 4x^2$ und die Angebotsfunktion p_A mit $p_A(x) = 100e^{0,05x}$.

a) Bestimmen Sie die Gleichgewichtsmenge und den Marktpreis.

b) Ermitteln Sie die Preiselastizitätsfunktion der Nachfrage e_N und des Angebots e_A.

c) Bestimmen Sie die Elastizität von Angebot und Nachfrage im Marktgleichgewicht. Interpretieren Sie diese Werte.

Lösung

a) Gleichsetzen $p_N(x) = p_A(x)$ $\qquad 345 - 4x^2 = 100e^{0,05x}$

GTR/CAS: $\qquad x \approx 7{,}11$

Gleichgewichtsmenge: $x_G \approx 7{,}11$

Mit $p_N(7{,}11) \approx 142{,}79$ erhält man den **Marktpreis** $142{,}79\ \frac{GE}{ME}$.

b) **Preiselastizitätsfunktion** der Nachfrage

$$e_N(x) = \frac{p_N(x)}{x} \cdot \frac{1}{p_N'(x)} = \frac{345 - 4x^2}{x} \cdot \frac{1}{-8x} = \frac{345 - 4x^2}{-8x^2}$$

Preiselastizitätsfunktion des Angebots

$$e_A(x) = \frac{p_A(x)}{x} \cdot \frac{1}{p_A'(x)} = \frac{100e^{0,05x}}{x} \cdot \frac{1}{5e^{0,05x}} = \frac{20}{x}$$

c) Gleichgewichtsmenge $x_G \approx 7{,}11$

Preiselastizität der Nachfrage

$e_N(7{,}11) \approx -0{,}35$

Eine Preissteigerung von 1 % bewirkt einen Nachfragerückgang von ca. 0,35 %.
Die Nachfrage ist unelastisch.

Preiselastizität des Angebots $e_A(7{,}11) \approx 2{,}81$

Eine Preissteigerung von 1 % bewirkt eine Mengenzunahme von ca. 2,8 %.
Das Angebot ist elastisch.

Beachten Sie

Preiselastizität der Nachfrage: $\qquad e_N(x) = \frac{p_N(x)}{x} \cdot \frac{1}{p_N'(x)}$

Preiselastizität des Angebots: $\qquad e_A(x) = \frac{p_A(x)}{x} \cdot \frac{1}{p_A'(x)}$

Die Nachfrage p_N bzw. das Angebot p_A heißt in x_0

elastisch, wenn $|e(x_0)| > 1$, **unelastisch,** wenn $|e(x_0)| < 1$, **fließend,** wenn $|e(x_0)| = 1$.

Aufgaben

1 Berechnen Sie die Elastizität folgender Nachfragefunktionen in Abhängigkeit von der Menge x.
Geben Sie die Bereiche an, in denen die Nachfrage elastisch ist.

a) $p_N(x) = 100 - 7x$ b) $p_N(x) = 144 - 3x^2$ c) $p_N(x) = \frac{400}{x} + 200$

2 Nennen Sie Beispiele für Güter, bei denen eine starke Veränderung der Nachfrage bei einem veränderten Preis zu erwarten ist.

3 Gegeben sind eine Nachfragefunktion $p_N(x) = 200 - 5x^2$ und die Angebotsfunktion $p_A(x) = 20x + 50$.

a) Bestimmen Sie die Gleichgewichtsmenge und den Gleichgewichtspreis.

b) Ermitteln Sie die Preiselastizitätsfunktion der Nachfrage $e_N(x)$ in Abhängigkeit von der Menge x und stellen Sie die Funktion grafisch dar.

c) Berechnen Sie die Mengen, für die das Angebot fließend bzw. elastisch ist.

d) Bestimmen Sie die Elastizität von Angebot und Nachfrage im Marktgleichgewicht. Interpretieren Sie diese Werte.

4 Der Hersteller von Biosahne führt verschiedene Analysen durch, um den Markt richtig einschätzen zu können. Er erhält folgende Situation: $p_N(x) = 20 - 5e^{0,25x}$ und $p_A(x) = \frac{-3}{x-4} + 2$.
Er lässt Elastizitätsuntersuchungen im Bereich [0; 4) durchführen, um seine Preise besser festlegen zu können. Ermitteln Sie die Funktion für die Preiselastizität der Nachfrage.
Bestimmen Sie die Intervalle, in denen die Nachfrage elastisch bzw. unelastisch reagiert, und beschreiben Sie das jeweilige Intervall aus ökonomischer Sicht.
Geben Sie die zugehörigen Preisintervalle der Anbieter an.
Der Hersteller möchte die Auswirkungen von Preisänderungen auf die Nachfrage analysieren. Berechnen Sie den Preis, bei dem sich bei einer Preissteigerung um 1% die Nachfragemenge um 0,5% verringert.

5 Der Hersteller von elektronischen Bauteilen hat am Markt eine Monopolstellung.
Der erzielbare Preis in GE pro ME lässt sich aufgrund einer Marktstudie mit der Preis-Absatz-Funktion $p_N(x) = -0,8x + 9$ berechnen.
Bestätigen Sie die Aussage: $e_N(x) = -1$, wenn x die Hälfte der Sättigungsmenge ist.

Bestimmen Sie die Nachfragemenge, bei der eine 1 %-ige Preiserhöhung einen 2 %-igen Nachfragerückgang bewirkt.
Geben Sie die Elastiziät der Nachfrage bei einem Preis von 7 GE/ME an.
Ermitteln Sie die Elastizitätsbereiche. Interpretieren Sie Ihr Ergebnis.

6 Gegeben ist die Nachfragefunktion $p_N(x) = 970 - 13x^2$. Geben Sie die Bereiche an, in denen der Umsatz durch Preissenkung erhöht werden kann.
Zeigen Sie, dass für x_0 mit $e_N(x_0) = -1$ der Umsatz sein Maximum annimmt.

Minimalkostenkombination

Isoquantenfunktion

Ein Unternehmen in einer Marktwirtschaft verfolgt das Ziel der Gewinnmaximierung.
Die Voraussetzung dafür ist, dass die Einnahmen aus dem Verkauf von Gütern dauerhaft höher sind als die Kosten. Die Kosten entstehen vor allem durch den Einsatz der Produktionsfaktoren (z. B. Arbeit, Kapital, Boden). Diese bezeichnet man mit x, y,... .
Die Produktionsmenge (Output) hängt vom Einsatz der Produktionsfaktoren x und y ab (Input).

Beispiel

Für den festen Output von 100 ME ergibt sich folgender Zusammenhang mit den Produktionsfaktoren x und y: $5x \cdot \sqrt{y} = 100$

Verschiedene Faktoreinsatzmöglichkeiten:

	$x = 10;\ y = 4$:	$5 \cdot 10 \cdot \sqrt{4} = 100$
	$x = 4;\ y = 25$:	$5 \cdot 4 \cdot \sqrt{25} = 100$
	$x = 8;\ y = 6{,}25$:	$5 \cdot 8 \cdot \sqrt{6{,}25} = 100$

Die zugehörigen Punkte im (x; y)-Koordinatensystem liegen auf einer Kurve, der **Isoquante** für den Output 100 ME.

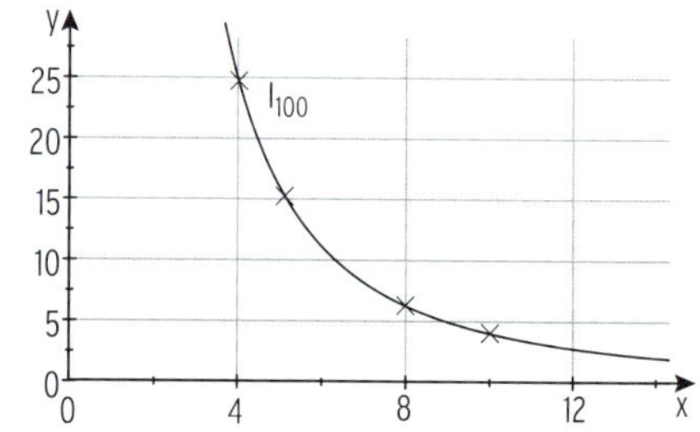

Funktionsgleichung der Isoquantenfunktion

Um eine Funktion mit einer Variablen (z. B. x) zu erhalten, muss man die Gleichung nach y auflösen.

Auflösung nach y: $\sqrt{y} = \frac{100}{5x} = \frac{20}{x}$

Quadrieren ergibt: $y = \frac{400}{x^2}$

I_{100} mit $I_{100}(x) = \frac{400}{x^2}$ ist eine Funktion von x. I_{100} heißt **Isoquantenfunktion.** Sie stellt alle Faktormengenkombinationen dar, mit denen 100 ME (Output) hergestellt werden können.

Für einen Output von 200 ME
erhält man $200 = 5x \cdot \sqrt{y}$

und damit $y = I_{200}(x) = \frac{1600}{x^2}$

Für einen Output von 250 ME
erhält man $250 = 5x \cdot \sqrt{y}$

und damit $y = I_{250}(x) = \frac{2500}{x^2}$

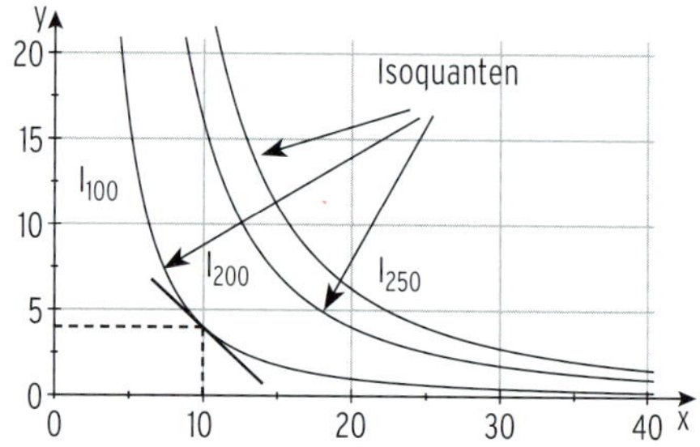

Alle Faktorkombinationen, die eine bestimmte Outputmenge hervorbringen, liegen auf einer **Isoquanten.** Je weiter rechts oben die Isoquante liegt, desto höher ist das Outputniveau.

Die Steigung in einem Punkt der Isoquanten gibt an, um wie viel die Inputmenge des Faktors y geändert werden muss, wenn x um eine Einheit vergrößert oder verkleinert wird. Dabei soll die Produktionsmenge konstant bleiben. Die Steigung der Isoquanten bezeichnet man als **Grenzrate der Substitution.**

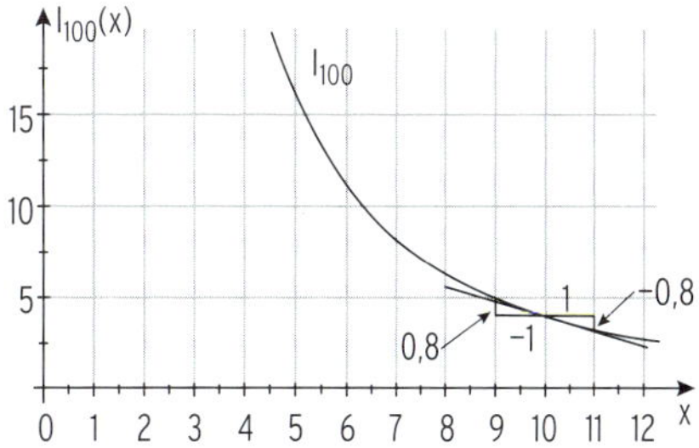

Sie wird berechnet mithilfe der ersten Ableitung.

Im Beispiel für den Output von 100 ME:

$I_{100}(x) = \frac{400}{x^2}$

1. Ableitung: $I_{100}'(x) = -\frac{800}{x^3}$

Grenzrate der Substitution in $x_1 = 10$: $I_{100}'(10) = -0,8$

Interpretation:

Bei einem Output von 100 ME und einem Input von x = 10 ME und y = 4 ME kann

- eine Minderung von x um 1 ME durch eine Steigerung von y um 0,8 ME
  bzw.
- eine Erhöhung von x um 1 ME durch eine Reduktion von y um 0,8 ME

ausgeglichen werden.

Beispiel

➲ Das Unternehmen Centro baut zur Herstellung von Medikamenten Melisse an. Der Einsatz der beiden Produktionsfaktoren Dünger (x) und Arbeit (y) für einen Output von 300 ME kann durch folgenden funktionalen Zusammenhang angenähert werden:

$I_{300}(x) = 2 + \frac{13}{x - 1,5}$; $x > 1,5$.

Skizzieren Sie den Graphen von I_{300}.

Die Geschäftsleitung legt für die Faktormenge Dünger 8 ME fest.

Bestimmen Sie die zugehörige Faktormenge an Arbeit.

Berechnen Sie die Grenzrate der Substitution. Interpretieren Sie Ihr Ergebnis.

Lösung

$I_{300}(x) = 2 + \frac{13}{x - 1,5}$; $x > 1,5$

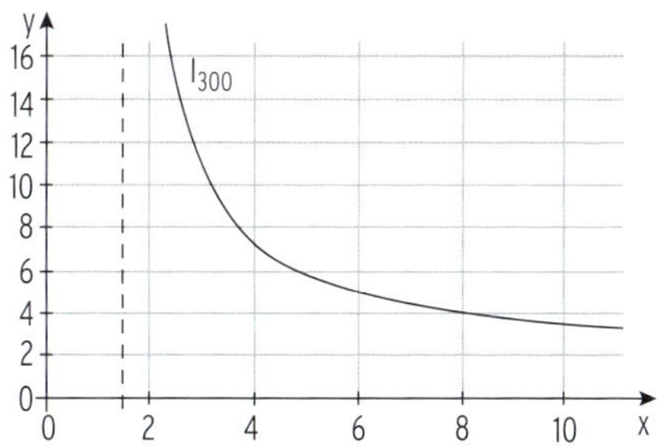

$I_{300}(8) = 4$

Faktormengenkombination (8; 4)

$I_{300}'(x) = -\frac{13}{(x - 1,5)^2}$

$I_{300}'(8) \approx -0,31$

Bei einem Output von 300 ME und einem Input von x = 8 ME und y = 4 ME kann eine Minderung (Steigerung) von x um 1 ME durch eine Steigerung (Minderung) von y um 0,31 ME ausgeglichen werden.

Aufgaben

1 Das Unternehmen Agro baut unter Einsatz der beiden Produktionsfaktoren Dünger (x) und Arbeit (y) Zwiebeln zur Herstellung von Fertigsalaten an.

Ein Output von 500 [ME] wird durch die folgenden Faktormengenkombinationen erzielt:

x Dünger in ME	4	5	8
y Arbeit in ME	6	3,5	2

Weisen Sie nach, dass für die Isoquantenfunktion gilt: $I_{500}(x) = 1 + \frac{5}{x-3}$.

Die Grenzrate der Substitution gibt Auskunft über die notwendige Substitution der beiden Produktionsfaktoren und wird durch die 1. Ableitung definiert.
Berechnen und interpretieren Sie diese an der Stelle x = 4.

2 Ein Unternehmen fertigt Pumpen als Autozulieferer. Die verschiedenen Kombinationsmöglichkeiten von ME an Arbeit und ME an Kaptital in Form von Maschinen werden dabei für einen Output von 150 ME durch die Isoquantenfunktion I_{150} mit $I_{150}(x) = \frac{13}{x-1} + 5$ beschrieben.

a) Aufgrund von wirtschaftlichen Veränderungen muss das Unternehmen die Kombination von 11 ME Arbeit und 6,3 ME Kapital einsetzen.
Weisen Sie mit Hilfe der Isoquantenfunktion I_{150} nach, dass diese Kombinationsmöglichkeit ebenfalls zu einem Output von 150 ME führt.
Untersuchen Sie, welche ME an Arbeit generell eingesetzt werden können, um einen Output von 150 ME zu erzielen.
Bestimmen Sie, wie viele ME an Kapital das Unternehmen für einen Output von 150 ME mindestens benötigt.

b) Bestimmen Sie die Ableitung von I_{150}.
Skizzieren Sie den Graphen von I_{150} in ein geeignetes Koordinatensystem.
Zeichnen Sie die Tangente an den Graphen in x = 3. Interpretieren Sie die Steigung der Tangente unter ökonomischen Gesichtspunkten.

3 Untersuchen Sie, ob eine Abbildung den Graphen einer Isoquantenfunktion zeigt.
Begründen Sie Ihr Ergebnis.

Abb. 1

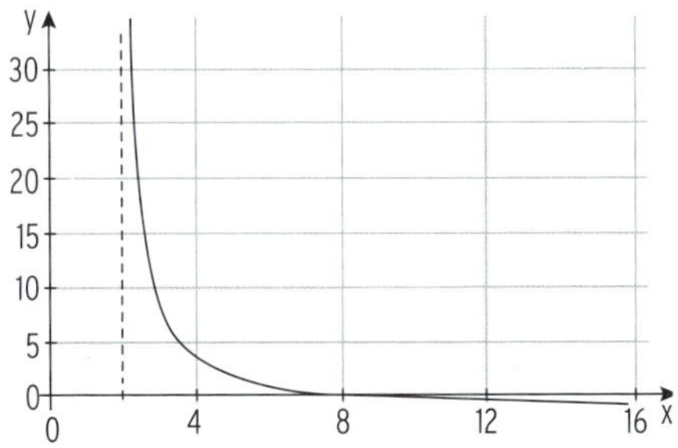

Abb. 2

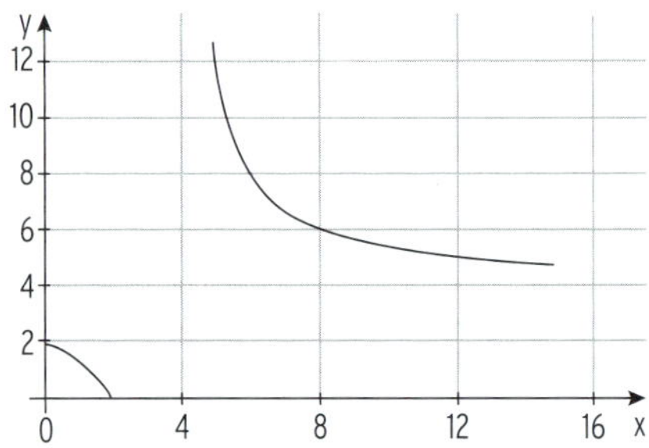

Optimale Kostenkombination

Die zentrale Frage der Produktionsplanung lautet: Welche Kombination von Produktionsfaktoren ist optimal?
Wir wollen dieser Frage nachgehen unter dem Aspekt der Kostenminimierung.
Welche Faktorkombination sollte gewählt werden, um eine gegebene Outputmenge zu möglichst niedrigen Kosten zu produzieren?

Hinweis: Die Faktorpreise sind fest vorgegeben, das Unternehmen kann sie nicht beeinflussen (Faktormarkt mit vollkommener Konkurrenz).

Beispiel 1

➲ Für die Fertigung eines Produktes werden die zwei Produktionsfaktoren Arbeit und Kapital eingesetzt. Zur Herstellung von 80 Mengeneinheiten [ME] des Produktes ergibt sich die Funktionsgleichung der zugehörigen Isoquante $I_{80}(x) = 3 + \frac{8}{x-1}$.
Die Faktorpreise betragen für den Produktionsfaktor Arbeit 4 GE/ME und für den Produktionsfaktor Kapital 12 GE/ME.
Ermitteln Sie die Faktormengenkombinationen, die sich bei Kosten von 96 GE realisieren lassen. Begründen Sie, auch anhand einer Skizze, dass sich diese Kosten noch weiter reduzieren lassen. Berechnen Sie die optimale Kombination der beiden Produktionsfaktoren und die zugehörigen Minimalkosten für die Herstellung von 80 ME des Produktes.

Lösung

Die Gesamtkosten erhält man aus: $K = x \cdot p_x + y \cdot p_y$
Einsetzen von K = 96 ergibt: $96 = 4x + 12y \Rightarrow y = 8 - \frac{1}{3}x$
Die Gerade heißt **Isokostengerade** mit $I_{K_{96}}(x) = -\frac{1}{3}x + 8$

Auf einer **Isokostengeraden** liegen alle Faktorkombinationen, die die gleichen Kosten verursachen.

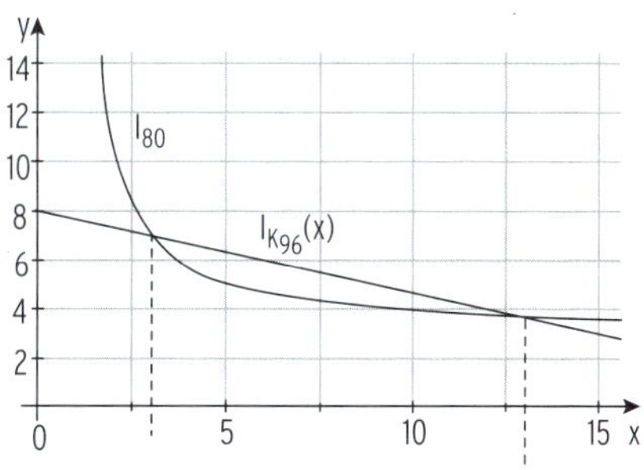

Faktormengenkombinationen, die sich bei Kosten von 96 GE realisieren lassen durch Gleichsetzen:

$I_{80}(x) = I_{K_{96}}(x)$ $\qquad 3 + \frac{8}{x-1} = 8 - \frac{1}{3}x$

$x_1 = 3 \vee x_2 = 13$

Mit $I_{80}(3) = 7$ und $I_{80}(13) = \frac{11}{3}$ gilt: Die Kosten von 96 GE lassen sich mit den folgenden Mengenkombinationen realisieren: $(3; 7)$; $(13; \frac{11}{3})$

Die Kosten von 96 GE lassen sich also noch **reduzieren**, weil die Gerade mit $I_{K_{96}}(x) = 8 - \frac{1}{3}x$ eine **Sekante** mit dem Graphen der Isoquantenfunktion I ist.

Erläuterung: Umformung von $K = 4x + 12y$ ergibt $y = I_K(x) = -\frac{1}{3}x + \frac{K}{12}$

Im (x; y)-Koordinatensystem entspricht dies einer Parallelenschar mit $m = -\frac{1}{3}$.

Die Gerade mit dem kleinsten Ordinatenachsenabschnitt ($\frac{K}{12}$) **berührt** die Isoquante. Die Koordinaten des Berührpunktes geben die Faktorkombination mit den kleinsten Kosten an.

Optimale Kombination und Budgetgerade

Bedingung: $I_{80}'(x) = I_K'(x)$ $\qquad \frac{-8}{(x-1)^2} = -\frac{1}{3}$

$x_1 \approx 5{,}90 \vee (x_2 \approx -3{,}90 \notin D_{ök,x})$

Optimale Mengenkombination der Produktionsfaktoren: $x_1 \approx 5{,}90$, $I_{80}(x_1) \approx 4{,}63$

Minimalkostenkombination MMK(5,90 | 4,63)

Minimalkosten: $4 \cdot 5{,}90 + 12 \cdot 4{,}63 = 79{,}16$

Die zugehörigen Minimalkosten für die Herstellung von 80 ME betragen 79,16 GE.

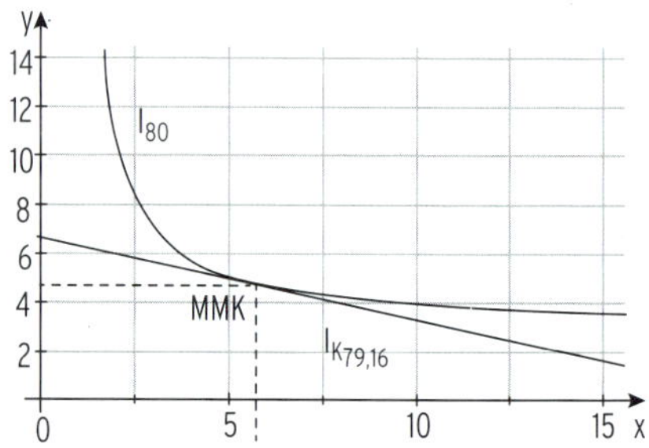

Zugehörige kostenminimale Isokostengerade (**Budgetgerade**)

Einsetzen von K = 79,16 in $I_K(x) = -\frac{1}{3}x + \frac{K}{12}$ ergibt: $I_{K_{79,16}}(x) = -\frac{1}{3}x + 6{,}60$

Beachten Sie

Die Isoquantenfunktion I_P beschreibt den Zusammenhang der Produktionsfaktoren x und y bei einem festen Output P. Der Graph der Isoquantenfunktion heißt Isoquante. Sie ist fallend, linksgekrümmt und verläuft im I. Quadranten. Jeder Punkt auf der Isoquanten liefert eine Faktormengenkombination, die zum gleichen Output P führt.

Die Isoquantenfunktion I_P hat die Form $I_P(x) = \frac{a}{x-b} + c$ mit $a > 0$, $b, c \geq 0$

Grenzrate der Substitution: $I_P'(x)$

Auf einer **Isokostengeraden** liegen alle Faktorkombinationen, die die gleichen Gesamtkosten K verursachen. Aus den Gesamtkosten $K = x \cdot p_x + y \cdot p_y$

ergibt sich durch Auflösen nach y: $y = I_K(x)$

Isokostenfunktion I_K mit $I_K(x) = -x \cdot \frac{p_x}{p_y} + \frac{K}{p_y}$

Minimalkostenkombination: Optimale Kombination der Produktionsfaktoren

Die Bedingung: $I_P'(x) = I_K'(x)$

führt auf die kostenminimale Einsatzmenge des Produktionsfaktors x.

Einsetzen in $I_P(x)$ ergibt

die **Minimalkostenkombination:**

$MMK(x_{min} \mid I_P(x_{min}))$

Die optimale Isokostengerade ist Tangente an die Isoquante und heißt **Budgetgerade.**

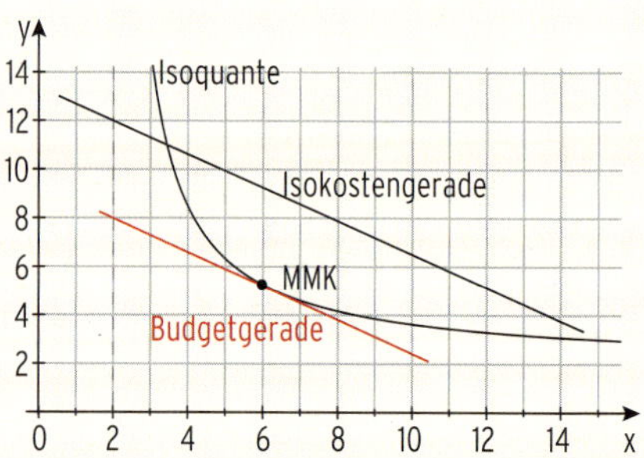

Aufgaben

1 Der Biohof Braun baut Biolandgemüse zum Verkauf in seinem Hofladen an.
Der Einsatz der beiden Produktionsfaktoren Dünger(x) und Arbeit (y) kann für einen Output von 250 Mengeneinheiten [ME] durch folgenden funktionalen Zusammenhang angenähert werden: $I(x) = \frac{4}{x-4} + 1$.

a) Ermitteln Sie den ökonomisch sinnvollen Definitionsbereich für x.

b) Der Preis für eine ME des Produktionsfaktors x beträgt 5 Geldeinheiten [GE].
Eine ME des Produktionsfaktors y kostet 2 GE. Bestimmen Sie die Isokostengerade.
Geben Sie die Werte von K an, für die realisierbare Produktionsmöglichkeiten entstehen und die Werte, für die keine Produktionsmöglichkeiten realisierbar sind.
Stellen Sie den gesamten Sachverhalt grafisch dar.
Berechnen Sie die Minimalkostenkombination und die Kosten der Minimalkostenkombination. Interpretieren Sie die ökonomische Bedeutung der Minimalkostenkombination.

2 Das Pharmaunternehmen Medipharm AG baut zur Herstellung eines homöopathischen Medikaments die Pflanze Arnika an.

a) Der Einsatz der beiden Produktionsfaktoren Dünger (x) und Arbeit (y) kann durch folgenden funktionalen Zusammenhang angenähert werden:
$I(x) = y = a + \frac{b}{x+c}$; $a, b, c \in \mathbb{R}$, $a, b > 0$, $c \neq 0$.
Der Output von 500 (ME) wird durch die folgenden Faktormengenkombinationen erzielt:

x Dünger in ME	4	6	10
y Arbeit in ME	4	3	2,5

Weisen Sie nach, dass für die Isoquantenfunktion I_{500} gilt: $I_{500}(x) = 2 + \frac{4}{x-2}$.

b) Der Preis für eine ME des Produktionsfaktors Dünger beträgt 4 GE, eine ME des Produktionsfaktors Arbeit kostet 2 GE. Bestimmen Sie die Vorschrift der Isokostenfunktion I_K, wenn genau K GE zur Verfügung stehen. Berechnen Sie die Faktormengenkombinationen, die bei Einsatz von K = 40 GE möglich sind. Bestimmen Sie die Minimalkostenkombination. Berechnen Sie die dabei entstehenden Kosten K*.

c) Bei gleicher Isoquantenfunktion, aber veränderten Faktorpreisen für p_x und p_y soll die Minimalkostenkombination im Punkt M(6 | 3) liegen. Bestimmen Sie für diese Situation das Preisverhältnis $p_x : p_y$ der beiden Produktionsfaktoren.
Berechnen Sie zu beliebigem p_x die minimalen Kosten.

d) Für eine weitere Isoquantenfunktion I_{P*} ist die Funktion der Grenzrate der Substitution mit $I_{P*}'(x) = \frac{-8}{(x-2)^3}$ gegeben. Die Grenzrate der Substitution gibt Auskunft über die notwendige Substitution der beiden Produktionsfaktoren und wird durch die 1. Ableitung der Isoquantenfunktion definiert. Berechnen und interpretieren Sie diese an der Stelle x = 4.

Test zur Überprüfung Ihrer Grundkenntnisse

1 Skizzieren Sie den Graphen der Funktion f. Bestimmen Sie D_{max} und die Asymptoten.

a) $f(x) = 4 + \frac{1}{x}$ b) $f(x) = \frac{1}{x-5}$ c) $f(x) = \frac{2-4x}{x}$

2 Einer der drei Funktionsterme

$f(x) = 3 + \frac{1}{x-2}$

$g(x) = 3 + \frac{2}{x-2}$

$h(x) = 3 + \frac{4}{x-1}$

beschreibt den Graphen in der Abbildung.

Bestimmen Sie den Funktionsterm.
Begründen Sie Ihre Antwort.

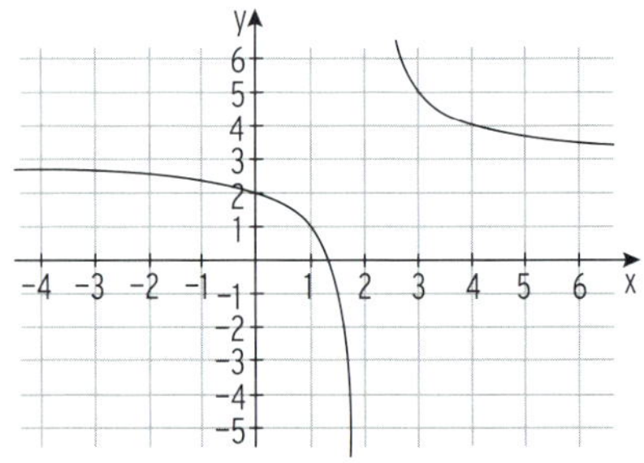

3 Die Schoki AG verwendet zur Schokoladenherstellung Milch und Milchpulver. Für die Produktion von 200 ME gilt die Isoquante $I_{200}(x) = \frac{12}{x-1} + 3$. Das Milchpulver kostet 3 GE/ME, die Milch 4 GE/ME.

a) Insgesamt sind für den Einkauf von Milchpulver und Milch 48 GE eingeplant. Zeigen Sie, dass die Gleichung der Isokostengeraden dann $I_{K48}(x) = -\frac{3}{4}x + 12$ lautet.

b) Bestimmen Sie die Gleichung der kostenminimalen Isokostengeraden. Berechnen Sie die zugehörigen minimalen Kosten.

4 Die Gesamtkosten der Produktion eines Unternehmens werden durch die Kostenfunktion K mit $K(x) = \frac{1}{6}x^3 - 2x^2 + 14x + 12;\ 0 \leq x \leq 15$ beschrieben.
Die Funktion der Stückkosten wird mit k, die der variablen Stückkosten mit k_v bezeichnet.

a) Die Abbildung zeigt die Schaubilder von k und k_v.
Ordnen Sie zu. Begründen Sie Ihre Zuordnung.

b) Bestimmen Sie die Funktionsterme $k(x)$ und $k_v(x)$.

c) Zeigen Sie: Die minimalen Stückkosten werden für $x > 6$ (ME) angenommen.
Begründen Sie Ihre Antwort.

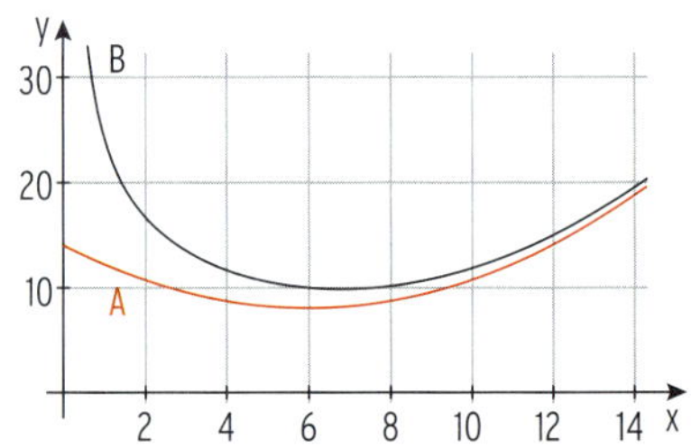

5 Die Firma Stuckenberg stellt Messgeräte für die Medizin her. Gegeben sind eine Nachfragefunktion $p_N(x) = 200 - 5x^2$ und die Angebotsfunktion $p_A(x) = 20x + 50$.

a) Bestimmen Sie die Gleichgewichtsmenge und den Gleichgewichtspreis.

b) Ermitteln Sie die Preiselastizitätsfunktion der Nachfrage $e_N(x)$ in Abhängigkeit von der Menge x und stellen Sie die Funktion grafisch dar.

c) Berechnen Sie die Mengen, für die das Angebot fließend bzw. elastisch ist.

d) Bestimmen Sie die Elastizität von Angebot und Nachfrage im Marktgleichgewicht.
Interpretieren Sie diese Werte.

1.3 Funktionsanpassung

Beispiel 1

➲ Der Graph der quadratischen Funktion f ist symmetrisch zur Ordinatenachse. Die Tangente in (2 | 0) hat die Gleichung $y = -3x + 6$. Bestimmen Sie f(x).

Lösung

Ansatz wegen Symmetrie: $f(x) = ax^2 + b$
Ableitung von f: $f'(x) = 2ax$

In (2|0) ist die Steigung − 3: $f(2) = 0$: $4a + b = 0$
$f'(2) = -3$: $4a = -3$

Einsetzen von $a = -\frac{3}{4}$ in $4a + b = 0$ ergibt $b = 3$
Funktionsterm: $f(x) = -\frac{3}{4}x^2 + 3$

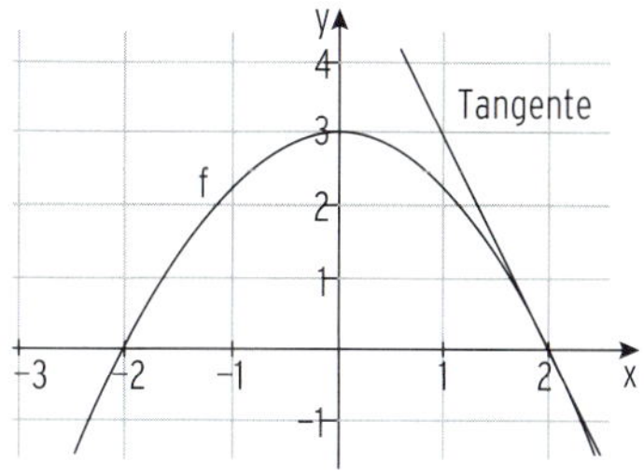

Beispiel 2

➲ Der Graph der Funktion f mit $f(x) = ax(x-1)(x-3)$; $x \in \mathbb{R}$, $a \neq 0$ hat im Ursprung die Steigung 6. Bestimmen Sie a.

Lösung

$f(x) = ax(x-1)(x-3) = a(x^3 - 4x^2 + 3x)$

Ableitung von f: $f'(x) = a(3x^2 - 8x + 3)$

In x = 0 die Steigung 6: $f'(0) = 6$ $\qquad a \cdot 3 = 6$
$a = 2$

Abbildung für a = 2:

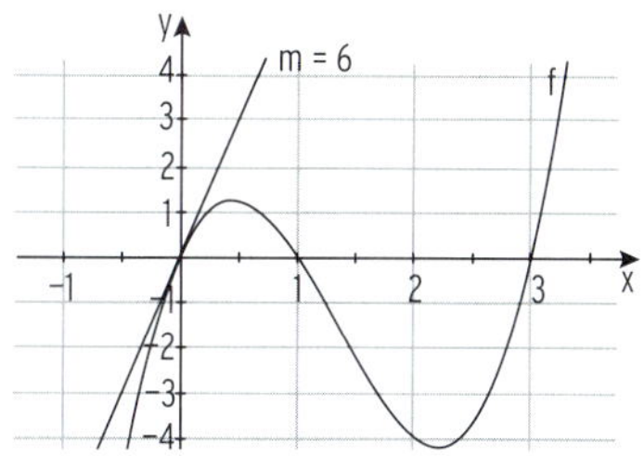

Beispiel 3

➲ Gegeben ist die Funktion f mit $f(x) = ax^3 + bx^2$; $x \in \mathbb{R}$. Das Schaubild von f hat den Wendepunkt W(1|8). Bestimmen Sie den Funktionsterm f(x).

Lösung

Ableitungen von f: $f'(x) = 3ax^2 + 2bx$; $f''(x) = 6ax^2 + 2b$

Eigenschaft	Bedingung	Gleichung
W ist ein Kurvenpunkt	$f(1) = 8$	$a + b = 8$
W ist ein Wendepunkt	$f''(1) = 0$	$6a + 2b = 0$

Die zwei Bedingungen führen auf ein lineares Gleichungssystem (LGS) für a und b.

$$\begin{aligned} a + b &= 8 \quad |\cdot(-2) \\ 6a + 2b &= 0 \quad (+) \end{aligned}$$

Das Additionsverfahren ergibt:

$$\begin{aligned} 4a &= -16 \\ a &= -4 \end{aligned}$$

Einsetzen von $a = -4$ in die Gleichung $a + b = 8$ führt auf $b = 12$.

Funktionsterm: $f(x) = -4x^3 + 12x^2$

Beispiel 4

➲ Der Graph einer Polynomfunktion 4. Grades ist symmetrisch zur Ordinatenachse und hat in $x = 2$ einen Tiefpunkt.
Die Gerade mit der Gleichung $y = 6x + 7{,}5$ berührt den Graphen von f in $x = -1$.
Bestimmen Sie den Funktionsterm.

Lösung

Ansatz: Das Schaubild ist symmetrisch zur y-Achse: $\mathbf{f(x) = a x^4 + c x^2 + e}$

Die 3 Unbekannten a, c und e sind zu bestimmen.

Ableitung: $f'(x) = 4ax^3 + 2cx$

Der Berührpunkt $B(-1|...)$ liegt auf der Geraden: $y = 6\cdot(-1) + 7{,}5 = 1{,}5$

Berührpunkt: $B(-1|1{,}5)$

Die Tangente bzw. die Kurve hat in $x = -1$ die Steigung 6.

Eigenschaft	Bedingung	Gleichung	Vereinfachung
Tiefpunkt in $x = 2$	$f'(2) = 0$	$32a + 4c = 0 \quad |:4$	$8a + c = 0$
Steigung in $x = -1$ ist 6	$f'(-1) = 6$	$-4a - 2c = 6 \quad |:2$	$-2a - c = 3$
Berührpunkt $B(-1|1{,}5)$	$f(-1) = 1{,}5$	$a + c + e = 1{,}5$	$a + c + e = 1{,}5$

Die 3 Bedingungen führen auf ein lineares Gleichungssystem (LGS) für a, c und e.

$$\left(\begin{array}{ccc|c} 8 & 1 & 0 & 0 \\ -2 & -1 & 0 & 3 \\ 1 & 1 & 1 & 1{,}5 \end{array}\right) \sim \left(\begin{array}{ccc|c} 8 & 1 & 0 & 0 \\ 0 & -3 & 0 & 12 \\ 0 & -7 & -8 & -12 \end{array}\right)$$

$a = \frac{1}{2}$, $c = -4$, $e = 5$

Funktionsterm: $f(x) = \frac{1}{2}x^4 - 4x^2 + 5$

Mit GTR/CAS:

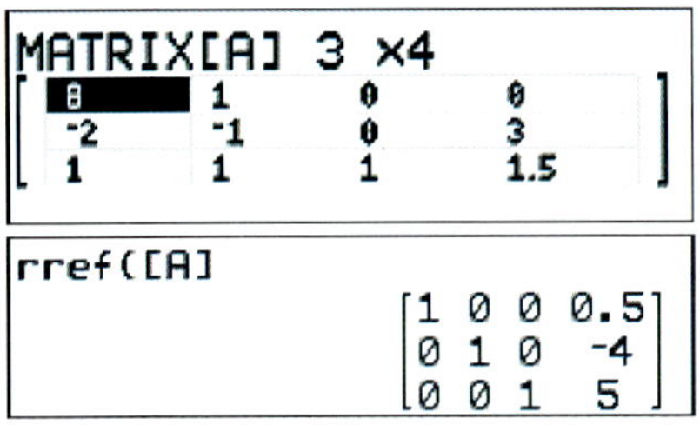

Schaubild:

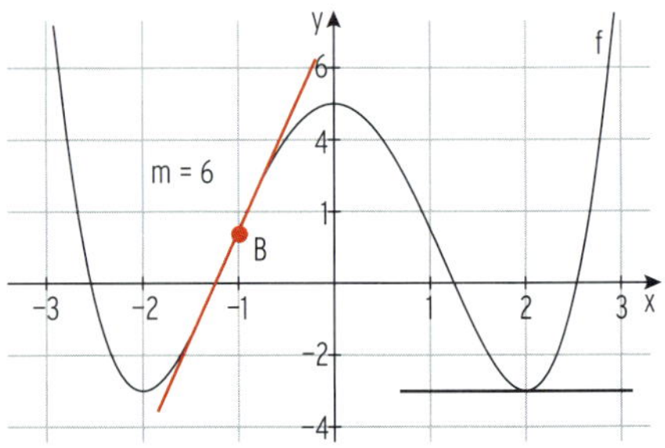

Allgemeiner Ansatz

$f(x) = ax^3 + bx^2 + cx + d$

$f(x) = ax^4 + bx^3 + cx^2 + dx + e$

Vereinfachter Ansatz bei Symmetrie

$f(x) = ax^3 + cx$ (zum Ursprung)

$f(x) = ax^4 + cx^2 + e$ (zur Ordinatenachse)

Beispiel 5

➲ Die Abbildung zeigt den Graphen der Funktion f mit $f(x) = a e^x + b$; $x \in \mathbb{R}$, $a, b \neq 0$. Bestimmen Sie a und b.

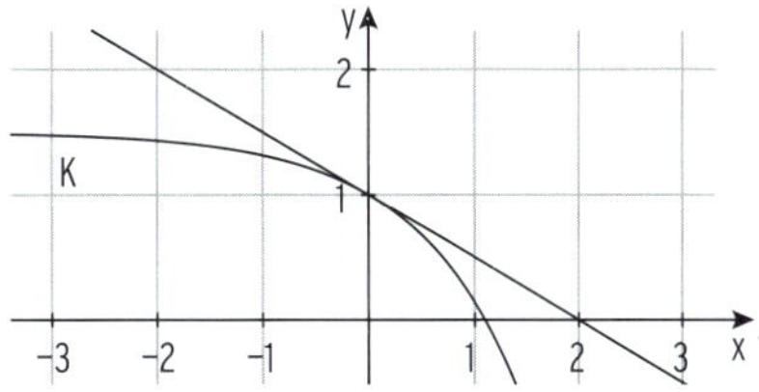

Lösung

Durch Ablesen: Die Tangente an den Graphen in $S_y(0\,|\,1)$ hat die Gleichung $y = -0{,}5x + 1$.

Ableitung von f: $f'(x) = a \cdot e^x$

Steigung der Kurve an der Stelle $x = 0$ ist gleich der Tangentensteigung $f'(0) = -0{,}5$, damit ist $a = -0{,}5$.

Die Tangente berührt den Graphen im Schnittpunkt mit der Ordinatenachse.

S_y liegt auf dem Graphen, Punktprobe ergibt: $1 = a + b$

Einsetzen von $a = -0{,}5$ in $1 = a + b$ liefert: $b = 1{,}5$

$a = -0{,}5$; $b = 1{,}5$

Funktionsterm: $f(x) = -0{,}5e^x + 1{,}5$

Was man wissen sollte ... über das Aufstellen von Kurvengleichungen aus gegebenen Bedingungen (Funktionsanpassung)

Häufig auftretende Formulierungen und die entsprechenden Bedingungen beim Aufstellen von Kurvengleichungen:

Formulierung in der Aufgabe	**Bedingungen**
Das Schaubild von f	
• verläuft durch $P(\mathbf{u}\,|\,v)$:	$f(\mathbf{u}) = v$
• berührt die Abszissenachse in $x = \mathbf{u}$:	$\begin{cases} f(\mathbf{u}) = 0 \\ f'(\mathbf{u}) = 0 \end{cases}$
• hat in $x = \mathbf{u}$ die Steigung 5:	$f'(\mathbf{u}) = 5$
• hat in $P(\mathbf{u}\,|\,v)$ eine Tangente mit Steigung − 2:	$\begin{cases} f(\mathbf{u}) = v \\ f'(\mathbf{u}) = -2 \end{cases}$
• hat den Extrempunkt $T(\mathbf{u}\,|\,v)$:	$\begin{cases} f(\mathbf{u}) = v \\ f'(\mathbf{u}) = 0 \end{cases}$
• hat den Wendepunkt $W(\mathbf{u}\,|\,v)$:	$\begin{cases} f(\mathbf{u}) = v \\ f''(\mathbf{u}) = 0 \end{cases}$
• berührt das Schaubild von g in $x = u$:	$\begin{cases} f(\mathbf{u}) = g(\mathbf{u}) \\ f'(\mathbf{u}) = g'(\mathbf{u}) \end{cases}$

Beispiel 6

➲ Der Graph der Funktion f mit $f(x) = \frac{a}{x-2} + c$ hat eine waagrechte Asymptote mit der Gleichung $y = 3$. In $x = 3$ hat der Graph von f die Steigung -2.
Bestimmen Sie a und c.

Lösung

Der Graph der Funktion f mit $f(x) = \frac{a}{x-2} + c$ hat eine waagrechte Asymptote mit $y = c$, also $c = 3$

1. Ableitung von f mit $f(x) = a \cdot (x-2)^{-1} + 3$: $f'(x) = \frac{-a}{(x-2)^2}$

Steigung der Kurve an der Stelle $x = 3$: $f'(3) = -2$ $\frac{-a}{(3-2)^2} = -2 \Rightarrow a = 2$

$a = 2;\ c = 3$

Funktionsterm: $f(x) = \frac{2}{x-2} + 3$

Aufgaben

1 Die Funktion f ist eine ganzrationale Funktion 3. Grades. Das Schaubild der Funktion f hat im Ursprung die Steigung 3. $W\left(4 \mid \frac{4}{3}\right)$ ist der Wendepunkt des Schaubildes von f.
Bestimmen Sie f(x).

2 Bestimmen Sie einen geeigneten Funktionsterm.

a) Der Graph einer ganzrationalen Funktion ist symmetrisch zur Ordinatenachse, verläuft durch $(0 \mid 1)$ und hat in $H(2 \mid 4)$ einen Hochpunkt.

b) Das Schaubild von f mit $f(x) = x^4 + bx^2 + c$ hat in $P(1 \mid 4)$ die Steigung 2.

3 Der Graph einer ganzrationalen Funktion f dritten Grades hat in $W(1 \mid 3)$ einen Wendepunkt und in $T(3 \mid 1)$ einen Tiefpunkt. Geben Sie die Bedingungen für f(x) an und stellen Sie das zugehörige lineare Gleichungssystem auf.

4 Eine ganzrationale Funktion 3. Grades hat die Nullstellen $x_1 = 0$, $x_2 = 2$ und $x_3 = -3$. Ihr Schaubild hat im Ursprung die Steigung 12. Bestimmen Sie den Funktionsterm f(x).

5 Der Graph der Funktion f mit $f(x) = (ax + b)e^x$; $x \in \mathbb{R}$, $a, b \in \mathbb{R}$ berührt die Gerade mit $y = e$ an der Stelle $x = 1$. Bestimmen Sie a und b.

6 Für $a, b \in \mathbb{R}^*$ ist die Funktion f gegeben durch $f(x) = a e^{-x+1} + bx$; $x \in \mathbb{R}$ und die Funktion h mit $h(x) = -x(x-3)$. An der Stelle $x = 1$ stimmen Funktionswerte und Steigungswerte überein. Bestimmen Sie a und b.

7 Die Funktionsgleichung einer gebrochenrationalen Funktion lautet: $f(x) = \frac{a}{x-4} + c$.
Bestimmen Sie die Funktionsgleichung für die folgende Situation:
Die Tangente an den Graphen von f in $x = 6$ hat die Gleichung $y = 1{,}5x - 9$.

Funktionsanpassung in Anwendungen
Gesamtkosten

Beispiel

➲ Ein Unternehmen arbeitet mit der Gesamtkostenfunktion K vom Typ $K(x) = ax^3 + bx^2 + cx + d$. Der Verkaufspreis je ME beträgt 15 GE.
Bei einer Produktionsmenge von 2 ME liegt das Minimum der Grenzkosten.
Bei dieser Produktionsmenge gilt außerdem: Die Kosten sind gerade gedeckt, die variablen Stückkosten betragen 6 GE und die Grenzkosten 2 GE.
Stellen Sie das LGS zur Bestimmung von a, b, c und d auf.

Lösung

Ansatz für die **Kostenfunktion** K:	$K(x) = ax^3 + bx^2 + cx + d$
Grenzkosten K′ mit	$K'(x) = 3ax^2 + 2bx + c$
2. Ableitung von K:	$K''(x) = 6ax + 2b$
Erlösfunktion E mit $p = 15$:	$E(x) = 15x$
variable Stückkosten:	$k_v(x) = ax^2 + bx + c$
Bedingungen und LGS für a, b, c, d:	
1. Minimum der Grenzkosten $K''(2) = 0$	$12a + 2b = 0$
2. Kostendeckung für $x = 2$: $K(2) = 30$	$8a + 4b + 2c + d = 30$
3. $k_v(2) = 6$	$4a + 2b + c = 6$
4. Grenzkosten für $x = 2$: $K'(2) = 2$	$12a + 4b + c = 2$

Aufgaben

1 Eine Apfelmosterei stellt in den Monaten August, September und Oktober den größten Teil seiner Gesamtproduktion an Apfelsaft in Mengeneinheiten [ME] her. Für die Mitarbeiter des Unternehmens fallen im genannten Zeitraum Überstunden an. Für das Unternehmen führt das zu progressiven Kosten. Die Gesamtkostenfunktion K kann durch eine ganzrationale Funktion dritten Grades beschrieben werden. Die fixen Gesamtkosten betragen 20 Geldeinheiten [GE]. Der Zuwachs der Gesamtkosten ist bei einer Ausbringungsmenge von 2 ME am geringsten. Der Anstieg der Gesamtkosten beträgt 12 GE/ME bei einer Ausbringungsmenge von 4 ME. Die variablen Gesamtkosten betragen 35 GE bei einer Produktionsmenge von 5 ME . Zeigen Sie, dass die Gesamtkostenfunktion K mit $K(x) = x^3 - 6x^2 + 12x + 20$ beschrieben wird.

2 Das Unternehmen hat bei dem Produkt Cityräder verschiedene Daten zur Gewinnsituation ermittelt: Die Gewinnschwelle liegt bei 1 ME, dort beträgt der Grenzgewinn 7,75 GE/ME. Für 2 ME beläuft sich der Gewinn auf 9,75 GE und steigt dort am stärksten an. Aufgrund dieser vier Informationen soll für die Gewinnfunktion die Gleichung $G(x) = ax^3 + bx^2 + cx + d$ mit $a, b, c, d \in \mathbb{R}$ angenommen werden.
Stellen Sie ein Gleichungssystem zur Bestimmung der Gewinnfunktion auf, ohne dieses zu lösen.

Angebot und Nachfrage

Beispiel

➲ Die Angaben über die Angebots- und die Nachfragesituation für Städtereisen sind aus dem Jahr 2017. Die Nachfragefunktion p_N wird im mathematischen Definitionsbereich mithilfe einer achsensymmetrischen ganzrationalen Funktion 2. Grades modelliert. Das Marktgleichgewicht liegt bei (5 | 350), die Nachfrage fällt dort um 20 GE/ME.
Die Angebotsfunktion p_A entspricht einer ganzrationalen Funktion 3. Grades. Es sind folgende zusätzliche Informationen bekannt:

x in ME	1	3	7
$p_A(x)$ in GE/ME	156	257	443

Bestimmen Sie $p_A(x)$ und $p_N(x)$.

Lösung

Ansatz für $p_N(x)$: $p_N(x) = a x^2 + d$ und damit $p'_N(x) = 2ax$

MG(5 | 350): $p_N(5) = 350$ $25a + d = 350$

Momentane Änderungsrate: $p'_N(5) = -20$ $10a = -20 \Rightarrow a = -2$

Einsetzen in $25a + d = 350$ ergibt: $25 \cdot (-2) + d = 350 \Rightarrow d = 400$

Nachfragefunktion p_N: $p_N(x) = -2x^2 + 400$

Kubische Regression mit den Tabellenwerten und MG(5 | 350) ergibt: $p_A(x) = 0{,}167\,x^3 - 2{,}5\,x^2 + 58{,}33\,x + 100$

Aufgaben

1 Für die Nachfragefunktion eines Massengutes p_N gilt $p_N(x) = -0{,}15x + 79$.
Für die Angebotsfunktion eines Massengutes p_A gilt die Vorschrift der Form:
$p_A(x) = ax^2 + bx + c$. Für die Angebotsfunktion gelten folgende Bedingungen: Beträgt der Marktpreis des Gutes 10 GE, so wird das Gut nicht mehr angeboten. Das Marktgleichgewicht wird bei einer Absatzmenge von 60 ME und einem Preis von 64 GE/ME erreicht. Im Marktgleichgewicht ist die Steigung $\frac{9}{5}$.
Berechnen Sie die Werte für a, b und c.

2 Ein Hersteller von laktosefreien Produkten hat den Markt für Milch untersucht, weil er in Zukunft eine laktosefreie Vollmilch auf den Markt bringen möchte. Bei der Untersuchung wurde festgestellt, dass die Nachfragefunktion p_N durch eine ganzrationale Funktion 3. Grades angenähert werden kann.
Bei einem Preis von 5,4 Geldeinheiten pro Mengeneinheiten (GE/ME) wird 1 ME nachgefragt. Bei einem Preis von 3,4 GE/ME werden 2 ME nachgefragt. An dieser Stelle beträgt die momentane Änderungsrate − 3,35. Der Höchstpreis liegt bei 6 GE/ME.
Bestimmen Sie den Funktionsterm für die Nachfragefunktion p_N.

Produktlebenszyklus

Beispiel

➲ Der Reiseveranstalter Europreisen nimmt ein neu entdecktes Reiseziel in sein Angebot auf. Die erwartete Umsatzentwicklung soll prognostiziert werden durch eine ganzrationale Funktion f 4. Grades. Der Graph von f ist symmetrisch zur Ordinatenachse. Nach 3 ZE erreicht der Umsatz mit 2,025 GE seinen größten Wert.
Bestimmen Sie eine Funktionsgleichung und skizzieren Sie die ökonomisch relevanten Abschnitte.

Lösung

Ansatz: $f(t) = at^4 + bt^2 + c$

Umsatz in t = 0: $f(0) = 0$ $\quad c = 0$

Umsatz in t = 3: $f(3) = 2{,}025$ $\quad 81a + 9b = 2{,}025$

Ableitung: $f'(t) = 4at^3 + 2bt$

Extrempunkt in t = 3: $f'(3) = 0$ $\quad 108a + 6b = 0$

LGS: $81a + 9b = 2{,}025$
$108a + 6b = 0$

Mit GTR/CAS: $a = -0{,}025$; $b = 0{,}45$

Funktionsterm: $f(t) = -0{,}025t^4 + 0{,}45t^2$

$f(t) = 0$ für $t = 0 \vee t \approx 4{,}24$

Ökonomisch sinnvoller Definitionsbereich: $D_{ök} = [0; 4{,}24]$

Aufgaben

1 Mehrere Discounter haben in der letzten Zeit Kapseln entwickelt, die zu der von Kaffeeduft hergestellten Maschine „Caps" kompatibel sind. Daher soll dieses Modell durch die neuartige Maschine „Capsule" ersetzt werden, die über ein modifiziertes Anstichverfahren verfügt, wodurch nur Kapseln von Kaffeeduft verwendet werden können.
Um sich einen Überblick über die Absatzsituation zu verschaffen, soll die Absatzentwicklung der Maschinen des bisherigen Modells „Caps" analysiert werden. Der Vertriebsleiter geht davon aus, dass sich die Entwicklung der Absatzzahlen des Modells „Caps" für die ersten 20 Monate durch die Funktion mit $f(t) = at^4 + bt^3 + ct^2$ beschreiben lässt. Die Variable gibt die Zeit in Monaten und die zugehörigen Absatzzahlen in Stück pro Monat an.

a) Der maximale Absatz von 70 000 Stück wurde nach 10 Monaten erzielt. Die monatliche Absatzänderung betrug nach 12 Monaten − 5376 Stück. Bestimmen Sie a, b und c.

b) Der Wechsel von der Wachstums- zur Reifephase, also von progressiv steigend zu degressiv steigend geschieht nach genau drei Monaten. Überprüfen Sie die Behauptung.

c) Beurteilen Sie, ob die verwendete Funktion f auch langfristig, also über 20 Monate hinaus, zur Modellierung der Absatzzahlentwicklung geeignet ist.

Exponentielles und beschränktes Wachstum

Beispiel 1

➲ Als Berechnungsgrundlage für die momentanen Steuereinnahmen wird die Funktion g mit $g(t) = a \cdot e^{-0,2t}$ herangezogen. Dabei ist t in Zeiteinheiten (ZE) und g(t) in GE/ZE angegeben. t = 0 ist der Prognosebeginn.
Bestimmen Sie den ganzzahligen Parameterwert, wenn sich die Steuereinnahmen nach 1 ZE um etwa 0,327 GE/ZE pro ZE verringern.

Lösung

Ansatz: $g(t) = a \cdot e^{-0,2t}$

1. Ableitung: $g'(t) = -0,2a \cdot e^{-0,2t}$

Momentane Änderungsrate in t = 1: $g'(1) = -0,327$

$-0,2a \cdot e^{-0,2} = -0,327$

$a = \frac{-0,327}{-0,2 \cdot e^{-0,2}} \approx 1,996$

Gesuchter ganzzahliger Parameterwert: $a = 2$

Funktionsgleichung: $g(t) = 2 \cdot e^{-0,2t}$

Beispiel 2

➲ Eine Insektenpopulation in Italien wird durch eine Funktion g der Form $g(t) = c - a \cdot e^{-kt}$, t in ZE, g(t) in ME beschrieben. Neben der Sättigungsgrenze 1100 liegen folgende Daten vor: $g(11) = 1030$ und $g'(11) = 3$.
Bestimmen Sie die Parameterwerte, die Funktionsgleichung und den im Sachzusammenhang sinnvollen Definitionsbereich zu g.
Zeigen Sie, dass die Insektenpopulation stets degressiv verläuft.

Lösung

Ansatz: $g(t) = c - a \cdot e^{-kt}$ 1. Ableitung: $g'(t) = a \cdot k \cdot e^{-kt}$

Sättigungsgrenze 1100: c = 1100 und damit $g(t) = 1100 - a \cdot e^{-kt}$

$g(11) = 1030$: $1100 - a \cdot e^{-k \cdot 11} = 1030 \Rightarrow a \cdot e^{-k \cdot 11} = 70$

$g'(11) = 3$: $a \cdot k \cdot e^{-k \cdot 11} = 3$

Einsetzen von $a \cdot e^{-k \cdot 11} = 70$: $k \cdot 70 = 3 \Rightarrow k = \frac{3}{70} \approx 0,043$

Einsetzen von $k = \frac{3}{70}$ in $a \cdot e^{-k \cdot 11} = 70$: $a \cdot e^{-\frac{3}{70} \cdot 11} = 70 \Rightarrow a \approx 112,2$

Funktionsgleichung: $g(t) = 1100 - 112,2 \cdot e^{-0,043t}$

Definitionsbereich zu g: $D = [0; \infty)$

Degressiv bedeutet: Der zugehörige Graph ist eine Rechtskurve, also gilt: $g''(t) < 0$

Ableitungen: $g'(t) = -112,2 \cdot e^{-0,043t} \cdot (-0,043) = 4,825 \cdot e^{-0,043t}$

$g''(t) = 4,825 \cdot e^{-0,043t} \cdot (-0,043) = -0,207 \cdot e^{-0,043t}$

Wegen $e^{-0,043t} > 0$ ist $g''(t) < 0$ für alle $t \geq 0$.

Die Behauptung ist richtig.

Aufgaben

1 Das Wasser in einem Stausee wird auf Bakterien untersucht. Dazu wird im Labor eine Bakterienkultur angelegt. Es wird eine Schale mit einer Grundfläche von 60 cm^2 verwendet. Anfangs beträgt die von den Bakterien besiedelte Fläche 1 cm^2, nach 7 Tagen sind es 36 cm^2. Man geht von beschränktem Wachstum aus.
Bestimmen Sie eine Funktion, die die Größe der besiedelten Fläche beschreibt. Ermitteln Sie einen Dreitageszeitraum, indem die besiedelte Fläche um 10 % zunimmt.

2 In einer Stadt mit 30 000 Einwohner ist bei Beobachtungsbeginn bereits die Hälfte der Einwohner an einem Virus erkrankt.

Es ist davon auszugehen, dass im Laufe der Zeit alle Einwohner von der Krankheit erfasst werden und dass dabei die momentane wöchentliche Erkrankungsrate proportional zur Anzahl der bisher noch nicht von der Krankheit erfassten Einwohner ist.
Man nimmt zur Modellierung zunächst den Proportionalitätsfaktor 0,1 an. Geben Sie eine zugehörige Differenzialgleichung an. Bestimmen sie eine Funktion, welche die Anzahl der von der Krankheit erfassten Personen beschreibt. Ermitteln Sie die Anzahl der Personen die demzufolge nach 4 Wochen von der Krankheit erfasst sind.
Tatsächlich sind es nach 4 Wochen bereits 22 000 Personen. Passen Sie die Funktion an die tatsächliche Situation an.

3 Das Newton'sche Abkühlungsgesetz $T(t) = T_U + (T_0 - T_U)e^{kt}$ beschreibt den Temperaturverlauf eines auf die Temperatur T_0 erwärmten Körpers, der z. B. durch eine Umgebung mit konstanter Temperatur T_U abgekühlt wird. T(t) ist die momentane Temperatur (in °C) zur Zeit t (in min) mit $t \geq 0$.
Bei einer Umgebungstemperatur von 20 °C hat sich der Körper von anfangs 80 °C in den ersten 30 Minuten auf 24,7 °C abgekühlt. Bestimmen Sie k auf drei Dezimalen gerundet.
Zeigen Sie, dass es sich um einen Abkühlungsvorgang handelt.
Geben Sie die Bedeutung von $T'(0)$ und $\lim_{t \to \infty} T(t)$ an.
Bestimmen Sie den Zeitpunkt, nach dem die Temperatur um 30 °C abgesunken ist.
Ermitteln Sie den Zeitpunkt, nach dem die Temperatur des Körpers für dieses k in einer Minute um weniger als ein Grad abnimmt.

4 Ein Teich bietet Platz für maximal 7000 Fische. In einem Modell soll angenommen werden, dass die Änderungsrate des Fischbestandes proportional zur Anzahl der noch Platz findenden Fische ist. Anfangs befinden sich 4000 im Teich. Nach einem Monat sind 4400 Fische vorhanden. Geben Sie eine zugehörige Differenzialgleichung an.
Bestimmen Sie eine Funktion, welche diesen Fischbestand in Abhängigkeit von der Zeit beschreibt. Ermitteln Sie, nach wie vielen Monaten 5000 Fische in dem Teich vorhanden sind. Geben Sie die Anzahl der Fische an, die am Anfang sich im Teich befinden müssten, damit bei unveränderten Wachstumsbedingungen erst nach fünf Monaten 5000 Fische vorhanden sind.

Logistisches Wachstum

Beispiel

➲ Die Infrastrukturausgaben eines Landes lassen sich durch die Funktion f mit
$f(t) = \frac{c}{1 + a \cdot e^{-b \cdot t}}$; $t \geq 0$, t in Jahren, f(t) in Millionen €,
mit den Parameterwerten a, b, c mit b = 0,5 und c = 250 modellieren.

a) Bestimmen Sie den Parameterwert a und die Funktionsgleichung der logistischen Wachstumsfunktion f, wenn zum Zeitpunkt t = 0 die jährliche Wachstumsgeschwindigkeit 20 Millionen Euro pro Jahr beträgt.

b) Ermitteln Sie für beliebige a, b, c den Funktionswert $f(\frac{\ln(a)}{b})$ und interpretieren Sie Ihr Ergebnis.

Lösung

a) Mit b = 0,5 und c = 250: $f(t) = \frac{250}{1 + a \cdot e^{-0,5 \cdot t}}$

Bedingung für a: $f'(0) = 20$

1. Ableitung von f mit $f(t) = 250 \cdot (1 + a \cdot e^{-0,5 \cdot t})^{-1}$:

$f'(t) = -250 \cdot (1 + a \cdot e^{-0,5 \cdot t})^{-2} \cdot (-0,5 \cdot a \cdot e^{-0,5 \cdot t}) = \frac{125 \cdot a \cdot e^{-0,5 \cdot t}}{(1 + a \cdot e^{-0,5 \cdot t})^2}$

Mit $e^0 = 1$ ergibt $f'(0) = \frac{125 \cdot a}{(1 + a)^2} = 20$

Umformung $125 \cdot a = 20 \cdot (1 + a)^2$

Lösung mit GTR/CAS: $a = 4$; $a = 0,25$

Wachstumsfunktion

für a = 4: $f(t) = \frac{250}{1 + 4 \cdot e^{-0,5 \cdot t}}$

für a = 0,25: $f(t) = \frac{250}{1 + 0,25 \cdot e^{-0,5 \cdot t}}$

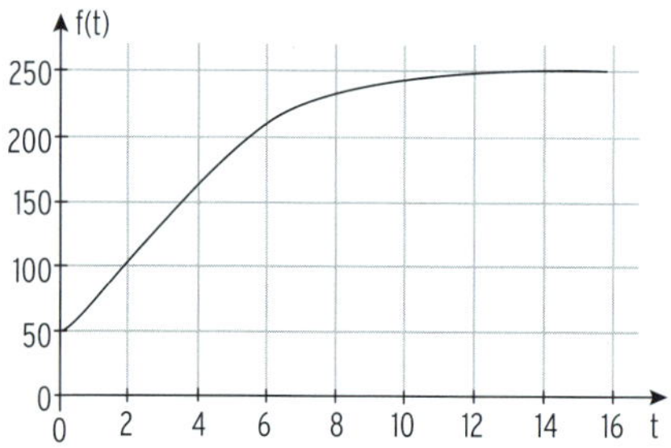

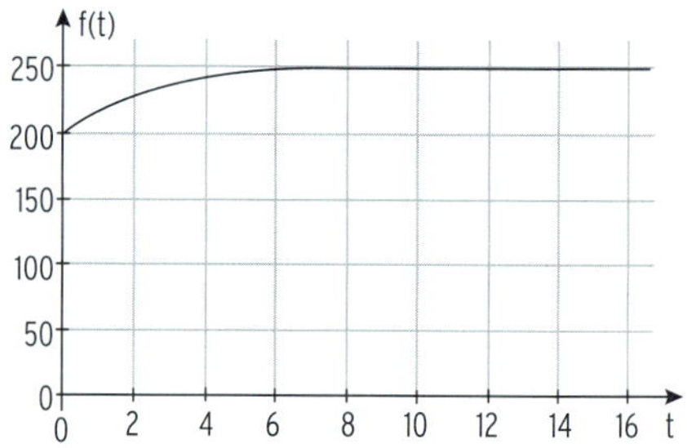

b) Funktionswert: $f(\frac{\ln(a)}{b}) = \frac{c}{1 + 1} = \frac{c}{2}$

wegen $a \cdot e^{-b \cdot \frac{\ln(a)}{b}} = a \cdot e^{-\ln(a)} = a \cdot \frac{1}{a} = 1$

Im Zeitwert $t = \frac{\ln(a)}{b}$ erreichen die Infrastrukturausgaben die Hälfte der Sättigungsgrenze.

Aufgaben

1 In Deutschland hat die Nutzerzahl sozialer Netzwerke in den letzten zwei Jahren stark zu genommen. Die genaue Entwicklung des Gesamtmarktes hat das Marktforschungsinstitut INTERMEDIUM untersucht und ist zu den in der Tabelle stehenden Ergebnissen gekommen. Dabei ist t die Zeit in Zeiteinheiten (ZE), wobei t = 0 den Beginn des ersten Quartals 2015 darstellt.

Beginn	1.Quartal 2015	2.Quartal 2015	3.Quartal 2015	4.Quartal 2015	1.Quartal 2016	2.Quartal 2016	3.Quartal 2016	4.Quartal 2016
Zeit in ZE	t = 0	t = 1	t = 2	t = 3	t = 4	t = 5	t = 6	t = 7
Nutzerzahl in ME	6,8	9,5	11,0	12,1	15,0	19,0	20,5	22,5

a) Das Marktforschungsinstitut INTERMEDIUM bereitet für einen Auftraggeber das vorliegende Datenmaterial auf. Bestimmen Sie im Rahmen dieses Auftrags die Funktionsgleichung zur Funktion f mit Hilfe der Regression unter der Annahme, dass es sich um ein logistisches Wachstum handelt, und runden Sie die Werte auf eine Nachkommastelle. Dabei ist f(t) die Anzahl der Nutzer sozialer Netzwerke in Deutschland in ME zum Zeitpunkt t. Geben Sie den mathematischen Definitionsbereich für diese Wachstumsfunktion an.
Der Auftraggeber prognostiziert für den Beginn des 3. Quartals 2017 eine Nutzerzahl von 32 ME. Untersuchen Sie, inwieweit sich die Prognose des Auftraggebers mit der ermittelten Funktion f bestätigen lässt.
Zudem möchte der Auftraggeber wissen, in welchem Monat er erstmalig mit einer Nutzerzahl von mindestens 27 ME rechnen kann. Berechnen Sie, in welchem Monat dieser Sachverhalt eintritt.
Der Auftraggeber behauptet, dass auf der Grundlage des vorliegenden Datenmaterials ein exponentielles Wachstum vorliegt.
Beurteilen Sie diese Behauptung im Sachzusammenhang.

b) Aus Erfahrung weiß das Marktforschungsinstitut, dass die Altersstruktur einen großen Einfluss auf die Nutzerzahl hat. Daher rechnet das Institut im Folgenden für den Gesamtmarkt mit dem verfeinerten Modell f_k mit $f_k(t) = \frac{180}{6 + 27e^{-kt}}$. Dabei ist $k \in \mathbb{R} \setminus \{0\}$ ein Parameter, der die Altersstruktur berücksichtigt.
Um Realitätsnähe zu gewährleisten, soll berücksichtigt werden, dass die Graphen der Wachstumsfunktionen monoton steigend sind. Ermitteln Sie die Werte, die der Parameter k demnach annehmen kann.

2 Die Höhe h(t) eines Baumes zum Zeitpunkt t wird näherungsweise beschrieben durch

$h(t) = \frac{a}{160e^{-0{,}07632t} + 1}$; $t \geq 0$. Dabei ist t die Zeit in Jahren seit Pflanzung des Baums im Frühling 1930, h(t) ist in m angegeben. Der Setzling war 0,2 m hoch.

Berechnen Sie das Jahr, in dem der Baum am schnellsten gewachsen ist.

Bestimmen Sie das Jahr, in dem der Baum zu 75 % ausgewachsen ist.

Isoquantenfunktion

Beispiel

➲ Ein Cateringunternehmen stellt Suppe unter Einsatz der beiden substituierbaren Produktionsfaktoren x (Küchengerätestunden) und y (Arbeitskraft in Stunden) her. Für die Herstellung von 3 ME Suppe können 2 Küchengerätestunden und 18 Stunden Arbeitskraft eingesetzt werden.
Die Grenzrate der Substitution in x = 2 beträgt − 15.
Bestimmen Sie die Funktionsgleichung der Isoquantenfunktion I_3 vom Typ $y = I_3(x) = \frac{a}{x-1} + c$, die alle Faktorkombinationen darstellt, mit denen 3 ME hergestellt werden können.

Lösung

Ansatz $y = I_3(x) = \frac{a}{x-1} + c$

Aufstellen des Gleichungssystems: $I_3(2) = 18$: $\frac{a}{2-1} + c = 18$

Mit $I_3'(x) = \frac{-a}{(x-1)^2}$ ergibt sich: $I_3'(2) = -15$: $\frac{-a}{(2-1)^2} = -15$

$a = 15$

Einsetzen von a = 15 ergibt: $15 + c = 18$

$c = 3$

Isoquantenfunktion I_3 mit $I_3(x) = \frac{15}{x-1} + 3$

Aufgaben

1 Das Unternehmen Centro baut zur Herstellung von Medikamenten Melisse an. Der Einsatz der beiden Produktionsfaktoren Dünger (x) und Arbeit (y) kann durch folgenden funktionalen Zusammenhang angenähert werden: $y = I_P(x) = \frac{a}{x-4} + c$.
Ein Output von 300 Mengeneinheiten [ME] wird durch die folgenden Faktormengenkombinationen erzielt:

x Dünger in ME	8	20
y Arbeit in ME	2	1

a) Berechnen Sie die Werte a und c der Isoquantenfunktion I_{300}.

b) Der Preis für eine ME des Produktionsfaktors x beträgt 3 GE. Eine ME des Produktionsfaktors y kostet 2 GE. Bestimmen Sie die Isokostengerade und berechnen Sie die Minimalkostenkombination. Interpretieren Sie die ökonomische Bedeutung der Minimalkostenkombination. Berechnen Sie die Gesamtkosten der Minimalkostenkombination.

1.4 Untersuchung einer Kurvenschar

Beispiel

➲ Für jedes $t \in \mathbb{R}$ ist die Funktion f_t gegeben durch $f_t(x) = (x - t)e^{-x}$; $x \in \mathbb{R}$.

a) Geben Sie Gemeinsamkeiten aller Scharkurven an.

b) Zeigen Sie: $f_t''(x) = (x - t - 2)e^{-x}$.

c) Ermitteln Sie den Hoch- und den Wendepunkt des Graphen von f_t.

Lösung

a) Der Graph von f_t hat einen Schnittpunkt mit der Abszissenachse, schneidet die Ordinatenachse in $(0 \mid -t)$ und die Abszissenachse ist Asymptote für $x \to \infty$.

b) Ableitung mit der Produkt- und Kettenregel

$f_t'(x) = e^{-x} + (x - t)e^{-x} \cdot (-1) = (-x + t + 1)e^{-x}$

$f_t''(x) = (-1) \cdot e^{-x} + (-x + t + 1)e^{-x} \cdot (-1) = (x - t - 2)e^{-x}$ w. z. b. w.

c) **Extrempunkt**

Notw. Bed. für Extremstellen: $f_t'(x) = 0$ $(-x + t + 1)e^{-x} = 0$

Wegen $e^{-x} > 0$ Stelle mit waagrechter Tangente: $x = t + 1$

Nachweis durch Einsetzen von $x = t + 1$ in $f_t''(x)$: $f_t''(t + 1) = -e^{-(t+1)} < 0$ für $t \in \mathbb{R}$.

In $x = t + 1$ hat der Graph von f_t einen **Hochpunkt:** $H(t + 1 \mid e^{-(t+1)})$

Wendepunkt

Notw. Bed. für Wendestellen: $f_t''(x) = 0$ $(x - t - 2)e^{-x} = 0$

Satz vom Nullprodukt ergibt eine **einzige Lösung:** $x = t + 2$ $(e^{-x} > 0)$

Nachweis

$x = t + 2$ ist einfache Nullstelle von f_t'',

$x = t + 2$ ist Wendestelle.

Mit $f_t(t + 2) = 2e^{-(t+2)}$:

Wendepunkt $W(t + 2 \mid 2e^{-(t+2)})$

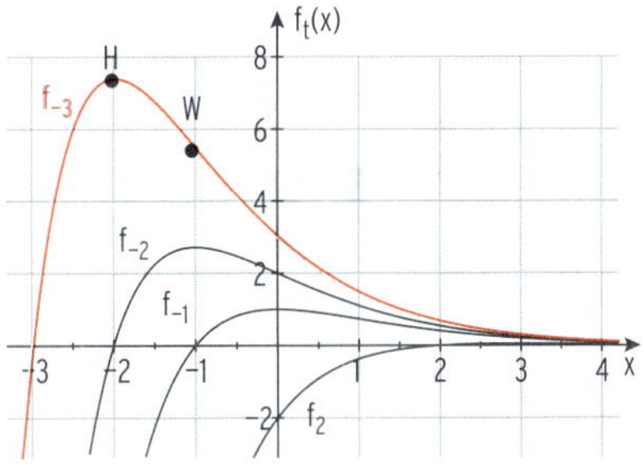

Aufgaben

1 Geben Sie Gemeinsamkeiten der Graphen von f_t an. Untersuchen Sie den Graph von f_t für $t > 0$ auf Schnittpunkte mit den Koordinatenachsen, auf Extrem- und Wendepunkte.

a) $f_t(x) = -x^3 + tx^2$ b) $f_t(x) = -\frac{1}{12}x^4 + \frac{1}{2}tx^2$ c) $f_t(x) = 4x \cdot e^{-tx}$

2 Gegeben ist die Funktion f_t mit $f_t(x) = \frac{t}{8}x^3 - \frac{3t}{2}x^2 + 4tx + 2$; $x \in [0; 8]$; $t > 0$.
Skizzieren Sie den Graphen von f_t für $t = 1$ und $t = 2$. Zeigen Sie, dass die Graphen von f_t genau drei gemeinsame Punkte haben. Geben Sie deren Koordinaten an.
Ermitteln Sie die Extremstellen von f_t.

Gesamtkosten und Stückkosten

Beispiel 1

➲ Die Verwaltung eines Unternehmens vermutet, dass die Gesamtkosten in Abhängigkeit von der Produktionsmenge x dargestellt werden durch die Funktion K_t mit $K_t(x) = x^3 - tx^2 + 3x + 5$; $x \geq 0$. t ist ein saisonabhängiger Parameter.
Geben Sie Gemeinsamkeiten aller Scharkurven an.
Bestimmen Sie t so, dass K_t eine Gesamtkostenfunktion ist.
Ermitteln Sie für t = 2 den minimalen Kostenzuwachs.

Lösung

Gemeinsamkeiten: Der Graph von K_t verläuft durch (0 | 5).

Für $x \to \infty$ gilt $K_t(x) \to \infty$.

K_t ist eine **Gesamtkostenfunktion,** wenn gilt: K_t ist monoton wachsend und $K_t(0) > 0$.
Das Schaubild einer Gesamtkostenfunktion K_t hat **keine Extrempunkte** und für eine Produktionsmenge $x \geq 0$ gilt: $K_t'(x) \geq 0$.

Ableitungen: $K_t'(x) = 3x^2 - 2tx + 3$; $K_t''(x) = 6x - 2t$

Notwendige Bedingung für Extremstellen: $K_t'(x) = 0$ $\quad 3x^2 - 2tx + 3 = 0$

Quadratische Gleichung in Normalform: $\quad x^2 - \frac{2t}{3}x + 1 = 0$

Diese quadratische Gleichung hat keine Lösung, wenn $\quad D = (\frac{t}{3})^2 - 1 < 0$

Umformung von $\frac{t^2}{9} - 1 < 0$: $\quad \frac{t^2}{9} < 1 \mid \cdot 9 \quad \Leftrightarrow \quad t^2 < 9$

Lösung der Ungleichung: $\quad -3 < t < 3$

Für $-3 < t < 3$ hat die Gleichung
$3x^2 - 2tx + 3 = 0$ **keine Lösung.**
Für $-3 < t < 3$ hat K_t **keine Extremstellen.**

Mit $K_t'(0) = 3 > 0$ gilt: K_t ist monoton wachsend.

K_t ist **eine Gesamtkostenfunktion für $-3 < t < 3$.**
Mit zunehmenden Produktionszahlen steigen auch die Gesamtkosten.

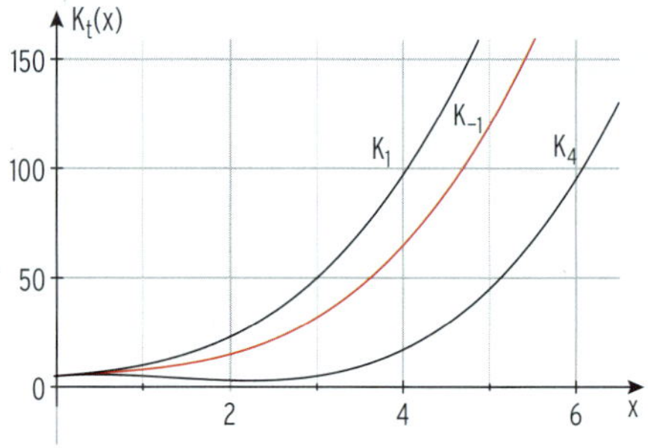

Hinweis: Für $t = \pm 3$ ist K_t auch eine Gesamtkostenfunktion.
Das zugehörige Schaubild hat einen Sattelpunkt.

Minimaler Kostenzuwachs

K_2' wird minimal für $K_2''(x) = 0 \wedge K_2'''(x) > 0$ $\quad 6x - 4 = 0 \quad$ für $x = \frac{2}{3}$

Mit $K_2'''(x) = 6 > 0$ und $K_2'(\frac{2}{3}) = \frac{5}{3} \approx 1{,}67$ ergibt sich:
Der minimale Kostenzuwachs liegt bei $\frac{2}{3}$ ME und beträgt etwa 1,67 GE pro ME.

Beispiel 2

➲ Auf dem Festivalgelände werden an einem Stand Erfrischungsgetränke des Unternehmens Baonide verkauft. Die ertragsgesetzliche Kostenfunktion lautet
$K_a(x) = \frac{3}{550}x^3 + ax^2 + 50x + 108$, mit $a \in [-0{,}95; 0)$. Der Parameter a stellt dabei die Produktion unterschiedlicher Geschmacksrichtungen dar.
Geben Sie die Funktionsterme für die Funktionsscharen der Grenzkosten, der Stückkosten und der variablen Stückkosten an.
Interpretieren Sie die Lage der Betriebsminima in Abhängigkeit des Parameters a .

Lösung

Grenzkosten: $K_a'(x) = \frac{9}{550}x^2 + 2ax + 50;$

Stückkosten: $k_a(x) = \frac{K_a(x)}{x} = \frac{3}{550}x^2 + ax + 50 + \frac{108}{x};\ x > 0$

variable Stückkosten: $k_{a,v}(x) = \frac{K_{a,v}(x)}{x} = \frac{3}{550}x^2 + ax + 50;\ x > 0$

Betriebsminimum

Notw. Bed. für Extremstellen von $k_{a,v}$: $k_{a,v}'(x) = 0$ $\qquad \frac{3}{275}x + a = 0$

Einzige Stelle mit waagrechter Tangente: $\qquad x = -\frac{275a}{3}$

Für $a = -0{,}95$: $x_{B_{min}} \approx 87{,}08$; für $a \to 0$: $x_{B_{min}} \to 0$

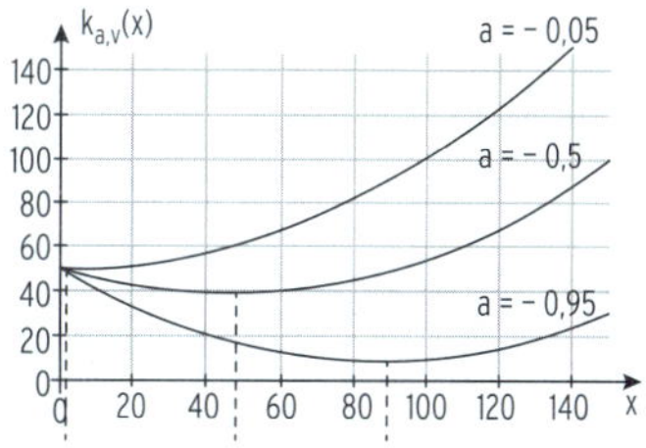

Je mehr sich der Parameter a von links der Null nähert, desto höher und näher an der Ordinatenachse liegt das Betriebsminimum. D. h. die Ausbringungsmenge, bei der die variablen Stückkosten minimal sind, wird geringer.
Je mehr sich der Parameter a von rechts −0,95 nähert, desto tiefer und weiter entfernt von der Ordinatenachse liegt das Betriebsminimum. D. h. die Ausbringungsmenge, bei der die variablen Stückkosten minimal sind, wird größer.

Aufgaben

1 Die Marketingabteilung von K-Küchen geht von der Gewinnfunktion G_p für die nächsten Produktionsperioden aus: $G_p(x) = -0{,}1x^3 + 27x^2 + (p - 2430)x - 107100$ mit $x, p \in \mathbb{R}$, $x \geq 0$, $p > 0$. Dabei geben x die Stückzahl und $G_p(x)$ den Gewinn in Euro für eine Produktionsperiode von einer Woche und p den Verkaufspreis der Küche in Euro an. Ermitteln Sie die gewinnmaximale Ausbringungsmenge in Abhängigkeit vom Verkaufspreis p (auf die hinreichende Bedingung wird verzichtet).

2 Für einen Angebotsmonopolisten stellt sich die Kostensituation folgendermaßen dar: $K_t(x) = 0{,}2x^3 - 3x^2 + 2tx + 54$ mit $t \in \mathbb{R}$, $t > 0$. Dabei ist x die Produktionsmenge pro Monat in ME, $K_t(x)$ gibt die Gesamtkosten in GE an und t ist ein technologieabhängiger Parameter. Die Kapazitätsgrenze des Unternehmens liegt bei 8 ME.

a) Ermitteln Sie den maximalen ökonomisch sinnvollen Definitionsbereich von K_t.
Bestimmen Sie t, sodass der Graph der Gesamtkostenfunktion monoton steigend ist.

b) Weisen Sie nach, dass das Betriebsminimum unabhängig von t ist.
Berechnen Sie die kurzfristige Preisuntergrenze.

Produktlebenszyklus

Beispiel

Im Rahmen des neuen Energiebewusstseins soll ein neu entwickeltes Messgerät auf dem Markt eingeführt werden.
Die Absatzsituation stellt sich folgendermaßen dar:
$a_k(t) = k \cdot t \cdot e^{-0{,}1t}$; $k > 0$, $t \geq 0$, t in ZE, $a_k(t)$ in ME/ZE.

a) Bestimmen Sie drei Gemeinsamkeiten der Graphen von a_k.

b) Ermitteln Sie k so, dass der maximale Absatz 200 ME/ZE beträgt.

c) Bestimmen Sie den stärksten Absatzrückgang für k = 50.

Lösung

a) Die Graphen von a_k verlaufen durch den Ursprung (0 | 0) und haben einen Hochpunkt.
Die Abszissenachse ist Asymptote für $t \to \infty$.

Ableitung mit der Produkt- und Kettenregel

$a_k'(t) = ke^{-0{,}1t} + kte^{-0{,}1t} \cdot (-0{,}1) = (k - 0{,}1kt)e^{-0{,}1t}$

$a_k''(t) = -0{,}1ke^{-0{,}1t} + (k - 0{,}1kt)e^{-0{,}1t} \cdot (-0{,}1) = (-0{,}2k + 0{,}01kt)e^{-0{,}1t}$

Maximalstelle

Bedingung: $a_k'(t) = 0$ $\quad (k - 0{,}1kt)e^{-0{,}1t} = 0$

wegen $e^{-0{,}1t} > 0$ $\quad k - 0{,}1kt = 0$

$k(1 - 0{,}1t) = 0$

$t = 10$

Mit $a_k''(10) = -0{,}1ke^{-1} < 0$ für $k > 0$ gilt:

Die Maximalstelle t = 10 ist unabhängig von k

Maximaler Absatz 200 ME/ZE: $a_k(10) = 200$ $\quad k \cdot 10 \cdot e^{-1} = 200$

$k \approx 54{,}37$

Für $k \approx 54{,}37$ beträgt der maximale Absatz 200 ME/ZE.

b) Zeitpunkt des stärksten Absatzrückgangs

Notw. Bed. für Wendestellen: $a_{50}''(t) = 0$ $\quad (-0{,}2 \cdot 50 + 0{,}01 \cdot 50 \cdot t)e^{-0{,}1t} = 0$

wegen $e^{-0{,}1t} > 0$ $\quad -10 + 0{,}5 \cdot t = 0$

$t = 20$

Mit $a_{50}'(20) = (50 - 0{,}1 \cdot 50 \cdot 20)e^{-2} \approx -6{,}77$

Der stärkste Absatzrückgang für k = 50 beträgt 6,77 ME/ZE pro ZE.

Graphen von a_k
für k = 40, 50, 60

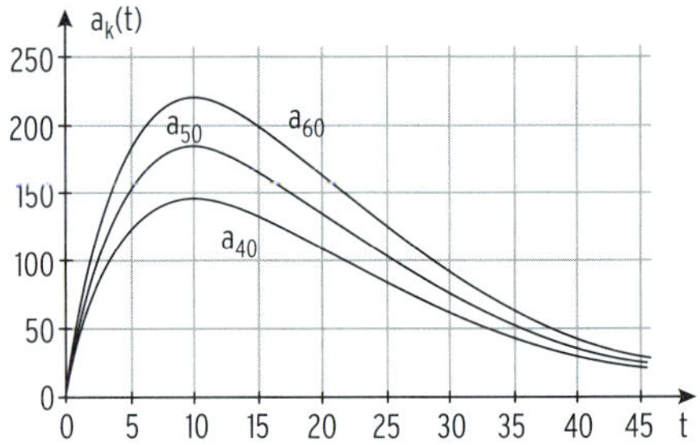

Aufgaben

1 Einige Wochen vor Beginn der WM kommt das Unternehmen Agrema auf die Idee ein WM-Gesellschaftsspiel auf den Markt zu bringen. Daher wird der zu erwartende Absatz, also der Lebenszyklus des Produktes, untersucht. Das Unternehmen vermutet einen exponentiellen Verlauf, der folgender Funktionsgleichung genügt: $a_b(t) = 100te^{-bt}$.
Dabei sei durch die Variable t ($t \geq 0$) die Zeit in Tagen ab der Produkteinführung und durch $a_b(t)$ der Tagesabsatz in Stück pro Tag beschrieben.

a) Bestimmen Sie drei Gemeinsamkeiten der Graphen von a_b.

b) Zeigen Sie, dass zum Zeitpunkt $t = \frac{1}{b}$ der Tagesabsatz maximal ist.

c) Bestimmen Sie b und den zugehörigen Zeitpunkt t für den Fall, dass der maximale Tagesabsatz bei 1 000 Stück/Tag liegt.

d) Da sich das Produkt direkt auf die WM bezieht, soll die Produktion zum Zeitpunkt des stärksten Rückgangs der täglichen Absatzzahlen eingestellt werden, um eine Überproduktion zu vermeiden. Bestimmen Sie den Zeitpunkt des stärksten Rückgangs der täglichen Absatzzahlen.

2 Die Verkaufsleiterin stellt eine Prognose für die Absatzzahlen der Hochzeitsfeuerwerke im nächsten Jahr auf. Diese modelliert sie mit $a_k(t) = 200 \cdot (k \cdot t^2 + t) \cdot e^{-0{,}1t}$, $0 \leq t \leq 52$; $k \geq 0$.
Dabei steht t für die Zeit seit Jahresbeginn in Wochen, k ist ein konjunkturabhängiger Parameter und $a_k(t)$ gibt die prognostizierten Absatzzahlen in Mengeneinheiten pro Woche an.
Zum Zeitpunkt t = 12 werden 5060 ME pro Woche abgesetzt.
Berechnen Sie den zugehörigen Wert von k.

3 Die Vertriebsleitung geht davon aus, dass sich die Absatzzahlen der Kaffeemaschine „Capsule" in Abhängigkeit von der Zeit t in Monaten durch die Funktion g_b mit
$g_b(t) = 5000 \cdot e^{-0{,}02t^2 + 0{,}04bt}$; $t, b \in \mathbb{R}, t \geq 0, b > 0$,
beschreiben lassen. Dabei gibt $g_b(t)$ die Anzahl der verkauften Kaffeemaschinen in Stück im Monat t an. Der Parameter b repräsentiert die Höhe der Werbeausgaben.

a) Für die Kaffeemaschine „Capsule" sind 5 000 Stück vorbestellt, die zum Verkaufsstart abgesetzt werden. Bestätigen Sie, dass die Funktion g_b diesen Sachverhalt abbildet.

b) Zeigen Sie mithilfe der notwendigen Bedingung, dass zum Zeitpunkt t = b der maximale monatliche Absatz erreicht wird und geben Sie dessen Höhe an.

4 Die Marble AG bringt ein neues Spiegelglas auf den Markt. Zur Umsatzprognose wird die Funktion u_a verwendet mit $u_a(t) = t \cdot e^{-a \cdot t^2 + 4}$ mit $t \geq 0$ und $a \geq 0{,}005$.
Hierbei gibt t die Zeit in Monaten und $u_a(t)$ den Umsatz in GE pro Monat an.
Der Parameter hängt von den eingesetzten Werbemaßnahmen ab.
Berechnen Sie den Zeitpunkt des maximalen monatlichen Umsatzes in Abhängigkeit vom Parameter a. Geben Sie den maximalen monatlichen Umsatz für a = 0,1 an.

Angebot und Nachfrage

Beispiel

Die Analyse für das Produkt NiapA ergibt, dass sich die Angebotspreise auf dem Markt durch die Funktion p_A darstellen lassen und die Nachfragesituation durch p_N beschrieben werden kann.

$p_A(x) = 0{,}1(x + 2)^2 + 5$; $\qquad p_N(x) = 12 - a \cdot x^2$; $x \in \mathbb{R}$ mit $x \geq 0$, $a > 0$.

Dabei gibt x die angebotenen bzw. die nachgefragten Mengen in ME an und $p_A(x)$ bzw. $p_N(x)$ geben die Preise in GE pro ME an. Bei dem Parameter a handelt es sich um einen konjunkturabhängigen Parameter.

a) Beschreiben Sie die Nachfragekurve.
b) Geben Sie die Sättigungsmenge in Abhängigkeit vom Parameter a an.
c) Berechnen Sie den Wert von a, für den die Gleichgewichtsmenge bei 4,4 ME liegt.

Lösung

a) Der Graph von f mit $f(x) = 12 - a \cdot x^2$; $x \in \mathbb{R}$, ist eine nach unten geöffnete Parabel, symmetrisch zur Ordinatenachse, sie verläuft durch (0 | 12). Der Graph von p_N ist ein Teil dieser Parabel für $x \geq 0$, der Graph von p_N ist fallend.

b) Sättigungsmenge: $p_N(x) = 0$ $\qquad 12 - a \cdot x^2 = 0$
wegen $x \geq 0$: Sättigungsmenge $\qquad x = \sqrt{\frac{12}{a}}$

c) Gleichgewichtsmenge bei 4,4 ME: $p_A(4{,}4) = p_N(4{,}4)$ $\qquad 9{,}096 = 12 - a \cdot 4{,}4^2$
$a = 0{,}15$

Aufgaben

1 Eine Aufgabe der Marketingabteilung der Pyrokomet GmbH besteht in der Auswertung umfangreicher Marktanalysen. Aus den Daten zur Produktsparte Tischfeuerwerk ergibt sich die folgende Angebotsfunktion p_A und die Nachfragefunktion p_N:
$p_A(x) = a \cdot x^2 + 8{,}5$, $a, x \in \mathbb{R}$; $a > 0$; $x \geq 0$; $\quad p_N(x) = -0{,}015x^2 + 40$; $x \in \mathbb{R}$; $x \geq 0$
$p_A(x)$ und $p_N(x)$ geben den Preis in GE/ME in Abhängigkeit von der angebotenen bzw. nachgefragten Menge x in ME an. Dabei ist a ein von Steuern abhängiger Parameter.

a) Berechnen Sie die Sättigungsmenge.
b) Übertragen Sie die Abbildung in Ihr Heft und ergänzen Sie die fehlenden Beschriftungen.

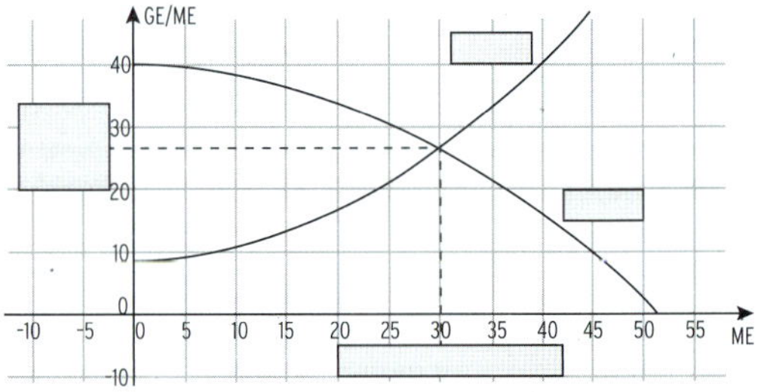

Erläutern Sie den Einfluss des Parameters a auf das Marktgleichgewicht.

c) Berechnen Sie die Gleichgewichtsmenge in Abhängigkeit von a und bestimmen Sie den Wert des Parameters a für die im Schaubild abgebildete Situation.

Isoquantenschar

Beispiel

Ein Unternehmen der Metallverarbeitung stellt Zwischenprodukte und Endprodukte her. Die Zwischenprodukte können mit einem Produktionsfaktor x und mit einem Produktionsfaktor y hergestellt werden. Für die Gesamtkosten K gilt K = 5x + 10y.
Die Gleichung der Isoquantenfunktion lautet für die angestrebte Menge an Zwischenprodukten: $I(x) = \frac{a}{x-2} + 1{,}6$; $a > 2$.
Berechnen Sie die kostenminimale Faktormenge für den Produktionsfaktor x in Abhängigkeit von a. Bestimmen Sie für a = 8 die kostenminimale Faktormengenkombination und die zugehörigen Kosten.

Lösung

Isoquantenfunktion I mit $I(x) = \frac{a}{x-2} + 1{,}6 = a(x-2)^{-1} + 1{,}6$

1. Ableitung: $I'(x) = -a(x-2)^{-2} = \frac{-a}{(x-2)^2}$

Aus K = 5x + 10y ergibt sich die Isokostengerade I_K: $I_K(x) = -\frac{1}{2}x + \frac{K}{10}$.

Bedingung für die kostenminimale Faktormenge x: $I_K'(x) = I'(x)$ $\quad -\frac{1}{2} = \frac{-a}{(x-2)^2}$

Auflösen nach x: $(x-2)^2 = 2a$

Wurzelziehen: $x - 2 = \pm\sqrt{2a}$

kostenminimale Faktormenge: $x = \sqrt{2a} + 2$
($x = -\sqrt{2a} + 2 < 0$ für $a > 2$)

Für a = 8: $x = \sqrt{16} + 2 = 6$

Mit I(6) = 3,6 ergibt sich die kostenminimale Faktormengenkombination (6; 3,6)

Zugehörige Kosten K = 5x + 10y: $K = 5 \cdot 6 + 10 \cdot 3{,}6 = 66$

Aufgaben

1 Für die Fertigung eines Produktes werden die zwei Produktionsfaktoren Arbeit und Kapital eingesetzt. Zur Herstellung von 80 ME des Produktes liegen alle Mengenkombinationen der Produktionsfaktoren auf dem Graph der Isoquantenfunktion I_{80} mit $I_{80}(x) = \frac{a}{x-1{,}6} + 1{,}6$ mit $a > 0$.
Die Faktorpreise betragen für den Produktionsfaktor Arbeit 4 GE/ME und für den Produktionsfaktor Kapital 12 GE/ME .

a) Die Faktormengenkombination (3; 7) lässt sich bei Kosten von 96 GE realisieren.
Bestimmen Sie den zugehörigen Wert von a und eine weitere mögliche Faktormengenkombination.
Begründen Sie, auch anhand einer Skizze, dass sich diese Kosten noch weiter reduzieren lassen.

b) Berechnen Sie für die Herstellung von 80 ME des Produktes die kostenminimale Faktormenge für den Produktionsfaktor x in Abhängigkeit von a. Bestimmen Sie für a = 12 die optimale Kombination der beiden Produktionsfaktoren und die zugehörigen Minimalkosten .

2 Integralrechnung

Lernsituation

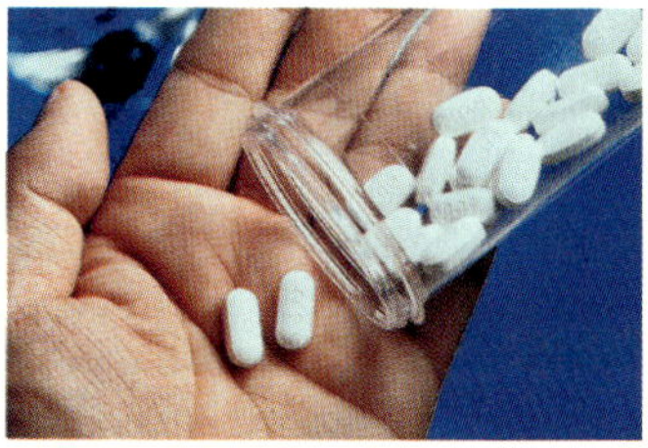

Für den Produktlebenszyklus des neu entwickelten Schmerzmittels Niavita geht die Marketingabteilung von der Funktion u mit $u(t) = 0{,}4t^2 \cdot e^{-0{,}25t}$ aus. Diese beschreibt den Umsatz in GE pro Monat in Abhängigkeit von der Zeit t in Monaten.

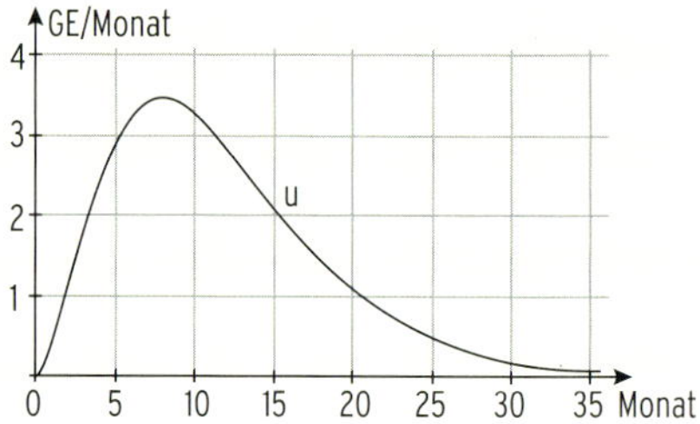

a) Berechnen Sie die Höhe des maximalen Umsatzes.

b) Das Unternehmen setzt sich zum Ziel, mit dem Schmerzmittel in den ersten 36 Monaten einen durchschnittlichen Umsatz von 1,3 GE/Monat zu erzielen. Untersuchen Sie, ob dieses Ziel erreicht wird.

c) Ermitteln Sie, wieviel Prozent des Gesamtumsatzes der ersten 36 Monate bereits innerhalb der ersten 12 Monate erreicht wird.

d) Beurteilen Sie die durch u(t) prognostizierte Entwicklung des Gesamtumsatzes über eine sehr lange Zeit.

e) Die Geschäftsleitung möchte das Schmerzmittel nach 24 Monaten bereits vom Markt nehmen. Bestimmen Sie den theoretisch größtmöglichen Umsatzverzicht.

Bearbeiten Sie diese Lernsituation. Erwerben Sie die rechts aufgeführten **Qualifikationen und Kompetenzen**.

Qualifikationen & Kompetenzen

- Stammfunktionen bestimmen
- Flächeninhalte berechnen
- Integrale berechnen und interpretieren
- Realitätsbezogene Zusammenhänge mathematisch modellieren

2.1 Einführung

Beispiel 1

Das Unternehmen Bodysun hat eine neue Lotion auf den Markt gebracht. Der Umsatz in GE pro Woche wird in Abhängigkeit von der Zeit in Wochen seit Markteinführung in einem Koordinatensystem eingetragen.
Es ergibt sich folgendes Schaubild.

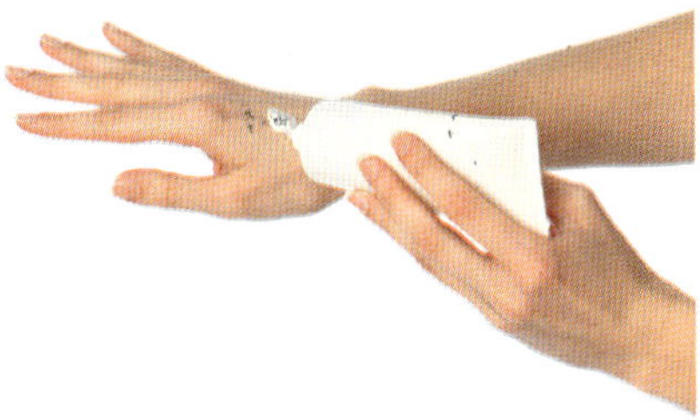

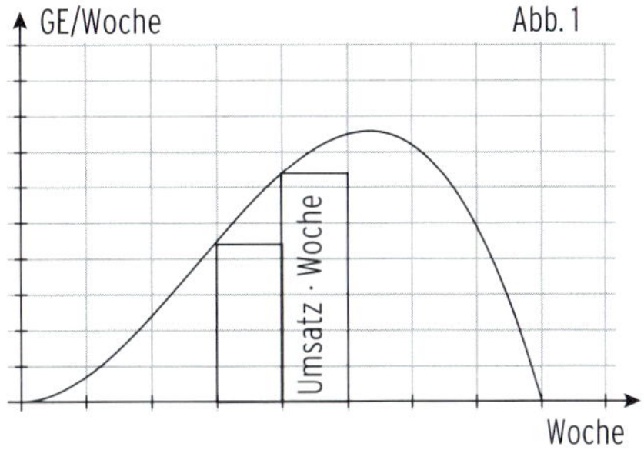

Abb. 1

Bei **konstantem Umsatz** erhält man den Gesamtumsatz aus dem Produkt Umsatz · Zeit. Geometrisch ergibt sich daher eine (Rechtecks-) Fläche.

Bei **nicht konstantem Umsatz** erhält man den Gesamtumsatz näherungsweise aus der Summe der Inhalte aller Rechtecke (s. Abb. 1). Der exakte Gesamtumsatz entspricht dem Inhalt des Flächenstücks zwischen dem Schaubild und der Zeit-Achse.
Hinweis: Vergleichen Sie auch die Einheiten: GE/Woche · Woche ergibt GE

Beispiel 2

Aus Abb. 2 lassen sich die variablen Stückkosten für eine beliebige Produktionsmenge x entnehmen. Sie werden beschrieben durch den Graphen von f mit $f(x) = 1{,}5$ (GE/ME).
Für 3 ME betragen die variablen Gesamtkosten also insgesamt 1,5 GE/ME · 3 ME = 4,5 GE.
Für x ME betragen die variablen Gesamtkosten in GE: $1{,}5 \cdot x$.

Der **Inhalt der Fläche** zwischen dem Graphen von f und der Abszissenachse auf [0; 3] entspricht
- den variablen Kosten für 3 ME,
- dem **Funktionswert** $F(x) = 1{,}5x$ an der Stelle 3: $F(3) = 4{,}5$.

Die Funktion F mit $F(x) = 1{,}5x$ heißt **Stammfunktion** von f und es gilt: $F'(x) = f(x)$.

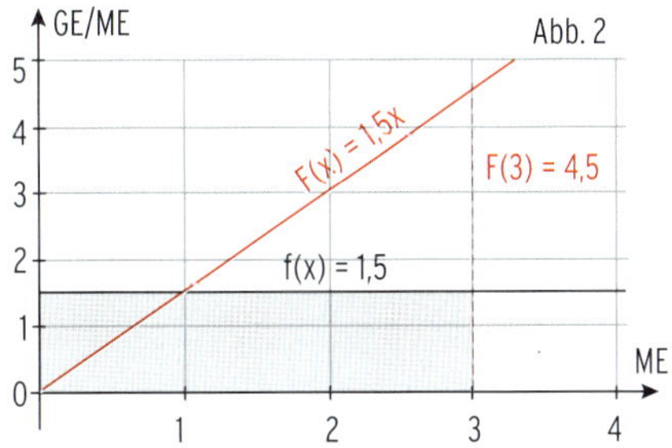

Abb. 2

Beispiel 3

Aus der Argen, einem Fluss im Allgäu, werden $2\,m^3$ Wasser pro Sekunde in einen Kanal abgeleitet.

Die gesamte Abflussmenge nach 3,5 Sekunden beträgt $2\frac{m^3}{s} \cdot 3{,}5\,s = 7m^3$.
Die gesamte Abflussmenge in m^3 nach x_1 Sekunden beträgt $F(x_1) = 2x_1$.

Der **Funktionswert** $F(x_1) = 2x_1$ entspricht dem Inhalt der markierten Fläche.

Die Funktion F mit $F(x) = 2x$ heißt **Stammfunktion** von f und es gilt: $F'(x) = f(x)$.

Abb. 3

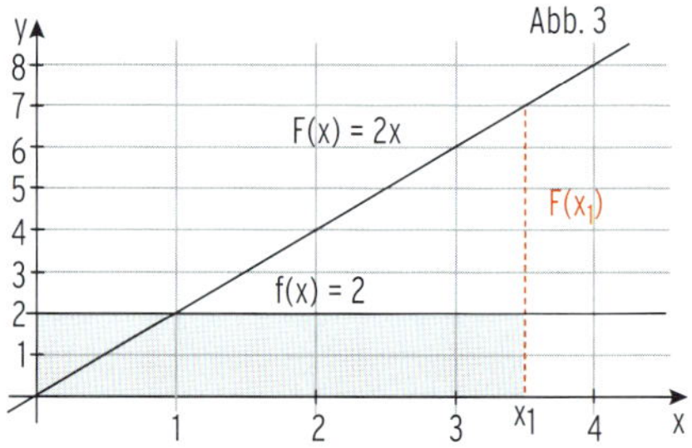

Beispiel 4

Abb. 4 zeigt den Graphen von f mit $f(x) = 1{,}5x + 1$.
Maßzahl der Fläche zwischen dem Graphen von f und der Abszissenachse für $0 \leq x \leq a$:
$F(a) = \frac{f(a) + 1}{2} \cdot a = \frac{3}{4}a^2 + a$
Für $x = a$ erhält man $F(x) = 0{,}75x^2 + x$.
Die Funktion F ist eine **Stammfunktion** von f mit $f(x) = 1{,}5x + 1$.
Probe: $F'(x) = 1{,}5x + 1 = f(x)$

Abb. 4

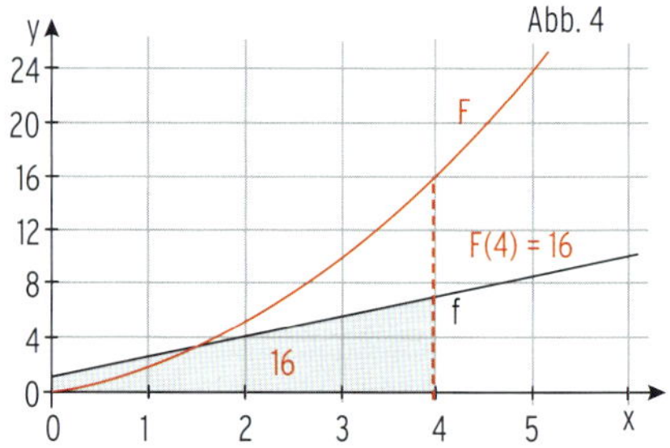

Der **Inhalt einer Fläche** lässt sich mithilfe einer **Stammfunktion** berechnen.

2.2 Stammfunktion und unbestimmtes Integral

2.2.1 Stammfunktion

Definition

Beispiel

➲ Gegeben ist eine Funktion f mit $f(x) = x^2$. Bestimmen Sie den Funktionsterm einer Funktion F, für die gilt: $F'(x) = f(x)$.

Lösung

$F'(x) = f(x)$ entsteht durch **Ableiten** von F, F entsteht durch **Integrieren** von f.

Integrieren ergibt $F(x) = \frac{1}{3}x^3$

oder $F(x) = \frac{1}{3}x^3 + 1$ oder $F(x) = \frac{1}{3}x^3 - 5$

Für beliebig viele Funktionen F, die sich nur um eine additive Konstante unterscheiden, gilt: $F'(x) = x^2$.

Festlegung: Eine ableitbare (differenzierbare) **Funktion F** heißt **Stammfunktion der Funktion f**, wenn gilt: $F'(x) = f(x)$

Bestimmung von Stammfunktionen

Beispiele

f(x)	F(x)	Probe durch Ableiten: F′(x)
x	$\frac{1}{2}x^2 - 3$	$(\frac{1}{2}x^2 - 3)' = x$
x^3	$\frac{1}{4}x^4 + 1$	$(\frac{1}{4}x^4 + 1)' = x^3$
x^n	$\frac{1}{n+1}x^{n+1} + c$	$(\frac{1}{n+1}x^{n+1} + c)' = x^n;\ n \neq -1$
$3x$	$3 \cdot \frac{1}{2}x^2 = \frac{3}{2}x^2$	$(\frac{3}{2}x^2)' = 3x$
$a \cdot x^n$	$a \cdot \frac{1}{n+1}x^{n+1} + c$	$(a \cdot \frac{1}{n+1}x^{n+1} + c)' = a \cdot x^n;\ n \neq -1$
$2x^2 - 5$	$\frac{2}{3}x^3 - 5x - 4$	$(\frac{2}{3}x^3 - 5x - 4)' = 2x^2 - 5$
e^x	e^x	$(e^x)' = e^x$
e^{3x}	$\frac{1}{3}e^{3x}$	$(\frac{1}{3}e^{3x})' = e^{3x}$
e^{kx}	$\frac{1}{k}e^{kx}$	$(\frac{1}{k}e^{kx})' = e^{kx}$
e^{2x-4}	$\frac{1}{2}e^{2x-4}$	$(\frac{1}{2}e^{2x-4})' = e^{2x-4}$
e^{ax+b}	$\frac{1}{a}e^{ax+b};\ a \neq 0$	$(\frac{1}{a}e^{ax+b})' = e^{ax+b}$
$3e^{5x-2}$	$\frac{3}{5}e^{5x-2}$	$(\frac{3}{5}e^{5x-2})' = 3e^{5x-2}$
$7e^{6x-3} + 4x - 5$	$\frac{7}{6}e^{6x-3} + 2x^2 - 5x$	$(\frac{7}{6}e^{6x-3} + 2x^2 - 5x)' = 7e^{6x-3} + 4x - 5$
$\sin(x)$	$-\cos(x)$	$(-\cos(x))' = \sin(x)$
$\cos(x)$	$\sin(x)$	$(\sin(x))' = \cos(x)$

Bemerkung: Ist F eine Stammfunktion von f, so ist auch F* mit $F^*(x) = F(x) + c$ für jedes $c \in \mathbb{R}$ eine Stammfunktion von f.

eine Ableitung **viele Stammfunktionen**

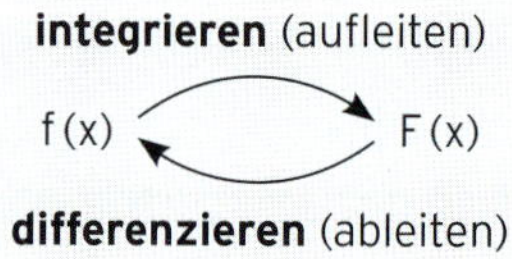

Aufgaben

1 Bestimmen Sie eine Stammfunktion von f. Machen Sie die Probe.

a) $f(x) = 6$ b) $f(x) = 7x + 8$ c) $f(x) = 4 - 3x + \frac{5}{2}x^2$

d) $f(x) = -2x^3 + 5x$ e) $f(x) = 3x^4 - x^2 - 1$ f) $f(x) = \frac{1}{3}x^3 - 2x^2$

g) $f(x) = 1 - \frac{5}{2}x^2$ h) $f(x) = -7(x - x^2)$ i) $f(x) = \frac{x}{2} - \frac{x^3}{3}$

j) $f(x) = \frac{1}{3}x - \frac{3}{2}x^4$ k) $f(x) = 4(x^4 - x)$ l) $f(x) = -\frac{1}{18}x^3 - \frac{2}{7}x$

2 F ist eine Stammfunktion von f. Bestimmen Sie F(x).

a) $f(x) = \frac{1}{8}x^3 - \frac{2}{5}x^2$ b) $f(x) = \frac{1}{32}x^4 + \frac{4}{5}x^3 - 3$ c) $f(x) = -7x^3 + \frac{3}{8}x^2$

d) $f(x) = (x - 2)(x + 3)$ e) $f(x) = x^2(4x - 3)$ f) $f(x) = 1 - 4x + \frac{3}{2}x^2 + x^3$

g) $f(x) = -\frac{2}{3}(x^4 + 6x^2 - 3)$ h) $f(x) = ax^4 + bx^3 + cx$ i) $f(x) = \frac{1}{2}(x^4 - 3x^2)$

j) $f(x) = \frac{1}{3}x - \frac{3}{2}e^x$ k) $f(x) = 5(e^x + 3)$ l) $f(x) = e \cdot e^x + ex$

m) $f(x) = 2\sin(x) + 1$ n) $f(x) = -3\cos(x) + 2x$ o) $f(x) = 3 - \pi \cdot \sin(x)$

3 Ermitteln Sie F(x).

a) $f(x) = 4e^{2x} + 1$ b) $f(x) = -2e^{4x} - 2$ c) $f(x) = -\frac{1}{2}e^{-3x} - 1$

d) $f(x) = -2e^{0,2x}$ e) $f(x) = \frac{4}{5}e^{-5x}$ f) $f(x) = \frac{3}{4}e^{-\frac{1}{2}x}$

g) $f(x) = -\frac{2}{3}e^{5-x} - x$ h) $f(x) = \frac{1}{3}x - \frac{3}{2}e^{x-4}$ i) $f(x) = 5(e^{2x-1} + 3)$

j) $f(x) = e \cdot e^{4x} + e$ k) $f(x) = e^x(e^x + 3)$ l) $f(x) = 1 + e \cdot x - 2e^{1+x}$

4 Bestimmen Sie eine Stammfunktion von f_t.

a) $f_t(x) = te^x + 5$ b) $f_t(x) = 7e^{x-t} - 3x$ c) $f_t(x) = t(e^x - 1)$

d) $f_t(x) = e^{tx+3} - x^3 + 8x;\ t \neq 0$ e) $f_t(x) = (t + 1)e^{4x}$ f) $f_t(x) = (e^{tx} - 3)(e^{tx} - 1);\ t \neq 0$

Stammfunktionen von weiteren Funktionen

Beispiel 1

➲ Gegeben ist eine Funktion f mit $f(x) = \sin(2x)$; $x \in \mathbb{R}$. Bestimmen Sie den Funktionsterm einer Funktion F, für die gilt: $F'(x) = f(x)$.

Lösung

$F'(x) = f(x)$ entsteht durch **Ableiten** von F, F entsteht durch **Integrieren** von f.

Integrieren (Aufleiten) ergibt $F(x) = -\frac{1}{2} \cdot \cos(2x)$ denn $F'(x) = -\frac{1}{2} \cdot (-\sin(2x)) \cdot 2 = f(x)$

Beachten Sie

$f(x) = \sin(ax) \Rightarrow F(x) = -\frac{1}{a} \cdot \cos(ax)$ $f(x) = \cos(ax) \Rightarrow F(x) = \frac{1}{a} \cdot \sin(ax)$

Beispiel 2

➲ Gegeben ist eine Funktion f. Bestimmen Sie den Funktionsterm einer Stammfunktion F.

a) $f(x) = \frac{2}{x}$; $x > 0$ b) $f(x) = \frac{4}{x-1}$; $x > 1$ c) $f(x) = \frac{1}{3x+1}$; $x > -\frac{1}{3}$.

Lösung

a) Aus der Formelsammlung: $(\ln(x))' = \frac{1}{x}$.
Das bedeutet F mit $F(x) = \ln(x)$ ist eine Stammfunktion von g mit $g(x) = \frac{1}{x}$ für $x > 0$.

Integrieren ergibt $F(x) = 2\ln(x)$ denn $F'(x) = 2 \cdot \frac{1}{x} = \frac{2}{x} = f(x)$

b) Integrieren ergibt $F(x) = 4\ln(x-1)$ denn $F'(x) = 4 \cdot \frac{1}{x-1} = \frac{4}{x-1} = f(x)$

c) Integrieren ergibt $F(x) = \frac{1}{3}\ln(3x+1)$ denn $F'(x) = \frac{1}{3} \cdot \frac{1}{3x+1} \cdot 3 = f(x)$

Beachten Sie

$f(x) = \frac{1}{x}$; $x > 0 \Rightarrow F(x) = \ln(x)$ $f(x) = \frac{1}{ax+b}$; $ax+b > 0 \Rightarrow F(x) = \frac{1}{a} \cdot \ln(ax+b)$

Aufgaben

1 Bestimmen Sie eine Stammfunktion von f.

a) $f(x) = 2\sin(4x)$ b) $f(x) = \cos(3x) + 2$ c) $f(x) = 1 - e^x - 4\sin(0,5x)$

2 Bestimmen Sie eine Stammfunktion von f.

a) $f(x) = \frac{6}{x}$; $x > 0$ b) $f(x) = \frac{1}{4x}$; $x > 0$ c) $f(x) = \frac{2}{x-5}$; $x > 5$ d) $f(x) = \frac{3}{x-1} + 1$; $x > 1$

3 F ist eine Stammfunktion von f. Bestimmen Sie F(x).

a) $f(x) = -\frac{1}{2}\cos(x) - \frac{1}{2x}$; $x > 0$ b) $f(x) = x - \frac{\sin(3x)}{5} - x^{-1}$; $x > 0$ c) $f(x) = \frac{6-3x}{x}$; $x > 0$

d) $f(x) = e^{3x} - \frac{2}{3x}$; $x > 0$ e) $f(x) = \frac{3}{x+1} + \sin(7x)$; $x > -1$ f) $f(x) = x^3 - \frac{1}{4+x}$; $x > -4$

Weitere Fragestellungen zu Stammfunktionen

Beispiel 1

➲ Gegeben ist die Funktion f durch $f(x) = 4x^3 + \frac{3}{2}x + 3$; $x \in \mathbb{R}$. Das Schaubild einer Stammfunktion F von f verläuft durch den Punkt $P(-2|7)$. Bestimmen Sie F(x).

Lösung

Stammfunktion F von f: $F(x) = x^4 + \frac{3}{4}x^2 + 3x + c$; $c \in \mathbb{R}$

Punktprobe mit $P(-2|7)$: $7 = (-2)^4 + \frac{3}{4}(-2)^2 + 3(-2) + c$

$c = -6$

Gesuchte **Stammfunktion** F mit $F(x) = x^4 + \frac{3}{4}x^2 + 3x - 6$

Beispiel 2

➲ Für die erste Ableitung der Funktion f gilt $f'(x) = \frac{1}{2}x^3 + 3x^2$.
Das Schaubild von f schneidet die x-Achse in $x = 2$. Bestimmen Sie f(x).

Lösung

Aufleiten ergibt: $f(x) = \frac{1}{8}x^4 + x^3 + c$; $c \in \mathbb{R}$

Punktprobe mit $S(2|0)$: $0 = \frac{1}{8} \cdot 2^4 + 2^3 + c = 2 + 8 + c$

$c = -10$

Funktionsterm: $f(x) = \frac{1}{8}x^4 + x^3 - 10$

Beispiel 3

➲ Zeigen Sie, F mit $F(x) = (2x - 3)e^x$; $x \in \mathbb{R}$, ist eine Stammfunktion von f mit $f(x) = (2x - 1)e^x$; $x \in \mathbb{R}$.

Lösung

Ableitung von F mit der Produktregel: $F'(x) = 2e^x + (2x - 3)e^x = (2x - 1)e^x = f(x)$

F ist also eine Stammfunktion von f.

Beispiel 4

➲ Für eine Funktion f gilt: $f(x) = 3x^2 + bx$.
Das Schaubild einer Stammfunktion F von f verläuft durch $A(0|3)$ und $B(-1|2)$.
Bestimmen Sie F(x).

Lösung

Aufleiten von f(x) ergibt: $F(x) = x^3 + \frac{b}{2}x^2 + c$

Bedingungen für b und c: $F(0) = 3$ $c = 3$

$c = 3$ eingesetzt: $F(x) = x^3 + \frac{b}{2}x^2 + 3$

$F(-1) = 2$ $(-1)^3 + \frac{b}{2}(-1)^2 + 3 = 2$

$b = 0$

F mit $F(x) = x^3 + 3$ ist die gesuchte **Stammfunktion** von f.

Aufgaben

1 Geben Sie eine Stammfunktion F von f mit $F(0) = -1$ an.

a) $f(x) = 4x - 3$ b) $f(x) = x^3 - x^4 + 2$ c) $f(x) = 4x^2 + e^x - 1$

2 Bestimmen Sie eine Stammfunktion, deren Graph die Abszissenachse in 1 schneidet.

a) $f(x) = 3x^2 + x$ b) $f(x) = 2x^3 - 3x + 2$

3 Bestimmen Sie eine Stammfunktion F von f, die die gegebene Eigenschaft erfüllt.

a) $f(x) = x^2$; der Graph von F verläuft durch $A(3|0)$.

b) $f(x) = 3x^2 - 6x$; der Graph von F schneidet die Ordinatenachse in -1.

c) $f(x) = 0{,}25x^4 + x^2 + 3$; $F(-1) = 2$

d) $f(x) = 1 - 2x^2$; $F(2) = \frac{2}{3}$

e) $f(x) = 6x - 4$; F hat eine Nullstelle in $x_0 = -1$.

f) $f(x) = 0{,}25e^{-2x} + x^2 + 3$; $F(-1) = 2$

g) $f(x) = 2\cos(2x) + 1$; $F(\frac{\pi}{4}) = 0$

h) $f(x) = \frac{3}{x}$; der Graph von F schneidet die Abszissenachse in 3.

4 Gegeben ist die Funktion f mit $f(x) = \frac{1}{6}x^2(x - 6)$; $x \in \mathbb{R}$.

a) Weisen Sie nach: F mit $F(x) = \frac{1}{24}(x^4 - 8x^3)$ ist eine Stammfunktion von f.

b) Begründen Sie, dass F genau eine Extremstelle hat.

5 Das Schaubild einer Stammfunktion F von f mit $f(x) = -8x^3 + x^2 - 3$ verläuft durch den Punkt $A(-1|2)$. Bestimmen Sie $F(x)$.

6 Die erste Ableitung einer Funktion f lässt sich durch $f'(x) = \frac{1}{3}x^2 + 4x$ beschreiben. Das Schaubild der zugehörigen Funktion verläuft durch den Punkt $P(4|0)$.
Bestimmen Sie den Funktionsterm $f(x)$.

7 Die Funktion f ist gegeben durch $f(x) = -\frac{4}{3}x^3 + bx + 4$; $x \in \mathbb{R}$, $b \in \mathbb{R}$. Das Schaubild einer Stammfunktion F von f verläuft durch die Punkte $P(3|-7)$ und $Q\left(1\middle|\frac{11}{3}\right)$.
Bestimmen Sie $F(x)$.

8 Bestimmen Sie a und b, so dass F mit $F(x) = \frac{1}{5}x^2 + 5 - 4x$ eine Stammfunktion von f mit $f(x) = ax + b$ ist.

9 Bestimmen Sie eine Stammfunktion von f mit $f(x) = 2\sin(x) - \cos(2x)$; $x \in \mathbb{R}$, deren Graph durch den Ursprung verläuft.

10 Zeigen Sie, F mit $F(x) = (2 - x)e^{-2x}$; $x \in \mathbb{R}$, ist eine Stammfunktion von f mit $f(x) = (2x - 5)e^{-2x}$; $x \in \mathbb{R}$.

11 Der Graph einer Stammfunktion F_t von f_t mit $f_t(x) = e^{2x+t}$; $x, t \in \mathbb{R}$, verläuft durch den Ursprung. Bestimmen Sie $F_t(x)$.
Untersuchen Sie, ob es einen t-Wert gibt, so dass der Graph von F_t durch $A(1|0)$ verläuft.

2.2.2 Grafisches Differenzieren und Integrieren

Beispiel 1

➲ Die Funktion F ist eine Stammfunktion der ganzrationalen Funktion f. Die Abbildung zeigt das Schaubild von F. Leiten Sie hieraus Aussagen über Nullstellen und Extremstellen von f ab.

Lösung

Es gilt: $F'(x) = f(x)$. Der Graph von F hat waagrechte Tangenten bei $x_1 \approx 1{,}3$ bzw. bei $x_2 \approx -0{,}3$; d.h., an diesen Stellen gilt: $F'(x) = 0$, d.h., x_1 und x_2 sind Nullstellen von f.
Der Graph von F hat einen **Wendepunkt** bei $x_3 \approx 0{,}5$, d.h., x_3 ist **Extremstelle** von f.
x_3 ist Minimalstelle von f, da der Graph von F in x_3 die kleinste Steigung hat.

Beispiel 2

➲ Die Funktion F ist eine Stammfunktion der Funktion f. Die Abbildung zeigt das Schaubild von f. Skizzieren Sie ein mögliches Schaubild von F. Formulieren Sie Aussagen über die Funktion F bzw. den Graphen von F.

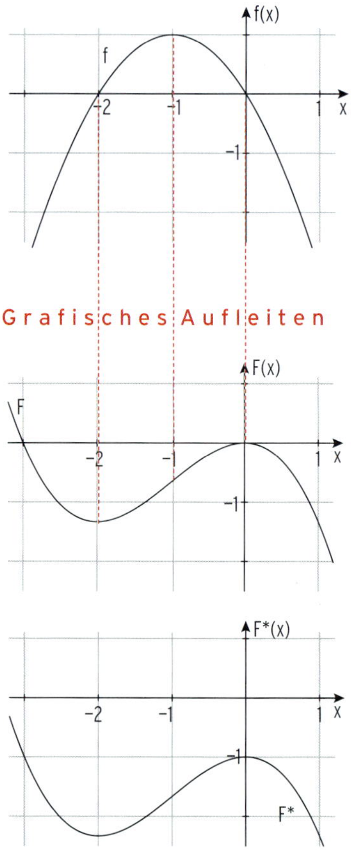

Lösung

Es gilt: $F'(x) = f(x)$
$f(x)$ ist der **Steigungswert** des Graphen von F an der Stelle x.

- f hat Nullstellen in $x_1 = -2$ und $x_2 = 0$, d.h., der Graph von F hat waagrechte Tangenten in x_1 und x_2. In $x_1 = -2$ wechselt $f(x)$ das Vorzeichen von − nach + d.h., F hat in $x_1 = -2$ eine Minimalstelle. Entsprechend: F hat in $x_2 = 0$ eine Maximalstelle.
- f hat eine Extremstelle in $x_3 \approx -1$. An dieser Stelle gilt: $f'(x) = F''(x) = 0$, d.h., der Graph von F hat einen **Wendepunkt** in x_3.

Hinweis: Verschiebt man den Graph von F in Ordinatenrichtung, so ergibt sich der Graph einer weiteren Stammfunktion F* von f.

Beispiel 3

➲ Die Abbildung zeigt den Graphen einer Funktion f. Skizzieren Sie das Schaubild einer Stammfunktion von f.

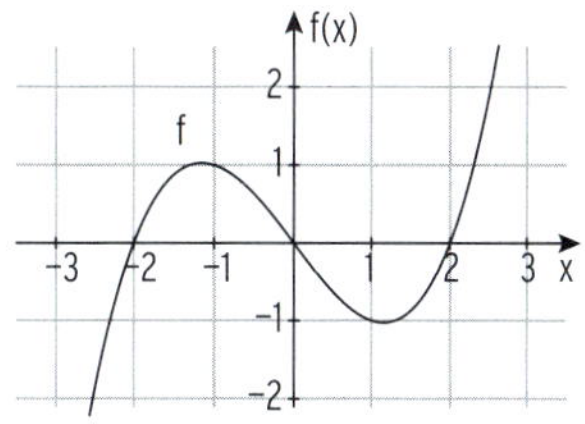

Lösung

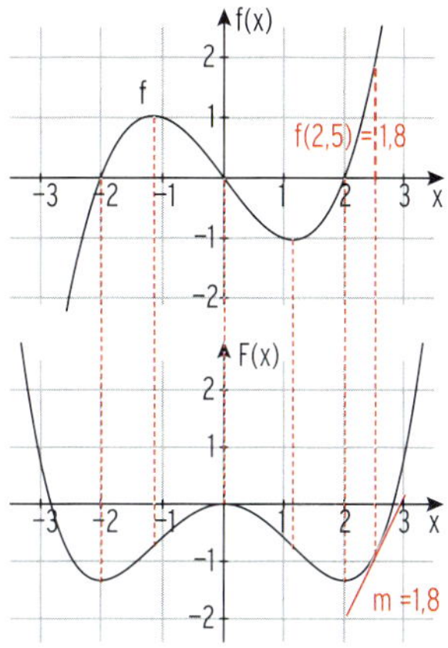

Es gilt: $F'(x) = f(x)$.

f(x) ist der **Steigungswert** des Graphen von F an der Stelle x.

- f hat Nullstellen in $x_1 = -2$; $x_2 = 0$; $x_3 = 2$ d.h., der Graph von F hat waagrechte Tangenten in x_1, x_2 und x_3. In $x_1 = -2$ wechselt f(x) das Vorzeichen von − nach + d.h., F hat in $x_1 = -2$ eine Minimalstelle.
  Entsprechend gilt:
  F hat in $x_2 = 0$ eine Maximalstelle und in $x_3 = 2$ eine Minimalstelle
- f hat Extremstellen in $x_4 \approx -1{,}2$ und $x_5 \approx 1{,}2$ (x_4 und x_5 sind Nullstellen von f′ mit VZW). An diesen Stellen gilt: $f'(x) = F''(x) = 0$, d.h., der Graph von F hat **Wendepunkte** in x_4 und x_5.

Hinweis: Verschiebt man den Graph von F in Ordinatenrichtung, so ergibt sich der Graph einer weiteren Stammfunktion F* von f.

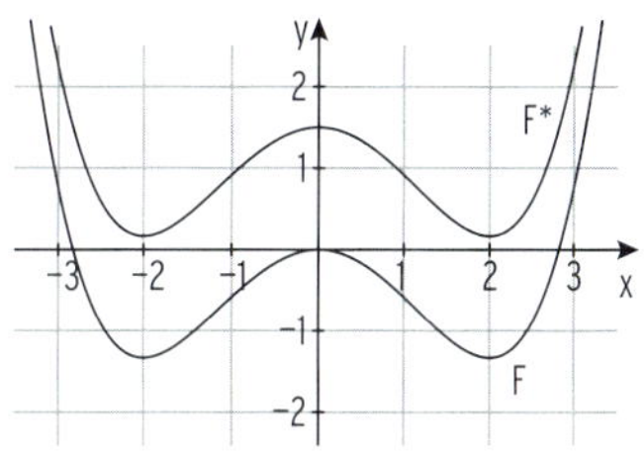

Beachten Sie den Zusammenhang von F und f (F ist eine Stammfunktion von f)

F bzw. Graph von F	f	
waagrechte Tangente in x_0	Nullstelle x_0	$F'(x_0) = f(x_0) = 0$
Maximalstelle x_0 Minimalstelle x_0	Nullstelle x_0 mit VZW von + nach − Nullstelle x_0 mit VZW von − nach +	$F'(x_0) = f(x_0) = 0$
Wendestelle x_0	Maximal- oder Minimalstelle x_0	$F''(x_0) = f'(x_0) = 0$

Merkregel:

ableiten ←
N F W
→ aufleiten

N steht für Nullstelle mit Vorzeichenwechsel (einfache, dreifache, ... Nullstelle).

Aufgaben

1 Die Abbildung zeigt das Schaubild einer Stammfunktion F von f.
Skizzieren Sie das Schaubild von f.

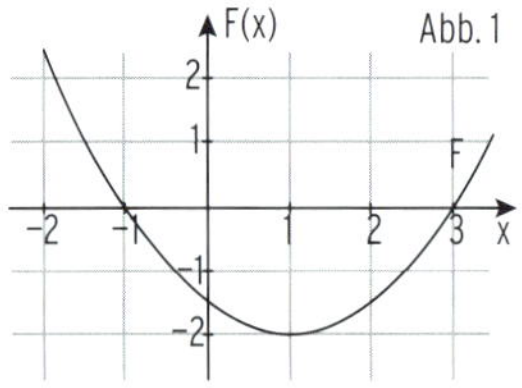

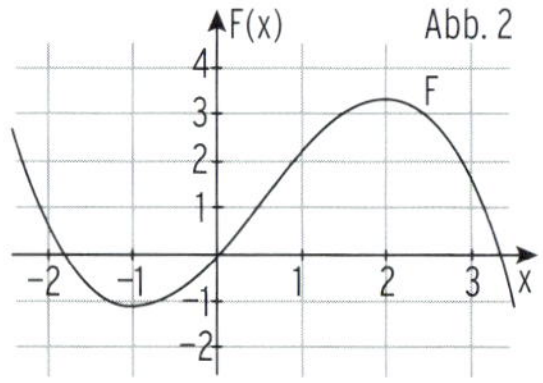

2 Die Abbildung zeigt das Schaubild einer Funktion von f.
Skizzieren Sie das Schaubild einer Stammfunktion F von f.

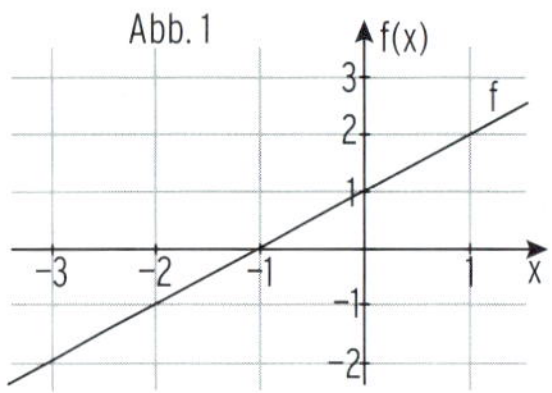

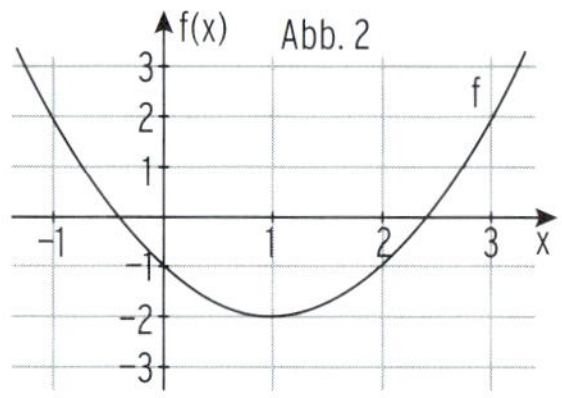

3 In der Abbildung sind die Schaubilder von f und einer Stammfunktion F von f gezeichnet.
Ordnen Sie zu und begründen Sie Ihre Wahl.

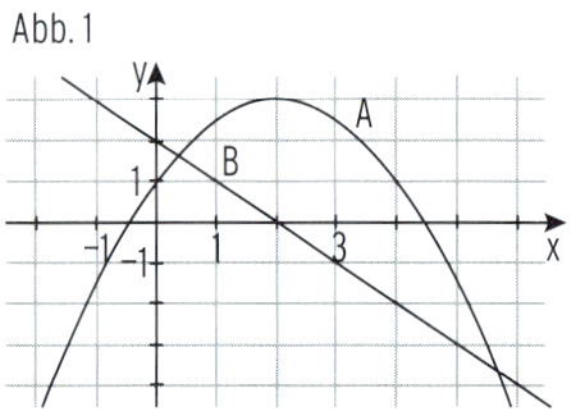

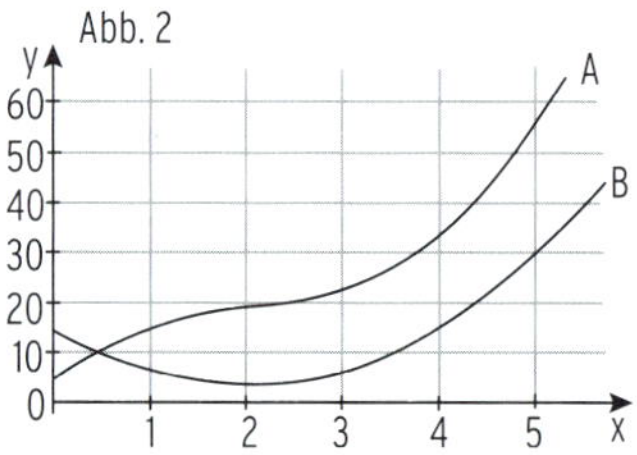

4 Die Abbildung zeigt das Schaubild einer Stammfunktion F von f.
Formulieren Sie Aussagen über Extremstellen und Nullstellen von f.
Skizzieren Sie das Schaubild von f.

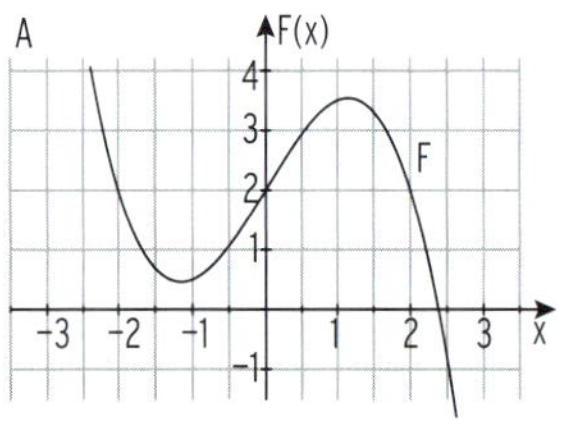

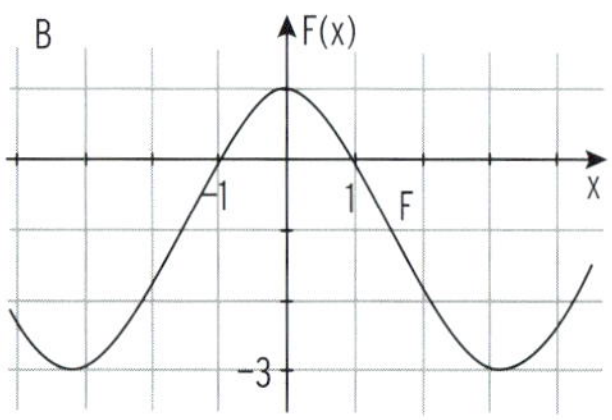

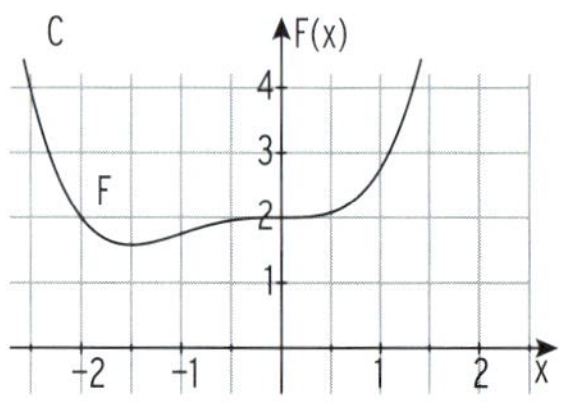

5 Hat f auf $D = \mathbb{R}$ eine Stammfunktion F, so hat f auch eine Stammfunktion, deren Schaubild durch den Ursprung verläuft. Nehmen Sie Stellung zu dieser Behauptung.
Nennen Sie Beispiele oder gegebenenfalls ein Gegenbeispiel.

6 Bestimmen Sie zur Funktion f mit $f(x) = 4x^3 - 4x$; $x \in \mathbb{R}$, zwei verschiedene Stammfunktionen F und H. Bilden Sie $F(2) - F(1)$ bzw. $H(2) - H(1)$ und vergleichen Sie. Interpretieren Sie das Ergebnis.

7 Die Abbildung zeigt das Schaubild einer Funktion f.
Leiten Sie hieraus Aussagen über Extrem- und Wendestellen einer möglichen Stammfunktion F von f ab. Skizzieren Sie das Schaubild einer Funktion F.

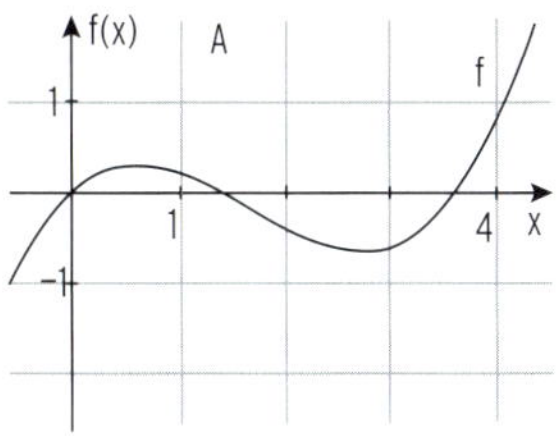

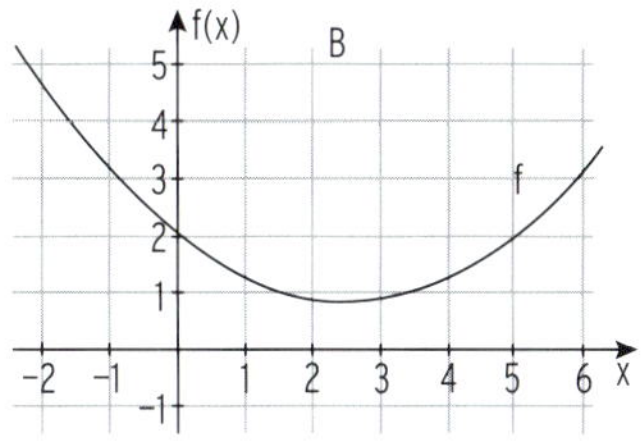

8 Eine Funktion f hat eine Nullstelle $x_0 = 3$. Formulieren Sie eine Aussage über das Schaubild einer zugehörigen Stammfunktion F im Punkt $P(x_0 \mid \quad)$.

9 Die Abbildung zeigt das Schaubild einer Funktion f.
Skizzieren Sie das Schaubild einer Stammfunktion von f, die durch $A(1 \mid 4)$ verläuft.

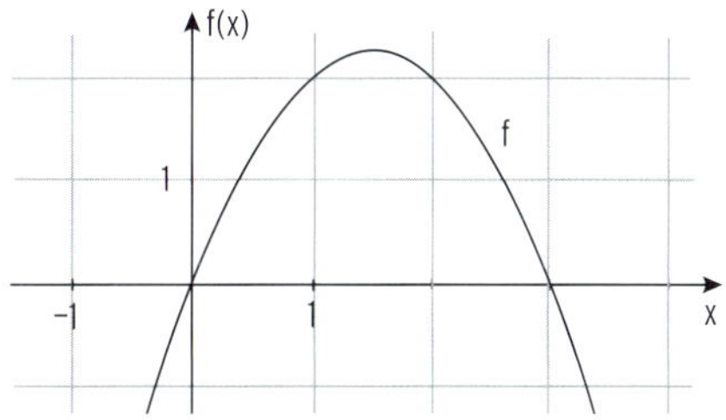

10 Die Abbildung zeigt einen Ausschnitt aus dem Schaubild einer Funktion f. Entscheiden Sie, ob folgende Aussagen über das Schaubild einer Stammfunktion F von f wahr oder falsch sind. Begründen Sie Ihre Entscheidungen.

A:
- $x = 3$ ist Wendestelle des Graphen von F.
- An der Stelle $x = -1$ hat der Graph von F einen Tiefpunkt.
- Der Graph von F ist monoton steigend für $x > 0$.

B:
- Der Graph von F hat einen Hochpunkt, einen Tiefpunkt und einen Wendepunkt.
- An der Stelle $x = 1$ hat der Graph von F eine Tangente parallel zu der Geraden mit der Gleichung $y = -\frac{1}{2}x$.
- Der Graph von F ist rechtsgekrümmt für $x > 0$.

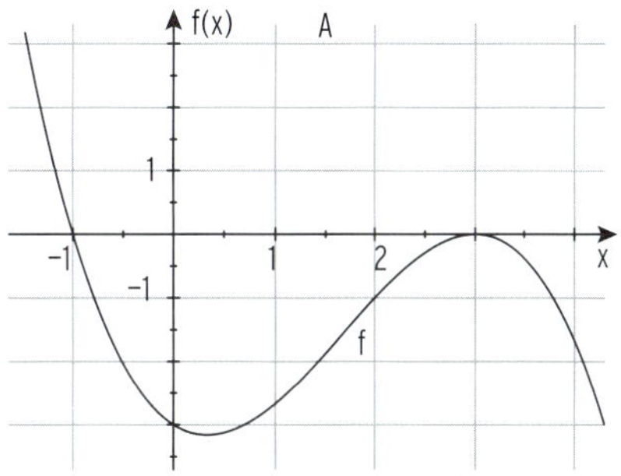

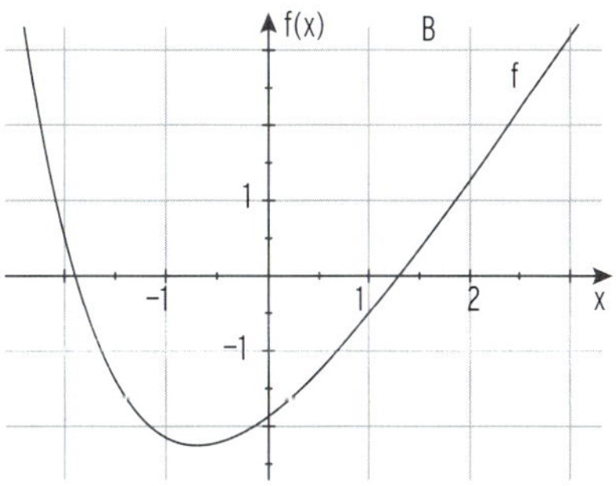

2.2.3 Das unbestimmte Integral

Den Übergang von einer Funktion zu einer Stammfunktion nennt man Integration.

Beispiel

$f(x) = x^2 + 2x$ $\qquad$ $F(x) = \frac{1}{3}x^3 + x^2 + c = \underbrace{\int (x^2 + 2x)\,dx}_{\text{Integralschreibweise}}$

Beachten Sie

Die Menge aller Stammfunktionen von f heißt **unbestimmtes Integral** von f.

Neue Schreibweise: $\mathbf{F(x) = \int f(x)\,dx}$ (gelesen: Integral über f von x dx)

Die **Integration** (Aufleitung) ist die **Umkehrung** der **Differenziation** (Ableitung).

integrieren (aufleiten)

$F'(x) = f(x)$ ⇄ $F(x) = \int f(x)\,dx$

differenzieren (ableiten)

Beispiele

1) $\int (3x + 4 - 2x^3)\,dx = \frac{3}{2}x^2 + 4x - \frac{2}{4}x^4 + c = \frac{3}{2}x^2 + 4x - \frac{1}{2}x^4 + c$

2) $\int x^2\,dx = \frac{1}{3}x^3 + c$; Integration nach x $\qquad$ $\int t^2\,dt = \frac{1}{3}t^3 + c$; Integration nach t

3) $\int te^{3x+5}\,dx = \frac{t}{3}e^{3x+5} + c$; Integration nach x, t ist eine Konstante.

4) $\int 3\sin(2x)\,dx = -\frac{3}{2}\cos(2x) + c$

Beachten Sie

$\int ax^n\,dx = \frac{a}{n+1}x^{n+1} + c;\ n \neq -1$ $\qquad$ $\int e^{ax+b}\,dx = \frac{1}{a}e^{ax+b} + c$

$\int \sin(ax)\,dx = -\frac{1}{a}\cos(ax)$ $\qquad$ $\int \cos(ax)\,dx = \frac{1}{a}\sin(ax)$

$\int \frac{1}{ax+b}\,dx = \frac{1}{a}\ln(ax+b)$ für $ax + b > 0$

Aufgaben

1 Bestimmen Sie das unbestimmte Integral.

a) $\int 7\,dx$ $\qquad$ b) $\int \left(\frac{1}{3}x^2 + 5x - 3\right)dx$ $\qquad$ c) $\int e^{4-2x}dx$

d) $\int (0{,}5x^3 + 2x^2 + x + 3)\,dx$ $\qquad$ e) $\int (ax^3 + bx + c)\,dx$ $\qquad$ f) $\int (\sin(3x) + \ x - 1)\,dx$

g) $\int (e^{-x} + 4e^x)\,dx$ $\qquad$ h) $\int \left(\frac{1}{8}t^2 + \frac{5}{3}t\right)dt$ $\qquad$ i) $\int (t\,e^{0{,}5x-1} + 1)dx$

2 Bestimmen Sie $\int f(x)\,dx$.

a) $f(x) = \frac{1}{12}x^3 + bx + c$ $\qquad$ b) $f(x) = \frac{3}{8}x^4 + \frac{3}{4}x^2 + t$ $\qquad$ c) $f(x) = ax^3 + 5x^2$

3 Bestimmen Sie.

a) $\int (1 - \frac{3}{x})\,dx$ $\qquad$ b) $\int \frac{2}{3x}dx$ $\qquad$ c) $\int \frac{7}{2x+4}dx$

2.3 Das bestimmte Integral

Beispiel 1

➲ Herr Bohn lässt Wasser in die Badewanne einlaufen.
Das Diagramm zeigt die momentane Durchflussmenge w(t) in ℓ pro min in Abhängigkeit von der Zeit t in min.
Interpretieren Sie das Diagramm.

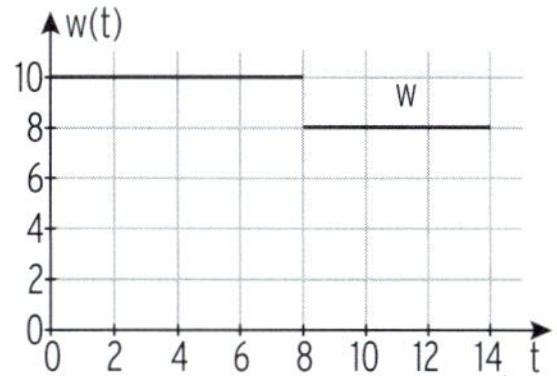

Lösung

Die momentane Durchflussmenge beträgt in den ersten 8 Minuten 10 ℓ pro Minute.
In weiteren 6 Minuten laufen 8 ℓ pro Minute ein.
Die Badewanne hat ein Fassungsvermögen von 128 ℓ ($8 \cdot 10 + 6 \cdot 8 = 128$).
Dieses **Fassungsvermögen** entspricht dem **Inhalt der Fläche** zwischen den Geraden mit $y = 10$ bzw. $y = 8$ und der t-Achse.

Beispiel 2

➲ Gegeben ist die Funktion f mit $f(x) = 0{,}5\,x;\ x > 0$.
Die zugehörige Gerade schließt mit der Abszissenachse eine Fläche ein.
Berechnen Sie den Inhalt A der Fläche über dem Intervall [0; 2], [0; 3,5], [0; x].
Bestimmen Sie den Inhalt A über [2; 3,5] bzw. über [a; b] ($b > a > 0$).

Lösung

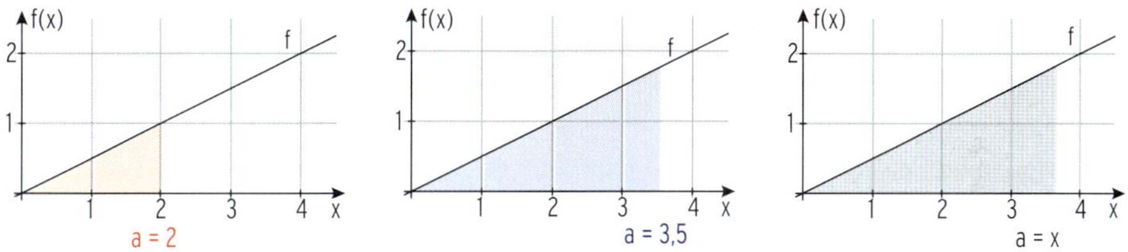

Inhalt der Fläche zwischen der Geraden und der Abszissenachse

für $a = 2$: $A_1 = \frac{1}{2} \cdot 2 \cdot 1 = 1$

für $a = 3{,}5$: $A_2 = \frac{1}{2} \cdot 3{,}5 \cdot 1{,}75 = 3{,}0625$

für $\mathbf{a = x\ (x > 0)}$: $\mathbf{A_3 = \frac{1}{2} \cdot x \cdot \frac{1}{2}x = \frac{1}{4}x^2}$

Wir stellen fest: $F(x) = \frac{1}{4}x^2$ ist der Funktionsterm einer Stammfunktion F von f.

Der Inhalt der Fläche zwischen dem Graphen von f und der Abszissenachse über [0; x] lässt sich mit einer Stammfunktion F von f bestimmen, indem man die Grenze x einsetzt:
$A_1 = F(2);\ A_2 = F(3{,}5)$

Inhalt der Fläche zwischen Gerade und Abszissenachse

über [2; 3,5]: $A = F(3{,}5) - F(2) = 2{,}0625$

über [a; b]: $A = F(b) - F(a) = \frac{1}{4}b^2 - \frac{1}{4}a^2$

Inhalt der Fläche zwischen einer krummlinigen Kurve und der Abszissenachse

Beispiel 3

➲ Gegeben ist der Graph der Funktion f mit $f(x) = x^2$. Bestimmen Sie den Inhalt der Fläche zwischen dem Graphen von f, der Abszissenachse und der Geraden mit $x = 2$ im 1. Feld.

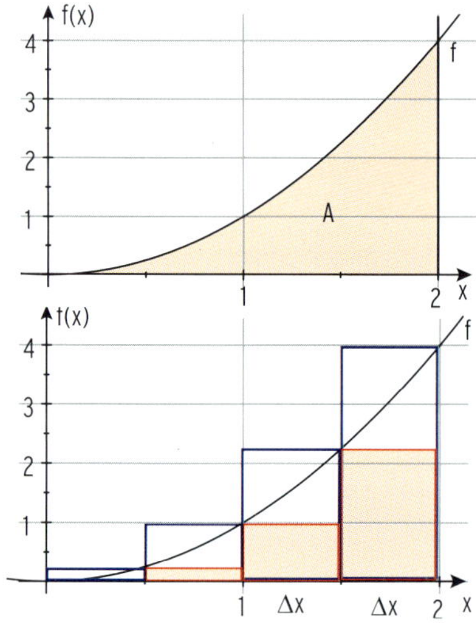

Lösung

Man bildet eine **Stammfunktion** von f: $F(x) = \frac{1}{3}x^3$
Setzt man für x den Wert 2 ein, so erhält man $F(2) = \frac{8}{3}$ als Maßzahl des Flächeninhaltes zwischen Parabel, Abszissenachse und der Geraden mit $x = 2$.

Vermutung: $A = F(2) = \frac{8}{3}$

Beweis:

Näherungsweise Bestimmung des Flächeninhaltes durch 4 Rechtecke der Breite $\triangle x = 0{,}5$.

Von unten: $U_4 = \triangle x \cdot (f(0) + f(0{,}5) + f(1) + f(1{,}5))$

Untersumme $U_4 = \frac{1}{2} \cdot \left(\frac{1}{4} + 1 + \frac{9}{4}\right) = 1{,}75$

Von oben: $O_4 = \triangle x \cdot (f(0{,}5) + f(1) + f(1{,}5) + f(2))$

Obersumme $O_4 = 3{,}75$

Der gesuchte Flächeninhalt liegt zwischen 1,75 und 3,75.

Je größer die Anzahl der Rechtecke ist, umso genauer wird die Näherung.

Näherung durch n Rechtecke mit Breite $\triangle x = \frac{2}{n}$:

Von unten: $U_n = \frac{2}{n} \cdot \left(\frac{2}{n}\right)^2 \cdot (1^2 + 2^2 + 3^2 + \ldots + (n-1)^2)$

Mit $1^2 + 2^2 + 3^2 + \ldots + (n-1)^2 = \frac{1}{6} n \cdot (n-1) \cdot (2n-1)$ erhält man die

Untersumme $U_n = \left(\frac{2}{n}\right)^3 \cdot \frac{1}{6} n \cdot (n-1) \cdot (2n-1) = \frac{4}{3} \cdot \left(2 - \frac{3}{n} + \frac{1}{n^2}\right)$.

Für $n \to \infty$ strebt der Term $\left(2 - \frac{3}{n} + \frac{1}{n^2}\right)$ gegen den Wert 2, also $U_n \to \frac{8}{3}$.

Von oben erhält man die Obersumme $O_n = \frac{4}{3} \cdot \left(2 + \frac{3}{n} + \frac{1}{n^2}\right)$.

Für $n \to \infty$ strebt der Term $\left(2 + \frac{3}{n} + \frac{1}{n^2}\right)$ gegen den Wert 2, also $O_n \to \frac{8}{3}$.

Strebt die Anzahl der Rechtecke gegen unendlich, so strebt der Flächeninhalt der Rechtecke gegen $\frac{8}{3}$. Die Vermutung $A = \frac{8}{3}$ ist bestätigt.

Bemerkung: $\lim\limits_{n \to \infty} \sum\limits_{i=1}^{n} f(x_i) \triangle x = \int_0^2 f(x)\,dx = \frac{8}{3}$

Diesen Grenzwert nennt man bestimmtes Integral von f mit $f(x) = x^2$ von 0 bis 2.

Hinweis: Für $n \to \infty$ wird aus dem Summenzeichen das Integralzeichen und aus $\triangle x$ wird dx. Das Symbol dx soll an die Breite der Rechtecke erinnern.

Beispiel 4

a) Berechnen Sie $\int_0^b x^2\,dx$; $\int_a^b x^2\,dx$.

b) Bestimmen Sie $\int_1^4 x^2\,dx$ und interpretieren Sie den Integralwert.

Lösung

a) Wir unterteilen das Intervall [0; b] in n gleiche Teile mit $\triangle x = \frac{b}{n}$ und erhalten die Obersumme $O_n = \frac{b}{n}\cdot\left(\frac{b}{n}\right)^2\cdot(1^2 + 2^2 + 3^2 + \ldots + n^2)$

$$= \left(\frac{b}{n}\right)^3\cdot\frac{1}{6}n(n+1)(2n+1) = \frac{b^3}{6}\cdot\left(2 + \frac{3}{n} + \frac{1}{n^2}\right) \rightarrow \frac{b^3}{3} \text{ für } n \rightarrow \infty$$

Ergebnis: Für das gesuchte Integral gilt: $\lim\limits_{n\rightarrow\infty} O_n = \int_0^b x^2\,dx = \frac{b^3}{3}$ (*)

Es gilt: $\int_0^a x^2\,dx = \frac{a^3}{3}$ (vgl. *) und daraus $\int_a^b x^2\,dx = \frac{b^3}{3} - \frac{a^3}{3}$

Für die Funktion f mit $f(x) = x^2$ erhält man: $\int_a^b f(x)\,dx = F(b) - F(a)$

Dabei ist F mit $F(x) = \frac{x^3}{3}$ eine Stammfunktion von f.

b) $\int_1^4 x^2\,dx = F(4) - F(1) = \frac{1}{3}\cdot 4^3 - \frac{1}{3}\cdot 1^3 = 21$

Der Inhalt A der Fläche zwischen dem Graphen von f und der Abszissenachse auf [1; 4] beträgt 21 (FE).

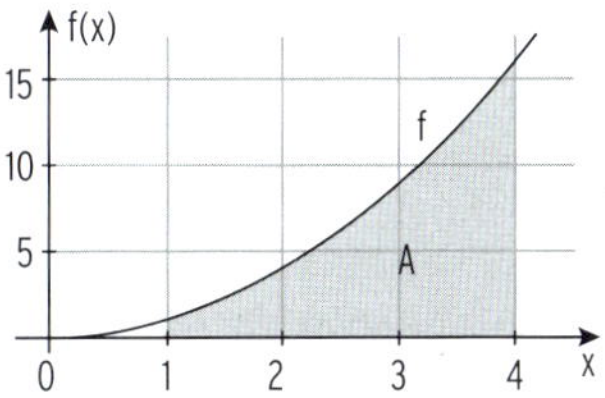

Hinweis: Der Inhalt einer Fläche wird auch in Flächeneinheiten (FE) angegeben.

Man kann **vermuten,** dass **allgemein gilt:**

> **Beachten Sie**
>
> Ist **F eine Stammfunktion** einer beliebigen Funktion f, so lässt sich das bestimmte Integral von f über [a; b] bestimmen durch $\int_a^b f(x)\,dx = F(b) - F(a)$.

Zum Beweis der Vermutung definieren wie eine Funktion mit der oberen Grenze als Variable.

> **Beachten Sie**
>
> Die Funktion I_a mit $I_a(x) = \int_a^x f(t)\,dt$ heißt **Integralfunktion von f zur unteren Grenze a.**
>
> Sie ordnet jeder Zahl x genau die Zahl $\int_a^x f(t)\,dt$ zu.

Geometrische Deutung: $\int_{0,5}^x t^2\,dt$ gibt den Inhalt der Fläche zwischen dem Schaubild von f mit $f(t) = t^2$ und der t-Achse von 0,5 bis x ($x \geq 0{,}5$) an. Wenn die Vermutung zutrifft, muss die Integralfunktion I_a eine Stammfunktion von f sein, es muss gelten $\left(\int_a^x f(t)\,dt\right)' = f(x)$.

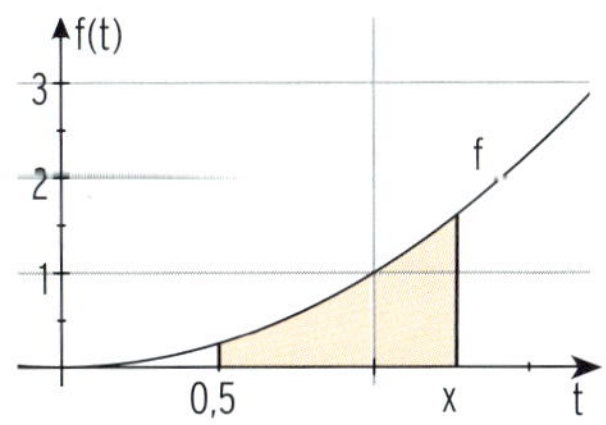

8 Bohner, Ott, Deusch - ISBN 978-3-8120-0696-5

Diesen Zusammenhang beschreibt der **1. Hauptsatz der Differenzial- und Integralrechnung.**

1. Hauptsatz der Differenzial- und Integralrechnung

Jede Integralfunktion I_a einer Funktion f ist eine Stammfunktion von f.

$$I_a(x) = \int_a^x f(t)\,dt \Rightarrow I_a'(x) = f(x)$$

Beweis:

Für alle $x \in [a; b]$ ist f eine (stetige) Funktion, also gilt: $I_a'(x) = \lim\limits_{h \to 0} \frac{I_a(x+h) - I_a(x)}{h}$

Es ist zu zeigen, dass der Grenzwert existiert und gleich f(x) ist.

f nimmt auf [a; b] einen größten (f_{max}) und einen kleinsten (f_{min}) Funktionswert an.

Also gilt:

$$h \cdot f_{min} \leq I_a(x+h) - I_a(x) \leq h \cdot f_{max}$$

kleines Rechteck   rote Fläche   großes Rechteck

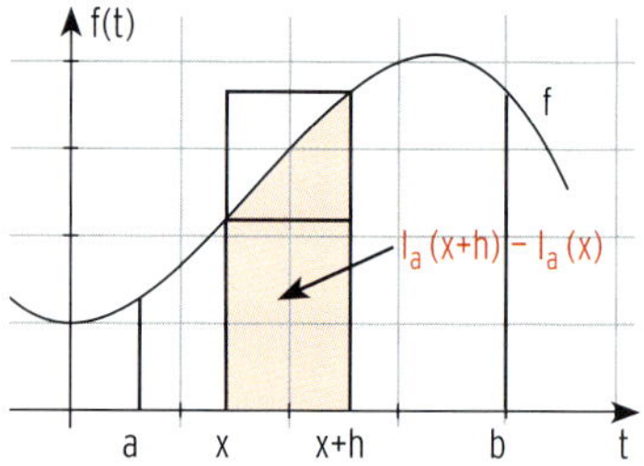

Daraus folgt: $f_{min} \leq \frac{I_a(x+h) - I_a(x)}{h} \leq f_{max}$

Für $h \to 0$ streben f_{min} und f_{max} gegen f(x), also ist

$$f(x) \leq \lim_{h \to 0} \frac{I_a(x+h) - I_a(x)}{h} \leq f(x)$$

und somit $\lim\limits_{h \to 0} \frac{I_a(x+h) - I_a(x)}{h} = f(x) \Rightarrow I_a'(x) = f(x)$.

Die Ableitungsfunktion der Integralfunktion von f ist gleich der Funktion f.

Zusammenhang von bestimmtem Integral $\int_a^b f(x)\,dx$ und Stammfunktion:

Eine Integralfunktion ist eine Stammfunktion von f.

Es gilt: $\int_a^x f(t)\,dt = F(x) + c$; für $x = b$: $\int_a^b f(t)\,dt = F(b) + c$;

für $x = a$: $\int_a^a f(t)\,dt = F(a) + c = 0 \Leftrightarrow c = -F(a)$; einsetzen ergibt $\int_a^b f(t)\,dt = F(b) - F(a)$.

Das bestimmte Integral über f kann mithilfe einer beliebigen Stammfunktion von f in der folgenden Weise berechnet werden:

2. Hauptsatz der Differenzial- und Integralrechnung

Ist F eine beliebige Stammfunktion einer Funktion f, so gilt: $\int_a^b f(x)\,dx = F(b) - F(a)$

Hinweis: Für $F(b) - F(a)$ schreibt man $[F(x)]_a^b$, also $\int_a^b f(x)\,dx = [F(x)]_a^b = F(b) - F(a)$.

Unterscheiden Sie: Das unbestimmte Integral ist eine Menge von Funktionen (Stammfunktionen): $\int f(x)\,dx = F(x) + c$

Das bestimmte Integral ist eine reelle Zahl: $\int_a^b f(x)\,dx = F(b) - F(a)$

Berechnung von bestimmten Integralen

Beispiel

➲ Berechnen Sie. **a)** $\int_0^2 (x^3 - x^2 + 2x + 3)\,dx$ **b)** $\int_0^5 10e^{-0{,}1x}\,dx$

Lösung

a) $\int_0^2 (x^3 - x^2 + 2x + 3)\,dx = \left[\frac{1}{4}x^4 - \frac{1}{3}x^3 + x^2 + 3x\right]_0^2 = 4 - \frac{8}{3} + 4 + 6 - 0 = \frac{34}{3}$

Hinweis: Für die Berechnung eines bestimmten Integrals ist die Konstante c **ohne Einfluss.** $\int_1^3 x^2\,dx = \left[\frac{1}{3}x^3 + c\right]_1^3 = F(3) - F(1) = 9 + c - \left(\frac{1}{3} + c\right) = \frac{26}{3}$ **unabhängig von c**

b) $\int_0^5 10e^{-0{,}1x}\,dx = \left[-100e^{-0{,}1x}\right]_0^5 = -100e^{-0{,}5} + 100$ $(e^0 = 1)$

Berechnung des Integrals $\int_a^b f(x)\,dx$ in folgenden Schritten

1) Eine **Stammfunktion F von f** bilden (ohne die Konstante c).
2) Obere Grenze $x = b$ in $F(x)$ einsetzen, untere Grenze $x = a$ in $F(x)$ einsetzen.
3) Differenz bilden: $F(b) - F(a)$

Schreibweise: $\int_a^b f(x)\,dx = [F(x)]_a^b = F(b) - F(a)$ **Integral von a bis b über f von x dx.**

Hinweis: Die **Bestimmung einer Stammfunktion** heißt **Integration.**

In $\int \mathbf{f(x)\,dx}$ heißt **x Integrationsvariable** und **f(x) Integrand.**

Bestimmtes Integral mit GTR/CAS:

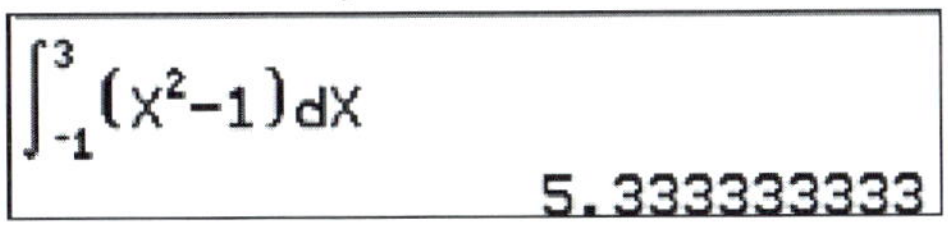

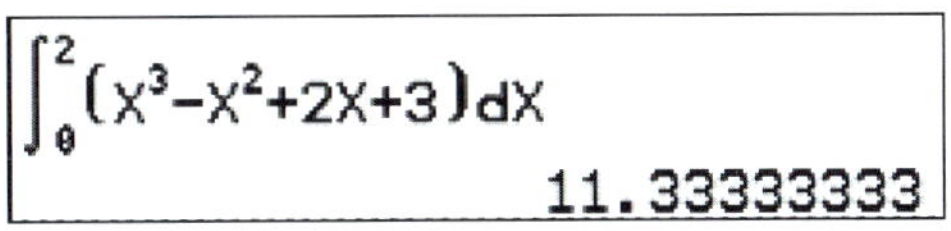

Integralfunktion

Beispiel

➲ Berechnen Sie die Integralfunktion zu f mit $f(x) = x^2 - 2x$; $x \in \mathbb{R}$, zur unteren Grenze 1.

Lösung

$\int_1^x (t^2 - 2t)\,dt = \left[\frac{1}{3}t^3 - t^2\right]_1^x = \frac{1}{3}x^3 - x^2 - \left(\frac{1}{3} - 1\right) = \frac{1}{3}x^3 - x^2 + \frac{2}{3}$

Integralfunktion I_1 mit $I_1(x) = \frac{1}{3}x^3 - x^2 + \frac{2}{3}$; $x \in \mathbb{R}$

Aufgaben

1 Berechnen Sie den Integralwert.

a) $\int_0^2 (2x+1)\,dx$ b) $\int_{-1}^3 0{,}5x^3\,dx$ c) $\int_0^4 \left(x^2-\frac{x}{3}\right)dx$

2 Bestimmen Sie die folgenden Integrale.

a) $\int_{-1}^2 (0{,}5x^2+6x-1)\,dx$ b) $\int_{-2}^2 (0{,}25x^3+x)\,dx$ c) $\int_0^{-1} \left(3x+\frac{5}{2}x^3\right)dx$

d) $\int_{-1}^4 (ax+x^3)\,dx$ e) $\int_{-2}^u \left(x^4-\frac{1}{4}x^2\right)dx$ f) $\int_0^1 (2x+\frac{3}{2}e^{1-x})\,dx$

3 Maria hat berechnet: $\int_{-2}^2 (x^3-3x)\,dx = 0$. Nehmen Sie Stellung.

4 Bestimmen Sie die folgenden Integrale.

a) $\int_0^\pi 0{,}5\sin(x)\,dx$ b) $\int_{-\pi}^\pi (0{,}25\cos(2x)+1)\,dx$ c) $\int_0^2 \sin(x-1)\,dx$

5 Ermitteln Sie die obere Grenze u so, dass gilt: $\int_1^u e^{2x-2}\,dx = 2$.

6 Bestimmen Sie $x > 0$, sodass $\int_0^x (-t^2+2t+1)\,dt = 0$

7 Ermitteln Sie den Integralwert.

a) $\int_1^3 \left(\frac{3}{x}\right)dx$ b) $\int_6^8 \left(\frac{2}{x-4}\right)dx$ b) $\int_0^1 \left(\frac{1}{2x+1}\right)dx$

8 Berechnen Sie die Ober- und Untersumme der Funktion f mit $f(x) = x^2+1$ über dem Intervall [0; 2] mithilfe einer Zerlegung in 4 gleich große Teilintervalle.

9 Gegeben ist die Funktion f mit $f(x) = 0{,}5xe^{-0{,}5x}$; $x \in \mathbb{R}$.

a) Zeigen Sie: F mit $F(x) = -(x+2)e^{-0{,}5x}$ ist eine Stammfunktion von f.

b) Berechnen Sie die Integralfunktion zu f zur unteren Grenze 0.

c) Untersuchen Sie, ob es eine obere Grenze x gibt, sodass $\int_0^x f(t)\,dt = 3$.

10 Geben Sie eine Stammfunktion von f mit $f(x) = 2e^{-2x}$; $x \in \mathbb{R}$ an. Bestimmen Sie eine Integralfunktion von f zur unteren Grenze −1. Vergleichen Sie Ihre Ergebnisse.

11 Die Abbildung zeigt den Graphen der Funktion f. Gegeben sind die Funktionen F_1 und F_2 durch $F_1(x) = -\frac{1}{6}x^3+\frac{5}{4}x^2-2x+1$ $x \in \mathbb{R}$ und $F_2(x) = -\frac{1}{6}x^3+\frac{5}{4}x^2-2x$; $x \in \mathbb{R}$. Entscheiden Sie, welche Funktion eine Integralfunktion von f zur unteren Grenze 0 ist.

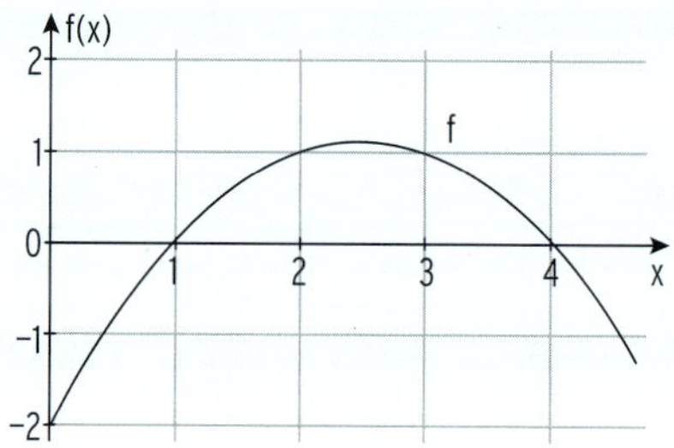

Integrationsregeln

Die folgenden Regeln sollen die Integration vereinfachen.

Beispiel 1

➲ Bestimmen Sie: $\int_0^2 x^2\,dx$ und $\int_0^2 0{,}5\,x^2\,dx$. Geben Sie einen Zusammenhang an.

Lösung

$\int_0^2 x^2\,dx = \frac{8}{3}$

$\int_0^2 0{,}5\,x^2\,dx = \frac{4}{3}$

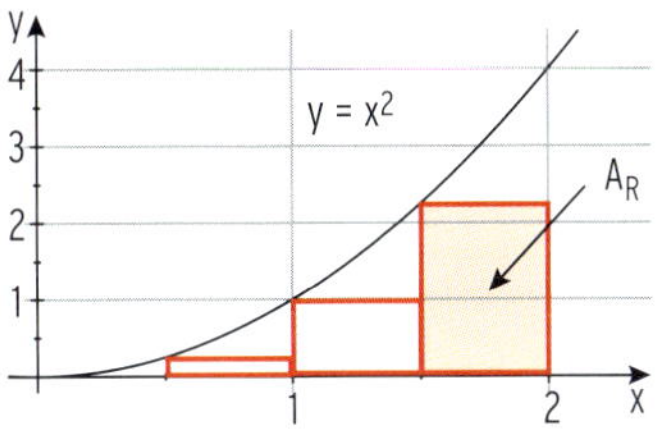

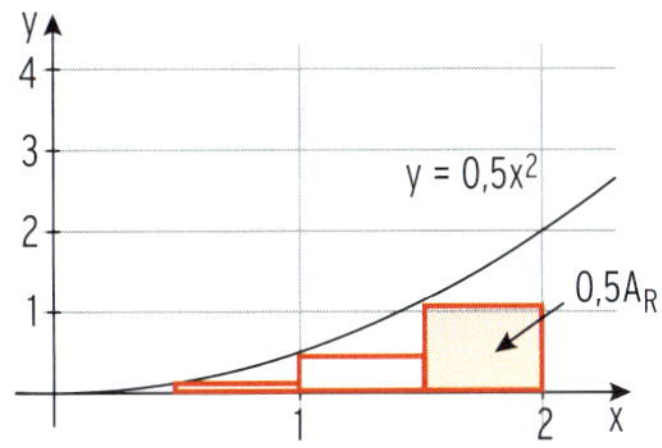

Das rot markierte Rechteck in der rechten Abbildung ist halb so groß wie das rot markierte Rechteck in der linken Abbildung. Dies gilt für alle entsprechenden Rechtecksinhalte.

Zusammenhang: $\int_0^2 0{,}5\,x^2\,dx = 0{,}5\int_0^2 x^2\,dx$

Faktorregel: $\int_a^b c\cdot f(x)\,dx = c\cdot\int_a^b f(x)\,dx$

Konstante Faktoren können vor das Integral gezogen werden.

Beweis der Faktorregel: Es sei F eine Stammfunktion von f, dann gilt:

$$\int_a^b c\cdot f(x)\,dx = [c\cdot F(x)]_a^b = c\cdot F(b) - c\cdot F(a) = c\cdot(F(b) - F(a))$$

$$c\cdot\int_a^b f(x)\,dx = c\cdot[F(x)]_a^b = c\cdot(F(b) - F(a)) = \int_a^b c\cdot f(x)\,dx$$

Beispiel 2

➲ Bestimmen Sie: $\int_0^2 x^2\,dx$, $\int_0^2 1\,dx$ und $\int_0^2 (x^2+1)\,dx$. Geben Sie einen Zusammenhang an.

Lösung

$\int_0^2 x^2\,dx = \left[\frac{1}{3}x^3\right]_0^2 = \frac{8}{3}$

$\int_0^2 1\,dx = [x]_0^2 = 2$

$\int_0^2 (x^2+1)\,dx = \frac{14}{3}$

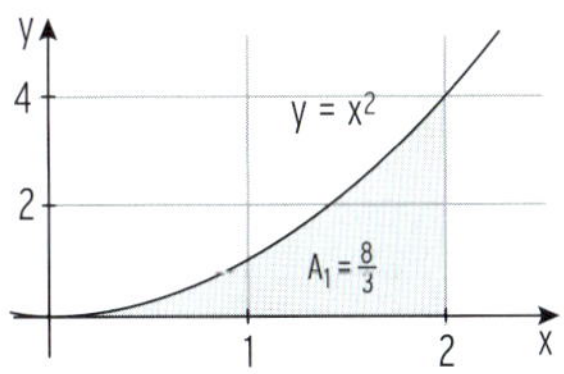

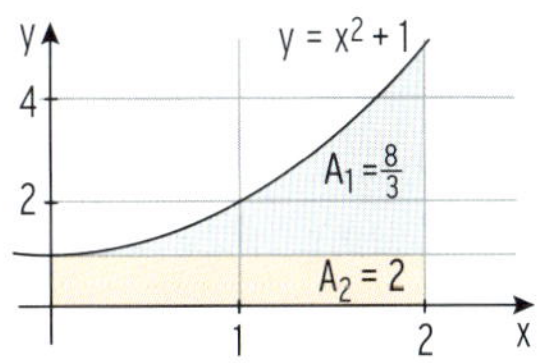

Zusammenhang: $\int_0^2 x^2\,dx + \int_0^2 1\,dx = \int_0^2 (x^2+1)\,dx$

Summenregel: $\int_a^b f(x)\,dx \pm \int_a^b g(x)\,dx = \int_a^b (f(x) \pm g(x))\,dx$

Beispiel 3

➲ Bestimmen Sie: $\int_0^1 x^2\,dx$, $\int_1^3 x^2\,dx$ und $\int_0^3 x^2\,dx$. Geben Sie einen Zusammenhang an.

Lösung

$\int_0^1 x^2\,dx = \frac{1}{3}$; $\int_1^3 x^2\,dx = \frac{26}{3}$; $\int_0^3 x^2\,dx = 9$

Zusammenhang: $\int_0^1 x^2\,dx + \int_1^3 x^2\,dx = \int_0^3 x^2\,dx$

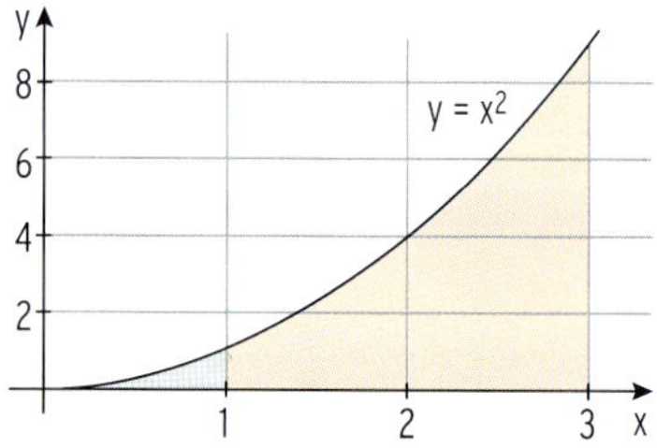

Intervalladditivität: $\int_a^b f(x)\,dx + \int_b^c f(x)\,dx = \int_a^c f(x)\,dx$

Beispiel 4

➲ Bestimmen Sie: $\int_a^b f(x)\,dx$ und $\int_b^a f(x)\,dx$. Geben Sie einen Zusammenhang an.

Lösung

$\int_a^b f(x)\,dx = F(b) - F(a)$; $\int_b^a f(x)\,dx = F(a) - F(b) = -(F(b) - F(a))$; $\int_a^b f(x)\,dx = -\int_b^a f(x)\,dx$

Vertauschen der Integrationsgrenzen: $\int_a^b f(x)\,dx = -\int_b^a f(x)\,dx$

Beispiel 5

➲ Das Integral $\int_0^4 f(x)\,dx = -6$ ist bekannt.

Formulieren Sie Aussagen über $\int_0^4 0{,}25\,f(x)\,dx$ und $\int_4^0 f(x)\,dx$.

Lösung

$\int_0^4 0{,}25\,f(x)\,dx = 0{,}25 \cdot \int_0^4 f(x)\,dx = 0{,}25 \cdot (-6) = -1{,}5$ Anwendung der Faktorregel

$\int_4^0 f(x)\,dx = -\int_0^4 f(x)\,dx = -(-6) = 6$

$\int_4^0 f(x)\,dx = 6$ Vertauschen der Integrationsgrenzen

Aufgaben

1 Das Integral $\int_{-2}^{2} f(x)\,dx = 3$ ist bekannt. Machen Sie Aussagen über

a) $\int_{-2}^{2} (2f(x))\,dx$; b) $\int_{-2}^{2} (f(x)+1)\,dx$; c) $\int_{-2}^{2} (-f(x))\,dx$; d) $\int_{2}^{-2} (-f(x))\,dx$.

2 Berechnen Sie $\int_{0}^{3} (x^2-2)\,dx$ und $\int_{3}^{0} (x^2-2)\,dx$. Vergleichen Sie die Ergebnisse.

3 Formulieren Sie einen möglichen Zusammenhang zwischen folgenden Integralen:

a) $\int_{-1}^{1} (x^3+1)\,dx$; $\int_{-1}^{1} (-1-4x)\,dx$; $\int_{-1}^{1} (x^3-4x)\,dx$ b) $\int_{0}^{\pi} x^2\,dx$; $\int_{0}^{1} x^2\,dx$; $\int_{1}^{\pi} x^2\,dx$

4 Für eine Funktion f sind folgende Integrale bekannt: $\int_{-1}^{1} f(x)\,dx = 4$; $\int_{-1}^{4} f(x)\,dx = 25$.

Bestimmen Sie $\int_{1}^{4} f(x)\,dx$, $\int_{4}^{-1} f(x)\,dx$ und $\int_{2}^{2} f(x)\,dx$.

5 Entscheiden Sie, welche der Behauptungen für die Funktion f mit $f(x) = \frac{1}{5}x^4 + x^2 + 1$ richtig bzw. falsch sind. Begründen Sie Ihre Entscheidung.

a) $\int_{1}^{4} f(x)\,dx = \int_{4}^{1} f(x)\,dx$

b) $\int_{-3}^{0} f(x)\,dx + \int_{0}^{1} f(x)\,dx = \int_{-3}^{1} f(x)\,dx$

c) $\int_{0}^{5} (-f(x))\,dx = \int_{5}^{0} f(x)\,dx$

d) $\int_{-a}^{a} f(x)\,dx = 0$ für $a \neq 0$.

6 Das Schaubild der Funktion f begrenzt mit der Abszissenachse eine Fläche (siehe Abbildung). Bestimmen Sie die folgenden Integralwerte und erläutern Sie Ihre Ergebnisse:

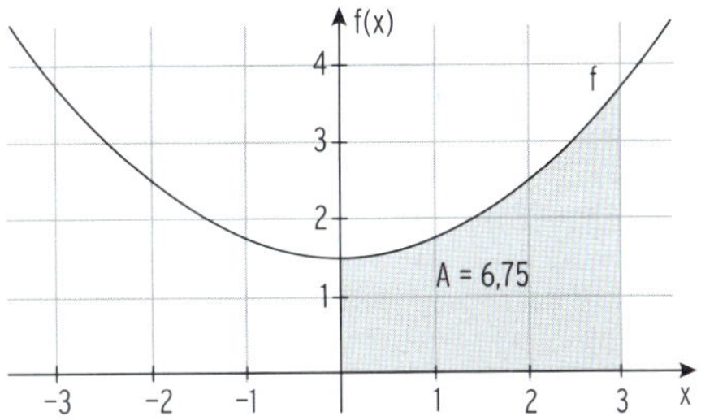

a) $\int_{0}^{3} f(x)\,dx$ b) $\int_{3}^{0} f(x)\,dx$

c) $\int_{0}^{3} (-f(x))\,dx$ d) $\int_{-3}^{0} f(x)\,dx$

e) $\int_{0}^{3} (f(x)-1)\,dx$ f) $\int_{-3}^{3} f(x)\,dx$

7 Zeigen Sie am Beispiel der Funktion f mit $f(x) = x - 2x^4$, dass gilt:

$\int_{-1}^{0} f(x)\,dx + \int_{0}^{1} f(x)\,dx = \int_{-1}^{1} f(x)\,dx$.

2.4 Flächeninhaltsberechnung mithilfe der Integralrechnung

2.4.1 Fläche zwischen dem Graphen einer Funktion und der Abszissenachse

Beispiele

Graph von f mit $f(x) = -\frac{1}{3}x^2 + \frac{1}{3}x + 2$

$\int_{-2}^{2} f(x)\,dx = \left[-\frac{1}{9}x^3 + \frac{1}{6}x^2 + 2x\right]_{-2}^{2}$

$\int_{-2}^{2} f(x)\,dx = \frac{56}{9} \approx 6{,}22$

Die Fläche zwischen dem Graphen von f und der Abszissenachse liegt **oberhalb** der Abszissenachse. Die Fläche hat den Inhalt $\frac{56}{9}$.

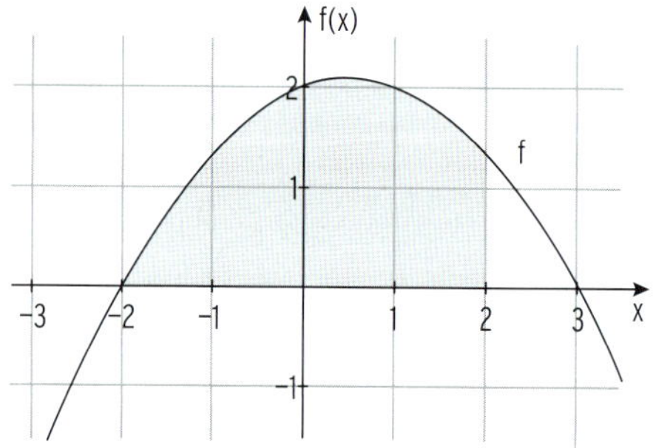

Graph von g mit $g(x) = \frac{1}{3}x^2 - \frac{1}{3}x - 2$

$\int_{-2}^{2} g(x)\,dx = -\frac{56}{9} < 0$

Das Integral liefert **nicht** den Inhalt der Fläche. Die Fläche zwischen dem Graphen von g und der Abszissenachse liegt **unterhalb** der Abszissenachse. Die Fläche hat den Inhalt $\frac{56}{9}$.
Der Graph von g entsteht aus dem Graphen von f durch Spiegelung an der Abszissenachse.

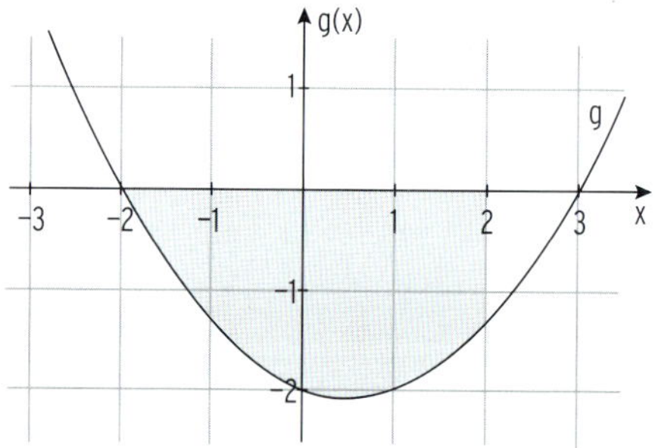

Graph von h mit $h(x) = 0{,}5\,x^3$

$\int_{-2}^{2} h(x)\,dx = \left[\frac{1}{8}x^4\right]_{-2}^{2} = 0$

Das Integral liefert **nicht** den Inhalt der Fläche.
Die Fläche zwischen dem Graphen von h und der Abszissenachse liegt **unterhalb** und **oberhalb** der Abszissenachse.

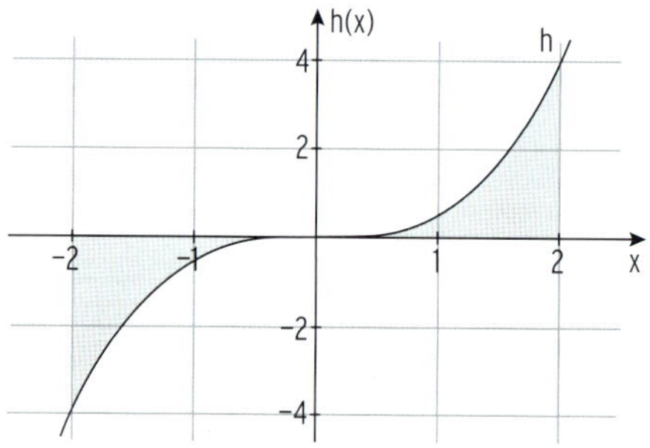

Wegen $\int_{0}^{2} h(x)\,dx = 2$ und der Symmetrie des Graphen von h zu O hat die Fläche den Inhalt $2 \cdot 2 = 4$.

Festlegung:
Nur wenn die Fläche zwischen dem Graphen einer Funktion und der Abszissenachse **oberhalb der Abszissenachse liegt,** liefert das zugehörige **Integral** den **Flächeninhalt.**

Die Fläche liegt oberhalb der Abszissenachse

Beispiel

➲ Gegeben ist die Funktion f mit $f(x) = 0{,}5x^2 + 1;\ x \in \mathbb{R}$.
Der Graph von f schließt mit der Abszissenachse auf [0; 2] eine Fläche ein.
Berechnen Sie den Inhalt.

Lösung

Der Graph von f verläuft wegen $0{,}5x^2 + 1 \geq 1$
oberhalb der Abszissenachse: $f(x) > 0$

$$\int_0^2 (0{,}5x^2 + 1)\,dx = \left[\frac{1}{6}x^3 + x\right]_0^2 = \frac{4}{3} + 2 = \frac{10}{3} \approx 3{,}33$$

Inhalt der Fläche: $A = \frac{10}{3}$

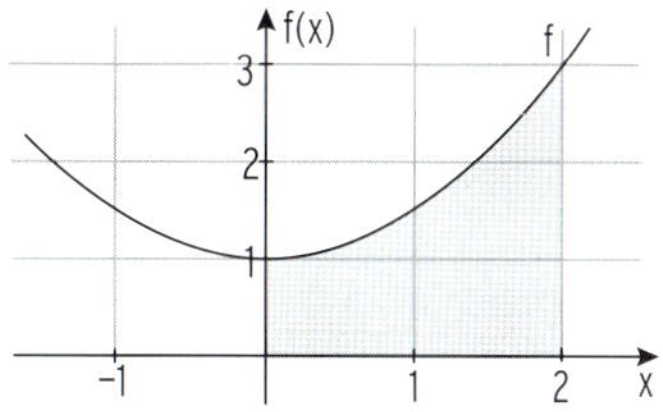

Beachten Sie: Verläuft der Graph von f für alle $x \in [a; b]$ **oberhalb der Abszissenachse,** so liefert das Integral $\int_a^b f(x)\,dx$ die Maßzahl für den **Flächeninhalt zwischen dem Graphen von f, der Abszissenachse und den Geraden mit den Gleichungen x = a und x = b:** $A = \int_a^b f(x)\,dx$

Die Fläche liegt unterhalb der Abszissenachse

Beispiel

➲ Der Graph der Funktion f mit $f(x) = \frac{1}{2}x^2 - 2;\ x \in \mathbb{R}$, die Koordinatenachsen und die Gerade mit $x = 1$ begrenzen eine Fläche. Berechnen Sie den Inhalt dieser Fläche.

Lösung

Nullstellen von f: $f(x) = 0$ $\qquad \frac{1}{2}x^2 - 2 = 0 \Leftrightarrow x^2 = 4$

Wurzelziehen ergibt $x_1 = -2;\ x_2 = 2 > 1$

f hat keine Nullstelle auf [0; 1].

Berechnung des Flächeninhalts:

$$\int_0^1 f(x)\,dx = \left[\frac{1}{6}x^3 - 2x\right]_0^1$$
$$= \frac{1}{6} - 2 = -\frac{11}{6} \approx -1{,}83$$

Die Fläche hat den Inhalt $A = \frac{11}{6}$.

Hinweis: $A = \left|-\frac{11}{6}\right| = \frac{11}{6}$

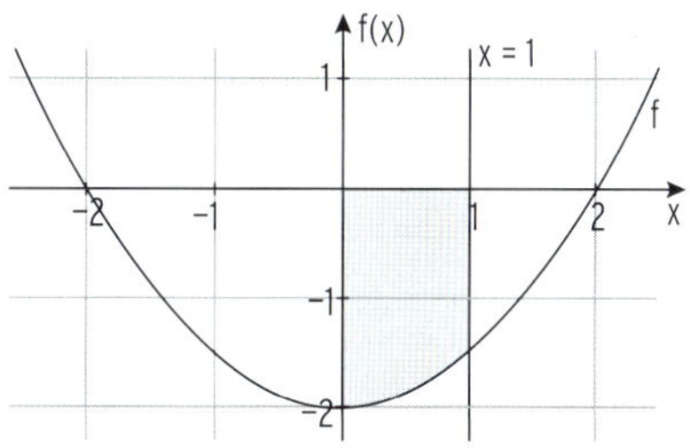

Beachten Sie: Verläuft der Graph von f für alle $x \in [a; b]$ **unterhalb der Abszissenachse,** liefert $\int_a^b f(x)\,dx$ **eine negative Zahl.** Für den **Inhalt der Fläche** zwischen dem Graphen von f, der Abszissenachse und den Geraden mit den Gleichungen $x = a$ und $x = b$ gilt:
$A = -\int_a^b f(x)\,dx$. Schreibweise mit **Betrag**: $A = \left|\int_a^b f(x)\,dx\right|$

Die Funktion f hat eine Nullstelle im Integrationsintervall

Beispiel 1

➲ Gegeben ist die Funktion f mit $f(x) = -\frac{1}{2}x^2 + \frac{1}{2}x + 3$; $x \in \mathbb{R}$.

Berechnen Sie den Inhalt der Fläche, die von dem Graphen von f und der Abszissenachse auf $[-2; 4]$ eingeschlossen wird.

Lösung

Nullstelle von f: $f(x) = 0$ ergibt $x_1 = -2$; $x_2 = 3$

f hat 2 einfache Nullstellen auf dem Integrationsintervall $[-2; 4]$.

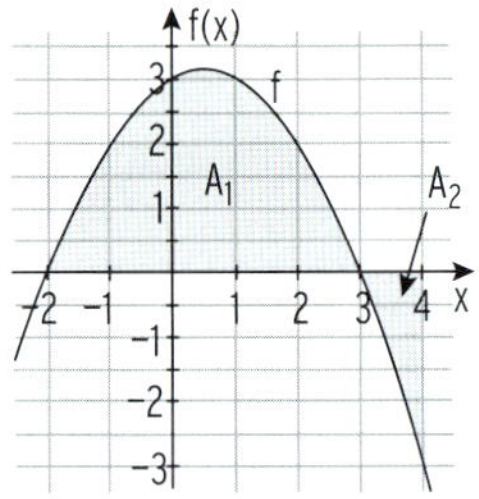

Das Integral $\int_{-2}^{4} f(x)\,dx = 9$ **liefert nicht den Inhalt der Fläche.**

Der gesuchte Inhalt muss also **in zwei Schritten** berechnet werden:

$\int_{-2}^{3} f(x)\,dx = \left[-\frac{1}{6}x^3 + \frac{1}{4}x^2 + 3x\right]_{-2}^{3} = \frac{125}{12} \approx 10{,}42$

$A_1 \approx 10{,}42$; die zugehörige Fläche liegt **oberhalb der Absissenachse.**

$\int_{3}^{4} f(x)\,dx = -\frac{17}{12} \approx -1{,}42 < 0$; $A_2 \approx 1{,}42$; die Fläche liegt **unterhalb der Absissenachse.**

$A_{ges} = A_1 + A_2 = \frac{125}{12} + \frac{17}{12} = \frac{142}{12} \approx 11{,}83$

Beispiel 2

➲ Der Graph von f mit $f(x) = x^2 - 5x + 4$; $x \in \mathbb{R}$, begrenzt mit der Abszissenachse und den Geraden mit $x = 0$ und $x = 3$ eine Fläche. Bestimmen Sie den Inhalt dieser Fläche.

Lösung

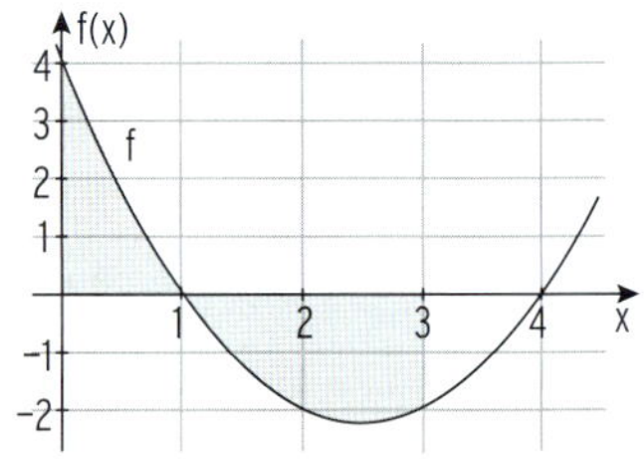

Nullstellen von f: $f(x) = 0$ $\quad x^2 - 5x + 4 = 0$

$x = 1 \lor x = 4$

Stammfunktion von f: $F(x) = \frac{1}{3}x^3 - \frac{5}{2}x^2 + 4x$

Da f auf [0; 3], in $x = 1$, das **Vorzeichen wechselt, muss der Inhalt in zwei Schritten berechnet werden:**

- $\int_{0}^{1} f(x)\,dx \approx 1{,}83$
- $\int_{1}^{3} f(x)\,dx \approx -3{,}33$

$A_{ges} \approx 1{,}83 + 3{,}33 = 5{,}16$ Der Inhalt der **Gesamtfläche** beträgt etwa 5,16.

Hinweis: $\int_{0}^{3} f(x)\,dx = \int_{0}^{1} f(x)\,dx + \int_{1}^{3} f(x)\,dx = -1{,}5$

Das Integral $\int_{0}^{3} f(x)\,dx = -1{,}5$ liefert nicht **den gesuchten Inhalt,** sondern den Wert der **Flächenbilanz.** Dieser Wert entspricht dem Wert des **orientierten Flächeninhalts.** Der Inhalt der Fläche unterhalb der Abszissenachse ist 1,5 größer als der Inhalt der Fläche oberhalb der Abszissenachse.

Beispiel 3

➲ Gegeben ist die Funktion f mit $f(x) = -x^4 + 8x^3 - 20x^2 + 16x;\ x \in \mathbb{R}$.
Berechnen Sie den Inhalt der Fläche, die vom Graphen von f und der Abszissenachse auf [1; 4] begrenzt wird.

Lösung

Nullstellen von f: $f(x) = 0 \qquad x_1 = 0;\ x_2 = 2;\ x_3 = 4$
f hat auf dem Integrationsintervall [1; 4] eine Nullstelle ohne VZW ($x_2 = 2$).

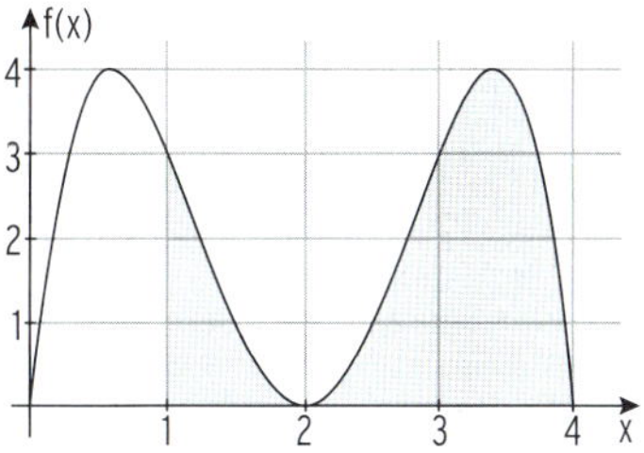

Das Integral $\int_1^4 f(x)\,dx = 5{,}4$ liefert **den Inhalt der Fläche.**

Alternative: $\int_1^2 f(x)\,dx \approx 1{,}13;\quad \int_2^4 f(x)\,dx \approx 4{,}27$

Gesamtinhalt: $A_{ges} = 1{,}13 + 4{,}27 = 5{,}4$

Bemerkung: Bei der Flächeninhaltsberechnung darf man **über eine doppelte Nullstelle (Nullstelle ohne Vorzeichenwechsel) hinweg** integrieren.

Berechnung von Flächeninhalten mit GTR/CAS

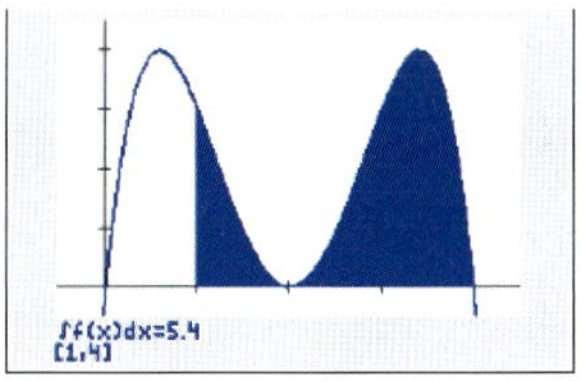

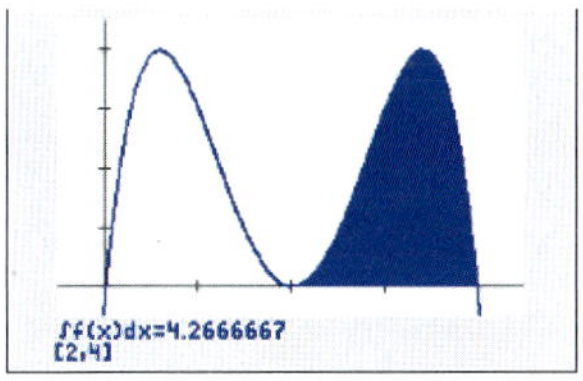

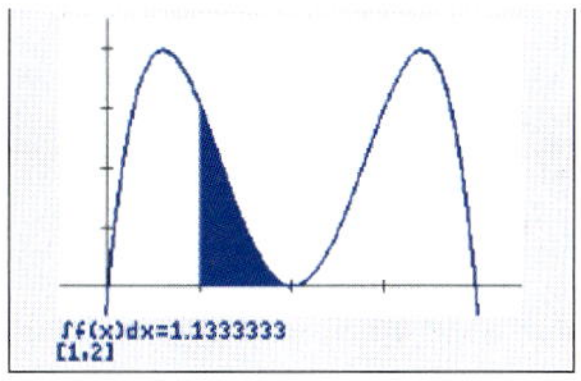

Berechnung des Inhalts der Fläche zwischen dem Graphen von f und der Abszissenachse auf [a; b]

1) Berechnung der Nullstellen von f auf [a; b]: $f(x) = 0$ liefert $x_1, x_2, \ldots$

2) Berechnung der Integrale

$$\int_a^{x_1} f(x)\,dx;\quad \int_{x_1}^{x_2} f(x)\,dx;\quad \int_{x_2}^{b} f(x)\,dx$$

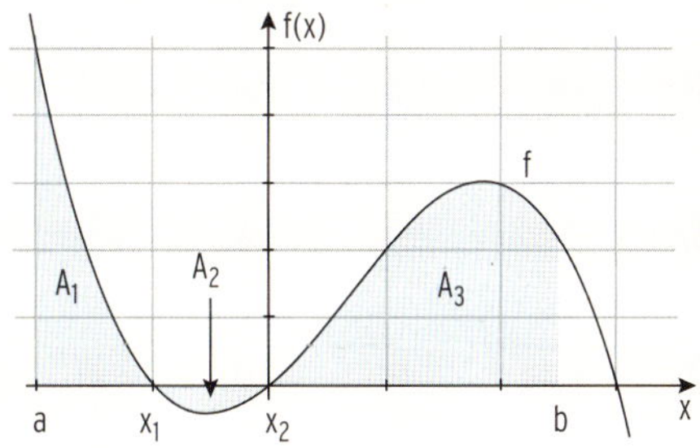

3) **Addition der Beträge der Integralwerte** ergibt den **gesamten Flächeninhalt:**
$A = A_1 + A_2 + A_3$ (tatsächlicher Inhalt)

Hinweis: Addition der Integralwerte ergibt den orientierten Flächeninhalt:

$$\int_a^{x_1} f(x)\,dx + \int_{x_1}^{x_2} f(x)\,dx + \int_{x_2}^{b} f(x)\,dx = \int_a^{b} f(x)\,dx$$

Beispiel 4

➲ Für jedes $t > 0$ ist die Funktion f_t gegeben durch $f_t(x) = -x^3 + tx^2$; $x \in \mathbb{R}$.
Das Schaubild von f_t schließt mit der Abszissenachse auf dem Intervall $[0; 2t]$ zwei Flächenstücke ein. Berechnen Sie Inhalt der gesamten Fläche in Abhängigkeit von t.

Lösung

Nullstellen von f_t: $f_t(x) = 0$ $\quad -x^3 + tx^2 = 0 \Leftrightarrow x^2(-x + t) = 0$

$x_{1|2} = 0$; $x_3 = t$

Integrale berechnen

$$\int_0^t f_t(x)\,dx = [F_t(x)]_0^t = \left[-\frac{1}{4}x^4 + \frac{t}{3}x^3\right]_0^t = -\frac{1}{4}t^4 + \frac{t}{3}t^3 = \frac{1}{12}t^4$$

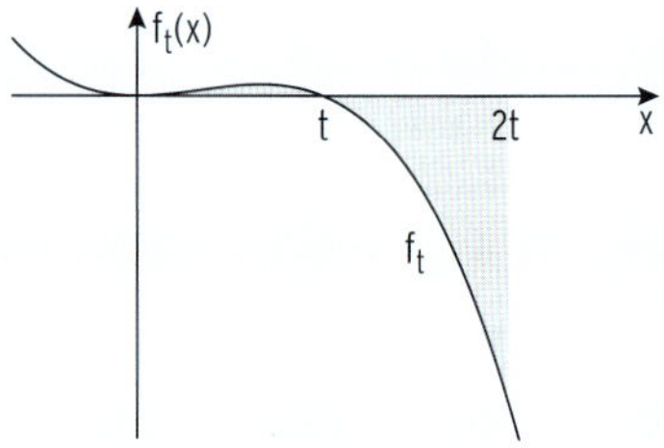

$$\int_t^{2t} f_t(x)\,dx = [F_t(x)]_t^{2t} = \left[-\frac{1}{4}x^4 + \frac{t}{3}x^3\right]_t^{2t}$$

$$= -\frac{1}{4}(2t)^4 + \frac{t}{3}(2t)^3 - \left(-\frac{1}{4}t^4 + \frac{t}{3}t^3\right) = -\frac{17}{12}t^4$$

$$A(t) = \frac{1}{12}t^4 + \left|-\frac{17}{12}t^4\right| = \frac{1}{12}t^4 + \frac{17}{12}t^4 = \frac{18}{12}t^4 = \frac{3}{2}t^4$$

Beispiel 5

➲ Gegeben ist die Funktion f mit $f(x) = 2e^{-0,5x}$; $x \in \mathbb{R}$.
Der Graph von f, die Koordinatenachsen und die Gerade mit $x = u$, $u > 0$, schließen eine Fläche mit Inhalt $A(u)$ ein. Bestimmen Sie u, sodass $A(u) = 2$.
Zeigen Sie: $A(u)$ wird nicht größer als 4.

Lösung

Veranschaulichung der Fläche:
Rechte Integrationsgrenze: u
Fläche zwischen dem Graphen von f und der Abszissenachse auf [0; u]:

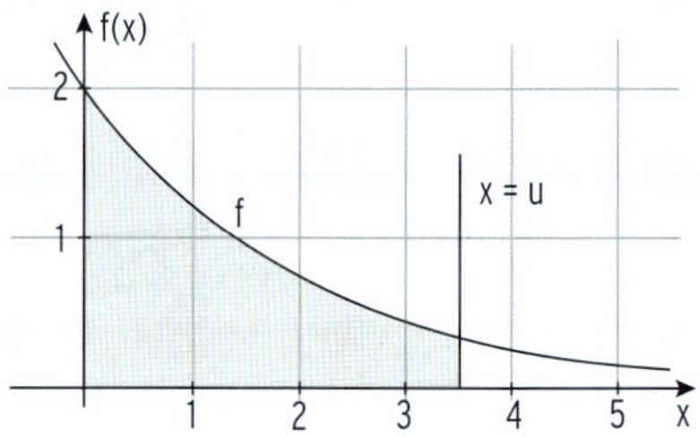

$$\int_0^u f(x)\,dx = \left[-4e^{-0,5x}\right]_0^u = -4e^{-0,5u} + 4$$

Inhalt der Fläche in Abhängigkeit von u: $\quad A(u) = -4e^{-0,5u} + 4$

Bedingung: $A(u) = 2$ $\quad -4e^{-0,5u} + 4 = 2$

$$e^{-0,5u} = \frac{1}{2} \Rightarrow u = -2\ln\left(\frac{1}{2}\right) \approx 1,39$$

Die Fläche zwischen dem Graphen von f, den Koordinatenachsen und der Geraden mit $x = -2\ln\left(\frac{1}{2}\right)$ hat den Inhalt 2.

Für $u \to \infty$ gilt: $A(u) \to 4$, da $-4e^{-0,5u} \to 0$. Schreibweise: $\lim\limits_{u \to \infty} A(u) = 4$

Die Fläche hat einen endlichen Inhalt $A = 4$. $A(u)$ wird nicht größer als 4.

Alternative Schreibweise: $\lim\limits_{u \to \infty} \int_0^u f(x)\,dx = \int_0^\infty f(x)\,dx = 4$ **(uneigentliches Integral)**

$\int_0^\infty f(x)dx$ ist ein **uneigentliches Integral.**

Beispiel 6

➲ Gegeben ist die Funktion f mit $f(x) = (x - 1) \cdot e^x$; $x \in \mathbb{R}$.

a) Zeigen Sie: F mit $F(x) = (x - 2)e^x$ ist ein Stammfunktion von f.

b) Der Graph von f schließt mit der Abszissenachse auf [0; 2] eine Fläche ein. Berechnen Sie den tatsächlichen und den orientierten Flächeninhalt.

c) Bestimmen Sie die linke Grenze, sodass der Graph von f mit den Koordinatenachsen eine Fläche vom Inhalt 1,9 begrenzt.
Berechnen Sie $\int_{-\infty}^{0} f(x)dx$. Interpretieren Sie Ihr Ergebnis.

Lösung

a) F mit $F(x) = (x - 2)e^x$ ist ein Stammfunktion von f, wenn $F'(x) = f(x)$
Ableitung mit der Produktregel: $F'(x) = 1 \cdot e^x + (x - 2) \cdot e^x = (x - 1) \cdot e^x = f(x)$

b) Nullstelle von f: $x_1 = 1$

Integrale berechnen

$\int_0^1 f(x)\,dx \approx -0{,}72 < 0$ $\quad A_1 = 0{,}72$

$\int_1^2 f(x)\,dx \approx 2{,}72 > 0$ $\quad A_2 = 2{,}72$

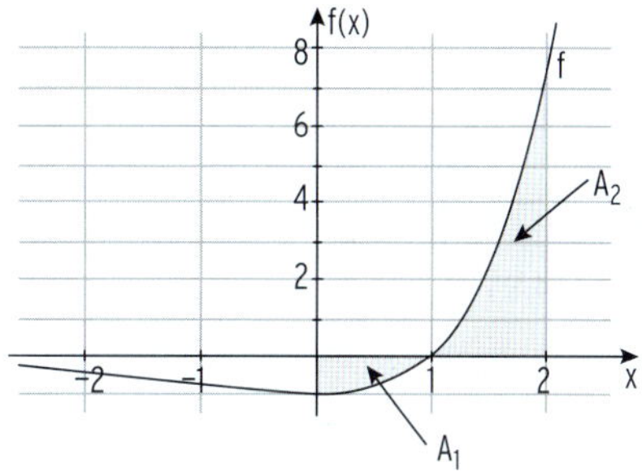

Tatsächlicher Flächeninhalt: $A = A_1 + A_2 = 3{,}44$

Orientierter Flächeninhalt: $-0{,}72 + 2{,}72 = 2$

Der Inhalt der Fläche oberhalb der Abszissenachse ist um 2 größer als der Inhalt der Fläche unterhalb der Abszissenachse.

Hinweis: Den orientierten Flächeninhalt erhält man auch mit $\int_0^2 f(x)\,dx = 2$.

c) Bedingung für die linke Grenze $z < 0$: $\int_z^0 f(x)dx = -1{,}9$

Hinweis: – 1,9, da die Fläche unterhalb der Abszissenachse liegt.

Berechnung von z: $\int_z^0 f(x)dx = [(x - 2)e^x]_z^0$

$= -2 - (z - 2) \cdot e^z$

Gleichung: $-2 - (z - 2) \cdot e^z = -1{,}9$

Mit GTR/CAS: $z \approx -4{,}11$

$\int_{-\infty}^{0} f(x)dx = \lim_{z \to -\infty} (-2 - (z - 2) \cdot e^z) = -2$

da $\lim_{z \to -\infty} ((z - 2) \cdot e^z) = 0$

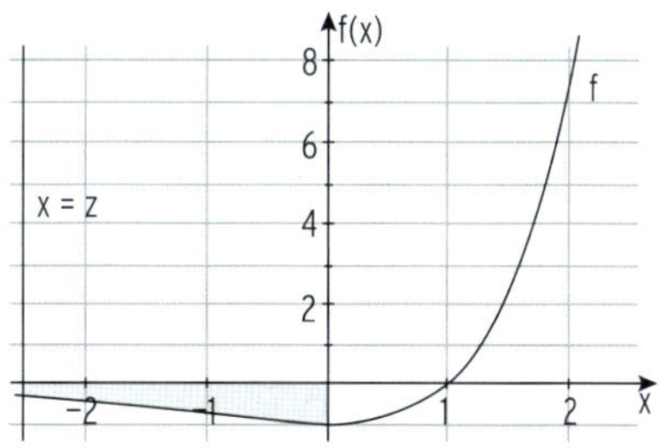

Interpretation: Die Fläche zwischen dem Graphen von f und der Ordinatenachse im 3. Quadranten hat den Inhalt 2.

$\int_{-\infty}^{0} f(x)dx$ ist ein **uneigentliches Integral.**

Aufgaben

1 Bestimmen Sie den Inhalt der gefärbten Fläche.

a) $f(x) = -\frac{1}{2}x^2 - x$

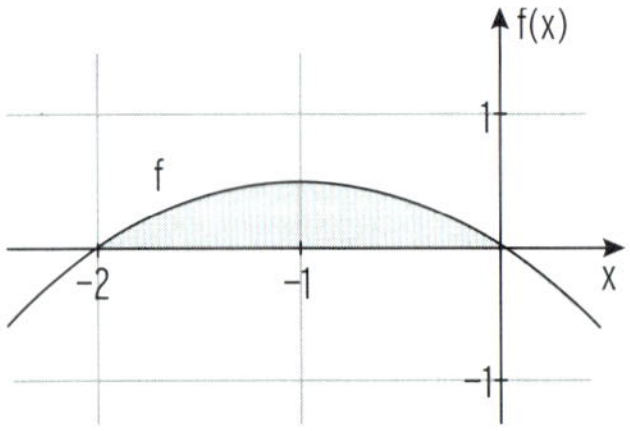

b) $f(x) = x^3 - 6x^2 + 9x - 4$

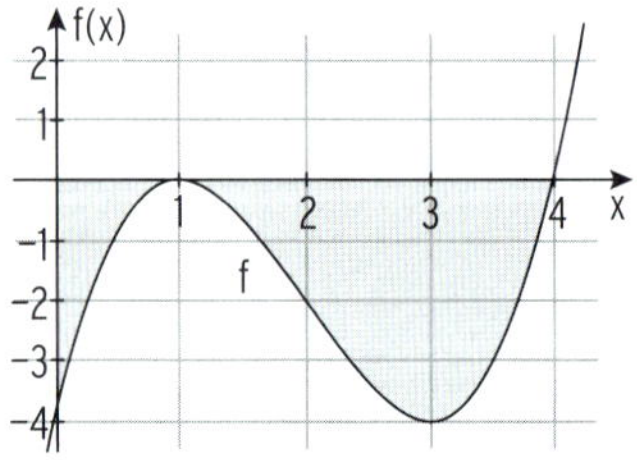

2 Gegeben ist die Funktion f. Berechnen Sie den Inhalt der Fläche zwischen dem Graphen von f und der Abszissenachse über dem Intervall [a; b]. f hat keine Nullstelle in [a; b].

a) $f(x) = \frac{1}{4}x^2 + x$; [1; 3] b) $f(x) = \frac{1}{4}x^3 - \frac{3}{4}x^2 + 5$; [−1; 0] c) $f(x) = \frac{5}{x+1} + 1$; [0; 2]

3 Gegeben ist die Funktion f mit $x \in \mathbb{R}$. Skizzieren Sie das Schaubild von f. Bestimmen Sie eine Stammfunktion von f und damit den Inhalt der Fläche, die vom Graphen von f und der Abszissenachse eingeschlossen wird.

a) $f(x) = (x-2)(x+1)$ b) $f(x) = -\frac{2}{3}x^3 + 4x^2$ c) $f(x) = e^{0{,}5x} - 4$; $x \geq 0$

4 Die Funktion f gegeben durch

$f(x) = \frac{1}{8}x^3 - \frac{3}{4}x^2 + 5$; $x \in \mathbb{R}$.

Berechnen Sie den Inhalt der Fläche, die vom Graphen von f, den Koordinatenachsen und der Parallelen zur Ordinatenachse durch den Tiefpunkt eingeschlossen wird.

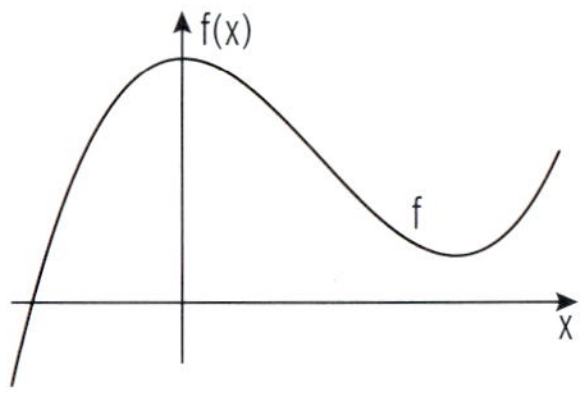

5 Gegeben ist die Funktion f mit $f(x) = 5 - e^{0{,}25x}$; $x \in \mathbb{R}$.
Das Schaubild von f und die Koordinatenachsen begrenzen eine Fläche.
Berechnen Sie ihren Inhalt.

6 Bestimmen Sie den Inhalt der gefärbten Fläche.

a) $f(x) = x^3 + 2x^2 + x + 2$

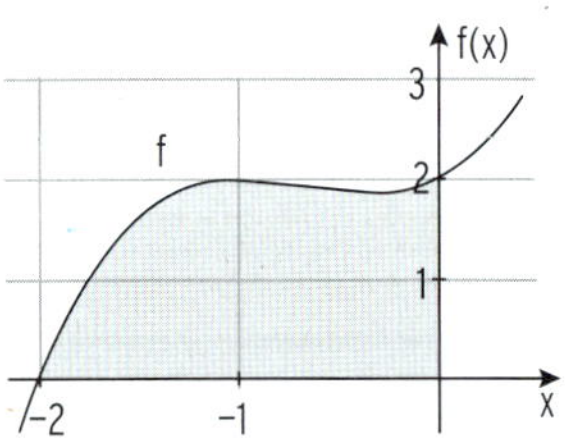

b) $f(x) = -2{,}4x + x^2$

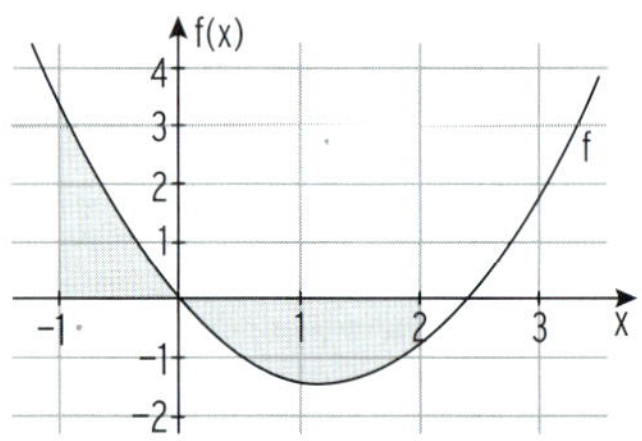

7 Das Schaubild der Funktion f mit $f(x) = \frac{1}{4}x(x^2 - 6x + 8)$; $x \in \mathbb{R}$, schließt mit der Abszissenachse zwei Flächenstücke ein. Zeigen Sie: Die Flächenstücke sind inhaltsgleich.

8 Interpretieren Sie das Ergebnis von $\int_{-1}^{3}(-x+1)\,dx$.

9 Die Abbildung zeigt den Graphen der Funktion f.
Wählen Sie aus {0,73; −1; 2,53; −1,067; 6,62; 1,27} für jedes Integral einen geeigneten Integralwert aus:
$\int_{0}^{1} f(x)\,dx$, $\int_{2}^{1} f(x)\,dx$, $\int_{2}^{-2} f(x)\,dx$
Begründen Sie Ihre Wahl.

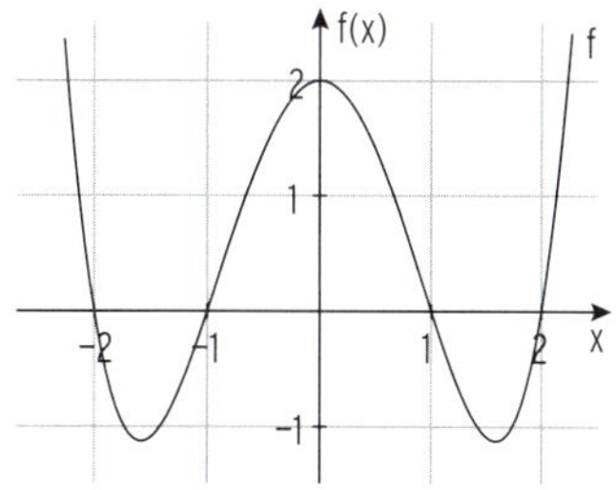

10 Nehmen Sie Stellung: $\int_{-3}^{3} f(x)\,dx = 0$. Formulieren Sie Aussagen über den Graphen von f.

11 F ist eine Stammfunktion von f mit $f(x) = x^2 - 4{,}5x + 6$; $x \in \mathbb{R}$.
Berechnen Sie $F(6) - F(0)$. Interpretieren Sie.

12 Der Graph von f ist zum Ursprung symmetrisch und verläuft für $x > 0$ unterhalb der Abszissenachse. Er schließt mit der Abszissenachse im Intervall [0; 4] eine Fläche mit Inhalt A = 10 ein. Geben Sie den Wert der folgenden Integrale an.

a) $\int_{0}^{4} f(x)\,dx$ b) $\int_{0}^{-4} f(x)\,dx$ c) $\int_{4}^{-4} f(x)\,dx$ d) $\int_{4}^{-4} (-f(x))\,dx$

13 Gegeben ist die Funktion f mit $f(x) = 3xe^{-x}$; $x \in \mathbb{R}$.

a) Der Graph von f schließt mit der Abszissenachse auf [− 1; 1] eine Fläche ein. Berechnen Sie den tatsächlichen und den orientierten Flächeninhalt.

b) Bestimmen Sie die rechte Grenze, so dass der Graph von f mit der Abszissenachse im 1. Quadranten eine Fläche von 2,6 FE einschließt.
Bestimmen Sie $\int_{0}^{\infty} f(x)dx$. Interpretieren Sie Ihr Ergebnis.

14 Die Funktion f_a ist gegeben durch $f_a(x) = \frac{3}{a^2}x(x^2 - 2a)$; $x \in \mathbb{R}$, $a > 0$.
Das Schaubild von f_a und die Abszissenachse begrenzen eine Fläche.
Zeigen Sie, dass der Inhalt dieser Fläche unabhängig von a ist.

15 Für jedes $t > 0$ ist die Funktion f_t gegeben durch $f_t(x) = (2t - x)e^{0{,}25x}$; $x \in \mathbb{R}$.

a) Die Abbildung zeigt die Graphen von f_t für drei t-Werte. Ordnen Sie jedem Graphen den zugehörigen t-Wert zu.

b) Zeigen Sie , dass F_t mit
$F_t(x) = 4e^{0{,}25x}(2t - x + 4)$; $x \in \mathbb{R}$,
eine Stammfunktion von f_t ist.

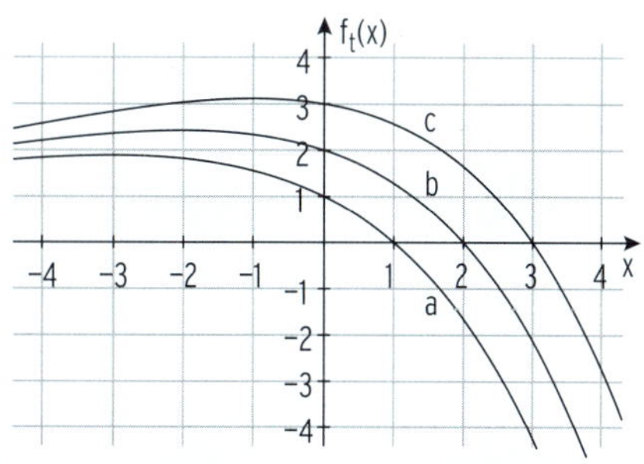

c) Der Graph von f_t begrenzt mit den Koordinatenachsen eine Fläche vollständig.
Berechnen Sie den Inhalt A(t) dieser Fläche. Bestimmen Sie t so, dass A(t) = 10 ist.

2.4.2 Fläche zwischen zwei Graphen

Beispiel 1

➲ Gegeben sind die Funktionen f und g mit $f(x) = -x^2 + 2x + 6$ und $g(x) = x^2$; $x \in \mathbb{R}$.
Die Graphen von f und g umschließen die markierte Fläche.
Berechnen Sie den Inhalt dieser Fläche.

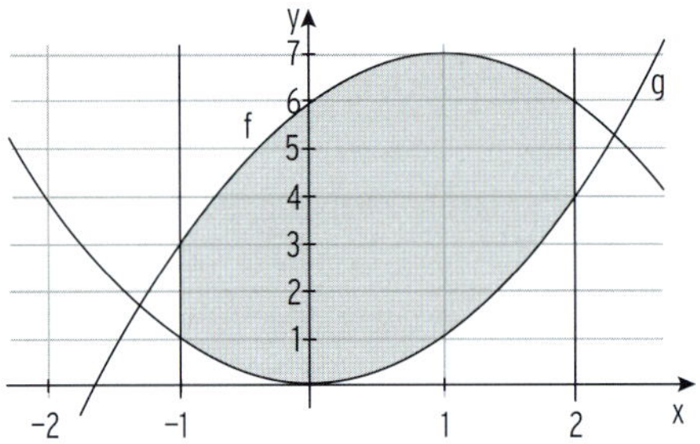

Lösung

Der Graph von f verläuft oberhalb der Abszissenachse.
Inhalt der Fläche zwischen dem Graphen von f und der Abszissenachse in den Grenzen $x = -1$ und $x = 2$: $\int_{-1}^{2} f(x)\,dx = \left[-\frac{1}{3}x^3 + x^2 + 6x\right]_{-1}^{2} = 18$
$A_1 = 18$

Der Graph von g verläuft oberhalb der Abszissenachse.
Inhalt der Fläche zwischen dem Graphen von g, der Abszissenachse und den Geraden mit $x = -1$ und $x = 2$: $\int_{-1}^{2} g(x)\,dx = \left[\frac{1}{3}x^3\right]_{-1}^{2} = 3$

$A_2 = 3$

$f(x) \leq g(x)$ für $-1 \leq x \leq 2$
Der Graph von f verläuft oberhalb des Graphen von g für $-1 \leq x \leq 2$.

Inhalt der Fläche zwischen den Graphen von **f und g:** $A = A_1 - A_2 = 18 - 3 = 15$

Berechnung mit einem Integral:

$$\int_{-1}^{2} f(x)\,dx - \int_{-1}^{2} g(x)\,dx$$
$$= \int_{-1}^{2} \big(f(x) - g(x)\big)\,dx$$
$$= \int_{-1}^{2} (-x^2 + 2x + 6 - x^2)\,dx$$
$$= \int_{-1}^{2} (-2x^2 + 2x + 6)\,dx$$
$$= \left[-\frac{2}{3}x^3 + x^2 + 6x\right]_{-1}^{2}$$
$$= 15$$

Beispiel 2

➲ Gegeben sind die Funktionen f und g mit $f(x) = -\frac{1}{2}x^2 + x + 2$ und $g(x) = x$; $x \in \mathbb{R}$.

Die Graphen von f und g begrenzen eine Fläche (siehe Abbildung)

Berechnen Sie den Inhalt dieser Fläche.

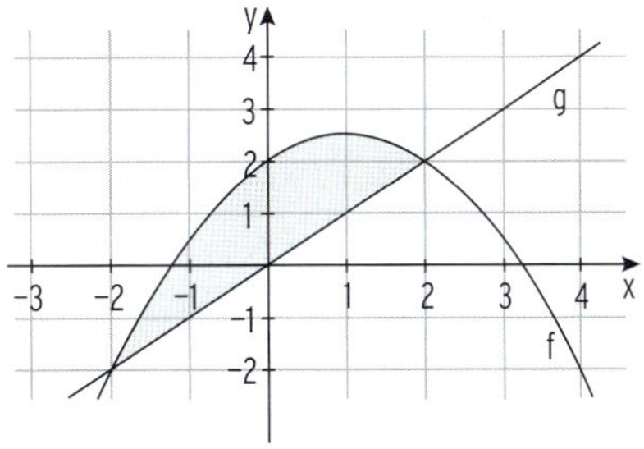

Lösung

Die Graphen von f und g schneiden sich in $x = -2$ und $x = 2$. Nach Verschiebung um c in Ordinatenrichtung ($c > 2$) liegt die eingeschlossene inhaltsgleiche Fläche oberhalb der Abszissenachse. Der Inhalt lässt sich mithilfe der Integration über die Differenzfunktion mit $f(x) + c - (g(x) + c)$ bestimmen.

$$\int_{-2}^{2} \big(f(x) + c - (g(x) + c)\big)\,dx = \int_{-2}^{2} \big(f(x) - g(x)\big)\,dx$$

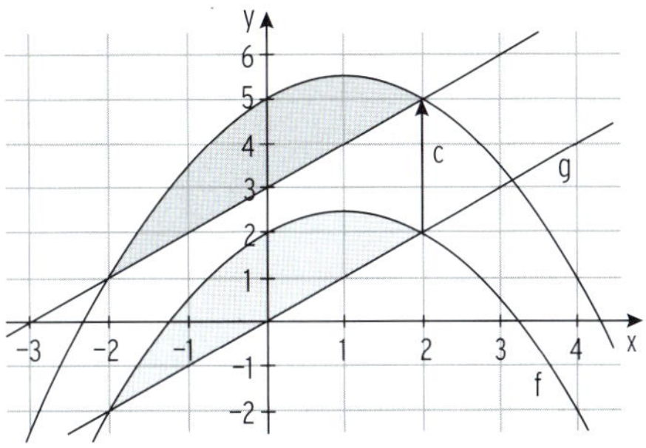

Flächeninhaltsberechnung:

Inhalt der Fläche zwischen den Graphen von f und g:

$$\int_{-2}^{2} (f(x) - g(x))\,dx = \int_{-2}^{2} \left(-\frac{1}{2}x^2 + x + 2 - x\right)dx$$

$$= \int_{-2}^{2} \left(-\frac{1}{2}x^2 + 2\right)dx = \left[-\frac{1}{6}x^3 + 2x\right]_{-2}^{2} = \frac{16}{3}$$

Der Inhalt der Fläche zwischen den Graphen von f und g beträgt $\frac{16}{3}$.

Hinweis: $\int_{-2}^{2} (g(x) - f(x))\,dx = -\frac{16}{3}$

Beachten Sie

Für $f(x) \geq g(x)$ auf [a; b] gilt: Der Inhalt der Fläche zwischen den Graphen von f und g auf dem Intervall [a; b] ist $A = \int_a^b (f(x) - g(x))\,dx$,

unabhängig **von der Lage der Graphen** von f und g **im Koordinatensystem.**

Für $f(x) \leq g(x)$ auf [a; b] gilt:

$A = -\int_a^b (f(x) - g(x))\,dx.$

Hinweis: Die Nullstellen von f und g sind ohne Belang.

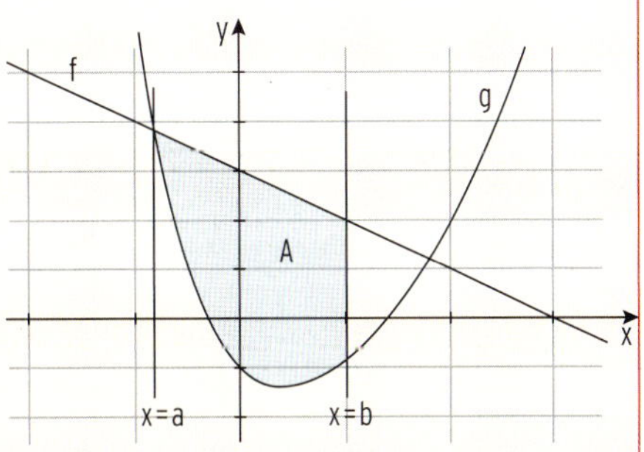

Aufgaben

1 Die Graphen von f und g begrenzen eine Fläche. Ermitteln Sie den Inhalt A dieser Fläche.

a) $f(x) = 2x - x^2;\ g(x) = x - 2$ b) $f(x) = -x^2 + 2;\ g(x) = 0{,}5x^2 + 2x$

2 Bestimmen Sie den Inhalt der eingeschlossenen Fläche.

a) $f(x) = e^{2x};\ g(x) = x + 3$ b) $f(x) = xe^x;\ g(x) = 2x$

3 Gegeben ist die Funktion f mit $f(x) = -\frac{1}{3}x^3 + 3x;\ x \in \mathbb{R}$.
Der Graph von f und die Tangente an den Graphen von f in $x = -\frac{3}{2}$ schneiden sich auf der Abszissenachse. Überpüfen Sie. Berechnen Sie den Inhalt der von dem Graphen von f und der Tangenten begrenzten Fläche.

4 Die Funktion f ist gegeben durch
$f(x) = \frac{1}{8}(x^3 - 3x^2 - 9x + 27);\ x \in \mathbb{R}$.

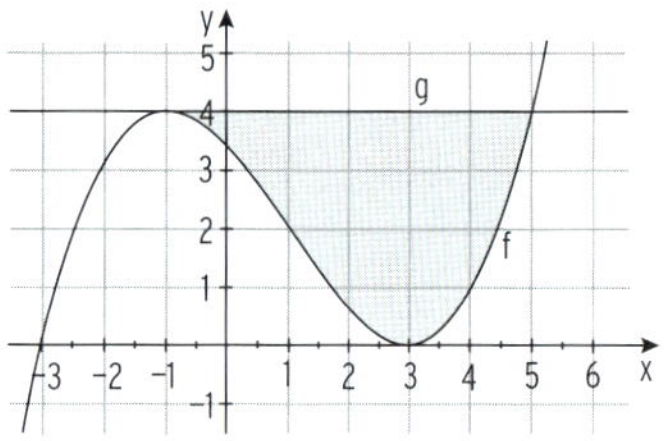

a) Der Graphen von f und g umschließen eine Fläche vollständig. Beschreiben Sie, wie Sie den Inhalt A_1 dieser Fläche berechnen können und bestimmen Sie den Inhalt.

b) Der Graph von f und die Abszissenachse begrenzen eine Fläche mit dem Inhalt A_2. Zeigen Sie: $A_1 = A_2$.

5 Berechnen Sie den Inhalt der markierten Fläche.

a)

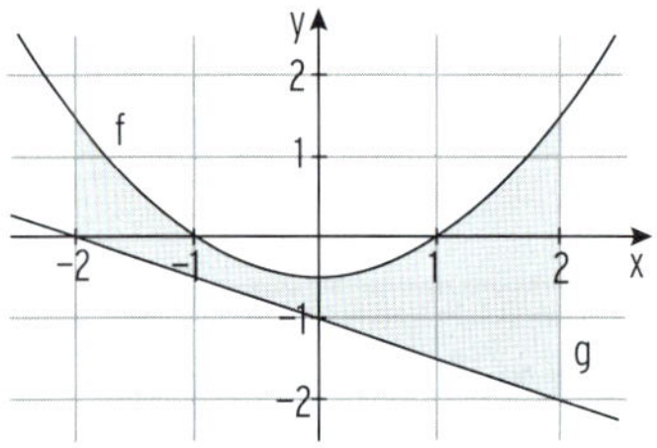

b)

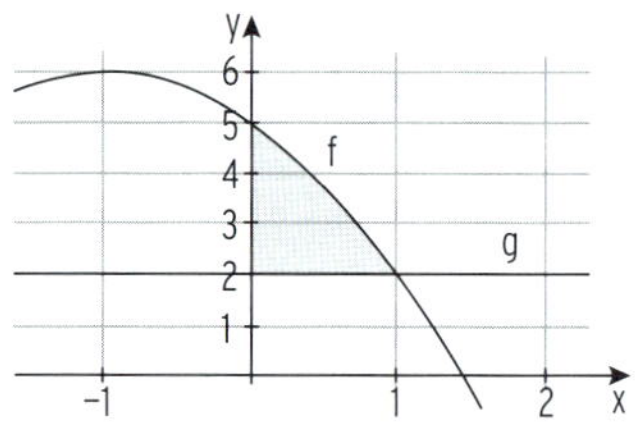

6 Für den Inhalt der grau markierten Fläche gilt $A = \frac{16}{3}$.
Bestimmen Sie mithilfe von A die Inhalte der rot markierten Flächen.
Die Funktionen g und h sind gegeben durch
$g(x) = f(x) + 1$ und $h(x) = -f(x);\ x \in \mathbb{R}$.
Begründen Sie Ihre Lösungen.

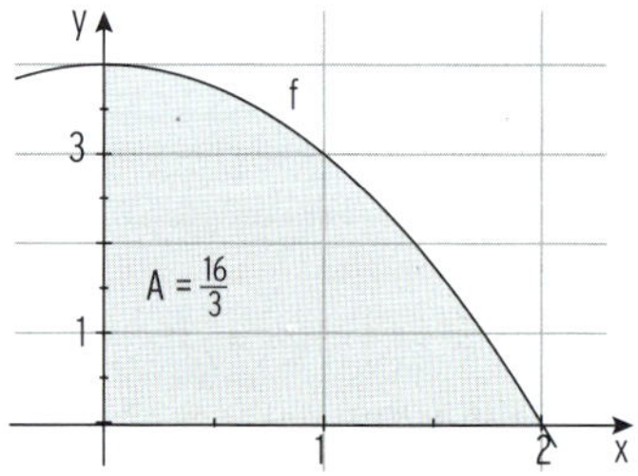

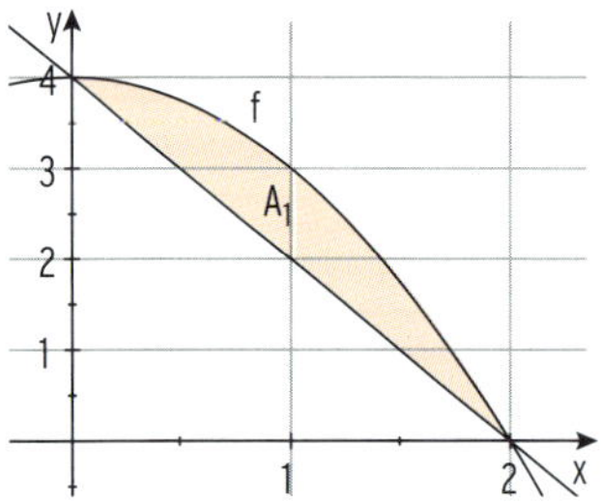

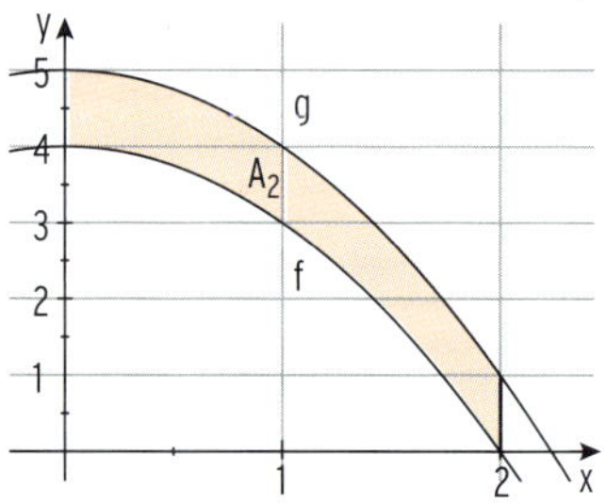

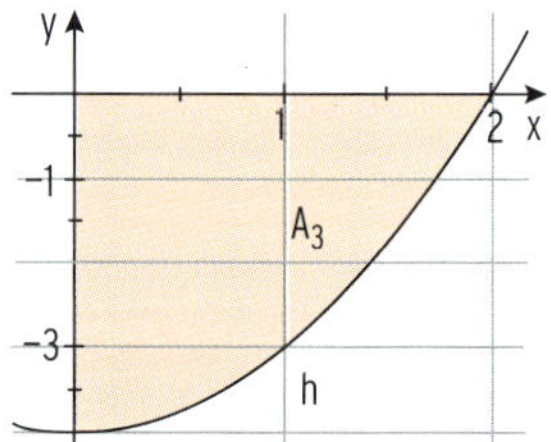

Schnittstellen im Integrationsintervall

Beispiel

➲ Gegeben sind die Funktionen f und g durch
$f(x) = 1{,}75x + 0{,}75;\ x \in \mathbb{R}$ und
$g(x) = x^3 - 2x^2 + 2;\ x \in \mathbb{R}$.
Die zugehörigen Graphen schließen zwei Flächenstücke ein. Das Integral $\int_{-1}^{2{,}5} (f(x) - g(x))\,dx$ gibt nicht den Gesamtinhalt dieser Fläche an. Begründen Sie Ihre Antwort.

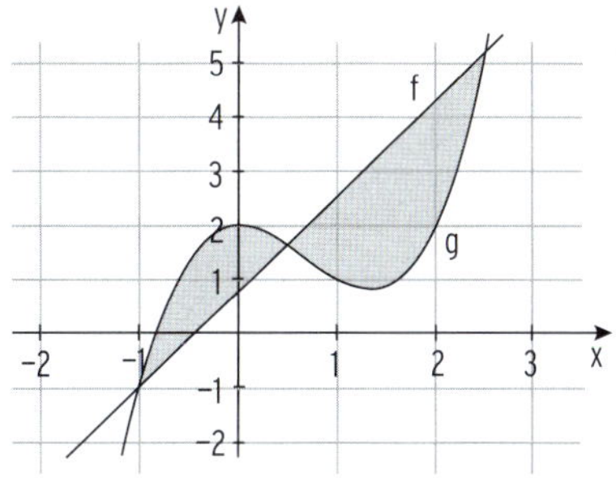

Lösung

Schnittstellen der Graphen von f und g aus der Abbildung: $x_1 = -1;\ x_2 = 0{,}5;\ x_3 = 2{,}5$

Integration:

$$\int_{-1}^{2{,}5} (f(x) - g(x))\,dx$$
$$= \int_{-1}^{2{,}5} (1{,}75x + 0{,}75 - (x^3 - 2x^2 + 2))\,dx$$
$$= \int_{-1}^{2{,}5} (-x^3 + 2x^2 + 1{,}75x - 1{,}25)\,dx \approx 1{,}79$$

Der **Vergleich mit der Abbildung** zeigt, dass der Inhalt der Gesamtfläche **größer als** 1,79 ist. Das Integral $\int_{-1}^{2{,}5} (f(x) - g(x))\,dx$ gibt **nicht** den Gesamtinhalt dieser Fläche an (vgl. orientierter Flächeninhalt).

Abschätzung des Inhaltes mit Kästchen:
Wenn ein Kästchen den Inhalt 1 hat, ist der **Gesamtinhalt** größer als 2.

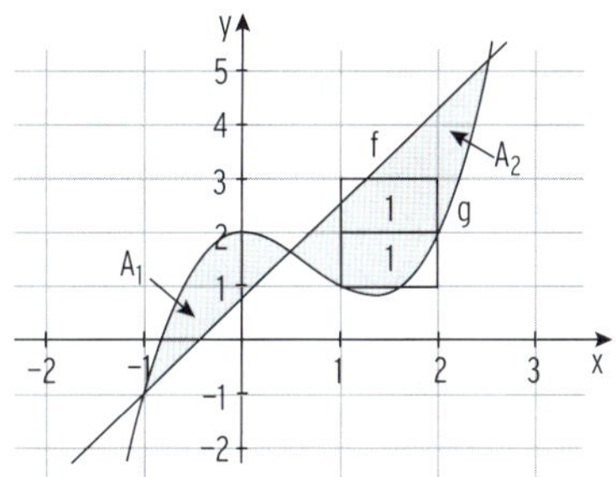

Da die Graphen von f und g eine Schnittstelle auf [−1; 2,5] haben, müssen die **Inhalte der Teilflächen getrennt berechnet** werden
(Integration von Schnittstelle zu Schnittstelle).

- $\int_{-1}^{0{,}5} (f(x) - g(x))\,dx \approx -1{,}54$ $\qquad A_1 \approx 1{,}54$
- $\int_{0{,}5}^{2{,}5} (f(x) - g(x))\,dx \approx 3{,}33$ $\qquad A_2 \approx 3{,}33$

Inhalt der **Gesamtfläche:** $\qquad A_{ges} = A_1 + A_2 \approx 1{,}54 + 3{,}33 = 4{,}87$

Inhalt der Fläche, die von den Graphen von f und g auf dem Intervall [a; b] umschlossen wird.

a) **Berechnung der Schnittstellen**
Bed.: $f(x) = g(x)$ bzw. $f(x) - g(x) = 0$ liefert die Schnittstellen $x_1, x_2, \ldots$

b) **Integration der Differenzfunktion mit** $f(x) - g(x)$

- $\int_a^{x_1} (f(x) - g(x))\,dx$
- $\int_{x_1}^{b} (f(x) - g(x))\,dx$

c) **Addition der Beträge der Integralwerte** ergibt den Inhalt der **Gesamtfläche.**

$A_{ges} = A_1 + A_2$

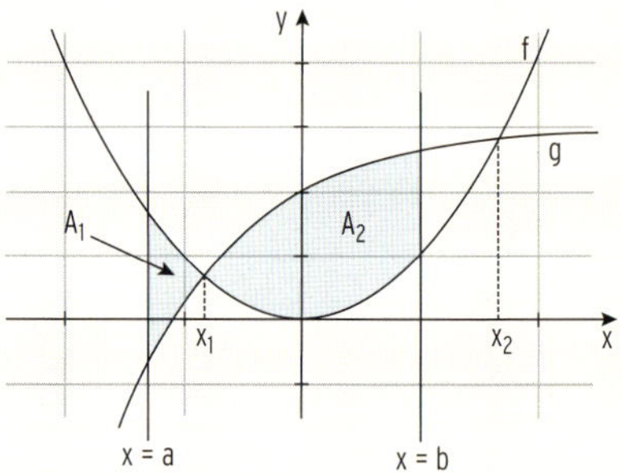

Hinweis: Nicht über eine **Schnittstelle mit Vorzeichenwechsel** hinweg integrieren.

Vergleichen Sie die Vorgehensweise:
Fläche zwischen dem Graphen von f und der Abszissenachse auf dem Intervall [a; b]

a) **Berechnung der Nullstellen:**
Bed.: $f(x) = 0$ liefert die Nullstellen $x_1, x_2, \ldots$

b) **Integration über f(x)dx**

- $\int_a^{x_1} f(x)\,dx$
- $\int_{x_1}^{b} f(x)\,dx$

c) **Addition der Beträge der Integralwerte** ergibt den Inhalt der **Gesamtfläche.**

$A_{ges} = A_1 + A_2$

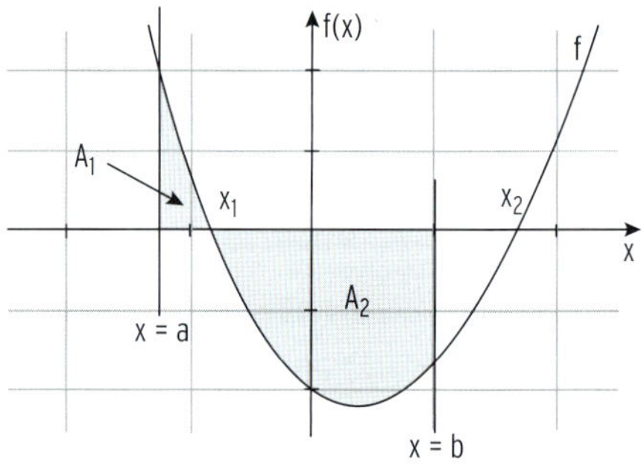

Hinweis: Nicht über eine **Nullstelle mit Vorzeichenwechsel** hinweg integrieren.

Aufgaben

1 Berechnen Sie den Inhalt der markierten Fläche.

a)

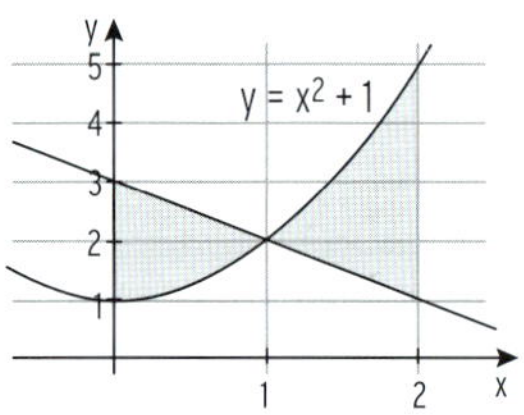

b)

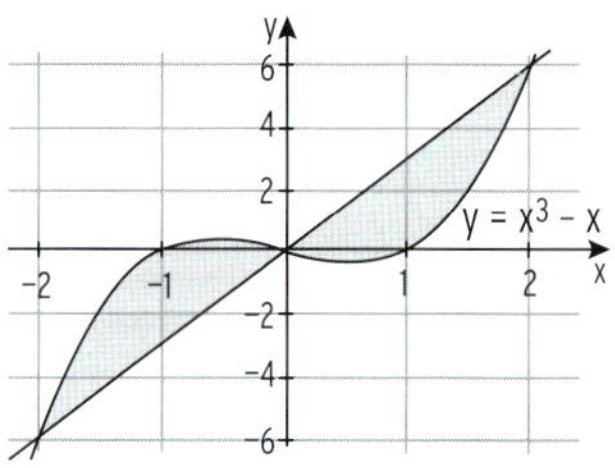

2 Die Funktion f ist gegeben durch $f(x) = \frac{1}{2}x^3 - 3x^2 + 4x$; $x \in \mathbb{R}$.

a) Geben Sie eine Stammfunktion von f an und berechnen Sie den Inhalt der Fläche, die von dem Graphen von f und der Abszissenachse im 1. Feld eingeschlossen wird.

b) Der Graph von f schließt mit der Parabel von g mit $g(x) = \frac{1}{4}x^2 - \frac{1}{2}x$; $x \in \mathbb{R}$, zwei Flächenstücke ein. Berechnen Sie den Inhalt der Fläche, die den Punkt D(1|0) enthält.

3 Gegeben ist die Funktion f mit $f(x) = 2x(x-2)(x-1)$; $x \in \mathbb{R}$.

a) Skizzieren Sie das Schaubild von f.

b) Die Tangente an den Graphen von f im Ursprung begrenzt mit dem Graphen von f eine Fläche. Berechnen Sie den Inhalt. Markieren Sie die Fläche in Ihrer Skizze.

4 Für $x \in \mathbb{R}$ sind zwei Funktionen f und g gegeben mit $f(x) = 2(x^3 - 4x^2 + 4x)$ und $g(x) = \frac{2}{3}x^2$. Die zugehörigen Graphen begrenzen eine Fläche.
Berechnen Sie den Inhalt A dieser Fläche.

5 Gegeben sind die Funktionen f und g durch
$f(x) = 0{,}5\,e^{1{,}5x}$; $x \in \mathbb{R}$ und $g(x) = 3$; $x \in \mathbb{R}$.
Die Graphen von f und g begrenzen im 1. Quadranten eine Fläche.
Berechnen Sie den Inhalt dieser Fläche.

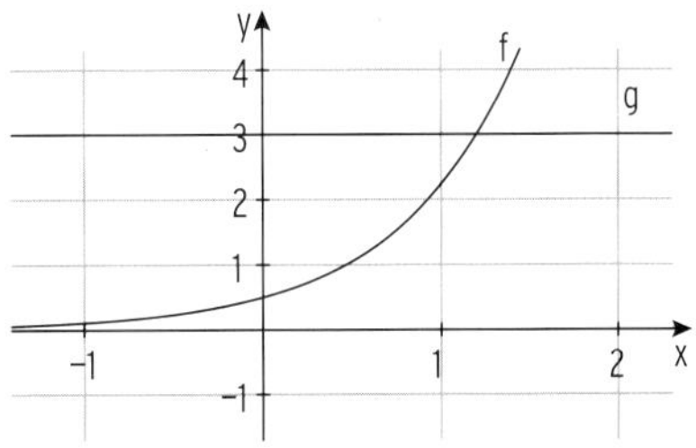

6 Die Funktion f ist gegeben mit $f(x) = -x^2(3-x)$; $x \in \mathbb{R}$.
Eine Gerade schneidet den Graphen von f in $x_1 = 1$ und $x_2 = 3$. Der Graph von f, diese Gerade und die Abszissenachse schließen im 4. Feld eine Fläche ein.
Berechnen Sie deren Inhalt.

7 Gegeben ist die Funktion f durch
$f(x) = -x^3 + 4x^2 - 3x$; $x \in \mathbb{R}$
und der Graph von g in der Abbildung.
Die Graphen von f und g begrenzen für $1 \leq x \leq 3$ einen See. Der Graph von f bildet modellhaft die nördliche und die zu g gehörende Parabel die südliche Uferbegrenzungslinie.
Die Abszissenachse verläuft in West-Ost-Richtung (1 LE $\hat{=}$ 1 km). Berechnen Sie die Größe der Seefläche.

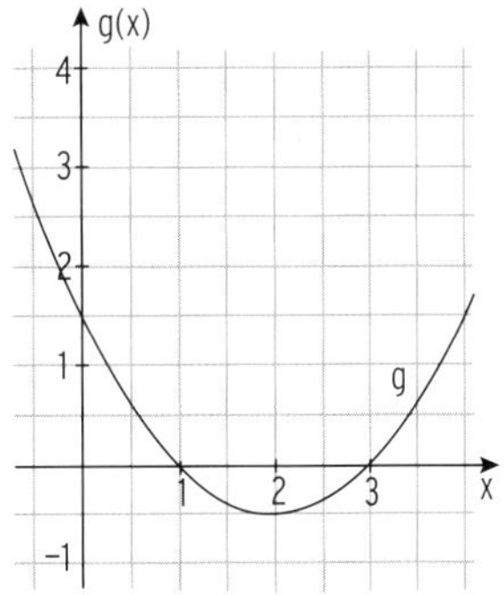

8 Die Funktionen f und g sind gegeben durch
$f(x) = -4e^{-x} + 3$ und g mit $g(x) = x - 1$.
Berechnen Sie den Inhalt der markierten Fläche.

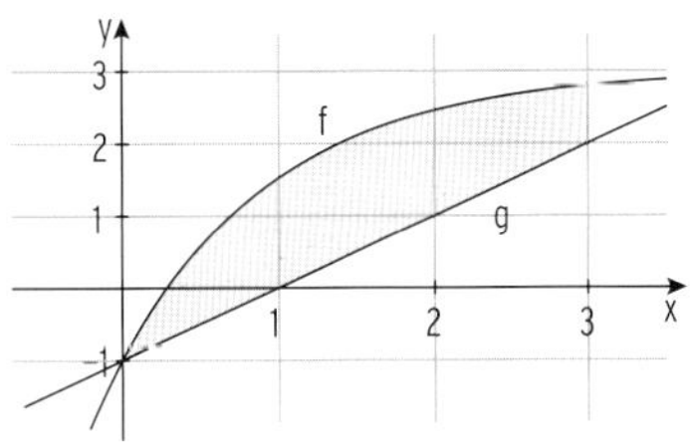

Test zur Überprüfung Ihrer Grundkenntnisse

1 Bestimmen Sie eine Stammfunktion von f.

a) $f(x) = \frac{1}{7}(x^3 + 3x^2 + 4)$ b) $f(x) = -\frac{3}{2}x + 4e^{1-2x}$

2 Bestimmen Sie eine Stammfunktion F von f mit $f(x) = \frac{1}{2}(x + 5x^3)$ und $F(0) = 3$.

3 Zeigen Sie: F mit $F(x) = (2x - 1)e^{-0,5x} + 6$; $x \in \mathbb{R}$, ist eine Stammfunktion der Funktion f mit $f(x) = \left(\frac{5}{2} - x\right)e^{-0,5x}$; $x \in \mathbb{R}$.

4 Gegeben ist die Funktion f mit $f(x) = -0,25(x-1)(x-2)$; $x \in \mathbb{R}$.
Der Graph von f schließt auf [0; 2] mit der Abszissenachse zwei Flächenstücke ein.
Berechnen Sie den Gesamtinhalt.

5 Zeigen Sie: Gegeben ist die Funktion f mit $f(x) = \frac{1}{4}x^2 + 4$; $x \in \mathbb{R}$.
Ermitteln Sie die Gleichung der Tangente an den Graphen von f im Punkt $P(2 \mid f(2))$.
Die Tangente, die Ordinatenachse und der Graph von f schließen im 1. Quadranten eine Fläche ein. Berechnen Sie deren Flächeninhalt.

6 Die Funktion f ist gegeben durch
$f(x) = 0,5e^{0,5x}$; $x \in \mathbb{R}$.
Die Abbildung zeigt den Graphen von f.
Berechnen Sie den Inhalt der grau unterlegten Fläche.

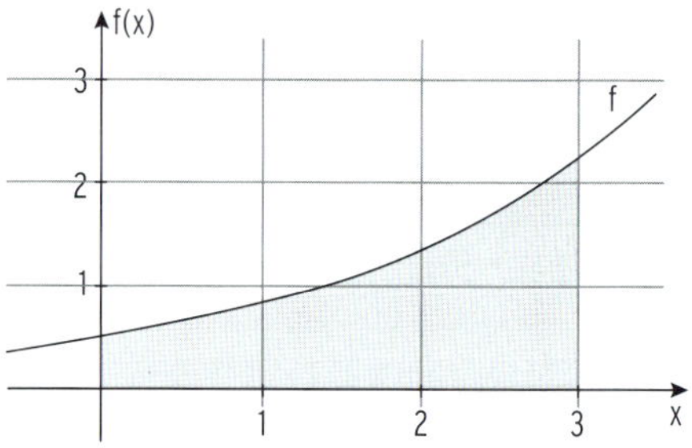

7 Gegeben ist das Schaubild einer Funktion f mit dem Definitionsbereich [−4,5; 4,5].
Begründen Sie für jede der folgenden Behauptungen, ob sie wahr oder falsch ist.

(1) Die Tangente an das Schaubild von f an der Stelle $x = -2$ hat die Steigung −5.

(2) Das Schaubild jeder Stammfunktion von f hat an der Stelle $x = 0$ eine waagerechte Tangente.

(3) Jede Stammfunktion von f hat drei Wendestellen.

(4) $\int_{-4}^{4} f(x)\,dx > 6$

(5) $\int_{0}^{4} f'(x)\,dx = 0$

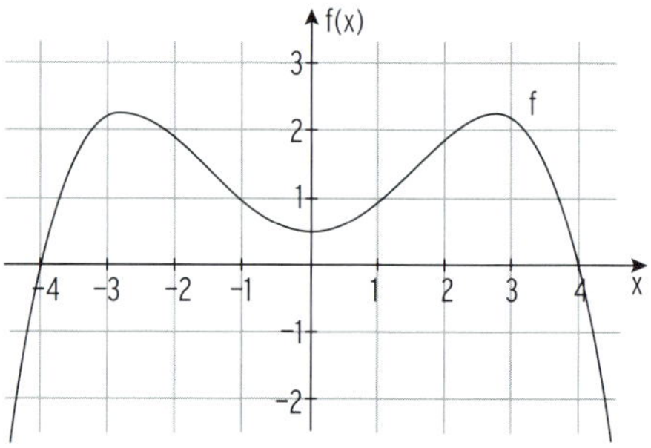

2.5 Wirtschaftliche Anwendungen der Integralrechnung

Konsumenten- und Produzentenrente

Die **Konsumentenrente** ist die Summe der Ersparnisse der Konsumenten, der Gesamtnutzen aller Nachfrager. Die **Produzentenrente** ist der Umsatzvorteil (Erlösvorteil) der Produzenten aus dem Gleichgewichtspreis und den niedrigeren Angebotspreisen.

Beispiel 1

➲ Angebot und Nachfrage nach Handys mit Navigationssystem werden durch die Angebotsfunktion p_A und die Nachfragefunktion p_N mit

$p_N(x) = 160 - 0{,}5x^2$ und $p_A(x) = x^2 + 10$ mit $0 \leq x \leq 15$

beschrieben. Dabei gibt x die angebotene bzw. nachgefragte Menge in ME und $p_A(x)$ bzw. $p_N(x)$ den jeweiligen Preis in GE/ME an.

Berechnen Sie das Marktgleichgewicht, die Produzentenrente und die Konsumentenrente.

Lösung

Marktgleichgewicht: $p_A(x) = p_N(x)$ $\qquad 160 - 0{,}5x^2 = x^2 + 10$

$1{,}5x^2 = 150$

nur eine positive Lösung $\qquad x_1 = 10 \qquad (x_2 = -10 < 0)$

Gleichgewichtspreis: $p_N(10) = 110$

Marktgleichgewicht MG (10 | 110)

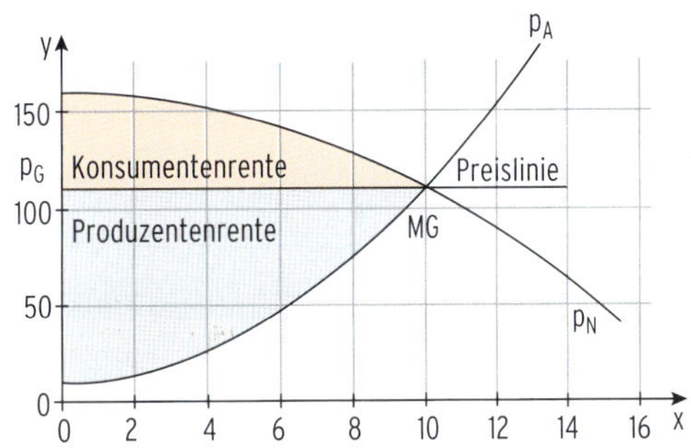

Produzentenrente:

$$PR = \int_0^{10} (110 - p_A(x))dx \approx 666{,}67$$

Konsumentenrente:

$$KR = \int_0^{10} (p_N(x) - 110)dx \approx 333{,}33$$

Die Produzentenrente beträgt ca. 667 GE und die Konsumentenrente beträgt ca. 333 GE.

Beachten Sie

Konsumentenrente: $KR = \int_0^{x_G} (p_N(x) - p_G)dx = \int_0^{x_G} p_N(x)dx - x_G \cdot p_G$

Inhalt der **Fläche** zwischen dem Graph der Nachfragefunktion und der Preislinie.

Produzentenrente: $PR = \int_0^{x_G} (p_G - p_A(x))dx = x_G \cdot p_G - \int_0^{x_G} p_A(x)dx$

Inhalt der **Fläche** zwischen dem Graphen der Angebotsfunktion und der Preislinie.

Die Funktionen p_A und p_N sind für $x \geq 0$ definiert.

Beispiel 2

➲ Angebot und Nachfrage nach Handys mit Navigationssystem werden durch die Angebotsfunktion p_A und die Nachfragefunktion p_N mit $p_A(x) = e^{0,5x-3}$ und $p_N(x) = e^{-0,2x+4}$ mit $x \in \mathbb{R}$ und $0 \leq x \leq 15$ beschrieben.

Dabei gibt x die angebotene bzw. nachgefragte Menge in ME und p_A bzw. p_N den jeweiligen Preis in GE/ME an.

Berechnen Sie das Marktgleichgewicht und die Konsumentenrente.

Vergleichen Sie die Produzentenrente mit dem Umsatz.

Lösung

Marktgleichgewicht: $p_A(x) = p_N(x)$ $\qquad e^{0,5x-3} = e^{-0,2x+4}$

Vergleich der Hochzahlen: $\qquad 0,5x - 3 = -0,2x + 4$ ergibt $x = 10$

Gleichgewichtspreis: $p_N(10) = e^2$

Marktgleichgewicht MG $(10 \mid e^2)$

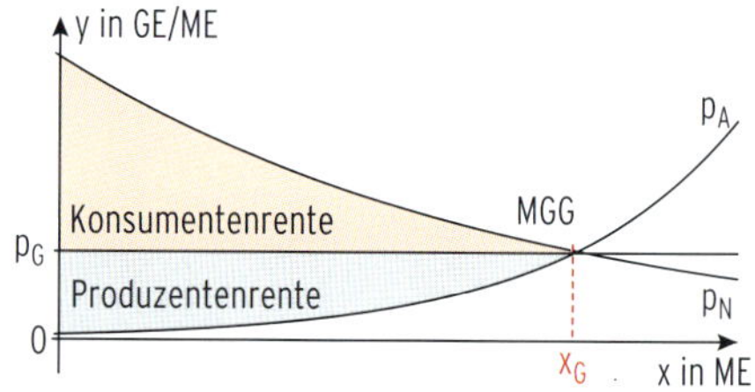

Konsumentenrente:

$$KR = \int_0^{10} p_N(x)\,dx - 10 \cdot e^2 \approx 162,15$$

Die Konsumentenrente beträgt 162,15 GE.

Produzentenrente: $PR = 10 \cdot e^2 - \int_0^{10} p_A(x)\,dx \approx 59,21$

Der Umsatz beträgt $10 \cdot e^2 \approx 73,89$, die Produzentenrente beträgt 59,21 GE und macht etwa 80 % des Umsatzes aus.

Aufgaben

1 Die Nachfrage nach einem bestimmten Produkt ergibt sich aus der Nachfragefunktion p_N mit $p_N(x) = 10 - 0,04x^2$. Die Angebotsfunktion p_A ist gegeben durch $p_A(x) = 0,75x + 2$.
Stellen Sie das Marktgleichgewicht, die Produzenten- und die Konsumentenrente grafisch dar.
Bestimmen Sie die Konsumenten- und die Produzentenrente und interpretieren Sie Ihr Ergebnis aus ökonomischer Sicht.

2 Ein Unternehmen verkauft 120 ME seiner Ware zu einem Stückpreis von 90 GE. Die Marktforschung hat ermittelt, dass bei einer Erhöhung des Stückpreises um 10 GE die Nachfrage um 20 ME sinkt. Für die Angebotsfunktion p_A gilt: $p_A(x) = 0,02x^2 + 35$

a) Bestimmen Sie die Nachfragefunktion p_N.

b) Auf dem Markt stellt sich durch Gegenüberstellung ein Gleichgewichtspreis ein. Bestimmen Sie das Marktgleichgewicht rechnerisch und grafisch.

c) Berechnen Sie den Preis, den der Anbieter bei einer verkauften Menge von 50 ME erzielen kann.

d) Ermitteln Sie die Konsumenten- und die Produzentenrente.

3 Für den Hersteller von Biomilch lässt sich der Markt wie folgt beschreiben:
$p_A(x) = 1 - \frac{3}{x-3}$ und $p_N(x) = -x^3 + 4{,}5x^2 - 7{,}1x + 10{,}6$.
Ermitteln Sie den ökonomisch sinnvollen Definitionsbereich für die gesamte Marktsituation und begründen Sie die Grenzen des Definitionsbereichs. Erläutern Sie die daraus resultierende Auswirkung für den Hersteller. Skizzieren Sie die Graphen der Angebots- und der Nachfragefunktion in ein geeignetes Koordinatensystem und kennzeichnen Sie die Konsumenten- und Produzentenrente. Ermitteln Sie das aktuelle Marktgleichgewicht. Der Hersteller behauptet, dass die Produzentenrente mindestens 50% des Umsatzes ausmacht. Untersuchen Sie, ob die Aussage richtig ist.

4 Die Abbildung zeigt die Nachfragekurve der Funktion p_N mit
$p_N(x) = 0{,}1x^2 - 8x + 150$ für $x \geq 0$ und
den Graphen der Angebotsfunktion.

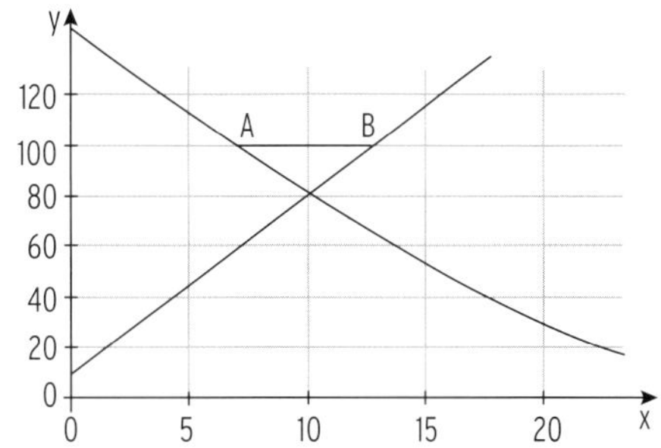

a) Bestimmen Sie das Marktgleichgewicht.
b) Erläutern Sie den Sachverhalt, de durch die Strecke AB dargestellt wird.
c) Berechnen Sie die Konsumenten- und die Produzentenrente.

5 Auf dem Markt für Pumpen lässt sich die Nachfrage beschreiben durch
$p_N(x) = 16 - 0{,}25x^2$ und das Angebot durch $p_A(x) = \frac{1}{100}x^3 + 5;\ x \geq 0$.
Stellen Sie die Situation grafisch dar.
Berechnen Sie die Gleichgewichtsmenge und den Gleichgewichtspreis.
Bestimmen Sie die Konsumenten- und die Produzentenrente.

6 Der Hersteller einer bekannten Modemarke rechnet für ein Produkt mit der Nachfragefunktion p_N mit $p_N(x) = (x + 1)e^{1-3x}$ und der Angebotsfunktion p_A mit $p_A(x) = 0{,}1e^{1{,}2x}$.
Mengeneinheiten x werden in 10000 Stück, Preise in GE je ME angegeben.
Der Hersteller kann maximal 14000 Stück produzieren.
Bestimmen Sie das maximale Intervall des Anbieterpreises und das Marktgleichgewicht.
Berechnen Sie die Konsumenten- und die Produzentenrente. Skizzieren Sie diesen Sachverhalt in einem geeigneten Koordinatensystem.

7 Der Naturkosmetikproduzent rechnet für sein neu eingeführtes Produktset als Angebotsmonopolist mit der Nachfragefunktion p_N mit $p_N(x) = 16(x + 1)e^{1-x}$.
Die Angebotsfunktion p_A ist gegeben durch $p_A(x) = x^2$.
Zeigen Sie, dass die Funktion P_N mit $P_N(x) = -16(x + 2)e^{1-x}$ eine Stammfunktion von p_N ist.
Bestimmen Sie die Konsumentenrente und die Produzentenrente.
Erläutern Sie die ökonomische Bedeutung Ihres Ergebnisses.

Von der Änderungsrate zum Bestand

Beispiel 1

➲ Der Hersteller JUKO hat beschlossen, seine Produktion zu erweitern. Dafür muss er Investitionen vornehmen, die die Gesamtkosten verändern. Die Gesamtkosten werden durch die Funktion K mit $K(x) = 0{,}5x^2 + 20$ angenähert.

Dabei wird x in ME und K(x) in GE angegeben.

Bestimmen Sie das Integral $\int_1^4 K'(x)dx$ und interpretieren Sie das Ergebnis aus mathematischer und aus ökonomischer Sicht.

Lösung

Berechnung des Integrals: $\int_1^4 K'(x)dx = [K(x)]_1^4 = K(4) - K(1) = 28 - 20{,}5 = 7{,}5$

Das Integral berechnet den Inhalt der Fläche zwischen der x-Achse und dem Graphen der Grenzkostenfunktion in dem Intervall [1; 4].

Der Inhalt der Fläche beträgt 7,5. Aus ökonomischer Sicht gibt dieser Wert die **Erhöhung der Gesamtkosten** an, wenn sich die Produktionsmenge von 1 ME auf 4 ME erhöht.

Beispiel 2

➲ Der Konzern EABW befürchtet aufgrund der aktuellen wirtschaftlichen Lage, dass sich die Gewinnsituation verändert. Die Gewinnfunktion G wird durch die Gleichung $G(x) = -0{,}5x^2 + 15x - 28$ dargestellt. Die Kapazitätsgrenze liegt bei 25 ME.

Bestimmen Sie die Gewinnschwelle x_{GS} und ermitteln Sie das Integral $\int_{x_{GS}}^{25} G'(x)dx$.

Interpretieren Sie das Ergebnis aus mathematischer und aus ökonomischer Sicht.

Lösung

Gewinnschwelle x_{GS}: $G(x) = 0 \Leftrightarrow x = 2 \lor x = 28$

$x_{GS} = 2$ ist die Gewinnschwelle: $\int_2^{25} G'(x)dx = G(25) - G(2) = G(25) = 34{,}5$

Interpretation: Das Integral berechnet den Inhalt der Fläche zwischen der Abszissenachse und dem Graphen der Grenzgewinnfunktion in dem Intervall [2; 25].

Der Inhalt der Fläche beträgt ca. 34,5.

Aus ökonomischer Sicht gibt dieser Wert den zusätzlichen Gewinn bzw. die Gewinnänderung an, wenn die Produktion von 2 ME auf 25 ME erhöht wird.

$f'(x)$ **(Änderungsrate von f)**	$\int_a^b f'(x)dx = f(b) - f(a)$ **(Bestandsänderung)**
• Grenzkosten (K′(x))	Zunahme der Gesamtkosten bei einer Produktionserhöhung von a auf b
• Grenzgewinn (G′(x))	Gesamtänderung des Gewinns bei einer Produktionserhöhung von a auf b
• Grenzerlös (E′(x))	Gesamtänderung des Erlöses bei einer Produktionserhöhung von a auf b

Aufgaben

1 Der Kostenzuwachs eines Betriebes für die Produktion von x ME lässt sich beschreiben durch $K'(x) = 3x^2 - 14x + 135$, x in ME; K′(x) in $\frac{\text{Geldeinheit}}{\text{Mengeneinheit}}\left(\frac{GE}{ME}\right)$.
Berechnen Sie folgende Integrale und interpretieren Sie Ihre Ergebnisse ökonomisch.

a) $\int_0^5 K'(x)\,dx$ b) $\int_5^{10} K'(x)\,dx$ c) $20 + \int_0^{10} K'(x)\,dx$

2 Ein Unternehmen stellt Glaskugeln für Großabnehmer her. Die Gesamtkosten und der Erlös lassen sich in Abhängigkeit der produzierten ME beschreiben durch

$K(x) = 0{,}1x^3 - 5x^2 + 125x + 900$ und durch $E(x) = -2{,}5x^2 + 350x$.

Zwischen 10 ME und 30 ME erzielt das Unternehmen keinen Verlust.

Bestimmen Sie das Integral $\int_{10}^{30} (E'(x) - K'(x))\,dx$ und interpretieren Sie das Ergebnis aus mathematischer und aus ökonomischer Sicht.

3 Ermitteln Sie die Grenzkostenfunktion K′, wenn die Gesamtkostenfunktion K mit $K(x) = 0{,}4x^3 - 2{,}4x^2 + 5x + 16{,}8$; x in ME, gegeben ist.
Skizzieren Sie den Graphen der Grenzkostenfunktion K′ in einem geeigneten Koordinatensystem.
Berechnen Sie den Inhalt der Fläche unter dem Graphen von K′ im Intervall [0; 3] und interpretieren Sie Ihr Ergebnis aus wirtschaftlicher Sicht.

4 Die Gerade in der Abbildung beschreibt den Grenzerlös eines Monopolisten in GE/ME auf $0 \leq x \leq 7$.
Berechnen Sie den Inhalt der markierten Fläche und interpretieren Sie Ihr Ergebnis.

Gesamtabsatz, Gesamtumsatz, Gesamtmenge

Beispiel 1

Das Unternehmen Agrema untersucht den zu erwartenden Absatz seines Produktes.
Das Unternehmen vermutet einen Verlauf, der folgender Funktionsgleichung genügt:
$a(t) = -\frac{1}{4}t^3 + \frac{9}{2}t^2 + 10t$; t in Wochen, a(t) in ME/Woche.
t = 0 ist der Zeitpunkt der Produkteinführung.

a) Langfristig erwartet Agrema einen Gesamtabsatz von 4000 ME. Überprüfen Sie.

b) Das Produkt soll bereits zum Zeitpunkt t = 18 vom Markt genommen werden. Berechnen Sie den Gesamtabsatz, auf den Agrema in diesem Fall verzichtet. Kennzeichnen Sie den Gesamtabsatzverzicht in einer Zeichnung.

Lösung

a) a(1) = 14,25; d. h. 14,25 ME/Woche, konstant über eine Woche ergibt: 14,25 ME Absatz in dieser Woche.

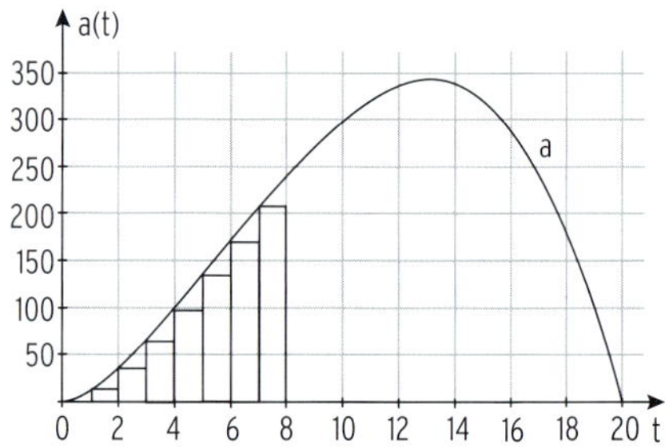

Die Summe der Flächeninhalte aller Rechtecke ergibt **näherungsweise** den Gesamtabsatz in ME:
14,25 + 36 + 63,75 + ... + 99,75 = 3990

Hinweis: Vergleichen Sie die Einheiten: $\frac{\text{ME}}{\text{Woche}} \cdot \text{Woche}$ ergibt ME.

Der **Gesamtabsatz** lässt sich durch den **Inhalt der Fläche** zwischen dem Graphen von a und der t-Achse bestimmen:

Nullstellen der Absatzfunktion: a(t) = 0 $\quad t = 0 \vee t = 20 \;(\vee\; t = -2 < 0)$

Gesamtabsatz: $\int_0^{20} a(t)dt = \left[-\frac{1}{16}t^4 + \frac{3}{2}t^3 + 5t^2\right]_0^{20}$
$= 4000$

Der Gesamtabsatz in den ersten 20Wochen beträgt 4000 ME.

Hinweis: Ist A eine Stammfunktion von a, so gilt A(20) = 4000.

b) Gesamtabsatzverzicht:

$\int_{18}^{20} a(t)dt = 193$

Der Gesamtabsatzverzicht beträgt 193 ME .

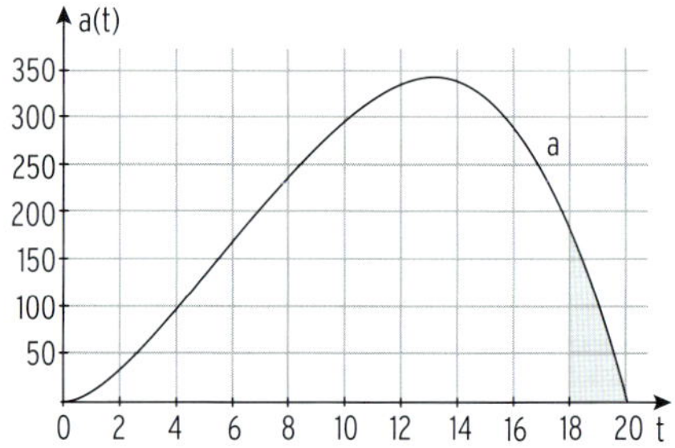

Beispiel 2

➲ Das Unternehmen Marble stellt seit über 30 Jahren Glasprodukte her. Marble bringt ein neues Spiegelglas mit Verzierung auf den Markt. Zur Umsatzprognose wird die Funktion u mit $u(t) = 20t \cdot e^{-0{,}06 \cdot t}$ mit $t \geq 0$ verwendet.

Hierbei gibt t die Zeit in Wochen und u(t) den Umsatz in GE pro Woche an.

a) Die Produktionszeit dieses neuen Spiegelglases ist vom Unternehmen zunächst auf 2 Jahre festgelegt worden.
Vergleichen Sie den Gesamtumsatz der ersten und zweiten Hälfte der Produktionszeit und beurteilen Sie das Ergebnis aus Unternehmersicht.

b) Bestimmen Sie den theoretisch möglichen Gesamtumsatz.

Lösung

a) Der **Gesamtumsatz** lässt sich durch den **Inhalt der Fläche** zwischen dem Graphen von u und der t-Achse bestimmen.

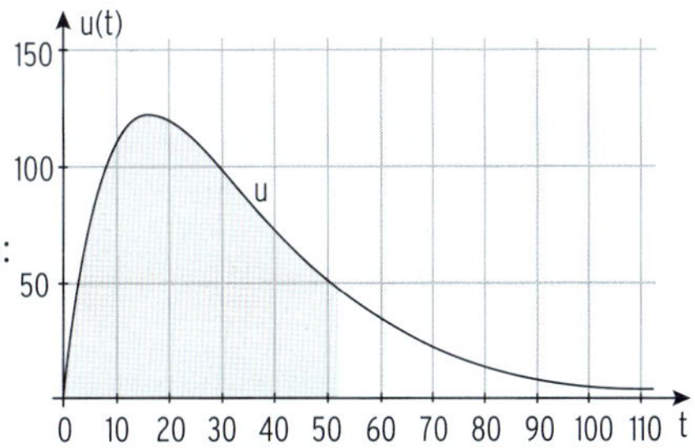

Gesamtumsatz für die ersten 52 Wochen:

$$\int_0^{52} u(t)\,dt \approx 4544{,}85$$

Gesamtumsatz über die zweiten 52 Wochen:

$$\int_{52}^{104} u(t)\,dt \approx 932{,}28$$

Vergleich der beiden Umsätze:

$$\frac{932{,}28}{4544.85} \approx 0{,}2051 = 20{,}51\ \%$$

Somit wird in der zweiten Hälfte nur noch ca. 20,5 % des Umsatzes der ersten Hälfte erreicht.

Es stellt sich die Frage, ob das Produkt nicht nach der ersten Hälfte vom Markt genommen werden sollte. Zumindest muss das Produkt anders aufgestellt werden, z.B. durch Produktdiversifikation.

b) Theoretisch möglicher Gesamtumsatz:

$$\int_0^{\infty} u(t)\,dt = \lim_{z \to \infty} \int_0^{z} u(t)\,dt \approx 5555{,}6$$

Z.B. durch grafische Lösung mit dem GTR

Graph der Integralfunktion $\int_0^{z} u(t)\,dt$

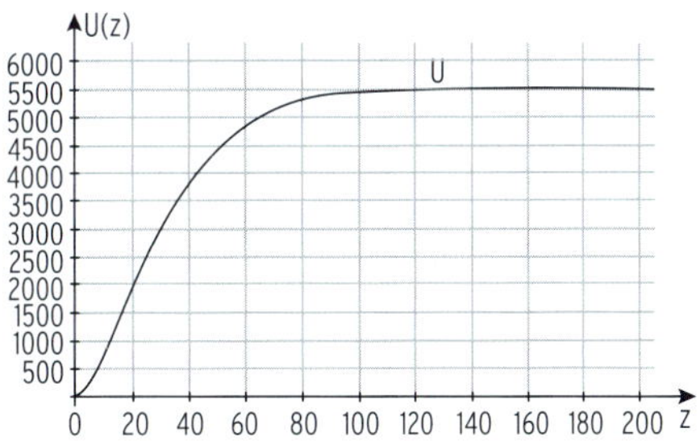

Hinweis: Ist U eine Stammfunktion von u, so beschreibt U(52) den Gesamtumsatz in den ersten 52 Wochen.

Beispiel 3

➲ Gegeben ist die Funktion f mit $f(t) = (6 - \frac{1}{18}t)e^{0{,}04t}$; $t > 0$.

Das Schaubild von f beschreibt die Förderung von Bodenschätzen.
Im Jahre t = 0 (1910) wurde mit der industriellen Förderung begonnen,
f(t) gibt die geförderteMenge in 10^6 kg im Jahr t an.

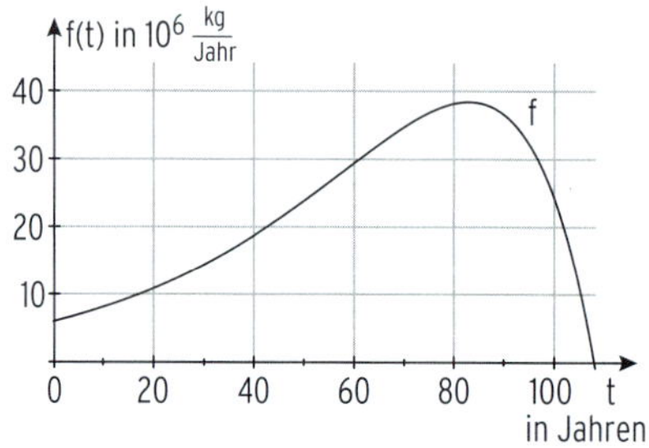

a) Nennen Sie besondere Punkte und Bereiche dieses Schaubildes und erläutern Sie ihre Bedeutung für die Entwicklung der Förderung.
b) Ermitteln Sie die Menge, die insgesamt gefördert wird.

Lösung

a) **Schnittpunkt mit der Ordinatenachse:** S(0 | 6)

Vor Beginn der industriellen Förderung werden bereits 6000 Tonnen gefördert.

Schnittpunkt mit der t-Achse: N(108 | 0)

Nach 108 Jahren, also 2018, wird die Förderung eingestellt.

Hochpunkt: H(83 | 38,4)

Maximale Jahresförderung 38 400 Tonnen im Jahre 1993 (t = 83).

Wendepunkt: W(58 | 28,265)

Punkt mit maximaler Steigung, also maximale jährliche Zunahme der Förderung.
Bis t = 58 wird jedes Jahr mehr gefördert und die jährliche Steigerungsrate nimmt zu.
Von t = 58 bis t = 83 Zunahme der Fördermenge, aber der jährliche Zuwachs wird geringer.

b) Die Fläche unter der Kurve liefert die **Gesamtförderung.**

$$\int_0^{108} f(t)dt \approx 2426$$

Die Gesamtförderung beträgt 2426000 Tonnen.

Mittelwert

Beispiel 1

➲ Die Gesamtkosten eines Produktes können der Abbildung entnommen werden. Berechnen Sie die durchschnittlichen Gesamtkosten.

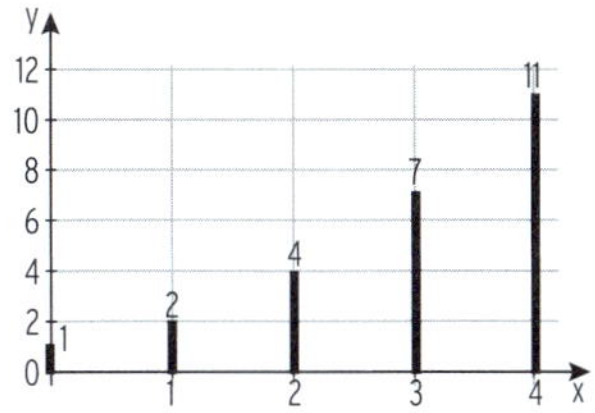

Lösung

Mittelwert (arithmetisches Mittel) der Kostenwerte K_1 bis K_5:

$\overline{m} = \frac{1}{5}(K_1 + K_2 + K_3 + K_4 + K_5) = \frac{1}{5}(1 + 2 + 4 + 7 + 11) = \mathbf{5}$

Die mittleren Gesamtkosten betragen 5 GE.

Beachten Sie

Der **Mittelwert $\overline{m}$** von n Werten $a_1, a_2, \ldots a_n$ ist die Zahl $\overline{m} = \frac{1}{n}(a_1 + a_2 + \ldots + a_n)$

Beispiel 2

➲ Die Gesamtkosten eines Produktes werden durch folgende Funktion f modelliert:
$K(x) = \frac{1}{2}x^2 + \frac{1}{2}x + 1$; x in ME; K(x) in GE.
Bestimmen Sie die mittleren Gesamtkosten auf [0; 4].

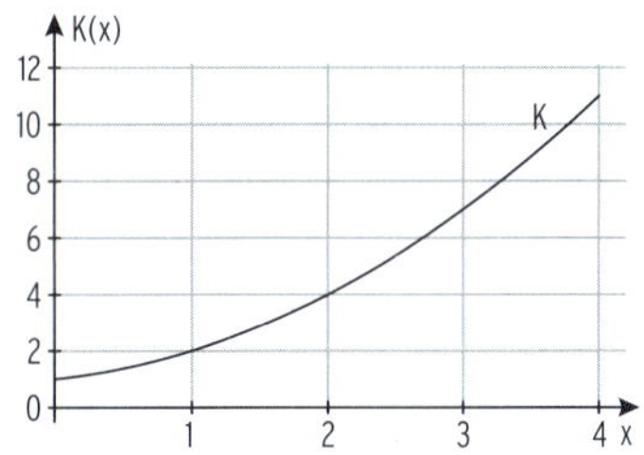

Lösung

Addition der Funktionswerte von K dividiert durch die Anzahl n der Werte ergibt den Mittelwert

$\overline{m} = \frac{\text{Summe der Kostenwerte}}{n}$

Für die Anzahl n gilt: $n = \frac{b - a}{\Delta x}$

Daraus ergibt sich: $\overline{K} = \frac{\text{Summe der Kostenwerte}}{\frac{b-a}{\Delta x}}$

$\overline{K} = \frac{\text{Summe der Kostenwerte}}{b - a} \cdot \Delta x$

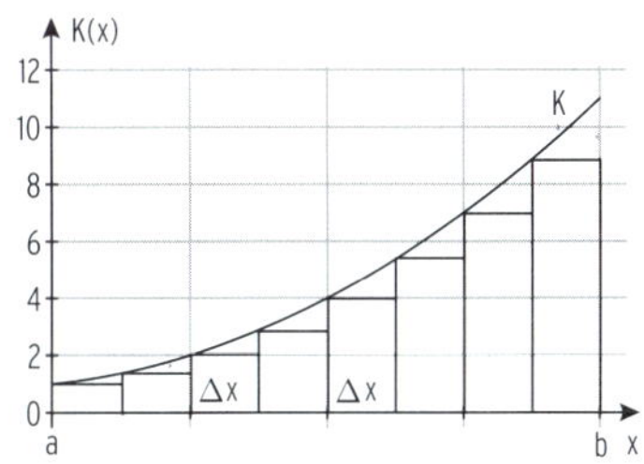

Für $n \to \infty$ strebt $\Delta x \to 0$ und damit $\overline{K} = \lim\limits_{n \to \infty} \frac{1}{b - a} \sum\limits_{i=1}^{n} K(x_i)\,\Delta x$

$$\overline{K} = \frac{1}{b - a} \int_a^b K(x)\,dx$$

Beachten Sie auch die Einheiten: b − a in ME, K in GE, x in ME.

Berechnung der mittleren Gesamtkosten auf [0; 4]

$$\overline{K} = \frac{1}{4-0}\int_0^4 K(x)\,dx \approx \frac{1}{4}\cdot\left[\frac{1}{6}x^3+\frac{1}{4}x^2+x\right]_0^4 \approx \frac{1}{4}\cdot 18{,}67 = 4{,}67$$

Die durchschnittlichen Gesamtkosten bei einer Produktion von bis zu 4 ME betragen etwa 4,67 GE.

Erläuterung:

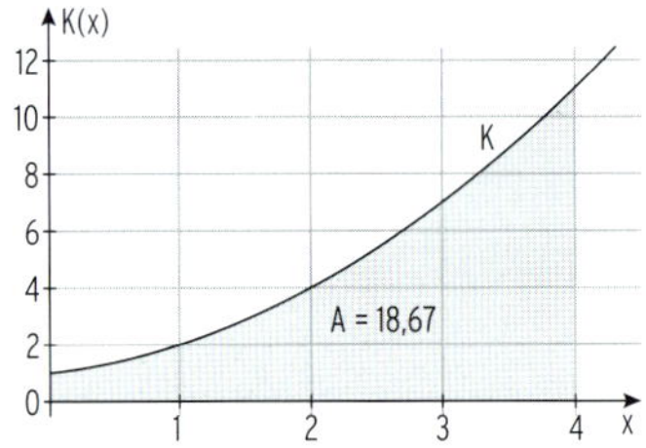

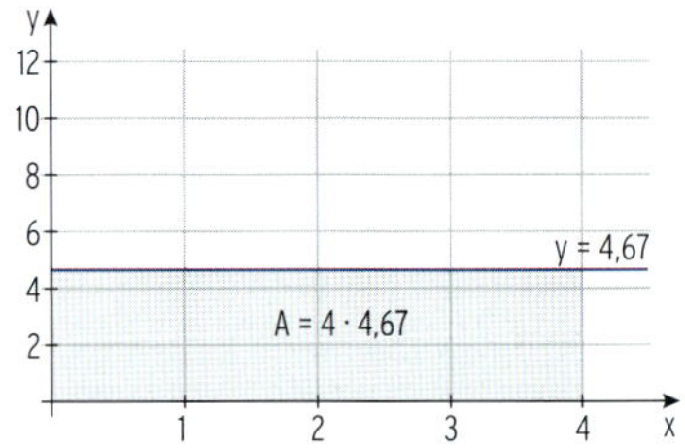

Es gilt: $4 \cdot 4{,}67 = \int_0^4 K(x)\,dx$

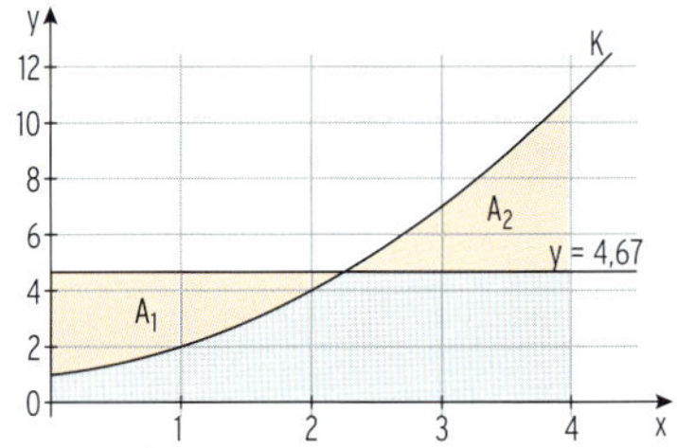

Die Fläche zwischen dem Graphen von K und der Abszissenachse auf [0; 4] ist inhaltsgleich zur Fläche zwischen der Geraden mit y = 4,67 und der Abszissenachse auf [0; 4].

Die Flächenstücke A_1 und A_2 haben den gleichen Inhalt. Der Mittelwert der Funktionswerte beträgt $4{,}67 = \frac{1}{4}\cdot\int_0^4 K(x)\,dx$.

Beachten Sie

Für den **Mittelwert $\overline{m}$ der Funktionswerte** von f auf [a; b] gilt: $\overline{m} = \frac{1}{b-a}\int_a^b f(x)\,dx$

Beispiel 3

➲ Das Unternehmen Marble verwendet zur Umsatzprognose für ein neues Spiegelglas die Funktion u mit $u(t) = 20t \cdot e^{-0{,}06\cdot t}$ mit $t \geq 0$.
Hierbei gibt t die Zeit in Wochen und u(t) den Umsatz in GE pro Woche an.
Das Unternehmen setzt sich das Ziel, in den ersten 36 Wochen einen durchschnittlichen Umsatz von 100 GE zu erzielen. Prüfen Sie, ob das Ziel erreicht wird.

Lösung

Mittelwert des Umsatzes über 36 Wochen:

$$\overline{m} = \frac{1}{36}\int_0^{36} u(t)dt \approx \frac{3530{,}96}{36} = 98{,}08$$

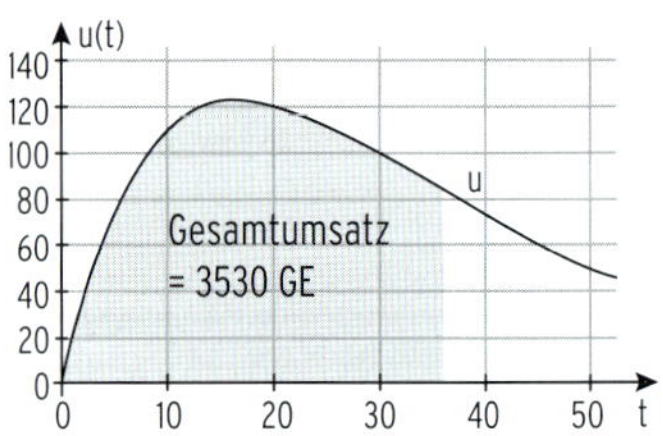

Der mittlere Umsatz pro Woche beträgt 98,08 GE.
Das Ziel wurde also knapp verfehlt.

Aufgaben

1 Ein Unternehmen stellt Glaskugeln für Großabnehmer her. Die Gesamtkosten in Abhängigkeit der produzierten ME x lassen sich beschreiben durch $K(x) = 0{,}1x^3 - 5x^2 + 125x + 900$.

a) Ermitteln Sie die durchschnittlichen Gesamtkosten auf [0; 10].

b) Berechnen Sie die durchschnittlichen variablen Stückkosten für $10 \leq x \leq 30$. Interpretieren Sie Ihr Ergebnis aus ökonomischer Sicht.

c) Der Erlös lässt sich beschreiben durch $E(x) = -2{,}5x^2 + 350x$. Ermitteln Sie den duchschnittlichen Erlös auf [10; 20].

d) Bestimmen Sie im Intervall [20; 50] die durchschnittliche Differenz zwischen dem tatsächlich erzielbaren Marktpreis und den jeweiligen variablen Stückkosten.

2 Eine Firma produziert einen neuen MP3-Player. Die wöchentlichen Verkaufszahlen werden beschrieben durch $f(t) = -t^2 + 20t$; $t \geq 0$.
Berechnen Sie die Anzahl der MP3-Player, die in den ersten 10 Wochen durchschnittlich pro Woche verkauft werden.

3 Ein Supermarkt führt eine neue Zahnpasta ein. In einem Modell beschreibt die Funktion f der Form $f(x) = -\frac{1}{20}x^2 + 6x + 2$ die Entwicklung der wöchentlichen Verkaufszahlen. Dabei ist x die Zeit in Wochen nach der Einführung, f(x) die verkaufte Stückzahl innerhalb der Woche x.

a) Bestimmen Sie näherungsweise, wie viel Tuben Zahnpasta der Supermarkt in den ersten 52 Wochen durchschnittlich pro Woche verkauft.

b) Nach einem halben Jahr sind insgesamt mehr als 1800 Tuben verkauft. Überprüfen Sie die Behauptung.

4 Die Entwicklung des Heizölpreises im Laufe eines Jahres (in Euro pro 100 ℓ bei einer Abnahme von 3000 ℓ) wird modelliert durch
$f(t) = -0{,}03t^3 + 0{,}49t^2 - 1{,}76t + 54{,}5$
(t in Monaten; $t = 0 \triangleq$ 1. Januar).
Bestimmen Sie den höchsten und den niedrigsten Heizölpreis im Jahresverlauf.
Ermitteln Sie den Durchschnittspreis im Laufe dieses Jahres.

5 Die Funktion G* mit
$G^*(x) = -\frac{1}{4}x^3 + 2x^2 + x - 8$;
x in Jahren, G*(x) in GE/Jahr, beschreibt den jährlichen Gewinn in den letzten 8 Jahren. Der gesamte Gewinn G dieser 8 Jahre lässt sich mithilfe der Fläche zwischen dem Schaubild von G* und der Abszissenachse veranschaulichen. Berechnen Sie G.

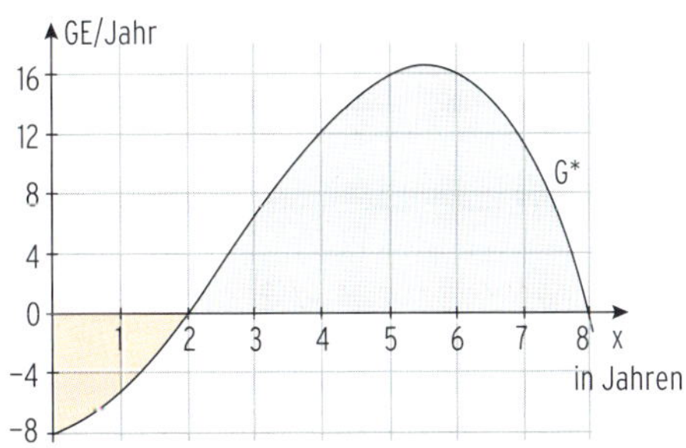

6 Die Funktion f mit $f(x) = (5 - \frac{1}{9}x)e^{-0{,}1x}$; $x \in \mathbb{R}$; $x > 0$, beschreibt eine Ölproduktion. Dabei ist x die Zeit in Jahren seit Förderungsbeginn; f(x) ist die Jahresproduktion in 10^5 Tonnen. Berechnen Sie die Ölmenge, die insgesamt gefördert wurde.

7 Eine Privatklinik möchte ihre wirtschaftliche Situation durch Kosteneinsparungen verbessern. Für ein Kostensenkungsprogramm beschreibt eine Funktion f die Kostenersparnis (in Tsd. Euro) im Zeitablauf t (in Monaten): $f(t) = 25t \cdot e^{-0{,}02t}$.
Die Fläche zwischen den Graph und der Abszissenachse ist ein Maß für die Gesamtkostenersparnis. Zeigen Sie: F mit $F(t) = 62500 - 1250(50 + t)e^{-0{,}02t}$ beschreibt die Gesamtkostenersparnis.
Berechnen Sie für das Programm die Gesamtkosteneinsparung in den ersten 60 Monaten.
Geben Sie die Gesamtkostenersparnis an, mit der man langfristig rechnen kann.

8 Eine Firma produziert einen neuen MP3-Player. Die wöchentlichen Verkaufszahlen werden beschrieben durch $f(t) = 1000te^{-0{,}1t}$; $t \geq 0$. Ermitteln Sie die Anzahl der MP3-Player, die in den ersten 10 Wochen durchschnittlich pro Woche verkauft werden.

9 Der Heizölpreis in EUR pro 100 *l* bei einer Abnahme von 3000 *l* entwickelte sich im Laufe eines Jahres gemäß folgender Tabelle:

1.Januar	1.Juni	1.September	1.November
54,5	54,25	56,70	56,50

Beschreiben Sie die Entwicklung durch eine ganzrationale Funktion 3. Grades (t in Monaten; t = 0 ≙ 1. Januar).
Ermitteln Sie mithilfe dieser Funktion den Durchschnittspreis im Laufe dieses Jahres.

10 Die Funktion f mit $f(x) = x^2e^{-\frac{1}{3}x}$; $x \geq 0$ beschreibt die Ausbreitung einer Virusinfektion. f(x) ist die Anzahl der Infizierten in 100 in der Woche x.
Berechnen Sie die Gesamtzahl der Infizierten in den ersten 8 Wochen.

11 Die Absatzentwicklung der Büromöbellinie Evolutio der HaBü AG soll analysiert werden. Der Vertriebsleiter geht davon aus, dass sich die Entwicklung der Absatzzahlen durch die Funktion f mit $f(t) = \frac{1}{20}t^4 - 2t^3 + 20t^2$; $t \in \mathbb{R}$; $0 \leq t < 20$, beschreiben lässt. Die Variable t gibt die Zeit in Monaten und f(t) die zugehörigen Absatzzahlen in ME pro Monat an.

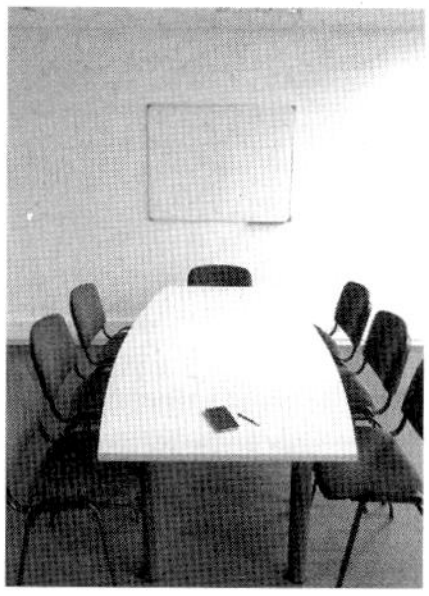

a) Berechnen Sie die maximale Änderungsrate des Absatzes.
b) Bestimmen Sie den gesamten Absatz für das erste Halbjahr und den durchschnittlichen Absatz über das gesamte erste Jahr.
c) Der Absatzverzicht beträgt, wenn die Büromöbellinie bereits nach 15 Monaten vom Markt genommen wird, weniger als 300 ME. Nehmen Sie Stellung.

2.6 Rotationskörper

Die Bilder zeigen **Rotationskörper** aus dem Alltag. Bei diesen Körpern ist das Volumen eine wichtige Größe. Das Volumen kann mithilfe der Integralrechnung bestimmt werden.

Rotationskörper entstehen, wenn eine ebene **Fläche um eine Achse gedreht** wird.

Beispiel

Der Mischer eines Betonwagens rotiert um eine Achse. Zur Berechnung des Volumens wird der Rand durch eine Kurve angenähert.

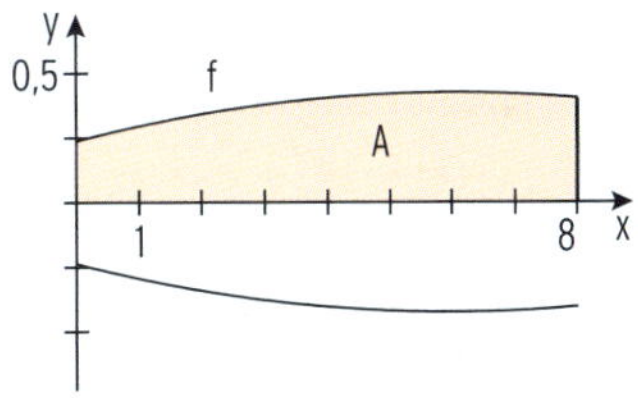

Rotiert die Fläche zwischen dem Graphen von f und der Abszissenachse um die Abszissenachse, so entsteht ein **Rotationsparaboloid** in Form des Mischers.

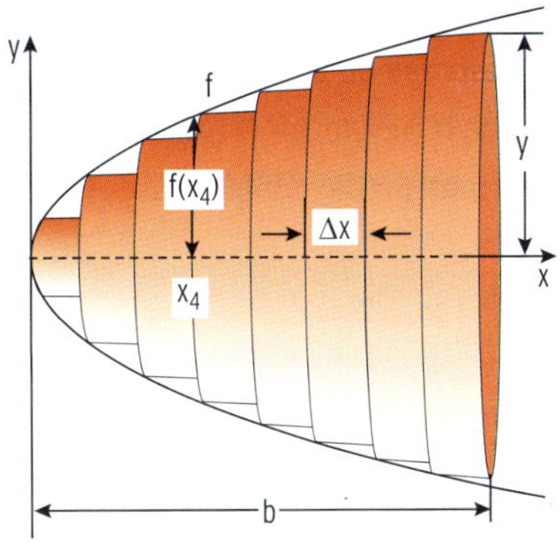

Will man das Volumen des Körpers berechnen, lässt sich folgende Methode anwenden: Man unterteilt den Rotationskörper mit dem Volumen **V** in n ($n \in \mathbb{N}^*$) Zylinderscheiben der Dicke $\mathbf{h = \Delta x}$.
Der Radius einer Zylinderscheibe beträgt $\mathbf{f(x_i)}$.
Somit erhält man für das Volumen einer Zylinderscheibe: $V_i = \pi \cdot (f(x_i))^2 \cdot \Delta x$.
Das Gesamtvolumen der Zylinderscheiben im Intervall [0; b] ist dann $\sum_{i=1}^{n} V_i = \sum_{i=1}^{n} \pi \cdot (f(x_i))^2 \cdot \Delta x$.

Mit Δx gegen null, d.h. $n \to \infty$, erhält man daraus (bei Rotation um die Abszissenachse) das Volumen V des Rotationskörpers im Intervall [0; b]:

Beachten Sie

Volumeninhalt $V = \lim_{n \to \infty} \sum_{i=1}^{n} \pi (f(x_i))^2 \, \Delta x = \pi \int_0^b (f(x))^2 \, dx$

Beispiel 1

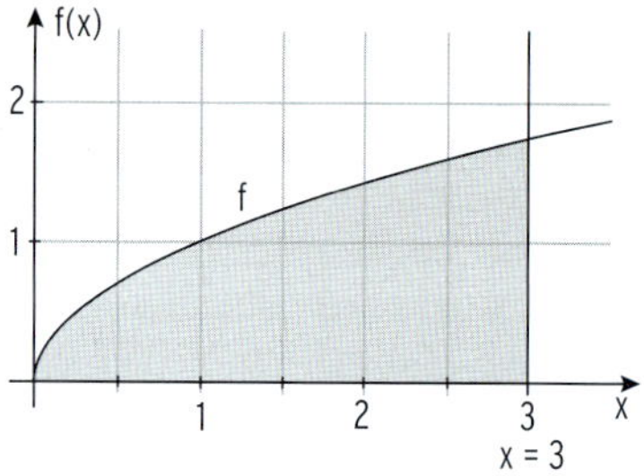

➲ Gegeben ist der Graph der Funktion f mit $f(x) = \sqrt{x}$; $x \geq 0$.
Der Graph von f, die Parallele zur Ordinatenachse mit $x = 3$, und die Abszissenachse schließen eine Fläche ein.
Diese Fläche rotiert um die Abszissenachse. Berechnen Sie das Volumen des entstehenden Drehkörpers.

Lösung

Mit der Formel $V = \pi\int_a^b (f(x))^2\,dx$ erhält man: $V = \pi\int_0^3 (\sqrt{x})^2\,dx = \pi\int_0^3 x\,dx$

$$= \pi\left[\frac{x^2}{2}\right]_0^3 = \frac{9\pi}{2} \approx 14{,}14$$

Ergebnis: Das Volumen V des entstehenden Drehkörpers beträgt etwa 14,14 VE.

Beispiel 2

➲ Die Graphen von f mit $f(x) = 0{,}5\,x^3$ und von g mit $g(x) = -x^2 + 4\,x$; $x \in \mathbb{R}$. umschließen für $x \in [0;\, 2]$ ein Flächenstück. Rotiert dieses Flächenstück um die Abszissenachse, so entsteht ein Rotationskörper mit dem Volumen V. Bestimmen Sie V.

Lösung

Schnittstellen: $f(x) = g(x)$ $\qquad 0{,}5\,x^3 = -x^2 + 4\,x$

Nullform: $\qquad 0{,}5\,x^3 + x^2 - 4\,x = 0$

Ausklammern: $\qquad x(0{,}5x^2 + x - 4) = 0$

Satz vom Nullprodukt: $x_1 = 0$; $x_2 = 2$; $x_3 = -4$

Die Fläche zwischen dem Graphen von f und der Abszissenachse rotiert um die Abszissenachse:

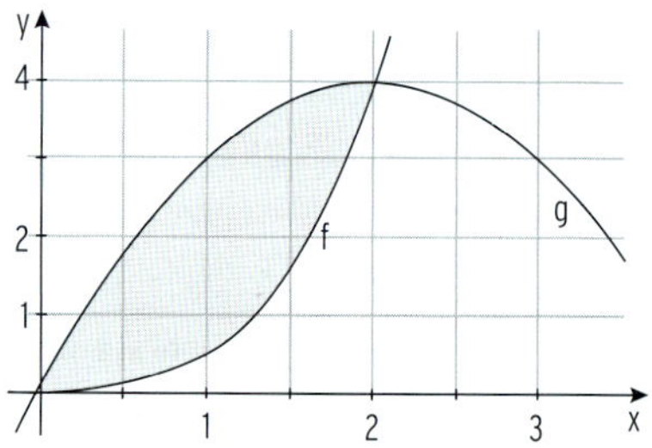

$$V_{innen} = \pi\int_0^2 (f(x))^2\,dx = \pi\int_0^2 (0{,}5x^3)^2\,dx$$

$$= \pi\int_0^2 0{,}25\,x^6\,dx = \pi\left[\frac{1}{28}x^7\right]_0^2 = 14{,}36$$

Die Fläche zwischen dem Graphen von g und der Abszissenachse rotiert um die Abszissenachse:

$$V_{außen} = \pi\int_0^2 (g(x))^2\,dx = \pi\int_0^2 (-x^2 + 4\,x)^2\,dx$$

$$= \pi\int_0^2 (x^4 - 8\,x^3 + 16\,x^2)\,dx = \left[\frac{1}{5}x^5 - 2\,x^4 + \frac{16}{3}x^3\right]_0^2 \approx 53{,}62$$

Das Volumen des gesuchten Rotationskörpers erhält man als **Differenz**:

$V = V_{außen} - V_{innen} =$ $53{,}62 - 14{,}36 = 39{,}26$

Beachten Sie

Der Graph von f schließt mit der Abszissenachse auf [a; b] eine Fläche ein. Rotiert diese Fläche um die Abszissenachse, so gilt für das Volumen des Rotationskörpers:

$$V = \pi \int_a^b (f(x))^2 \, dx$$

Die Graphen von f und von g schließen auf [a; b] oberhalb der Abszissenachse bzw. unterhalb der Abszissenachse eine Fläche ein. Rotiert die Fläche um die Abszissenachse, so gilt für das Volumen des Rotationskörpers: $V = V_{außen} - V_{innen}$

Aufgaben

1 Die gekennzeichnete Fläche rotiert um die Abszissenachse. Beschreiben Sie den entstehenden Körper. Berechnen Sie das Volumen des Drehkörpers.

A
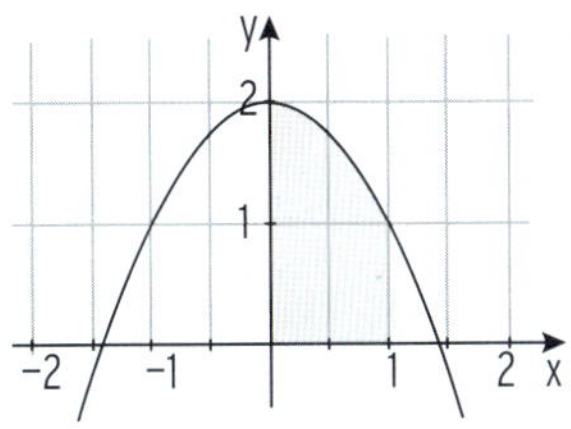

B
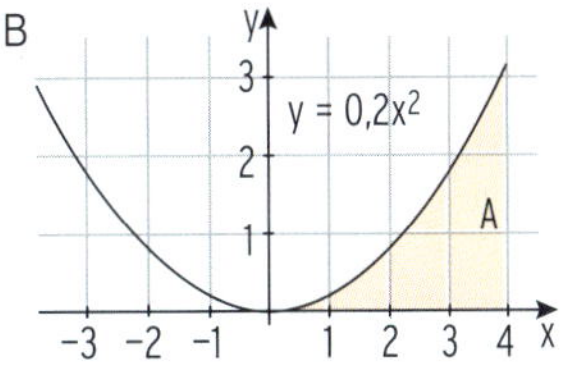

2 Der Graph von f mit $f(x) = e^x + 1$; $x \in \mathbb{R}$, begrenzt mit den Koordinatenachsen und der Geraden mit der Gleichung $x = -1$ ein Flächenstück. Dieses Flächenstück rotiert um die Abszissenachse und erzeugt einen Drehkörper. Berechnen Sie sein Volumen.

3 Der Graph von f mit $f(x) = x^2 + 1$; $x \in \mathbb{R}$ und der Graph von g mit $g(x) = 3 - x^2$; $x \in \mathbb{R}$, begrenzen eine Fläche. Diese Fläche rotiert um die Abszissenachse und erzeugt einen Drehkörper. Berechnen Sie das Volumen des Drehkörpers.

4 Der Graph der Funktion g mit $g(x) = 3e^{-x}$; $x \in \mathbb{R}$ begrenzt mit der Abszissenachse für $0 \leq x \leq 2{,}5$ eine Fläche.

a) Berechnen Sie den Inhalt dieser Fläche.

b) Die Fläche aus Teilaufgabe a) rotiert um die Abszissenachse. Dabei entsteht ein Rotationskörper. Der Rotationskörper wird so durchbohrt, dass die Bohrachse mit seiner Symmetrieachse übereinstimmt. Diese Bohrung hat den Durchmesser 1. Bestimmen Sie das Volumen des Restkörpers.

5 Aus einem Metallkegel mit der Höhe 5 cm und dem Durchmesser d = 8 cm wird zur Gewichtsreduktion ein Teil ausgefräst. Bestimmen Sie die Gewichtsersparnis. (Maße in cm; Abbildungen nicht maßstabgetreu).

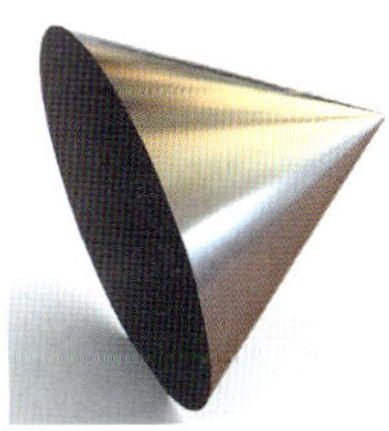

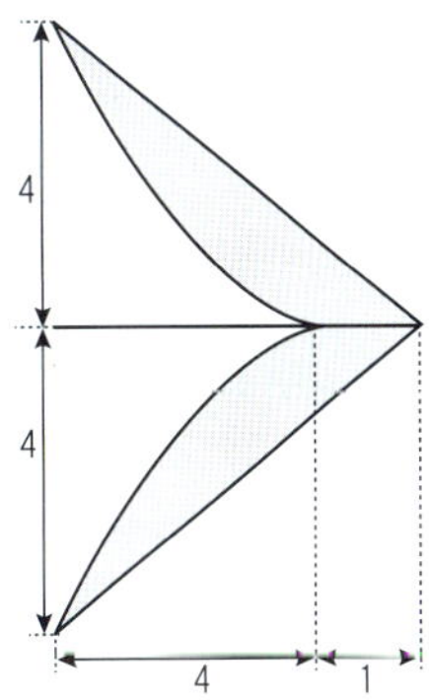

3 Prüfungsvorbereitung – Analysis

• Ohne Hilfsmittel

1 In der Controllingabteilung rechnet die Wearables Ltd. bei dem Modell o-clock17 mit folgender ertragsgesetzlicher Kostenfunktion K:
$K(x) = 0{,}02 \cdot x^3 - 0{,}6 \cdot x^2 + 16 \cdot x + 20;\quad x \in [0; 50]$
Kosten K(x) in GE (1 GE = 1000 €), Menge x in ME (1 ME = 1000 Stück)

1.1 Berechnen Sie den Wendepunkt des Graphen der Kostenfunktion.

1.2 Erläutern Sie die Bedeutung dieses Wendepunkts im Sachzusammenhang.

2 In der Produktion von Spiegelglas hängen die Produktionskosten in hohem Maße vom Preis des verwendeten Rohstoffs Zinn ab. Da dieser nicht vorhersehbar ist, kalkuliert das Unternehmen mit einer parameterabhängigen Funktion:
$K_c(x) = \frac{1}{3}x^3 - 6x^2 + c \cdot x + 30$ mit $c \geq 0$

2.1 Eine ertragsgesetzliche Kostenfunktion besitzt keine lokalen Extrema.
Zeigen Sie, dass dies für $c > 36$ erfüllt ist.

2.2 Bestätigen Sie, dass die betriebsminimale Ausbringungsmenge nicht vom Parameter c abhängt.

3 Zu Beginn jeden Jahres werden einige Produktionskapazitäten auf die Herstellung von Osterartikeln umgestellt. Der Absatz von Osterartikel (in ME pro Monat) kann in Abhängigkeit von der Zeit t (in Monaten) durch die Funktion a_b mit der Gleichung

$$a_b(t) = e^{-0{,}5 \cdot t^2 + b \cdot t} \text{ mit } t \geq 0 \text{ und } b > 0$$

beschrieben. Zum Zeitpunkt t = 0 liegt der Jahresbeginn.
Der Parameter b beschreibt den Einfluss des Werbebudgets.

3.1 Der Absatz soll 1 ME pro Monat betragen.
Ermitteln Sie die zugehörigen Zeitpunkte in Abhängigkeit von b.

3.2 Die Abbildung zeigt den Graphen der Absatzfunktion für b = 1,2.
Beurteilen Sie folgende Aussagen anhand des abgebildeten Funktionsgraphen:

A: Der Gesamtabsatz innerhalb der ersten fünf Monate ist größer als 3 ME.

B: Am Jahresbeginn setzt das Unternehmen nichts ab.

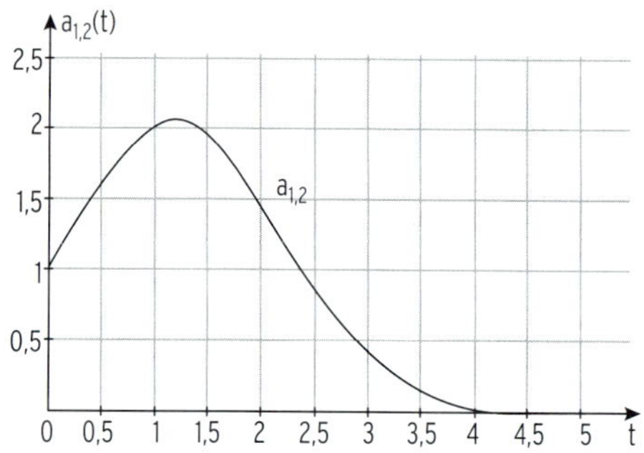

4 Gegeben ist die in ℝ definierte Funktion f mit $f(x) = e^x + \frac{1}{2}x$.

4.1 Begründen Sie, dass der Graph von f und der Graph der in ℝ definierten Funktion g mit $g(x) = \frac{1}{2}x$ keinen gemeinsamen Punkt besitzen.

4.2 Für eine positive reelle Zahl c wird die in ℝ definierte Funktion g_c mit $g_c(x) = \frac{1}{2}x - c$ betrachtet. Die Abbildung zeigt die Graphen von f und g_c. Die beiden Graphen schließen mit der Ordinatenachse und der Geraden mit der Gleichung x = 1 eine Fläche mit dem Inhalt 3 ein. Berechnen Sie c.

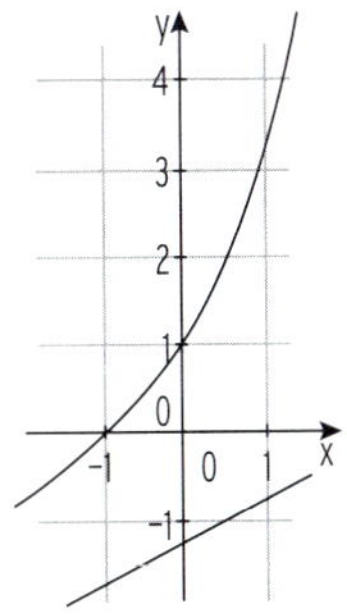

5 Die Abbildung zeigt einen Ausschnitt des Graphen einer Funktion f.

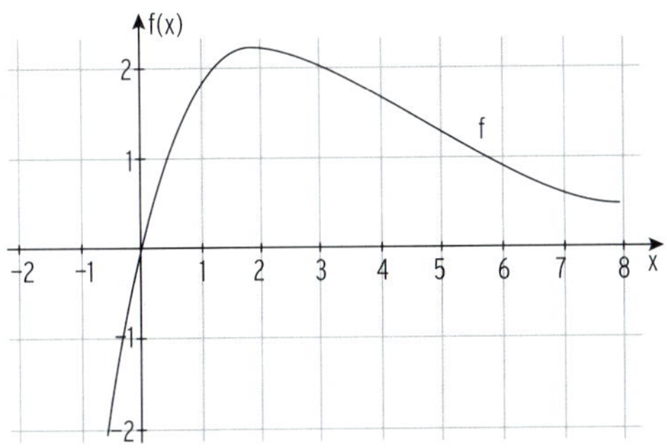

Welche der folgenden Aussagen sind wahr bzw. falsch? Begründen Sie.

(1) Es gilt: $f''(1) < 0$.

(2) Die Steigung von f an der Stelle x = 0 ist kleiner als die durchschnittliche Änderungsrate von f im Intervall [0 ; 3].

(3) Das Schaubild jeder Stammfunktion F von f hat an der Stelle x = 0 einen Tiefpunkt.

6 Berechnen Sie die erste Ableitung g′ für die jeweilige Funktion

(1) $g(x) = (2x + 1)^2$

(2) $g(x) = (x + 1) \cdot e^x$

(3) $g(x) = 4\sqrt{x} + 1$

7 Eine Funktion f ist gegeben durch $f(x) = e^{3x^2}$, $x \in \mathbb{R}$.
Zeigen Sie, dass die Tangente t an den Graphen der Funktion f im Punkt P (1 | f(1)) durch die Gleichung $y = 6e^3 \cdot x - 5e^3$ beschrieben werden kann.

• Mit Hilfsmittel GTR/CAS

1 Ein Start-up-Unternehmen fertigt Miniinhalatoren in geringer Stückzahl für höchste Ansprüche. Damit hat das Unternehmen eine Angebotsnische für den gehobenen Kundenkreis entdeckt und in diesem Marktsegment nahezu die Monopolstellung erreicht. Für die Markteinführung gilt die
Preis-Absatz-Funktion p_N mit $p_N(x) = \frac{175}{x+5} - 5$
und die Kostenfunktion K mit $K(x) = 0{,}002x^3 - 0{,}09x^2 + 1{,}35x + 8{,}25$.
Die Kapazitätsgrenze liegt bei $x = 30$ ME. Der Preis $p_N(x)$ wird angegeben in GE/ME.

1.1 Bestimmen Sie die Funktionsgleichungen der fixen Stückkosten, der variablen Stückkosten, der Stückkosten und der Grenzstückkosten. Bestimmen Sie den ökonomisch sinnvollen Definitionsbereich dieser vier Funktionen. Ermitteln Sie die maximale Ausbringungsmenge, die bei Kosten von 15,25GE realisiert werden kann. Berechnen Sie das Betriebsminimum und interpretieren Sie Ihr Ergebnis aus ökonomischer Sicht.

1.2 Bestimmen Sie die Sättigungsmenge und den ökonomisch sinnvollen Definitionsbereich von p_N. Ermitteln Sie die Gleichung der Erlösfunktion E.
Bestimmen Sie diejenigen Ausbringungsmengen, bei denen ein Erlös von mehr als 20 GE erzielt wird. Bestimmen Sie die Gewinnschwelle, Gewinngrenze und das Gewinnmaximum. Bestimmen Sie den Break-even-Punkt, den Cournot'schen Punkt und erläutern Sie deren ökonomische Bedeutung. Übertragen Sie die Abbildung in Ihr Heft. Ergänzen Sie die fehlenden Bezeichnungen, skizzieren Sie den Graphen der Nachfragefunktion p_N in die Abbildung und kennzeichnen Sie die ermittelten Punkte.

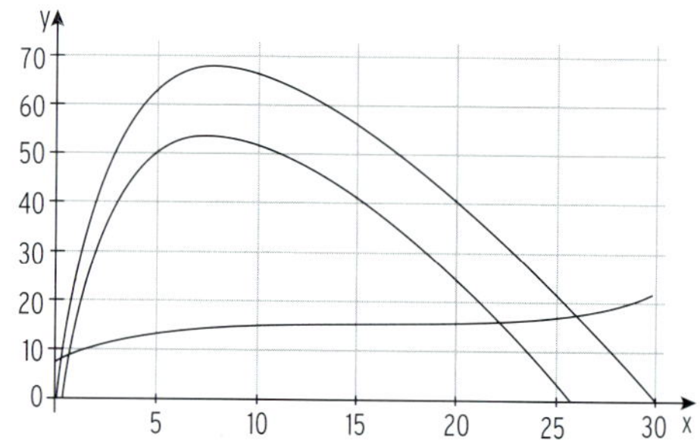

1.3 Die Gehäuse werden aus edlen Metallen gefertigt, deren Preis saisonabhängig schwankt. Diese Abhängigkeit von der Saison wird durch einen Parameter t repräsentiert:
$K_t(x) = 0{,}002x^3 - 0{,}09x^2 + (1{,}35 + 2t)x + 8{,}25$ mit $t \in \mathbb{R}$.
Ermitteln Sie die Grenzkostenfunktion K'_t. Berechnen Sie die Produktionsmenge, bei der sich die Gesamtkosten am geringsten ändern, und bestimmen Sie diese Kostenänderung.

1.4 In einer neuen Marktsituation für Miniinhalatoren gilt p_N als Nachfragefunktion. Die Gleichung der Angebotsfunktion p_A lautet $p_A(x) = 0{,}01(x^4 + x)$.
Bestimmen Sie das Marktgleichgewicht und die Konsumentenrente.
Bestimmen Sie eine Stammfunktion der Nachfragefunktion.
Die Produzentenrente beträgt 80 % des Umsatzes. Überprüfen Sie.

2 Ein Cateringunternehmen stellt ein vegetarisches Gericht unter Einsatz der beiden substituierbaren Produktionsfaktoren x (Küchengerätestunden) und y (Arbeitskraft in Stunden) her. Für die Herstellung von 3 Mengeneinheiten [ME] des Gerichtes können die beiden Produktionsfaktoren x und y in folgenden Mengenkombinationen eingesetzt werden:

x	2	6	16
y	18	6	4

Der Preis p_x für den Produktionsfaktor x beträgt 75 Geldeinheiten pro Mengeneinheit [GE/ME], der Preis p_y für den Produktionsfaktor y beträgt 45 GE/ME.

2.1 Bestimmen Sie die Funktionsgleichung der Isoquantenfunktion I_3 vom Typ $y = I_3(x) = \frac{a}{x + b} + c$, die alle Faktorkombinationen darstellt, mit denen 3 ME hergestellt werden können. (Zur Kontrolle: a = 15 , b = – 1 und c = 3)
Bestimmen Sie den maximalen ökonomisch sinnvollen Definitionsbereich $D_{ök}$ für die Isoquantenfunktion I_3.

2.2 Gegeben ist die Funktion f mit $f(x) = \frac{3x + 12}{x - 1}$; $x \in D_{max}$.
Bestimmen Sie den mathematisch maximal möglichen Definitionsbereich D_{max} .
Zeigen Sie dass die Funktionsterme von f und I_3 identisch sind.
Skizzieren Sie den Graphen der Funktion f für D_{max} und kennzeichnen Sie den Teil des Graphen, der die Isoquante darstellt.
Beschreiben Sie den Einfluss der Koeffizienten a, b und c auf den Verlauf des Graphen von f im Vergleich zum Graphen der Funktion g mit $g(x) = \frac{1}{x}$.
Begründen Sie aus ökonomischer Sicht die Bedingungen, die die Koeffizienten a, b und c dieser Isoquantenfunktion erfüllen müssen.

2.3 Für die Isokostengerade gilt: $K = x \cdot p_x + y \cdot p_y$. Ermitteln Sie die Minimalkostenkombination für einen Auftrag über 3 ME, d. h. die Faktormengen, mit denen der Auftrag bei minimalen Kosten realisiert werden kann.
Berechnen Sie daraus die minimalen Kosten zur Herstellung von 3 ME.

2.4 Die Gesamtkostensituation des Cateringunternehmens lässt sich durch die Grenzkosten K′ mit $K'(z) = 4z^2 - 17z + 40$ darstellen; z sei die Ausbringungsmenge in ME. Die Fixkosten betragen 135 GE. Ermitteln Sie die Gesamtkostenfunktion K.
Berechnen Sie die Maßzahl für die Fläche unter dem Graphen von K′ im Intervall [0; 2] und interpretieren Sie das Ergebnis aus ökonomischer Sicht.

3 Nach Einführung des neuen Computerspieles Noxi wird der Monopolmarkt durch die Funktionen p_1, p_2 mit $p_1(x) = 200e^{-2-0{,}2x}$ mit $x \in D_{ök}$ und

$$p_2(x) = -0{,}05x^2 + 1{,}5x + 8{,}75 \text{ mit } x \in D_{ök} \text{ beschrieben.}$$

3.1 Als ökonomische Kernaussage gilt auf einem Markt: Je höher der Preis, desto größer die angebotene Menge und je höher der Preis, desto geringer die nachgefragte Menge. Entscheiden Sie, welche der beiden gegebenen Funktionsgleichungen die Angebots- bzw. die Nachfragefunktion darstellt. Begründen Sie Ihre Zuordnung mit Hilfe der Monotoniekriterien. Bestimmen Sie den maximalen ökonomisch sinnvollen Definitionsbereich für beide Funktionen.
Untersuchen Sie die Marktsituation für Noxi bei einem Festpreis von 12 GE. Interpretieren Sie die Ergebnisse aus ökonomischer Sicht.

3.2 Es gelte die Nachfragefunktion p_N mit $p_N(x) = 200e^{-2(1+0{,}1x)}$ und die Angebotsfunktion p_A mit $p_A(x) = -0{,}05(x^2 - 30x - 175)$.
Ermitteln Sie das Marktgleichgewicht. Bestimmen Sie eine Stammfunktion P_N zur Nachfragefunktion p_N. Berechnen Sie die Konsumenten- und die Produzentenrente und interpretieren Sie Ihre Ergebnisse aus ökonomischer Sicht.

3.3 Bestimmen Sie die Elastizitätsfunktion der Nachfrage bezüglich x.
Die Nachfrage nennt man elastisch, wenn der Elastizitätskoeffizient kleiner als -1 ist; sie heißt unelastisch, wenn der Elastizitätskoeffizient größer als -1 ist.
Bestimmen Sie das Intervall, in dem die Nachfrage elastisch ist. Interpretieren Sie Ihr Ergebnis aus ökonomischer Sicht.

3.4 Aufgrund saisonaler Schwankungen gilt die Schar der Nachfragefunktion $p_{Nneu,t}$ mit $p_{Nneu,t}(x) = 200e^{-t-0{,}2x} - 1$ mit $t \in [1; 5]$.
Bestimmen Sie den jeweiligen Höchstpreis für $t = 1$; $t = 2$; $t = 3$.
Ermitteln Sie die Sättigungsmenge in Abhängigkeit des Parameters t.
Die Sättigungsmenge betrage 5 ME. Berechnen Sie t.
Der Angebotspreis betrage 12 GE/ME. Bestimmen Sie t so, dass für diesen Angebotspreis ein Marktgleichgewicht vorliegt. Runden Sie dabei auf vier Nachkommastellen.

3.5 Das Unternehmen ist bei dem Produkt Linus ebenfalls Monopolist.
Die Nachfragefunktion p^*_N lautet hierfür: $p^*_N(x) = 100e^{-2-0{,}2x}$ mit $x \in \mathbb{R}$; $x \geq 0$.
Die Gesamtkostenfunktion K ist mit $K(x) = 0{,}5x + 10$ gegeben.
Ermitteln Sie die Funktionsgleichungen der Erlösfunktion E und der Gewinnfunktion G.
Berechnen Sie das Intervall, in dem das Unternehmen Gewinn erwirtschaftet.
Bestimmen Sie den maximalen Gewinn und den Cournot' schen Punkt.

4 Das Unternehmen Nuva hat ein neues Duschgel für Neurodermitiker entwickelt. Dieses Gel ist frei von Zusätzen und enthält ein Deodorant. Für dieses Produkt wird von einem Produktlebenszyklus ausgegangen, der durch die Umsatzfunktionenschar u_m mit $u_m(t) = 10t \cdot e^{m \cdot t}$, $m \in \mathbb{R}$; $m < 0$, beschrieben werden kann.
Der Parameter m beschreibt unterschiedliche Absatzmärkte. Die Zeit t wird in Zeiteinheiten (ZE) angegeben und der Umsatz $u_m(t)$ in GE/ZE.
Die Produkteinführung erfolgt zum Zeitpunkt t = 0.

4.1 Skizzieren Sie qualitativ für ein beliebiges $m \in \mathbb{R}$, $m < 0$, den Verlauf des Graphen der Schar im Intervall [0; 9]. Beschreiben Sie den Verlauf dieses Graphen mathematisch und interpretieren Sie ihn aus ökonomischer Sicht.

4.2 Ermitteln Sie den Extrempunkt der Umsatzfunktionenschar u_m und interpretieren Sie die Koordinaten in Abhängigkeit des Parameters m aus ökonomischer Sicht.

Für die folgenden Teilaufgaben gilt m = – 0,5.

4.3 Bestimmen Sie den maximalen Umsatz für das neue Duschgel. Ermitteln Sie den Zeitpunkt, an dem die Umsatzänderung am stärksten ist.
Das Produkt sollte vom Markt genommen werden, wenn der maximale Umsatz um 40% unterschritten wird, spätestens aber, wenn der größte Umsatzrückgang zu verzeichnen ist. Ermitteln Sie den Zeitpunkt, an dem das Produkt vom Markt genommen werden sollte.

4.4 Der Gesamtumsatz bis zu einem bestimmten Zeitpunkt t lässt sich mithilfe der Flächenmaßzahl zwischen der Abszissenachse und dem Graphen der Umsatzfunktion $u_{-0,5}$ ermitteln.
Gegeben ist die Funktionsgleichung $U_{-0,5}(t) = -20(t + 2 + e^{0,5t}) \cdot e^{-0,5t}$.
Zeigen Sie, dass $U_{-0,5}$ eine Stammfunktion von $u_{-0,5}$ ist.
Bestimmen Sie den Gesamtumsatz von der Produkteinführung bis zum Zeitpunkt t = 0,5.
Ermitteln Sie den Gesamtumsatz, auf den das Unternehmen verzichtet, wenn es das Duschgel zum Zeitpunkt t = 4 vom Markt nimmt.

4.5 Der Preis für das Duschgel wird sich über die Zeit t voraussichtlich nach der Funktion p mit $p(t) = \frac{8}{0,3t + 3}$ entwickeln. Dabei wird p(t) in GE/ME angegeben.
Untersuchen Sie die Funktion p auf die Zeitpunkte mit dem höchsten bzw. dem niedrigsten Preis.
Die Absatzfunktion lässt sich bestimmen durch mit $a_{-0,5}(t) = \frac{u_{-0,5}(t)}{p(t)}$.
Zeigen Sie, dass gilt: $a_{-0,5}(t) = \frac{3}{8}t(t + 10) \cdot e^{-0,5t}$.

Ermitteln Sie die zugehörige Maßeinheit.
Erläutern Sie die ökonomische Bedeutung der Flächenmaßzahl zwischen der Abszissenachse und dem Graphen der Absatzfunktion im Intervall [0;4].

II Stochastik

1 Umgang mit Zufall und Wahrscheinlichkeit

Lernsituation

Die Firma Hirscher fertigt auf einer Maschine Dichtungen. Aufgrund von Reklamationen, lässt der Produktionsleiter eine Stichprobe durchführen. Der laufenden Produktion werden 5000 Dichtungen entnommen. Darunter sind 250 Dichtungen defekt. Der Verkaufspreis für eine Dichtung beträgt 1€. Herr Schwarz kauft 5 Dichtungen zur Prüfung. Ist keine Dichtung defekt, so akzeptiert er den vollen Preis, ist genau eine Dichtung defekt, möchte er einen Preisnachlass von 20 %, bei mehr als einer defekten Dichtung, erwartet er einen Preisnachlass von 50 %. Die Herstellungskosten für eine Dichtung betragen 90 ct.
Erläutern Sie die wirtschaftliche Situation.

Für eine ausgelieferte defekte Dichtung entstehen der Firma Kosten von 2,50 €. Die technische Abteilung überlegt, ob sich die Kosten mithilfe eines Prüfgeräts senken lassen. Solch ein Prüfgerät zeigt in der Regel bei 97 % der defekten Dichtungen einen Fehler an, einwandfreie Dichtungen werden zu 100 % als solche erkannt. Für eine Dichtung, die vom Prüfgerät als defekt erkannt wurde, veranschlagt die Firma 20 ct Kosten. Eine Dichtung zu prüfen kostet 7 ct.
Entscheiden Sie, ob sich der Einsatz eines Prüfgeräts lohnt.

Bearbeiten Sie diese Lernsituation. Erwerben Sie die rechts aufgeführten **Qualifikationen und Kompetenzen**.

Qualifikationen & Kompetenzen

- Zufallsexperimente beschreiben
- Häufigkeiten berechnen
- Wahrscheinlichkeiten berechnen
- Zufallsvariable und deren Kennzahlen (Erwartungswert, Standardabweichung) zur Modellierung verwenden

1.1 Zufallsexperiment

Bei der Ziehung der Lottozahlen können wir nicht vorhersagen, welche Zahl gezogen wird. Ein mögliches Ergebnis ist die Zahl 10. Dass die Zahl 10 gezogen wird, hängt vom **Zufall** ab. Die Ziehung der Lottozahlen ist ein Zufallsexperiment, das folgende Eigenschaften erfüllt:

- Durchführung unter genau festgelegten Vorschriften;
- beliebig oft wiederholbar unter völlig gleichen Bedingungen;
- mindestens zwei mögliche Ergebnisse;
- Ergebnis nicht vorhersagbar.

Beachten Sie

Ein **Zufallsexperiment** hat verschiedene Ergebnisse.
Welches Ergebnis bei der Durchführung eintritt, kann nicht vorhergesagt werden.
Ein Zufallsexperiment kann unter gleichbleibenden Bedingungen beliebig oft durchgeführt werden.

1.1.1 Einstufiges Zufallsexperiment

Wird ein Zufallsexperiment einmal ausgeführt, so spricht man von einem einstufigen Zufallsexperiment.

Beispiel a)

Zufallsexperiment: „Werfen einer Münze"
Mögliche Ergebnisse: Wappen; Zahl
Ergebnismenge: S = {W; Z}
Darstellung des Zufallsexperiments in einem Baumdiagramm:

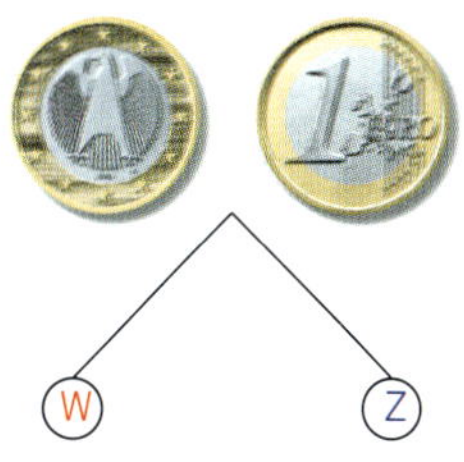

Beispiel b)

Zufallsexperiment: „Werfen eines Würfels und Feststellen, welche Augenzahl gefallen ist."
Mögliches Ergebnis: Augenzahl 2
Ergebnismenge: S = {1; 2; 3; 4; 5; 6}
Baumdiagramm:

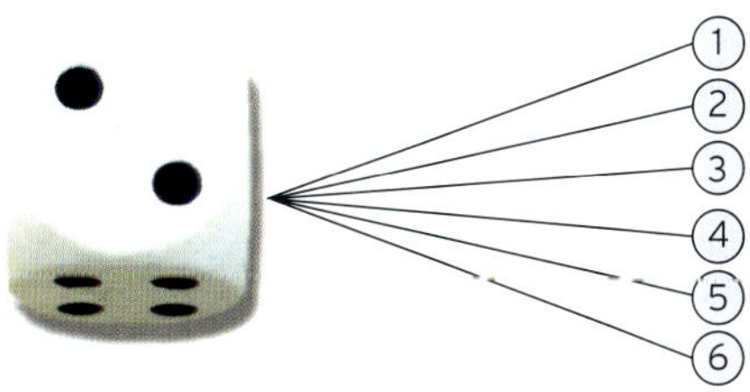

Beispiel c)

Eine Urne enthält eine rote und zwei schwarze Kugeln.

Zufallsexperiment: „Ziehen einer Kugel "

Mögliche Ergebnisse: **r**ote Kugel; **s**chwarze Kugel

Ergebnismenge: S = {**r**; **s**}

Darstellung des Zufallsexperiments in einem Baumdiagramm:

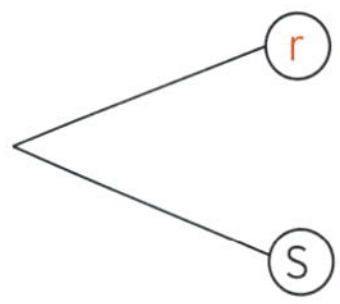

Beachten Sie

Ein einzelner **Ausgang** von mehreren möglichen Ausgängen eines Zufallexperiments heißt **Ergebnis**. Die **Ergebnismenge** S ist die Zusammenfassung aller möglichen **Ergebnisse**.

$S = \{e_1; e_2; ...; e_n\}$

Aufgaben

1 In einer Umfrage soll der Familienstand der befragten Person festgestellt werden. Geben Sie eine Ergebnismenge an, wenn die Befragung als Zufallsexperiment aufgefasst wird.

2 Ein Glücksrad mit acht Sektoren 1, 2, ..., 8 wird gedreht. Die Drehung stoppt und der Pfeil zeigt auf einen Sektor. Bestimmen Sie die Ergebnismenge.

3 Beim Werfen mit 2 Würfeln wird jeweils die Augensumme notiert. Geben Sie die Ergebnismenge an.

4 Aus einer Urne mit 3 roten, 2 blauen und einer weißen Kugel wird eine Kugel gezogen und deren Farbe notiert. Ermitteln Sie die Ergebnismenge für dieses Zufallsexperiment.

5 Bei einem Glücksspiel werden 2 Würfel auf einmal geworfen. Wer zwei Sechsen wirft, erhält den Hauptpreis von 50 €, wer einen anderen Pasch wirft, bekommt die Augensumme in € als Trostpreis.
Geben Sie eine Ergebnismenge für dieses Zufallsexperiment an.

1.1.2 Mehrstufiges Zufallsexperiment

Wird ein Zufallsexperiment **mehrmals hintereinander** ausgeführt, so liegt ein **mehrstufiges Zufallsexperiment** vor. Ein mehrstufiges Zufallsexperiment lässt sich mit einem **Baumdiagramm** übersichtlich darstellen.

Beispiel 1: Zufallsexperiment „Zweimaliges Werfen einer Münze"

➲ Bestimmen Sie mithilfe eines Baumdiagramms alle möglichen Ergebnisse.

Lösung

Baumdiagramm

Aus dem Baumdiagramm liest man ab:
Jeder Pfad im Baumdiagramm führt zu einem Ergebnis, das als Paar geschrieben wird.
Es gibt 4 mögliche Ergebnisse.
Ergebnismenge: S = {(W W); (W Z); (Z W); (Z Z)}

Beispiel 2: Zufallsexperiment „Ziehen ohne Zurücklegen"

➲ In einer Urne befinden sich 2 schwarze und 1 rote Kugel. Es werden nacheinander zwei Kugeln ohne Zurücklegen aus der Urne gezogen.
Bestimmen Sie mithilfe eines Baumdiagramms die Ergebnismenge.

Lösung

Baumdiagramm

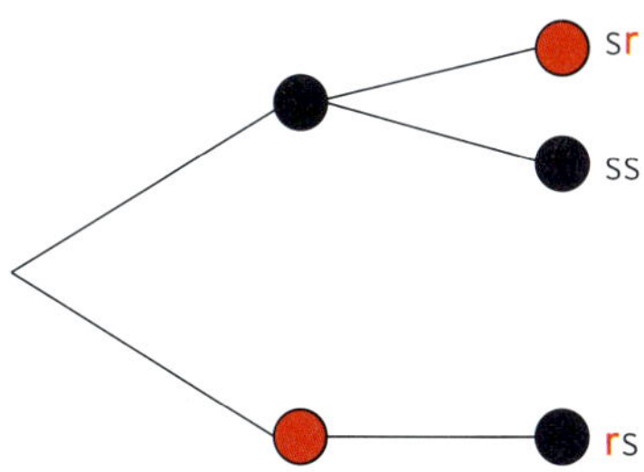

Das Baumdiagramm zeigt, es gibt drei Ergebnisse.
Ergebnismenge: S = {(s r); (s s); (r s)}

Beispiel 3: Zufallsexperiment „Ziehen mit Zurücklegen“

➲ Die chinesische Firma Guangzhoi stellt Billardkugeln her, die sich nur durch ihre Aufschrift einer Ziffer unterscheiden. Die zur Zeit produzierten Billardkugeln sind mit der Ziffer „5“ oder mit „3“ oder mit „2“ beschriftet. Der laufenden Produktion werden nacheinander zwei Kugeln entnommen und jedes Mal die Ziffer notiert.
Bestimmen Sie mithilfe eines Baumdiagramms alle möglichen Ergebnisse.

Lösung

Baumdiagramm

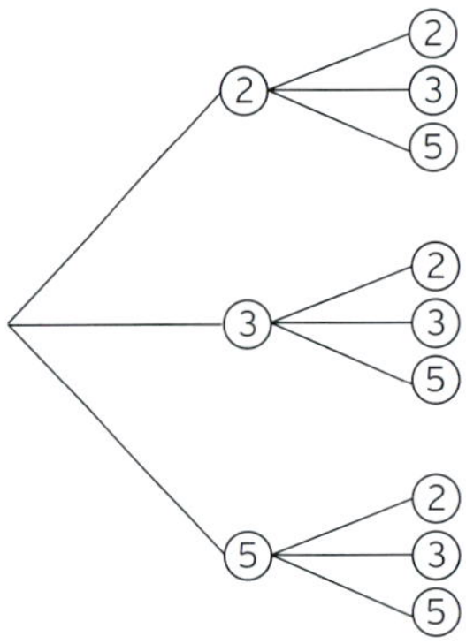

Ergebnis

2 2
2 3
2 5
3 2
3 3
3 5
5 2
5 3
5 5

Es gibt also 9 Ergebnisse, da die Reihenfolge wichtig ist.

Ergebnismenge: S = {2 2; 2 3; 2 5; 3 2; 3 3; 3 5; 5 2; 5 3; 5 5}

Bemerkung: Der laufenden Produktion entnommen, entspricht dem Ziehen von Kugeln aus einer Urne mit Zurücklegen.

Beispiel 4: Zufallsexperiment „Verkehrszählung“

➲ Bei einer Verkehrszählung wird u. a. festgestellt, ob es sich um einen Lkw (L) oder um keinen Lkw ($\overline{L}$) handelt. Es wird dreimal hintereinander die Art des Fahrzeugs notiert.
Bestimmen Sie mithilfe eines Baumdiagramms alle möglichen Ergebnisse.

Lösung

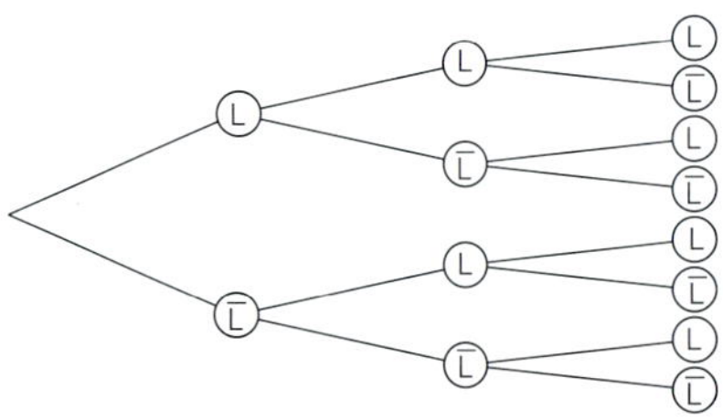

$L\,L\,L$
$L\,L\,\overline{L}$
$L\,\overline{L}\,L$
$L\,\overline{L}\,\overline{L}$
$\overline{L}\,L\,L$
$\overline{L}\,L\,\overline{L}$
$\overline{L}\,\overline{L}\,L$
$\overline{L}\,\overline{L}\,\overline{L}$

Aufgabe

1 Eine Urne enthält 3 schwarze und 2 rote Kugeln. Zeichnen Sie ein Baumdiagramm. Geben Sie für das Zufallsexperiment die Ergebnismenge an.

a) Aus der Urne werden nacheinander 2 Kugeln mit Zurücklegen gezogen.

b) Aus der Urne werden nacheinander 3 Kugeln ohne Zurücklegen gezogen.

1.2 Ereignisse

Beispiel 1

➲ Eine Münze wird dreimal geworfen und man beobachtet, in welcher Reihenfolge Zahl (Z) und Wappen (W) oben liegen.

a) Geben Sie die Ergebnismenge S an.

b) A ist das Ereignis: Es erscheint kein Wappen. Geben Sie A als Menge an.

c) Es sei B das Ereignis, dass zwei- oder dreimal hintereinander Zahl erscheint. Geben Sie die Menge B an.

d) Stellen Sie S und B mit dem Baumdiagramm dar.

Lösung

a) S = {ZZZ; ZZW; ZWZ; ZWW; WZZ; WZW; WWZ; WWW}

b) Kein Wappen bedeutet, es erscheint dreimal Zahl. A = {ZZZ}

c) B = {ZZZ; ZZW; WZZ}
Die Menge B ist eine Teilmenge der Ergebnismenge S.
Man sagt, B ist ein Ereignis. Die Teilmenge A = {ZZZ} enthält nur ein Element von S, in diesem Fall spricht man von einem **Elementarereignis**.

Festlegung

Ein Zufallsexperiment habe die Ergebnismenge S. Jede **Teilmenge A** von S ist ein **Ereignis**. Endet die Durchführung des Zufallsexperiments mit einem Ergebnis aus A, so ist das Ereignis A eingetreten.

d) Baumdiagramm

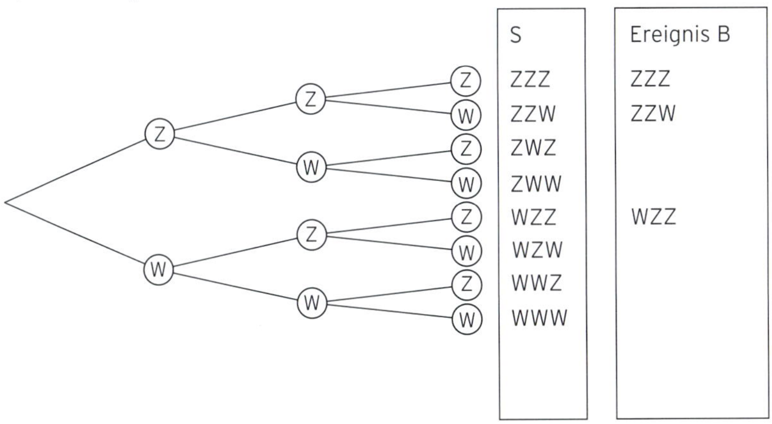

Hinweis: Das Ereignis B ist eingetreten, wenn eines der Ergebnisse von B (z.B. WZZ) bei der Durchführung des Experiments als Ergebnis eingetreten ist.

Beispiel 2

➲ Ein Würfel wird geworfen und die Augenzahl notiert.

a) Geben Sie die Ergebnismenge S an.

b) Geben Sie die folgenden Ereignisse in Mengenschreibweise an.

A: Die Augenzahl ist gerade.

B: Die Augenzahl ist eine Primzahl

C: Die Augenzahl ist kleiner als 7

D: Die Augenzahl ist negativ

E: Die Augenzahl ist größer als 5

F: Die Augenzahl ist größer als 4

G: Die Augenzahl ist kleiner oder gleich 4

Lösung

a) Ergebnismenge des **Zufallsexperiments:** $S = \{1; 2; 3; 4; 5; 6\}$

b) **Ereignisse** (in **aufzählender Schreibweise)**

$A = \{2; 4; 6\}$

$B = \{2; 3; 5\}$ — **Hinweis:** Die Zahl 1 ist keine Primzahl.

$C = \{1; 2; 3; 4; 5; 6\}$ — $C = S$, das Ereignis C tritt bei jeder Durchführung ein und heißt daher **sicheres Ereignis.**

$D = \emptyset$ — Das Ereignis $D = \emptyset$ tritt niemals ein. $D = \emptyset$ heißt das **unmögliche Ereignis.**

$E = \{6\}$ — Enthält ein Ereignis $E = \{e_1\}$ nur **ein Element**, so ist E ein **Elementarereignis.**

$F = \{5; 6\}$

$G = \{1; 2; 3; 4\} = \overline{F}$ — $\overline{F}$ ist das **Gegenereignis** von F, d. h., $\overline{F}$ enthält diejenigen Ergebnisse der Ergebnismenge, die **nicht zu F** gehören. Es gilt: $\overline{F} = S \setminus F$; $F \cup \overline{F} = S$

Beispiele zum Gegenereignis

Die Farbe von 10 zufällig vorbeifahrenden Autos wird notiert.

Ereignis	**Gegenereignis**
A: kein Auto ist rot	$\overline{A}$: mindestens ein Auto ist rot
B: mindestens zwei Autos sind rot	$\overline{B}$: höchstens ein Auto ist rot, d. h., kein oder ein Auto ist rot
C: genau ein Auto von drei Autos ist rot	$\overline{C}$: kein Auto oder zwei oder drei Autos sind rot
D: höchstens 3 Autos sind rot	$\overline{D}$: mindestens 4 Autos sind rot

Hinweis: Das Gegenereignis zu „höchstens 3 rote Autos" heißt „mehr als 3 rote Autos" bzw. „mindestens 4 rote Autos".

Aufgaben

1 Erklären Sie den Begriff Zufallsexperiment. Geben Sie drei Zufallsexperimente an.

2 Die Firma Novyla stellt Dunstabzugshauben in verschiedenen Farben her. Eine Dunstabzugshaube wird auf Farbfehler und anschließend auf technische Fehler geprüft.
Ein fehlerhaftes Gerät wird ausgetauscht.
Bestimmen Sie mithilfe eines Baumdiagramms alle möglichen Ergebnisse.

3 Die skizzierte Spielanordnung besteht aus zwei Glücksrädern, deren Einzelsektoren gleich groß sind. Ein Spiel besteht darin, dass beide Räder in eine unabhängige Drehung versetzt und zufällig gestoppt werden. Ein Spiel ist beendet, wenn jeder Pfeil auf die Mitte eines Sektors zeigt. Geben Sie für ein Spiel die Ergebnismenge in aufzählender Form an.

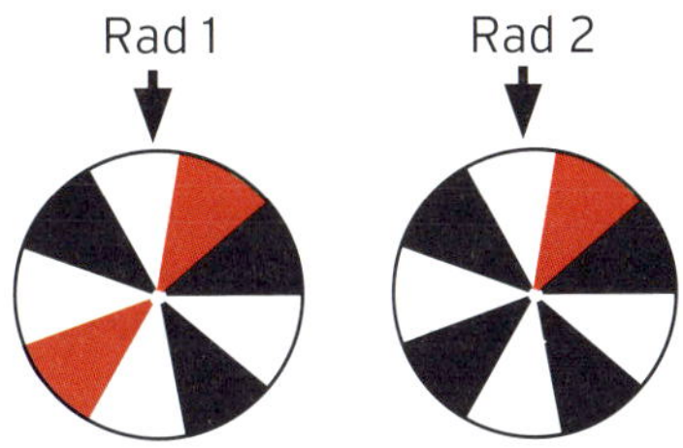

4 Ute und Alina spielen gegeneinander Tischfußball. Gewinner ist derjenige, der als erster zwei Spiele gewinnt. Geben Sie die Ergebnismenge mithilfe eines Baumdiagramms an.

5 Ein Zahlenschloss besteht aus drei Rädern mit den Zahlen 0 bis 9. Jemand kennt die Zahlen, die das Schloss öffnen, aber leider nicht die Reihenfolge. Bestimmen Sie die Anzahl der Möglichkeiten. Zeichnen Sie ein Baumdiagramm.

6 Die Ergebnismenge ist $S = \{4; 5; 6\}$. Bilden Sie alle möglichen Ereignisse.

7 Eine Urne enthält 4 weiße und 2 schwarze Kugeln.
Ihr werden nacheinander 3 Kugeln ohne Zurücklegen entnommen.

a) Geben Sie die Ergebnismenge S an, wenn nach jedem Zug die Kugelfarbe notiert wird.

b) Die Ereignisse A und B sind folgendermaßen definiert:
A: Die ersten beiden Kugeln haben die gleiche Farbe.
B: Spätestens nach dem 3. Zug sind alle schwarzen Kugeln gezogen worden.
Ermitteln Sie die Ereignisse A und B und ihre Gegenereignisse in aufzählender Form.

8 In einer Klasse kandidieren die Schüler Peter, Horst und Walter für das Amt des Kassenwartes der Juniorenfirma oder des Stellvertreters. Ermitteln Sie zu folgenden Ereignissen die Gegenereignisse:

a) Peter wird Kassenwart.

b) Walter wird Kassenwart oder Stellvertreter.

c) Horst wird nicht Kassenwart.

9 Eine Maschine produziert Spezialschrauben. In einer Qualitätskontrolle werden 4 Schrauben der Reihe nach darauf untersucht, ob sie brauchbar (b) oder unbrauchbar (u) sind. Geben Sie folgende Ereignisse in aufzählender Form an:

a) Die dritte Schraube ist unbrauchbar.

b) Mindestens drei sind brauchbar.

c) Genau drei sind brauchbar.

d) Die ersten beiden sind brauchbar.

Verknüpfung von Ereignissen

Beispiel 3

➲ Ein Würfel wird einmal geworfen. Die Ereignisse E_1, E_2 und E_3 sind folgendermaßen festgelegt: E_1: die Augenzahl ist kleiner als 4,
E_2: die Augenzahl ist eine ungerade Zahl,
$E_3 = \{4; 5\}$.

Beschreiben Sie folgende Ereignisse auf zwei Arten:

a) $E_1 \cup E_2$ b) $E_1 \cap E_2$ c) $\overline{E_1} \cup E_2$ d) $E_1 \cap E_3$

Lösung

Bemerkung:
Aus der Mengenlehre: $\cup$ heißt „vereinigt“;
$\cap$ heißt „geschnitten“.
$A \cup B$ enthält alle Ergebnisse, die zu A oder B gehören.
$A \cap B$ enthält alle Ergebnisse, die zu A und B gehören.

Bestimmung der Ereignisse in **aufzählender Form:** $E_1 = \{1; 2; 3\}$; $E_2 = \{1; 3; 5\}$

a) **Aufzählende Form:** $E_1 \cup E_2 = \{1; 2; 3; 5\}$
Beschreibende Form: Die Augenzahl ist kleiner als 4 oder eine ungerade Zahl.

Hinweis: Sind E_1 und E_2 Ereignisse desselben Zufallsexperiments, so bezeichnet $E_1 \cup E_2$ das Ereignis E_1 **oder** E_2.

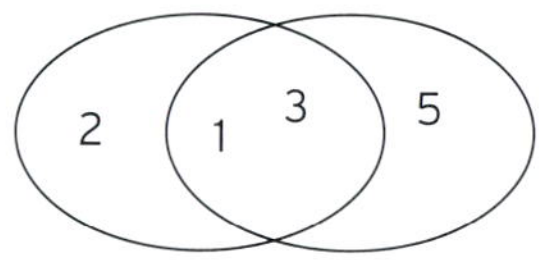

b) **Aufzählende Form:** $E_1 \cap E_2 = \{1; 3\}$
Beschreibende Form: Die Augenzahl ist kleiner als 4 und eine ungerade Zahl.

Hinweis: Sind E_1 und E_2 Ereignisse desselben Zufallsexperiments, so nennt man $E_1 \cap E_2$ auch das Ereignis E_1 **und** E_2.

c) $\overline{E_1} = \{4; 5; 6\}$ $\overline{E_1} \cap E_2 = \{5\}$
$\overline{E_1}$: Die Augenzahl ist größer als 3.
$\overline{E_1} \cap E_2$: Die Augenzahl ist größer als 3 und ungerade.

d) $E_1 \cap E_3 = \emptyset$. Solche Ereignisse nennt man **schnittfremd (disjunkt oder unvereinbar).**
$E_1 \cap E_3$: Die Augenzahl ist kleiner als 4 und (4 oder 5).

Hinweis: Zwei Ereignisse A und B heißen **schnittfremd**, wenn gilt: $\mathbf{A \cap B = \emptyset}$.
Ereignis A und Gegenereignis $\overline{A}$ sind stets schnittfremd: $A \cap \overline{A} = \emptyset$.

Beachten Sie

$A \cup \overline{A} = S$ $A \cap \overline{A} = \emptyset$
$A \cup S = S$ $A \cap S = A$

Aufgaben

1 Gegeben ist die Ergebnismenge $S = \{1; 2; 3; 4; 5; 6\}$ beim einfachen Würfelwurf.
Die Ereignisse A, B und C sind festgelegt durch: $A = \{1; 2; 4\}$, $B = \{1; 2; 5; 6\}$ und $C = \{2; 4\}$.

a) Bestimmen Sie $A \cap B$, $A \cap C$ und $B \cup C$.

b) Bestimmen Sie $\overline{A}$ und $\overline{A \cap C}$.

c) Geben Sie ein Ereignis D von S an, sodass die Ereignisse A und D schnittfremd sind.

2 Ein Würfel wird einmal geworfen.
E_1 ist das Ereignis „die Augenzahl ist höchstens 3",
E_2 ist definiert durch „die Augenzahl ist gerade".
Bestimmen Sie folgende Ereignisse:

a) $E_1 \cup E_2$ b) $E_1 \cap E_2$ c) $\overline{E_1}$

3 Eine Urne enthält 2 schwarze und 1 rote Kugeln.
Aus der Urne werden nacheinander 3 Kugeln mit Zurücklegen entnommen.

a) Geben Sie die Ergebnismenge S an, wenn man nach jedem Zug die Kugelfarbe notiert.
Bestimmen Sie die Anzahl der Elemente von S.

b) Die Ereignisse A und B sind definiert durch:
A: Die ersten beiden Kugeln haben verschiedene Farben.
B: Die erste und die dritte Kugel haben dieselbe Farbe.
Geben Sie die folgenden Ereignisse in aufzählender Form an: $A \cap B$; $\overline{A}$; $A \cup \overline{B}$.

4 Die Firma Fischer stellt Kugellager her. Aus der laufenden Produktion werden drei Kugellager gezogen.
Geben Sie folgende Ereignisse in aufzählender Schreibweise an:
E_1: Es werden nur fehlerhafte Kugellager gezogen.
E_2: Genau ein Kugellager ohne Fehler wird gezogen.
E_3: Das zuletzt gezogene Kugellager ist fehlerhaft.

5 Von zwei Ereignissen A und B weiß man, dass $A \cup B = S$ und $A \cap B = \emptyset$.
Beschreiben Sie die Ereignisse A und B.

6 Nennen Sie einen Unterschied besteht zwischen „A und B sind schnittfremd" und „A ist das Gegenereignis von B".
Erklären Sie diesen Unterschied anhand eines Beispiels.

1.3 Wahrscheinlichkeit

1.3.1 Definition der Wahrscheinlichkeit

Beim Lotto wird zusätzlich eine Superzahl gezogen (vgl. Tabelle). Im Jahr 2018 (10 Ziehungen) kam z. B. die Zahl „2" nicht vor, die Zahl „4" kam jedoch zweimal vor. Bei vielen Ziehungen (seit 07.12.91) kommt die Zahl „2" etwa gleich häufig vor wie die anderen Zahlen. Lässt sich über die Häufigkeit der gezogenen Zahlen eine Aussage machen, wenn das Experiment sehr oft durchgeführt wird?

Superzahlen am Samstag										
	1	2	3	4	5	6	7	8	9	0
Treffer 2018	2	–	–	2	1	1	1	1	1	1
Gesamt	191	198	197	193	216	183	196	181	193	188

Diese Frage untersuchen wir an einem Würfel.
Ein Würfel wird 10-; 20-; ... ; 100-mal geworfen.
Es wird geprüft, wie oft das Ereignis E: „Augenzahl ist 2" aufgetreten ist.
Häufigkeitstabelle (n gibt die Anzahl der Würfe an)

n	10	20	30	40	50	60	70	80	90	100
$H_n(E)$	4	6	6	8	9	10	12	13	15	18
$h_n(E)$	0,4	0,3	0,2	0,2	0,18	0,17	0,17	0,16	0,17	0,18

Um einen Überblick zu bekommen, erstellen wir mit einem Tabellenprogramm ein Punktdiagramm. Das Diagramm zeigt, dass die Folge der relativen Häufigkeiten am Anfang schwankt. Mit wachsendem n werden die Schwankungen geringer. Nach vielen Durchführungen des Zufallsexperiments **stabilisieren** sich die **relativen Häufigkeiten** um den Wert 0,17. Diese Zahl wird als **statistische Wahrscheinlichkeit** für das Ereignis E angesehen.

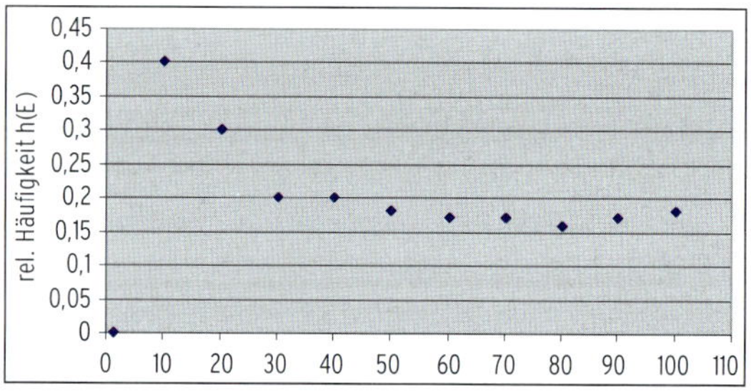

Beachten Sie

Das empirische Gesetz der großen Zahlen: Wird ein Zufallsexperiment sehr oft durchgeführt, so **stabilisieren sich die relativen Häufigkeiten** um einen festen Wert.

Bestimmung der Wahrscheinlichkeit P(E) **ohne Häufigkeitstabelle**
Beim (idealen) Würfel wird aufgrund seiner Symmetrie die Annahme gemacht, dass die Augenzahlen 1, 2, 3, 4, 5 und 6 etwa gleich häufig auftreten, wenn man „oft genug" würfelt. Für das Ereignis A: „Augenzahl ist 2" wird die Wahrscheinlichkeit P **festgesetzt** durch
$P(A) = \frac{1}{6}$ (≈ 0,17).

Beispiel a)

Zufallsexperiment: **Werfen eines idealen Würfels**

Ergebnismenge $S = \{1; 2; 3; 4; 5; 6\}$

Wahrscheinlichkeit P für folgende Ereignisse

A: Augenzahl ist 2 $P(A) = \frac{1}{6}$

A ={2} ist ein Elementarereignis.

E: „Augenzahl ist kleiner als 3"

Ereignis E: $E = \{1; 2\}$

Wahrscheinlichkeit für E: $P(E) = P(AZ = 1) + P(AZ = 2)$

$P(E) = \frac{1}{6} + \frac{1}{6} = \frac{1}{3}$

Beispiel b)

Zufallsexperiment: **Zweimaliges Werfen eines idealen Würfels**

Ergebnismenge $S = \{1\,1; 1\,2; 1\,3; ...; 6\,6\}$

Wahrscheinlichkeit P für folgende Ereignisse

E_1: Pasch 2 $P(E_1) = \frac{1}{36}$

$E_1 = \{2\,2\}$ ist ein Elementarereignis (von 36 möglichen).

E_2: Pasch $E_2 = \{1\,1; 2\,2; 3\,3; 4\,4; 5\,5; 6\,6\}$

Ereignis E_2 besteht aus 6 Elementarereignissen.

Wahrscheinlichkeit für E_2: $P(E_2) = P(1\,1) + P(2\,2) + ... + P(6\,6)$

$P(E_2) = \frac{6}{36} = \frac{1}{6}$

Definition: Axiome von Kolmogorov

Ein Zufallsexperiment besitzt die Ergebnismenge S.
Eine Funktion P, die jedem Ereignis E eine reelle Zahl P(E) zuordnet, heißt **Wahrscheinlichkeitsverteilung**, wenn gilt:

(1) $P(E) \geq 0$ **Nichtnegativität**

(2) $P(S) = 1$ **Normiertheit**

(3) $P(A \cup B) = P(A) + P(B)$; $A, B \subseteq S$ und $A \cap B = \emptyset$ **Additivität**

Der Funktionswert P(E) heißt **Wahrscheinlichkeit von E.**

Beispiel c)

Eine Statistik belegt, dass bei Mäusen von 100 Nachkommen 47 weiblich sind.

Ergebnismenge S = {Männchen, Weibchen}

Die statistische Wahrscheinlichkeit, dass eine Maus weibliche Nachkommen hat, liegt also bei 0,47.

Die Wahrscheinlichkeit, dass eine Maus männliche Nachkommen hat, ist $1 - 0{,}47 = 0{,}53$.

Ist A das Ereignis „Weibchen", so ist das **Gegenereignis** $\overline{A}$ das Ereignis „Männchen".

Für die Wahrscheinlichkeit gilt: $P(\overline{A}) + P(A) = 1 \Rightarrow P(\overline{A}) = 1 - P(A)$

Beachten Sie

Für ein Ereignis A und sein Gegenereignis $\overline{A}$ gilt: $P(A) = 1 - P(\overline{A})$.

Beispiel d)

Zufallsexperiment: Kontrolle an einer bestimmten Zollstation

Ergebnismenge $S = \{Schmuggler; Nichtschmuggler\}$

Wahrscheinlichkeit P für das Ereignis

A: Schmuggler $P(A) = 0{,}15$

(Unter 100 kontrollierten Personen waren 15 Schmuggler.)

$\overline{A}$: Nichtschmuggler $P(\overline{A}) = 1 - P(A) = 0{,}85$

Beispiel e)

Die Firma Ven & Söhne fertigt Ventile auf den Anlagen A_1, A_2 und A_3.

Die Wahrscheinlichkeit, dass ein Ventil von der Anlage A_1 produziert wird, beträgt $P(A_1) = 0{,}7$, entsprechend ist $P(A_2) = 0{,}2$ und $P(A_3) = 0{,}1$.

$\overline{A_1}$: Ventil ist nicht von der Anlage A_1 $P(\overline{A_1}) = 1 - P(A_1) = 1 - 0{,}7 = 0{,}3$

oder

$\overline{A_1}$: Ventil ist von der Anlage A_2 oder A_3 $P(\overline{A_1}) = P(A_2 \cup A_3) = 0{,}2 + 0{,}1 = 0{,}3$

Beispiel f)

Eine 24-stündige Verkehrszählung von Fahrzeugen am Stadtrand von Potsdam ergab folgende Daten.

Fahrzeugart	Pkw	Lkw	Sonstige
absolute Häufigkeit H	138 000	18 500	6500
relative Häufigkeit h	0,85	0,11	0,04
Wahrscheinlichkeit	0,85	0,11	0,04

Die Summe der relativen Häufigkeiten muss 1 ergeben.

Die relativen Häufigkeiten werden als Wahrscheinlichkeiten verwendet.

Wahrscheinlichkeitsverteilung

Ergebnis	Pkw	Lkw	Sonstige
Wahrscheinlichkeit	0,85	0,11	0,04

Wahrscheinlichkeit P für das Ereignis

A: kein Lkw $P(A) = 0{,}85 + 0{,}04 = 0{,}89$

oder mithilfe des Gegenereignisses von A:

$\overline{A}$: Lkw $P(A) = 1 - P(\overline{A}) = 1 - 0{,}11 = 0{,}89$

Beispiel g)

Die Firma Super Univers stellt Sticks her. Erfahrungsgemäß haben 5 % der Sticks eine Funktionsstörung (F) und 8 % sind falsch verpackt (V). Beide Mängel sollen jedoch bei einem Stick nicht gleichzeitig auftreten.

Wahrscheinlichkeit P für das Ereignis: Stick hat einen Mangel $F \cup V$: $P(F \cup V) = P(F) + P(V) = 0{,}08 + 0{,}05 = 0{,}13$

Hinweis: $F \cap V = \emptyset$

Wahrscheinlichkeit P für das Ereignis: Stick ist mängelfrei $\overline{F \cup V}$:

$P(\overline{F \cup V}) = 1 - P(F \cup V) = 1 - 0{,}13 = 0{,}87$

Aufgaben

1 Die Wahrscheinlichkeit für eine Jungengeburt ist 0,514.
Bestimmen Sie die Wahrscheinlichkeit: Das Neugeborene ist ein Mädchen.

2 Bei einem Tag der offenen Tür des Berufskolleg Nord besteht die Möglichkeit, auf eine Torwand zu schießen. Ein Spiel besteht aus sechs Schüssen. Für jeden Teilnehmer wird die Anzahl der Treffer notiert. Die Auswertung ergab folgende Tabelle:

Anzahl der Treffer	0	1	2	3	4	5	6
Anzahl der Teilnehmer	28	40	25	12	10	4	1

a) Stellen Sie eine Wahrscheinlichkeitsverteilung auf und stellen Sie diese grafisch dar.
b) Berechnen Sie, wie viel Prozent der Schüsse ins Tor gingen.

3 Eine Scheibe in einem Spielautomaten ist in fünf Sektoren aufgeteilt. Die nebenstehende Abbildung zeigt die Aufteilung. Die Scheibe wird in Drehung versetzt. Nach Stillstand der Scheibe zeigt ein Pfeil auf genau einen Sektor. Die zugehörige Zahl wird notiert. Damit ist ein Durchgang beendet. Geben Sie die Wahrscheinlichkeitsverteilung für einen Durchgang an.

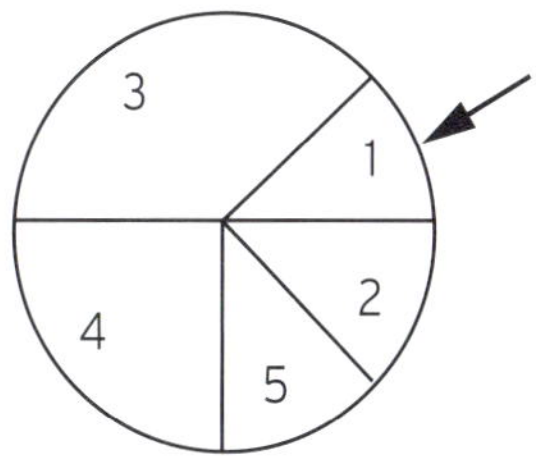

4 Eine TÜV-Station hat die häufigsten Mängel an fünf Jahre alten Pkws erfasst.
Es wurden 2000 Pkws untersucht.

Mangel	A: Handbremse	B: Ölverlust	C: Auspuffanlage	D: Scheinwerfer
h in %	7,8	7,5	5,0	4,3

Es wird davon ausgegangen, dass die Mängel A bis D unabhängig voneinander auftreten.
Begründen Sie, dass die angegebenen relativen Häufigkeiten als Wahrscheinlichkeiten für das Auftreten der Mängel A bis D angesehen werden können.

Ermitteln Sie die Wahrscheinlichkeit der folgenden Ereignisse:
E1: Ein Pkw hat den Mangel B. E2: Ein Pkw hat die Mängel A oder B.
Hinweis: Die Mängel A und B sollen bei einem Pkw nicht gleichzeitig auftreten.
E3: Ein Pkw hat keinen dieser Mängel.

5 Eine Umfrage ergab, dass jeder 3. Befragte seinen Urlaub in Spanien verbringen möchte. 40 % der übrigen Befragten gaben Italien, 25 % aller Befragten gaben die Türkei als Reiseziel an. 90 Befragte machten keine Angaben.
a) Geben Sie die Anzahl der befragten Personen an. (Kontrollergebnis: n = 600)
b) Ermitteln Sie eine Wahrscheinlichkeitsverteilung und stellen Sie diese grafisch dar.

1.3.2 Wahrscheinlichkeit bei Gleichverteilung (Laplace-Experiment)

Bei einem idealen Würfel wird die Wahrscheinlichkeit für das Ereignis E: „Augenzahl 4" wohl kaum über die relative Häufigkeit bestimmt, sondern es gilt die Annahme, dass alle Augenzahlen bei vielen Durchführungen etwa gleich oft fallen werden.
Somit lässt sich jeder Augenzahl die gleiche Wahrscheinlichkeit $\frac{1}{6}$ zuordnen. Die einzelnen Wahrscheinlichkeiten der Elementarereignisse werden in einer Tabelle zusammengefasst, die man auch **Wahrscheinlichkeitsverteilung** nennt.

Wahrscheinlichkeitsverteilung für das Werfen eines Würfels

e_i	1	2	3	4	5	6
$P(e_i)$	$\frac{1}{6}$	$\frac{1}{6}$	$\frac{1}{6}$	$\frac{1}{6}$	$\frac{1}{6}$	$\frac{1}{6}$

In diesem Fall handelt es sich um ein Laplace-Experiment.

Beachten Sie

Wenn für alle Ergebnisse eines Zufallsexperiments **die gleiche Wahrscheinlichkeit** angenommen werden kann (Gleichverteilung), dann heißt dieses Experiment **Laplace-Experiment**. Ein idealer Würfel heißt auch Laplace-Würfel oder L-Würfel.

Berechnung der Wahrscheinlichkeit für ein Laplace-Experiment

Beispiel a)

Zufallsexperiment: **Werfen eines idealen Würfels**

Ergebnismenge $S = \{1; 2; 3; 4; 5; 6\}$

Wahrscheinlichkeit P für das Ereignis

A: Augenzahl ist 1: $P(A) = \frac{1}{6}$

B: Augenzahl ist 2: $P(B) = \frac{1}{6}$

C: Augenzahl ist 1 oder 2: $P(C) = P(A) + P(B) = \frac{1}{6} + \frac{1}{6} = \frac{1}{3}$

S: Ergebnismenge $P(S) = 1$ sicheres Ereignis

E: Augenzahl ist ungerade

Ereignis E: $E = \{1; 3; 5\}$

Wahrscheinlichkeit für E $P(E) = \frac{1}{6} + \frac{1}{6} + \frac{1}{6} = \frac{1}{2}$

Es gilt auch $P(E) = 3 \cdot \frac{1}{6} = \frac{3}{6}$

Interpretation:
Das Ereignis E tritt ein, wenn der Würfel 1, 3 oder 5 zeigt.
E hat 3 Ergebnisse (Ausgänge) von insgesamt 6 möglichen **gleichwahrscheinlichen Ergebnissen**.
P(E) ist die Anzahl der zu E gehörenden Ergebnisse (3 günstige Ergebnisse), dividiert durch die Gesamtzahl aller Ergebnisse (6 mögliche Ergebnisse). Es gilt: $P(E) = \frac{g}{m}$.

Beispiel b)

Zufallsexperiment: **Drehen eines Glücksrades**

Nach jedem Stillstand des Rades zeigt der Pfeil auf die Mitte eines Sektors.

Ergebnismenge S = {grün; rot; weiß; blau}

Wahrscheinlichkeit P für das Ereignis A: grün $P(A) = \frac{1}{4}$

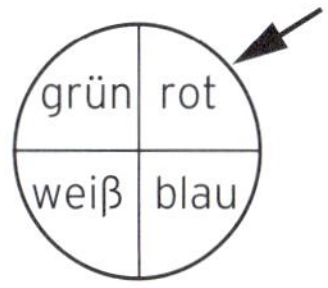

Gegenereignis $\overline{A}$ von A

$\overline{A}$: nicht grün bzw. $\overline{A}$ = {rot; weiß; blau} $P(\overline{A}) = \frac{3}{4}$

Weitere Lösungsmöglichkeit
für das Gegenereignis $\overline{A}$ von A $P(\overline{A}) = 1 - P(A) = 1 - \frac{1}{4} = \frac{3}{4}$

Beachten Sie (Laplace-Formel)

Liegt ein **Laplace-Experiment** vor, so gilt für die Wahrscheinlichkeit P(E) eines Ereignisses E: $P(E) = \frac{\text{Anzahl der Ergebnisse, bei denen E eintritt}}{\text{Anzahl aller möglichen Ergebnisse}}$

Kurzschreibweise $P(E) = \frac{g}{m} = \frac{\text{günstig}}{\text{möglich}}$

Beispiel

➲ Die Firma Buchmann feiert ihr 20-jähriges Jubiläum. Unter anderem findet auch eine Verlosung statt. In der Lostrommel befinden sich 3000 Lose, die von 1 bis 3000 durchnummeriert sind.
Bestimmen Sie die Wahrscheinlichkeit, dass das erste Los ein Gewinn ist, wenn

a) jedes Los, dessen Nummer mit einer 1 beginnt, gewinnt.

b) nur jedes Los mit der Endziffer 2 gewinnt.

Lösung

Anzahl der möglichen Ergebnisse: m = 3000

a) A: Losnummer beginnt mit einer 1
Anzahl der Nummern, die mit einer 1 beginnen
(einer, zehner, hunderter, tausender): $g = 1 + 10 + 100 + 1000 = 1111$
Wahrscheinlichkeit: $P(A) = \frac{g}{m} = \frac{1111}{3000} = 0{,}37$

b) B: Losnummer mit der Endziffer 2
Unter je 10 aufeinanderfolgenden Zahlen gibt es genau eine Zahl
mit der Endziffer 2 $g = 300$
Wahrscheinlichkeit: $P(B) = \frac{g}{m} = \frac{300}{3000} = 0{,}1$

Beispiele für Nicht-Laplace-Experimente

a) Geburt eines Kindes: S = {männlich; weiblich}
P (männlich) = 0,514; P (weiblich) = 0,486

b) Werfen von Reißnägeln
Reißnägel nehmen (in der Regel) zwei Lagen ein: 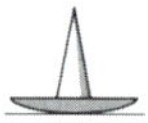 und 

Diese beiden Lagen sind im Allgemeinen nicht gleich wahrscheinlich.
In diesem Fall muss die relative Häufigkeit der beiden Lagen von „vielen" Reißnägeln bestimmt werden, dann kann die Wahrscheinlichkeit festgelegt werden.

Aufgaben

1 Im Schulzentrum besuchen 1340 Schüler/-innen das Berufskolleg, davon sind 240 in einem Sportverein. Bestimmen Sie die Wahrscheinlichkeit, dass ein Schüler/eine Schülerin dieser Schule, den/die man auf dem Pausenhof sieht, in keinem Sportverein ist.

2 Ein Kartenspiel besteht aus 4 Farben (Kreuz, Pik, Herz, Karo) mit je 8 Karten. Peter zieht blind eine Karte aus dem Kartenspiel. Geben Sie die Wahrscheinlichkeit an, dass Peter
A: eine Pik-Karte,
B: keine Herz-Karte,
C: eine Pik- oder eine Karo-Karte, zieht.

3 In einer Lostrommel befinden sich 500 Lose. Jedes 10. Los ist ein Gewinn.
a) Bestimmen Sie die Wahrscheinlichkeit: Das erste gezogene Los ist ein Gewinn.
b) Es wurden bereits 20 Lose gezogen und alle 20 Lose waren Nieten.
Ermitteln Sie Wahrscheinlichkeit, beim nächsten Los einen Gewinn zu ziehen.

4 Zwei Spieler werfen nacheinander einen Würfel. Bestimmen Sie die Wahrscheinlichkeit dafür, dass sie verschiedene Augenzahlen werfen.

5 Eine Urne enthält weiße und schwarze Kugeln. Eine weiße Kugel wird mit der Wahrscheinlichkeit $\frac{1}{6}$ gezogen.
a) Geben Sie ein Beispiel dafür an, wie viele weiße und schwarze Kugeln in der Urne sein könnten.
b) Ermitteln Sie die Anzahl der Kugeln in der Urne, wenn bekannt ist, dass in der Urne 12 schwarze Kugeln mehr als weiße liegen.

6 Nach einem Betriebsfest der Firma Waldner sind noch Preise von der Tombola übrig. Es gibt noch 3 kleine, 5 mittelgroße und 4 große Preise. Der Lehrling darf einen Preis (blind) ziehen. Die Ereignisse A und B sind definiert durch:
A: Er zieht einen mittelgroßen Preis.
B: Er zieht einen kleinen oder einen großen Preis.
Berechnen Sie die Wahrscheinlichkeiten $P(A)$, $P(B)$, $P(\overline{A})$ und $P(\overline{B})$.

1.3.3 Wahrscheinlichkeit bei mehrstufigen Zufallsexperimenten

Beispiel 1

➲ Eine Urne enthält 2 weiße und 1 rote Kugel. Es wird zweimal mit Zurücklegen gezogen und die Farbe der gezogenen Kugeln nacheinander notiert.

a) Bestimmen Sie die Wahrscheinlichkeitsverteilung.

b) Berechnen Sie die Wahrscheinlichkeit für das Ereignis E: „die gezogenen Kugeln haben die gleiche Farbe".

Lösung

a) Baumdiagramm (2-mal Ziehen mit Zurücklegen)

Das Experiment hat 9 Ergebnisse.

Das Ergebnis ww kommt 4-mal vor, somit ist $P(ww) = \frac{4}{9}$.

Wahrscheinlichkeitsverteilung

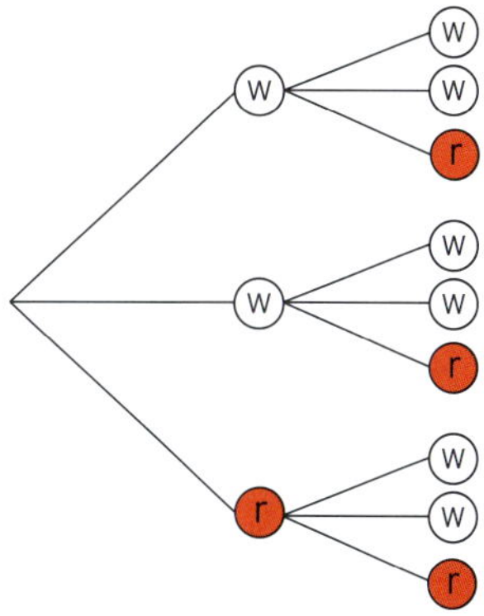

Ausgang	ww	wr	rw	rr
P	$\frac{4}{9}$	$\frac{2}{9}$	$\frac{2}{9}$	$\frac{1}{9}$

Vereinfachung des Baumdiagramms:

Bei diesem Baumdiagramm werden nur die verschiedenen Kugelfarben beachtet. Die Wahrscheinlichkeit, eine weiße Kugel zu ziehen, ist bei jeder Ziehung $\frac{2}{3}$, eine rote zu ziehen $\frac{1}{3}$. Diese Wahrscheinlichkeiten werden an die jeweiligen Pfade geschrieben. Z. B. ist P(ww) das Produkt der Wahrscheinlichkeiten auf den Teilstrecken des Pfades.

Es gilt allgemein die **Pfadmultiplikationsregel.**

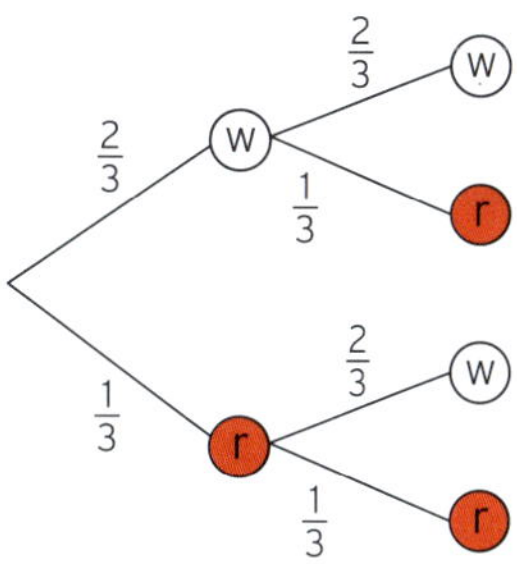

$P(ww) = \frac{2}{3} \cdot \frac{2}{3} = \frac{4}{9}$

$P(wr) = \frac{2}{3} \cdot \frac{1}{3} = \frac{2}{9}$

$P(rw) = \frac{1}{3} \cdot \frac{2}{3} = \frac{2}{9}$

$P(rr) = \frac{1}{3} \cdot \frac{1}{3} = \frac{1}{9}$

Summe 1

Pfadmultiplikationsregel

Im Baumdiagramm ist die **Wahrscheinlichkeit eines Pfades** gleich dem **Produkt der Wahrscheinlichkeiten auf den Teilstrecken des Pfades**.

b) Ereignis E: gleiche Farbe $E = \{ww; rr\}$

Oder-Zeichen $\vee$: $P(E) = P(ww \vee rr) = P(ww) + P(rr) = \frac{4}{9} + \frac{1}{9} = \frac{5}{9}$

Pfadadditionsregel

In einem Baumdiagramm ist die **Wahrscheinlichkeit eines Ereignisses** gleich der Summe der Wahrscheinlichkeiten der in diesem Ereignis **enthaltenen Ergebnisse**.

Beispiel 2

Die Firma Kolb stellt Microchips her. Erfahrungsgemäß sind 10 % der produzierten Chips defekt. Der laufenden Produktion werden drei Chips entnommen.
Berechnen Sie die Wahrscheinlichkeit folgender Ereignisse:
A: Genau zwei Chips sind defekt.
B: Mindestens ein Chip ist defekt.
C: Der zweite entnommene Chip ist nicht defekt.

Lösung

Baumdiagramm
d: defekt
$\overline{d}$: nicht defekt

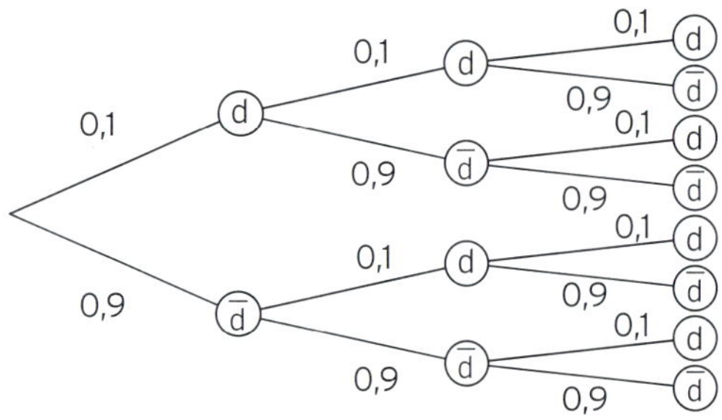

Wahrscheinlichkeit von A
Ereignis A: $A = \{d\,d\,\overline{d};\ d\,\overline{d}\,d;\ \overline{d}\,d\,d\}$
$P(A) = 0{,}1 \cdot 0{,}1 \cdot 0{,}9 + 0{,}1 \cdot 0{,}9 \cdot 0{,}1 + 0{,}9 \cdot 0{,}1 \cdot 0{,}1 = 3 \cdot 0{,}1^2 \cdot 0{,}9 = 0{,}027$
Hinweis: Da es **nicht** auf die **Reihenfolge** ankommt, gilt $P(C) = \mathbf{3} \cdot 0{,}1^2 \cdot 0{,}9$

Wahrscheinlichkeit von B
Ereignis B: $B = \{d\,\overline{d}\,\overline{d};\ \overline{d}\,d\,\overline{d};\ \overline{d}\,\overline{d}\,d;\ d\,d\,\overline{d};\ d\,\overline{d}\,d;\ \overline{d}\,d\,d;\ d\,d\,d\}$
$P(B) = 0{,}1 \cdot 0{,}9 \cdot 0{,}9 + 0{,}9 \cdot 0{,}1 \cdot 0{,}9 + 0{,}9 \cdot 0{,}9 \cdot 0{,}1 + 3 \cdot 0{,}1^2 \cdot 0{,}9 + 0{,}1^3$
$P(B) = 3 \cdot 0{,}1 \cdot 0{,}9^2 + 3 \cdot 0{,}1^2 \cdot 0{,}9 + 0{,}1^3 = 0{,}271$
oder
Berechnung mit dem Gegenereignis $\overline{B} = \{\overline{d}\,\overline{d}\,\overline{d}\}$
Wahrscheinlichkeit $\overline{B}$: $P(\overline{B}) = 0{,}9^3 = 0{,}729$
Wahrscheinlichkeit von B: $P(B) = 1 - P(\overline{B}) = 1 - 0{,}729 = 0{,}271$

Wahrscheinlichkeit von C
Der 1. und der 3. entnommene Chip sind für das Ereignis C **ohne Bedeutung**, also $P(C) = 0{,}9$.

Beispiel 3

➲ Die Firma Würth stellt Schrauben auf zwei Anlagen I und II her. Die Schrauben werden in 10er-Schachteln zu 7 Schrauben aus Anlage I und 3 Schrauben aus Anlage II verpackt. Aus einer Schachtel werden wahllos 2 Schrauben hintereinander entnommen (ohne Zurücklegen).
Bestimmen Sie die Wahrscheinlichkeiten folgender Ereignisse:
E_1: Die erste Schraube stammt von Anlage I und die zweite von Anlage II.
E_2: Die zwei gezogenen Schrauben stammen von der gleichen Anlage.
E_3: Die zweite Schraube ist von der Anlage I.

Lösung

A_1: Die gezogene Schraube ist von Anlage I.
A_2: Die gezogene Schraube ist von Anlage II.
Bemerkung: $A_1 A_2$ bedeutet: 1. Schraube aus Anlage I **und** 2. Schraube aus Anlage II
Baumdiagramm mit den jeweiligen Wahrscheinlichkeiten auf den Teilstrecken.

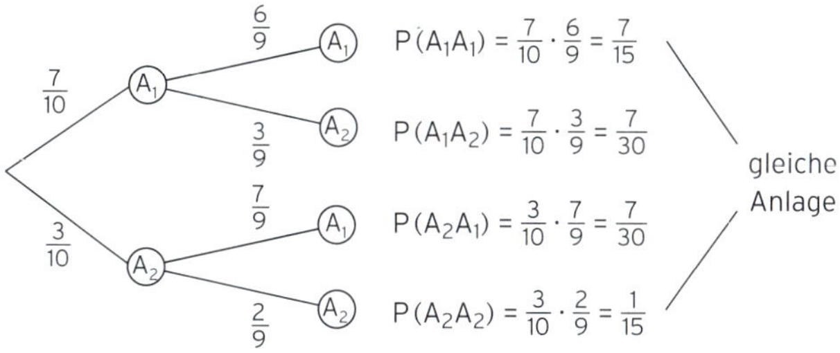

$P(A_1A_1) = \frac{7}{10} \cdot \frac{6}{9} = \frac{7}{15}$

$P(A_1A_2) = \frac{7}{10} \cdot \frac{3}{9} = \frac{7}{30}$

$P(A_2A_1) = \frac{3}{10} \cdot \frac{7}{9} = \frac{7}{30}$

$P(A_2A_2) = \frac{3}{10} \cdot \frac{2}{9} = \frac{1}{15}$

$P(E_1) = \frac{7}{10} \cdot \frac{3}{9} = \frac{7}{30}$

$P(E_2) = P(\text{gleiche Anlage}) = \frac{7}{15} + \frac{1}{15} = \frac{8}{15}$

$P(E_3) = P(A_1A_1) + P(A_2A_1) = \frac{7}{15} + \frac{7}{30} = \frac{7}{10}$

Berechnungen von Wahrscheinlichkeiten mit dem Baumdiagramm

Pfadmultiplikationsregel

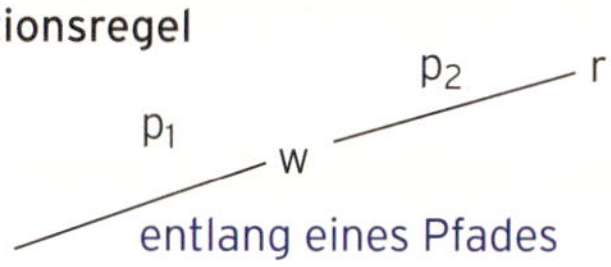

$P(w \wedge r) = p_1 \cdot p_2$
und — Wahrscheinlichkeiten multiplizieren

Pfadadditionsregel

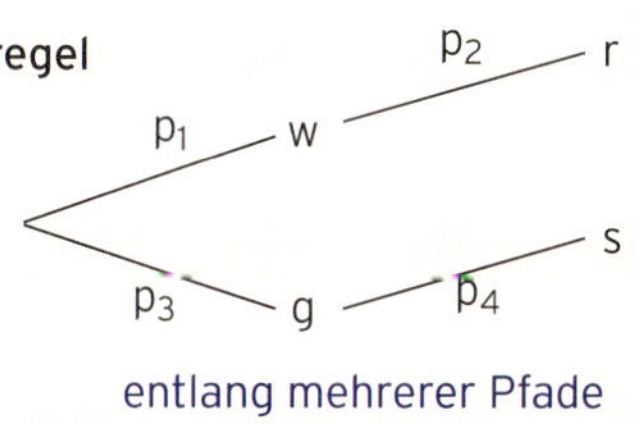

$P(wr \vee gs) = p_1 \cdot p_2 + p_3 \cdot p_4$
oder — Wahrscheinlichkeiten addieren

Zufallsexperiment - Urnenmodell

Die Durchführung vieler Zufallsexperimente lässt sich mit dem Ziehen von Kugeln aus einer Urne modellieren (Urnenmodell). Dabei stellt man sich eine Urne mit farbigen oder nummerierten Kugeln vor, die je nach Problemstellung mit oder ohne Zurücklegen gezogen werden.

Zufallsexperiment	**Urnenmodell**
Beispiel a) In einer Gruppe von 10 Touristen schmuggeln 4. Ein Zöllner wählt zufällig einen Touristen aus dieser Gruppe heraus. Bestimmen Sie die Wahrscheinlichkeit, dass er kein Schmuggler ist.	Urne mit 10 Kugeln, 6 weiße und 4 schwarze. Einmal ziehen. Gesuchte Wahrscheinlichkeit: $P(w) = \frac{6}{10} = 0{,}6$
Beispiel b) Von 30 Monitoren einer Sendung sind 10 % defekt. Zwei Monitore dieser Sendung werden nacheinander entnommen. Bestimmen Sie die Wahrscheinlichkeit, dass beide Monitore defekt sind.	Urne mit 30 Kugeln, 27 weiße und 3 schwarze. Zweimal **ziehen ohne Zurücklegen.** Gesuchte Wahrscheinlichkeit: $P(ss) = \frac{3}{30} \cdot \frac{2}{29} = \frac{1}{145} = 0{,}0069$
Beispiel c) Bei der Produktion von Tongefäßen beträgt der Ausschusserfahrungsgemäß immer 10 % . Bestimmen Sie die Wahrscheinlichkeit, dass bei der Herstellung von zwei Gefäßen beide brauchbar sind.	Urne mit z. B. 10 Kugeln, 9 weiße und eine schwarze. Zweimal **ziehen mit Zurücklegen**. Gesuchte Wahrscheinlichkeit: $P(ww) = \frac{9}{10} \cdot \frac{9}{10} = 0{,}81$

Hinweis: Da die Produktion immer 10 % Ausschuss liefert, unabhängig von der Entnahme, wird das Experiment bei der Urne durch Ziehen mit Zurücklegen simuliert.

Beispiel d) Bei einer Verkehrszählung wurde festgestellt, dass 25 % der vorbeifahrenden Fahrzeuge Lkw waren, 70 % Pkw und 5 % sonstige Fahrzeuge. Berechnen Sie die Wahrscheinlichkeit, dass unter drei vorbeifahrenden Fahrzeugen das erste ein Lkw, das zweite ein Pkw und das dritte ein sonstiges Fahrzeug ist.	Urne mit z. B. 100 Kugeln, 25 weiße, 70 schwarze und 5 grüne. Dreimal **ziehen mit Zurücklegen**. Gesuchte Wahrscheinlichkeit: $P(wsg) = \frac{25}{100} \cdot \frac{70}{100} \cdot \frac{5}{100} = 0{,}009$

Aufgaben

1 Aus einer Urne mit 5 weißen, 3 schwarzen und 2 roten Kugeln werden nacheinander zwei Kugeln mit Zurücklegen entnommen.

a) Geben Sie die Wahrscheinlichkeitsverteilung an.

b) Bestimmen Sie die Wahrscheinlichkeit für zwei gleichfarbige Kugeln.

c) Berechnen Sie die Wahrscheinlichkeit für das Ereignis A: „1. Zug weiße Kugel und 2. Zug rote Kugel".

d) Beantworten Sie die Teilaufgaben a), b) und c), wenn zwei Kugeln ohne Zurücklegen entnommen werden.

2 Im Labor eines Forschungsinstitutes steht ein Korb mit Mäusen. Im Korb sind drei Weibchen und ein Männchen. Es werden (blind) nacheinander drei Mäuse ohne Zurücklegen aus dem Korb herausgenommen. Berechnen Sie die Wahrscheinlichkeit für

a) kein Männchen,

b) genau zwei Weibchen,

c) mindestens 2 Weibchen,

d) höchstens zwei Weibchen.

3 In einer Gruppe von sechs Personen schmuggeln vier. Ein Zöllner wählt zufällig nacheinander drei Personen aus. Ermitteln Sie die Wahrscheinlichkeit, dass er drei (zwei, einen) Schmuggler auswählt.

4 Bei einer Verkehrszählung wurde festgestellt, dass 23 % der vorbeifahrenden Fahrzeuge Lkw waren, 55 % Pkw, 10 % Mopeds und 12 % sonstige Fahrzeuge. Bestimmen Sie die Wahrscheinlichkeit dafür, dass unter drei vorbefahrenden Fahrzeugen folgende Fahrzeuge sind:

a) drei Lkws,

b) drei Pkws oder drei Mopeds,

c) die ersten beiden jeweils ein Pkw und das dritte ein Lkw,

d) zwei Pkws und ein Lkw.

Nennen Sie einen Unterschied zwischen Teilaufgabe c) und d).

5 Die Firma Hirscher stellt Dichtungen her. Die Erfahrung zeigt, dass 5 % der hergestellten Dichtungen Mängel aufweisen. Das Qualitätsmanagement entscheidet, ein Testgerät anzuschaffen. Dieses Gerät erkennt mit einer Wahrscheinlichkeit von 96 % eine mangelhafte Dichtung. Eine Dichtung ohne Mängel wird von diesem Gerät mit einer Wahrscheinlichkeit von 2 % als mangelhaft eingestuft.
Bestimmen Sie die Wahrscheinlichkeit, dass das Gerät einen Mangel anzeigt.

6 Ein Gerät wird aus drei Bauteilen zusammengesetzt, die unabhängig voneinander arbeiten. Jedes Bauteil arbeitet mit einer Wahrscheinlichkeit von 0,93 einwandfrei.
Fällt ein Bauteil aus, so funktioniert das Gerät nicht mehr.
Berechnen Sie die Wahrscheinlichkeit für einen Ausfall des Gerätes.

1.3.4 Additionssatz

Beispiel

➲ Eine Befragung von 100 Haushalten ergab folgendes Ergebnis:

a) Bestimmen Sie die Anzahl der Haushalte mit Radio (R) oder Fernseher (F).

b) Ein Haushalt wird zufällig ausgewählt. Berechnen Sie die Wahrscheinlichkeit dafür, dass er Radio oder Fernseher hat.

Von 100 Haushalten haben	
Radio	87
Fernseher	75
Radio und Fernseher	70

Lösung

a) **Hinweis:** Es können nicht 87 + 75 = 162 Haushalte sein, da nur 100 Haushalte befragt wurden.

87 Haushalte mit Radio
davon **70 mit Radio und Fernseher**
17 nur mit Radio

75 Haushalte mit Fernseher
davon **70 mit Radio und Fernseher**
5 nur mit Fernseher

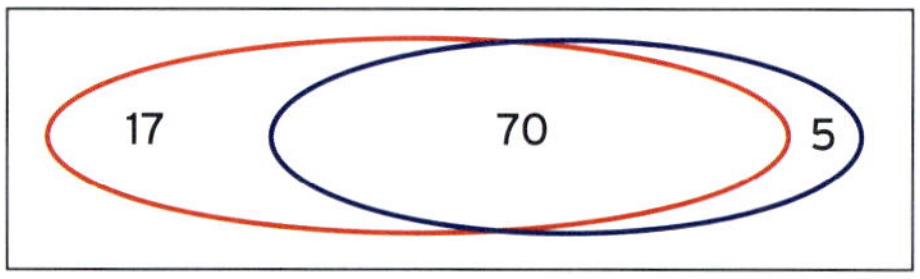

Die 70 Haushalte mit Radio und Fernseher sind sowohl in den 87 Haushalten mit Radio als auch bei den 75 Haushalten mit Fernseher enthalten.
Wird die Anzahl der Haushalte mit Radio (87) und die Anzahl der Haushalte mit Fernseher (75) addiert, so wird die Anzahl der Haushalte mit Radio und Fernseher doppelt gezählt. Daher muss man 70 von der Summe (162) subtrahieren.

Anzahl der Haushalte mit Radio oder Fernseher

87 + 75 − 70 = 92 bzw.
17 + 70 + 5 = 92

b) Wahrscheinlichkeit $P = \frac{g}{m}$

$P(R \textbf{ oder } F) = \frac{87 + 75 - 70}{100} = \frac{92}{100} = 0{,}92$

mit einer Termumformung

$P(R \textbf{ oder } F) = \frac{87}{100} + \frac{75}{100} - \frac{70}{100}$

$P(R \cup F) = P(R) + P(F) - P(R \cap F)$

Additionssatz

Für zwei Ereignisse A und B gilt:

$P(A \cup B) = P(A) + P(B) - P(A \cap B)$ (allgemeine Form)

$P(A \cup B) = P(A) + P(B)$, wenn $A \cap B = \emptyset$ (spezielle Form)

Die Wahrscheinlichkeit eines **Oder**-Ereignisses ist die Summe der Wahrscheinlichkeiten der beiden Ereignisse vermindert um die Wahrscheinlichkeit des **Und**-Ereignisses.

Zusammenhang von Pfadadditionsregel und Additionssatz

Baumdiagramm

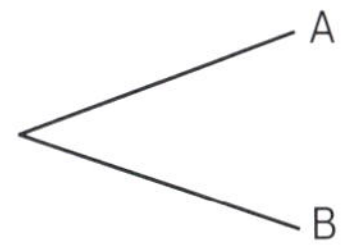

Pfadadditionsregel: $P(A \cup B) = P(A) + P(B)$

Aus dem Baumdiagramm lässt sich ablesen: A und B können nicht gemeinsam auftreten, d.h. $A \cap B = \emptyset$ und damit $P(A \cap B) = 0$.

Die Pfadadditionsregel ist ein Sonderfall des Additionssatzes.

Strategie zur Berechnung einer Wahrscheinlichkeit P

- $P = \frac{g}{m}$
- Gegenereignis $P(E) = 1 - P(\overline{E})$
- Pfadmultiplikationsregel, Pfadadditionsregel
- Additionssatz

Aufgaben

1 In einer Dose befinden sich fünf weiße, sieben blaue und sechs rote Kugeln. Herbert zieht eine Kugel. Bestimmen Sie die Wahrscheinlichkeit, dass diese Kugel weiß oder blau ist. Lösen Sie diese Aufgabe mit und ohne Additionssatz.

2 Die Ereignisse $A = \{1; 3; 4\}$ und $B = \{4; 5; 6\}$ sind Teilmengen der Ergebnismenge $S = \{1; 2; 3; 4; 5; 6\}$ eines Würfelwurfs (Laplace-Experiment).
Berechnen Sie $P(A)$; $P(B)$; $P(A \cap B)$; $P(A \cup B)$.

3 Herr Huber kommt auf seinem Weg zur Firma Waldner an zwei Ampeln vorbei, die unabhängig voneinander arbeiten. Er stellt fest, dass die erste Ampel in 60 % und die zweite Ampel in 45 % seiner Fahrten grün zeigt.
Berechnen Sie die Wahrscheinlichkeit der folgenden Ereignisse:

a) Beide Ampeln zeigen grün.
b) Die 1. oder die 2. Ampel zeigt grün.
c) Mindestens eine Ampel zeigt grün.
d) Höchstens eine Ampel zeigt grün.

4 In Evas Klasse belegen 60 % der Schüler den Englischkurs und 40 % der Schüler den Französischkurs. 80 % der Schüler haben entweder Französisch oder Englisch oder beide Fremdsprachen gewählt. Berechnen Sie die Wahrscheinlichkeit, zufällig einen Schüler auszuwählen, der Französisch und Englisch belegt hat.

5 Bei einem Multiple-Choice-Test sind zu einer Testaufgabe vier Antwortmöglichkeiten angegeben, von denen eine richtig ist. 30 % der Schüler haben sich gut vorbereitet und wissen die richtige Antwort. Der Rest der Schüler muss raten, d.h., diese Schüler wählen zufällig eine Antwortmöglichkeit aus.
Erstellen Sie ein Baumdiagramm. Bestimmen Sie die Wahrscheinlichkeit dafür, dass ein zufällig ausgewählter Schüler

- die richtige Antwort nicht weiß, sie aber durch Raten findet,
- die richtige Antwort angekreuzt hat.

Überprüfen Sie Ihr Ergebnis mit dem Additionssatz.

Welches ist kein Organ der Aktiengesellschaft?
☐ Vorstand
☐ Aufsichtsrat
☐ Hauptversammlung
☐ Gesellschafterversammlung

1.3.5 Bedingte Wahrscheinlichkeit und stochastische Unabhängigkeit

Bedingte Wahrscheinlichkeit

Die Wahrscheinlichkeit, mit einem idealen Würfel eine 6 zu werfen, ist $\frac{1}{6}$.
Ein Spieler würfelt mit geschlossenen Augen und möchte eine 6 würfeln. Ein Mitspieler sagt, dass die geworfene Augenzahl größer als 3 ist. Da das Ereignis Augenzahl größer als 3 schon eingetreten ist, sind nur noch die Ergebnisse 4, 5 und 6 (mit gleicher Wahrscheinlichkeit) möglich. Die Wahrscheinlichkeit für eine 6 beträgt in diesem Fall $\frac{1}{3}$ und nicht mehr $\frac{1}{6}$.

Man muss die **Voraussetzung bzw. Bedingung** (Augenzahl größer als 3) beachten, unter der nach einer Wahrscheinlichkeit gefragt wird.

Beispiel 1

➲ In einer Urne befinden sich drei rote Kugeln und eine weiße Kugel.
Es wird zweimal eine Kugel ohne Zurücklegen gezogen.

a) Berechnen Sie die Wahrscheinlichkeit für rot im 1. Zug und rot im 2. Zug.

b) Bestimmen Sie die Wahrscheinlichkeit für rot im 2. Zug, wenn schon im 1. Zug rot gezogen wurde.

Lösung

Festlegung der Ereignisse A: Rot im 1. Zug B: Rot im 2. Zug

a) Gesucht ist $P(A \cap B)$.

Baumdiagramm

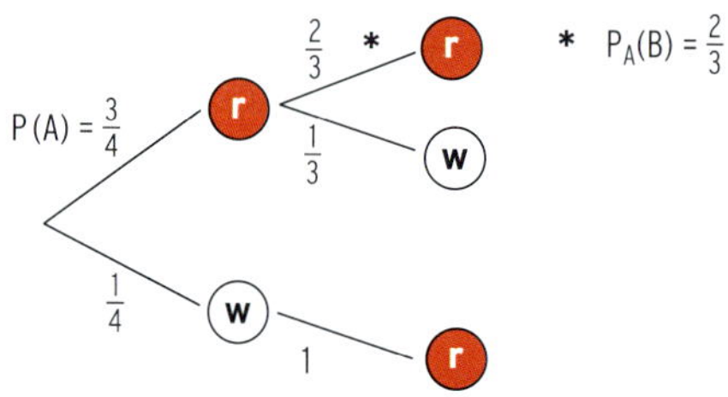

Mit der Pfadmultiplikationsregel: $P(A \cap B) = \frac{3}{4} \cdot \frac{2}{3} = \frac{1}{2}$

Bemerkung: $P(B) = \frac{1}{2} + \frac{1}{4} = \frac{3}{4}$ $\quad P(A) \cdot P(B) = \frac{3}{4} \cdot \frac{3}{4} = \frac{9}{16} \neq P(A \cap B)$

b) Unter der Voraussetzung (Bedingung), dass im 1. Zug rot gezogen wurde, weiß man, dass noch 2 rote Kugeln und 1 weiße Kugel in der Urne sind.
Die Wahrscheinlichkeit für rot im 2. Zug ist dann $\frac{2}{3}$ (vgl. Baumdiagramm).
Für die Wahrscheinlichkeit von B (Rot im 2. Zug) unter der Voraussetzung dass A (Rot im 1. Zug) schon eingetreten ist, wird die Bezeichnung $P_A(B)$ gewählt.
In diesem Fall gilt: $P_A(B) = \frac{2}{3} \neq P(B)$

Zusammenhang von $P(A \cap B)$ und $P_A(B)$

Vgl. Baumdiagramm von Beispiel Seite 251.

$P(A) = \frac{3}{4}$ —— r —— $P_A(B) = \frac{2}{3}$ —— r $P(A \cap B) = \frac{1}{2}$

Pfadmultiplikationsregel: $P(A \cap B) = P(A) \cdot P_A(B)$

In diesem Fall spricht man vom allgemeinen Multiplikationssatz.

Beachten Sie

Allgemeiner Multiplikationssatz: $P(A \cap B) = P(A) \cdot P_A(B)$

Ist nach der Wahrscheinlichkeit $P_A(B)$ gefragt, so formt man diese Gleichung um.

Beachten Sie

$P_A(B)$ ist die durch A bedingte Wahrscheinlichkeit von B. $\mathbf{P_A(B) = \frac{P(A \cap B)}{P(A)}}$ mit $P(A) \neq 0$

Formulierung: $P_A(B)$ ist die Wahrscheinlichkeit von B unter der Bedingung, dass A schon eingetreten ist.

Beispiel 2

➲ In einem beruflichen Gymasium Wirtschaft sind 70 % der zu unterrichtenden Personen männlich, davon besitzen 20 % ein Auto.
Bestimmen Sie die Wahrscheinlichkeit, dass eine zufällig befragte Person dieser Schule männlich ist und ein Auto besitzt.

Lösung

Festlegung von Ereignissen

A: Person ist männlich — B: Person besitzt ein Auto

Gesuchte Wahrscheinlichkeit: $P(A \cap B)$

Bekannt sind die Wahrscheinlichkeiten $P(A) = 0{,}7$; $P_A(B) = 0{,}2$

Hinweis: $P_A(B)$ ist die Wahrscheinlichkeit dafür, dass eine Person ein Auto besitzt, wenn bekannt ist, dass es sich um eine männliche Person handelt.

$$P(A \cap B) = P(A) \cdot P_A(B) = 0{,}7 \cdot 0{,}2 = 0{,}14$$

Mit einer Wahrscheinlichkeit von 14 % ist eine zufällig ausgewählte Person männlich und besitzt ein Auto.

Weiterer Lösungsweg (Plausibilitätsbetrachtung)

Von z. B. 100 Personen sind 70 männlich. 20 % von 70 Personen besitzen ein Auto, d. h., 14 männliche Personen besitzen ein Auto.
14 Personen von 100 Personen entspricht 14 %.

Beispiel 3

In einer Gruppe von 300 Personen haben sich 200 Personen prophylaktisch gegen Grippe impfen lassen. Nach einer bestimmten Zeit wurde jedes Gruppenmitglied danach befragt, wer an einer Grippe erkrankte. Die Ergebnisse werden in einer sogenannten **Vierfeldertafel** (2 Merkmale mit jeweils 2 Ausprägungen) dargestellt.

Gruppe	B (erkrankt)	$\overline{B}$ (nicht erkrankt)	Summe
A (mit Impfung)	20	180	200
$\overline{A}$ (ohne Impfung)	40	60	100
Summe	60	240	300

Das Ereignis A sei „Person ist geimpft" und das Ereignis B: „Person erkrankt".
Berechnen Sie $P_A(B)$ und $P_B(A)$. Interpretieren Sie Ihre Ergebnisse.

Lösung

$P(A) = \frac{200}{300} = \frac{2}{3} = 0{,}67$

Bemerkung: Hier wurde die relative Häufigkeit berechnet.
Diese relative Häufigkeit fasst man als Wahrscheinlichkeit für die zufällige Auswahl irgend einer Person auf.

$P(B) = \frac{60}{300} = 0{,}2$

$A \cap B$: „Eine geimpfte Person ist erkrankt."

$P(A \cap B) = \frac{20}{300} = 0{,}067$

$P_A(B) = \frac{P(A \cap B)}{P(A)} = \frac{\frac{1}{15}}{\frac{2}{3}} = 0{,}1$

	B	$\overline{B}$	Summe
A	$\frac{1}{15}$	$\frac{3}{5}$	$\frac{2}{3}$
$\overline{A}$	$\frac{2}{15}$	$\frac{1}{5}$	$\frac{1}{3}$
Summe	$\frac{1}{5}$	$\frac{4}{5}$	1

Interpretation: Wenn man weiß, dass die Person geimpft wurde, kommen nur noch 200 Personen in Frage. 20 geimpfte Personen von 200 geimpften entsprechen einer Wahrscheinlichkeit von 0,1.

$P_B(A) = \frac{P(A \cap B)}{P(B)} = \frac{0{,}067}{0{,}2} = 0{,}33$

Interpretation: Man weiß, dass die Person erkrankt ist, somit kommen nur noch 60 Personen in Frage. 20 geimpfte und erkrankte Personen von 60 Personen entsprechen einer Wahrscheinlichkeit von 0,33.

Vierfeldertafel für Wahrscheinlichkeiten

Zwei Merkmale mit jeweils zwei Ausprägungen

	B	$\overline{B}$	Summe
A	$P(A \cap B)$	$P(A \cap \overline{B})$	$P(A)$
$\overline{A}$	$P(\overline{A} \cap B)$	$P(\overline{A} \cap \overline{B})$	$P(\overline{A})$
Summe	$P(B)$	$P(\overline{B})$	1

Beispiel 4

➲ Eine Statistik zeigt, dass eine von fünfzig Personen unter einer bestimmten Krankheit leidet. Ein einfacher Test liefert bei Kranken mit einer Wahrscheinlichkeit von 99 % ein positives Ergebnis. Aber auch bei Gesunden ergibt der Test mit einer Wahrscheinlichkeitvon 3 % fälschlicherweise ein positives Ergebnis. Eine Testperson erhält ein positives Testergebnis.
Berechnen Sie die Wahrscheinlichkeit dafür, dass diese Person tatsächlich erkrankt ist.

Lösung

Ereignis k: Die Person ist tatsächlich erkrankt.
Ereignis pos: Der Test zeigt ein positives Ergebnis.
Gesucht ist die (bedingte) Wahrscheinlichkeit, dass eine Person erkrankt ist, wenn der Test positiv ausgefallen ist, d. h. $P_{pos}(k)$.

$$P_{pos}(k) = \frac{P(k) \cdot P_k(pos)}{P(pos)}$$

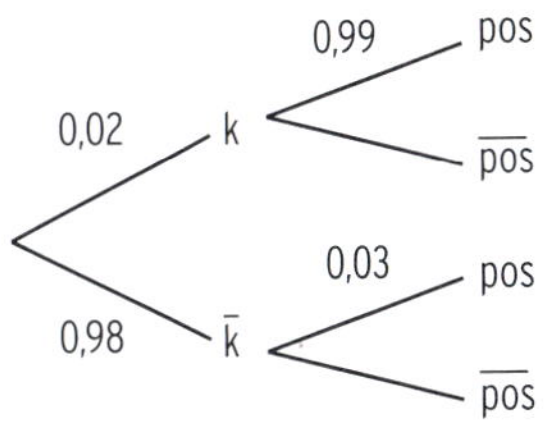

Wahrscheinlichkeit P(pos):

$$P(pos) = P(k) \cdot P_k(pos) + P(\overline{k}) \cdot P_{\overline{k}}(pos)$$
$$= 0{,}02 \cdot 0{,}99 + 0{,}98 \cdot 0{,}03 = 0{,}0492$$

(vgl. Baumdiagramm)

$$P_{pos}(k) = \frac{0{,}02 \cdot 0{,}99}{0{,}0492} = 0{,}402$$

Ergebnis: Die Person ist mit einer Wahrscheinlichkeit von 40,2 % tatsächlich erkrankt.

Aufgaben

1 Für zwei Ereignisse A und B gelte: $P(A) = 0{,}3$; $P(B) = 0{,}6$ und $P(A \cap B) = 0{,}2$.
Berechnen Sie folgende Wahrscheinlichkeiten.

a) $P_A(B)$ b) $P_B(A)$ c) $P(A \cup B)$

2 Die Ergebnisse einer Untersuchung werden durch das nebenstehende Baumdiagramm beschrieben.
Übertragen Sie das Baumdiagramm in Ihr Heft und vervollständigen Sie es.
Erstellen Sie die zugehörige Vierfeldertafel.

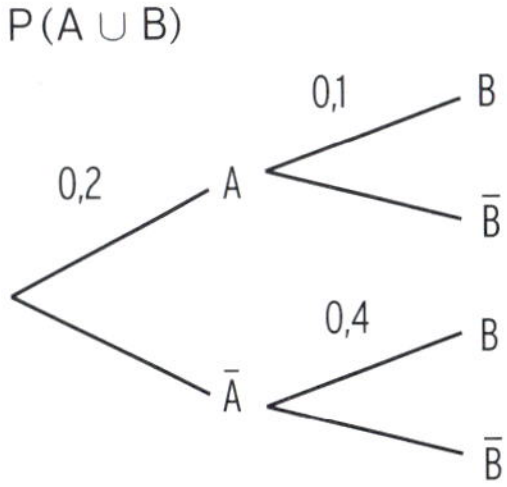

3 Aus einem Skatspiel (32 Karten mit 4 Königen) werden nacheinander ohne Zurücklegen zwei Karten gezogen. Bestimmen Sie die Wahrscheinlichkeit dafür, dass die zweite Karte ein König ist, wenn man weiß, dass die erste Karte auch ein König war.

4 Man wählt zufällig eine Zahl von 1 bis 50. Diese ist durch 3 teilbar.
Berechnen Sie die Wahrscheinlichkeit, dass diese Zahl durch 5 teilbar ist.

5 Im öffentlichen Busverkehr einer Stadt sind 8 % aller Fahrgäste Schwarzfahrer. Es werden die zwei Personengruppen betrachtet: Fahrgäste ohne Fahrschein (S) und Fahrgäste mit gültigem Fahrschein (F). Von den Schwarzfahrern sind 60 % unter 30 Jahren und von den Fahrgästen mit gültigem Fahrschein sind 50% unter 30 Jahren. Bestimmen Sie die Wahrscheinlichkeit, dass

- ein unter 30-Jähriger ein Schwarzfahrer ist,
- ein über 30-Jähriger ein Schwarzfahrer ist,
- ein über 30-Jähriger kein Schwarzfahrer ist.

6 Bei der Herstellung der Leiterplatten kommt es immer wieder zu Fehlern. Bei einer Tagesproduktion von 1300 Platten müssen durchschnittlich 80 aussortiert werden. Beanstandet werden hier sowohl Fehler in der Form als auch Risse. Die Qualitätskontrolle stellt fest, dass bei 2 % aller Platten ein Formfehler vorliegt. Bei der Hälfte aller Teile mit Formfehler sind zusätzlich Risse zu entdecken.

a) Berechnen Sie die Wahrscheinlichkeit für eine Platte mit Riss.

b) Es wird eine Platte mit einem Riss aussortiert. Bestimmen Sie die Wahrscheinlichkeit, dass diese Platte auch einen Formfehler hat.

7 Bei einer Abschlussprüfung sind erfahrungsgemäß 20 % der angemeldeten Studierenden Wiederholer. Von diesen treten 12 % von der Prüfung zurück. Insgesamt treten 83,2 % der angemeldeten Studierenden zur Prüfung an. Einer der angemeldeten Studierenden wird zufällig ausgewählt.

a) Der Studierende ist ein Wiederholer und tritt von der Prüfung zurück.
Der Studierende ist kein Wiederholer und nimmt an der Prüfung teil.
Bestimmen Sie jeweils die Wahrscheinlichkeit.

b) Der Studierende nimmt an der Prüfung teil. Berechnen Sie die Wahrscheinlichkeit, dass er Wiederholer ist.

8 Ein Drogentest liefert ein korrektes Ergebnis mit einer Wahrscheinlichkeit von 99 %, wenn die gestestete Person drogenabhängig ist. Ist die gestestete Person nicht drogenabhängig, so ist das Ergebnis korrekt mit einer Wahrscheinlichkeit von 98,5 %.

Aus Erfahrung geht man davon aus, dass 0,5 % der getesteten Personen Drogen genommen haben.

Bestimmen Sie die Wahrscheinlichkeit, dass eine zufällig ausgewählte Person, die positiv getestet wurde, auch tatsächlich die Droge konsumiert hat.

9 Dem Einkäufer eines Einzelhandelsunternehmen ist aus früheren Einkäufen bekannt, dass die Ausschusswahrscheinlichkeit für Elektroartikel 5 % beträgt.

Trotz der Endkontrolle der Elektrogeräte beim Einzelhändler kommt es vor, dass 0,5 % der defekten Geräte in den Verkauf geraten. Außerdem kommen von den einwandfreien Geräten 0,3 % aus verschiedenen Gründen nicht in den Verkauf.

Zeichnen Sie ein entsprechendes Baumdiagramm. Ermitteln Sie die Wahrscheinlichkeit dafür, dass sich unter den verkauften Geräten fehlerhafte Elektroartikel befinden.

Unabhängigkeit von Ereignissen

Beispiel 1

➲ Ein Würfel wird zweimal nacheinander geworfen. Es sei A: Im 1. Wurf ist die Augenzahl 6 und B: Im 2. Wurf ist die Augenzahl 6. Berechnen Sie P(B); $P_A(B)$ und $P(A \cap B)$.

Lösung

Wahrscheinlichkeit von B: $P(B) = \frac{1}{6}$

Hinweis: $P_A(B)$ ist die Wahrscheinlichkeit von B, unter der Voraussetzung, dass im 1. Wurf die Augenzahl 6 war.

Da der 1. Wurf den 2. Wurf nicht beeinflusst, gilt: $P_A(B) = P(B) = \frac{1}{6}$.

Allgemeiner Multiplikationssatz: $P(A \cap B) = P(A) \cdot P_A(B)$

Mit $P_A(B) = P(B)$: $P(A \cap B) = P(A) \cdot P(B) = \frac{1}{6} \cdot \frac{1}{6} = \frac{1}{36}$

Gilt $P_A(B) = P(B)$, so beeinflusst das Eintreten des Ereignisses A die Wahrscheinlichkeit von B nicht. Man sagt, die Ereignisse A und B sind **unabhängig.**

Definition

Zwei Ereignisse A und B heißen (stochastisch) **unabhängig,** wenn gilt: $P(A \cap B) = P(A) \cdot P(B)$

Andernfalls heißen die Ereignisse **abhängig.**

Beachten Sie

Allgemeiner Multiplikationssatz $P(A \cap B) = P(A) \cdot P_A(B)$

Sonderfall mit $P_A(B) = P(B)$:

Spezieller Multiplikationssatz $P(A \cap B) = P(A) \cdot P(B)$

Beispiel 2

➲ An einer beruflichen Schule wurden die Schüler/-innen befragt, ob sie rauchen oder nicht rauchen. Das Ergebnis wurde in einer Vierfeldertafel dargestellt. Untersuchen Sie, ob das Ereignis „männlich" und das Ereignis „Person raucht" abhängige Ereignisse sind.

	Raucher	Nichtraucher
männlich	0,12	0,31
weiblich	0,20	0,37

Lösung

Festlegung der Ereignisse: A: Person ist männlich; B: Person raucht

mit $P(A) = 0{,}12 + 0{,}31 = 0{,}43$ $P(B) = 0{,}12 + 0{,}20 = 0{,}32$

Vergleich ergibt: $P(A \cap B) = 0{,}12$ $P(A) \cdot P(B) = 0{,}14 \neq P(A \cap B)$

Die Ereignisse A: „Mann" und B: „Person raucht" sind voneinander abhängig.

Hinweis: Die Ereignisse A und B sind auch **kausal abhängig,** da das Ereignis „männlich" den Ausgang von Ereignis „Person raucht" mitbestimmt.

Aufgaben

1 Ein Skatspiel enthält 32 Karten in 4 Farben (Karo, Pik, Herz, Kreuz) mit jeweils 8 Karten, darunter ein König. Es wird blind eine Karte gezogen.
Die Ereignisse A und B sind definiert durch: A: Karokarte; B: König.
Untersuchen Sie, ob die Ereignisse A und B abhängig sind.

2 In einem Korb befinden sich ein roter, drei schwarze, drei gelbe und zwei weiße Bälle. Es werden drei Bälle nacheinander und ohne Zurücklegen entnommen. Folgende Ereignisse werden definiert: A: Genau ein schwarzer Ball wird entnommen.
B: Mindestens zwei gelbe Bälle werden entnommen.
a) Zeigen Sie: Die Ereignisse A und B sind abhängig.
b) Berechnen Sie die Wahrscheinlichkeit von A unter der Voraussetzung, dass B schon eingetreten ist.

3 Die Ereignisse A und B seien unabhängige Ereignisse.
Füllen Sie die freien Plätze der Vierfeldertafel für Wahrscheinlichkeiten aus.

	B	$\overline{B}$	Summe
A			0,2
$\overline{A}$			
Summe	0,7		

4 In einer bestimmten Sportart sind 12 % aller Sportler in einem Wettkampf gedopt.
Ein Institut hat ein Verfahren entwickelt, mit dem man einen gedopten Sportler mit Sicherheit erkennt. Leider werden jedoch 7 % derjenigen Sportler, die nicht gedopt sind, auch positiv getestet.

Die Ereignisse A und B sind definiert durch
A: Sportler ist gedopt. B: Sportler wird positiv getestet.
a) Zeigen Sie, dass die Ereignisse A und B abhängig sind.
b) Bestimmen Sie die Wahrscheinlichkeit dafür, dass ein zufällig ausgewählter Sportler dieses Wettkampfes gedopt ist, wenn die Untersuchung positiv ausfällt.

5 Bei der Fertigung von Keramikteilen treten unabhängig voneinander Formfehler und Farbfehler auf. Bei 10 % aller Teile treten die beiden Fehler einzeln oder gemeinsam auf.
Berechnen Sie die Wahrscheinlichkeit für einen Formfehler, wenn ein Farbfehler mit einer Wahrscheinlichkeit von 8 % auftritt.
Ermitteln Sie, mit welcher Wahrscheinlichkeit nur einer der Fehler auftritt.

6 Die Firma Uhl stellt Haushaltsgeräte her. Der Anteil der fehlerhaften Geräte ist 1,0 %.
In der Fertigungskontrolle werden 1,2 % der einwandfreien Geräte irrtümlich als fehlerhaft aussortiert, während 97,0 % der fehlerhaften Geräte auch als solche erkannt und aussortiert werden.
a) Erstellen Sie ein Baumdiagramm. Geben Sie den Anteil der aussortierten Geräte an.
b) Ein Gerät ist nicht aussortiert worden. Bestimmen Sie die Wahrscheinlichkeit, dass es fehlerhaft ist.

1.4 Zufallsvariable

1.4.1 Einführung

Bei einer Qualitätskontrolle werden der Produktion nacheinander Waren entnommen und geprüft, ob sie schadhaft oder einwandfrei sind. Hierbei spielt z. B. die Reihenfolge der schadhaften und einwandfreien Produkte keine Rolle, während die Anzahl der schadhaften Produkte von Interesse ist.

Beispiel

➲ Ein Automat produziert Stifte. Es werden zwei Stück aus der Produktion zufällig entnommen und geprüft, ob sie defekt (d) oder einwandfrei ($\bar{d}$) sind.
Zeichnen Sie das zugehörige Baumdiagramm und ordnen Sie jedem Ergebnis die Anzahl der schadhaften Stifte zu.

Lösung

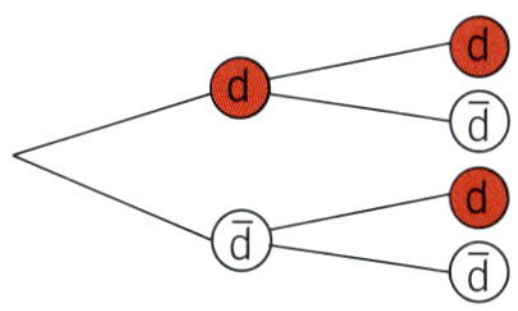

Ergebnis $e_i \rightarrow$ Anzahl der schadhaften Stifte
Zuordnung

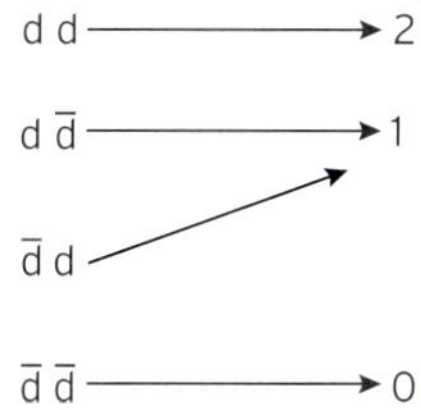

Jedem Ergebnis wird genau eine Zahl zugeordnet, d. h., diese Zuordnung ist eine Funktion, die man oft (aus historischen Gründen) mit großen Buchstaben bezeichnet wie z. B. X, Y oder Z. **Die Funktion X heißt Zufallsvariable.**

Erläuterung:

Zuordnung:	Ergebnismenge $\rightarrow$ reelle Zahl	Funktionswert
	z. B. d d $\rightarrow$ 2	$X(d\,d) = 2$
Weitere Funktionswerte:		$X(d\,\bar{d}) = X(\bar{d}\,d) = 1;\ X(\bar{d}\,\bar{d}) = 0$
Wertemenge von X:		$W = \{0; 1; 2\}$

Schreibweise:

$X = 2$ steht für das Ergebnis: zwei schadhafte Stifte, d. h. für das Ergebnis dd.
$X = 1$ steht für $\{d\,\bar{d};\ \bar{d}\,d\}$.

Definition

Unter einer Zufallvariablen X eines Zufallsexperiments versteht man eine Funktion, die jedem Ergebnis e_i eine Zahl zuordnet.
$X: e_i \rightarrow X(e_i)$ (in Analogie zur Funktion $f: x \rightarrow f(x)$)

Beispiel a)

Beim „Mensch ärgere dich nicht"-Spiel darf zu Beginn ein Spieler einen Würfel solange werfen, bis die Zahl Sechs erscheint, jedoch höchstens dreimal.
Die Zufallsvariable X soll die Anzahl der notwendigen Würfe beschreiben.

Ergebnis e_i		Funktionswert x_i
6	⟶	1
$\bar{6}\,6$	⟶	2
$\bar{6}\,\bar{6}\,6$	⟶	3
$\bar{6}\,\bar{6}\,\bar{6}$	⟶	3

Tabelle

Ergebnis e_i	6	$\bar{6}\,6$	$\bar{6}\,\bar{6}\,6, \bar{6}\,\bar{6}\,\bar{6}$
$X(e_i) = x_i$	1	2	3

Hinweis: Die Funktionswerte $X(e_i)$ werden auch mit kleinen Buchstaben x_i bezeichnet: $X(e_i) = x_i$.

Beispiel b)

Werfen von zwei Würfeln
Zufallsvariable X: Augensumme der beiden Würfel
Wertemenge von X: {2; 3; 4; ..., 12}
Mit z. B. X = 6 werden die Ergebnisse beschrieben, die zur Augensumme 6 führen.
Es sind dies die Ergebnisse (1 5); (2 4); (3 3); (4 2); (5 1).

Beispiel c)

Eine Urne enthält eine rote, eine schwarze und eine weiße Kugel. Es wird nacheinander eine Kugel nach der anderen ohne Zurücklegen gezogen, bis die weiße Kugel erscheint.

a) X sei die Zufallsvariable, welche die Anzahl der benötigten Züge angibt.
Die Wertemenge von X kann auch als Tabelle angegeben werden.

Ergebnis e_i	w	rw; sw	srw	rsw
$X(e_i) = x_i$	1	2	3	3

b) Peter schlägt Maria ein Spiel vor.
Ist die erste gezogene Kugel weiß, erhält Peter von Maria 3 €, ist die zweite weiß, erhält er 1 €. Wenn die dritte Kugel weiß ist, muss er 7 € an Maria zahlen.
Zufallsvariable X: Gewinn in € für Peter
Hinweis: −7 bedeutet: Peter muss an Maria 7 € bezahlen; er macht einen Verlust von 7 €.

Ergebnis e_i	w	rw; sw	srw; rsw
$X(e_i) = x_i$	3	1	−7

Beispiel d)

Ein Förderband transportiert Flaschen.
Bei einer Stichprobe werden 3 Flaschen entnommen.
d: defekte Flasche; $\bar{d}$: nicht defekte Flasche
X sei die Zufallsvariable, die die Anzahl der defekten Flaschen angibt.

Ergebnis e_i	$\bar{d}\,\bar{d}\,\bar{d}$	$d\,\bar{d}\,\bar{d}$	$d\,d\,\bar{d}$	$d\,d\,d$
$X(e_i) = x_i$	0	1	2	3

Aufgaben

1 Geben Sie an, welche Werte die Zufallsvariable X annehmen kann (Wertemenge).

a) X: Anzahl der Wappen beim viermaligen Werfen einer Münze.

b) X: Die kleinere der beiden Augenzahlen beim Wurf zweier Würfel.

c) In einer Schachtel sind 4 defekte und 2 nicht defekt Bolzen.
Der Schachtel werden zufällig 5 Bolzen entnommen.
X sei die Zufallsvariable, die die Anzahl der nicht defekten Bolzen angibt.

2 Die Zufallsvariable X und ein Wert für X sind festgelegt. Geben Sie die zugehörige Ergebnismenge an.

a) X: Augensumme beim Wurf zweier Würfel: $X = 4$

b) Ein Schraubensortiment enthält drei Arten von Schrauben. Eine kleine Schraube kostet 10 ct, eine mittelgroße 15 ct und eine große 20 ct. Dem Schraubensortiment werden Schrauben mit einem Griff entnommen.
X: Kosten der Schrauben in ct: $X = 40$

3 Aus einer Sendung mit Batterien werden zwei Batterien entnommen und auf ihre Funktionsfähigkeit überprüft. Eine Batterie ist entweder brauchbar (b) oder unbrauchbar (u).

a) Bestimmen Sie die Ergebnismenge S.

b) Legen Sie eine sinnvolle Zufallsvariable X fest. Bestimmen Sie die Wertemenge von X.

4 Ein Käfer beginnt zur Zeit $t = 0$ im Ursprung eines Koordinatensystems zu laufen. In jeder Minute ändert er seine Position um eine Einheit nach rechts, links, oben oder unten (mit der gleichen Wahrscheinlichkeit). Die Zufallsvariable X beschreibt den Abstand des Käfers vom Ursprung nach drei Minuten.
Bestimmen Sie die Ergebnismenge.

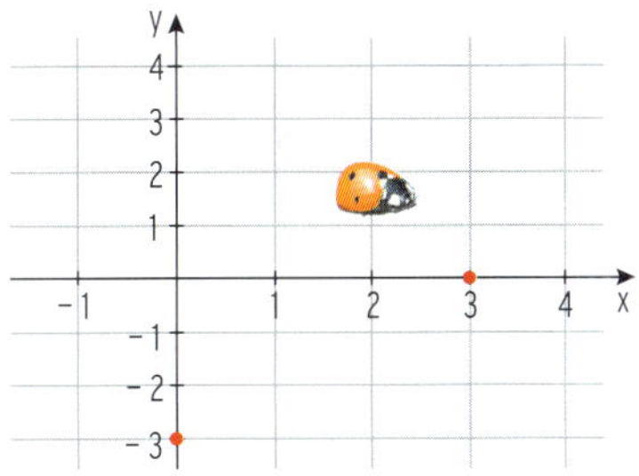

5 Beim Schulfest dürfen die Gäste auf eine Torwand schießen. Bernhard und Christian versuchen ihr Glück. Sie vereinbaren ein Spiel: Bernhard schießt dreimal auf die Torwand. Er zahlt pro Spiel an Christian 4 €. Er erhält von Christian bei 1 Treffer 2 €, bei 2 Treffern 6 € und bei 3 Treffern 14 €. Die Zufallsvariable X beschreibt Bernhards Gewinn (bzw. Verlust).

a) Stellen Sie X in Form einer Tabelle dar.

b) Interpretieren Sie X (3).

6 Eine Urne enthält vier Kugeln, die mit den Ziffern 1, 2, 2, 3 beschriftet sind.
Es werden zwei Kugeln ohne Zurücklegen gezogen.

a) Zeichnen Sie ein Baumdiagramm und ermitteln Sie die Ergebnismenge.

b) Die Zufallsvariable X ordnet jedem Ergebnis die Summe der gezogenen Zahlen zu.
Stellen Sie X in Form einer Tabelle dar.

1.4.2 Wahrscheinlichkeitsverteilung

Beispiel 1

➲ Ein Automat produziert Stifte. Erfahrungsgemäß ist ein Stift mit der Wahrscheinlichkeit $p = 0{,}2$ schadhaft. Es werden zwei Stifte aus der Produktion zufällig entnommen und geprüft, ob sie defekt (d) oder einwandfrei ($\overline{d}$) sind.
Die Variable X wird hierbei durch die Anzahl der schadhaften Stifte definiert.
Geben Sie die zugehörigen Wahrscheinlichkeiten an.

Lösung

Ergebnis e_i		Funktionswert $X(e_i) = x_i$		Wahrscheinlichkeit $P(X = x_i)$
d d	→	2	→	$P(X = 2) = 0{,}2 \cdot 0{,}2 = 0{,}04$
d $\overline{d}$, $\overline{d}$ d	→	1	→	$P(X = 1) = 0{,}2 \cdot 0{,}8 + 0{,}8 \cdot 0{,}2 = 0{,}32$
$\overline{d}$ $\overline{d}$	→	0	→	$P(X = 0) = 0{,}8 \cdot 0{,}8 = 0{,}64$
	Funktion X		Funktion P	

Erläuterung

Hierbei handelt es sich um zwei Funktionen. Die erste Funktion X (Zufallsvariable) ordnet jedem Ergebnis e_i den Wert $X(e_i) = x_i$ zu.
Die zweite Funktion ordnet jedem Wert $X(e_i)$ der Zufallsvariablen seine Wahrscheinlichkeit $P(X = x_i)$ zu.
Diese Funktion heißt **Wahrscheinlichkeitsfunktion** bzw. **Wahrscheinlichkeitsverteilung**.

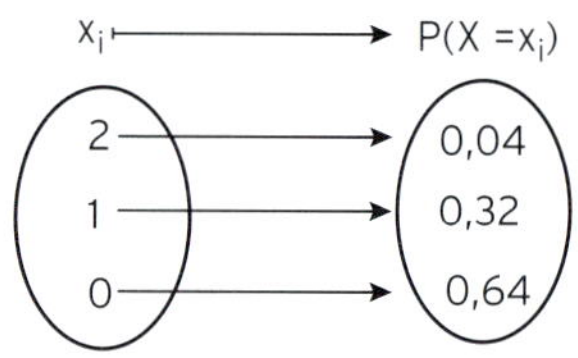

Darstellung der Wahrscheinlichkeitsverteilung in Form einer Tabelle.
X ist die Anzahl der defekten Stifte.

x_i	0	1	2
$P(X = x_i)$	0,64	0,32	0,04

Definition

Unter einer **Wahrscheinlichkeitsverteilung** der Zufallsvariablen X versteht man die Funktion: $x_i \mapsto P(X = x_i)$.
Der Funktionswert $P(X = x_i)$ gibt die Wahrscheinlichkeit dafür an, dass X den Wert x_i annimmt.

Beispiel 2

➲ Eine Box enthält drei große und zwei kleine Schrauben. Man entnimmt nacheinander drei Schrauben, ohne diese zurückzulegen. Bestimmen Sie die Wahrscheinlichkeit, dass unter den drei gezogenen Schrauben 0, 1 oder 2 kleine Schrauben sind.
Stellen Sie die Wahrscheinlichkeitsfunktion in einer Wahrscheinlichkeitstabelle dar.

Lösung

Festlegung der Zufallsvariablen X: Anzahl der kleinen Schrauben. X kann die Werte 0, 1 oder 2 annehmen.

Baumdiagramm mit Wahrscheinlichkeiten

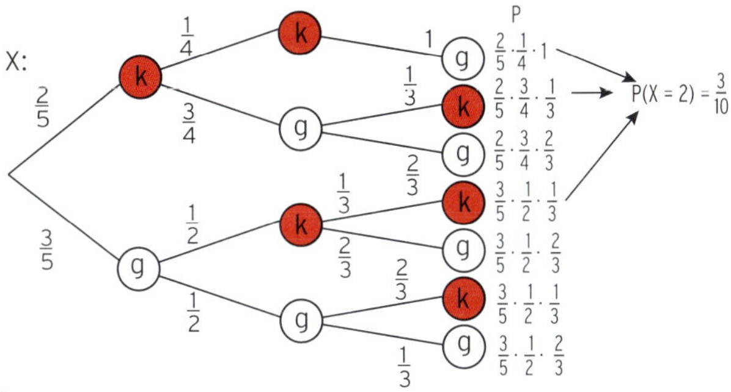

Wahrscheinlichkeitsverteilung

Ergebnis	ggg	ggk, gkg, kgg	gkk, kkg, kgk
x_i	0	1	2
$P(X = x_i)$	$\frac{3}{5} \cdot \frac{2}{4} \cdot \frac{1}{3} = \frac{1}{10}$	$\frac{2}{5} \cdot \frac{3}{4} \cdot \frac{2}{3} \cdot 3 = \frac{3}{5}$	$1 - \frac{1}{10} - \frac{6}{10} = \frac{3}{10}$

Beispiel 3

➲ Ein Schütze trifft die Scheibe mit der Wahrscheinlichkeit 0,7. Er hat höchstens drei Versuche und hört nach dem ersten Treffer auf.
Berechnen Sie die Wahrscheinlichkeit für 0, 1, 2 oder 3 Fehlschüsse.

Lösung

Festlegung der Zufallsvariablen X: Anzahl der Fehlversuche bis zum ersten Treffer bzw. bis zum Ende des Schießens. X kann die Werte 0; 1; 2 oder 3 annehmen.
Berechnung der Wahrscheinlichkeit mithilfe des **Multiplikationssatzes** bzw. der **Pfadmultiplikationsregel.**

Wahrscheinlichkeitsverteilung

x_i	0	1	2	3
$P(X = x_i)$	0,7	$0{,}3 \cdot 0{,}7 = 0{,}21$	$0{,}3^2 \cdot 0{,}7 = 0{,}063$	$0{,}3^3 = 0{,}027$

Lösungsstrategie zur Bestimmung einer Wahrscheinlichkeitsverteilung

1. Festlegung der Zufallsvariablen X
2. Bestimmung der Werte $X(e_i) = x_i$
3. Berechnung der Wahrscheinlichkeiten $P(X = x_i)$ mithilfe

der Kombinatorik — des Additions- und Multiplikationssatzes.

Aufgaben

1 Ein Automat produziert 15 % Ausschuss. Es werden 3 produzierte Stücke zufällig entnommen. Geben Sie die Wahrscheinlichkeitsverteilung für die Anzahl der defekten Stücke in dieser Stichprobe als Tabelle an.

2 Bei der Abschlussfeier des Berufskollegs in Dortmund werden 100 Lose für jeweils 5 € verkauft. Zu gewinnen gibt es den 1. Preis im Wert von 100 €, zwei Preise im Wert von jeweils 25 € und 4 Preise im Wert von jeweils 10 €. Jeder, der keinen dieser Gewinne bekommt, erhält einen Trostpreis in Höhe von 1 €.
Frau Jung kauft sich ein Los. Die Zufallsvariable X beschreibt den Gewinn von Frau Jung. Stellen Sie die zugehörige Wahrscheinlichkeitsfunktion durch eine Wertetabelle dar.

3 Die Wahrscheinlichkeit für die Geburt eines Jungen ist 0,514.
Eine Familie mit 3 Kindern wird zufällig ausgewählt. Die Zufallsvariable X legt die Anzahl der Jungen fest.
Bestimmen Sie die Wahrscheinlichkeit für $X = 0$; $X = 1$; $X = 2$; $X = 3$.

4 Herbert und Susi vereinbaren ein Würfelspiel.
Zeigt der Würfel von Herbert eine kleinere Augenzahl als der Würfel von Susi, muss Herbert an Susi 1 € zahlen und umgekehrt. Wenn beide Würfel die gleiche Augenzahl haben, dann muss keiner etwas bezahlen. Die Zufallsvariable X beschreibt den Gewinn (bzw. den Verlust) von Herbert in einer Spielrunde.
Bestimmen Sie die Wahrscheinlichkeitsverteilung.

5 Eine Box enthält 7 Schrauben, zwei von ihnen sind defekt. Man entnimmt nacheinander 3 Schrauben aus der Box. Bestimmen Sie die Wahrscheinlichkeit, mit welcher unter den drei gezogenen Schrauben 0, 1 oder 2 defekt sind.
Stellen Sie die Wahrscheinlichkeitsfunktion in einer Wahrscheinlichkeitstabelle dar.
Beschreiben Sie die Änderungen, wenn man die Schrauben mit einem Griff entnimmt.
Begründen Sie.

6 An einem Lotteriestand werden Rubbelkarten angeboten.
Eine Rubbelkarte besteht aus 16 Feldern, zwei Felder tragen den Buchstaben A und vier Felder den Buchstaben B. Die restlichen Felder sind Leerfelder. Die Lage der einzelnen Buchstaben- bzw. Leerfelder ist zufällig. Die nebenstehende Skizze zeigt ein (mögliches) Beispiel. Die Karte ist mit einer undurchsichtigen Schicht überzogen.

	A		
		A	B
B			B
B			

Für ein Spiel werden zwei Felder einer Karte freigerubbelt. Für jeden freigerubbelten Buchstaben A werden 6 €, für jeden freigerubbelten Buchstaben B werden 2 € ausgezahlt. Für die Leerfelder gibt es keine Auszahlung. Die Zufallsvariable X beschreibt den Auszahlungsbetrag in €. Geben Sie die Ergebnisse für ein Spiel an.
Bestimmen Sie die Wahrscheinlichkeitsverteilung von X.

1.4.3 Erwartungswert einer Zufallsvariablen

Mithilfe von Wahrscheinlichkeiten können z. B. bei Glücksspielautomaten Aussagen über den zu erwartenden Gewinn bzw. Verlust gemacht werden. Bestimmen Sie den Gewinn pro Spiel, den man bei häufiger Durchführung erwarten kann.

Beispiel 1

➲ Hans und Lucia führen ein Spiel mit einem Würfel durch.
Die Tabelle zeigt die Gewinne und Verluste für Hans und die absoluten Häufigkeiten der geworfenen Augenzahlen nach 70 Würfen.

Augenzahl	gerade	1 oder 3	5
Gewinn in €	3	−2	−2,5
absolute Häufigkeit	33	22	15

a) Berechnen Sie den durchschnittlichen Gewinn pro Spiel für Hans auf zwei Arten.
b) Bestimmen Sie den durchschnittlichen Gewinn pro Spiel, mit dem Hans bei sehr vielen Durchführungen dieses Spiels rechnen kann.

Lösung

a) Gewinn pro Würfelwurf: $\bar{x} = \frac{3 \cdot 33 - 2 \cdot 22 - 2{,}5 \cdot 15}{70} = 0{,}25$

Mithilfe der relativen Häufigkeiten: $\bar{x} = 3 \cdot \frac{33}{70} - 2 \cdot \frac{22}{70} - 2{,}5 \cdot \frac{15}{70} = 0{,}25$

b) Bei sehr vielen Durchführungen (Würfelwürfen) **stabilisieren** sich die **relativen Häufigkeiten** in der Nähe der entsprechenden Wahrscheinlichkeiten:
$P(\text{gerade}) = \frac{1}{2}$; $P(1 \text{ oder } 3) = \frac{1}{3}$; $P(5) = \frac{1}{6}$

Durchschnittlicher Gewinn: $\bar{x} = 3 \cdot \frac{1}{2} - 2 \cdot \frac{1}{3} - 2{,}5 \cdot \frac{1}{6} = 0{,}42$

Dieser Wert 0,42 besagt, dass Hans bei sehr vielen Durchführungen einen durchnittlichen Gewinn pro Würfelwurf von 0,42 € erwarten kann.
Man nennt diese Zahl Erwartungswert E = 0,42.

Erwartungswert der Zufallsvariablen X
X: Gewinn/Verlust in € für Hans
Tabelle mit x_i und $P(X = x_i)$:

x_i (Gewinn)	3	−2	−2,5
$P(X = x_i)$	$\frac{1}{2}$	$\frac{1}{3}$	$\frac{1}{6}$

Erwartungswert $E(X) = 3 \cdot \frac{1}{2} - 2 \cdot \frac{1}{3} - 2{,}5 \cdot \frac{1}{6} = 0{,}42$

$E(X) = x_1 \cdot P(X = x_1) + x_2 \cdot P(X = x_2) + x_3 \cdot P(X = x_3)$

Definition

Ist X eine Zufallsvariable, die die Werte $x_1, x_2, \ldots, x_n$ annehmen kann, so heißt die Zahl

$$E(X) = x_1 \cdot P(X = x_1) + x_2 \cdot P(X = x_2) + \ldots + x_n \cdot P(X = x_n) = \sum_{i=1}^{n} x_i \cdot P(X = x_i)$$

Erwartungswert der Zufallsvariablen X.

Bemerkung: Der Erwartungswert E(X) ist der zu erwartende Mittelwert von X, wobei jeder Wert x_i mit seiner Wahrscheinlichkeit $P(X = x_i)$ gewichtet wird.

Bei einem Spiel ist der **Erwartungswert des Gewinns E(X)** für jeden Spieler von großem Interesse. Ist $E(X) > 0$, so nennt man das Spiel **günstig** für den Spieler, ist $E(X) < 0$, so heißt es **ungünstig** und im Fall $E(X) = 0$ nennt man das **Spiel fair**. Bei einem fairen Spiel macht der Spieler pro Spiel weder Gewinn noch Verlust.

Beispiel 2

➲ In einer Lotterie gewinnen 5 % der Lose 15 €, 10 % der Lose 10 € und 15 % der Lose 1 €.

a) Bestimmen Sie den Preis für ein Los, wenn das Spiel fair ist.

b) Ein Los kostet 2,50 €. Verändern Sie den Höchstgewinn, so dass das Spiel fair ist.

Lösung

a) Die Zufallsvariable X beschreibt den Betrag, der von der Lotterie ausgezahlt wird.
Tabelle mit x_i und $P(X = x_i)$

Auszahlungsbetrag x_i	15	10	1	0
$P(X = x_i)$	5 % = 0,05	10 % = 0,1	15 % = 0,15	70 % = 0,7

Erwartungswert: $E(X) = 15 \cdot 0{,}05 + 10 \cdot 0{,}1 + 1 \cdot 0{,}15 + 0 \cdot 0{,}7 = 1{,}9$
Der durchschnittliche Auszahlungsbetrag beträgt 1,90 €.
Das Spiel ist fair, wenn ein Los 1,90 € kostet.

b) Der Höchstgewinn beträgt x €.
Durchschnittlicher Auszahlungsbetrag $E(X) = x \cdot 0{,}05 + 10 \cdot 0{,}1 + 1 \cdot 0{,}15 + 0 \cdot 0{,}7$
$= 0{,}05x + 1{,}15$
Bedingung für ein faires Spiel: $0{,}05x + 1{,}15 = 2{,}50$ für $x = 27$
Der Höchstgewinn müsste 27 € betragen.

Beispiel 3: Durchschnittliche Folgekosten bei Produktionsfehler

➲ Die Firma Aiglo Bekleidung GmbH stellt Hosen her. In der Qualitätskontrolle fällt auf, dass 5 % der Hosen einen Farbfehler und 7 % einen Nahtfehler haben. Beide Fehler treten bei einer Hose nicht auf. Bei einem Farbfehler entstehen Folgekosten von 20 €, bei einem Nahtfehler von 15 €.
Berechnen Sie die durchschnittlich zu erwartenden Folgekosten.

Lösung

Die Zufallsvariable X beschreibt die Folgekosten in €. Tabelle mit x_i und $P(X = x_i)$

	Farbfehler	Nahtfehler	ohne Fehler
Folgekosten in €: x_i	20	15	0
$P(X = x_i)$	0,05	0,07	0,88

Erwartungswert: $E(X) = 20 \cdot 0{,}05 + 15 \cdot 0{,}07 + 0 \cdot 0{,}88 = 2{,}05$
Die zu erwartenden Folgekosten betragen 2,05 € pro verkaufter Hose.

Beispiel 4

➲ Die Firma M & S stellt Fensterdichtungen her. Erfahrungsgemäß sind 13 % der Dichtungen defekt. Um Kosten zu sparen, sollen die Dichtungen vor dem Einbau in das Fenster mit einem Gerät geprüft werden. Das Prüfgerät zeigt bei 95 % der defekten Dichtungen einen Fehler an, es zeigt jedoch mit eine Wahrscheinlichkeit von 2 % auch einwandfreie Dichtungen als fehlerhaft an. Der Austausch einer defekten Dichtung verursacht Kosten von 4 €. Wird jedoch eine defekte Dichtung in den Rahmen eingebaut und muss dann ausgetauscht werden, betragen die Kosten 6,50 €. Der Einsatz des Gerätes kostet je Prüfung 15 Cent.

Entscheiden Sie begründet, ob sich das Prüfgerät lohnt.

Lösung

Baumdiagramm

d: Dichtung ist defekt

$\overline{d}$: Dichtung ist einwandfrei

F: Prüfgerät zeigt einen Fehler an.

$\overline{F}$: Prüfgerät zeigt keinen Fehler

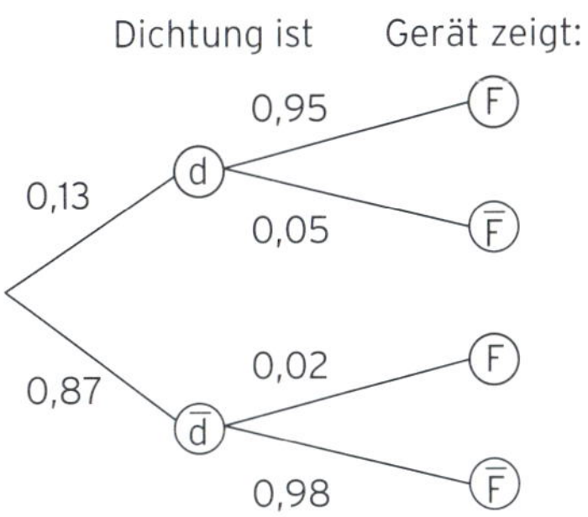

Ereignis	P	X (Kosten)
d F	0,13 · 0,95 = 0,1235	4,00
d $\overline{F}$	0,13 · 0,05 = 0,0065	6,50
$\overline{d}$ F	0,87 · 0,02 = 0,0174	4,00
$\overline{d}$ $\overline{F}$	0,87 · 0,98 = 0,8526	0,00

Durchschnittliche Kosten mit Prüfgerät

$$K_{Vor} = \underbrace{4\,€ \cdot 0{,}1235}_{P(d\,F)} + \underbrace{4\,€ \cdot 0{,}0174}_{P(\overline{d}\,F)} + \underbrace{6{,}50\,€ \cdot 0{,}0065}_{P(d\,\overline{F})} + \underbrace{0{,}15\,€}_{\text{Fixe Kosten}}$$

$$K_{Vor} = 0{,}76\,€$$

Durchschnittliche Kosten ohne Prüfgerät nach dem Einbau:

$$K_{Nach} = 6{,}50\,€ \cdot 0{,}13 = 0{,}85\,€$$

Kostenersparnis: 0,85 € − 0,76 € = 0,09 €

Das Prüfgerät lohnt sich.

Aufgaben

1 Bei einem Glücksspiel wird das abgebildete Glücksrad benutzt.
Als Einsatz bezahlt man 3 €. Das Glücksrad wird einmal gedreht. Man erhält den Betrag ausbezahlt, dessen Sektor über dem Pfeil zu stehen kommt.
Bestimmen Sie den Erwartungswert für den Gewinn.

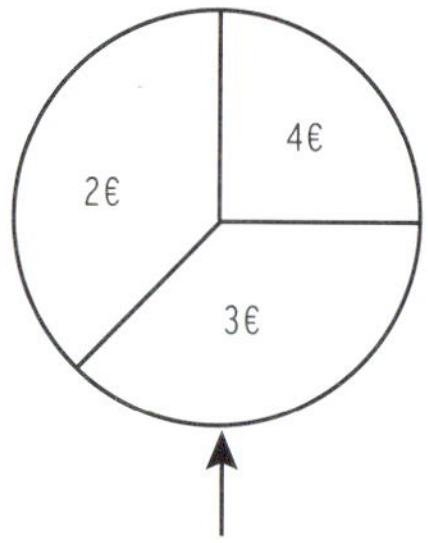

2 Heike und Daniela vereinbaren, eine Münze zu werfen, bis Zahl erscheint. Sie wollen jedoch maximal viermal werfen. Daniela setzt 2 € ein. Heike zahlt an Daniela für jeden Wurf 1,50 €. Ist nach dem 4. Wurf keine Zahl gefallen, muss Heike zusätzlich 4 € bezahlen. Untersuchen Sie, ob das Spiel fair ist.

3 Die Firma Mithuber stellt Antriebswellen her. Bei einer Abweichung von der Solllänge entstehen Folgekosten. Die Folgekosten und die zugehörigen Wahrscheinlichkeiten können der Tabelle entnommen werden.

Abweichung	bis 0,5 mm	bis 0,8 mm	bis 1 mm
Folgekosten in €	20	30	150
Wahrscheinlichkeit	5 %	2 %	0,5 %

Ermitteln Sie die durchschnittlichen Folgekosten.

4 Ein 30-jähriger Mann schließt für 10 Jahre eine Lebensversicherung über 100 000 € ab. Der Mann überlebt diese 10 Jahre mit einer Wahrscheinlichkeit von 0,995.
Bestimmen Sie die Höhe der Versicherungsprämie, wenn die Versicherung über die Laufzeit 500 € Gewinn erzielt.

5 Bei der Produktion der Handcreme Eubis in Tuben treten erfahrungsgemäß folgende Mängel mit den angegebenen Prozentzahlen auf:

	Füllmenge zu gering und angenehmer Geruch	Unangenehmer Geruch
Anteil	4 %	5 %

Die Tuben mit zu geringer Füllmenge und angenehmen Geruch können im Fabrikverkauf noch als Mangelware zu 10,50 € verkauft werden. Für die Tuben ohne Mängel wird ein Preis von 15 € erzielt. Die Tuben, deren Inhalt unangenehm riecht, müssen entsorgt werden. Dabei fallen Entsorgungskosten in Höhe von 1 € je Tube an. Die gesamten Produktionskosten betragen für 1000 Tuben 8000 €.

a) Berechnen Sie den zu erwartenden Gewinn für eine Produktion von 1000 Tuben, wenn die Qualitätskontrolle 850 € kostet.

b) Die Kontrolle des Geruchs ist aufwendig. Von den 850 € für die Qualitätskontrolle entfallen auf die Kontrolle des Geruchs 600 €. Ein Mitarbeiter der Controllingabteilung macht den Vorschlag zur Kostensenkung, die Kontrolle des Geruchs zu unterlassen und die späteren Reklamationskosten in Kauf zu nehmen. Eine Reklamation nach dem Verkauf verursacht Kosten in Höhe von 25 € je Tube. Beurteilen Sie den Vorschlag des Mitarbeiters.

6 Die Handelskette Aldo lässt Hemden herstellen. In der Qualitätskontrolle fällt auf, dass 4 % der Hemden einen Farbfehler und 8 % einen Nahtfehler haben. Beide Fehler treten bei einem Hemd nicht auf. Bei einem Farbfehler entstehen Folgekosten von 25 €, bei einem Nahtfehler von 20 €. Berechnen Sie die zu erwartenden Folgekosten.

7 Die Firma Hirscher & Söhne stellt Spezialbetonfertigteile her. Die Tabelle gibt die Anzahl X der täglich verkauften Bauteile und die zugehörigen Wahrscheinlichkeiten (unvollständig) an.

Anzahl x_i	0	1	2	3	4
$P(X = x_i)$	10 %	20 %	45 %	?	?

Geben Sie eine passende Wahrscheinlichkeitsverteilung an, sodass $E(X) = 2$.

8 Bei der Produktion eines Schnellkochtopfes treten prozentual erfahrungsgemäß Materialfehler, Farbfehler und Fehler, die die Betriebssicherheit beeinträchtigen, auf.

Materialfehler und Farbfehler	Nur Materialfehler	Nur Farbfehler	mangelnde Betriebssicherheit
1%	2%	6%	0,5%

Schnellkochtöpfe mit mangelnder Betriebssicherheit werden als Ausschuss entsorgt. Liegen ein Materialfehler und ein Farbfehler vor, so kann das Modell mit einem Preisnachlass von 40 % verkauft werden. Liegt nur ein Materialfehler vor, beträgt der Preisnachlass 30 %. Liegt nur ein Farbfehler vor, wird ein Preisnachlass von 20 % gewährt. Der Verkaufpreis beträgt 90 €.

a) Ermitteln Sie den durchschnittlich zu erwartenden Erlös je produzierten Kochtopf.

b) Bestimmen Sie den Verkaufspreis des Kochtopfs, wenn der durchschnittliche Erlös je produzierten Kochtopf bei 85 € liegen soll.

9 Die Firma Bruder in Bamberg produziert Zündkerzen. Erfahrungsgemäß sind 3 % der Zündkerzen defekt. Das Qualitätsmanagement will nun die Kosten mithilfe eines Prüfgeräts senken. Das Prüfgerät zeigt bei 96 % der defekten Zündkerzen einen Fehler an, es stuft aber mit eine Wahrscheinlichkeit von 2 % auch einwandfreie Zündkerzen als fehlerhaft ein. Der Austausch einer defekten Zündkerze vor dem Einbau kostet 50 Ct.
Wird jedoch eine defekte Zündkerze in den Motor eingebaut und muss dann ausgetauscht werden, betragen die Kosten 4 €. Dieses Prüfgerät kostet 25 000 €. Am Tag können mit diesem Gerät 4000 Zündkerzen geprüft werden.
Bestimmen Sie die Zeit in Tagen, nach der sich das Prüfgerät bezahlt gemacht hat.

1.4.4 Varianz und Standardabweichung einer Zufallsvariablen

Der Erwartungswert E(X) ist der Mittelwert einer Zufallsgröße X, mit dem auf lange Sicht zu rechnen ist. Er sagt nichts aus über die Streuung der x_i-Werte der Zufallsvariablen X um den Erwartungswert.
Gebräuchliche **Streuungsmaße** einer Häufigkeitsverteilung sind die **Varianz** und die **Standardabweichung**.

Beispiel 1

➲ Für die Produktion von Schrauben ist eine Kontrolle notwendig. Eine Maschine produziert Schrauben mit dem Soll-Durchmesser d = 8,5 mm.
Eine Stichprobe ergab folgende Tabelle, wobei die Zufallsvariable X den Durchmesser einer Schraube in mm beschreibt.

Durchmesser x_i	8,2	8,3	8,4	8,5	8,6	8,7	8,8
Wahrscheinlichkeit $P(X = x_i)$	0,02	0,08	0,15	0,60	0,10	0,03	0,02

Berechnen Sie die Varianz und die Standardabweichung.

Lösung

X: Durchmesser einer Schraube in mm

Mittelwert

$E(X) = 8{,}2 \cdot 0{,}02 + 8{,}3 \cdot 0{,}08 + 8{,}4 \cdot 0{,}15 + 8{,}5 \cdot 0{,}6 + 8{,}6 \cdot 0{,}1 + 8{,}7 \cdot 0{,}03 + 8{,}8 \cdot 0{,}02$

$E(X) = 8{,}485$

Varianz

$\sigma^2 = (8{,}2 - 8{,}485)^2 \cdot 0{,}02 + \ldots + (8{,}8 - 8{,}485)^2 \cdot 0{,}02$

$\sigma^2 = 0{,}010\,275$

Standardabweichung

$\sigma = \sqrt{0{,}010\,275} = 0{,}1014$

Die Standardabweichung beträgt etwa 0,10 mm.
Da sich die relativen Häufigkeiten bei einer großen Anzahl von Durchführungen stabilisieren, überträgt man die Begriffe Varianz und Standardabweichung auf die Zufallsvariable X.

Definition

Ist X eine Zufallsvariable, welche die Werte $x_1, \ldots, x_n$ annehmen kann und die den **Erwartungswert E(X)** hat, so heißt die reelle Zahl σ^2 mit

$$\sigma^2 = (x_1 - E(X))^2 \cdot P(X = x_1) + \ldots + (x_n - E(X))^2 \cdot P(X = x_n)$$

die **Varianz** der Zufallsvariablen X.
Für die **Standardabweichung** σ gilt: $\sigma = \sqrt{\text{Varianz}}$.

Beispiel 2

Vergleich der Folgekosten bei Produktionsfehlern von zwei Maschinen

Die Firma Kuhnert fertigt Spezialbolzen auf zwei Maschinen I und II.
Die Abweichungen vom Sollmaß mit den zugehörigen Wahrscheinlichkeiten und die Folgekosten können den Tabellen entnommen werden.

Maschine I

X: Folgekosten in €

Abweichung in mm	1	2	3
Folgekosten x_i in €	20	40	80
$P(X = x_i)$	0,2	0,1	0,05

Maschine II

Y: Folgekosten in €

Abweichung in mm	1	2	3
Folgekosten y_i in €	20	30	40
$P(Y = y_i)$	0,25	0,1	0,1

In den Tabellen sind alle möglichen Abweichungen mit Folgekosten aufgeführt.

Lösung

Die Wahrscheinlichkeit für keine Abweichung (0 mm) bzw. keine Folgekosten (0 €) beträgt 0,65 für Maschine I und 0,55 für Maschine II.

Erwartungswert der Folgekosten

$E(X) = 20 \cdot 0{,}2 + 40 \cdot 0{,}1 + 80 \cdot 0{,}05 + 0 \cdot 0{,}65$

$E(X) = 12$

Erwartungswert der Folgekosten

$E(Y) = 20 \cdot 0{,}25 + 30 \cdot 0{,}1 + 40 \cdot 0{,}1 + 0 \cdot 0{,}55$

$E(Y) = 12$

Die Erwartungswerte sind gleich, sind also nicht als Entscheidungsgrundlage geeignet.
Um ein Streumaß zu erhalten, berechnet man die Varianz bzw. die Standardabweichung.

Varianz

$\sigma^2 = (20 - 12)^2 \cdot 0{,}2 + (40 - 12)^2 \cdot 0{,}1$
$\quad + (80 - 12)^2 \cdot 0{,}05 + (0 - 12)^2 \cdot 0{,}65$

$\sigma^2 = 416$

Varianz

$\sigma^2 = (20 - 12)^2 \cdot 0{,}25 + (30 - 12)^2 \cdot 0{,}1$
$\quad + (40 - 12)^2 \cdot 0{,}1 + (0 - 12)^2 \cdot 0{,}55$

$\sigma^2 = 206$

Standardabweichung

$\sigma = \sqrt{416} = 20{,}40$

Standardabweichung

$\sigma = \sqrt{206} = 14{,}35$

Die Standardabweichung von Y ist kleiner (Die Streuung um den Mittelwert ist geringer.) als die von X.
Der Firmenchef wird sich wohl für die Maschine II entscheiden, da die Streuung der Folgekosten geringer ist als bei der Maschine I. Die Folgekosten sind langfristig bei der Maschine II wohl besser zu kalkulieren.

Bemerkung: Bedeutung der Standardabweichung

Die Standardabweichung ist groß, wenn stark vom Erwartungswert $E(X)$ abweichende Werte x_i mit großen Wahrscheinlichkeiten auftreten.
Die Standardabweichung einer Zufallsvariablen ist eine auf die Zukunft gerichtete Größe, während die Standardabweichung einer Häufigkeitsverteilung eine statistische Größe ist, die beschreibt, wie sich eine Stichprobe verhält.
Die Standardabweichung σ (gelesen: sigma) wird auch mit s bezeichnet.

Beispiel 3

➲ Beim Herbstfest des Schulzentrums bietet die SMV zwei Glücksspiele an. Die Tabellen geben die Gewinne/Verluste der SMV und die zugehörigen Wahrscheinlichkeiten an.

Glücksspiel I

Gewinn/Verlust in €	10	−2	−6
Wahrscheinlichkeit	0,5	0,25	0,25

Glücksspiel II

Gewinn/Verlust in €	5	−1	3
Wahrscheinlichkeit	0,4	0,2	0,4

Berechnen Sie jeweils den Mittelwert und die Standardabweichung.
Vergleichen Sie diese Werte. Interpretieren Sie.

Lösung

X bzw. Y: Gewinn/Verlust in €

Glücksspiel I

$E(X) = 10 \cdot 0{,}5 - 2 \cdot 0{,}25 - 6 \cdot 0{,}25 = 3$

$\sigma^2 = 51$

Standardabweichung $\sigma = 7{,}14$

Glücksspiel II

$E(Y) = 5 \cdot 0{,}4 - 1 \cdot 0{,}2 + 3 \cdot 0{,}4 = 3$

$\sigma^2 = 4{,}8$

Standardabweichung $\sigma = 2{,}19$

Die Mittelwerte sind gleich, die Standardabweichungen sind unterschiedlich.
Die Streuung der Gewinne um den Mittelwert ist beim Glücksspiel I größer als beim Glücksspiel II. Die Gewinnspanne (von 10 € Gewinn bis 6 € Verlust) ist größer als beim Glücksspiel II und liefert einen Hinweis auf das größere σ.

Beispiel 4

➲ Der Firma Emich GmbH stellt Schmierstoffe her und verkauft ein mängelfreies Produkt mit einem Gewinn von 8 €. Die Produkte mit kleinen bzw. geringen Mängeln können zu einem reduzierten Preis verkauft werden. Bei erheblichen Mängeln kann das Produkt nicht mehr verkauft werden und es muss entsorgt werden.
Anhand von Erfahrungswerten kann die kaufmännische Abteilung folgende Wahrscheinlichkeitsverteilung angeben:

Gewinn/Verlust in €	8	7	5	−1
Wahrscheinlichkeit	0,842	0,092	0,061	0,005

$E(X)$ ist der durchschnittliche Gewinn. Überprüfen Sie, ob für 90 % der verkauften Schmierstoffe ein Gewinn im Bereich von $E(X) - \sigma$ bis $E(X) + \sigma$ erzielt wird.

Lösung

X: Gewinn/Verlust in €.

Erwartungwert: $E(X) = 8 \cdot 0{,}842 + 7 \cdot 0{,}092 + 5 \cdot 0{,}061 - 1 \cdot 0{,}005 = 7{,}68$

Der Erwartungswert des Gewinns beträgt 7,68 €.

Varianz: $\sigma^2 = (8 - 7{,}68)^2 \cdot 0{,}842 + (7 - 7{,}68)^2 \cdot 0{,}092 + (5 - 7{,}68)^2 \cdot 0{,}061 + (-1 - 7{,}68)^2 \cdot 0{,}005$

$\sigma^2 = 0{,}944$

Standardabweichung: $\sigma = 0{,}971$

Im Intervall [6,709; 8,651] liegen die Gewinne von 7 € und 8 €.

Für 93,4 % (= 0,842 + 0,092), also für mehr als 90 % der verkauften Schmierstoffe liegt der Gewinn im angegebenen Bereich.

Aufgaben

1 Berechnen Sie für folgende Wahrscheinlichkeitsverteilung den Erwartungswert und die Standardabweichung der Zufallsvariablen X.

a)

x_i	1	2	5
$P(X = x_i)$	0,5	0,3	0,2

b)

x_i	−2	5	7
$P(X = x_i)$	30 %	45 %	25 %

2 Einem Karton, der 6 ganze und 2 defekte Transistoren enthält, werden zufällig drei Transistoren nacheinander entnommen. Berechnen Sie die erwartete Anzahl defekter Transistoren und die zugehörige Standardabweichung.

3 Auf einem CNC-Automaten werden Teile eines Motorblocks gefräst. Dabei treten Abweichungen zum Sollmaß auf. Die Tabelle gibt die Wahrscheinlichkeiten und die Folgekosten an außer bei einer Abweichung von 20 μm (20 Mikrometer).

Abweichung in μm	10	15	20
Wahrscheinlichkeit	5 %	3 %	4 %
Folgekosten in €	220	320	?

a) Berechnen Sie die Folgekosten bei eine Abweichung von 20 μm, wenn die durchschnittlichen Folgekosten 50 € betragen?

b) Berechnen Sie die zugehörige Standardabweichung.

4 Ein Würfel wird zweimal geworfen. Die Zufallsvariable X beschreibt den Betrag der Differenz der Augenzahlen. Bestimmen Sie die Wahrscheinlichkeitsverteilung, den Erwartungswert, die Varianz und die Standardabweichung dieser Zufallsvariablen.

5 Ein Hausmeister hat einen Schlüsselbund mit vier (ähnlichen) Schlüsseln. Er möchte am Abend bei schlechter Sicht eine Türe abschließen und probiert einen Schlüssel nach dem anderen aus. Hierbei benützt er keinen Schlüssel zweimal. Die Zufallsvariable X sei die Anzahl der Schlüssel, die er ausprobieren muss, bis die Türe abgeschlossen ist.

a) Geben Sie die Wahrscheinlichkeitsverteilung von X an.

b) Berechnen Sie die Standardabweichung von X.

6 Die Firma Huber stellt unter anderem Dübel her. Diese werden in Schachteln zu je 800 Stück verpackt. Aufgrund von Reklamationen möchte die Firmenleitung eine Materialkontrolle durchführen. Hierzu werden nacheinander 10 Dübel einer Schachtel entnommen und geprüft, ob sie einen Materialfehler haben. Anschließend untersucht man die nächste Schachtel. Die Zufallsvariable X sei die Anzahl der schadhaften Dübel. Die Kontrolle (Ziehung) wurde zwölfmal durchgeführt; dabei ergab sich folgende Tabelle:

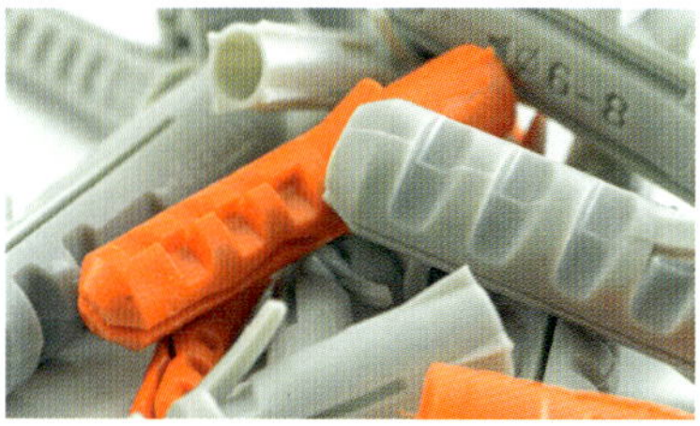

Ziehung	1	2	3	4	5	6	7	8	9	10	11	12
Anzahl schadhafter Dübel	4	2	3	4	5	3	3	4	3	6	3	2

Geben Sie eine begründete Prognose für die Anzahl der schadhaften Dübel in einer Schachtel an.

7 Die Metall & Mehr KG hat sich auf die Herstellung von Unterlegscheiben für Schraubensysteme spezialisiert.

a) Bestimmen Sie den mittleren Innendurchmesser und die Standardabweichung für die Messung im Januar, wenn sich folgende Wahrscheinlichkeitsverteilung ergibt:

Durchmesser d in mm	3,18	3,19	3,20	3,21	3,22
Wahrscheinlichkeit	0,03	0,21	0,43	0,29	0,04

Liegt der Innendurchmesser außerhalb des Bereichs $3{,}19 \leq d \leq 3{,}21$, eignet sich eine Unterlegscheibe nicht mehr zum Verkauf.
Bestimmen Sie den Ausschussanteil.

b) Die Messung im Februar ergibt für die Unterlegscheiben einen durchschnittlichen Innendurchmesser von $\mu = 3{,}201$ mm und eine Standardabweichung von $s = 0{,}007$ mm.
Vergleichen Sie.

8 Die für die Rasenmäher benötigten Schrauben werden firmenintern auf einer alten und auf einer neuen Maschine hergestellt. Durch Stichprobenkontrollen ergeben sich für die Verteilung der Schraubendurchmesser folgende Daten:

Maschine	Mittelwert	Standardabweichung
A	10,0 mm	0,05 mm
B	10,0 mm	0,065 mm

Auf einer dritten Maschine C werden 1000 Schrauben als Stichprobe entnommen. Die Messwerte werden in einer Tabelle aufgenommen. Vergleichen Sie diese Maschine mit den Maschinen A und B.
Entscheiden Sie, ob die Produktion auf Maschine C weiter betrieben werden soll.

Durchmesser in mm	9,55	9,65	9,75	9,85	9,95	10,05	10,15	10,25	10,35	10,45
Anzahl	1	2	40	67	338	379	133	35	3	2

9 Die Brauerei Ott hat zwei Abfüllautomaten A und B. Hierbei gibt es Abweichungen in der Abfüllmenge. Aufgrund langjähriger Erfahrung kann die Firma die Wahrscheinlichkeiten für die jeweiligen Abweichungen angeben. Weiterhin entstehen bei falscher Abfüllmenge Folgekosten. Die Tabelle gibt die Wahrscheinlichkeiten und die Folgekosten an.

Automat A

Abweichung in ml	10	20	30
Wahrscheinlichkeit	9 %	3 %	2 %
Folgekosten in €	2,10	3,70	5,00

Automat B

Abweichung in ml	10	20	30
Wahrscheinlichkeit	7 %	4 %	3 %
Folgekosten in €	1,20	2,90	7,00

Aufgrund guter Absatzzahlen möchte die Firma einen zusätzlichen Automaten vom Typ A oder B kaufen.
Beurteilen Sie die Situation für die Brauerei Ott.

Test zur Überprüfung Ihrer Grundkenntnisse

1 Aus einer Urne mit 5 numerierten Kugeln (1 bis 5) werden drei Kugeln entnommen. Bestimmen Sie die Wahrscheinlichkeit, dass die Kugeln mit den Nummern 1,3,5 in dieser Reihenfolge gezogen werden.

a) Die Kugeln werden nach dem Ziehen zurückgelegt.

b) Die Kugeln werden nacheinander ohne Zurücklegen entnommen.

2 Die Firma Alpha GmbH stellt Ventile her. Ein Test ergab, dass 3,1 % der produzierten Ventile defekt sind. Herr Spiegel entnimmt 3 Ventile aus der Produktion.
Berechnen Sie die Wahrscheinlichkeiten der folgenden Ereignisse:
A: Kein Ventil ist defekt.
B: Genau ein Ventil ist defekt.

3 Die Firma Argoline stellt verschiedenfarbige Platten für ein Stecksystem her. In einem Beutel befinden sich zehn rote, fünzehn weiße und fünf blaue Platten. Ein Bastler greift nacheinander drei Platten heraus.

a) Beurteilen Sie, ob eines der beiden Ereignisse wahrscheinlicher als das andere ist:
A: Die erste gezogene Platte ist blau.
B: Die zweite gezogene Platte ist blau.

b) Die ersten beiden Platten sind nicht rot.
Ermitteln Sie die Wahrscheinlichkeit dafür, dass die dritte Platte rot ist.

4 In einer bestimmten Sportart sind 12 % aller Sportler in einem Wettkampf gedopt. Ein Institut entwickelt ein Verfahren, mit dem man einen gedopten Sportler mit 98 % Sicherheit erkennt. Leider werden jedoch 4 % derjenigen Sportler, die nicht gedopt sind, auch positiv getestet.

a) Stellen Sie die Zusammenhänge in einem Baumdiagramm dar.

b) Bestimmen Sie die Wahrscheinlichkeiten der folgenden Ereignisse:
E_1: Der Sportler ist gedopt und wird positiv getestet.
E_2: Der Sportler ist nicht gedopt und wird positiv getestet.
E_3: Die Untersuchung fällt negativ aus.

5 Die Firma Hofmann stellt gehärtete Wellen her.
Bei der Produktion der Wellen treten erfahrungsgemäß folgende Fehler auf:

	Welle ist zu lang ohne Härtefehler	Härtefehler
Wahrscheinlichkeit	3 %	4 %

Für die Wellen ohne Mängel wird ein Preis von 95 € erzielt. Für die Wellen, die zu lang und ohne Härtefehler sind, kann noch ein Preis von 35 € erzielt werden. Die Wellen mit Härtefehler müssen entsorgt werden. Dabei entstehen Kosten von 55 €.
Berechnen Sie den durchschnittlich zu erwartenden Erlös.

2 Binomialverteilung

Lernsituation

Ein Hersteller von Kosmetikartikeln produziert unter anderem Pumpflaschen mit Bodylotion.

a) Die Pumpflaschen mit der Bodylotion werden vor dem Verpacken kontrolliert.
Bei 5 % der Flaschen ist das Etikett nicht richtig aufgeklebt. Bei 15 % aller Flaschen funktioniert der Pumpmechanismus nicht. Stellen Sie diesen Sachverhalt in einem Baumdiagramm dar.
Nur fehlerfreie Pumpflaschen gelangen in den Versand. Ermitteln Sie die Wahrscheinlichkeit dafür, dass eine Flasche wegen mindestens eines Fehlers nicht in den Versand, sondern in den Werksverkauf kommt.
Erklären Sie anhand dieses Baumdiagramms die Regel der Pfadmultiplikation.
Berechnen Sie die Wahrscheinlichkeit, dass drei Flaschen, die hintereinander geprüft werden, alle einen defekten Pumpmechanismus haben.
Aus der laufenden Produktion werden 100 Flaschen entnommen.
Bestimmen Sie die Wahrscheinlichkeit dafür, dass genau 10 Flaschen falsch etikettiert sind. Ermitteln Sie die Wahrscheinlichkeit dafür, dass höchstens 30 Flaschen falsch etikettiert sind.

b) Die Reklamationen bzgl. des Pumpmechanismus nehmen zu. Deshalb erfolgt mit 600 zufällig ausgewählten Flaschen eine Prüfung. Darunter waren 18 % mit defektem Pumpmechanismus.
Überprüfen Sie bei einer Sicherheitswahrscheinlichkeit von 95 %, ob das Stichprobenergebnis mit den Herstellerangaben verträglich ist.

c) Durch ein neues Produktionsverfahren wurde erreicht, dass nur noch 15 % der Pumpflaschen Fehler aufweisen und somit in den Werksverkauf kommen. Mit 100 zufällig ausgewählten Flaschen erfolgte eine Prüfung. Die Zufallsvariable X beschreibt die Anzahl der fehlerhaften Pumpflaschen. Berechnen Sie die Wahrscheinlichkeit dafür, dass X höchstens um die Standardabweichung vom Erwartungswert abweicht.

Bearbeiten Sie diese Lernsituation. Erwerben Sie die rechts aufgeführten **Qualifikationen und Kompetenzen**.

Qualifikationen & Kompetenzen

- Wahrscheinlichkeiten berechnen
- Binomialverteilungen untersuchen und interpretieren
- Erwartungswert und Standardabweichung berechnen
- Prognoseintervalle bestimmen

2.1 Bernoulli-Experiment, Bernoulli-Ketten

Im Folgenden werden Zufallsexperimente betrachtet, die nur **zwei Ergebnisse** haben.
Die beiden Ergebnisse werden häufig „Treffer“ oder „Erfolg“ (E) und „Niete“ oder „Fehlschlag“ ($\overline{E}$) genannt.
Ein solches Experiment wird als **Bernoulli-Experiment** bezeichnet.

Beispiele für **Bernoulli-Experimente**
- Münzwurf: Wappen (E); Zahl ($\overline{E}$)
- Materialprüfung: defekt (E); nicht defekt ($\overline{E}$)
- Qualitätsprüfung: maßhaltig (E); nicht maßhaltig ($\overline{E}$)
- Tombola: Gewinn (E); Niete ($\overline{E}$)

Bernoulli, Jakob, 1655 bis 1705

Definition

Ein Zufallsexperiment, bei dem nur zwei Ergebnisse (E und $\overline{E}$) betrachtet werden, heißt **Bernoulli-Experiment**.

Eine Münze wird dreimal hintereinander geworfen. Jeder Wurf ist ein Bernoulli-Experiment mit den Ergebnissen Wappen (W) oder Zahl (Z). Die einzelnen **Würfe** (Durchführungen des Experiments) beeinflussen sich nicht gegenseitig, sie sind voneinander unabhängig, d. h., die Trefferwahrscheinlichkeit ändert sich nicht.
Das dreimalige Werfen wird als ein Zufallsexperiment aufgefasst, man spricht in diesem Fall von einer **Bernoulli-Kette der Länge 3**.

Baumdiagramm

Ein Ergebnis lässt sich darstellen als Tripel, z. B. (WWZ).

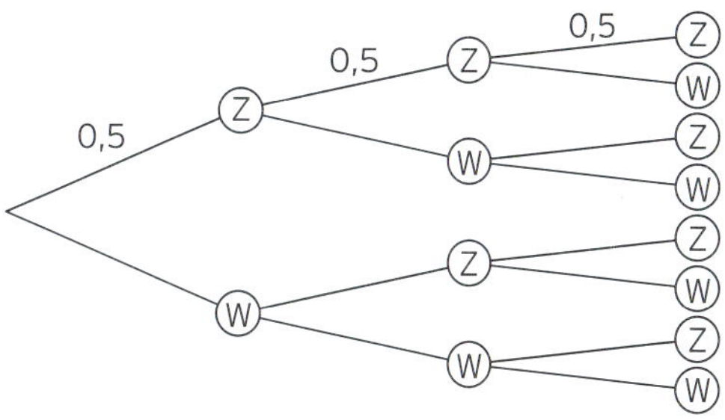

Definition

Ein Zufallsexperiment, das aus n unabhängigen Durchführungen **eines Bernoulli-Experiments** besteht, heißt **Bernoulli-Kette** der Länge n.

Bemerkung: Ziehungen **ohne Zurücklegen** bilden **keine Bernoulli-Kette**, da sich die Wahrscheinlichkeit nach jedem Zug ändert.

Beispiel

Ein Unternehmen produziert Ventile. 4 % der Ventile sind defekt.
Berechnen Sie die Wahrscheinlichkeit, dass genau 2 defekte Ventile entnommen werden.

a) Die Qualitätskontrolle entnimmt 4 Ventile aus einem Behälter mit 100 Ventilen.

b) Aus der laufenden Produktion werden 4 Ventile entnommen.

Lösung

X: Anzahl der defekten Ventile

a) Nach jeder Ziehung ändert sich die Wahrscheinlichkeit für ein defektes Ventil.
Es wird **ohne Zurücklegen** gezogen.
$P(X = 4) = \frac{4 \cdot 3}{2} \cdot \frac{4}{100} \cdot \frac{3}{99} \cdot \frac{96}{98} \cdot \frac{95}{97} = 0{,}0070$

b) Nach jeder Ziehung bleibt die Wahrscheinlichkeit für ein defektes Ventil erhalten.
Die Ziehung entspricht einer Ziehung **mit Zurücklegen**.
Es liegt eine Bernoulli-Kette der Länge 4 vor:
$P(X = 4) = 6 \cdot 0{,}04^2 \cdot 0{,}96^2 = 0{,}0088$

Aufgaben

1 Überprüfen Sie, ob es sich bei den genannten Zufallsexperimenten um ein Bernoulli-Experiment handelt.
Sollte dies zutreffen, bestimmen Sie die Parameter n und p.

a) Ein idealer Würfel wird viermal geworfen.
Die Zufallsvariable X beschreibt die Anzahl der Fünfen.

b) In einer Urne liegen vier rote, drei schwarze und eine gelbe Kugel.
Es werden zwei Kugeln ohne Zurücklegen gezogen.
X beschreibt die Anzahl der gezogenen roten Kugeln.

c) Zu einer Ausfahrt in die Berge mit historischen Pkw treffen sich sieben Oldtimerfreunde.
Ein Oldtimer fällt mit einer Wahrscheinlichkeit von $p = 0{,}2$ aus.
Die Zufallsvariable X beschreibt die Anzahl der ausgefallenen Oldtimer auf der Tour.

d) Ein Glücksrad mit 3 gleichgroßen Feldern in den Farben rot, grün und blau wird sechsmal gedreht.
X beschreibt, wie oft der Zeiger auf rot stehen bleibt.

e) Der laufenden Produktion werden 25 Schrauben entnommen.
X ist die Anzahl der defekten Schrauben.
Aus Erfahrung weiß man, dass 2 % der Schrauben defekt sind.

2 In einer Urne liegen 6 rote und 2 gelbe Kugeln. Es werden drei Kugeln mit Zurücklegen bzw. ohne Zurücklegen gezogen.
Berechnen Sie jeweils die Wahrscheinlichkeit dafür, dass genau 2 rote Kugeln gezogen werden. Es liegt eine Bernoulli-Kette vor. Entscheiden Sie.

2.2 Die Bernoulli-Formel

Beispiel 1

In einer Urne befinden sich 5 weiße und 3 Kugeln anderer Farbe. Es wird viermal eine Kugel **mit Zurücklegen** gezogen und jedesmal die Farbe notiert.
Die Zufallsvariable X gibt die Anzahl der gezogenen weißen Kugeln an.
Bestimmen Sie die Wahrscheinlichkeitsverteilung.

Lösung

Die Ziehungen sind unabhängig. Es handelt sich um eine Bernoulli-Kette der Länge 4.

Die Wahrscheinlichkeit für „Weiße Kugel" (Treffer) beträgt jedesmal $p = 0{,}625$ und für **„Nichtweiße Kugel"** $q = 1 - p = 0{,}375$.
Die Wahrscheinlichkeit für z. B. $(w\,\overline{w}\,\overline{w}\,\overline{w})$ beträgt $P = 0{,}625^1 \cdot 0{,}375^3$.

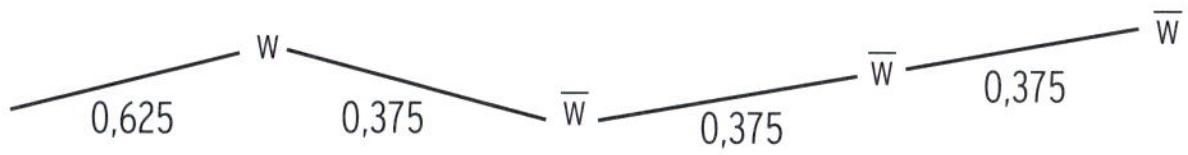

Das Ergebnis $(\overline{w}\,w\,\overline{w}\,\overline{w})$ hat dieselbe Wahrscheinlichkeit.
Die weiße Kugel kann an **4** verschiedenen Stellen notiert werden. Die Wahrscheinlichkeit **für eine weiße Kugel** beträgt somit: $P(X = 1) = 4 \cdot 0{,}625^1 \cdot 0{,}375^3 \approx 0{,}132$

Wahrscheinlichkeit für zwei weiße Kugeln
Die Wahrscheinlichkeit für z. B. $(w\,w\,\overline{w}\,\overline{w})$ beträgt $P = 0{,}625^2 \cdot 0{,}375^2$.
Das Ergebnis $(w\,\overline{w}\,w\,\overline{w})$ hat dieselbe Wahrscheinlichkeit.
Mit zwei weißen Kugeln gibt es $\frac{4 \cdot 3}{2} = 6 = \binom{4}{2}$ Ergebnisse.
(4 über 2; **Binomialkoeffizient)**
Die Wahrscheinlichkeit **für zwei weiße Kugeln** beträgt somit
$P(X = 2) = \binom{4}{2} \cdot 0{,}625^2 \cdot 0{,}375^2 \approx 0{,}330$.

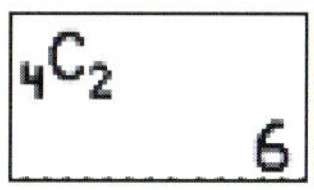

$\binom{4}{2} = \frac{4 \cdot 3}{1 \cdot 2} = 6$

Weitere Wahrscheinlichkeiten mithilfe des Binomialkoeffizienten:

$P(X = 3) = \binom{4}{3} \cdot 0{,}625^3 \cdot 0{,}375^1 = 4 \cdot 0{,}625^3 \cdot 0{,}375^1 \approx 0{,}366$

$P(X = 4) = \binom{4}{4} \cdot 0{,}625^4 \cdot 0{,}375^0 = 1 \cdot 0{,}625^4 \cdot 0{,}375^0 \approx 0{,}152$ mit $\binom{4}{4} = 1$

$P(X = 0) = \binom{4}{0} \cdot 0{,}625^0 \cdot 0{,}375^4 = 1 \cdot 0{,}625^0 \cdot 0{,}375^4 \approx 0{,}020$ mit $\binom{4}{0} = 1$

Beachten Sie

Binomialkoeffizient $\binom{n}{k} = \frac{n \cdot (n-1) \cdot (n-2) \cdot \ldots \cdot (n-k+1)}{1 \cdot 2 \cdot \ldots \cdot k} = \frac{n!}{k! \cdot (n-k)!}$ (gelesen: n über k)

mit $n! = n \cdot (n-1) \cdot \ldots \cdot 1$ (gelesen: n Fakultät) **Festlegung:** $0! = 1$

Hinweis: $\binom{n}{0} = 1$; $\binom{n}{n} = 1$

Beispiele: $\binom{7}{3} = \frac{7 \cdot 6 \cdot 5}{1 \cdot 2 \cdot 3} \cdot \frac{4 \cdot 3 \cdot 2 \cdot 1}{4 \cdot 3 \cdot 2 \cdot 1} = \frac{7!}{3! \cdot 4!} = 35$

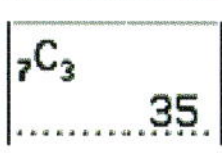

; $\binom{20}{2} = \frac{20 \cdot 19}{1 \cdot 2} = 190$; $\binom{50}{0} = 1$

Wahrscheinlichkeitsverteilung

k	0	1	2	3	4
P(X = k)	$\binom{4}{0}\cdot\left(\frac{5}{8}\right)^0\cdot\left(\frac{3}{8}\right)^4$ $\approx 0{,}020$	$\binom{4}{1}\cdot\left(\frac{5}{8}\right)^1\cdot\left(\frac{3}{8}\right)^3$ $\approx 0{,}132$	$\binom{4}{2}\cdot\left(\frac{5}{8}\right)^2\cdot\left(\frac{3}{8}\right)^2$ $\approx 0{,}330$	$\binom{4}{3}\cdot\left(\frac{5}{8}\right)^3\cdot\left(\frac{3}{8}\right)^1$ $\approx 0{,}366$	$\binom{4}{4}\cdot\left(\frac{5}{8}\right)^4\cdot\left(\frac{3}{8}\right)^0$ $\approx 0{,}152$

Grafische Darstellung der Wahrscheinlichkeitsverteilung:
Abszissenachse:
Anzahl der Treffer k
Ordinatenachse:
Wahrscheinlichkeit P(X = k)

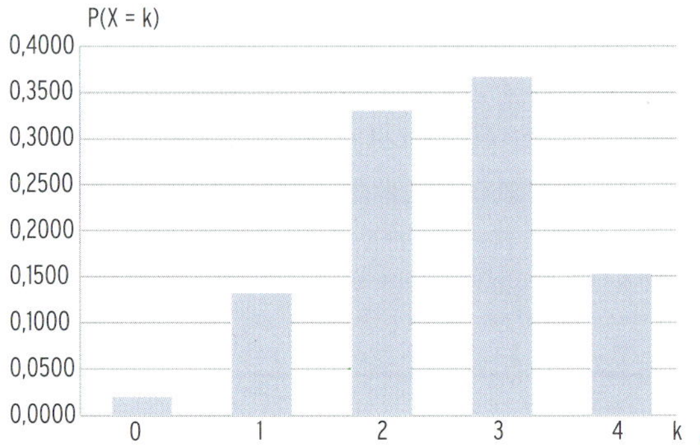

Formel von Bernoulli

Die **Wahrscheinlichkeit,** dass bei n Durchführungen eines Bernoulli-Experiments genau k-mal das Ereignis E (der Treffer E mit P(E) = p) eintritt, ist gegeben durch:

$$P(X = k) = \binom{n}{k}\cdot p^k\cdot(1-p)^{n-k}$$

Die Zufallsvariable X beschreibt die Anzahl der Treffer.

Schreibweise: $P(X = 3) = B_{4;\frac{5}{8}}(3)$

Anzahl der Ziehungen (→ 4) Wahrscheinlichkeit für Treffer (→ $\frac{5}{8}$) Anzahl der Treffer (→ 3)

Wahrscheinlichkeitsverteilung für die Trefferwahrscheinlichkeit p bei 4 Ziehungen

k	0	1	2	3	4
P(X = k)	$\binom{4}{0}\cdot p^0(1-p)^4$	$\binom{4}{1}\cdot p^1(1-p)^3$	$\binom{4}{2}\cdot p^2(1-p)^2$	$\binom{4}{3}\cdot p^3(1-p)^1$	$\binom{4}{4}\cdot p^4(1-p)^0$

Festlegung

Gegeben ist eine **Bernoulli-Kette** der Länge n für die Trefferwahrscheinlichkeit p.
Ist X die Anzahl der Treffer, so heißt die **Wahrscheinlichkeitsverteilung der Zufallsvariable X Binomialverteilung.**
Diese Verteilung kann in Tabellenform angegeben werden.

Bemerkung: Für P(X = k) schreibt man auch $\mathbf{B_{n;p}(k)}$.
Die Zufallsvariable X ist **binomialverteilt. X ist $\mathbf{B_{n;p}}$-verteilt.**
Da X nur ganzzahlige Werte annimmt, ist die Binomialverteilung eine **diskrete** Wahrscheinlichkeitsverteilung.

Beispiel 2

Die Zufallsvariable X ist binomialverteilt mit $n = 4$ und $p = 0{,}6$.
Berechnen Sie $P(X = 0)$ bis $P(X = 4)$ mithilfe der Bernoulli-Formel.
Vergleichen Sie die Werte.

Lösung

X ist $B_{4;0,6}$-verteilt.

$P(X = 0) = \binom{4}{0} \cdot 0{,}6^0 \cdot 0{,}4^4 = 1 \cdot 0{,}4^4 = 0{,}0256$

$P(X = 1) = \binom{4}{1} \cdot 0{,}6^1 \cdot 0{,}4^3 = 4 \cdot 0{,}6 \cdot 0{,}064 = 0{,}1536$

$P(X = 2) = \binom{4}{2} \cdot 0{,}6^2 \cdot 0{,}4^2 = 6 \cdot 0{,}36 \cdot 0{,}16 = 0{,}3456$

$P(X = 3) = \binom{4}{3} \cdot 0{,}6^3 \cdot 0{,}4^1 = 4 \cdot 0{,}216 \cdot 0{,}4 = 0{,}3456$

$P(X = 4) = \binom{4}{4} \cdot 0{,}6^4 \cdot 0{,}4^0 = 1 \cdot 0{,}1296 \cdot 1 = 0{,}1296$

Die Wahrscheinlichkeiten für X = 2 und X = 3 sind gleich groß.

Beispiel 3

➲ Die Zufallsvariable X ist binomialverteilt mit $n = 10$ und $p = 0{,}2$.
Berechnen Sie $P(X = 1)$, $P(X = 2)$ und $P(X = 3)$.
Stellen Sie die Binomialverteilung grafisch dar. Vergleichen Sie.

Lösung

X ist $B_{10;0,2}$-verteilt.

$P(X = 1) = B_{10;0,2}(1) = 0{,}2684$

$P(X = 2) = B_{10;0,2}(2) = 0{,}3020$

$P(X = 3) = B_{10;0,2}(3) = 0{,}2013$

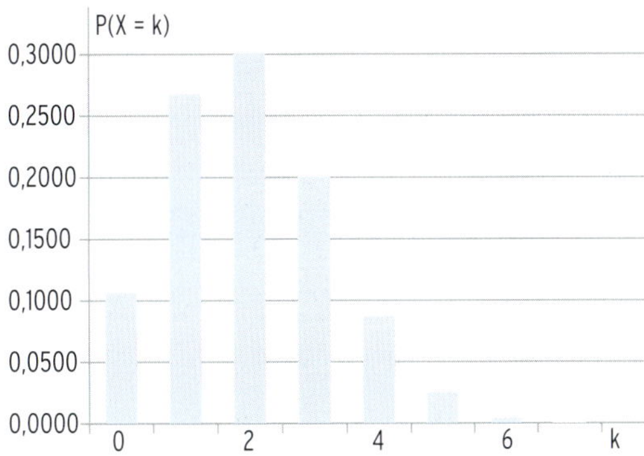

Der Vergleich ergibt: $P(X = 2)$ ist der größte Wahrscheinlichkeitswert.

Berechnung mit GTR/CAS

$P(X = 1)$

Eingabe von $n = 10$; $p = 0{,}2$ und $x = 1$
im Binomialpdf-Menü ergibt:

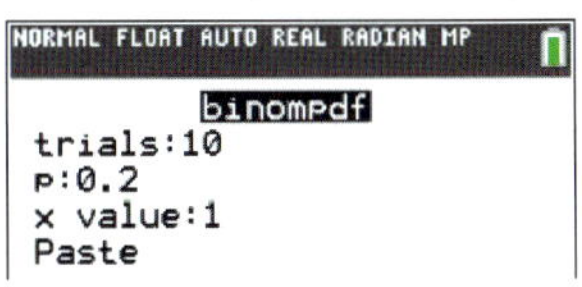

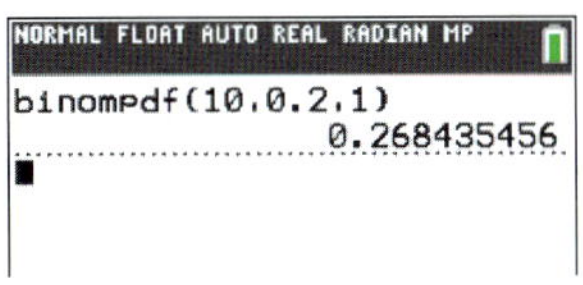

Aufgaben

1 Die Zufallsvariable X ist $B_{n,p}$-verteilt. Berechnen Sie $P(X = 0)$ und $P(X = 1)$.

a) $n = 4;\ p = 0{,}5$ **b)** $n = 3;\ p = 0{,}3$ **c)** $n = 4;\ p = \frac{1}{6}$

2 Berechnen Sie folgende Wahrscheinlichkeiten $B_{n,p}(k)$:

a) $n = 8;\ k = 2;\ p = 0{,}5$ **b)** $n = 20;\ k = 5;\ p = 0{,}8$ **c)** $n = 50;\ k = 9;\ p = 0{,}1$

3 Die Zufallsvariable X ist $B_{n,p}$-verteilt. Berechnen Sie folgende Wahrscheinlichkeiten: Stellen Sie die Verteilung grafisch dar und vergleichen Sie die Werte.

a) $n = 5;\ p = 0{,}4$: $P(X = 1);\ P(X = 2);\ P(X = 3)$

b) $n = 8;\ p = 0{,}7$: $P(X = 5);\ P(X = 6);\ P(X = 7)$

4 Es gibt zwei Schreibweisen für die Wahrscheinlichkeit bei einer binomialverteilten Zufallsgröße X: $P(X = k) = B_{n,p}(k)$. Schreiben Sie in der anderen Form und berechnen Sie.

a) $n = 12;\ p = 0{,}85;\ P(X = 9)$ **b)** $B_{25,\,0{,}15}(6)$

c) $n = 120;\ p = 0{,}99;\ P(X = 0)$ **d)** $B_{200,\,0{,}65}(130)$

5 Berechnen Sie den Wert und beschreiben Sie die zugrundeliegende Binomialverteilung.

a) $\binom{5}{4} \cdot 0{,}4^4 \cdot 0{,}6^1$ **b)** $\binom{15}{4} \cdot 0{,}3^4 \cdot 0{,}7^{11}$

c) $\binom{50}{10} \cdot 0{,}1^{10} \cdot 0{,}9^{40}$ **d)** $\binom{100}{44} \cdot 0{,}2^{44} \cdot 0{,}8^{56}$

6 Vervollständigen Sie den Term und beschreiben Sie die zugrundeliegende Binomialverteilung.

a) $\binom{50}{\ldots} \cdot 0{,}7^{\triangle} \cdot 0{,}\square^{10}$ **b)** $\binom{\ldots}{8} \cdot 0{,}\square^{\triangle} \cdot 0{,}7^{52}$

7 Die Abbildung zeigt die Binomialverteilung mit den Parametern $n = 10$ und $p = 0{,}5$. Bestimmen Sie folgende Wahrscheinlichkeiten mithilfe der Abbildung: $P(X = 3)$; $P(X = 5)$; $P(X = 8)$. Nennen Sie Eigenschaften des Graphen dieser Binomialverteilung.

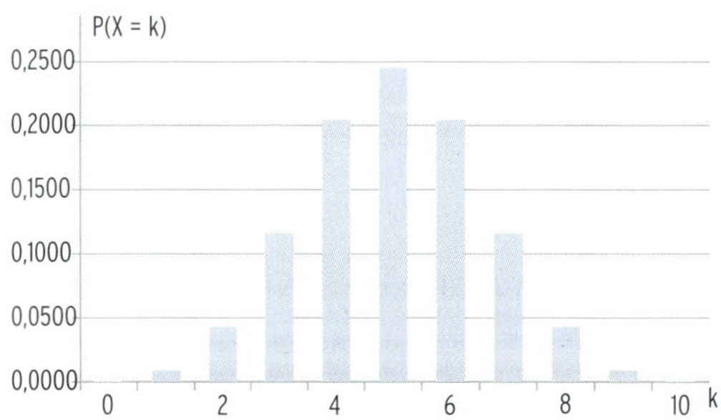

8 Ein Korb enthält 25 Bälle, die sich durch das aufgedruckte Muster unterscheiden. 15 Bälle sind mit Punkten, 10 mit Sternen gemustert. Aus dem Korb wird ein Ball „blind" entnommen. Es wird festgestellt, ob er Sterne trägt oder nicht, dann wird er wieder in den Korb zurückgelegt. Bestimmen Sie die Wahrscheinlichkeit, beim 10-maligen Ziehen genau drei Bälle mit Sternen zu ziehen.

Summierte (kumulierte) Wahrscheinlichkeiten

Beispiel 1

➲ Die Zufallsvariable X ist binomialverteilt mit $n = 4$ und $p = 0{,}6$.
Berechnen Sie $P(X \leq 1)$ und $P(X \geq 2)$ ohne Hilfsmittel.

Lösung

X ist $B_{4;\,0,6}$-verteilt.

$P(X \leq 1) = P(X = 0) + P(X = 1) = \binom{4}{0} \cdot 0{,}6^0 \cdot 0{,}4^4 + \binom{4}{1} \cdot 0{,}6^1 \cdot 0{,}4^3 = 0{,}0256 + 0{,}1536$

$P(X \leq 1) = 0{,}1792$ Summierte (kumulierte) Wahrscheinlichkeit

$P(X \geq 2) = 1 - P(X \leq 1) = 1 - 0{,}1792 = 0{,}8208$ Gegenereignis

Hinweis: $P(X \geq 2) = P(X = 2) + P(X = 3) + P(X = 4)$
$= 0{,}3456 + 0{,}3456 + 0{,}1296 = 0{,}8208$

Beispiel 2

➲ Die Zufallsvariable X ist binomialverteilt mit $n = 10$ und $p = 0{,}2$.
Berechnen Sie $P(X \leq 2)$ und stellen Sie den Wert grafisch dar.
Berechnen Sie $P(2 \leq X \leq 5)$ und $P(X > 3)$.

Lösung

X ist $B_{10;\,0,2}$-verteilt.

$P(X \leq 2) = P(X = 0) + P(X = 1) + P(X = 2)$
$= 0{,}6778$

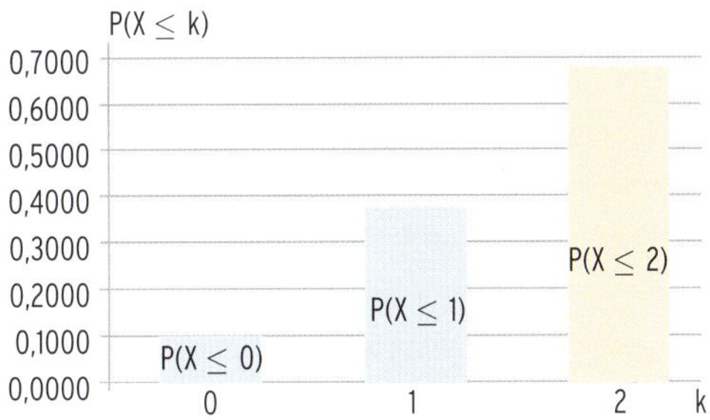

$P(2 \leq X \leq 5) = P(X = 2) + P(X = 3) + P(X = 4) + P(X = 5) = P(X \leq 5) - P(X < 2)$
$= P(X \leq 5) - P(X \leq 1) = 0{,}9936 - 0{,}3758 = 0{,}6178$

$P(X > 3) = 1 - P(X \leq 3) = 1 - 0{,}8791 = 0{,}1209$ Berechnung mit dem Gegenereignis

Berechnung mit GTR/CAS

$P(X \leq 2)$: Eingabe von $x = 2$, $n = 10$ und $p = 0{,}2$

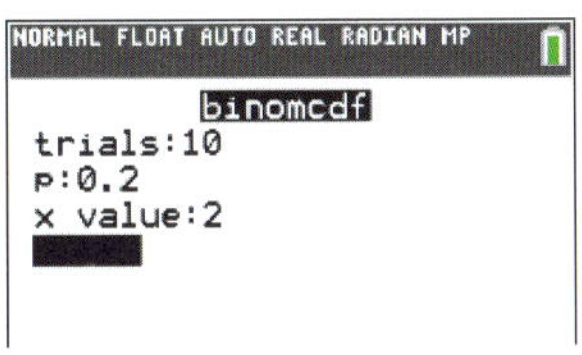

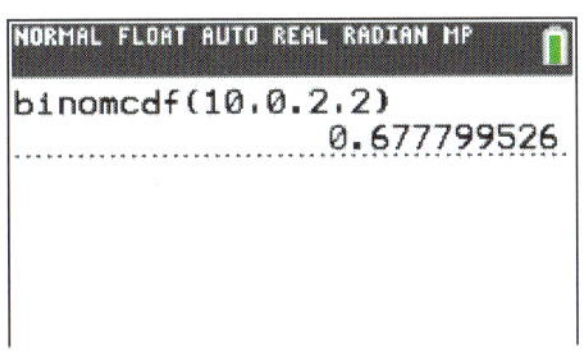

Beispiel 3

➲ Ein Unternehmen produziert Tonvasen. Beim Brennen von Spezialvasen sind erfahrungsgemäß 20 % defekt. Der Produktion wird eine Stichprobe von 50 Vasen entnommen.

Ermitteln Sie die Wahrscheinlichkeiten der folgenden Ereignisse:

A: Die Stichprobe enthält genau 10 defekte Vasen.

B: Die Stichprobe enthält höchstens 10 defekte Vasen.

C: Man stellt mindestens 10 und höchstens 15 defekte Vasen fest.

D: Die Stichprobe enthält mehr als eine defekte Vase.

Lösung

X ist die Anzahl defekter Vasen.

Es handelt sich um eine Bernoulli-Kette der Länge $n = 50$ mit der Trefferwahrscheinlichkeit $p = 0{,}2$; X ist $B_{50;\,0{,}2}$-verteilt.

$P(A) = P(X = 10) = 0{,}1398$ kann mit GTR/CAS berechnet werden.

$P(B) = P(X \le 10) = 0{,}5836$ kann mit GTR/CAS berechnet werden.

$P(C) = P(10 \le X \le 15) = P(X \le 15) - P(X \le 9)$

$P(C) = 0{,}9692 - 0{,}4437 = 0{,}5255$

$P(D) = P(X > 1) = 1 - P(X \le 1) = 1 - 0{,}0002$

$P(D) = 0{,}9998 = 99{,}98\,\%$

Binomialverteilung $B_{50;\,0{,}2}(k)$

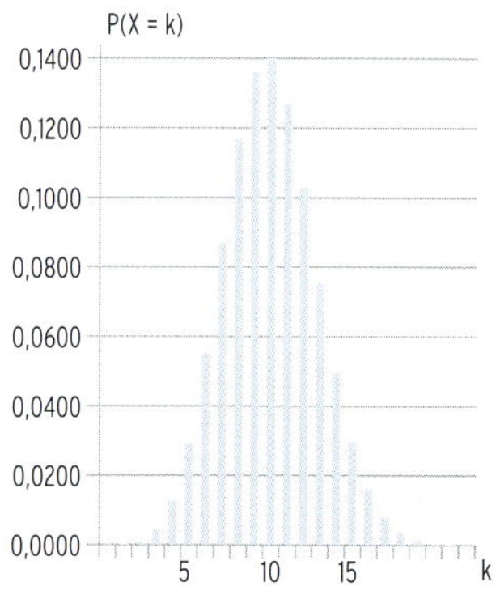

summierte Binomialverteilung: $n = 50$; $p = 0{,}2$

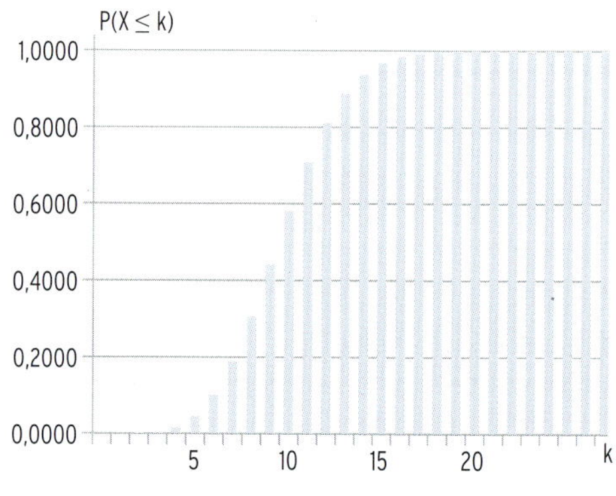

Summenschreibweise der kumulierten Binomialverteilung

Beispiel: X ist $B_{50;\,0{,}2}$-verteilt.

$P(X \le 3) = P(X = 0) + P(X = 1) + P(X = 2) + P(X = 3) = \sum_{i=0}^{3} B_{50;\,0{,}2}(i) = F_{50;\,0{,}2}(3)$

$P(X \le k) = P(X = 0) + P(X = 1) + P(X = 2) + \ldots + P(X = k)$

$= \sum_{i=0}^{k} B_{n;\,p}(i) = F_{n;\,p}(k)$ **Summierte Binomialverteilung**

Beachten Sie

$P(X \le k) = \sum_{i=0}^{k} B_{n;\,p}(i) = F_{n;\,p}(k)$ **Summierte Binomialverteilung**

Beispiel 4

➲ Eine Box der Firma Fabert enthält 25 Bleistifte, die sich durch das aufgedruckte Muster unterscheiden. 15 Bleistifte sind mit Punkten, 10 mit Sternen gemustert.
Aus der Box wird ein Bleistift „blind" entnommen. Es wird festgestellt, ob er Sterne trägt oder nicht, dann wird er wieder in die Box zurückgelegt.

a) Bestimmen Sie die Wahrscheinlichkeit, beim fünfmaligen Ziehen weniger als 4 Bleistifte mit Sternen zu ziehen.

b) Die Wahrscheinlichkeit, dass beim fünfmaligen Ziehen wenigstens ein Bleistift mit Sternen gezogen wird, ist größer als 90 %. Überprüfen Sie.

c) Berechnen Sie die Wahrscheinlichkeit, dass beim fünfmaligen Ziehen mindestens zwei Bleistifte und höchstens vier Bleistifte einen Stern haben.

d) Berechnen Sie die Wahrscheinlichkeit, beim 20-maligen Ziehen mindestens 8 Bleistifte mit Sternen zu ziehen.

Lösung

Die Zufallsvariable X beschreibt die Anzahl der gezogenen Bleistifte mit Sternmuster. Das Experiment ist ein **Bernoulli-Experiment**, da es nur **zwei Ergebnisse** gibt (Stern oder nicht Stern) und **mit Zurücklegen** gezogen wird (Bernoulli-Kette der Länge 5).

a) X ist $B_{5;\,0{,}4}$-verteilt.
Mit $p = 0{,}4$; $n = 5$ und $k = 3$ erhält man für die **Wahrscheinlichkeit**, dass weniger als 4 Bleistifte mit Sternmuster gezogen werden:
$P(X < 4) = P(X \leq 3) = 0{,}9130$

b) $P(X \geq 1) = 1 - P(X = 0) = 1 - 0{,}0778 = 0{,}9222$ oder $P(X \geq 1) = 1 - 0{,}6^5 \approx 0{,}9222$
Die Wahrscheinlichkeit ist also größer als 90 %.

c) $P(2 \leq X \leq 4) = P(X \leq 4) - P(X \leq 1) = 0{,}9898 - 0{,}3370 = 0{,}6528$

d) X ist $B_{20;\,0{,}4}$-verteilt.
$P(X \geq 8) = 1 - P(X \leq 7) = 1 - 0{,}4159 = 0{,}5841$

Beachten Sie

$P(X = k) = \binom{n}{k} \cdot p^k \cdot (1 - p)^{n-k} = B_{n;\,p}(k)$ **Bernoulli-Formel**

$P(X \leq k) = \sum_{i=0}^{k} B_{n;\,p}(i) = F_{n,\,p}(k)$

$P(X \geq 1) = 1 - P(X = 0)$

$P(a \leq X \leq b) = \sum_{k=a}^{b} B_{n;\,p}(k)$ mit $a, b \in \mathbb{N}$; $b \leq n$

$= P(X \leq b) - P(X < a)$

Aufgaben

1 Berechnen Sie folgende Wahrscheinlichkeiten $F_{n,p}(k) = P(X \leq k)$.

a) $n = 8;\ k = 2;\ p = 0{,}5$ **b)** $n = 20;\ k = 5;\ p = 0{,}8$ **c)** $n = 50;\ k = 20;\ p = 0{,}1$

2 Die Zufallsvariable X ist $B_{n,p}$-verteilt. Berechnen Sie folgende Wahrscheinlichkeiten:

a) Für $n = 5;\ p = 0{,}5$: $P(X = 3);\ P(X \leq 1);\ P(X \geq 1)$

b) Für $n = 20;\ p = 0{,}2$: $P(X = 4);\ P(X \leq 1);\ P(X \geq 2);\ P(2 \leq X \leq 6)$

c) Für $n = 200;\ p = 0{,}05$: $P(X = 25);\ P(X \leq 1);\ P(20 < X < 45);\ P(10 \leq X < 15)$

3 Für die Produktion des Zwei-Liter-Autos werden unter anderem Scheinwerfer benötigt. Zunächst wird die Lux AG mit der Produktion beauftragt. Diese garantiert, dass der Anteil an defekten Einheiten etwa 10 % betragen.
Unter der Voraussetzung $p = 0{,}1$ sollen die jeweiligen Wahrscheinlichkeiten für folgende Ereignisse untersucht werden.

a) Es werden 10 Scheinwerfereinheiten geprüft.
Berechnen Sie die Wahrscheinlichkeiten für folgende Ereignisse.
E_1: Genau eine Scheinwerfereinheit ist defekt.
E_2: Die erste Scheinwerfereinheit ist defekt, aber alle anderen sind einwandfrei.

b) Erklären Sie den Unterschied zwischen den beiden Ereignissen E_1 und E_2 aus Teilaufgabe a).

c) Berechnen Sie die Wahrscheinlichkeit dafür, dass bei einem Stichprobenumfang von 100 mehr als 15 defekt sind.

4 Das Galton-Brett besteht aus einer regelmäßigen Anordnung von Hindernissen (z. B. Nagelreihen). Eine von oben herunterfallende Kugel prallt am Hindernis nach links oder nach rechts ab. Nach dem Passieren der Hindernisse werden die Kugeln in Fächern aufgefangen, um dort abgezählt zu werden. Die Abbildung zeigt ein vierstufiges, symmetrisches Galton-Brett.

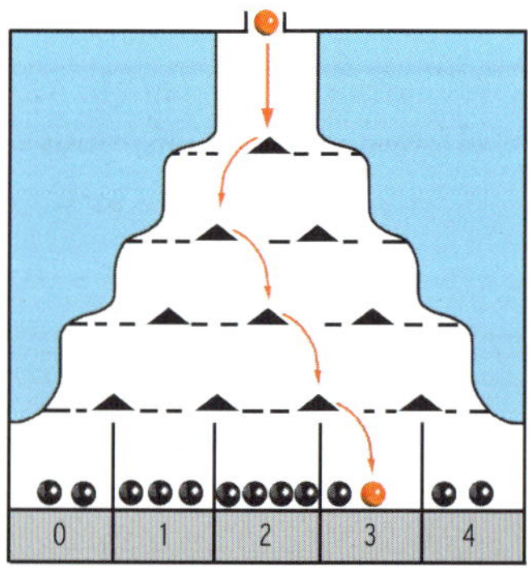

a) Begründen Sie, dass das Galton-Brett ein Modell für eine Bernoulli-Kette ist.

b) Berechnen Sie die Wahrscheinlichkeit für „Fach 3".

5 Die Druckfix GmbH stellt Walzen her. Es werden 100 Walzen einer Qualitätsanalyse unterzogen. Die Wahrscheinlichkeit für einen Defekt beträgt $p = 0{,}05$.
Ermitteln Sie die Wahrscheinlichkeiten der folgenden Ereignisse:
A: Höchstens 2 Walzen sind defekt.
B: Es gibt mindestens 3 defekte Walzen.
C: Es befinden sich mindestens 4 und höchstens 7 defekte Walzen in der Stichprobe.
D: In der Stichprobe befindet sich 95 intakte Walzen.
E: Alle Walzen sind intakt.

6 Stellen Sie die drei Binomialverteilungen $B_{10;\,0,25}$; $B_{10;\,0,5}$ und $B_{10;\,0,75}$ grafisch dar. Vergleichen Sie diese Verteilungen.

7 Begründen Sie, welche der Verteilungen zu einer Binomialverteilung gehört.

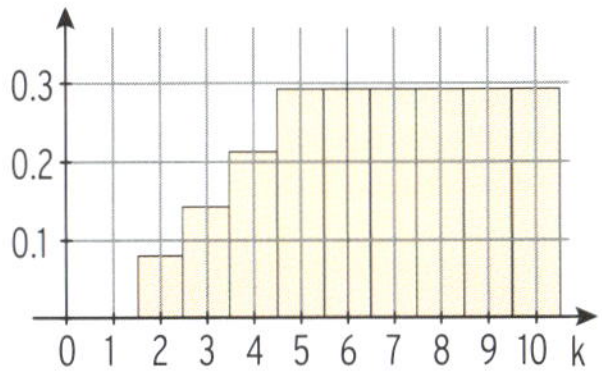

Abb. 1

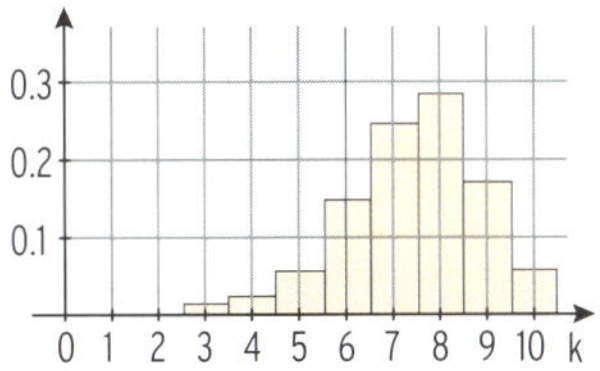

Abb. 2

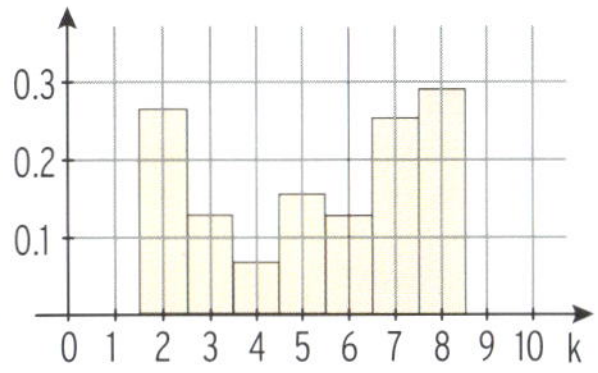

Abb. 3

8 Ein Batteriehersteller geht davon aus, dass die Wahrscheinlichkeit für einen vorzeitigen Ausfall einer Batterie 20 % beträgt.

a) Ermitteln Sie die Wahrscheinlichkeiten der folgenden Ereignisse:
A: Von 100 Batterien fallen weniger als ein Viertel vorzeitig aus.
B: Von 50 Batterien fallen höchstens 10 vorzeitig aus.
C: Von 5 Batterien fallen mindestens zwei vorzeitig aus.

b) Bestimmen Sie den Mindestanteil der vorzeitig ausfallenden Batterien, damit mit einer Wahrscheinlichkeit von mindestens 99 % unter 100 Batterien mindestens eine vorzeitig ausfällt.

c) Das Produktionsverfahren wird umgestellt. Damit sinkt die Ausfallwahrscheinlichkeit auf 5 %. Berechnen Sie die Wahrscheinlichkeit, dass in einer Stichprobe von 100 Batterien mindestens vier, höchstens aber acht Batterien vorzeitig ausfallen.

9 Ein Unternehmen produziert täglich eine große Anzahl von Lüsterklemmen. Diese werden unabhängig voneinander hergestellt. Die Wahrscheinlichkeit für eine fehlerhafte Klemme liegt bei 5 %. Der Produktion wird eine Stichprobe von 50 Lüsterklemmen entnommen.

a) Berechnen Sie $B_{50;\,0,05}(2)$ und interpretieren Sie Ihr Ergebnis.

Berechnen Sie die Wahrscheinlichkeit, dass

b) mehr als drei Klemmen fehlerhaft sind

c) höchstens sechs Klemmen fehlerhaft sind.

10 Ein Pharmaunternehmen hat ein neues Medikament entwickelt. Die Einnahme führt bei 10 % der Patienten zu Herzrasen. In einer Studie nehmen 100 Patienten das Medikament ein. Berechnen Sie die Wahrscheinlichkeiten der folgenden Ereignisse.

A: Genau 20 Patienten bekommen Herzrasen.
B: Höchstens 15 Patienten bekommen Herzrasen.
C: Mindestens 16 Patienten bekommen Herzrasen.
D: Mindestens 20, aber höchstens 30 Patienten bekommen Herzrasen.

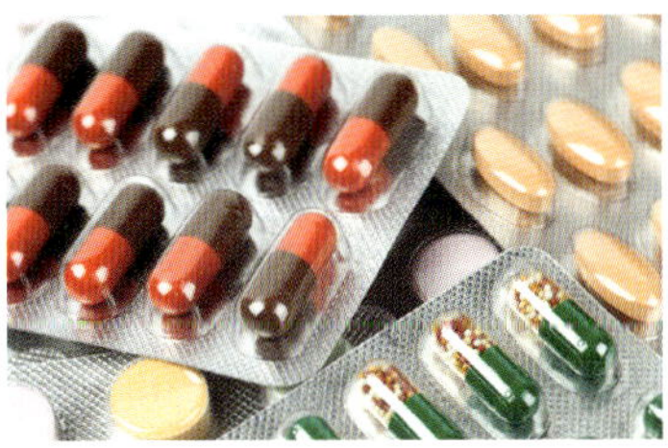

2.3 Erwartungswert und Varianz einer Binomialverteilung

Erwartungswert

Beispiel 1

➲ An einer Schule in Köln gibt es hitzefrei, wenn die Quecksilbersäule des Thermometers im Schatten mehr als 25 °C anzeigt. Der deutsche Wetterdienst meldet für den Zeitraum vom 20. Juni bis 22. Juni eine Wahrscheinlichkeit von 30 % für Temperaturen, die höher als 25 °C sind.

Die Zufallsvariable X beschreibt die Anzahl der hitzefreien Tage im genannten Zeitraum.

Erstellen Sie eine Wahrscheinlichkeitsverteilung für die Zufallsvariable X.

Während des angegebenen Zeitraums kann mit etwa einem hitzefreien Tagen gerechnet werden. Überprüfen Sie diese Aussage.

Lösung

Jedes einzelne Experiment hat zwei Ausgänge (mehr als 25 °C; weniger oder gleich 25 °C) mit einer Trefferwahrscheinlichkeit von $p = 0{,}3$.

Es liegt eine Bernoulli-Kette der Länge $n = 3$ vor. X ist eine $B_{3;\,0,3}$-verteilte Zufallsvariable.

Wahrscheinlichkeitsverteilung

k	0	1	2	3
$B_{3;0,3}(k)$	$\binom{3}{0} 0{,}3^0\, 0{,}7^3 = 0{,}343$	$\binom{3}{1} 0{,}3^1\, 0{,}7^2 = 0{,}441$	$\binom{3}{2} 0{,}3^2\, 0{,}7^1 = 0{,}189$	$\binom{3}{3} 0{,}3^3\, 0{,}7^0 = 0{,}027$

Gesucht ist die Anzahl der zu erwartenden hitzefreien Tage, d. h. E (X).

Berechnung des Erwartungswerts E (X) mit $E(X) = \sum_{i=0}^{n} x_i \cdot P(X = x_i)$.

$E(X) = \sum_{k=0}^{3} k \cdot B_{3;0,3}(k) = 0 \cdot 0{,}343 + 1 \cdot 0{,}441 + 2 \cdot 0{,}189 + 3 \cdot 0{,}027 = 0{,}9$

Voraussichtlich kann man während des Zeitraums mit 0,9 hitzefreien Tagen rechnen.

Plausibilitätsbetrachtung

Wenn die Wahrscheinlichkeit für jeden hitzefreien Tag $p = 0{,}3$ ist und man drei Tage $(n = 3)$ betrachtet, so ergibt sich die Anzahl der zu erwartenden hitzefreien Tage mit

$E(X) = 3 \cdot 0{,}3 = 0{,}9$ Allgemein: $E(X) = n \cdot p$

Beachten Sie

Eine $B_{n;p}$-verteilte Zufallsvariable X hat den Erwartungswert

$$\mathbf{E(X) = n \cdot p}$$

Für E (X) schreibt man auch μ.

Beispiel 2

Binomialverteilungen für $p = 0{,}3$ und verschiedene n-Werte:

$n = 10$	$n = 50$	$n = 100$
$\mu = 3$	$\mu = 15$	$\mu = 30$

Der **Erwartungswert** μ ist ganzzahlig.

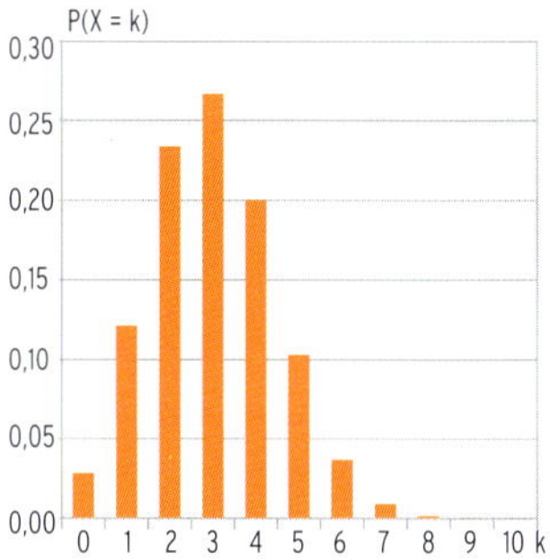

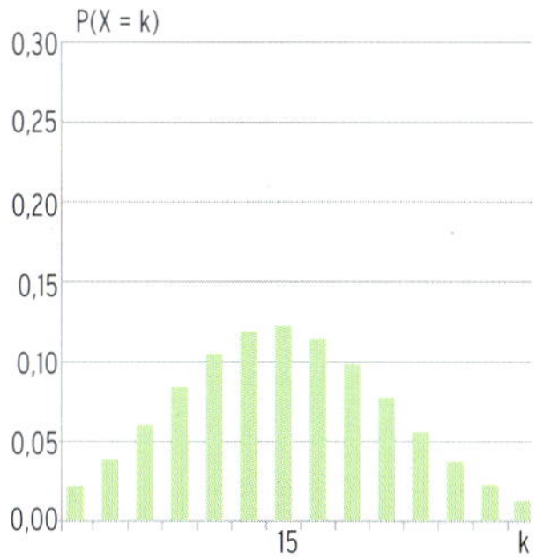

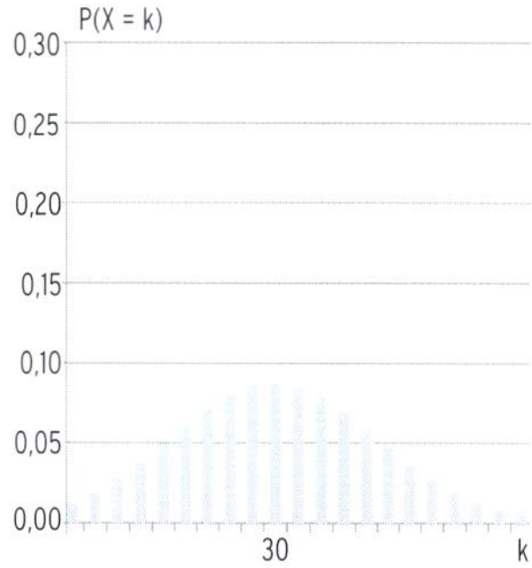

Mithilfe der Abbildung ergibt sich: Die **größte Wahrscheinlichkeit** liegt im Erwartungswert.

z. B. für $n = 10$ und $p = 0{,}3$: $B_{10;\,0,3}(3) = 0{,}2668$

zum Vergleich: $B_{10;\,0,3}(2) = 0{,}2335$; $B_{10;\,0,3}(4) = 0{,}2001$

Beispiel 3

➲ Die Zufallsvariable X ist binomialverteilt mit $n = 30$ und $p = 0{,}15$.
Bestimmen Sie den Erwartungswert und die größte Wahrscheinlichkeit.

Lösung

Für den Erwartungswert gilt: $\mu = n \cdot p = 30 \cdot 0{,}15 = 4{,}5$

Dies ist kein Wert der Zufallsvariablen $X\,(X = x_i \in \mathbb{N})$.

Mithilfe der Abbildung:
Die größte Wahrscheinlichkeit liegt bei einem der benachbarten ganzzahligen Werte:

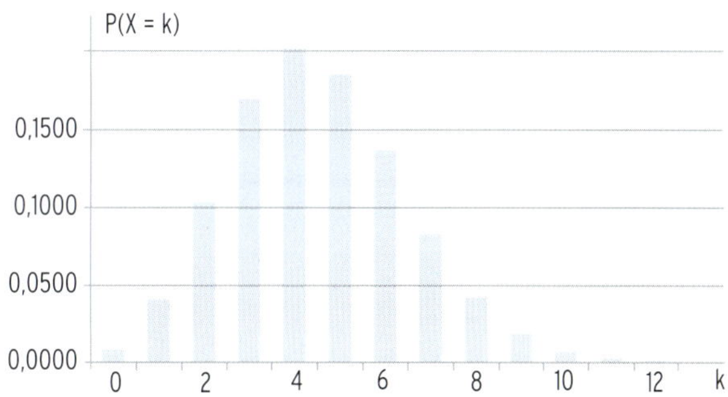

$P(X = 4) = B_{30;\,0,15}(4) = 0{,}2028$; $P(X = 5) = 0{,}1861$

Die größte Wahrscheinlichkeit beträgt 0,2028.

Varianz und Standardabweichung

Formel für die Varianz: $\sigma^2 = \sum_{k=0}^{n} (k - E(X))^2 \cdot B_{n;p}(k)$

Man betrachtet ein einzelnes Bernoulli-Experiment einer Bernoulli-Kette.

Wahrscheinlichkeitsverteilung

n = 1; E(X) = p

k	0	1
$B_{n;p}(k)$	$\binom{1}{0}\ p^0(1-p)^1 = 1-p$	$\binom{1}{1}\ p^1(1-p)^0 = p$

Varianz für ein einziges Bernoulli-Experiment

$$\sigma^2 = \sum_{k=0}^{1}(k-p)^2 \cdot B_{1;p}(k) = (0-p)^2(1-p) + (1-p)^2 p = p^2(1-p) + (1-2p+p^2)p$$

$$\sigma^2 = p^2 - p^3 + p - 2p^2 + p^3 = p - p^2 = p(1-p)$$

Varianz für ein Bernoulli-Experiment: $\sigma^2 = p \cdot (1-p)$

Varianz für n Bernoulli-Experimente (ohne Beweis): $\sigma^2 = n \cdot p \cdot (1-p)$

Beachten Sie

Eine $B_{n;p}$-verteilte Zufallsvariable X hat die **Varianz** $\sigma^2 = n \cdot p \cdot (1-p)$ und die **Standardabweichung** $\sigma = \sqrt{n \cdot p \cdot (1-p)}$.

Beispiel 4

➲ Bei der Produktion von Zündkerzen sind erfahrungsgemäß 2 % defekt.
Bei einer Kontrolle werden bei einer Stichprobe 200 Zündkerzen aus der laufenden Produktion entnommen. Bestimmen Sie die Wahrscheinlichkeit, dass die Anzahl der defekten Zündkerzen im Intervall $I = [\mu - \sigma; \mu + \sigma]$ mit $\mu = E(X)$ liegt.

Lösung

Die Zufallsvariable X gibt die Anzahl der defekten Zündkerzen an. X ist $B_{200;\,0,02}$-verteilt.

Zu erwartende Anzahl defekter Zündkerzen: $\mu = n \cdot p = 200 \cdot 0{,}02 = 4$

Varianz: $\sigma^2 = n \cdot p \cdot (1-p)$ $\qquad \sigma^2 = 200 \cdot 0{,}02 \cdot 0{,}98 = 3{,}92$

Standardabweichung: $\sigma = \sqrt{\text{Varianz}}$ $\qquad \sigma = \sqrt{3{,}92} = 1{,}98$

Intervall $I = [\mu - \sigma; \mu + \sigma]$: $\qquad I = [2{,}02; 5{,}98]$

D. h.: In diesem Intervall liegen die ganzen Zahlen 3; 4; 5.

Wahrscheinlichkeitsverteilung mit n = 200 und p = 0,02

$P(3 \le X \le 5) = P(X \le 5) - P(x \le 2) = 0{,}7867 - 0{,}2351 = 0{,}5516 = 55{,}16\,\%$

Berechnung mit GTR/CAS:

Ergebnis: Mit einer Wahrscheinlichkeit von ca. 55 % enthält die Stichprobe 3, 4 oder 5 defekte Zündkerzen.

Problemstellungen bei bekannter kumulierter Wahrscheinlichkeit

Bisher war stets n, p und k bekannt.

Gesucht war die kumulierte Wahrscheinlichkeit $P(X \leq k)$.

Neue Problemstellungen

- Bekannt sind n, p und $P(X \leq k)$. Gesucht ist k.

Beispiel 1

➲ Die Wahrscheinlichkeit, dass eine Pumpflasche Ausschuss ist, liegt bei 4 %. Es werden 2300 Pumpflaschen überprüft. Die Wahrscheinlichkeit, dass höchstens k Pumpflaschen Ausschuss sind, beträgt 1 %. Bestimmen Sie die Anzahl k.

Lösung

Die Zufallsvariable X gibt die Anzahl der defekten Pumpflaschen an.

X ist $B_{2300;\,0,04}$-verteilt.

Bedingung für k: $P(X \leq k) = 0{,}01$

Berechnung von k mit GTR/CAS:

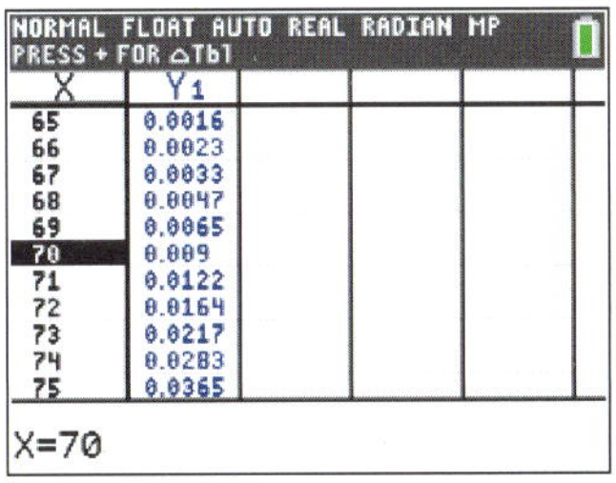

Ergebnis: Die Wahrscheinlichkeit, dass höchstens 70 Pumpflaschen Ausschuss sind, ist 1 %.

- Bekannt sind p, k und $P(X \leq k)$. Gesucht ist n.

Beispiel 2

➲ Die Wahrscheinlichkeit, dass eine Schraube fehlerhaft ist, liegt bei 2 %. Die Schrauben werden in Kartons gefüllt und verkauft. Der Hersteller garantiert, dass in einer Schachtel höchstens 5 fehlerhafte Schrauben sind mit einer Wahrscheinlichkeit von 98,5 %. Bestimmen Sie die Anzahl der Schrauben in einer Schachtel.

Lösung

Die Zufallsvariable X gibt die Anzahl der fehlerhaften Schrauben an.

X ist $B_{n;\,0,02}$-verteilt.

Bedingung für n: $P(X \leq 5) = 0{,}985$

Berechnung von n mit GTR/CAS:

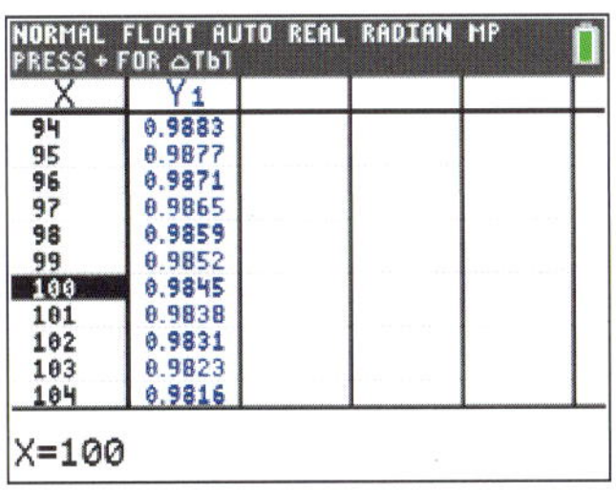

Ergebnis: In einen Karton sollten 100 Schrauben gefüllt werden.

- Bekannt sind n, k und $P(X \leq k)$. Gesucht ist p.

Beispiel 3

➲ Die Wahrscheinlichkeit, dass von 1224 Menschen mindestens 399 blaue Augen haben, liegt bei 48 %. Bestimmen Sie die Wahrscheinlichkeit, dass ein zufällig ausgewählter Mensch blaue Augen hat.

Lösung

Die Zufallsvariable X gibt die Anzahl der Menschen mit blauen Augen an.

X ist $B_{1224;\,p}$-verteilt.

Bedingung für X: $P(X \geq 399) = 0{,}48$

$P(X \geq 399) = 1 - P(X \leq 398) = 0{,}48$

Berechnung von p mit GTR/CAS:

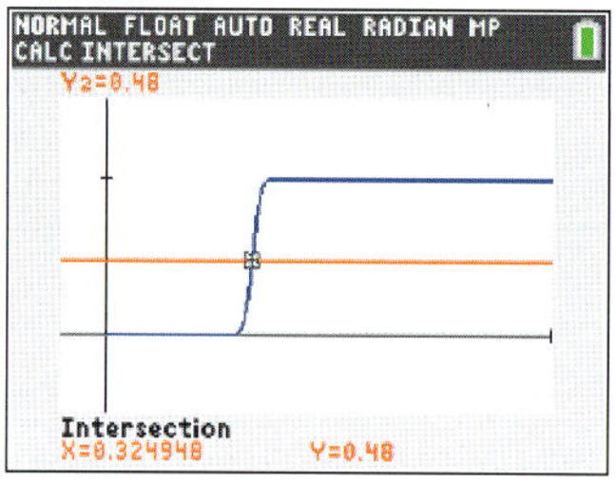

Ergebnis: Mit einer Wahrscheinlichkeit von ca. 32,5 % hat ein Mensch blaue Augen.

Zusammenfassung Binomialverteilung

Formel von Bernoulli:	$P(X = k) = B_{n;p}(k) = \binom{n}{k} \cdot p^k \cdot (1 - p)^{n-k}$
Eigenschaften:	$P(X \leq k) = \sum_{i=0}^{k} B_{n;p}(i) = F_{n;p}(k)$
	$P(X \geq 1) = 1 - P(X = 0)$
	$P(a \leq X \leq b) = \sum_{k=a}^{b} B_{n;p}(k)$ mit $a, b \in \mathbb{N};\ b \leq n$
	$P(a \leq X \leq b) = P(X \leq b) - P(X < a)$
Erwartungswert:	$E(X) = \mu = n \cdot p$
Varianz:	$\sigma^2 = n \cdot p \cdot (1 - p)$
Standardabweichung:	$\sigma = \sqrt{n \cdot p \cdot (1 - p)}$

Aufgaben

1 Bestimmen Sie für $B_{n;\,p}$ jeweils den Erwartungswert und die Standardabweichung.

a) $p = 0{,}5;\ n = 12;\ 20$ b) $n = 50;\ p = 0{,}25;\ 0{,}1$

Geben Sie die größte Wahrscheinlichkeit an.

2 Es ist bekannt, dass 2 % der Bevölkerung eine Extremsportart betreiben.

a) In einer Gruppe von 100 Personen kann man 3 Extremsportler erwarten. Prüfen Sie.

b) Berechnen Sie die Standardabweichung.

c) Bestimmen Sie $P(\mu - \sigma \leq X \leq \mu + \sigma)$.

3 Ein Hersteller fertigt auf einer Maschine Dichtungen als Massenware. Die Ausschussquote beträgt 5 %.

a) Berechnen Sie, wie viele defekte Dichtungen man bei einer Produktion von 500 Dichtungen erwarten kann.

b) Berechnen Sie die Wahrscheinlichkeit dafür, dass die Anzahl der defekten Dichtungen im Intervall $I = [\mu - \sigma; \mu + \sigma]$ liegt.

c) Der laufenden Produktion werden nacheinander 50 Dichtungen entnommen. Berechnen Sie die Wahrscheinlichkeiten der folgenden Ereignisse. Gehen Sie dabei vereinfacht von dem Modell „Ziehen mit Zurücklegen“ aus.
A: Alle Dichtungen sind einwandfrei.
B: Höchstens drei Dichtungen sind defekt.
C: Mehr als 35 Dichtungen sind defekt.
D: Es sind mindestens 4, aber höchstens 6 Dichtungen defekt.

4 In einer Bienenpopulation ist jede zwölfte Biene mit Milben befallen. Die Zufallsvariable X beschreibt die Anzahl der befallenen Bienen.

a) Der Imker fängt 35 Bienen aus seinem Stock. Berechnen Sie die Wahrscheinlichkeit, dass er keine befallene Biene gefangen hat.

b) $n = 35$ gibt die Länge der Bernoulli-Kette des Zufallsexperiments an. Bestimmen Sie den Erwartungswert μ und die Standardabweichung σ von X.

5 Die Zufallsvariable X ist $B_{n;\,p}$ verteilt. Nicht alle Angaben n, p, k, $P(X \leq k)$ sind gegeben. Bestimmen Sie die fehlende Größe.

a) $p = 0{,}05$; $n = 1200$; $P(X \leq k) = 0{,}10$

b) $k = 4$; $p = 0{,}25$; $P(X \leq 4) = 0{,}7$

c) $k = 60$; $n = 600$; $P(X \leq 60) = 0{,}35$

d) $p = 0{,}5$; $n = 180$; $P(X \leq k) = 0{,}25$

6 Die Druckfix GmbH untersucht 100 Walzen einer regionalen Lieferung in einer Qualitätsanalyse . Die Wahrscheinlichkeit für einen Defekt beträgt $p = 0{,}08$.
Die Wahrscheinlichkeit, dass höchstens k Walzen defekt sind, beträgt 5 %. Bestimmen Sie die Anzahl k .

7 Die LION GmbH fertigt große Mengen von Fahrradtrikots. Die Wahrscheinlichkeit, dass von einer Tagesproduktion von 2250 Stück mindestens 2000 fehlerfrei sind, beträgt 0,90. Bestimmen Sie die Wahrscheinlichkeit, dass ein zufällig ausgewähltes Trikot fehlerfrei ist.

8 Das Unternehmen Agrema AG fertigt und verkauft Fanfahnen in 40er-Paketen an Shops. Untersuchungen der Qualität der Fahnen ergeben eine Ausschusswahrscheinlichkeit von 12,5%. Die Paketgröße soll aufgestockt werden. Es wird festgelegt, dass ein Paket nicht bezahlt werden muss, wenn sich darin mehr als 8 minderwertige Fahnen befinden. Ein verkauftes Paket wird mit der Wahrscheinlichkeit 0,1661 nicht berechnet. Bestimmen Sie die Paketgröße.

9 An einer Ortsdurchfahrt wird eine Verkehrszählung durchgeführt. Von den Fahrzeugen, welche die Ortsdurchfahrt benutzen, sind erfahrungsgemäß 65 % Pkw, 20 % Lkw, 10 % Busse und 5 % Motorräder.

a) Berechnen Sie die Wahrscheinlichkeit, dass unter 12 vorbeikommenden Fahrzeugen
- weder Busse noch Motorräder?
- genau drei Lkw?
- höchstens ein Motorrad?
- mindestens zehn Pkw sind.

b) Durch die Anzahl der Pkw bei 20 vorbeikommenden Fahrzeugen ist die Zufallsvariable X definiert. Berechnen Sie die Wahrscheinlichkeit, dass X höchstens um die Standardabweichung vom Erwartungswert abweicht.

10 Eine binomialverteilte Zufallsgröße X hat den Erwartungswert $\mu = 5$ und die Standardabweichung $\sigma = 2$. Berechnen Sie n und p.

11 Der Einkäufer einer Handelskette überprüft die Güte der Ware nur stichprobenartig. Aus Erfahrung ist bekannt, dass die Ausschusswahrscheinlichkeit bei 10 % liegt. Gehen Sie vom Modell Ziehen mit Zurücklegen aus.

a) Bestimmen Sie die Wahrscheinlichkeit, dass bei einer Stichprobe von 100 Geräten höchstens drei defekt sind.

b) Die Maschinen zur Herstellung der Geräte wurden überholt. Danach wurden 5 Testreihen mit jeweils 100 Geräten durchgeführt. Hierbei ergaben sich die folgenden Anzahlen defekter Geräte: 10; 11; 9; 8; 11.
Entscheiden Sie, ob sich die Güte durch die Überholung verbessert hat.

12 Eine Gärtnerei bietet Tulpenzwiebeln an. Sie sichert ihren Kunden zu, dass es bei 90 % der Zwiebeln im nächsten Frühjahr zur Blüte kommen wird. Herr Kahn kauft 20 Tulpenzwiebeln. Berechnen Sie die Wahrscheinlichkeit folgender Ereignisse:
A: Alle 20 Tulpen werden blühen.
B: Mindestens 15 Tulpen werden blühen.
C: Es werden weniger Tulpen blühen, als nach der Angabe der Gärtnerei erwartet wird.

13 Der Bahnhofskiosk verkauft durchschnittlich 4 Tageszeitungen, davon 3 Ausgaben der regionalen Tageszeitungen.

a) Bestimmen Sie die Wahrscheinlichkeit, dass unter 20 verkauften Tageszeitungen mehr als 15 Exemplare der regionalen Tageszeitung sind.

b) Ermitteln Sie, mit wie vielen Exemplaren der regionalen Tageszeitung er bei 100 verkauften Tageszeitungen rechnen kann.

c) Bestimmen Sie die Anzahl der Exemplare der regionalen Tageszeitung, die er aus 100 Tageszeitungen einkaufen muss, damit er die Kundenwünsche mit einer Wahrscheinlichkeit von 0,8 erfüllen kann.

Test zur Überprüfung Ihrer Grundkenntnisse

1 In der Töpferei Nordstrander werden Vasen produziert. Erfährungsgemäß haben 10 % der produzierten Vasen einen Fehler. Es werden 50 Vasen der laufenden Produktion entnommen. Bestimmen Sie die Wahrscheinlichkeiten folgender Ereignisse:
A: Alle Vasen sind einwandfrei.
B: Es sind genau 6 Vasen defekt.
C: Es sind höchstens 6 Vasen defekt.
D: Es werden mehr als 6 defekte Vasen gefunden.
E: Es werden mehr als 6 defekte Vasen, aber weniger als 10 defekte Vasen gefunden.

2 Die Firma Candela stellt Leuchtdioden her. 5 % der produzierten Leuchten sind defekt.
Es werden 200 Leuchten untersucht.
Berechnen Sie den Mittelwert μ und die Standardabweichung σ.
Bestimmen Sie $P(\mu - \sigma \leq X \leq \mu + \sigma)$.
Interpretieren Sie diese Wahrscheinlichkeit.

3 Die Fluggesellschaft Star Flug geht davon aus, dass jeder einzelne Passagier mit einer Wahrscheinlichkeit von 96 % einen gebuchten Flug tatsächlich antritt.
Das Erscheinen der Passagiere zum Flug soll voneinander unabhängig sein.

a) Am Check-In liegt eine Passagierliste vor.
Berechnen Sie die Wahrscheinlichkeit der folgenden Ereignisse:
A: Von den ersten drei Passagieren auf der Liste treten genau zwei den Flug an.
B: Von den ersten fünf Passagieren tritt mindestens einer den Flug nicht an.

b) Ein Flug wurde von 300 Passagieren gebucht.
Berechnen Sie die Wahrscheinlichkeit dafür, dass mindestens 290 und höchstens 296 Passagiere den Flug antreten.

4 Zum Muttertag bringt die Firma BioKosmetics das beliebte Parfum „Mabelle" in einer Sondergröße heraus. Bei dessen Herstellung entsteht 5 % mangelhafte Ware.
Die Qualitätskontrolle entnimmt der laufenden Produktion 50 Prüfstücke.
Die Zufallsgröße X gibt die Anzahl der mangelhaften Prüfstücke an.

a) Begründen Sie, warum davon ausgegangen werden kann, dass die Zufallsgröße X binomialverteilt ist.

b) Berechnen Sie den Erwartungswert μ und die Standardabweichung σ der Zufallsgröße X.

c) Bestimmen Sie die Wahrscheinlichkeiten zu den folgenden Ereignissen:
A: Genau 3 Prüfstücke sind mangelhaft.
B: Höchstens 3 Prüfstücke sind mangelhaft.
C: Es sind mindestens $\mu - \sigma$, aber höchstens $\mu + \sigma$ Prüfstücke mangelhaft.

d) Leiten Sie den kleinsten Stichprobenumfang her, der entnommen werden müsste, sodass in der Stichprobe mit einer Wahrscheinlichkeit von mehr als 90 % mindestens ein Prüfstück mangelhaft ist.

2.4 Prognoseintervalle

In der Realität hat man häufig Informationen über die Wahrscheinlichkeit p einer bestimmten Eigenschaft einer Grundgesamtheit.

Beispiele: 20 % aller Kunden buchen eine Schiffsreise; 15 % aller produzierten Steckdosen sind schwarz; 4 % der Besucher eines Fitnessstudios sind älter als 60 Jahre.

Das **Prognoseintervall** ist der Bereich, indem die Ergebnisse einer Stichprobe vom Umfang n mit der Sicherheitswahrscheinlichkeit γ liegen.

Man schließt von der Grundgesamtheit auf die Stichprobe.

Je breiter ein Prognoseintervall ist, desto wahrscheinlicher trifft die Prognose ein.

Ein vermuteter Anteil von einer Grundgesamtheit ist mit dem Stichprobenergebnis verträglich, wenn es im Prognoseintervall liegt.

Beispiel

➲ In einer ländlichen Region in Niedersachsen haben nach Angaben der Bundesnetzagentur 12 % der Haushalte einen schnellen Internetanschluss.
150 Haushalte der Region werden zufällig ausgewählt und nach ihrem Internetanschluss befragt. Ermitteln Sie das Prognoseintervall bei einer Sicherheitswahrscheinlichkeit von 90 %.

Lösung

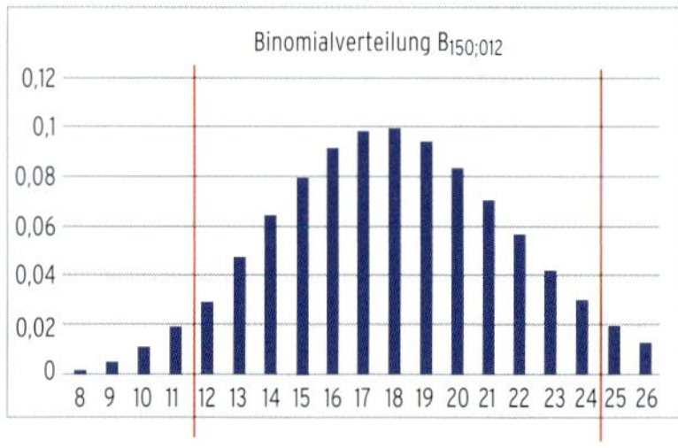

X ist $B_{150;\,0,12}$-verteilt

Erwartungswert $\mu = n \cdot p = 18$ mit der größten

Einzelwahrscheinlichkeit $P(X = 18) \approx 0{,}0997$

Gesucht ist der Bereich um $\mu = 18$ mit

$P(a \le X \le b) = 0{,}90 = 90\ \%$

d.h. $P(X \le a) \le 0{,}05$ bzw. $P(X \le b) \le 0{,}95$

Mit GTR/CAS bestimmen wir die linke Grenze: $P(X < a) \le 0{,}05$

Das größtmögliche a beträgt 11: $P(X \le 11) = 0{,}045 \le 0{,}05$; $P(X \le 12) = 0{,}078 \ge 0{,}05$

Linke Grenze des Prognoseintervalls: 12

Rechte Grenze: $P(X \le 24) = 0{,}944 \le 0{,}95$; $P(X \le 25) = 0{,}965 \ge 0{,}95$

Prognoseintervall: [12; 24].

$P(12 \le X \le 24) \approx 0{,}899 = 89{,}9\ \%$

Mit einer Sicherheitswahrscheinlichkeit von 90 % erhält man 12 bis 24 Haushalte mit schnellem Internet.

Hinweis: Alle Stichprobenergebnisse von 12 bis 24 Haushalte sind mit den Angaben des Betreibers (12 %) **verträglich.**

$P(X \le 11)$:

$P(X \le 24)$:
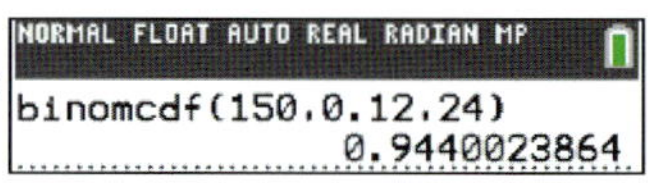

$P(X \le 12)$:

$P(X \le 25)$:
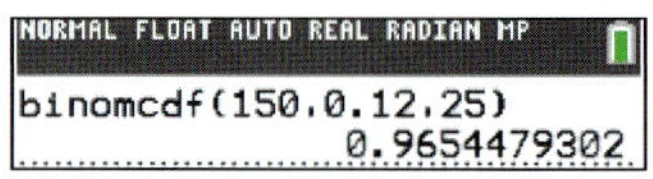

Aufgaben

1 Das Unternehmen Mobiltec hat es sich auf die Herstellung und den Vertrieb von Handyschalen spezialisiert. Die Handyschalen werden in Kartons zu je 100 Stück auch an den Großhandel verkauft. Untersuchungen haben ergeben, dass bei 10% aller produzierten Schalen Fehler in der Farbpigmentierung auftreten. Es wird vereinbart, dass aus der laufenden Produktion eine Stichprobe von 100 Handyschalen genommen wird.

a) Berechnen Sie, wieviele Handyschalen mit Farbfehler bei einer Sicherheitswahrscheinlichkeit von 95 % zu erwarten sind.

b) In der Stichprobe sind 18 Handyschalen mit Farbfehler. Entscheiden Sie bei einer Sicherheitswahrscheinlichkeit von 90 %, ob das Stichprobenergebnis mit den Angaben von Mobiltec verträglich ist.

2 In einem Molkereibetrieb wird Fruchtjoghurt hergestellt und in Becher abgefüllt.
Einer Handelskette wurde vertraglich zugesichert, dass maximal 4 % der Becher einen defekten Deckel besitzen. Täglich wird der Ladung eine Stichprobe von 80 Joghurtbecher entnommen und untersucht.

a) Bestimmen Sie das Prognoseintervall bei einer Sicherheitswahrscheinlichkeit von 88 %.
Am ersten Tag findet man 4 Becher mit defektem Deckel.
Dieses Stichprobenergebnis ist mit den Vorgaben vereinbar. Nehmen Sie Stellung.

b) Ein Stichprobenergebnis, das außerhalb des 95 %-Prognoseintervalls liegt, weicht signifikant von der vertraglichen Vereinbarung ab.
Das Stichprobenergebnis vom dritten Tag (8 Becher mit defektem Deckel) weicht signifikant ab. Bestätigen oder widerlegen Sie diese Behauptung.

3 Ein Hersteller fertigt auf einer Maschine Dichtungsringe als Massenware. Die Ausschussquote beträgt 8 %.
Der Kunde macht die Annahme der Warensendung abhängig von der Prüfung einer Zufallsstichprobe von 120 Stück.

a) Bestimmen Sie das Prognoseintervall bei einer Sicherheitswahrscheinlichkeit von 90 %.

b) In der Stichprobe sind 20 mangelhafte Dichtungsringe. Entscheiden Sie bei einer Sicherheitswahrscheinlichkeit von 85 %, ob das Stichprobenergebnis mit den Angaben des Herstellers verträglich ist.

c) Ein Stichprobenergebnis von 6 mangelhaften Dichtungsringen weicht signifikant von der Angabe des Herstellers ab. Nehmen Sie Stellung.

Hinweis: Signifikant vgl. Sie Aufgabe 2 b)

Die Sigmaregeln

Beispiel 1

Die Zufallsvariable X ist binomialverteilt. Berechnen Sie den Erwartungswert, die Standardabweichung und die Wahrscheinlichkeit $P(\mu - \sigma \leq X \leq \mu + \sigma)$.

- n = 200; p = 0,25 • n = 500; p = 0,4 • n = 800; p = 0,7 • n = 1200; p = 0,5

Lösung

Erwartungswert: $\mu = n \cdot p$

Standardabweichung: $\sigma = \sqrt{n \cdot p \cdot (1-p)}$

Wahrscheinlichkeit für $X \in [\mu - \sigma;\ \mu + \sigma]$: $P(\mu - \sigma \leq X \leq \mu + \sigma)$

n; p	200; 0,25	500; 0,4	800; 0,7	1200; 0,5
μ	50	200	560	600
σ	6,12	10,95	12,96	17,32
$[\mu - \sigma;\ \mu + \sigma]$	[43,88; 56,12]	[189,05; 210,95]	[547,04; 572,96]	[582,68; 617,32]
X (ganzzahlig)	44; ... ; 56	190; ... ; 210	548; ... ; 572	583; ... ; 617
P	$P(44 \leq X \leq 56)$ = 0,7117	$P(190 \leq X \leq 210)$ = 0,6622	$P(548 \leq X \leq 572)$ = 0,6652	$P(583 \leq X \leq 617)$ = 0,6877

Hinweis: $\mu - \sigma$ muss aufgerundet, $\mu + \sigma$ muss abgerundet werden, damit man die zugehörigen Wahrscheinlichkeiten bestimmen kann.

Interpretation von $P(44 \leq X \leq 56) \approx 0{,}712$

Die Wahrscheinlichkeit, dass die Anzahl der Treffer zwischen 44 und 56, also in einer σ-Umgebung um den Mittelwert $\mu = 50$ liegt, beträgt etwa 0,712.

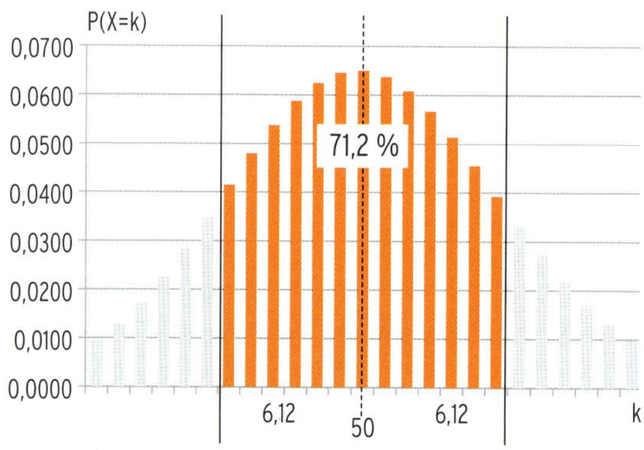

Die obige Tabelle gibt einen Hinweis auf eine Sigmaregel.

Bei einer Binomialverteilung $B_{n;\,p}$ beträgt (für genügend große n) die Wahrscheinlichkeit 0,68, dass die Anzahl der Treffer im σ-Intervall um den Erwartungswert μ, also im Intervall $[\mu - \sigma;\ \mu + \sigma]$ liegt.

1σ-Regel: $P(\mu - \sigma \leq X \leq \mu + \sigma) \approx 68{,}3\ \%$

$P(\mu - \sigma \leq X \leq \mu + \sigma) \approx 68{,}3\,\%$ bedeutet: Mit einer „Sicherheit" von 68,3 % liegt die Anzahl der Treffer im Intervall $[\mu - \sigma \leq X \leq \mu + \sigma]$.

Sigmaregeln

Für eine binomialverteilte Zufallsgröße X (X ist $B_{n;\,p}$-verteilt) mit dem Erwartungswert $\mu = n \cdot p$ und der Standardabweichung $\sigma = \sqrt{n \cdot p \cdot (1 - p)}$ erhält man für die gebräuchlichen **Sicherheitswahrscheinlichkeiten 90 %, 95 % und 99 %** folgende Näherungen (**Sigmaregeln**):

$P(\mu - 1{,}64\sigma \leq X \leq \mu + 1{,}64\sigma) \approx 90\,\%$ 1,64σ-Intervall $[\mu - 1{,}64\sigma;\ \mu + 1{,}64\sigma]$.

$P(\mu - 1{,}96\sigma \leq X \leq \mu + 1{,}96\sigma) \approx 95\,\%$ 1,96σ-Intervall $[\mu - 1{,}96\sigma;\ \mu + 1{,}96\sigma]$

$P(\mu - 2{,}58\sigma \leq X \leq \mu + 2{,}58\sigma) \approx 99\,\%$ 2,58σ-Intervall $[\mu - 2{,}58\sigma;\ \mu + 2{,}58\sigma]$

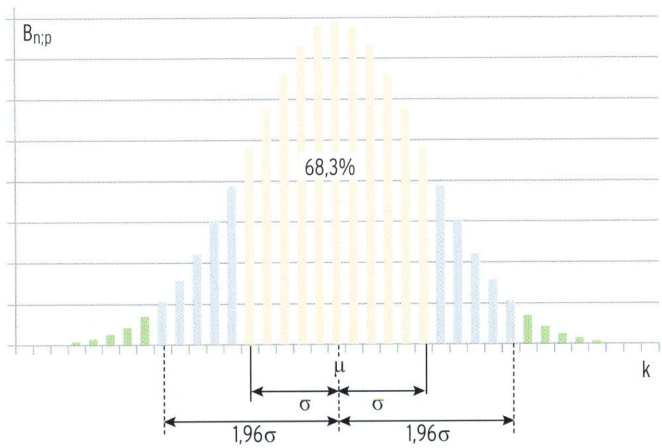

Hinweis: Als Faustregel für eine brauchbare Näherung mithilfe der Sigmaregeln gilt $\sigma > 3$.

Zur **Sicherheitswahrscheinlichkeit** γ gehört das Intervall $[\mu - c\sigma;\ \mu + c\sigma]$.

γ	68,3 %	90 %	95 %	95,4 %	99 %	99,7 %
c	1	1,64	1,96	2	2,58	3

Beispiel 2

Die Zufallsvariable X ist $B_{n;\,p}$-verteilt mit $n = 50;\ p = 0{,}25$.
Bestimmen Sie die Wahrscheinlichkeit des c·σ-Intervall zur Sicherheitswahrscheinlichkeit 99 %.

Lösung

X ist $B_{50;\,0{,}25}$-verteilt: $\mu = n \cdot p = 12{,}5$; $\sigma = \sqrt{n \cdot p \cdot (1 - p)} = 3{,}06 > 3$

Sicherheitswahrscheinlichkeit 99 % bedeutet c = 2,58

2,58σ-Intervall: $[12{,}5 - 2{,}58 \cdot 3{,}06;\ 12{,}5 + 2{,}58 \cdot 3{,}06] = [4{,}61;\ 20{,}39]$

Entsprechender ganzzahliger Bereich für X: 5, 6, ..., 20

Nach der Sigmaregel liegt die Anzahl der Treffer mit einer Wahrscheinlichkeit von 99 % im Bereich von 5 bis 20, also im Intervall $[4{,}61;\ 20{,}39]$.

Zum Vergleich: $P(5 \leq X \leq 20) = 0{,}9916 \approx 99\,\%$

Prognoseintervalle mithilfe der Sigmaregeln

Beispiel

➲ Die Cylenda AG ist wichtiger Zulieferer für die Zayoto Ltd. und stellt unter anderem in hoher Stückzahl Chips für Mobiltelefone her. Nach Angaben der Cylenda AG sind durchschnittlich 5 % der Chips fehlerhaft.

Alle produzierten Chips werden in Kartons zu je 200 Stück verpackt und ausgeliefert. Bei einer Lieferung von Chips wird ein Karton untersucht.

a) Bestimmen Sie das 99 %-Prognoseintervall. Interpretieren Sie Ihr Ergebnis.

b) Es werden 3 fehlerhafte Chips entdeckt. Entscheiden Sie mit einer Sicherheitswahrscheinlichkeit von 95 %, ob das Stichprobenergebnis mit den Angaben der Cylenda AG verträglich ist.

Lösung

a) X beschreibt die Anzahl der fehlerhaften Chips, X ist $B_{200;\,0,05}$-verteilt.
Erwartungswert: $\mu = 200 \cdot 0,05 = 10$ Standardabweichung: $\sigma = 3,08$
Die Sicherheitswahrscheinlichkeit 99 % besagt, dass 99 % aller Treffer in einem $2,58\sigma$-Intervall liegen: $[10 - 2,58 \cdot 3,08;\ 10 + 2,58 \cdot 3,08] = [2,05;\ 17,95]$
99 %-Prognoseintervall: $[2,05;\ 17,95]$
Entsprechender ganzzahliger Bereich für X: 3, 4, ..., 17
Mit einer Sicherheitswahrscheinlichkeit von 99 % lassen sich in einem Karton 3 bis 17 defekte Chips vermuten.

b) Die Sicherheitswahrscheinlichkeit von 95 % besagt, dass 95 % aller Treffer in einem $1,96\sigma$-Intervall liegen: $[10 - 1,96 \cdot 3,08;\ 10 + 1,96 \cdot 3,08] = [3,96;\ 16,04]$
95 %-Prognoseintervall: $[3,96;\ 16,04]$
Entsprechender ganzzahliger Bereich für X: 4, 6, ..., 16
Der Wert 3 liegt nicht im 95 %-Prognoseintervall, also ist 3 nicht verträglich mit den Angaben der Cylenda AG. Er weicht **signifikant** vom Erwartungswert ab.

Beachten Sie

Eine Eigenschaft einer Grundgesamtheit ist binomialverteilt mit der Wahrscheinlichkeit p. Die Stichprobenergebnisse liegen mit der Sicherheitswahrscheinlichkeit γ in einer $c\cdot\sigma$-Umgebung von μ. Diese heißt **Prognoseintervall** für die Stichprobenergebnisse.
(Schluss von der Grundgesamtheit auf die Stichprobe)

Prognoseintervall $[\mu - c \cdot \sigma;\ \mu + c \cdot \sigma]$ mithilfe der Sigmaregeln:

90 %-Prognoseintervall: c = 1,64	$P(\mu - 1,64\sigma \leq X \leq \mu + 1,64\sigma) \approx 90\,\%$
95 %-Prognoseintervall: c = 1,96	$P(\mu - 1,96\sigma \leq X \leq \mu + 1,96\sigma) \approx 95\,\%$
99 %-Prognoseintervall: c = 2,58	$P(\mu - 2,58\sigma \leq X \leq \mu + 2,58\sigma) \approx 99\,\%$

Je breiter das Intervall ist, desto wahrscheinlicher trifft die Prognose ein.

Hinweise: Liegt das Stichprobenergebnis im Prognoseintervall, so ist das Ergebnis mit dem vermuteten Anteil an der Grundgesamtheit **verträglich.**
Liegt das Stichprobenergebnis außerhalb des 95 %-Prognoseintervalls, so weicht das Ergebnis **signifikant vom Erwartungswert ab.**

Aufgaben

1 Bestimmen Sie den Erwartungswert und die Standardabweichung der Binomialverteilung $B_{n;\,p}$. Ermitteln Sie die maximale Wahrscheinlichkeit und die Wahrscheinlichkeit des $1{,}64\sigma$-Intervalls.

a) $p = 0{,}5;\ n = 50;\ 120$ b) $n = 50;\ p = \frac{1}{6};\ 0{,}3$

2 Die Firma Candela stellt Leuchtdioden her. 5 % der produzierten Leuchten sind defekt. Es werden 200 Leuchten untersucht.
Berechnen Sie den Mittelwert μ und die Standardabweichung σ.
Bestimmen Sie $P(\mu - \sigma \leq X \leq \mu + \sigma)$. Interpretieren Sie diese Wahrscheinlichkeit.

3 Die Zufallsvariable ist $B_{500;\,0{,}1}$-verteilt.
Bestimmen Sie die σ-Umgebung um den Erwartungswert.
Bestimmen Sie näherungsweise, in welchem Intervall die Anzahl der Treffer mit einer Wahrscheinlichkeit von 95,4 % liegen. Überprüfen Sie Ihr Ergebnis.

4 Die Abbildung zeigt die Binomialverteilung mit den Parametern $n = 200$ und $p = 0{,}6$.
Bestimmen Sie den Erwartungswert, Sigma und die Sigmaintervalle (σ; 2σ; 3σ).
Geben Sie die Beschriftung für die Achsen an.

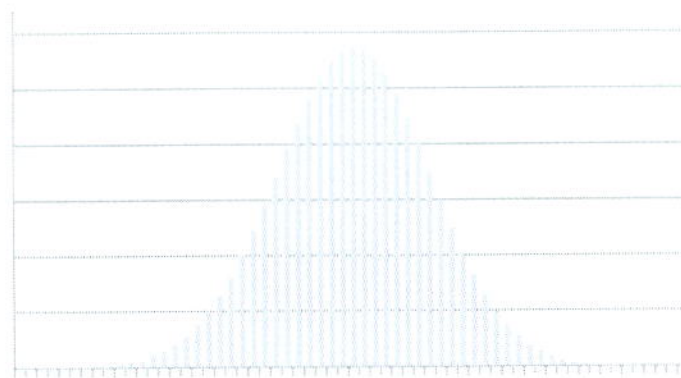

5 Der Einzelhändler kauft Elektroartikel bei großen Handelsunternehmen und verkauft diese anschließend zu Sonderpreisen.
Täglich werden 120 Elektrogeräte eingekauft und wieder verkauft. Trotz der Endkontrolle der Elektrogeräte rechnet der Einzelhändler, dass 5 % der Geräte defekt in den Verkauf geraten.

a) Bestimmen Sie bei einer Sicherheitswahrscheinlichkeit von 90 % mit wievielen verkauften defekten Elektrogeräten täglich zu rechnen ist.

b) In der Kalenderwoche 12 (6 Verkaufstage) waren 708 Elektrogeräte einwandfrei. Entscheiden Sie mit einer Sicherheitswahrscheinlichkeit von 99 %, ob die Aussage des Einzelhändlers mit dem Stichprobenergebnis verträglich ist.

c) Untersuchen Sie, ob ein Stichprobenergebnis von 7 defekten Geräten signifikant vom Erwartungswert abweicht.

6 In einer Umfrage wurden 560 Personen danach gefragt, welche Farbe -weiß oder schwarz- ein neues Produkt haben soll. Die binomialverteilte Zufallsvariable X gibt die Anzahl der Befragten an, die weiß bevorzugen, dabei wird von einer Wahrscheinlichkeit p mit $p = 0{,}65$ ausgegangen. Im ersten Jahr soll nur dann ausschließlich in der Farbe weiß produziert werden, wenn der Erwartungswert mindestens 360 beträgt, und wenn sich mit einer Wahrscheinlichkeit von mindestens 99,7% nicht weniger als 330 Personen für dieses Produkt entscheiden. Untersuchen Sie, ob nur in der Farbe weiß produziert werden soll. Vergleichen Sie Ihr Ergebnis mit dem 3σ-Prognoseintervall.

3 Normalverteilung

3.1 Von der Binomialverteilung zur Normalverteilung

Beispiel

➲ Die Lebensdauer von Energiesparlampen wird von einem Institut in einem Langzeitversuch getestet. Die folgende Tabelle beschreibt die Leuchtdauer:

Leuchtdauer in Stunden	6000-6999	7000-7999	8000-8999	9000-9999	10000-10999	11000-11999	12000-12999
Anzahl der Lampen	5	50	150	300	150	50	5
relative Häufigkeit	$\frac{5}{710}=\frac{1}{142}$	$\frac{5}{71}$	$\frac{15}{71}$	$\frac{30}{71}$	$\frac{15}{71}$	$\frac{5}{71}$	$\frac{1}{142}$

Stellen Sie die Verteilung grafisch dar.

Lösung

Die Abbildung zeigt das Schaubild zu dieser Testreihe.

Intervallbreite 1000

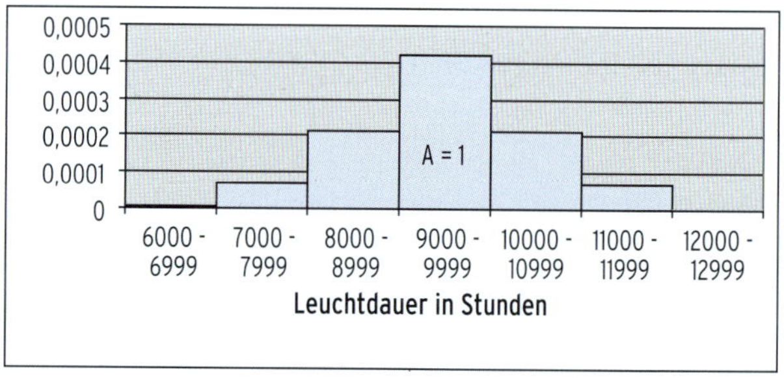

Der Flächeninhalt eines Rechtecks entspricht der zugehörigen relativen Häufigkeit. Die Summe A der Inhalte der Rechtecksflächen beträgt 1 (Histogramm).

Schaubild mit einer Intervallbreite von 500 Stunden.

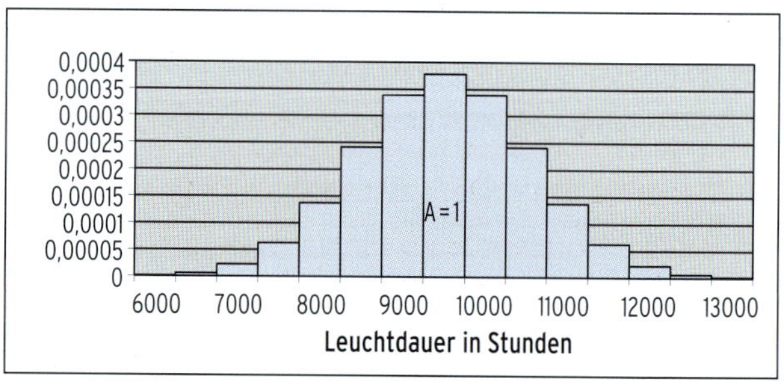

Weitere Verkleinerung der Intervallbreite

Schaubild mit einer Intervallbreite von 100 Stunden.

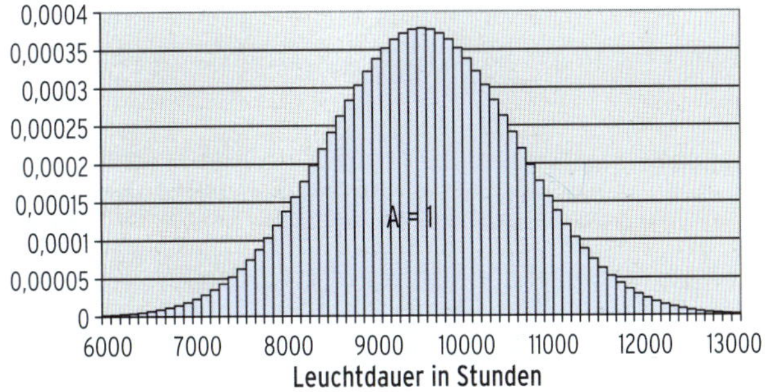

Die Lampe kann zu jeder Zeit defekt sein, daher nähert sich diese Verteilung einer glockenförmigen Kurve an.

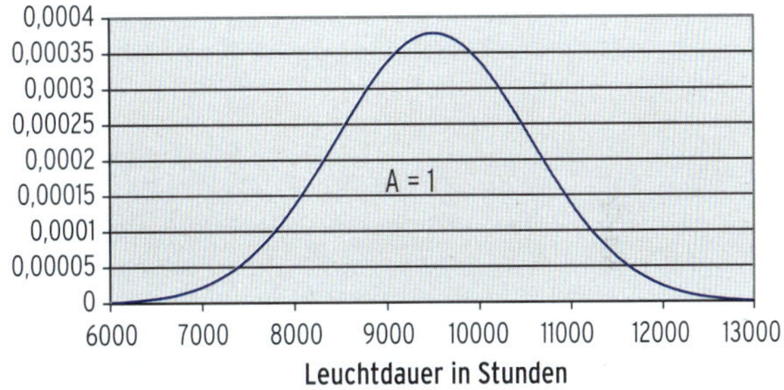

Der Mathematiker Carl Friedrich Gauß (1777-1855) untersuchte solche Kurven.
Er fand eine geeignete Kurve, die mit der Abszissenachse den Flächeninhalt A = 1 einschließt und symmetrisch zur Geraden mit $x = \mu$ ist, eine sogenannte Glockenkurve.
Die zugehörige Funktion φ ist gegeben durch $\varphi(x) = \frac{1}{\sigma}\frac{1}{\sqrt{2\pi}}\,e^{-\frac{1}{2}\left(\frac{x-\mu}{\sigma}\right)^2}$; $x \in \mathbb{R}$.
φ wird auch als Dichtefunktion bezeichnet.

Graph der Dichtefunktion φ (Normalverteilung)

mit dem Erwartungswert μ und
der Varianz σ^2
bzw. der Standardabweichung σ

Die Standardabweichung σ ist der Abstand der Extremstelle (μ) zur Wendestelle x_W.

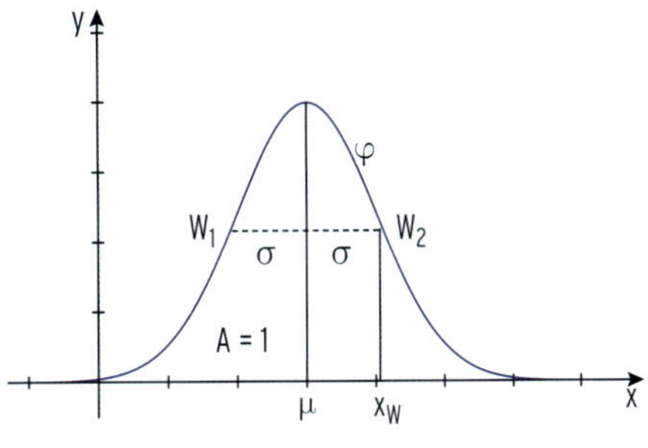

Definition

Eine stetige Zufallsgröße X heißt normalverteilt mit den Parametern μ und σ, wenn die zugehörige Wahrscheinlichkeitsverteilung durch die Dichtefunktion φ beschrieben werden kann.

3.2 Berechnung von Wahrscheinlichkeiten bei Normalverteilung

Interpretation der Fläche zwischen dem Graphen von φ und der Abszissenachse

Die Summe der Rechtecksinhalte entspricht der Wahrscheinlichkeit $P(a \leq X \leq b)$. Dieser Flächeninhalt ist näherungsweise so groß wie der Inhalt der Fläche zwischen dem Graphen von φ und der Abszissenachse im Intervall [a; b]:

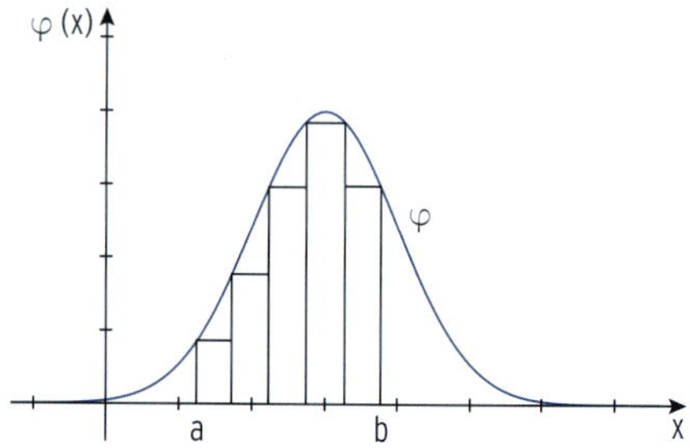

$$P(a \leq X \leq b) = \int_a^b \varphi(x)\,dx$$

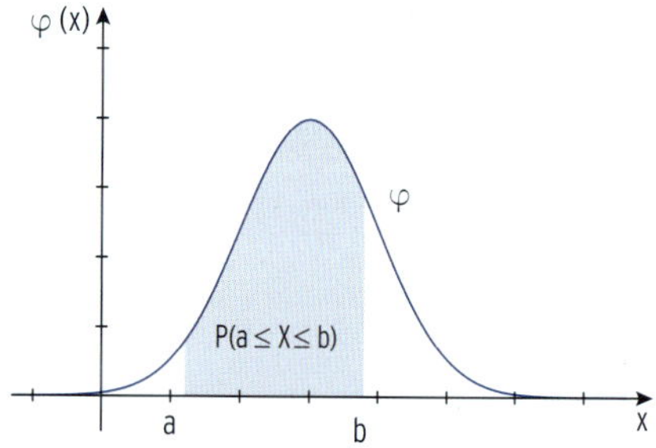

$P(X \leq a)$ lässt sich deuten als Inhalt der links von der Geraden mit x = a gelegenen Fläche zwischen dem Graphen von φ und der Abszissenachse.

$$P(X \leq a) = \int_{-\infty}^a \varphi(x)\,dx$$

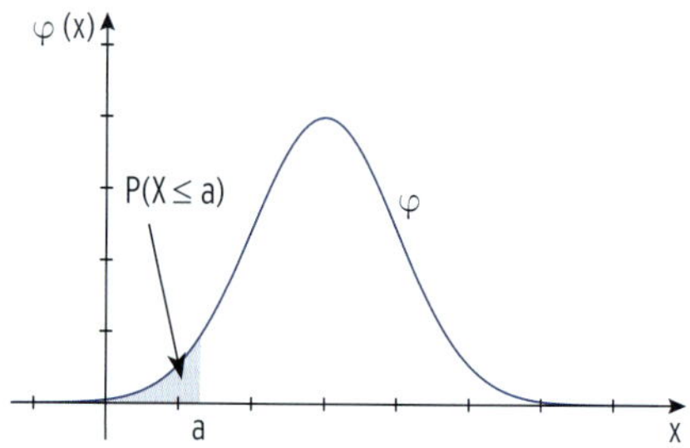

$$P(X > b) = 1 - P(X \leq b)$$

$$P(X \leq b) = \int_{-\infty}^b \varphi(x)\,dx$$

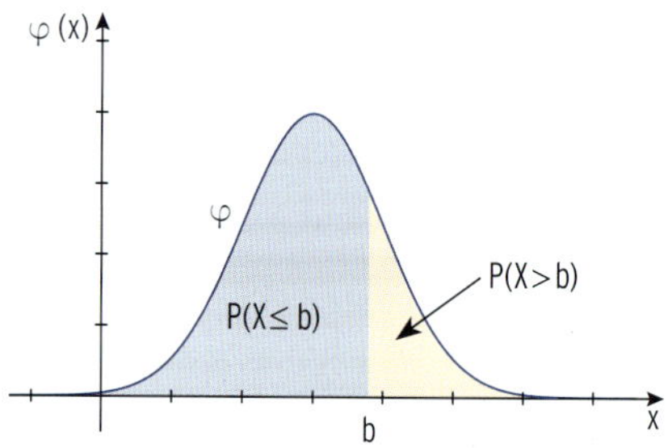

Beispiel 1

➲ Die Brenndauer der Lampen ist normalverteilt (s. Abb.).

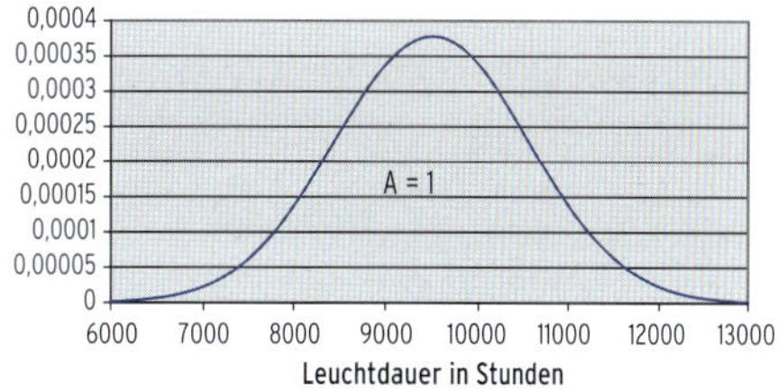

a) Ermitteln Sie den Erwartungswert und die Standardabweichung.

b) Bestimmen Sie die Wahrscheinlichkeit, dass eine Lampe länger als 11 000 Stunden brennt.

c) Berechnen Sie den Anteil der Lampen, die zwischen 8 000 und 10 500 Stunden brennen.

Lösung

X ist die Brenndauer in h; X ist normalverteilt.

a) Aus der Abbildung:

Der Hochpunkt liegt bei $x \approx 9\,500$.

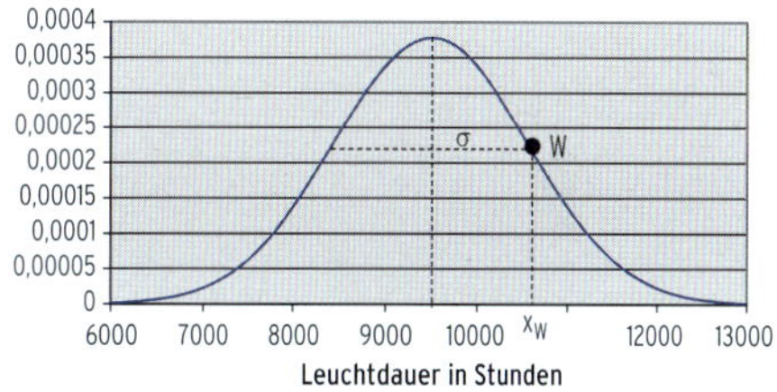

Der Wert mit der höchsten Wahrscheinlichkeitsdichte wird in $x = \mu$ erreicht: $\varphi_{max} = \varphi(\mu)$

Erwartungswert: $\mu \approx 9\,500$

Die Differenz der x-Werte von Wendepunkt und Hochpunkt entspricht der Standardabweichung: $\sigma = x_W - \mu \approx 10\,500 - 9\,500 = 1\,000$

b) X ist normalverteilt mit $\mu \approx 9\,500$ und $\sigma = 1000$

$P(X > 11\,000) = 1 - P(X \le 11\,000)$

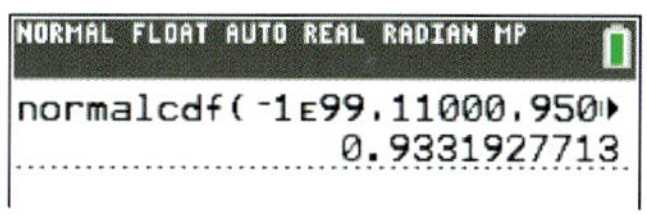

$P(X \le 11\,000) \approx 0{,}933$

$P(X > 11\,000) \approx 1 - 0{,}933 = 0{,}067$

Etwa 6,7 % aller Lampen brennen länger als 11 000 Stunden.

Hinweis: Als untere Grenze wurde -10^{99} gewählt (GTR Einstellung).

c) $P(8000 < X < 10500)$

$= P(8000 \le X \le 10500) \approx 0{,}775$

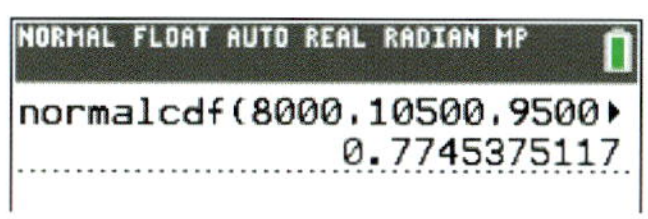

Etwa 78 % aller Lampen brennen zwischen 8 000 und 10 500 Stunden.

Hinweis: $P(X < 10500) = P(X \le 10500)$; stetige Verteilung

Bemerkung:

Eingabe: normalcdf(l; u; μ; σ)

- l: untere Grenze (lower)
- u: obere Grenze (upper)
- μ: Erwartungswert
- σ: Standardabweichung

Beispiel 2

➲ Der Hersteller gibt für PKWs einer Modellreihe einen Durchschnittsverbrauch von 4,6 Litern auf 100 km an, bei einer Standardabweichung von 0,4.

a) Ermitteln Sie die Wahrscheinlichkeit, dass ein zufällig ausgewählter PKW einen Durchschnittsverbrauch zwischen 4 und 5 Litern auf 100 km hat.

b) Etwa 3 von 100 000 PKWs verbrauchen weniger als 3 Liter auf 100 km. Nehmen Sie Stellung zu dieser Aussage.

Lösung

X ist der Verbrauch auf 100 km; X ist normalverteilt mit $\mu = 4{,}6$ und $\sigma = 0{,}4$.

a) $P(4 \leq X \leq 5) \approx 0{,}775$

Die Wahrscheinlichkeit für einen durchschnittlichen Verbrauch zwischen 4 und 5 Liter auf 100 km beträgt 77,5 %.

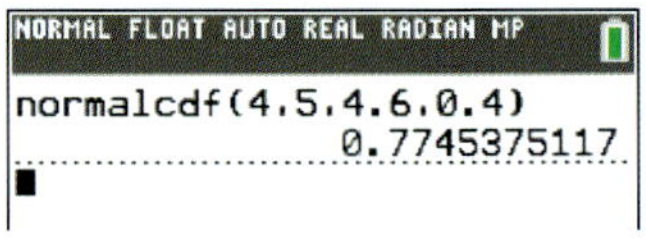

b) $P(X < 3) = P(X \leq 3) \approx 0{,}0000317$

Anzahl der PKW unter 100 000: $0{,}0000317 \cdot 100\,000 = 3{,}17$

Etwa 3 von 100 000 PKW haben einen Verbrauch von weniger als 3 Litern auf 100 km.

Die Aussage ist wahr.

Ein Verbrauch von 3 Litern auf 100 km ist an der Grenze des technisch Machbaren.

Beispiel 3

➲ In Lüneburg haben Männer im Alter zwischen 40 und 49 Jahren ein durchschnittliches Gewicht $\mu = 86$ kg mit der zugehörigen Standardabweichung $\sigma = 15$ kg.

Das Merkmal Gewicht ist näherungsweise normalverteilt.

In der Stadt leben 3 456 Männer im Alter zwischen 40 und 49 Jahren.

Bestimmen Sie die Anzahl der Männer zwischen 82,5 und 104 Kilogramm.

Lösung

X ist das Gewicht in kg; X ist normalverteilt mit $\mu = 86$ und $\sigma = 15$.

$P(82{,}5 \leq X \leq 104) \approx 0{,}477$

Anzahl der Personen: $0{,}477 \cdot 3456 = 1648{,}5$

Etwa 1 649 Männer dieser Alterklasse wiegen zwischen 82,5 und 104 kg.

Beispiel 4

➲ Bei der Herstellung von Dichtungsringen weiß man aus Erfahrung, dass die Durchmesser der Dichtungsringe normalverteilt sind. Der Erwartungswert ist 60 mm und die Standardabweichung beträgt 6 mm.

a) Dichtungsringe, deren Durchmesser um mehr als 10 mm vom Erwartungswert abweichen, gelten als Ausschuss.
Berechnen Sie den Ausschussanteil.

b) Bestimmen Sie die zulässigen Abweichungen vom Mittelwert $\mu = 60$, wenn man höchstens 5 % Ausschuss erreichen möchte.

Lösung

X: Durchmesser der Dichtungsringe; X ist normalverteilt mit $\mu = 60$ und $\sigma = 6$

a) Ausschussanteil:

$P(X < 50) + P(X > 70) = 1 - P(50 \leq X \leq 70)$

$\approx 1 - 0{,}9044 = 0{,}0956$

Der Ausschussanteil beträgt etwa 9,6 %.

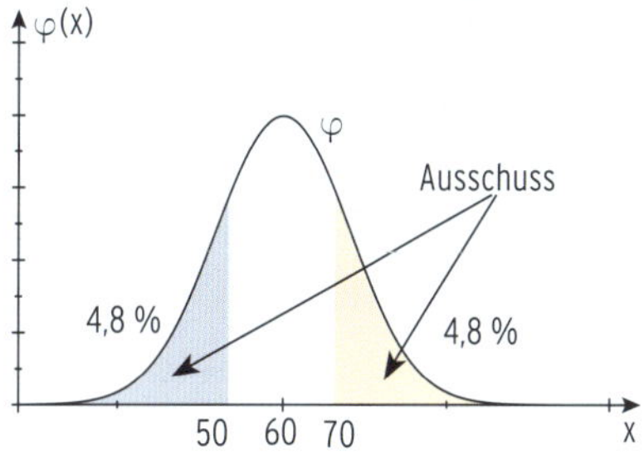

b) Abweichung vom Mittelwert $\mu = 60$:
Bedingung für die linke Grenze a:

$P(X \leq a) = 0{,}025$

Linke Grenze könnte etwa bei

a = 50 liegen. $P(X \leq 50) \approx 0{,}048$

Für a = 49: $P(X \leq 49) \approx 0{,}033$

Für a = 48: $P(X \leq 48) \approx 0{,}023 < 0{,}025$

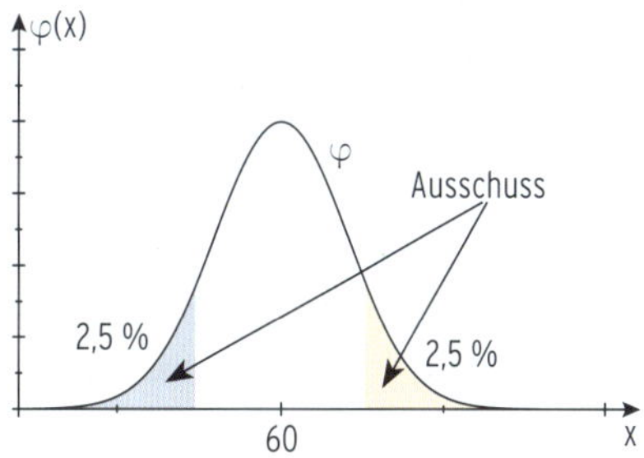

Ergebnis: a = 48 ist die größte ganze Zahl, sodass $P(X \leq a) \leq 0{,}025$.

Die Abweichung vom Mittelwert darf somit höchstens 12 mm betragen.

Aufgaben

1 Die Zufallsgröße X sei ein normalverteiltes Merkmal mit den Parametern $\mu = 50$ und $\sigma = 4$. Berechnen Sie folgende Wahrscheinlichkeiten.

a) $P(X \leq 60)$ b) $P(40 \leq X \leq 55)$ c) $P(X > 59)$

2 Der folgende Graph zeigt den Graphen einer Dichtefunktion φ eines normalverteilten Merkmals X.
Bestimmen Sie aus dem Graphen den Erwartungswert und die Standardabweichung. Diese Werte sind ganzzahlig.
Ermitteln Sie $P(3 \leq X \leq 8)$.

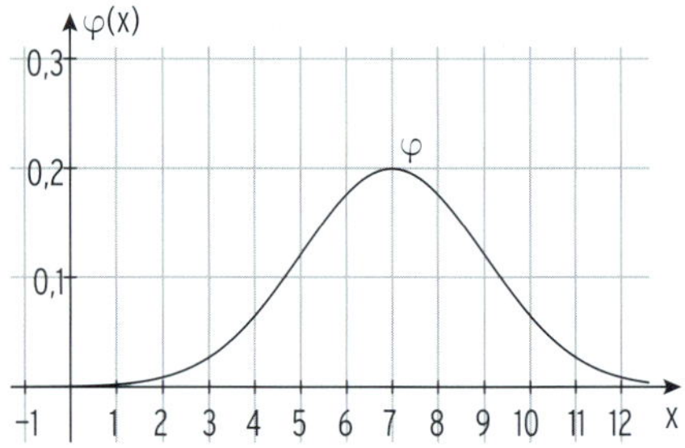

3 Der Benzinverbrauch eines Kleinwagens ist näherungsweise normalverteilt. Der Durchschnitt beträgt 5,6 l/100 km mit einer Standardabweichung von $\sigma = 0{,}9$ l/100 km.

a) Bestimmen Sie die Wahrscheinlichkeit, dass das Auto mit einem Verbrauch von weniger als 5 l gefahren werden kann.

b) Beschreiben Sie die Veränderung der Wahrscheinlichkeit, wenn σ verringert wird.

4 Die Netzteile eines Computers sollen nach Angaben des Herstellers eine stabile Ausgangsleistung von 200 Watt ($\mu = 200$) aufweisen. Als Standardabweichung gibt die Herstellerfirma einen Wert von 6 Watt an.
Berechnen Sie die Wahrscheinlichkeit, dass ein Netzteil weniger als 190 Watt abgibt, wenn man voraussetzt, dass die Leistungsabgabe angenähert normalverteilt ist.
Bestimmen Sie die Toleranzgrenzen 200 − c und 200 + c, sodass höchstens 5 % der Netzteile außerhalb dieses Toleranzbereiches liegen.

5 Die Körpergröße der 1 250 Schüler eines Gymnasiums ist normalverteilt mit $\mu = 170$ cm und $\sigma = 6$ cm. Bestimmen Sie die Anzahl der Schüler mit einer Körpergröße

- unter 160 cm
- über 174 cm
- zwischen 164 und 176 cm.

6 Die von einem Kaffeeautomaten ausgegebene Menge Kaffee pro Tasse sei normalverteilt mit einer Standardabweichung von 1,5 cl.
In nur 1 % der Fälle werden mehr als 25 cl ausgegeben.
Zeigen Sie, dass der Mittelwert der ausgegebenen Menge zwischen 21 cl und 22 cl liegt.

7 In einer Fabrik werden Nägel von 2 cm Normlänge produziert. Die Länge der Nägel ist dabei als Zufallsgröße X näherungsweise normalverteilt mit den Kenngrößen $\mu = 2$ und $\sigma = 0{,}2$. Berechnen Sie die Wahrscheinlichkeit, dass ein produzierter Nagel länger als 2,4 cm ist.

8 Die Nettoeinkommen der Haushalte in EUR eines Land seien normalverteilt mit $\mu = 2\,100$ und $\sigma = 900$. Ein Haushalt gilt als arm, wenn er über weniger als 50 % des Durchschnittseinkommens verfügt. Bestimmen Sie den Anteil armer Haushalte.
Ermitteln Sie das Nettoeinkommen, über das die 10 % wohlhabendsten Haushalte mindestens verfügen.

9 In der Brauerei Härle wird Bier maschinell in Flaschen abgefüllt.
Der Werkmeister weiß, dass die Maschine durchschnittlich 482 cm^3 Bier einfüllt, bei einer Standardabweichung von 3 cm^3.
Die abgefüllten Mengen sind normalverteilt.
Bestimmen Sie die Wahrscheinlichkeit, dass eine zufällig herausgegriffene Flasche außerhalb der 1σ-Toleranz liegt.

10 Die Firma Unterwasser stellt auf einer Maschine Bolzen als Massenware her.
Aus Erfahrung weiß man, dass die Durchmesser der Bolzen normalverteilt sind. Der Erwartungswert ist 6 mm und die Standardabweichung beträgt 0,6 mm.
Bolzen, deren Durchmesser um mehr als 1 mm vom Erwartungswert abweichen, gelten als Ausschuss. Berechnen Sie den Ausschussanteil, den die Maschine langfristig produziert.
Nach einer Neujustierung weicht der Durchmesser von 90 % der Bolzen höchstens um 0,1 mm vom Erwartungswert ab.
Entscheiden Sie, ob sich die Qualität der Maschine verbessert hat.

3.3 Näherung der Binomialverteilung durch die Normalverteilung

Beispiel 1

➲ Ein Elektrokonzern stellt Bauteile für Computer her. Bei der Produktion von Computer-Chips sind 4 % durch Verunreinigungen defekt.
Berechnen Sie die Wahrscheinlichkeit, dass sich in einer 1 000-er Stichprobe mehr als 30 und weniger als 50 defekte Chips befinden. .

Lösung

Es handelt sich um eine Bernoulli-Kette der Länge n = 1 000 mit der Trefferwahrscheinlichkeit p = 0,04.

X beschreibt die Anzahl der defekten Computerchips.

Berechnung mithilfe der Binomialverteilung (mit GTR/CAS):

X ist binomialverteit: $P(30 < X < 50) = P(X \leq 49) - P(X \leq 30)$

$P(30 < X < 50) \approx 0{,}9337 - 0{,}0580 = 0{,}8757$

Die Wahrscheinlichkeit beträgt etwa 0,8757.

Berechnung unter der Annahme, dass X näherungsweise normalverteilt ist.

Erwartungswert: $\mu = n \cdot p = 1000 \cdot 0{,}04 = 40$

Standardabweichung: $\sigma = \sqrt{n \cdot p(1-p)} = \sqrt{1000 \cdot 0{,}04 \cdot 0{,}96} = \sqrt{38{,}4} \approx 6{,}20 > 3$

X ist normalverteit: $P(31 \leq X \leq 49) \approx \int_{31}^{49} \varphi(x)\,dx \approx 0{,}8534$

Die Wahrscheinlichkeit beträgt etwa 0,8534.

Die Abweichung der beiden Wahrscheinlichkeiten ist gering.

Die Binomialverteilung lässt sich durch die Normalverteilung annähern.

Näherungsformel von De Moivre-Laplace

Für eine binomialverteilte Zufallsvariable X mit dem Erwartungswert $\mu = n \cdot p$ und der Standardabweichung $\sigma = \sqrt{n \cdot p(1-p)}$ gilt für große Werte von n:

$$P(x_1 \leq X \leq x_2) \approx \int_{x_1}^{x_2} \varphi(x)\,dx$$

X ist näherungsweise normalverteilt.

Bemerkung: Der Begriff „für große n" ist nicht eindeutig.
Als Faustregel ist eine Annäherung der Binomialverteilung durch die Normalverteilung dann zulässig, wenn für n gilt:
$\sigma^2 = n \cdot p(1-p) > 9$ bzw. $\sigma = \sqrt{n \cdot p(1-p)} > 3$ **(Laplace-Bedingung)**

Beispiel 2

➲ Das nebenstehende Glücksrad wird 50-mal gedreht. Eine Drehung ist beendet, wenn das Rad stillsteht, wobei ein fester Pfeil auf einen Sektor zeigt. Bestimmen Sie die Wahrscheinlichkeit, dass ein Spieler mehr als 11- und weniger als 21-mal eine ungerade Zahl erhält.

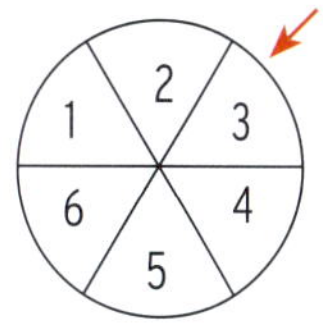

Lösung

X beschreibt die Anzahl der Drehungen, bei denen der Pfeil auf eine ungerade Zahl zeigt. Es handelt sich um eine Bernoulli-Kette der Länge n = 50 mit der Wahrscheinlichkeit p = 0,5.

Berechung mithilfe der Binomialverteilung (mit GTR/CAS oder mit Tabelle)

X ist binomialverteilt: $P(12 \leq X \leq 20) \approx 0{,}1013$

Die Wahrscheinlichkeit beträgt 0,1013.

Näherungsweise Berechnung mithilfe der Normalverteilung

$\mu = n \cdot p = 50 \cdot 0{,}5 = 25;\ \sigma = \sqrt{n \cdot p(1-p)} = \sqrt{50 \cdot 0{,}5 \cdot 0{,}5} \approx 3{,}54 > 3$

X ist normalverteilt: $P(12 \leq X \leq 20) \approx \int_{12}^{20} \varphi(x)\,dx \approx 0{,}0788$

Die Wahrscheinlichkeit beträgt ca. 0,0788.

Dieses Ergebnis weicht von dem der Binomialverteilung ab.

Erläuterung des Unterschieds

Bei der Normalverteilung hat man die Grenzen x = 12 und x = 20 verwendet. Es handelt sich bei der Binomialverteilung jedoch um eine diskrete Zufallsvariable und bei der Normalverteilung um eine stetige Zufallsvariable.

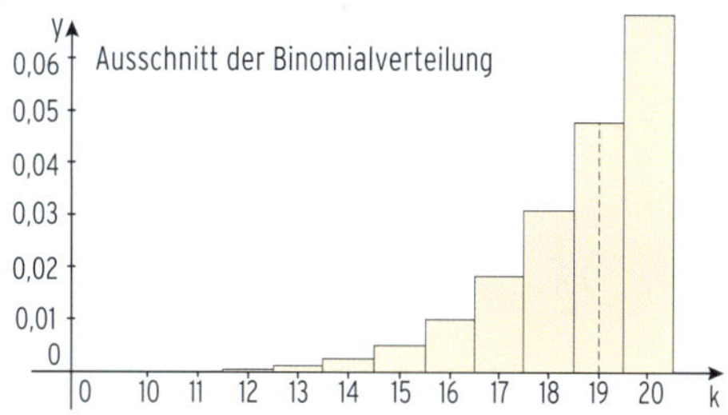

Die Abbildung zeigt, dass bei einer Intervallbreite von 1, für 12 Treffer das Intervall 12 bei 11,5 anfängt. Für 20 Treffer hört das Intervall 20 bei 20,5 auf.

Über die gesamte Intervallbreite hat eine diskrete Zufallsvariable (Binomialverteilung) den gleichen Wert. Bei einer stetigen Zufallsvariablen (Normalverteilung) ändert sich der Wert stetig. Um die Abweichung zu verringern, wird eine Stetigkeitskorrektur eingeführt.

In diesem Fall ist die Stetigkeitskorrektur 0,5.

Berechung mithilfe der Normalverteilung und der Stetigkeitskorrektur

$P(12 \leq X \leq 20) \approx \int_{11{,}5}^{20{,}5} \varphi(x)\,dx \approx 0{,}1018$

Mithilfe der Stetigkeitskorrektur ist der Unterschied zwischen den Wahrscheinlichkeiten für die binomialverteilte und die normalverteilte Zufallsvariable nur noch minimal.

Hinweis zu Beispiel 1: $P(31 \leq X \leq 49) \approx \int_{30{,}5}^{49{,}5} \varphi(x)\,dx \approx 0{,}8745$

Näherungsformel von De Moivre-Laplace mit Stetigkeitskorrektur

Für eine binomialverteilte Zufallsvariable X mit dem Erwartungswert $\mu = n \cdot p$ und der Standardabweichung $\sigma = \sqrt{n \cdot p(1-p)}$ gilt für große Werte von n:

$$P(x_1 \leq X \leq x_2) \approx \int_{x_1-0,5}^{x_2+0,5} \varphi(x)\,dx$$

Hinweis: $P(X = k) \approx \int_{k-0,5}^{k+0,5} \varphi(x)\,dx \approx \varphi(k) \cdot 1 = \varphi(k)$ (n groß)

Formulierung der Näherungsformel mithilfe der Gaußschen Summenfunktion Φ

Ohne Taschenrechner war es zweckmäßig, die allgemeine Normalverteilung auf die Standardnormalverteilung zurückzuführen.
Die zugehörigen Funktionswerte sind in einer Tabelle aufgeführt.

Allgemeine Normalverteilung mit $\varphi_{\mu;\sigma}$ **Standardnormalverteilung mit $\varphi_{0;1}$**

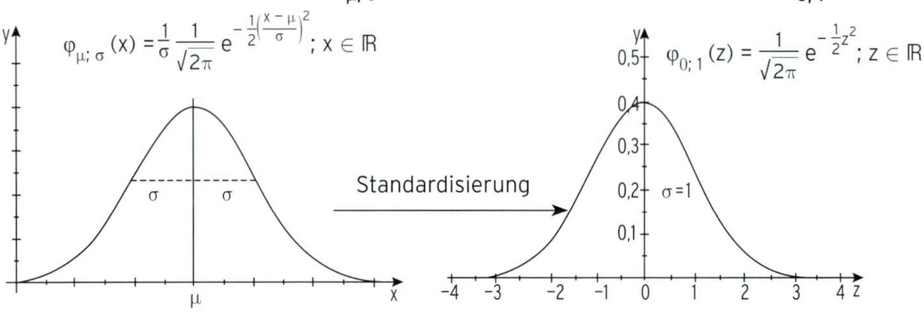

Normalverteilung mit
Erwartungswert μ und
Standardabweichung σ

Standardnormalverteilung mit
Erwartungswert $\mu = 0$ und
Standardabweichung $\sigma = 1$

Das Schaubild der Normalverteilung kann durch Verschiebung und Streckung in das Schaubild der Standardnormalverteilung überführt werden.

Jedes mit μ und σ normalverteilte Merkmal X kann durch die lineare Transformation $Z = \frac{X-\mu}{\sigma}$ in das standardnormalverteilte Merkmal Z überführt werden.

Durch Standardisierung geht das $N(\mu, \sigma)$-verteilte Merkmal X in das $N(0, 1)$-verteilte Merkmal Z über.

Mithilfe der **Verteilungsfunktion (Gaußsche Summenfunktion)** Φ

des Merkmals Z lässt sich die Fläche unter der Glockenkurve berechnen:

$\Phi(z_1)$ gibt den Inhalt der Fläche zwischen dem Graphen von $\varphi_{0;\,1}$ und der z-Achse auf dem Intervall $(-\infty; z_1]$ an.

Flächenbetrachtung

Normalverteilung mit $\mu = 3$ und $\sigma = 2$ | Standardnormalverteilung mit $\mu = 0$ und $\sigma = 1$

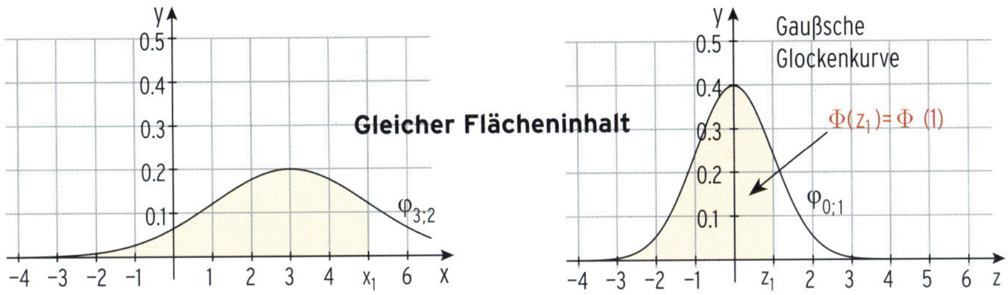

$x_1 = 5$

$A = P(X \leq 5)$

$z_1 = \frac{x_1 - \mu}{\sigma} = \frac{5-3}{2} = 1$

$A = \Phi(1) = P(Z \leq 1)$

$$P(X \leq 5) = \Phi(1)$$

Allgemein gilt:

$P(X \leq x_1) = \Phi(z_1) = \Phi(\frac{x_1 - \mu}{\sigma})$

$P(x_1 \leq X \leq x_2) = \Phi(z_2) - \Phi(z_1) = \Phi(\frac{x_2 - \mu}{\sigma}) - \Phi(\frac{x_1 - \mu}{\sigma})$

Formulierung der Näherungsformel mithilfe der Gaußschen Summenfunktion Φ

Näherungsformel von De Moivre-Laplace

Für eine binomialverteilte Zufallsvariable X mit dem Erwartungswert $\mu = n \cdot p$ und der Standardabweichung $\sigma = \sqrt{n \cdot p(1-p)}$ gilt für große Werte von n:

$$P(x_1 \leq X \leq x_2) \approx \Phi(\frac{x_2 - \mu}{\sigma}) - \Phi(\frac{x_1 - \mu}{\sigma})$$

Mit Stetigkeitskorrektur

$$P(x_1 \leq X \leq x_2) \approx \Phi(\frac{x_2 + 0{,}5 - \mu}{\sigma}) - \Phi(\frac{x_1 - 0{,}5 - \mu}{\sigma})$$

Die Werte der Verteilungsfunktion der Standardnormalverteilung liegen in Tabellenform vor.

Weitere Fragestellungen

Beispiel 1

➲ Der Kosmetikartikelhersteller Nova richtet eine neue Abfüllanlage ein. Die Pumpflaschen sollen jeweils mit 300 Milliliter (ml) Bodylotion befüllt werden.
Nach der Installation der Anlage erfolgt die Abfüllung näherungsweise normalverteilt mit der Standardabweichung 4 ml. Eine Überprüfung ergibt $P(X \leq 305) = 0{,}70$, dabei ist X die Füllmenge. Bestimmen Sie die mittlere Füllmenge.

Lösung

X beschreibt die Füllmenge in ml, X ist normalverteilt mit $\sigma = 4$.

$P(X \leq 305) = \Phi(c) = 0{,}70$

Mit GTR/CAS: $c = 0{,}52$ und damit $0{,}52 = \frac{305 - \mu}{4}$

Auflösen nach μ: $\mu = 302{,}92$

Die mittlere Füllmenge beträgt 302,92 ml.

Hinweis: $P(X \leq x_1) \approx \Phi\left(\frac{x_1 - \mu}{\sigma}\right)$

Beispiel 2

➲ Das Unternehmen Nova hat auch eine Abfüllanlage für 50 ml-Pumpflaschen.
Die Abfüllung ist näherungsweise normalverteilt mit einer mittleren Füllmenge von 49,0 ml. Ermitteln Sie die Standardabweichung der Abfüllanlage, wenn 92 % der Flaschen mit mindestens 48,5 ml gefüllt sind.
Bestimmen Sie die Füllmenge für $\mu = 49{,}0$ und $\sigma = 0{,}1$ so, dass $P(X \geq k) = 0{,}995$.

Lösung

X beschreibt die Füllmenge in ml, X ist normalverteilt mit $\mu = 49{,}0$.

Bedingung für X: $P(X \geq 48{,}5) = 0{,}92$

$P(X \geq 48{,}5) = 1 - P(X \leq 48{,}5) = 1 - \Phi(c) = 0{,}92$

$\Phi(c) = 0{,}08$

Mit GTR/CAS: $c = -1{,}405$ und damit $\frac{48{,}5 - 49}{\sigma} = -1{,}405$

Auflösen nach σ: $\sigma = 0{,}356$

Die Standardabweichung beträgt etwa 0,36 ml.

X beschreibt die Füllmenge in ml, X ist normalverteilt mit $\mu = 49{,}0$ und $\sigma = 0{,}1$

Bedingung für k: $P(X \geq k) = 0{,}995$

$P(X \geq k) = 1 - P(X \leq k) = 1 - \Phi(c) = 0{,}995$

$\Phi(c) = 0{,}005$

Mit GTR/CAS: $c \approx -2{,}576$ und damit $\frac{k - 49}{0{,}1} \approx -2{,}576$

Auflösen nach k: $k = 48{,}742$

Die Füllmenge beträgt etwa 48,74 ml.

Aufgaben

1 Die Zufallsvariable X ist binomialverteilt mit n = 2000 und p = 0,18. Bestimmen Sie ohne Näherung. Ermitteln Sie näherungsweise ohne bzw. mit Stetigkeitskorrektur.

a) $P(X < 360)$ b) $P(250 \leq X \leq 400)$ c) $P(X > 380)$

2 Berechnen Sie mithilfe der Normalverteilung die Wahrscheinlichkeit, dass bei 1000 Würfen mit einem Würfel mindestens 150 „Sechser" fallen.
Berechnen Sie den Anteil der „Sechser" im Intervall $[\mu - \sigma; \mu + \sigma]$.

3 Von 500 Pflanzensamen keimen erfahrungsgemäß 450. Bestimmen Sie die Wahrscheinlichkeit, dass unter 800 ausgesäten Pflanzensamen • höchstens 700 • mindestens 680 und höchstens 720 • mehr als 730 keimen.

4 X ist normalverteilt. Berechnen Sie die fehlenden der Größen μ, n, σ, k.

a) $\mu = 650$; $P(X \leq 800) = 0{,}9$ b) $\sigma = 4{,}5$; $P(X \geq 110) = 0{,}3$ c) $\mu = 56$; $\sigma = 5$; $P(X \leq k) = 0{,}95$

5 Ein Metall verarbeitender Betrieb weiß, dass eine ältere Fräsmaschine eine Ausschussquote von durchschnittlich 10 % besitzt.

a) Ein Kunde benötigt 2 000 Teile. Da er weiß, dass durchschnittlich 10 % der gelieferten Teile unbrauchbar sind, bestellt er vorsichtshalber 2 250 Teile. Begründen Sie, dass die Anzahl brauchbarer Teile näherungsweise normalverteilt ist und berechnen Sie die Wahrscheinlichkeit, dass diese Lieferung genügend brauchbare Teile enthält.

b) Bei 6 % aller Kunden enthält eine Lieferung von 100 Teilen mehr als 11 unbrauchbare Teile. Bestimmen Sie die zugehörige Standardabweichung.

6 Die Transistoren der Firma LION arbeiten unter normalen Betriebsbedingungen mit der Wahrscheinlichkeit p = 0,99 ein Jahr lang störungsfrei. Es soll davon ausgegangen werden, dass die Zufallsvariable X, die die Anzahl der defekten Transistoren beschreibt, binomialverteilt ist. Bei einer Produktion von 20 000 Stück dieser Transistoren soll berechnet werden, wie groß die Wahrscheinlichkeit ist, dass die Anzahl der defekten Transistoren um mehr als 10 vom Erwartungswert abweicht. Bestimmen Sie diesen Wert mittels Näherung durch die Normalverteilung (ohne und mit Stetigkeitskorrektur).

7 Das nebenstehende Diagramm stellt die Verteilung des Merkmals „Körperlänge von ausgewachsenen Maikäfern" dar.

a) Interpretieren Sie das Diagramm.

b) Ein Biologe fängt einen Maikäfer ein. Bestimmen Sie die Wahrscheinlichkeit, dass der Maikäfer größer als 4,5 cm ist.

c) Bestimmen Sie den Anteil an Maikäfern, die kleiner als 3,5 cm sind.

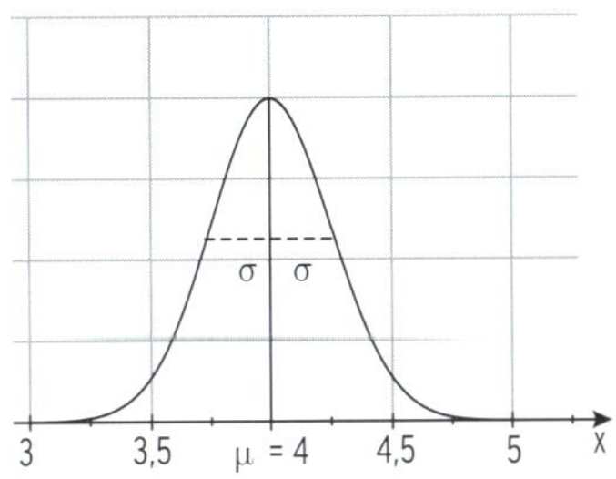

4 Konfidenzintervalle

Lernsituation

In einer niedersächsischen Stadt werden im Vorfeld der Kommunalwahl verschiedene Analysen durchgeführt. Dabei werden die Wahlberechtigten in vier Gruppen eingeteilt:

Gruppe I: Wahlberechtigte, die jünger als 25 Jahre sind,
Gruppe II: Wahlberechtigte von 25 bis unter 50 Jahren,
Gruppe III: Wahlberechtigte von 50 bis unter 65 Jahren,
Gruppe IV: Wahlberechtigte, die 65 Jahre und älter sind.

Diese Wählergruppen verhalten sich zahlenmäßig wie 4 : 5 : 5 : 6. Die Wahlbeteiligung beträgt erfahrungsgemäß in Gruppe I 83 %, in Gruppe II 79 %, in Gruppe III 60 % und in Gruppe IV 45 %. In der Stadt sind insgesamt 30210 Bürger wahlberechtigt.

a) Ermitteln Sie die prozentuale Wahlbeteiligung aller Wahlberechtigten. Ermitteln Sie die Anzahl der Bürger, die voraussichtlich zur Wahl gehen wird.

b) Im Einzugsgebiet eines Wahllokals leben 250 Wahlberechtigte. Bestimmen Sie die Wahrscheinlichkeit dafür, dass unter diesen
(1) genau 120 Personen aus Gruppe IV sind,
(2) höchstens 100 Personen aus Gruppe II sind,
(3) mehr als 40 Personen und weniger als 70 Personen aus Gruppe III sind.
Berechnen Sie die Mindestgröße einer Stichprobe aus der Gruppe IV, damit mit mehr als 90% Wahrscheinlichkeit wenigstens eine Person darunter ist, die nicht an der Wahl teilnehmen wird.

c) Zwei Monate vor der Wahl wurde die „Sonntagsfrage" gestellt: „Welche Partei würden Sie wählen, wenn am Sonntag Wahl wäre?"
Die Umfrage wurde mit 1500 zufällig ausgesuchten Wahlberechtigten durchgeführt. Hierbei haben sich 45% für die Partei A entschieden.
Berechnen Sie bezogen auf diese Stichprobe mithilfe des 90 %-Konfidenzintervalls die Mindest- und Höchstanzahl aller Wahlberechtigten dieser Stadt, die die Partei A am Sonntag nach der Umfrage gewählt hätten.
Der Anteil der Wahlberechtigten, die am Sonntag nach der Umfrage Partei A gewählt hätten, soll mit einer Genauigkeit von 2% und mit einer Sicherheit von 99% geschätzt werden. Ermitteln Sie die mindestens erforderliche Anzahl der Wahlberechtigten, die in diesem Fall hätten befragt werden müssen.

Bearbeiten Sie diese Lernsituation. Erwerben Sie die rechts aufgeführten **Qualifikationen und Kompetenzen**.

Qualifikationen & Kompetenzen

- Konfidenzintervalle näherungsweise und exakt berechnen
- Konfidenzintervalle im Sachzusammenhang anwenden und interpretieren
- Stichprobenumfang abschätzen

4.1 Bestimmung von Konfidenzintervallen

In der Realität hat man häufig keine Informationen über die Wahrscheinlichkeit p einer Grundgesamtheit. Dies soll am folgenden Beispiel verdeutlicht werden:
Eine Urne enthält viele weiße und schwarze Kugeln. Die Wahrscheinlichkeit für das Ziehen einer weißen Kugel ist nicht bekannt. In diesem Fall kann man wiederholt eine weiße Kugel mit Zurücklegen ziehen (Stichprobenumfang n) und die relative Häufigkeit h für das Ereignis „weiße Kugel" berechnen. Die relative Häufigkeit ist ein **Schätzwert** für die unbekannte Wahrscheinlichkeit. Bei einem solchen Schätzwert weiß man nicht, wie gut diese Schätzung ist. Man versucht jedoch ein bestimmtes Intervall anzugeben, in dem p mit hoher Wahrscheinlichkeit (Sicherheitswahrscheinlichkeit) liegt.

Die Sicherheitswahrscheinlichkeit heißt auch Konfidenzniveau oder Vertrauensniveau. Das zugehörige Intervall heißt **Konfidenzintervall oder Vertrauensintervall.**

Das Konfidenzintervall einer Variablen zur Sicherheitswahrscheinlichkeit 95 % ist der Bereich, in den die Variable mit 95 %-iger Wahrscheinlichkeit fallen wird. Man geht von einer repräsentativen Stichprobe aus und schließt auf die (unbekannte) Grundgesamtheit.

Beispiel 1

➲ Vor der Bürgermeisterwahl werden 500 Bürger befragt, ob sie Kandidat A wählen wollen. 275 Wahlberechtigte bejahen diese Frage.
Verwenden Sie die Sicherheitswahrscheinlichkeit 95 %.

a) Entscheiden Sie, ob der Kandidat A mit der Mehrheit der Stimmen rechnen kann.
b) Prüfen Sie, ob die p-Werte 0,51 und 0,49 mit dem Stichprobenergebnis von 275 verträglich sind.
c) Bestimmen Sie das Intervall aller p-Werte, in deren 95 %-Umgebung das Stichprobenergebnis von 275 liegt.

Lösung

a) Stichprobenumfang $n = 500$
relative Häufigkeit als **Schätzwert** für die unbekannte Wahrscheinlichkeit: $h = \frac{275}{500}$
Binomialverteilung mit $n = 500$ und $p = \frac{275}{500} = 0{,}55$
Erwartungswert: $\mu = 275$ Standardabweichung: $\sigma = 11{,}12$
Berechnung der 95 %-Umgebung des Erwartungswertes:
$$\left[0{,}55 - 1{,}96 \cdot \frac{11{,}12}{500};\ 0{,}55 + 1{,}96 \cdot \frac{11{,}12}{500}\right] = [0{,}506;\ 0{,}594]$$
ganzzahlige Grenzen: 254 und 296
Geht man von einer Erfolgswahrscheinlichkeit von 0,55 aus, dann wird Kandidat A mit einer Sicherheitswahrscheinlichkeit von 95 % von 50,6 % bis 59,4 %, entsprechend 254 bis 296 Wahlberechtigten gewählt.
Er kann also mit 95 %-iger Wahrscheinlichkeit mit einer Mehrheit rechnen.
Es bleibt ein Unsicherheitsfaktor von 5 %.
Man sagt: $p = 0{,}55$ ist **verträglich** mit dem Stichprobenergebnis von 275.

b) **95 % Umgebung zu p = 0,51**

Binomialverteilung mit n = 500 und p = 0,51:

Erwartungswert: $\mu = 255$

Standardabweichung: $\sigma = 11{,}18$

95 %-Umgebung von μ: $[255 - 1{,}96 \cdot 11{,}18;\ 255 + 1{,}96 \cdot 11{,}18] = [233{,}09;\ 276{,}91]$

ganzzahlige Grenzen: 234 und 276

Das Stichprobenergebnis von 275 liegt in der 95 %-Umgebung von $\mu = 255$.

Man sagt: p = 0,51 ist **verträglich** mit dem Stichprobenergebnis von 275.

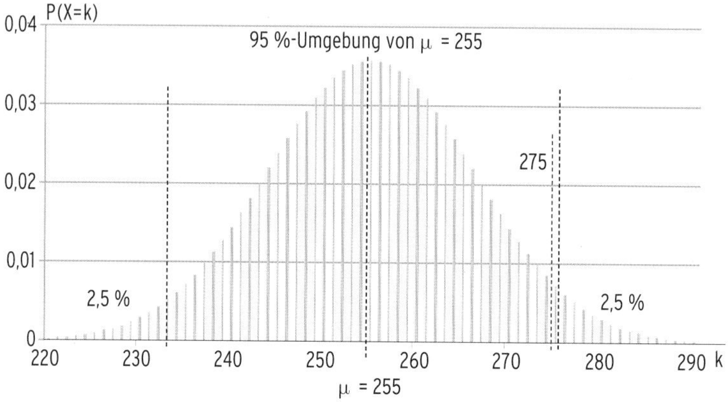

95 % Umgebung zu p = 0,49

Binomialverteilung mit n = 500 und p = 0,49:

Erwartungswert: $\mu = 245$

Standardabweichung: $\sigma = 11{,}18$

95 %-Umgebung von μ: $[245 - 1{,}96 \cdot 11{,}18;\ 245 + 1{,}96 \cdot 11{,}18] = [223{,}09;\ 266{,}91]$

ganzzahlige Grenzen: 224 und 266

Das Stichprobenergebnis von 275 liegt nicht in der 95 %-Umgebung von $\mu = 245$.

Man sagt: p = 0,49 ist nicht **verträglich** mit dem Stichprobenergebnis von 275.

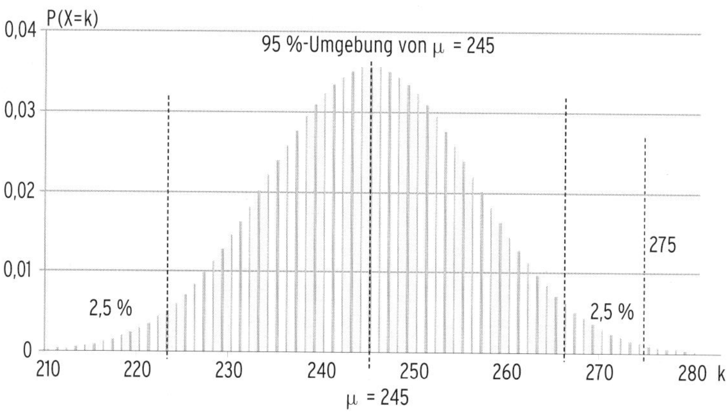

c) **Lösung mithilfe der 1,96 σ-Regel**

Eine 95 %-Umgebung entspricht näherungsweise der 1,96 σ-Umgebung von μ:

$\mu - 1{,}96\sigma \le X \le \mu + 1{,}96\sigma$

Mit $\mu = 500\,p$ und $\sigma = \sqrt{500p(1-p)}$ und $X = 275$ ergibt sich

$$500\,p - 1{,}96\sqrt{500\,p(1-p)} \le 275 \le 500p + 1{,}96\sqrt{500\,p\,(1-p)}$$

Division durch den Stichprobenumfang 500:

Mit $h = \frac{275}{500} = 0{,}55$ $\qquad p - 1{,}96\sqrt{\frac{p\,(1-p)}{500}} \le 0{,}55 \le p + 1{,}96\sqrt{\frac{p\,(1-p)}{500}}$

Lösung mit Hilfe der **Konfidenzellipse**

H_1 mit $H_1(p) = p + 1{,}96\sqrt{\frac{p\,(1-p)}{500}}$

H_2 mit $H_2(p) = p - 1{,}96\sqrt{\frac{p\,(1-p)}{500}}$

H_3 mit $H_3(p) = 0{,}55$

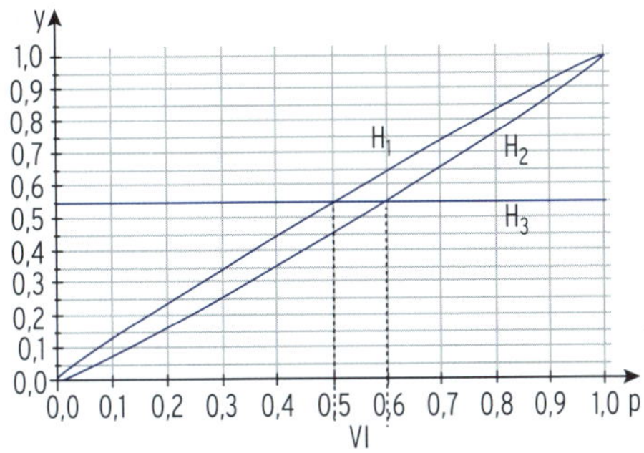

Die Graphen von H_1 mit H_3 schneiden sich in $p_1 \approx 0{,}5064$.

Die Graphen von H_2 mit H_3 schneiden sich in $p_2 \approx 0{,}5936$.

Konfidenzintervall (Vertrauensintervall):

$VI = [p_1;\ p_2] = [0{,}5064;\ 0{,}5936]$

Alle Wahrscheinlichkeiten zwischen 0,5064 und 0,5936 sind mit dem Stichprobenergebnis von 275 **verträglich** bei einer Sicherheitswahrscheinlichkeit (Vertrauensniveau) von 95 %.

Hinweis: Wählen Sie die Window-Einstellung auf beiden Achsen von 0 bis 1.

Bemerkung zur repräsentativen Stichprobe

Um mithilfe einer Stichprobe gültige Aussagen über die Grundgesamtheit (z. B. eine Population) treffen zu können, muss die Stichprobe **repräsentativ** sein, d. h., ihre Zusammensetzung entspricht der Zusammensetzung der Grundgesamtheit, aus der sie stammt. Sie ist ein verkleinertes Abbild der Grundgesamtheit.

Die Verteilung eines Merkmals innerhalb der Stichprobe und in der Grundgesamtheit sollten gleich sein. Die Repräsentativität einer Stichprobe hängt weniger von ihrer Größe als vielmehr vom Auswahlverfahren ab.

Ein **Konfidenzintervall (Vertrauensintervall)** ist ein Schätzintervall, welches die unbekannte Wahrscheinlichkeit p mit einer Sicherheitswahrscheinlichkeit γ enthält (Schluss von der Stichprobe auf die Grundgesamtheit, die relative Häufgkeit ist bekannt).

Hinweis: Das Vertrauensintervall $VI = [p_1;\ p_2]$ überdeckt mit der Sicherheitswahrscheinlichkeit γ die wahre Wahrscheinlichkeit p.

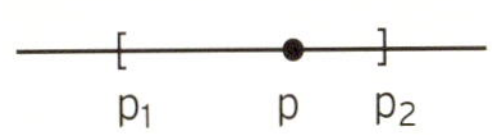

Konfidenzintervall mit Konfidenzellipse bzw. Konfidenzparabel

Beispiel 2

➲ Aus einer Urne mit roten und schwarzen Kugeln wird eine Kugel mit Zurücklegen gezogen. Bei 250 Ziehungen erhält man 83 rote Kugeln. Bestimmen Sie die Wahrscheinlichkeiten, eine rote Kugel zu ziehen, bei einer Sicherheitswahrscheinlichkeit von 90 %.

Lösung

Zufallsvariable X: Anzahl der rote Kugeln, X ist binomialverteilt.

Stichprobenumfang: $n = 250$; relative Häufigkeit: $h = \frac{X}{n} = \frac{83}{250} \approx 0{,}33$

Sicherheitswahrscheinlichkeit $\gamma = 0{,}90$ und damit $c = 1{,}64$

Damit p mit der ermittelten relativen Häufigkeit verträglich ist,

gilt: $$p - 1{,}64\sqrt{\frac{p(1-p)}{250}} \le h \le p + 1{,}64\sqrt{\frac{p(1-p)}{250}}$$

Konfidenzellipse

H_1 mit $H_1(p) = p + 1{,}64\sqrt{\frac{p(1-p)}{250}}$

H_2 mit $H_2(p) = p - 1{,}64\sqrt{\frac{p(1-p)}{250}}$

H_3 mit $H_3(p) = 0{,}33$

Die Graphen von H_1 und H_3 schneiden sich in $p_1 \approx 0{,}2833$. Die Graphen von H_2 und H_3 schneiden sich in $p_2 \approx 0{,}3804$.

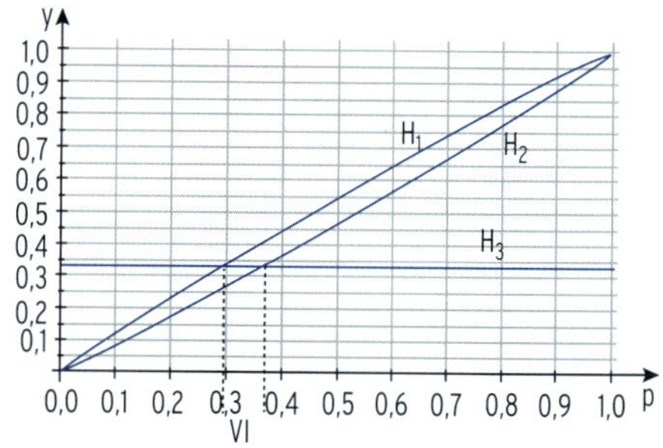

Vertrauensintervall: $VI = [p_1;\ p_2] = [0{,}2833;\ 0{,}3804]$

Alternative:

Exakte Bestimmung von p aus der Ungleichung: $$p - 1{,}64\sqrt{\frac{p(1-p)}{250}} \le h \le p + 1{,}64\sqrt{\frac{p(1-p)}{250}}$$

$$-1{,}64\sqrt{\frac{p(1-p)}{250}} \le h - p \le 1{,}64\sqrt{\frac{p(1-p)}{250}}$$

Quadieren beider Seiten: $(h-p)^2 \le 1{,}64^2 \cdot \frac{p(1-p)}{250}$

Mit h = 0,33 ergibt sich: $250\cdot(0{,}33-p)^2 \le 1{,}64^2 \cdot p(1-p)$

$$250\cdot(0{,}33-p)^2 - 1{,}64^2 \cdot p(1-p) \le 0$$

Hinweis: Die quadratische Ungleichung $250 \cdot (0{,}33-p)^2 - 1{,}64^2 \cdot p(1-p) \le 0$ kann durch Lösung der Gleichung $250\cdot(0{,}33-p)^2 - 1{,}64^2 \cdot p(1-p) = 0$ gelöst werden.

Konfidenzparabel

f mit $f(p) = 250(0{,}33-p)^2 - 1{,}64^2 \cdot p(1-p)$

Schnittstellen des Graphen von f mit der p-Achse:

$p_1 \approx 0{,}2833$; $p_2 \approx 0{,}3804$

Vertrauensintervall $VI = [0{,}2833;\ 0{,}3804]$

Auf VI verläuft der Graph von f **nicht oberhalb** der p-Achse.

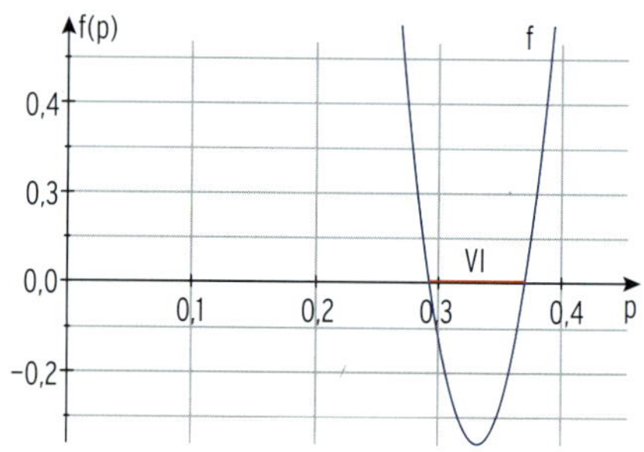

Konfidenzintervall näherungsweise mit Formel

Beispiel 3

➲ Vor der Kommunalwahl gibt es eine Umfrage von 1000 Wählern. Davon würden 370 Wähler dem Kommunalpolitiker Abt ihre Stimme geben.
Bestimmen Sie das 95%-Konfidenzintervall für den unbekannten Anteil p der Wähler des Kandidaten Abt näherungsweise.

Lösung

Zufallsvariable X: Anzahl der Wähler des Kommunalpolitikers Abt; X ist binomialverteilt.

Stichprobenumfang: $n = 1000$; relative Häufigkeit: $h = \frac{370}{1000} = 0{,}37$

Sicherheitswahrscheinlichkeit: $\gamma = 0{,}95$ und damit $c = 1{,}96$

Näherungsweise Bestimmung: Damit p mit der ermittelten relativen Häufigkeit verträglich ist, gilt: $p - 1{,}96\sqrt{\frac{p(1-p)}{250}} \le h \le p + 1{,}96\sqrt{\frac{p(1-p)}{250}}$

Wegen $h \approx p$: $h - 1{,}96\sqrt{\frac{h(1-h)}{250}} \le p \le h + 1{,}96\sqrt{\frac{h(1-h)}{250}}$

p liegt zwischen den Grenzen $h - 1{,}96\sqrt{\frac{h(1-h)}{250}}$ und $h + 1{,}96\sqrt{\frac{h(1-h)}{250}}$.

Einsetzen von h = 0,37 ergibt $VI = \left[0{,}37 - 1{,}96\sqrt{\frac{0{,}37\,(1-0{,}37)}{1000}};\ 0{,}37 + 1{,}96\sqrt{\frac{0{,}37\,(1-0{,}37)}{1000}}\right]$

Konfidenzintervall näherungsweise: [0,3401; 0,3999]

Zwischen 34% und 40 % der Wähler werden Abt mit einer Sicherheitswahrscheinlichkeit von 95 % wählen.

Konfidenzintervall näherungsweise mit GTR/CAS

Beispiel 4

➲ Zwei Monate vor der Landtagswahl wurde die „Sonntagsfrage" gestellt: „Welche Partei würden Sie wählen, wenn am Sonntag Wahl wäre?"
Die Umfrage wurde mit 1250 repräsentativ ausgewählten Wahlberechtigten durchgeführt. Hierbei haben sich 42 % für die Partei A entschieden.
Berechnen Sie bezogen auf diese Stichprobe mithilfe des 95 %-Konfidenzintervalls die Mindest- und Höchstanzahl aller Wahlberechtigten (460 000), die Partei A am Sonntag nach der Umfrage gewählt hätten.

Lösung

Konfidenzintervall für p: Eingabe in GTR/CAS: $n = 1250$; $k = 1250 \cdot 0{,}42 = 525$; $\gamma = 0{,}95$

Konfidenzintervall: VI = [0,3926; 0,4474]

```
EDIT CALC TESTS
3↑2-SampZTest…
A↓1-PropZInt…
```

```
1-PropZInt
x:1250*0.42
n:1250
C-Level:0.95
Calculate
```

```
1-PropZInt
(0.39264,0.44736)
p̂=0.42
n=1250
```

Anzahl der Wähler von A:

$0{,}3926 \cdot 460\,000 = 180596$; $0{,}4474 \cdot 460\,000 = 205804$

Die Stichprobe lässt mit einer Sicherheit von 95 % auf mindestens 180596 und höchstens 205804 Wahlberechtigte schließen, die Partei A wählen.

Was man wissen sollte ... über Konfidenzintervalle

Bestimmung von p aus der Ungleichung: $p - c\sqrt{\frac{p(1-p)}{n}} \leq h \leq p + c\sqrt{\frac{p(1-p)}{n}}$

Stichprobenumfang n; Vertrauenszahl c; relative Häufigkeit h

- **Bestimmung mit Konfidenzellipse**

  H_1 mit $H_1(p) = p + c\sqrt{\frac{p(1-p)}{n}}$

  H_2 mit $H_2(p) = p - c\sqrt{\frac{p(1-p)}{n}}$

  H_3 mit $H_3(p) = h$

  Konfidenzintervall: $VI = [p_1; p_2]$

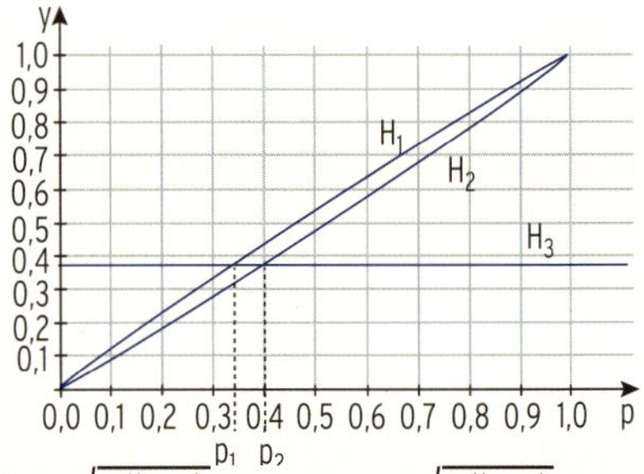

- **Bestimmung mit Konfidenzparabel**

  Quadrieren der Ungleichung $-c\sqrt{\frac{p(1-p)}{n}} \leq h - p \leq c\sqrt{\frac{p(1-p)}{n}}$

  ergibt: $n \cdot (h-p)^2 - c^2 \cdot p(1-p) \leq 0$

  Grafische Darstellung

  f mit $f(p) = n \cdot (h-p)^2 - c^2 \cdot p(1-p)$

  VI ist der Bereich mit $f(p) \leq 0$

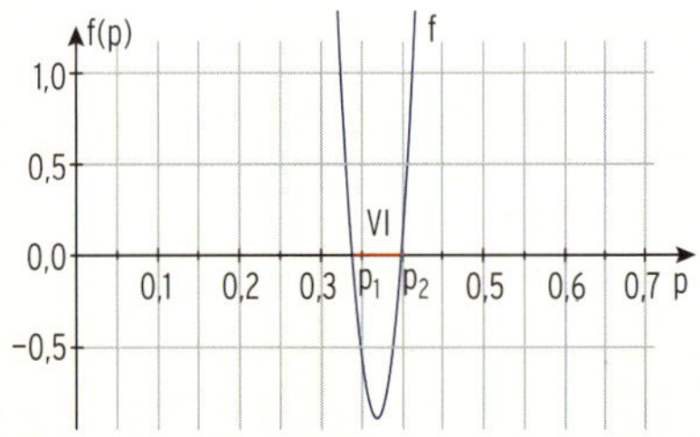

- **Bestimmung näherungsweise** mit Formel

  Wegen $p \approx h$ gilt: $h - c \cdot \sqrt{\frac{h(1-h)}{n}} \leq p \leq h + c \cdot \sqrt{\frac{h(1-h)}{n}}$

  Konfidenzintervall: $VI = \left[h - c\sqrt{\frac{h(1-h)}{n}}; h + c\sqrt{\frac{h(1-h)}{n}}\right]$

  Bedingungen für die Anwendung der Näherungsformel

  $n \geq 1000$ $\quad 0{,}3 \leq h \leq 0{,}7$ $\quad \sigma > 3$

Hinweis: Je größer der Stichprobenumfang ist, desto unwahrscheinlicher ist es, dass sich die Anteile in der Stichprobe und in der Grundgesamtheit stark unterscheiden.

- **Bestimmung näherungsweise mit GTR/CAS** (Tests, 1-PropZInt)

  Eingabe von Stichprobenumfang n, Anzahl der Treffer k, Sicherheitswahrscheinlichkeit γ

Unterscheiden Sie

Konfidenzintervall	Prognoseintervall
Gegeben: h	Gegeben: p
Schluss von Stichprobe auf Grundgesamtheit	Schluss von Grundgesamtheit auf Stichprobe

Aufgaben

1 In einer Stichprobe vom Umfang n werden k Treffer erzielt. X ist die Anzahl der Treffer. X ist binomialverteilt. Ermitteln Sie das Konfidenzintervall für die Sicherheitswahrscheinlichkeit $\gamma = 90\,\%$ bzw. $\gamma = 95\,\%$.

a) $n = 50;\ k = 10$ b) $n = 100;\ k = 60$ c) $n = 40;\ k = 20$

2 In der Stadt sind insgesamt 45650 Bürger wahlberechtigt. Zwei Monate vor der Wahl wurde die „Sonntagsfrage" gestellt: „Welche Partei würden Sie wählen, wenn am Sonntag Wahl wäre?" Die Umfrage wurde mit 1350 repräsentativ ausgesuchten Wahlberechtigten durchgeführt. Hierbei haben sich 610 für die Partei A entschieden.
Geben Sie einen Schätzwert für die Wahrscheinlichkeit p, dass Partei A gewählt wird an. Berechnen Sie bezogen auf diese Stichprobe mithilfe des 95 %-Vertrauensintervalls die Mindest- und Höchstanzahl aller Wahlberechtigten dieser Stadt, die die Partei A am Sonntag nach der Umfrage gewählt hätten.

3 Bei einer Befragung von 1000 Haushalten gaben 440 Haushalte an, einen Stromlieferungsvertrag mit einem regionalen Stromanbieter abgeschlossen zu haben. Bestimmen Sie den Marktanteil, von dem der regionale Stromversorger bei einem Konfidenzniveau von 95,4 % ausgehen kann. Zeichnen Sie eine Konfidenzellipse im Bereich [0,3; 0,6].

4 In einer Stichprobe werden 200 Spezialschrauben untersucht. Dabei werden 80 Schrauben der höchsten Qualitätsstufe zugeordnet. Bestimmen Sie näherungsweise ein Konfidenzintervall bei einem Konfidenzniveau von 90 % für die Wahrscheinlichkeit, dass eine produzierte Spezialschraube zur höchsten Qualitätsstufe gehört. Entscheiden Sie begründet, ob die folgenden Aussagen richtig sind: Die Länge des Konfidenzintervalls wird größer, wenn der Stichprobenumfang vergrößert wird. Die Länge des Konfidenzintervalls wird größer, wenn das Konfidenzniveau erhöht wird.

5 Der Pharmakonzern Medico möchte sein Medikament Maxxo zulassen.
Für die Zulassung des Medikaments dürfen höchstens 5% der behandelten Personen Nebenwirkungen aufweisen. Zur Überprüfung wurden in einer ersten Studie 1600 erkrankte Personen mit Maxxo behandelt. Bei 200 der behandelten Personen traten Nebenwirkungen auf. Berechnen Sie das 95%-Konfidenzintervall mithilfe einer Konfidenzellipse. Entscheiden Sie, ob das Medikament die Zulassungsvoraussetzung erfüllt.
Medico führte eine zweite Studie mit Männern und Frauen durch. Von allen Personen innerhalb dieser zweiten Studie erhielten 5000 männliche Personen das Medikament Maxxo. In einer anschließenden schriftlichen Befragung waren unter den 1400 zurückgesandten Antwortbögen 900 Bögen von männlichen Teilnehmern. Weisen Sie nach, dass bei einer Sicherheitswahrscheinlichkeit von 99% das Konfidenzintervall für den Anteil der Männer ungefähr [0,6098 ; 0,6759] beträgt. Berechnen Sie damit, wie viele Personen mindestens bzw. höchstens an der zweiten Studie teilnahmen.

6 Eine Voraussetzung für die Wirkung eines Medikaments ist die regelmäßige Einnahme. Diese soll mit einer Stichprobe von 100 Patienten überprüft werden. Von diesen haben 70 Patienten das Medikament regelmäßig eingenommen.
Bestimmen Sie näherungsweise ein Konfidenzintervall zu einer Sicherheitswahrscheinlichkeit von 95,4 % für die unbekannte Wahrscheinlichkeit p, dass das Medikament regelmäßig eingenommen wird.
Beschreiben Sie die Bedeutung des Vertrauensintervalls im Sachzusammenhang.
Beurteilen Sie folgende Aussage: Man kann bei obigem Stichprobenergebnis davon ausgehen, dass bei einer Sicherheitswahrscheinlichkeit von 95,4 % wenigstens 65 % aller Patienten das verordnete Medikament regelmäßig einnehmen.

7 In den Abteilungen A und B werden täglich jeweils 2450 Prozessoren hergestellt.
Es ist bekannt, dass in Abteilung A im Durchschnitt 26 fehlerhaft sind.
Bestimmen Sie das 95 %-Konfidenzintervall für die Anzahl fehlerhafter Prozessoren.
In Abteilung B werden an einem Tag 35 fehlerhafte Prozessoren identifiziert.
Entscheiden Sie, ob diese Anzahl mit dem 95 %-Konfidenzintervall verträglich ist.

8 Am Ausgang des Messegeländes wurden 790 beliebige Messebesucher gefragt, ob sie die Millenium-Spielkonsole kennen. 474 der befragten Personen gaben an, die Spielkonsole zu kennen. Bestimmen Sie bezogen auf diese Stichprobe das 90%-Vertrauensintervall für den Bekanntheitsgrad p unter allen Messebesuchern und interpretieren Sie Ihr Ergebnis im Sinne der Aufgabenstellung.

Erläutern Sie den Einfluss des Stichprobenumfangs auf die Breite des Vertrauensintervalls.

9 Ein Hotelier lässt 140 Gäste nach Ihrer Zufriedenheit befragen. 80 Gäste sind zufrieden. Er geht auf einem Vertrauensniveau von 90 % davon aus, dass 75 % seiner Gäste zufrieden sind. Zur Bestätigung rechnet er $\frac{4}{7} \pm 1{,}64\sqrt{\frac{12}{49 \cdot 140}}$.
Überprüfen Sie seine Vorgehensweise. Interpretieren Sie sein Ergebnis.

10 Die Konsumforschung hat in einer Umfrage, in der 865 Familien befragt wurden, festgestellt, dass 296 Familien mindestens zweimal pro Jahr in den Urlaub fahren.
Eine Familie fährt mit der unbekannten Wahrscheinlichkeit p mehr als einmal pro Jahr in den Urlaub. Ermitteln Sie das Konfidenzintervall zum Konfidenzniveau von 95 %.

11 Ein Wirtschaftsprüfer wählt aus 2000 Rechnungen 120 zufällig aus, um sie auf Buchungsfehler zu prüfen. Aufgrund langjähriger Erfahrung weiß er, dass mit einer Fehlerquote von bis zu 5 % gerechnet werden kann. Wird diese Fehlerquote in der Stichprobe überschritten, will er eine Gesamtprüfung aller Rechnungen durchführen. Bei 4 Rechnungen der Stichprobe werden Buchungsfehler entdeckt.
Ermitteln Sie, wie viele fehlerhafte Rechnungen in der Stichprobe maximal entdeckt werden dürfen, um eine Gesamtprüfung aller Rechnungen zu vermeiden.
Bestimmen Sie bei einer Sicherheitswahrscheinlichkeit von 95 % den Bereich für die Anzahl fehlerhafter Rechnungen, der mit der Erhebung verträglich ist.

4.2 Stichprobenumfang und Länge des Konfidenzintervalls

Es ist sinvoll, vor der Durchführung einer Stichprobe den erforderlichen Stichprobenumfang n für die gewünschte Länge l des Konfidenzintervalls abzuschätzen.
Das Konfidenzintervall wird durch die Vertrauenzahl c festgelegt.

Beispiel 1

➲ Die Wahrscheinlichkeit p für ein defektes Ventil ist unbekannt. Bestimmen Sie den Stichprobenumfang n bei einer Sicherheitswahrscheinlichkeit von 95 %, damit das Konfidenzintervall die Länge von 0,1 nicht überschreitet.

Lösung

Sicherheitswahrscheinlichkeit von 95 % bedeutet $c = 1{,}96$

Länge des Konfidenzintervalls: $2 \cdot 1{,}96\sqrt{\frac{h(1-h)}{n}} \leq 0{,}1$

Quadrieren ergibt $4 \cdot 1{,}96^2 \cdot \frac{h(1-h)}{n} \leq (0{,}1)^2 \quad | \cdot n$

$4 \cdot 1{,}96^2 \cdot h(1-h) \leq (0{,}1)^2 \cdot n \quad | : (0{,}1)^2$

Auflösen nach n $\frac{4 \cdot 1{,}96^2}{(0{,}1)^2} \cdot h(1-h) \leq n$

$n \geq \frac{4 \cdot 1{,}96^2}{(0{,}1)^2} \cdot h(1-h) \quad (*)$

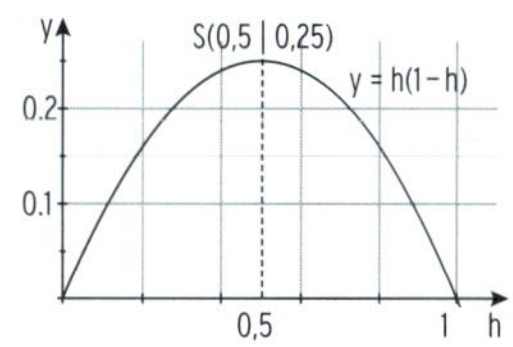

$h(1-h) \leq 0{,}25$ z. B. durch grafische Abschätzung

Mit dem größten Wert von $h(1-h)$ ergibt sich die

Abschätzung $n \geq \frac{4 \cdot 1{,}96^2}{(0{,}1)^2} \cdot 0{,}25$ vereinfacht: $n \geq \frac{1{,}96^2}{(0{,}1)^2} = 384{,}16$

Die Stichprobe hat einen Umfang von mindestens 385.
Hinweis: Ist ein Schätzwert h für p bekannt, so kann dieser in (*) eingesetzt werden.

Beachten Sie

Bei vorgegebener Länge d des Konfidenzintervalls (Vertrauensintervalls) für die unbekannte Wahrscheinlichkeit p zur Sicherheitswahrscheinlichkeit γ (Vertrauensniveau γ) lässt sich der Stichprobenumfang n abschätzen: $n \geq \frac{c^2}{d^2}$

Beispiel 2

➲ Um die zugrundeliegende Wahrscheinlichkeit p einer binomialverteilten Zufallsgröße einzugrenzen, soll eine Stichprobe vom Umfang n erhoben werden. Bestimmen Sie den Stichprobenumfang n bei einem Vertrauensniveau von 90 %, damit das Vertrauensintervall die Länge von 0,05 nicht überschreitet, wenn keine Information über p vorliegt.

Lösung

Stichprobenumfang mit $c = 1{,}64$: $n \geq \frac{c^2}{d^2} = \frac{1{,}64^2}{0{,}05^2} = 1075{,}8$

Die Stichprobe muss einen Umfang von mindestens 1076 haben.

Aufgaben

1 Um die zugrundeliegende Wahrscheinlichkeit p einer binomialverteilten Zufallsgröße einzugrenzen, soll eine Stichprobe vom Umfang n erhoben werden. Bestimmen Sie den Stichprobenumfang n bei einer Sicherheitswahrscheinlichkeit von 95 %, damit das Konfidenzintervall die Länge von 0,08 nicht überschreitet, wenn keine Information über p vorliegt.

2 Um den Bekanntheitsgrad eines Medikaments festzustellen, soll eine repräsentative Umfrage in Auftrag gegeben werden. Ermitteln Sie den Umfang einer Stichprobe, wenn die Abweichung des Schätzwertes h (der durch die Umfrage ermittelt werden soll) vom wahren Bekanntheitsgrad p mit einer Sicherheit von 90 % höchstens 0,02 sein soll.

3 Die Wirksamkeit p eines Medikaments soll an Patienten getestet werden.
Bestimmen Sie die Mindestanzahl der Patienten in der Testreihe, damit das zugehörige 95 %-Vertrauensintervall die Länge 0,02 hat.

4 Eine kleine Partei tritt bei der Wahl an, muss aber um den Einzug ins Parlament fürchten.

a) Ein Stichprobenumfang von 25 000 Wählern reicht aus, damit die Länge des 95 %-Konfidenzintervalls für den Stimmenanteil höchstens 0,5 % ist. Überprüfen Sie.

b) Eine Blitzumfrage hat einen Stimmenanteil von 6 % ergeben. Ein Stichprobenumfang von 25 000 Wählern reicht nicht aus, damit die Länge des 95 %-Konfidenzintervalls für den Stimmenanteil höchstens 0,5 % ist. Bestätigen oder widerlegen Sie diese Behauptung.

5 Bei der Qualitätskontrolle von Batterien waren von 200 Batterien 12 defekt.

a) Bestimmen Sie das 99 %-Vertrauensintervall für die unbekannte Ausschusswahrscheinlichkeit.
Bestimmen Sie die Anzahl defekter Batterien in einer Lieferung von 255 Batterien.

b) Ermitteln Sie den kleinsten Stichprobenumfang, dass das 95 %-Vertrauensintervall eine Länge von 0,04 hat.

6 Es soll überprüft werden, ob bei der Produktion von Hochleistungsprozessoren weiterhin davon ausgegangen werden kann, dass 8 % der Prozessoren fehlerhaft sind. Dazu werden 1000 Prozessoren überprüft, von denen 74 fehlerhaft sind.

Berechnen Sie ein 95 %-Konfidenzintervall für den unbekannten Anteil an fehlerhaften Prozessoren und interpretieren Sie Ihr Ergebnis.
Berechnen Sie den Stichprobenumfang, wenn das 95 %-Konfidenzintervall eine maximale Länge von 0,1 aufweisen soll.

4.3 Konfidenzintervalle für beliebige Sicherheitswahrscheinlichkeiten

Beispiel 1

➲ In einer Lieferung von Schrauben werden 500 Schrauben getestet und 70 defekte Schrauben gefunden. Bestimmen Sie die Vertrauenszahl zur Sicherheitswahrscheinlichkeit von γ = 86 %. Geben Sie das zugehörige Konfidenzintervall an für die unbekannte Wahrscheinlichkeit, dass eine Schraube defekt ist.

Lösung

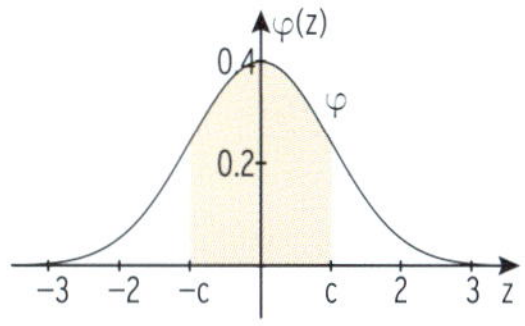

Für γ = 0,86 ist c zu bestimmen.

Aus $P(\mu - c \cdot \sigma \leq X \leq \mu + c \cdot \sigma) = \Phi(c) - \Phi(-c) = \Phi(c) - (1 - \Phi(c))$
$= 2\Phi(c) - 1 = \gamma = 0{,}86$

folgt $\Phi(c) = \frac{1 + \gamma}{2} = 0{,}93$. Mithilfe der Tabelle oder mit GTR/CAS erhält man c = 1,48.

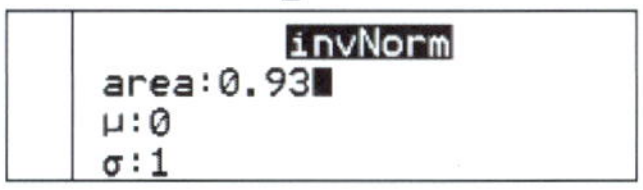

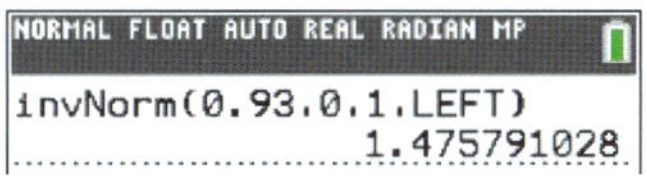

Konfidenzintervall mit GTR/CAS: VI = [0,1171; 0,1629]

Beispiel 2

➲ Vor der Markteinführung eines neuen Geländewagens möchte die Marketingabteilung wissen, ob das Design den Geschmack der potenziellen Kunden trifft. Dazu wurde eine Kundenbefragung durchgeführt. Von 5000 Kunden gaben 63 % der Befragten an, dass ein Kauf des Fahrzeugs infrage kommt.

Der Marketingleiter schätzt wegen des großen Stichprobenumfangs, dass zwischen 62 % und 64 % aller Kunden das Fahrzeug kaufen würden.
Berechnen Sie, mit welcher Wahrscheinlichkeit diese Schätzung korrekt ist.

Lösung

Gegeben ist das Vertrauensintervall VI = [0,62; 0,64].

Gesucht ist die Sicherheitswahrscheinlichkeit γ.

X: Anzahl der Kunden, die das Fahrzeug kaufen würden; X ist binomialverteilt.

Stichprobenumfang: n = 5000; relative Häufigkeit: $h = \frac{X}{n} = 0{,}63$

Ist der Stichprobenumfang sehr groß, kann die Wahrscheinlichkeit p auch durch die relative Häufgkeit h angenähert werden.

Linke Intervallgrenze: $h - c \cdot \frac{\sigma}{n} = 0{,}62$

Mit $p \approx h = 0{,}63$: $0{,}63 - c \cdot \sqrt{\frac{0{,}63 \cdot 0{,}37}{5000}} = 0{,}62$

c = 1,46

Sicherheitswahrscheinlichkeit: $\gamma = 2\Phi(c) - 1 = 2\Phi(1{,}46) - 1 = 0{,}8557$

Ergebnis: Die Behauptung wurde mit einer Sicherheit von 85,57 % aufgestellt.

Beispiel 3

➲ Ein Kommunalpolitiker stellt sich zur Wiederwahl. In einer Umfrage unter 300 Personen würde 120 Personen ihm ihre Stimme geben. Er würde gerne mit einer Eintrittswahrscheinlichkeit von 92 % wissen, wieviele Wähler in seinem Wahlkreis mit insgesamt 10000 Wählern für ihn stimmen würden.

a) Bestimmen Sie die Spanne an Wählern mit GTR/CAS.

b) Bestimmen Sie die Spanne an Wählern mit Hilfe einer Konfidenzellipse.

Lösung

a) Sicherheitswahrscheinlichkeit (Konfidenzniveau): $\gamma = 0{,}92$

Konfidenzintervall mit GTR/CAS: VI = [0,35; 0,45]

$0{,}35 \cdot 10000 = 3500$; $0{,}45 \cdot 10000 = 4500$

Der Kommunalpolitiker kann mit 3500 bis 4500 Stimmen rechnen.

b) **Konfidenzintervall mit Konfidenzellipse**

Aus $2\Phi(c) - 1 = \gamma = 0{,}92$ folgt $\Phi(c) = \frac{1+\gamma}{2} = 0{,}96$

Mit GTR/CAS: $c = 1{,}75$

Bedingung für p: $p - 1{,}75\sqrt{\frac{p(1-p)}{300}} \leq 0{,}4 \leq p + 1{,}75\sqrt{\frac{p(1-p)}{300}}$

Konfidenzellipse:

$H_1(p) = p + 1{,}75\sqrt{\frac{p(1-p)}{300}}$

$H_2(p) = p - 1{,}75\sqrt{\frac{p(1-p)}{300}}$

$H_3(p) = \frac{120}{300} = 0{,}4$

VI = [0,35; 0,45]

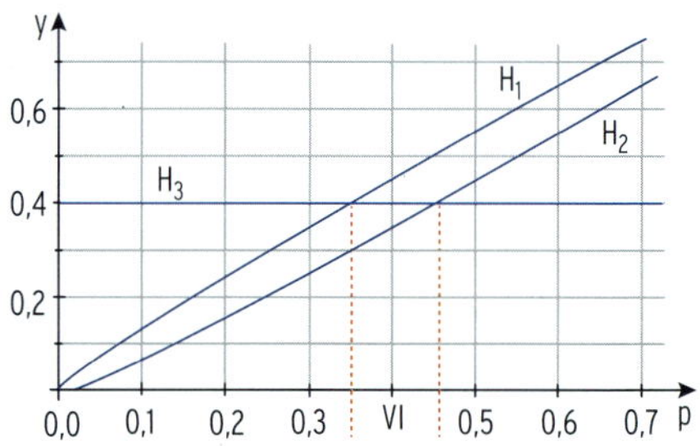

Mit einer Sicherheitswahrscheinlichkeit von 92 % erhält der Politiker ein Votum von 35 % bis 45 %.

$35\ \% \cdot 10000 = 3500$; $45\ \% \cdot 10000 = 4500$

Bei der Kommunalwahl wird er mit einer Sicherheitswahrscheinlichkeit von 92 % von 3500 bis 4500 Personen gewählt.

Vertrauenszahl c für beliebige Sicherheitswahrscheinlichkeiten

Die Zufallsgröße X sei normalverteilt (für „große" Stichproben).

Mithilfe der Sicherheitswahrscheinlichkeit γ errechnet man c: $\Phi(c) = \frac{1+\gamma}{2}$

Bestimmung von c mit Tabelle oder Rechnerfunktion.

Aufgaben

1 Bestimmen Sie die Vertrauenszahl c zur Sicherheitswahrscheinlichkeit γ = 85 %.

2 In einer Stichprobe vom Umfang n werden k Ereignisse X registriert.
Ermitteln Sie das Konfidenzintervall für die Sicherheitswahrscheinlichkeit γ, wenn X annähernd normalverteilt ist.

a) n = 500; k = 84; γ = 90 %

b) n = 1000; k = 126; γ = 97 %

3 In Abteilung A werden täglich 2450 Prozessoren hergestellt. Es ist bekannt, dass im Durchschnitt 26 fehlerhaft sind. Bestimmen Sie unter Verwendung der Normalverteilung das 92 %-Vertrauensintervall für die Anzahl fehlerhafter Prozessoren.
Erläutern Sie anhand dieser Situation einen exakten und einen genäherten Ansatz.
In Abteilung B werden an einem Tag 38 fehlerhafte Prozessoren identifiziert.
Entscheiden Sie, ob diese Anzahl mit dem 92 %-Vertrauensintervall verträglich ist .

4 Bei einer Umfrage werden 150 Personen befragt, ob ein neues Wohnprojekt auf Zustimmung stößt. Die Sicherheitswahrscheinlichkeit soll bei 99,8 % liegen.
Die Umfrage ergab, dass 120 Personen dem Projekt zustimmten.

a) Stellen Sie den Sachverhalt grafisch dar.

b) Berechnen Sie das Konfidenzintervall.

5 Im gesamten Schulbereich gilt seit einem Jahr ein absolutes Rauchverbot. Die Schulleitung erwägt die Einrichtung einer Raucherzone. Dazu wurden zwei Schülerbefragungen unter je 1200 Schülern durchgeführt. Die erste ergab, dass 460 der befragten Schüler eine Raucherzone wünschten. Bestimmen Sie mit einer Sicherheitswahrscheinlichkeit von 95 % das Intervall der Wahrscheinlichkeiten dafür, dass ein zufällig ausgewählter Schüler ein Raucherzonenbefürworter ist.

Bei der zweiten Befragung gaben 28 % der Befragten an, dass die Einrichtung einer überdachten Raucherzone wünschenswert wäre. Aufgrund dieses Ergebnisses hat ein an der Auswertung beteiligter Lehrer geschätzt, dass der Anteil der Raucherzonenbefürworter unter allen Schülern zwischen 27 % und 29 % liegt.
Berechnen Sie, mit welcher Wahrscheinlichkeit diese Schätzung korrekt ist.

6 An jedem Tag werden auf der Fertigungsanlage für die Herstellung von Feuerlöschgeräten 1225 Feuerlöscher hergestellt.
Im Durchschnitt sind 13 Feuerlöscher defekt.
Bestimmen Sie das 93%-Konfidenzintervall für die Anzahl defekter Feuerlöscher.
Erläutern Sie einen exakten und einen genäherten Ansatz im Sachzusammenhang.

Auf der Fertigungsanlage in Halle 53 werden an einem Tag 23 defekte Geräte identifiziert.
Entscheiden Sie, ob diese Anzahl verträglich ist mit dem 93%-Konfidenzintervall.

17 Bohner, Ott, Deusch - ISBN 978-3-8120-0696-5

Test zur Überprüfung Ihrer Grundkenntnisse

1 Bestimmen Sie die Vertrauenszahl c zur Sicherheitswahrscheinlichkeit $\gamma = 78\ \%$.

2 Bei einer Befragung von 2500 Internetnutzern gaben 1090 User an bei dem regionalen Provider vertraglich gebunden zu sein. Beschreiben Sie Gemeinsamkeiten und Unterschiede der beiden Grafiken. Bestimmen Sie das jeweilige Vertrauensintervall. Der Provider geht von einem Marktanteil von mindestens 40 % aus. Beurteilen Sie diese Aussage.

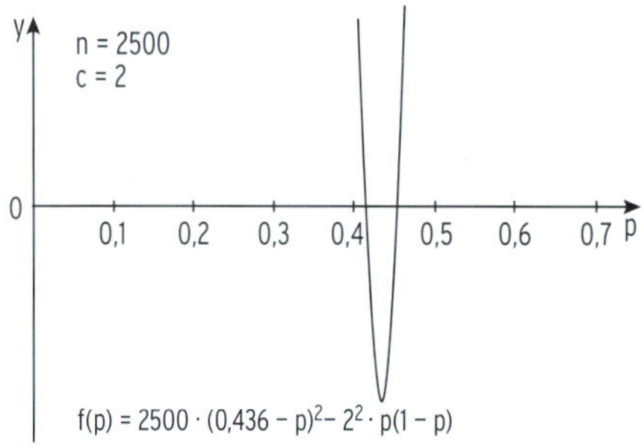

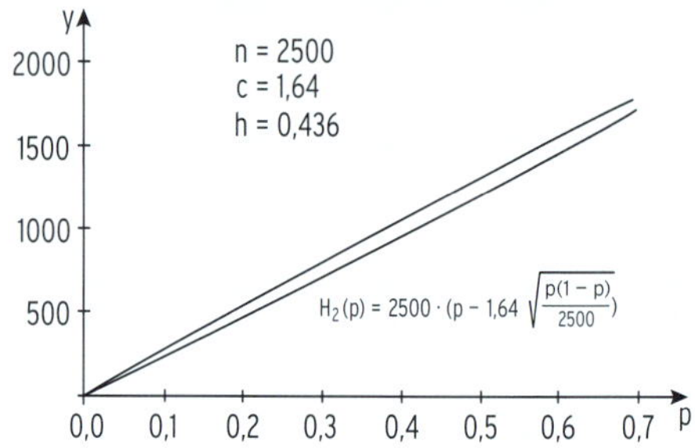

3 Eine Stichprobe vom Umfang $n = 500$ hat 16 fehlerhafte Schrauben ergeben.
Mit p wird die Wahrscheinlichkeit bezeichnet, mit der eine Schraube fehlerhaft ist.
Geben Sie einen Schätzwert für p an.
Ermitteln Sie ein Konfidenzintervall für p zum Konfidenzniveau 95 %.
Bestimmen Sie die zugehörigen Erwartungswerte für die Anzahl fehlerhafter Schrauben.

4 In einer umfangreichen Studie zur Wirksamkeit eines Medikaments zur Blutdrucksenkung werden Patienten gefragt, ob sie regelmäßig das verordnete Medikament eingenommen haben oder nicht.
Es liegt eine Stichprobe von 100 Patienten vor. Von diesen haben 80 Patienten das Medikament regelmäßg eingenommen.
Bestimmen Sie näherungsweise ein Konfidenzintervall zu einer Sicherheitswahrscheinlichkeit von 99 % für die unbekannte Wahrscheinlichkeit p, dass das Medikament regelmäßig eingenommen wird.
Beschreiben Sie die Bedeutung des Konfidenzintervalls im Sachzusammenhang.
Beurteilen Sie folgende Aussage:
Man kann bei obigem Stichprobenergebnis davon ausgehen, dass bei einer Sicherheitswahrscheinlichkeit von 99 % wenigstens drei Viertel aller Patienten das verordnete Medikament regelmäßig einnehmen.

5 Von 300 kontrollierten Autofahrern mussten 75 ein Bußgeld von 60 € wegen fehlender Umweltplakette bezahlen.
Bestimmen Sie die erwarteten Einnahmen der Stadtverwaltung auf einem Vertrauensniveau von 90 %, wenn sie 3000 Autobesitzer überprüft.

5 Prüfungsvorbereitung – Stochastik

• Ohne Hilfsmittel

1 Von den Datenbrillenbesitzern der Marke o-clock17 sind 25 % unzufrieden mit der Ladezeit der Internetseiten. Nach einem Zufallsprinzip wird eine Umfrage hierzu durchgeführt, wobei Mehrfachbefragungen nicht ausgeschlossen werden können.

1.1 Entwerfen Sie eine Aufgabenstellung, die zu folgendem Lösungsansatz führt:

$P(X = 35) = \binom{135}{35} \cdot 0{,}25^{35} \cdot 0{,}75^{100}$

1.2 Nun werden 80 o-clock17-Besitzer befragt. Darunter sind 25 unzufrieden mit der langen Ladezeit.
Untersuchen Sie, ob dieses Ergebnis innerhalb des Intervalls $[\mu - \sigma; \mu + \sigma]$ liegt.

2 Eine Glaskugel der Firma Miss Marble muss zweimal gebrannt werden.

Die Wahrscheinlichkeit, dass beim Brennen ein Fehler passiert, beträgt jeweils $\frac{1}{4}$.

Wenn beim ersten Brennen ein Fehler auftritt, wird die Glaskugel aussortiert und es fällt ein Verlust in Höhe von r GE an. Ist erst der zweite Brennvorgang fehlerhaft, kann die Kugel als zweite Wahl verkauft werden und es wird ein Gewinn in Höhe von 8 GE erzielt.

Mit einer zweimal fehlerfrei gebrannten Kugel wird ein Gewinn in Höhe von 16 GE erzielt.

2.1 Stellen Sie die Situation in einem Baumdiagramm dar.

2.2 Berechnen Sie, wie hoch der Parameter r höchstens sein darf, damit insgesamt kein Verlust zu erwarten ist.

3 Von den 100 Schülerinnen und Schülern einer Jahrgangsstufe wählt die eine Hälfte als Naturwissenschaft Physik, die andere Hälfte Biologie. Die Jahrgangsstufe umfasst insgesamt 60 Mädchen. 30 % sind Jungen und haben Physik gewählt.

3.1 Stellen Sie den gegebenen Sachverhalt in einer Vierfeldertafel dar.

3.2 Ermitteln Sie die Wahrscheinlichkeiten,
- dass eine zufällig ausgewählte Schülerin Physik gewählt hat,
- dass ein zufällig ausgewählter Teilnehmer des Biologie-Kurses männlich ist.

4 Erfahrungsgemäß sind 4 % der produzierten Smartphones eines Herstellers defekt.
Ein Lieferant erhält ein Paket mit 50 Smartphones des Herstellers.

Bestimmen Sie einen Term für die Wahrscheinlichkeit für höchstens ein defektes Smartphone.

• mit Hilfsmittel (GTR/CAS)

1 Dem Unternehmen Diäta ist es gelungen, einen wohlschmeckenden Diätdrink für Menschen mit Laktoseintoleranz zu entwickeln. Um die Produktion auf den Markt abzustimmen, beauftragt Diäta ein Marktforschungsinstitut. Dieses soll herausfinden, wie viele Männer bzw. Frauen Diätprodukte verwenden und wie viele Männer bzw. Frauen an Laktoseintoleranz leiden.

Dabei werden insgesamt 500 Personen befragt.

Von den 230 Frauen geben 190 an, Diäterzeugnisse zu verwenden. Die Untersuchung ergibt, dass von den Frauen, die Diätprodukte verwenden, 60 an einer Laktoseintoleranz leiden.

Von den Männern behaupten in der Untersuchung 10 %, Diäterzeugnisse zu konsumieren. Diese Männer verwenden alle wegen ihrer Laktoseintoleranz Diätprodukte. Insgesamt leiden 40 % der Frauen und 30 % der Männer an einer Laktoseintoleranz.

1.1 Stellen Sie jeweils eine Vierfeldertafel für Frauen (mit absoluten Häufigkeiten) und eine für Männer (mit relativen Häufigkeiten) auf, die diese Marktforschungsergebnisse wiedergeben. Ermitteln Sie, wie viele Menschen in der Befragung Diätprodukte verwenden und eine Laktoseintoleranz haben. Berechnen Sie die Wahrscheinlichkeit, dass eine Frau ein Diätprodukt unter der Bedingung verwendet, dass sie eine Laktoseintoleranz hat.

1.2 Das Unternehmen Diäta benötigt weitere Informationen für die Markteinführung. Bei dieser Untersuchung wurde überprüft, ob die Benutzung von Diätdrinks zur Gewichtsverringerung führte. Von 1000 befragten Personen, die alle abnehmen wollten, geben 800 an, dass sie Diätdrinks benutzen.

Dabei stellen 60 % fest, dass sie mithilfe der Diätdrinks ihr Gewicht verringert haben. Allerdings stellen auch 30 % der Befragten, die keine Diätdrinks getrunken haben, eine Gewichtsverringerung fest.

Stellen Sie diese Untersuchungsergebnisse mithilfe eines Baumdiagramms dar.

Ermitteln Sie die Pfadwahrscheinlichkeiten und ergänzen Sie diese im Baumdiagramm.

Erklären Sie anhand des Baumdiagramms die beiden Pfadregeln und geben Sie jeweils ein Rechenbeispiel an.

Ermitteln Sie die Wahrscheinlichkeit dafür, dass die Gewichtsverringerung auf den Konsum von Diätdrinks zurückzuführen ist.

1.3 Die Marketingabteilung des Unternehmens Diäta bereitet die Werbekampagne für den laktosefreien Diätdrink vor. Sie behauptet darin: „75 % der Kunden sind sehr zufrieden, weil sie abgenommen haben". In einer Langzeitstudie wird diese Aussage überprüft.

Von 500 getesteten Personen nehmen 340 Personen unter Verwendung der Diätdrinks ab.

Weisen Sie mithilfe eines Konfidenzintervalls mit einer Sicherheit von 95 % nach, dass der Werbespruch überzogen ist.

Erläutern Sie, wie der Werbespruch geändert werden muss und formulieren Sie einen geeigneten Werbespruch.

2 Die Benutzung der Autobahnen in der Schweiz ist mautpflichtig und wird durch eine Vignette belegt. Trotz steigendem Verkehrsaufkommen sind die Einnahmen durch den Vignettenkauf seit mehreren Jahren konstant. Die schweizer Behörden vermuten, dass diese Entwicklung an einem steigenden Anteil an Fahrzeugführern liegt, die die Autobahnen ohne gültige Vignette nutzen (Mautpreller). Durch verstärkte Videoüberwachung der Autobahnzufahrten in den Ballungsgebieten konnte der Anteil der Mautpreller auf 6 % gesenkt werden. Mit einem zusätzlichen Verwaltungsaufwand von 8400 Schweizer Franken [sFr] pro Tag kann die Autobahnpolizei pro Tag etwa 1200 Fahrzeughalter überprüfen und eine Strafgebühr von 140 sFr pro Mautpreller kassieren.

2.1 Ermitteln Sie die Anzahl der Mautpreller, die eine Strafgebühr bezahlen müssten, damit der zusätzliche Verwaltungsaufwand pro Tag gedeckt wird.
Bestimmen Sie die Wahrscheinlichkeit, dass der Einsatz der Autobahnpolizei mindestens kostenneutral zum zusätzlichen Verwaltungsaufwand ist.
Berechnen Sie die Wahrscheinlichkeit dafür, dass die Polizei mehr als 80 und weniger als 100 Mautpreller erwischt.
Bestimmen Sie den größten Wert von k, sodass $P(k \leq x \leq 99) \geq 0{,}30$ gilt.

Die Stadt Zürich erwägt, eine Benutzungsgebühr für LKW in Höhe von 25 sFr für den Innenstadtbereich (City) einzuführen. Die City befahren täglich 65000 Fahrzeuge.

2.2 Bei einer Erhebung in der City wurden PKW und LKW gezählt. Außerdem wurde zwischen inländischen und ausländischen Fahrzeugen unterschieden. Es wurde festgestellt, dass 20 % der Fahrzeuge LKW waren. Mit einer Wahrscheinlichkeit von 56 % handelte es sich bei einem zufällig ausgewählten Fahrzeug um einen PKW mit schweizer Kennzeichen. Der Anteil der ausländischen Fahrzeuge beträgt 29 %.
Stellen Sie diese Situation in einer Vierfeldertafel dar, und ergänzen Sie die Tafel durch alle zu berechnenden Wahrscheinlichkeiten.
Bestimmen Sie die Wahrscheinlichkeiten, dass ein zufällig ausgewähltes Fahrzeug
- ein PKW ist, unter der Voraussetzung, dass es aus dem Ausland kommt,
- ein inländisches Fahrzeug ist, unter der Bedingung, dass es sich um einen LKW handelt.

2.3 Die Züricher Behörde ist mit den zu erwartenden Einnahmen nicht zufrieden, bezweifelt den niedrigen Anteil von 20 % an LKW und zählt in einer neuen repräsentativen Erhebung von 1000 Fahrzeugen 235 LKW. Die Zufallsvariable X zählt die LKW und ist normalverteilt. Entscheiden Sie mithilfe eines 88 %-Konfidenzintervalls, ob weiterhin von einem LKW-Anteil von 20 % ausgegangen werden kann.
Bestimmen Sie eventuell auftretende tägliche Mehr- oder Mindereinnahmen, die die Stadt im schlechtesten Fall erwarten kann.

III Lineare Algebra

1 Rechenoperationen mit Matrizen

Lernsituation

In vier Betrieben werden jeweils dieselben drei Produkte gefertigt. Die Produktion des Monats Mai werde durch die folgende Produktionsmatrix beschrieben:

$$P = \begin{pmatrix} 11 & 12 & 30 & 15 \\ 12 & 14 & 25 & 20 \\ 8 & 8 & 10 & 9 \end{pmatrix}.$$

a) Geben Sie eine Schätzung für die Jahresproduktion.

b) Bestimmen Sie den Gewinn jedes einzelnen Betriebes für den Monat Mai, wenn die Erlöse pro Einheit durch den Vektor $(1{,}5 \quad 2 \quad 1{,}1)$ und die Kosten pro Einheit durch den Vektor $(0{,}8 \quad 1{,}4 \quad 0{,}7)$ beschrieben werden. Die Fixkosten der Monatsproduktion betragen jeweils 5,25 GE.

Vor der Sitzung des Vorstandes erhält der Produktionsleiter eine vertrauliche Mail von seinem Freund aus der Buchhaltung: 17 39 41 91 42 98.

Die beiden verschlüsseln ihre Nachrichten mit der Matrix $\begin{pmatrix} 1 & 2 \\ 2 & 5 \end{pmatrix}$.

Beurteilen Sie, ob diese Mail eine schlechte Nachricht enthält.

Bearbeiten Sie diese Lernsituation. Erwerben Sie die rechts aufgeführten **Qualifikationen und Kompetenzen**.

Qualifikationen & Kompetenzen

- Matrizen addieren und mit einem Skalar multiplizieren
- Matrizenprodukt berechnen
- Spezielle Matrizen kennen
- Inverse Matrix berechnen

1.1 Rechnen mit Matrizen

1.1.1 Einführung

In der Wirtschaft treten Problemstellungen auf, in denen Kosten bzw. Anzahlen von Produkten berechnet werden. Zur Vereinfachung der Tabellendarstellung dient die Darstellung der Angaben in Matrixform.

Beispiel

Eine Juniorenfirma in einer Schule verkauft an drei Verkaufsständen Disketten, Schreibblöcke, Kugelschreiber und Bleistifte. Die folgende Tabelle zeigt die Verkaufszahlen für einen Tag.

	Diskette	Schreibblock	Kugelschreiber	Bleistift
Stand 1	15	10	8	7
Stand 2	12	7	5	5
Stand 3	2	4	11	3

Die Zahlen der Tabelle kann man in einem **Zahlenschema**

eindeutig darstellen. $\begin{pmatrix} 15 & 10 & 8 & 7 \\ 12 & 7 & 5 & 5 \\ 2 & 4 & 11 & 3 \end{pmatrix}$

Ein solches Zahlenschema heißt **Matrix.**

Da sie aus 3 Zeilen und 4 Spalten besteht, sagt man: Es liegt eine 3-mal-4-Matrix vor.

Sie hat das **Format** (3, 4) bzw. sie ist vom Typ (3, 4). Die Zahlen in der Matrix heißen **Elemente der Matrix.** Um die Position der Elemente festzulegen, ordnet man jedem Element zwei Zahlen zu, den **Zeilenindex** und den **Spaltenindex.**

Die Zahl 8 steht in der 1. Zeile und in der 3. Spalte.

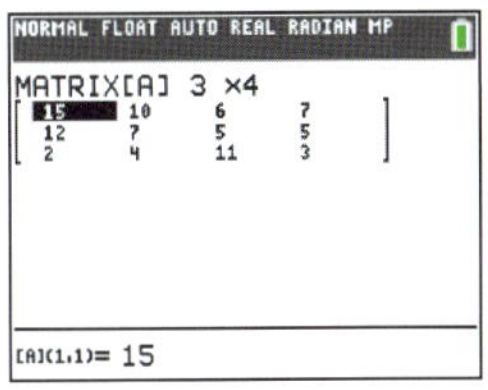

8 ist das Element a_{13}: $a_{13} = 8$. $A = \begin{pmatrix} 15 & 10 & 8 & 7 \\ 12 & 7 & 5 & 5 \\ 2 & 4 & 11 & 3 \end{pmatrix}$

Die Matrix A besteht aus 4 Spaltenvektoren, z. B. $\begin{pmatrix} 15 \\ 12 \\ 2 \end{pmatrix}$ oder $\begin{pmatrix} 10 \\ 7 \\ 4 \end{pmatrix}$

und aus 3 Zeilenvektoren, z. B. (15 10 8 7) oder (2 4 11 3).

Definition einer Matrix

Ein **Zahlenschema** aus **m** Zeilen und **n** Spalten $(m, n \in \mathbb{N}^*)$ nennt man eine **Matrix** vom Format (m; n) bzw. vom Typ (m; n).

Matrizen werden mit **großen Buchstaben** bezeichnet: A, B, C, ...

$$A = \begin{pmatrix} a_{11} & a_{12} & a_{13} & \cdots & a_{1n} \\ a_{21} & a_{22} & a_{23} & \cdots & a_{2n} \\ \cdots & \cdots & \cdots & \cdots & \cdots \\ a_{m1} & a_{m2} & a_{m3} & \cdots & a_{mn} \end{pmatrix} = (a_{ij})_{mn} \text{ mit } i = 1, \ldots, m \text{ und } j = 1, \ldots, n$$

Die Zahlen a_{ij} heißen Elemente von A. i ist der Zeilenindex; j ist der Spaltenindex.

Eine **Matrix** mit **einer Zeile** nennt man **Zeilenvektor**, mit **einer Spalte Spaltenvektor.**

Schreibweise von Vektoren mit Kleinbuchstaben: $\vec{a} = (15 \quad 10 \quad 8 \quad 7)$ oder $\vec{b} = \begin{pmatrix} 15 \\ 12 \\ 2 \end{pmatrix}$.

Transponierte Vektoren: $\vec{a}^T = \begin{pmatrix} 15 \\ 10 \\ 8 \\ 7 \end{pmatrix}$ oder $\vec{b}^T = (15 \quad 12 \quad 2)$

Beispiele

- **Produktionsmatrix**

Aus einer **Produktionstabelle** (Bearbeitungszeit von Produkt A, B auf Maschine 1, 2, 3 in Minuten) entsteht eine Produktionsmatrix.

	Produkt A	Produkt B
Maschine 1	2	4
Maschine 2	1,5	2,5
Maschine 3	0,75	3

Produktionsmatrix $P = \begin{pmatrix} 2 & 4 \\ 1{,}5 & 2{,}5 \\ 0{,}75 & 3 \end{pmatrix}$

Z. B.: Die Bearbeitung von Produkt A auf Maschine 1 dauert 2 Minuten.

- **Verflechtungsmatrix**

Aus einer **Verflechtungstabelle** entsteht eine **Verflechtungsmatrix**.

	Bergbau	Energie	Industrie	Endverbraucher
Bergbau	5	500	400	0
Energie	100	25	600	550
Industrie	50	120	800	600

Verflechtungsmatrix

$A = \begin{pmatrix} 5 & 500 & 400 & 0 \\ 100 & 25 & 600 & 550 \\ 50 & 120 & 800 & 600 \end{pmatrix}$

Z. B.: Der Sektor Energie hat im betrachteten Zeitraum 100 Einheiten an den Sektor Bergbau geliefert.

- **Herstellmatrix**

Ein Betrieb stellt aus den Zwischenprodukte Z_1, Z_2 und Z_3 die Endprodukte E_1 und E_2 her

Verflechtungsdiagramm (Gozintograph)

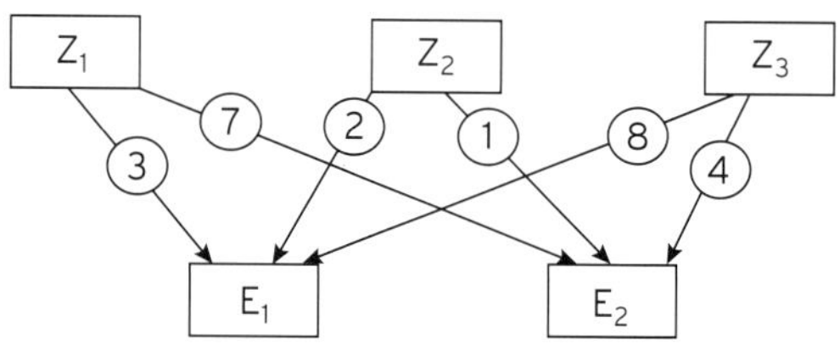

Zwischenprodukt-Endprodukt-Tabelle

	E_1	E_2
Z_1	3	7
Z_2	2	1
Z_3	8	4

Stückliste

Zwischenprodukt-Endprodukt-Matrix

$\mathbf{B} = \begin{pmatrix} 3 & 7 \\ 2 & 1 \\ 8 & 4 \end{pmatrix}$

Herstellmatrix für die Endprodukte

Zur Herstellung einer ME E_1 braucht man 3 ME Z_1, 2 ME Z_2 und 8 ME Z_3.

Die erste Spalte ergibt den **Verbrauchsvektor** für 1 ME von E_1: $\begin{pmatrix} 3 \\ 2 \\ 8 \end{pmatrix}$

Die zweite Spalte ergibt den **Verbrauchsvektor** für 1 ME von E_2: $\begin{pmatrix} 7 \\ 1 \\ 4 \end{pmatrix}$

1.1.2 Addition und skalare Multiplikation

Addition von Matrizen

Beispiel

➲ Gegeben sind die Matrizen $A = \begin{pmatrix} 15 & 10 & 8 & 7 \\ 12 & 7 & 5 & 5 \\ 2 & 4 & 11 & 3 \end{pmatrix}$ und $B = \begin{pmatrix} 2 & 3 & 1 & 4 \\ 15 & 10 & 6 & 2 \\ 3 & 9 & 5 & 3 \end{pmatrix}$.

A und B geben die Verkaufszahlen der Juniorenfirma für die zwei Verkaufstage einer Woche an. Stellen Sie die Verkaufszahlen für diese Woche in einer Matrix C dar.

Lösung

Die **Addition** der entsprechenden Elemente von A und B ergibt die Verkaufszahlen einer Woche:

1. Tag: A 2. Tag: B Wochenumsatz: C

$$\begin{pmatrix} 15 & 10 & 8 & 7 \\ 12 & 7 & 5 & 5 \\ 2 & 4 & 11 & 3 \end{pmatrix} + \begin{pmatrix} 2 & 3 & 1 & 4 \\ 15 & 10 & 6 & 2 \\ 3 & 9 & 5 & 3 \end{pmatrix} = \begin{pmatrix} 15+2 & 10+3 & 8+1 & 7+4 \\ 12+15 & 7+10 & 5+6 & 5+2 \\ 2+3 & 4+9 & 11+5 & 3+3 \end{pmatrix}$$

Die Elemente der Matrix C erhält man durch **Addition der entsprechenden Elemente von A und B**, d. h., die Matrix C entsteht durch **Addition der Matrizen A und B**.

Matrix $C = \begin{pmatrix} 17 & 13 & 9 & 11 \\ 27 & 17 & 11 & 7 \\ 5 & 13 & 16 & 6 \end{pmatrix}$ $C = A + B$

Festlegung

Zwei Matrizen A und B werden addiert, indem die **Elemente der Matrizen** A und B, die an der gleichen Position stehen, **addiert** werden.

$A + B = (a_{ij}) + (b_{ij}) = (a_{ij} + b_{ij})$

Beispiele

$$\begin{pmatrix} 2 & 10 \\ -4 & 1 \end{pmatrix} + \begin{pmatrix} -1 & 7 \\ -5 & -6 \end{pmatrix} = \begin{pmatrix} 1 & 17 \\ -9 & -5 \end{pmatrix}$$

$$\begin{pmatrix} 2 \\ -4 \\ 8 \end{pmatrix} + \begin{pmatrix} 10 \\ 1 \\ 4 \end{pmatrix} = \begin{pmatrix} 2+10 \\ -4+1 \\ 8+4 \end{pmatrix} = \begin{pmatrix} 12 \\ -3 \\ 12 \end{pmatrix}$$

$$\begin{pmatrix} 3 & 5 & 0 \\ -3 & 1 & 1 \\ 5 & 4 & 1 \end{pmatrix} + \begin{pmatrix} 0 & 2 & -3 \\ -3 & 1 & 3 \\ -1 & -3 & -5 \end{pmatrix} = \begin{pmatrix} 3 & 7 & -3 \\ -6 & 2 & 4 \\ 4 & 1 & -4 \end{pmatrix}$$

Für $\vec{a} = \begin{pmatrix} 2 \\ -1 \\ 4 \end{pmatrix}$ und $\vec{b} = \begin{pmatrix} 0 \\ 6 \\ -5 \end{pmatrix}$: $\vec{a}^T + \vec{b}^T = (2 \ -1 \ 4) + (0 \ 6 \ -5) = (2 \ 5 \ -1)$

$\begin{pmatrix} 2 & 10 \\ -4 & 1 \end{pmatrix} + \begin{pmatrix} -1 \\ -6 \end{pmatrix}$ Keine Addition möglich, da nur **Matrizen von gleichem Format addiert** werden können.

Skalare Multiplikation

Beispiel 1

➲ Die Juniorenfirma möchte Waren für einen Monat einkaufen. Berechnen Sie, ausgehend von den Verkaufszahlen einer Woche (Matrix C), den voraussichtlichen Bedarf für vier Wochen.

Lösung

Verkaufszahlen einer Woche: $C = \begin{pmatrix} 17 & 13 & 9 & 11 \\ 27 & 17 & 11 & 7 \\ 5 & 13 & 16 & 6 \end{pmatrix}$

Voraussichtlicher Bedarf für 4 Wochen:

$$\begin{pmatrix} \mathbf{4}\cdot 17 & \mathbf{4}\cdot 13 & \mathbf{4}\cdot 9 & \mathbf{4}\cdot 11 \\ \mathbf{4}\cdot 27 & \mathbf{4}\cdot 17 & \mathbf{4}\cdot 11 & \mathbf{4}\cdot 7 \\ \mathbf{4}\cdot 5 & \mathbf{4}\cdot 13 & \mathbf{4}\cdot 16 & \mathbf{4}\cdot 6 \end{pmatrix} = \begin{pmatrix} 68 & 52 & 36 & 44 \\ 108 & 68 & 44 & 28 \\ 20 & 52 & 64 & 24 \end{pmatrix} = \mathbf{4}\cdot\begin{pmatrix} 17 & 13 & 9 & 11 \\ 27 & 17 & 11 & 7 \\ 5 & 13 & 16 & 6 \end{pmatrix} = \mathbf{4}\cdot C = C\cdot 4$$

Festlegung

Eine Matrix $A = (a_{ij})$ wird mit einer **reellen Zahl (Skalar) k** multipliziert, indem jedes Element von A mit der reellen Zahl k multipliziert wird.
$k\cdot A = k\cdot(a_{ij}) = (ka_{ij});\ k \in \mathbb{R}$

Beispiele

a) $\frac{1}{2}\begin{pmatrix} 2 & 6 & 1 \\ -3 & 8 & -2 \end{pmatrix} = \begin{pmatrix} 1 & 3 & 0{,}5 \\ -1{,}5 & 4 & -1 \end{pmatrix}$

b) $-2\begin{pmatrix} 0{,}5 & -5 & 0 \\ 2 & -3 & 3{,}5 \\ -1 & 2 & -4 \end{pmatrix} = \begin{pmatrix} -1 & 10 & 0 \\ -4 & 6 & -7 \\ 2 & -4 & 8 \end{pmatrix}$

c) $\begin{pmatrix} -4 \\ -8 \\ 16 \end{pmatrix} = 4\begin{pmatrix} -1 \\ -2 \\ 4 \end{pmatrix}$

Hinweis: Einen gemeinsamen Faktor aller Elemente der Matrix kann man vor die Matrix „ziehen" (ausklammern).

d) $\begin{pmatrix} \frac{1}{7} & \frac{3}{14} \\ \frac{-3}{7} & \frac{5}{14} \end{pmatrix} = \frac{1}{14}\begin{pmatrix} 2 & 3 \\ -6 & 5 \end{pmatrix}$

e) $3A - 4B = 3\begin{pmatrix} 1 & 4 \\ -2 & 5 \\ 3 & 6 \end{pmatrix} - 4\begin{pmatrix} -2 & -7 \\ 0 & 1 \\ 1 & -3 \end{pmatrix} = \begin{pmatrix} 3 & 12 \\ -6 & 15 \\ 9 & 18 \end{pmatrix} - \begin{pmatrix} -8 & -28 \\ 0 & 4 \\ 4 & -12 \end{pmatrix} = \begin{pmatrix} 11 & 40 \\ -6 & 11 \\ 5 & 30 \end{pmatrix}$

Beachten Sie

$A + B = B + A$	**Kommutativgesetz**
$(A + B) + C = A + (B + C) = A + B + C$	**Assoziativgesetz**
Für $k \in \mathbb{R}$ gilt: $k\cdot A = A\cdot k$	**Multiplikation mit einem Skalar k.**
$k\cdot(A + B) = k\cdot A + k\cdot B$	

Beispiel 2

➲ In den Betrieben Hirter und Hart werden die Rohstoffe R_1, R_2 und R_3 verarbeitet. Die folgenden Tabellen geben an, wie viel ME der Rohstoffe wöchentlich gebraucht werden.

Hirter

	R_1	R_2	R_3
Woche 1	8	6	8
Woche 2	6	9	7
Woche 3	5	8	11

Hart

	R_1	R_2	R_3
Woche 1	7	6	7
Woche 2	5	8	7
Woche 3	5	4	10

Berechnen Sie den Verbrauch an Rohstoffen für beide Betriebe in den einzelnen Wochen.
Bestimmen Sie den Unterschied im Verbrauch der beiden Betriebe in den einzelnen Wochen.
Geben Sie den Verbrauch an Rohstoffen für 5 Betriebe der Größe von Firma Hirter an.

Lösung

Verbrauchsmatrix Hirter $A = \begin{pmatrix} 8 & 6 & 8 \\ 6 & 9 & 7 \\ 5 & 8 & 11 \end{pmatrix}$ **Verbrauchsmatrix** Hart $B = \begin{pmatrix} 7 & 6 & 7 \\ 5 & 8 & 7 \\ 5 & 4 & 10 \end{pmatrix}$

Die Verbrauchsmatrizen sind 3×3-Matrizen (3 Zeilen und 3 Spalten).

Hinweis:
Eine $\mathbf{m \times n}$ Matrix besteht aus **m Zeilenvektoren** und **n Spaltenvektoren.**

Verbrauchsvektor bzw. Verbrauchsmatrix für beide Betriebe **zusammen:**

R_1-Verbrauch: $\begin{pmatrix} 8 \\ 6 \\ 5 \end{pmatrix} + \begin{pmatrix} 7 \\ 5 \\ 5 \end{pmatrix} = \begin{pmatrix} 15 \\ 11 \\ 10 \end{pmatrix}$

Rohstoff-Verbrauch: $A + B = \begin{pmatrix} 8 & 6 & 8 \\ 6 & 9 & 7 \\ 5 & 8 & 11 \end{pmatrix} + \begin{pmatrix} 7 & 6 & 7 \\ 5 & 8 & 7 \\ 5 & 4 & 10 \end{pmatrix} = \begin{pmatrix} 15 & 12 & 15 \\ 11 & 17 & 14 \\ 10 & 12 & 21 \end{pmatrix}$ **Addition von zwei Matrizen**

Vergleich des Rohstoffverbrauchs in beiden Betrieben:

Für R_1: $\begin{pmatrix} 8 \\ 6 \\ 5 \end{pmatrix} - \begin{pmatrix} 7 \\ 5 \\ 5 \end{pmatrix} = \begin{pmatrix} 1 \\ 1 \\ 0 \end{pmatrix}$

für alle Rohstoffe: $A - B = \begin{pmatrix} 8 & 6 & 8 \\ 6 & 9 & 7 \\ 5 & 8 & 11 \end{pmatrix} - \begin{pmatrix} 7 & 6 & 7 \\ 5 & 8 & 7 \\ 5 & 4 & 10 \end{pmatrix} = \begin{pmatrix} 1 & 0 & 1 \\ 1 & 1 & 0 \\ 0 & 4 & 1 \end{pmatrix}$ **Subtraktion von zwei Matrizen**

Die Firma Hart braucht nie mehr Rohstoffe (R_1) als Firma Hirter.
Beide Firmen weisen mehrfach den gleichen Rohstoffbedarf auf.
Verbrauch von 5 Betrieben der Größe von Firma Hirter:

Für R_1 $5 \cdot \begin{pmatrix} 8 \\ 6 \\ 5 \end{pmatrix} = \begin{pmatrix} 40 \\ 30 \\ 25 \end{pmatrix}$

für alle Rohstoffe: $5A = 5 \cdot \begin{pmatrix} 8 & 6 & 8 \\ 6 & 9 & 7 \\ 5 & 8 & 11 \end{pmatrix} = \begin{pmatrix} 40 & 30 & 40 \\ 30 & 45 & 35 \\ 25 & 40 & 55 \end{pmatrix}$ **Skalare Multiplikation**

Aufgaben

1 Gegeben sind $A = \begin{pmatrix} 1 & -4 & 2 \\ -2 & 5 & 3 \\ 0 & -1 & 7 \end{pmatrix}$, $B = \begin{pmatrix} 2 & -1 & -1 \\ 0 & -5 & 3 \\ -3 & 1 & 4 \end{pmatrix}$, $\vec{x} = \begin{pmatrix} 5 \\ 1 \\ 3 \end{pmatrix}$ und $\vec{y} = \begin{pmatrix} 4 \\ -1 \\ -2 \end{pmatrix}$. Berechnen Sie.

a) $A + B$ b) $2A - B$ c) $\frac{1}{2}(A + B)$ d) $3A - 4B$ e) $\vec{x}^T - \vec{y}^T$ f) $2\vec{x} + 3\vec{y}$

2 Die Brauereien Harle und Brodmann verbrauchen wöchentlich Hopfen, Malz und Wasser. Die Angaben in ME für einen Monat ist in folgenden Tabellen zusammengefasst.

Harle	Hopfen	Malz	Wasser
Woche 1	8	5	13
Woche 2	10	7	6
Woche 3	7	9	6
Woche 4	11	8	10

Brodmann	Hopfen	Malz	Wasser
Woche 1	9	5	13
Woche 2	10	7	7
Woche 3	9	10	6
Woche 4	12	10	12

Ermitteln Sie den Verbrauch an Rohstoffen für beide Betriebe in den einzelnen Wochen. Bestimmen Sie den Unterschied im Verbrauch der beiden Betriebe in den einzelnen Wochen.
Berechnen Sie jeweils die Summe über die erste Spalte. Erläutern Sie Ihre Ergebnisse.

3 Die folgenden Tabellen zeigen den Lagerbestand an Motoren in den Werken I, II und III zu Quartalsbeginn, die Zugänge und die Abgänge im Quartal. Übertragen Sie die Tabellen in Matrizen und berechnen Sie den Lagerbestand am Quartalsende.

Lagerbestand

	Werk		
Motor	I	II	III
A	300	410	435
B	280	370	505
C	175	412	525

Zugänge

	Werk		
Motor	I	II	III
A	600	940	1200
B	870	730	1020
C	425	920	760

Abgänge

	Werk		
Motor	I	II	III
A	700	1050	1450
B	940	815	1204
C	520	865	785

4 Die folgenden Tabellen weisen die Verkaufszahlen der ersten zwei Monate des Jahres und die Gesamtzahlen für das erste Quartal aus.

Januar

	Filiale		
Ware	W	R	L
1	26	59	35
2	83	76	35
3	75	102	29

Februar

	Filiale		
Ware	W	R	L
1	32	91	69
2	73	68	51
3	62	62	57

1. Quartal

	Filiale		
Ware	W	R	L
1	112	205	156
2	256	198	134
3	156	212	122

a) Berechnen Sie die Verkaufszahlen für den Monat März.

b) Bestimmen Sie, wie viel Waren in den einzelnen Filialen voraussichtlich während des ganzen Jahres verkauft werden. Erstellen Sie eine sinnvolle Schätzung.

1.1.3 Multiplikation von Matrizen

Einführungsbeispiel

Herbert kauft zum Schuljahresbeginn Schreibwaren ein.
Er führt einen Preisvergleich zwischen der Juniorenfirma und einem Schreibwarenladen durch.

Juniorenfirma

Menge	Stückpreis (in €)	Preis (in €)
4 Schreibblöcke	1,10	$4 \cdot 1,10 = 4,40$
3 Kugelschreiber	0,60	$3 \cdot 0,60 = 1,80$
5 Bleistifte	0,40	$5 \cdot 0,40 = 2,00$
Gesamtpreis:		8,20

Schreibwarenladen

Menge	Stückpreis (in €)	Preis (in €)
4 Schreibblöcke	1,20	$4 \cdot 1,20 = 4,80$
3 Kugelschreiber	0,50	$3 \cdot 0,50 = 1,50$
5 Bleistifte	0,45	$5 \cdot 0,45 = 2,25$
Gesamtpreis:		8,55

Der Gesamtpreis wird mit dem **Schema von Falk** berechnet.

Juniorenfirma

	$\begin{pmatrix} 1,10 \\ 0,60 \\ 0,40 \end{pmatrix}$ Stückpreisvektor
$(4 \quad 3 \quad 5)$	$4 \cdot 1,10 + 3 \cdot 0,60 + 5 \cdot 0,40 = \mathbf{8,20}$
Mengenvektor	**Gesamtpreis**

Zeilenvektor $\vec{a}$ mal Spaltenvektor $\vec{b}$ ergibt eine Zahl (Skalar).

	$\vec{b}$
$\vec{a}$	$\vec{a} \cdot \vec{b}$ = Zahl

Beachten Sie

Das Produkt aus einem **Zeilenvektor** und einem **Spaltenvektor** heißt **Skalarprodukt**.
Das Skalarprodukt ist **eine Zahl.**

Juniorenfirma/Schreibwarenladen

	$\begin{pmatrix} 1,10 & 1,20 \\ 0,60 & 0,50 \\ 0,40 & 0,45 \end{pmatrix}$ zwei mal Stückpreisvektor ergibt eine Matrix
$(4 \quad 3 \quad 5)$	$(8,20 \quad 8,55)$
Mengenvektor	**Gesamtpreisvektor**

Zeilenvektor $\vec{a}$ mal Matrix B ergibt einen Zeilenvektor.

	B
$\vec{a}$	$\vec{a} \cdot B$ Zeilenvektor

Karl möchte die gleichen Artikel einkaufen wie Herbert, nur braucht er andere Stückzahlen: Mengenvektor $\vec{a} = (7\ \ 5\ \ 2)$.
Er führt auch einen Preisvergleich zwischen der Juniorenfirma und dem Schreibwarenladen durch. Der Gesamtpreis, den Herbert und Karl bezahlen müssten, kann wieder mit dem **Falk'schen Schema** berechnet werden.

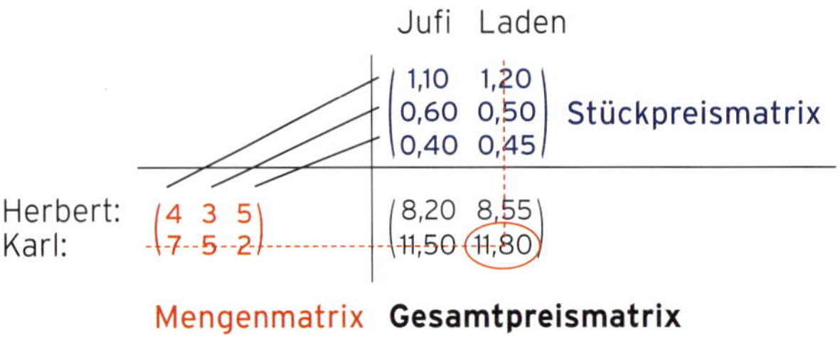

Matrix A mal Matrix B ergibt eine Matrix:

	B
A	A·B Matrix

Z.B.: $7 \cdot 1{,}20 + 5 \cdot 0{,}50 + 2 \cdot 0{,}45 = 11{,}80$

Definition der Matrizenmultiplikation

Das Produkt zweier Matrizen $A = (a_{ij})$ und $B = (b_{rs})$ wird nach folgendem Schema berechnet.

	B
A	A·B

$$\begin{array}{c|c} & \begin{pmatrix} b_{11} & b_{12} & \dots & b_{1\ell} & \dots & b_{1p} \\ b_{21} & b_{22} & \dots & b_{2\ell} & \dots & b_{2p} \\ \vdots & \vdots & & \vdots & & \\ b_{n1} & b_{n2} & \dots & b_{n\ell} & \dots & b_{np} \end{pmatrix} = B \\ \hline A = \begin{pmatrix} a_{11} & a_{12} & \dots & a_{1n} \\ a_{21} & a_{22} & \dots & a_{2n} \\ \vdots & \vdots & & \vdots \\ a_{k1} & a_{k2} & \dots & a_{kn} \\ \vdots & \vdots & & \vdots \\ a_{m1} & a_{m2} & \dots & a_{mn} \end{pmatrix} & \begin{pmatrix} c_{11} & c_{12} & \dots & c_{1\ell} & \dots & c_{1p} \\ c_{21} & c_{22} & \dots & c_{2\ell} & \dots & c_{2p} \\ \vdots & \vdots & & & & \\ \vdots & \vdots & & c_{k\ell} & & \vdots \\ & & & & & \\ c_{m1} & c_{m2} & \dots & c_{m\ell} & \dots & c_{mp} \end{pmatrix} = A \cdot B \end{array}$$

Berechnung des Elementes $c_{k\ell}$: $c_{k\ell} = a_{k1} \cdot b_{1\ell} + a_{k2} \cdot b_{2\ell} + \dots + a_{kn} \cdot b_{n\ell} = \sum_{j=1}^{n} a_{kj} \cdot b_{j\ell}$

Hinweis: A·B kann nur berechnet werden, wenn die Anzahl der Spalten von A mit der Anzahl der Zeilen von B übereinstimmt. $A_{(m;\,n)} \cdot B_{(n;\,p)} = C_{(m;\,p)}$.
Beispiel: $A_{(2;\,3)} \cdot B_{(3;\,4)} = C_{(2;\,4)}$

Beispiel 1

➲ Gegeben sind die Matrizen $A = \begin{pmatrix} 2 & -1 \\ 5 & -3 \end{pmatrix}$ und $B = \begin{pmatrix} 2 & -1 \\ 3 & 0 \end{pmatrix}$.
Berechnen Sie A · B und A · A.

Lösung

$$A \cdot B = \begin{pmatrix} 2 & -1 \\ 5 & -3 \end{pmatrix} \cdot \begin{pmatrix} 2 & -1 \\ 3 & 0 \end{pmatrix} = \begin{pmatrix} 1 & -2 \\ 1 & -5 \end{pmatrix}$$

$$A \cdot A = \begin{pmatrix} 2 & -1 \\ 3 & 0 \end{pmatrix}^2 = \begin{pmatrix} 1 & -2 \\ 6 & -3 \end{pmatrix}$$

$A \cdot A = A^2$ Matrixpotenz

Schema von Falk

$$\begin{array}{c|c} & \begin{pmatrix} 2 & -1 \\ 3 & 0 \end{pmatrix} \\ \hline \begin{pmatrix} 2 & -1 \\ 5 & -3 \end{pmatrix} & \begin{pmatrix} 1 & -2 \\ 1 & -5 \end{pmatrix} \end{array}$$

	B
A	**A · B**

$$\begin{array}{c|c} & \begin{pmatrix} 2 & -1 \\ 3 & 0 \end{pmatrix} \\ \hline \begin{pmatrix} 2 & -1 \\ 3 & 0 \end{pmatrix} & \begin{pmatrix} 1 & -2 \\ 6 & -3 \end{pmatrix} \end{array}$$

	A
A	**A · A = A²**

Beispiel 2

Gegeben sind die Matrizen $A = \begin{pmatrix} 2 & -1 & -1 \\ 5 & -3 & -4 \\ -1 & 0 & 1 \end{pmatrix}$, $B = \begin{pmatrix} 2 & -1 & 5 \\ 3 & 0 & -4 \\ 1 & -4 & 0 \end{pmatrix}$ und $E = \begin{pmatrix} 1 & 0 & 0 \\ 0 & 1 & 0 \\ 0 & 0 & 1 \end{pmatrix}$.
Berechnen Sie.

a) $A \cdot B$ und $B \cdot A$

b) $A \cdot E$ und $E \cdot A$

Lösung

a) $A \cdot B = \begin{pmatrix} 0 & 2 & 14 \\ -3 & 11 & 37 \\ -1 & -3 & -5 \end{pmatrix}$ Berechnung im Schema:

	B
A	A·B

$B \cdot A = \begin{pmatrix} -6 & 1 & 7 \\ 10 & -3 & -7 \\ -18 & 11 & 15 \end{pmatrix}$ Berechnung im Schema:

	A
B	B·A

Beachten Sie

$A \cdot B \neq B \cdot A$ (im Allgemeinen) Die Matrizenmultiplikation ist **nicht kommutativ**.

b) $A \cdot E = \begin{pmatrix} 2 & -1 & -1 \\ 5 & -3 & -4 \\ -1 & 0 & 1 \end{pmatrix} \cdot \begin{pmatrix} 1 & 0 & 0 \\ 0 & 1 & 0 \\ 0 & 0 & 1 \end{pmatrix} = A$; $E \cdot A = \begin{pmatrix} 1 & 0 & 0 \\ 0 & 1 & 0 \\ 0 & 0 & 1 \end{pmatrix} \begin{pmatrix} 2 & -1 & -1 \\ 5 & -3 & -4 \\ -1 & 0 & 1 \end{pmatrix} = \begin{pmatrix} 2 & -1 & -1 \\ 5 & -3 & -4 \\ -1 & 0 & 1 \end{pmatrix} = A$

Beachten Sie

$A \cdot E = E \cdot A = A$ E steht für **Einheitsmatrix.**
E ist eine quadratische Matrix mit $e_{ij} = 1$ für $i = j$ und $e_{ij} = 0$ für $i \neq j$.
$E = \begin{pmatrix} 1 & 0 \\ 0 & 1 \end{pmatrix}$ ist die (2; 2) Einheitsmatrix; $E = \begin{pmatrix} 1 & 0 & 0 \\ 0 & 1 & 0 \\ 0 & 0 & 1 \end{pmatrix}$ ist die (3; 3) Einheitsmatrix.

Beispiel 3

Gegeben sind die Rohstoff-Zwischenprodukt-Tabelle und die Zwischenprodukt-Endprodukt-Tabelle. Die zugehörigen Matrizen werden mit A bzw. B bezeichnet.
Berechnen Sie $A \cdot B = C$ und interpretieren Sie das Element c_{13}.

	Z_1	Z_2
R_1	4	2
R_2	3	5

	E_1	E_2	E_3
Z_1	2	1	5
Z_2	7	4	7

Lösung

Rohstoff-Zwischenprodukt-Matrix: $A = \begin{pmatrix} 4 & 2 \\ 3 & 5 \end{pmatrix}$

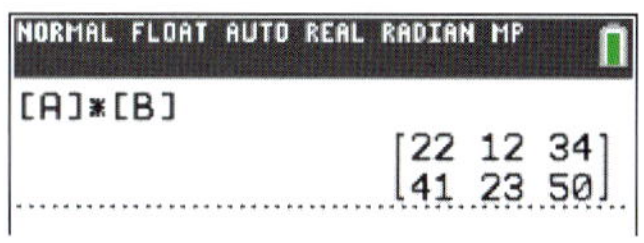

Zwischenprodukt-Endprodukt-Matrix: $B = \begin{pmatrix} 2 & 1 & 5 \\ 7 & 4 & 7 \end{pmatrix}$

Die Rohstoff-Endprodukt-Matrix C ergibt sich durch Multiplikation: $A \cdot B = \begin{pmatrix} 4 & 2 \\ 3 & 5 \end{pmatrix} \cdot \begin{pmatrix} 2 & 1 & 5 \\ 7 & 4 & 7 \end{pmatrix} = \begin{pmatrix} 22 & 12 & 34 \\ 41 & 23 & 50 \end{pmatrix} = C$

Bedeutung des Elements $c_{13} = 34$:
Für eine ME E_3 braucht man $4 \cdot 5 + 2 \cdot 7 = 34$ Rohstoffe R_1. Für die Produktion von 1 ME E_3 benötigt man 34 ME R_1 (und 50 ME R_2).

Hinweis: C beschreibt, wie viel ME der einzelnen Rohstoffe für je eine ME der Endprodukte benötigt werden.

Beispiel 4

➲ Das Unternehmen Cerone produziert aus den drei Rohstoffen R_1, R_2 und R_3 die Produkte P_1 und P_2. Der Materialfluss in Mengeneinheiten (ME) ist der Tabelle (Stückliste) zu entnehmen.
Ein Kunde erteilt einen Auftrag über 20 ME von P_1 und 15 ME von P_2. Berechnen Sie, wie viele ME der Rohstoffe von jeder Sorte benötigt werden.

	P_1	P_2
R_1	4	6
R_2	0	8
R_3	5	3

Lösung

Aus der Tabelle erhält man die Produktionsmatrix $C = \begin{pmatrix} 4 & 6 \\ 0 & 8 \\ 5 & 3 \end{pmatrix}$.

Die **1. Spalte** der Matrix gibt an, wie viel ME der einzelnen Rohstoffe R_1, R_2 und R_3 für die Herstellung von **1 ME P_1** benötigt werden: 4 ME R_1 und 5 ME R_3.
Die **1. Zeile** der Matrix gibt an, wie viel ME des Rohstoffes R_1 für die Herstellung von 1 **ME von P_1 bzw. P_2** benötigt werden.

Berechnung des **Rohstoffbedarfs** am Beispiel von R_1:

			P_1	20
	P_1	P_2	P_2	15
R_1	4	6		$4 \cdot 20 + 6 \cdot 15 = 170$

$$(4 \quad 6) \cdot \begin{pmatrix} 20 \\ 15 \end{pmatrix} = 170$$

Für die Herstellung von 20 ME von P_1 und 15 ME von P_2 werden 170 ME R_1 benötigt.

Berechnung des Rohstoffbedarfs am Beispiel von R_2:

			P_1	20
	P_1	P_2	P_2	15
R_2	0	8		$0 \cdot 20 + 8 \cdot 15 = 120$

$$(0 \quad 8) \cdot \begin{pmatrix} 20 \\ 15 \end{pmatrix} = 120$$

Für die Herstellung von 20 ME von P_1 und 15 ME von P_2 werden 120 ME R_2 benötigt.

Multiplikation mit dem Produktionsvektor (als Spaltenvektor) ergibt die benötigte Menge an Rohstoffen.

$$\begin{pmatrix} 4 & 6 \\ 0 & 8 \\ 5 & 3 \end{pmatrix} \begin{pmatrix} 20 \\ 15 \end{pmatrix} = \begin{pmatrix} 170 \\ 120 \\ 145 \end{pmatrix}$$

$$C \cdot \vec{x} = \vec{r}$$

$$C \cdot \vec{x} = \vec{r}$$

Für die Herstellung von 20 ME von P_1 und 15 ME von P_2 werden 170 ME von R_1, 120 ME von R_2 und 145 ME von R_3 benötigt.

Was man wissen sollte ... über das Rechnen mit Matrizen

Addition von Matrizen: $A + B$

Es können nur Matrizen vom **gleichen Typ** addiert werden.

$A + B = (a_{ij}) + (b_{ij}) = (a_{ij} + b_{ij})$

Eigenschaften

$A + O = O + A = A$ **O: Nullmatrix**

$A + B = B + A$ **Kommutativgesetz**

$(A + B) + C = A + (B + C) = A + B + C$ **Assoziativgesetz**

Skalare Multiplikation: $k \cdot A$

Multiplikation einer Zahl $k \in \mathbb{R}$ (Skalar) mit einer Matrix.

$k \cdot A = k \cdot (a_{ij}) = (k \cdot a_{ij})$; $k \in \mathbb{R}$

Eigenschaften ($k \in \mathbb{R}$)

$k \cdot A = A \cdot k$

$k \cdot (A + B) = k \cdot A + k \cdot B$

Multiplikation zweier Matrizen: $A \cdot B$

Die Spaltenzahl der Matrix A muss mit der Zeilenzahl der Matrix B übereinstimmen.
Ist A eine (m; n)- und B eine (n; p)-Matrix, dann gilt für das Format der Ergebnismatrix: **(m; n) · (n; p) ⟶ (m; p)**

Die Matrizenmultiplikation ist **nicht kommutativ**, d.h., $A \cdot B \neq B \cdot A$ (im Allg.)

Eigenschaften ($k \in \mathbb{R}$)

$(A \cdot B) \cdot C = A \cdot (B \cdot C) = A \cdot B \cdot C$ **Assoziativgesetz**

$(A + B) \cdot C = A \cdot C + B \cdot C$ **Distributivgesetz**

$A \cdot (B + C) = A \cdot B + A \cdot C$

$A \cdot O = O \cdot A = O$ **O: Nullmatrix**

$A \cdot E = E \cdot A = A$ **E: Einheitsmatrix**

$k \cdot (A \cdot B) = (k \cdot A) \cdot B = A \cdot (k \cdot B) = (A \cdot B) \cdot k$

$(k \cdot A)^2 = k^2 \cdot A^2$ mit $A^2 = A \cdot A$

Skalarprodukt

Multiplikation eines **Zeilenvektors** mit einem **Spaltenvektor** ergibt eine **Zahl (Skalar)**.

Hinweis: Die Division zweier Matrizen ist nicht definiert.

Aufgaben

1 Gegeben sind die Matrizen A und B und die Vektoren $\vec{a}$ und $\vec{b}$ durch

$A = \begin{pmatrix} 2 & -3 & 0 \\ -1 & 2 & -5 \\ 0 & -5 & 1 \end{pmatrix}$, $B = \begin{pmatrix} 1 & -4 & 1 \\ 3 & 0 & -1 \\ -2 & 2 & 5 \end{pmatrix}$, $\vec{a} = \begin{pmatrix} -1 \\ 2 \\ 1 \end{pmatrix}$, $\vec{b} = (2 \;\; 3 \;\; -4)$. Berechnen Sie.

a) $A \cdot B$ b) $B \cdot \vec{a}$ c) B^2 d) $(A + E) \cdot B$ e) $\vec{a}^{\,T} \cdot B$

f) $\frac{1}{20} \cdot A \cdot \vec{a}$ g) $\vec{b} \cdot A$ h) $\vec{b} \cdot B \cdot A$ i) $\vec{b} \cdot \vec{a}$ j) $\vec{a}^{\,T} \cdot \vec{b}^{\,T}$

2 Gegeben sind die Matrizen A, B und C durch $A = \begin{pmatrix} 2 & 3 & 0 \\ -1 & 5 & 2 \end{pmatrix}$; $B = \begin{pmatrix} 3 & -3 \\ -1 & 1 \\ 0 & 1 \end{pmatrix}$; $C = \begin{pmatrix} 0 & 4 & 0 \\ 2 & 1 & -1 \end{pmatrix}$.

Berechnen Sie.

a) $(2A + C) \cdot B$ b) $2B \cdot C$ c) $A \cdot B - B \cdot A$

Formulieren Sie eine Folgerung, die sich aus dem Ergebnis von c) ergibt.

3 Gegeben sind die Matrizen A und B durch $A = \begin{pmatrix} 1 & 2 \\ -1 & 3 \\ 2 & 4 \end{pmatrix}$ und $B = \begin{pmatrix} 4 & -2 \\ 0 & 5 \end{pmatrix}$.
Berechnen Sie $A \cdot B$ und $B^3 - 2B$.

4 Berechnen Sie x, sodass $(2{,}5 \;\; 0{,}75 \;\; 0{,}5 \;\; 0{,}25)\begin{pmatrix} x \\ x \\ x \\ x \end{pmatrix} + (12 \;\; 15 \;\; 16 \;\; 20)\begin{pmatrix} x \\ x \\ x \\ x \end{pmatrix} + 50 = 251$ ergibt.

5 Gegeben sind die Matrizen $A = \begin{pmatrix} 1 & 1 & 1 & 2 \\ 2 & 6 & -8 & -1 \end{pmatrix}$ und $B = \begin{pmatrix} 5 & -5 \\ 4 & 4 \\ 2 & -3 \\ -1 & 1 \end{pmatrix}$.

Berechnen Sie $A \cdot B$ und $B \cdot A$. Vergleichen Sie.

6 Gegeben sind die Vektoren $\vec{k}^{\,T} = (2 \;\; 1 \;\; 3)$, $\vec{x} = \begin{pmatrix} -3 \\ 1 \\ 5 \end{pmatrix}$ und die Matrix $C = \begin{pmatrix} 2 & 1 & 1 \\ 1 & 3 & 1 \\ 4 & 2 & 1 \end{pmatrix}$.
Berechnen Sie $\vec{k}^{\,T} \cdot \vec{x}$ und $\vec{k}^{\,T} \cdot C \cdot \vec{x}$.

7 Gegeben sind die Matrizen A und B durch $A = \begin{pmatrix} 4 & 1 & -8 & 5 \\ 2 & 10 & -4 & -1 \\ -5 & 9 & 7 & 3 \\ 4 & 4 & -6 & 7 \end{pmatrix}$ und $B = \begin{pmatrix} -4 & 2 \\ 3 & -1 \\ 0 & 6 \\ 4 & -8 \end{pmatrix}$.

a) Berechnen Sie die Elemente c_{31} und c_{42} des Matrizenproduktes $C = A \cdot B$.

b) Das Element a_{31} der Matrix A wird geändert zu 2,5; das Element b_{22} der Matrix B wird geändert zu 1,5. Berechnen Sie nun das neue Element c_{32} des Matrizenproduktes $C = A \cdot B$.

8 Die Brauerei Harle kann ihre Rohstoffe von zwei Lieferanten beziehen. Die Lieferanten können wochenweise gewechselt werden.

Preis in GE/ME	Hopfen AG Süd	Westmalz AG
Hopfen	40	45
Malz	133	127
Wasser	80	76

Harle	Hopfen	Malz	Wasser
Woche 1	8	5	13
Woche 2	10	7	6
Woche 3	7	9	6
Woche 4	11	8	10

Nennen Sie den Lieferanten, den Sie der Brauerei empfehlen.

9 Das Aktienpaket von Frau Honess umfasst 30 Aktien der Firma Hut, 40 Aktien der Firma Geha und 55 Aktien der Firma Schmal. Die Aktienkurse liegen heute bei 38,40 €, 105,25 € bzw. 455,80 €. Frau Honess werden 55 000 € für das Aktienpaket angeboten.
Beraten Sie Frau Honess, indem Sie eine Matrizenrechnung durchführen.

10 Bestimmen Sie a und b so, dass für die Matrix $A = \begin{pmatrix} 1 & a \\ 2 & b \end{pmatrix}$ gilt: $A^2 = E$.

11 Gegeben ist die Matrix $A = \begin{pmatrix} 1 & 2 \\ 0 & 1 \end{pmatrix}$. Berechnen Sie A^3 und geben Sie A^n an.

12 Berechnen Sie a, b und d, so dass $\begin{pmatrix} 2 & 1 \\ 4 & 3 \end{pmatrix} \cdot \begin{pmatrix} a & 2 \\ 5 & b \end{pmatrix} = \begin{pmatrix} 3 & c \\ d & 26 \end{pmatrix}$.

13 Ein Betrieb stellt aus den zwei Rohstoffen R_1 und R_2 die Produkte E_1, E_2 und E_3 her. Der Materialfluss in ME ist der Tabelle zu entnehmen. Berechnen Sie, wie viel ME der Rohstoffe für die Produktion von 80 ME von E_1, 60 ME von E_2 und 110 ME von E_3 benötigt werden.

	E_1	E_2	E_3
R_1	2	1	3
R_2	4	0	2

14 Gegeben sind die Rohstoff-Zwischenprodukt-Matrix $A = \begin{pmatrix} 1 & 3 & 6 \\ 2 & 5 & 4 \end{pmatrix}$ und die Zwischenprodukt-Endprodukt-Matrix $B = \begin{pmatrix} 3 & 1 & 7 \\ 5 & 4 & 6 \\ 2 & 2 & 3 \end{pmatrix}$.

Berechnen Sie $C = (c_{ij}) = A \cdot B$ und interpretieren Sie das Element c_{21}.

15 Ein Unternehmen stellt drei Erzeugnisse E_1, E_2 und E_3 her, die auf drei Automaten bearbeitet werden. Die Bearbeitungszeit je Stück und die Produktionszahlen von zwei Arbeitsperioden sind in nachstehenden Tabellen zusammengefasst.

	benötigte Zeit (Min.) je Stück		
Automat	E_1	E_2	E_3
1	2	3	2
2	2	5	1
3	1	3	2

	Produktion in Periode	
	I	II
E_1	210	120
E_2	180	220
E_3	320	300

a) Berechnen Sie die Maschinenlaufzeiten der einzelnen Automaten je Arbeitsperiode.

b) Bestimmen Sie die Auslastung der Automaten in %, wenn die maximal zur Verfügung stehende Maschinenlaufzeit für alle Automaten 120 Stunden in Periode I und 100 Stunden in Periode II betrug.

16 Kuhn & Co. stellt Edelstahl her. Der Bedarf in Tonnen für drei Wochen und die Preise der Lieferanten in €/Tonne sind in der Tabelle aufgelistet.

Bedarf	Eisenerz	Steinkohle
Woche 1	8	9
Woche 2	4	8
Woche 3	5	5

Preise	Ruhr AG	Alco AG	Tiess AG
Eisenerz	530	580	570
Steinkohle	430	410	440

Geben Sie den kostengünstigsten Lieferanten an.

1.2 Inverse Matrix

1.2.1 Einführung

Zur Verschlüsselung von Texten werden z. B. Matrizen verwendet. Zunächst wird eine Matrix A benötigt, mit deren Hilfe verschlüsselt werden soll. Es wird aber auch eine Matrix A* benötigt, damit später wieder entschlüsselt werden kann.

Beispiel

Jedem Buchstaben wird in der Reihenfolge des Alphabets die Zahlen 1 bis 26 zugeordnet. Aus dem Wort „Schule" wird, indem die Buchstaben durchnummeriert werden, die Zahlenfolge

19 3 8 21 12 5.

Diese Zahlenfolge wird als Matrix aufgeschrieben: $\begin{pmatrix} 19 & 8 & 12 \\ 3 & 21 & 5 \end{pmatrix}$

Wir verschlüsseln mit der Matrix $A = \begin{pmatrix} 1 & 3 \\ 4 & 2 \end{pmatrix}$

durch Multiplikation von links mit A: $\begin{pmatrix} 1 & 3 \\ 4 & 2 \end{pmatrix} \cdot \begin{pmatrix} 19 & 8 & 12 \\ 3 & 21 & 5 \end{pmatrix} = \begin{pmatrix} 28 & 71 & 27 \\ 82 & 74 & 58 \end{pmatrix}$

Der verschlüsselte „Text" lautet also: 28 82 71 74 27 58

Zur Entschlüsselung wird der verschlüsselte Text mit $A^* = \begin{pmatrix} -0{,}2 & 0{,}3 \\ 0{,}4 & -0{,}1 \end{pmatrix}$ multipliziert: $\begin{pmatrix} -0{,}2 & 0{,}3 \\ 0{,}4 & -0{,}1 \end{pmatrix} \cdot \begin{pmatrix} 28 & 71 & 27 \\ 82 & 74 & 58 \end{pmatrix} = \begin{pmatrix} 19 & 8 & 12 \\ 3 & 21 & 5 \end{pmatrix}$

Das Ergebnis wird in eine Zeile geschrieben und dann in Buchstaben zurückübersetzt.

Allgemeine Überlegung:

Die Nachricht B wird verschlüsselt: $A \cdot B = S$

Die verschlüsselte Nachricht S wird entschlüsselt: $A^* \cdot S = B$

$$\underbrace{A^* \cdot A}_{E} \cdot B = B$$

A* macht die Operation rückgängig. $E \cdot B = B$

$$A \cdot A^* = E = \begin{pmatrix} 1 & 0 \\ 0 & 1 \end{pmatrix}$$

A* heißt **Inverse** zu A und wird mit A^{-1} bezeichnet.

Beachten Sie

A sei eine **quadratische Matrix**.
Die **inverse Matrix** von A wird mit A^{-1} bezeichnet.
Hat A eine Inverse, so heißt A **invertierbar**.
Eigenschaft der Inversen: $A \cdot A^{-1} = A^{-1} \cdot A = E$

1.2.2 Berechnung der inversen Matrix

Beispiel 1

➲ Gegeben ist die Matrix A mit $A = \begin{pmatrix} 2 & 5 \\ 1 & 3 \end{pmatrix}$.

Gesucht ist eine Matrix X, die folgende Gleichung erfüllt: $A \cdot X = E$.

Berechnen Sie X.

Lösung

Ansatz: $X = \begin{pmatrix} x_1 & x_3 \\ x_2 & x_4 \end{pmatrix}$

$A \cdot X$	$\begin{pmatrix} x_1 & x_3 \\ x_2 & x_4 \end{pmatrix}$
$\begin{pmatrix} 2 & 5 \\ 1 & 3 \end{pmatrix}$	$\begin{pmatrix} 2x_1 + 5x_2 & 2x_3 + 5x_4 \\ x_1 + 3x_2 & x_3 + 3x_4 \end{pmatrix} = \begin{pmatrix} 1 & 0 \\ 0 & 1 \end{pmatrix}$

Aus $A \cdot X = E$ folgen
4 Gleichungen mit 4 Unbekannten
bzw. **zwei Gleichungssysteme** mit der **gleichen Koeffizientenmatrix**.

$2x_1 + 5x_2 = 1$ $\qquad$ $2x_3 + 5x_4 = 0$

$x_1 + 3x_2 = 0$ $\qquad$ $x_3 + 3x_4 = 1$

Matrixschreibweise:

$x_1 \; x_2$ $\qquad$ $x_3 \; x_4$

$\left(\begin{array}{cc|c} 2 & 5 & 1 \\ 1 & 3 & 0 \end{array}\right)$ $\cdot(-2)$ $\qquad$ $\left(\begin{array}{cc|c} 2 & 5 & 0 \\ 1 & 3 & 1 \end{array}\right)$ $\cdot(-2)$

$\left(\begin{array}{cc|c} 2 & 5 & 1 \\ 0 & -1 & 1 \end{array}\right)$ $\cdot 5$ $\qquad$ $\left(\begin{array}{cc|c} 2 & 5 & 0 \\ 0 & -1 & -2 \end{array}\right)$ $\cdot 5$

$\left(\begin{array}{cc|c} 2 & 0 & 6 \\ 0 & -1 & 1 \end{array}\right)$ $\begin{array}{l} |:2 \\ |\cdot(-1) \end{array}$ $\qquad$ $\left(\begin{array}{cc|c} 2 & 0 & -10 \\ 0 & -1 & -2 \end{array}\right)$ $\begin{array}{l} |:2 \\ |\cdot(-1) \end{array}$

Lösung: $x_1 = 3$; $x_2 = -1$; $x_3 = -5$; $x_4 = 2$ $\qquad$ $\left(\begin{array}{cc|c} 1 & 0 & 3 \\ 0 & 1 & -1 \end{array}\right)$ $\qquad$ $\left(\begin{array}{cc|c} 1 & 0 & -5 \\ 0 & 1 & 2 \end{array}\right)$

Zusammengefasste Ausgangsmatrix: $\qquad$ (A | E)

$x_3 \; x_4$, $x_1 \; x_2$

$\left(\begin{array}{cc|cc} 2 & 5 & 1 & 0 \\ 1 & 3 & 0 & 1 \end{array}\right)$ $\cdot(-2)$

$\left(\begin{array}{cc|cc} 2 & 5 & 1 & 0 \\ 0 & -1 & 1 & -2 \end{array}\right)$ $\cdot 5$

$\left(\begin{array}{cc|cc} 2 & 0 & 6 & -10 \\ 0 & -1 & 1 & -2 \end{array}\right)$ $\begin{array}{l} |:2 \\ |\cdot(-1) \end{array}$

Zielmatrix: $\left(\begin{array}{cc|cc} 1 & 0 & 3 & -5 \\ 0 & 1 & -1 & 2 \end{array}\right)$ $\qquad$ (E | X)

Gesuchte Matrix X: $X = \begin{pmatrix} 3 & -5 \\ -1 & 2 \end{pmatrix}$

Da $A \cdot X = E$, ist X die inverse Matrix von A. Man bezeichnet sie mit A^{-1}.

Probe: $A \cdot X = \begin{pmatrix} 2 & 5 \\ 1 & 3 \end{pmatrix} \cdot \begin{pmatrix} 3 & -5 \\ -1 & 2 \end{pmatrix} = \begin{pmatrix} 1 & 0 \\ 0 & 1 \end{pmatrix} = E$

Beispiel 2

➲ Bestimmen Sie die Inverse von A mit $A = \begin{pmatrix} 2 & -3 \\ 1 & 3 \end{pmatrix}$.

Lösung

Berechnung mit dem Gaußverfahren

Ergänzen Sie A mit E:

$$\left(\begin{array}{cc|cc} 2 & -3 & 1 & 0 \\ 1 & 3 & 0 & 1 \end{array}\right) \quad \text{Zeile 1} \cdot (-2) \text{ zu Zeile 2}$$

Umformung von (A | E) → (E | A^{-1})

$$\left(\begin{array}{cc|cc} 2 & -3 & 1 & 0 \\ 0 & -9 & 1 & -2 \end{array}\right) \quad \text{Zeile 2} \cdot (-3) \text{ zu Zeile 1}$$

$$\left(\begin{array}{cc|cc} -6 & 0 & -2 & -2 \\ 0 & -9 & 1 & -2 \end{array}\right) \quad \begin{array}{l} | : (-6) \\ | : (-9) \end{array}$$

$$\left(\begin{array}{cc|cc} 1 & 0 & \frac{2}{6} & \frac{2}{6} \\ 0 & 1 & -\frac{1}{9} & \frac{2}{9} \end{array}\right)$$

$$\left(\begin{array}{cc|cc} 1 & 0 & \frac{1}{3} & \frac{1}{3} \\ 0 & 1 & -\frac{1}{9} & \frac{2}{9} \end{array}\right)$$

Inverse von A:

$$A^{-1} = \begin{pmatrix} \frac{1}{3} & \frac{1}{3} \\ -\frac{1}{9} & \frac{2}{9} \end{pmatrix}$$

Gemeinsamen Faktor ausklammern:

$$A^{-1} = \frac{1}{9}\begin{pmatrix} 3 & 3 \\ -1 & 2 \end{pmatrix}$$

Beispiel 3

➲ Gegeben ist die Matrix A mit $A = \begin{pmatrix} 1 & 0 & 0 \\ 0 & 1 & 1 \\ 2 & 0 & 1 \end{pmatrix}$. Bestimmen Sie die Inverse von A.

Lösung

Berechnung der inversen Matrix mit dem Gaußverfahren

Ergänzen Sie A mit E:

$$\left(\begin{array}{ccc|ccc} 1 & 0 & 0 & 1 & 0 & 0 \\ 0 & 1 & 1 & 0 & 1 & 0 \\ 2 & 0 & 1 & 0 & 0 & 1 \end{array}\right) \quad \text{Zeile 1} \cdot (-2) \text{ zu Zeile 3}$$

Umformung von (A | E) → (E | A^{-1})

$$\left(\begin{array}{ccc|ccc} 1 & 0 & 0 & 1 & 0 & 0 \\ 0 & 1 & 1 & 0 & 1 & 0 \\ 0 & 0 & 1 & -2 & 0 & 1 \end{array}\right) \quad \text{Zeile 3} \cdot (-1) \text{ zu Zeile 2}$$

$$\left(\begin{array}{ccc|ccc} 1 & 0 & 0 & 1 & 0 & 0 \\ 0 & 1 & 0 & 2 & 1 & -1 \\ 0 & 0 & 1 & -2 & 0 & 1 \end{array}\right)$$

Inverse von A:

$$A^{-1} = \begin{pmatrix} 1 & 0 & 0 \\ 2 & 1 & -1 \\ -2 & 0 & 1 \end{pmatrix}$$

Hinweis: Existiert die **Inverse** A^{-1} von A, so heißt A **invertierbar**.

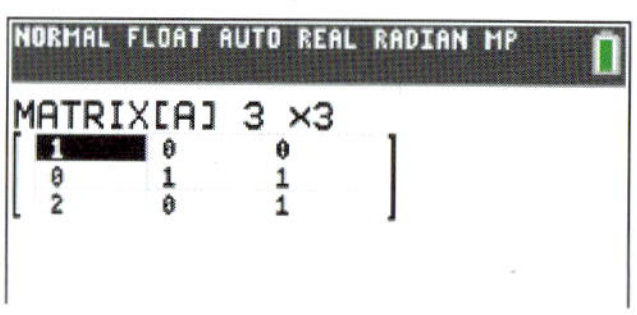

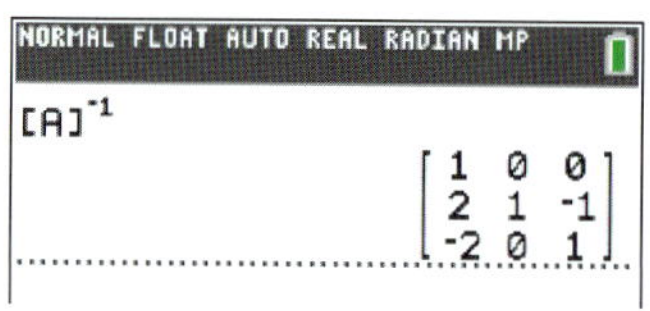

Beispiel 4

➲ Zeigen Sie: $B = \begin{pmatrix} 0{,}5 & 0 & 0 \\ -2 & 1 & 1 \\ -2 & 0 & 1 \end{pmatrix}$ ist die Inverse von A mit $A = \begin{pmatrix} 2 & 0 & 0 \\ 0 & 1 & -1 \\ 4 & 0 & 1 \end{pmatrix}$.

Lösung

Probe durch Multiplikation:

$$A \cdot B = \begin{pmatrix} 2 & 0 & 0 \\ 0 & 1 & -1 \\ 4 & 0 & 1 \end{pmatrix} \cdot \begin{pmatrix} 0{,}5 & 0 & 0 \\ -2 & 1 & 1 \\ -2 & 0 & 1 \end{pmatrix}$$

$$A \cdot B = \begin{pmatrix} 1 & 0 & 0 \\ 0 & 1 & 0 \\ 0 & 0 & 1 \end{pmatrix} = E$$

Beziehungsweise:

$$B \cdot A = \begin{pmatrix} 0{,}5 & 0 & 0 \\ -2 & 1 & 1 \\ -2 & 0 & 1 \end{pmatrix} \cdot \begin{pmatrix} 2 & 0 & 0 \\ 0 & 1 & -1 \\ 4 & 0 & 1 \end{pmatrix}$$

$$B \cdot A = \begin{pmatrix} 1 & 0 & 0 \\ 0 & 1 & 0 \\ 0 & 0 & 1 \end{pmatrix} = E$$

Damit ist gezeigt: $B = A^{-1}$.

Hinweis: Ist die Matrix A invertierbar, so gibt es genau eine Inverse von A.

Beispiel 5

➲ Gegeben ist die Matrix A^{-1} mit $A^{-1} = \begin{pmatrix} 6 & -2 & 3 \\ 14 & -4 & 6 \\ 6 & -3 & 4 \end{pmatrix}$.

Bestimmen Sie a und b, so dass gilt: $A = \begin{pmatrix} -1 & a & 0 \\ 10 & -3 & -3 \\ 9 & -3 & b \end{pmatrix}$.

Lösung

Ohne Hilfsmittel

Es gilt: $A \cdot A^{-1} = E$

Multiplikation

$$\begin{pmatrix} -1 & a & 0 \\ 10 & -3 & -3 \\ 9 & -3 & b \end{pmatrix} \cdot \begin{pmatrix} 6 & -2 & 3 \\ 14 & -4 & 6 \\ 6 & -3 & 4 \end{pmatrix} = \begin{pmatrix} 1 & 0 & 0 \\ 0 & 1 & 0 \\ 0 & 0 & 1 \end{pmatrix} = E$$

Bedingungen für a und b z. B.:

$-1 \cdot 6 + 14 \cdot a + 0 \cdot 6 = 1 \Rightarrow a = 0{,}5$

$9 \cdot 6 - 3 \cdot 14 + b \cdot 6 = 0 \Rightarrow b = -2$

Mit GTR/CAS

Hinweis: $(A^{-1})^{-1} = A$; $B = A^{-1}$

Vergleich ergibt: $a = 0{,}5$; $b = -2$

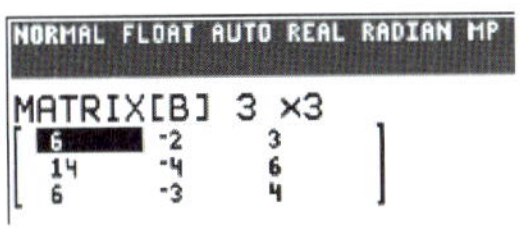

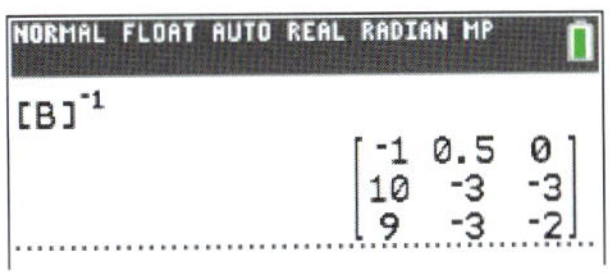

Beispiel 6

➲ Jan behauptet: Die Matrix $A = \begin{pmatrix} 1 & 1 & 1 \\ 0 & 1 & 2 \\ 0 & -1 & -2 \end{pmatrix}$ hat keine Inverse. Nehmen Sie Stellung.

Lösung

Berechnung der Inversen:

$$\left(\begin{array}{ccc|ccc} 1 & 1 & 1 & 1 & 0 & 0 \\ 0 & 1 & 2 & 0 & 1 & 0 \\ 0 & -1 & -2 & 0 & 0 & 1 \end{array}\right) \sim \left(\begin{array}{ccc|ccc} 1 & 1 & 1 & 1 & 0 & 0 \\ 0 & 1 & 2 & 0 & 1 & 0 \\ 0 & 0 & 0 & 0 & 1 & 1 \end{array}\right)$$

Die „Nullzeile“ verhindert eine Umformung auf (E | ...). Jan hat Recht. A hat keine Inverse.

Nur eine **quadratische Matrix** A kann eine inverse Matrix A^{-1} besitzen.

Aufgaben

1 Berechnen Sie die Inverse von A.

a) d)

a) $A = \begin{pmatrix} -2 & 1 \\ 1 & 3 \end{pmatrix}$ b) $A = \begin{pmatrix} 1 & 4 \\ -4 & -3 \end{pmatrix}$ c) $A = \begin{pmatrix} 1 & 2 & 1 \\ 0 & 1 & 4 \\ 0 & 0 & 5 \end{pmatrix}$

d) $A = \begin{pmatrix} 2 & 2 & 1 \\ 4 & -2 & 3 \\ -1 & 2 & 1 \end{pmatrix}$ e) $A = \frac{1}{8}\begin{pmatrix} 1 & 0 & 1 \\ 3 & 2 & 2 \\ 4 & 3 & 1 \end{pmatrix}$ f) $A = \begin{pmatrix} 1 & 0 & 0 \\ 0 & 2 & 0 \\ 0 & 0 & -3 \end{pmatrix}$

2 Gegeben ist die Matrix A durch $A = \begin{pmatrix} -2 & 2 & 1 \\ -1 & 1 & 0 \\ 2 & -3 & -1 \end{pmatrix}$. Berechnen Sie:

a) $A^{-1}(A + 2E)$ b) $(A - E)^{-1}$

3 Bestimmen Sie k, x_{12}, x_{21} und x_{33} so, dass $B = k\begin{pmatrix} 7 & x_{12} & 4 \\ x_{21} & 2 & 3 \\ 3 & 3 & x_{33} \end{pmatrix}$ die inverse Matrix von $A = \begin{pmatrix} 1 & 0 & 2 \\ -1 & 2 & 1 \\ 0 & 3 & -2 \end{pmatrix}$ ist.

4 Gegeben ist die Matrix A^{-1} durch $A^{-1} = \frac{1}{4}\begin{pmatrix} 2 & 10 & -7 \\ 0 & 4 & -2 \\ 0 & -8 & 6 \end{pmatrix}$.

Bestimmen Sie a, b und c, so dass $A = \begin{pmatrix} 2 & -1 & c \\ a & 3 & 1 \\ 0 & b & 2 \end{pmatrix}$ ist.

5 Bestimmen Sie r und s so, dass gilt: $r \cdot B + s \cdot B^{-1} = 2\,E$ mit $B = \begin{pmatrix} 3 & -1 \\ 2 & 0 \end{pmatrix}$.

6 Gegeben sind die Vektoren $\vec{k}^T = (2\ \ 1\ \ 4)$, $\vec{x} = \begin{pmatrix} 5 \\ 2 \\ 1 \end{pmatrix}$ und die Matrix $A = \begin{pmatrix} 1 & 2 & 1 \\ 2 & 1 & 3 \\ 4 & 1 & 5 \end{pmatrix}$.

a) Zeigen Sie: $A^{-1} = \frac{1}{4}\begin{pmatrix} 2 & -9 & 5 \\ 2 & 1 & -1 \\ -2 & 7 & -3 \end{pmatrix}$.

b) Berechnen Sie $\vec{k}^T \cdot \vec{x}$; $\vec{k}^T \cdot A^{-1} \cdot \vec{x}$; $3A^{-1} \cdot \begin{pmatrix} 2t \\ 0 \\ t \end{pmatrix}$ und $4(t\ \ 1\ \ -1) \cdot A^{-1}$.

7 Untersuchen Sie, ob die Matrix A eine Inverse besitzt. Wenn ja, bestimmen Sie diese.

a) $A = \begin{pmatrix} 1 & 2 & 1 \\ 0 & 3 & 0 \\ 0 & 0 & 5 \end{pmatrix}$ b) $A = \begin{pmatrix} 1 & 2 & 1 \\ 0 & 0 & 4 \\ 0 & 0 & 5 \end{pmatrix}$ c) $A = \begin{pmatrix} 0 & 1 & 4 \\ 0 & -4 & -3 \\ 0 & -5 & 5 \end{pmatrix}$ d) $A = \begin{pmatrix} 6 & 1 \\ -2 & 3 \\ -3 & 4 \end{pmatrix}$

8 Ordnet man jedem Buchstaben in der Reihenfolge des Alphabets die Zahlen 1 bis 26 zu, so lassen sich Wörter mithilfe der Matrix $A = \begin{pmatrix} 1 & 1 \\ 3 & 2 \end{pmatrix}$ verschlüsseln (vgl. Seite 276).

Ein Wort aus 9 Buchstaben wird durch diese Verschlüsselungsprozedur dargestellt als $\begin{pmatrix} 17 & 23 & 39 & 27 & 6 \\ 49 & 51 & 97 & 75 & 17 \end{pmatrix}$.

17 ist ein willkürlicher Füllwert.
Nennen Sie dieses Wort.

Test zur Überprüfung Ihrer Grundkenntnisse

1 Berechnen Sie.

a) $(0{,}5 \quad 2 \quad 4)\begin{pmatrix} 1 & 2 & 4 \\ 5 & 0 & -4 \\ -1 & 1 & 3 \end{pmatrix}$

b) $\begin{pmatrix} 1 & 2 & 4 \\ 5 & 0 & -4 \\ -1 & 1 & 3 \end{pmatrix}\begin{pmatrix} -5 \\ -1 \\ 1 \end{pmatrix}$

c) $\begin{pmatrix} 1{,}5 & 2 \\ -1 & 2 \end{pmatrix}^2$

d) $\begin{pmatrix} 2 & 0 \\ 1 & 1 \end{pmatrix}^3$

2 Berechnen Sie: $\begin{pmatrix} 8 & 4 \\ 4 & 2 \end{pmatrix} \cdot \begin{pmatrix} 2 & -3 \\ -4 & 6 \end{pmatrix}$. Vergleichen Sie mit dem Produkt zweier Zahlen.

3 Berechnen Sie $A \cdot B$ mit $A = \begin{pmatrix} 1 & 1 & -1 \\ 5 & 0 & -4 \\ 2 & -1 & 3 \end{pmatrix}$ und $B = \begin{pmatrix} 1 & 2 & 8 \\ 4 & 0 & -4 \\ 0 & 1 & -2 \end{pmatrix}$.

Zeigen Sie, dass $A \cdot B \neq B \cdot A$ ist.

4 Multiplizieren Sie aus und berechnen Sie x_1, x_2 und x_3.

$$\begin{pmatrix} 1 & 3 & 4 \\ 0 & 3 & 6 \\ 5 & 12 & 18 \end{pmatrix}\begin{pmatrix} x_1 \\ x_2 \\ x_3 \end{pmatrix} = \begin{pmatrix} 8 \\ 9 \\ 39 \end{pmatrix}$$

5 Berechnen Sie die Inverse von A.

a) $A = \begin{pmatrix} 3 & 4 \\ -1 & 2 \end{pmatrix}$

b) $A = \begin{pmatrix} 1 & 2 & 0 \\ 0 & 2 & 1 \\ 1 & 2 & 1 \end{pmatrix}$

6 Die Verschlüsselung eines Wortes mit der Verschlüsselungsmatrix $\begin{pmatrix} 1 & 0 \\ 7 & -3 \end{pmatrix}$

ergibt die Matrix $\begin{pmatrix} 1 & 9 & 21 \\ 1 & 3 & 93 \end{pmatrix}$.

Bestimmen Sie das verschlüsselte Wort.

7 Betrachtet werden die Matrizen A und B mit $A = \begin{pmatrix} 5 & 2 \\ 3 & 1 \end{pmatrix}$ und $B = \begin{pmatrix} -1 & 2 \\ 3 & -5 \end{pmatrix}$ sowie eine Matrix C.

a) Zeigen Sie, dass B die zu A inverse Matrix ist.

b) Für die Matrix C gilt: $C \cdot \begin{pmatrix} 1 \\ 0 \end{pmatrix} = \begin{pmatrix} 4 \\ 2 \end{pmatrix}$ und $C \cdot \begin{pmatrix} 0 \\ 1 \end{pmatrix} = \begin{pmatrix} 2 \\ 3 \end{pmatrix}$.

Begründen Sie, dass gilt: $C \cdot \begin{pmatrix} 1 \\ 1 \end{pmatrix} = \begin{pmatrix} 6 \\ 5 \end{pmatrix}$.

2 Lineare Verflechtung bei mehrstufigen Produktionsprozessen

Lernsituation

Die Weber Metallbau GmbH produziert aus den Bauteilen R_1 und R_2 die Baugruppen Z_1, Z_2 und Z_3. Aus diesen werden die Fassadenelemente E_1, E_2 und E_3 hergestellt.

Der Materialfluss in Mengeneinheiten (ME) ist den Tabellen zu entnehmen.

	Z_1	Z_2	Z_3
R_1	2		1
R_2	0		4

	E_1	E_2	E_3
Z_1	1	1	4
Z_2	3	2	3
Z_3	1	2	2

	E_1	E_2	E_3
R_1	12	10	19
R_2	10	12	14

Eine ME von R_1 kostet 1 Geldeinheit (GE), eine ME von R_2 kostet 3 GE.
Die Fertigungskosten für eine ME von Z_1 betragen 3 GE, für eine ME von Z_2 4 GE und für eine ME Z_3 2 GE.
Die Fertigungskosten für eine ME von E_1 betragen 4 GE, für eine ME von E_2 2 GE und für eine ME von E_3 3 GE.

Das Unternehmen erhält einen Auftrag über 35 ME von E_1, 27 ME von E_2 und 34 ME von E_3. Der Auftraggeber bietet 7200 € für diesen Auftrag. Ein Lieferant bietet 150 ME von Z_1, 200 ME von Z_2 und 100 ME von Z_3 für insgesamt 4800 GE an.

Entscheiden Sie, ob die Weber Metallbau den Auftrag bzw. das Angebot annehmen soll.

Bearbeiten Sie diese Lernsituation. Erwerben Sie die rechts aufgeführten **Qualifikationen und Kompetenzen**.

Qualifikationen & Kompetenzen

- Produktionsmengen, Rohstoff- und Herstellkosten ermitteln
- Deckungsbeiträge berechnen
- Lösungsstrategien entwickeln und vergleichen
- Wirtschaftliche Situationen mathematisch beschreiben

2.1 Produktionsprozesse

Einstufige Produktionsprozesse

Zur Beschreibung einstufiger Prozesse durch Matrizen ist lediglich nur eine Matrix nötig. Dabei beschreibt diese Matrix A den Prozess eines Ausgangsprodukts zu dessen Endprodukt:

$$\text{Ausgangsprodukt} \xrightarrow{\text{Prozess (A)}} \text{Endprodukt.}$$

Diese Matrix A wird häufig auch als Prozess- oder Bedarfsmatrix bezeichnet.

Beispiel

➲ Die Metalltechnik Schöpfer GmbH fertigt drei verschiedene Endprodukte E_1, E_2 und E_3 unter Verwendung von drei verschiedenen Rohstoffen R_1, R_2 und R_3. Das folgende Verflechtungsdiagramm gibt an, wie viele Mengeneinheiten (ME) Rohstoffe für die Produktion von jeweils 1 ME Endprodukten benötigt werden.

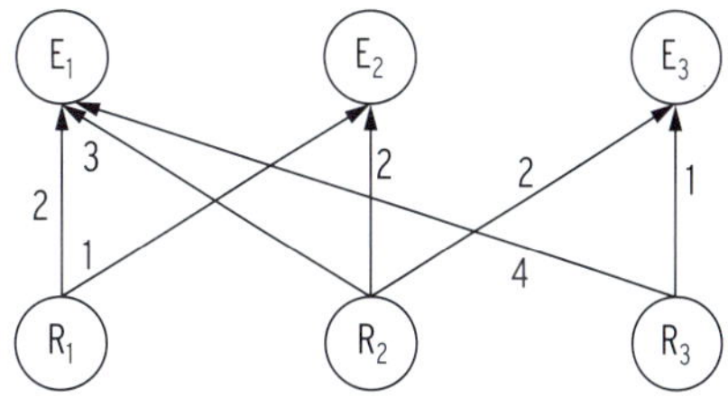

Die Verkaufspreise für die drei Endprodukte in € je ME sind gegeben durch den Vektor (100 60 50).

a) Für einen Auftrag sind je 100 ME von E_1, E_2, und E_3 zu liefern. Berechnen Sie
- den Gesamterlös in €
- die benötigten Rohstoffmengen in ME.

b) Für einen weiteren Auftrag werden von R_1 340 ME, von R_2 860 ME und von R_3 630 ME verarbeitet. Berechnen Sie, wieviele ME von E_1, E_2, und E_3 damit gefertigt werden.

Lösung

a) Gesamterlös in € (Preis mal Menge): $(100 \;\; 60 \;\; 50) \cdot \begin{pmatrix} 100 \\ 100 \\ 100 \end{pmatrix} = 21\,000$

Benötigte Rohstoffmengen in ME

Rohstoff-Endprodukt-Tabelle

	E_1	E_2	E_3
R_1	2	1	0
R_2	3	2	2
R_3	4	0	1

Rohstoff-Endprodukt-Matrix:

$$C_{RE} = \begin{pmatrix} 2 & 1 & 0 \\ 3 & 2 & 2 \\ 4 & 0 & 1 \end{pmatrix}$$

Erläuterung: Für die Produktion von
- **je einer ME E_1** braucht man 2 ME R_1, 3 ME R_2 und 4 ME R_3 (1. Spalte)
- **je einer ME E_2** braucht man 1 ME R_1, 2 ME R_2 und 0 ME R_3 (2. Spalte)
- **je einer ME E_3** braucht man 0 ME R_1, 2 ME R_2 und 1 ME R_3 (3. Spalte).

Multipliziert man die (R,E)-Matrix mit dem Produktionsvektor $\begin{pmatrix}100\\100\\100\end{pmatrix}$, so erhält man

$$\begin{pmatrix}2 & 1 & 0\\3 & 2 & 2\\4 & 0 & 1\end{pmatrix} \cdot \begin{pmatrix}100\\100\\100\end{pmatrix} = \begin{pmatrix}300\\700\\500\end{pmatrix}.$$

Für diesen Auftrag braucht man 300 ME R_1, 700 ME R_2 und 500 ME R_3.

Erläuterung: Für die Produktion von **je einer ME E_1** werden 2 ME R_1, für 100 ME E_1 werden $2 \cdot 100$ ME R_1 gebraucht.

Für die Produktion von **je einer ME E_2** wird 1 ME R_1, für 100 ME E_2 werden $1 \cdot 100$ ME R_1 gebraucht.

Für die Produktion von **je einer ME E_3** wird 0 ME R_1, für 100 ME E_2 wird 0 ME R_1 gebraucht.

Gesamtverbrauch von R_1: $(2 \ \ 1 \ \ 0) \cdot \begin{pmatrix}100\\100\\100\end{pmatrix} = 200 + 100 + 0 = 300$

b) **Umfang des weiteren Auftrags**

Es gilt die Beziehung $C_{RE} \cdot \vec{x} = \vec{r}$

Einsetzen ergibt ein LGS für die Produktion x_1, x_2 und x_3:
$$\begin{pmatrix}2 & 1 & 0\\3 & 2 & 2\\4 & 0 & 1\end{pmatrix} \cdot \begin{pmatrix}x_1\\x_2\\x_3\end{pmatrix} = \begin{pmatrix}340\\860\\630\end{pmatrix}$$

Lösung des Gleichungssystems mit dem Gauß-Verfahren:

$$\left(\begin{array}{ccc|c}2 & 1 & 0 & 340\\3 & 2 & 2 & 860\\4 & 0 & 1 & 630\end{array}\right) \sim \left(\begin{array}{ccc|c}2 & 1 & 0 & 340\\0 & 1 & 4 & 700\\0 & -2 & 1 & -50\end{array}\right) \sim \left(\begin{array}{ccc|c}2 & 1 & 0 & 340\\0 & 1 & 4 & 700\\0 & 0 & 9 & 1350\end{array}\right)$$

Das LGS ist eindeutig lösbar mit $x_1 = 120$, $x_2 = 100$ und $x_3 = 150$.

Mit den vorrätigen Rohstoffen lassen sich 120 ME P_1, 100 ME P_2 und 150 ME P_3 herstellen.

Aufgaben

1 Die Metallbau Dollinger GmbH in Jülich fertigt drei verschiedene Endprodukte E_1, E_2 und E_3 unter Verwendung von drei verschiedenen Rohstoffen R_1, R_2 und R_3. Die nebenstehende Tabelle gibt an, wie viele Mengeneinheiten (ME) Rohstoffe für die Produktion von jeweils 1 ME Endprodukten benötigt werden.

	E_1	E_2	E_3
R_1	2	1	2
R_2	1	1	2
R_3	3	1	1

Die Verkaufspreise für die drei Endprodukte in € je ME sind gegeben durch den Vektor $(30 \ \ 50 \ \ 25)$.

a) Für einen Auftrag sind je 100 ME von E_1, 60 ME von E_2 und 40 ME von E_3 zu liefern. Berechnen Sie den Gesamterlös in € und die benötigten Rohstoffmengen in ME.

b) Für einen weiteren Auftrag werden von R_1 250 ME, von R_2 200 ME und von R_3 250 ME verarbeitet. Ermitteln Sie, wieviele ME von E_1, E_2 und E_3 damit gefertigt werden.

Zweistufige Produktionsprozesse

Zur Beschreibung zweistufiger Prozesse durch Matrizen ist für jede Produktionsstufe eine Matrix nötig. Dabei beschreibt die Matrix A den Prozess eines Ausgangsprodukts zu dessen Zwischenprodukt, die Matrix B den Prozess eines Zwischenprodukts zu dessen Endprodukt:

Rohstoffe		Zwischenprodukte		Endprodukte
R_i	$\longrightarrow$ Produktionsstufe 1	Z_j	$\longrightarrow$ Produktionsstufe 2	E_k

Die Matrizen A und B werden häufig auch als Verflechtungsmatrizen bezeichnet.

Beispiel

Ein Produktionsprozess, bei dem aus den Rohstoffen R_1 und R_2 die Zwischenprodukte Z_1 und Z_2 und aus diesen die Endprodukte E_1 und E_2 gefertigt werden, wird beschrieben durch ein Verflechtungsdiagramm.

Geben Sie den Verbrauch an Rohstoffen an, der für einen Auftrag über 12 ME E_1 und 20 ME E_2 gebraucht wird.

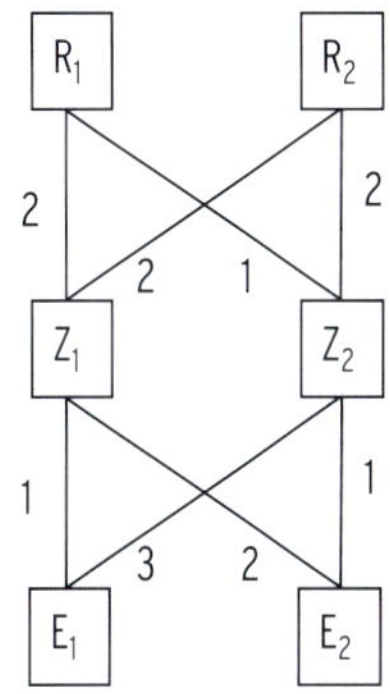

Lösung

Aus dem Diagramm:

Rohstoff-Zwischenprodukt-Matrix $A = A_{RZ} = \begin{pmatrix} 2 & 1 \\ 2 & 2 \end{pmatrix}$

	Z_1	Z_2
R_1	2	1
R_2	2	2

Für die Produktion von

- **je einer ME Z_1** braucht man 2 ME R_1 und 2 ME R_2 (1. Spalte)
- **je einer ME Z_2** braucht man 1 ME R_1 und 2 ME R_2 (2. Spalte)

Aus dem Diagramm:

Zwischenprodukt-Endprodukt-Matrix $B = B_{ZE} = \begin{pmatrix} 1 & 2 \\ 3 & 1 \end{pmatrix}$

	E_1	E_2
Z_1	1	2
Z_2	3	1

Für die Produktion von

- **je einer ME E_1** braucht man 1 ME Z_1 und 3 ME Z_2 (1. Spalte)
- **je einer ME E_2** braucht man 2 ME Z_1 und 1 ME Z_2 (2. Spalte)

Multiplikation von B_{ZE} mit dem Produktionsvektor $\vec{x} = \begin{pmatrix} 12 \\ 20 \end{pmatrix}$ ergibt:

$$B_{ZE} \cdot \vec{x} = \begin{pmatrix} 1 & 2 \\ 3 & 1 \end{pmatrix} \cdot \vec{x} = \begin{pmatrix} 1 & 2 \\ 3 & 1 \end{pmatrix} \cdot \begin{pmatrix} 12 \\ 20 \end{pmatrix} = \begin{pmatrix} 52 \\ 56 \end{pmatrix}$$

Für die Herstellung von 12 ME E_1 und 20 ME E_2 werden 52 ME Z_1 und 56 ME Z_2 gebraucht.

Multiplikation von A_{RZ} mit dem Zwischenproduktvektor $\vec{z} = \begin{pmatrix} 52 \\ 56 \end{pmatrix}$ ergibt:

$$A_{RZ} \cdot \vec{z} = \begin{pmatrix} 2 & 1 \\ 2 & 2 \end{pmatrix} \cdot \begin{pmatrix} 52 \\ 56 \end{pmatrix} = \begin{pmatrix} 160 \\ 216 \end{pmatrix}$$

Für die Herstellung von 12 ME E_1 und 20 ME E_2 werden 160 ME R_1 und 216 ME R_2 gebraucht.

2.2 Verflechtungsmatrizen

In einem zweistufigen Produktionsprozess werden z. B. aus zwei **Rohstoffen** R_1 und R_2 die **Zwischenprodukte** Z_1, Z_2 und Z_3 und daraus die **Endprodukte** E_1, E_2 und E_3 gefertigt.

Beispiel 1

Die Herstellung von je 1 ME von Zwischenprodukt Z_1 erfordert 2 ME des Rohstoffs R_1 und 1 ME des Rohstoffs R_2. Die Produktion von je 1 ME von Zwischenprodukt Z_2 erfordert 3 ME des Rohstoffs R_1 und 2 ME von R_2. Für je 1 ME von Z_3 benötigt man 4 ME des Rohstoffs R_1 und 6 ME des Rohstoffs R_2. Für die Fertigstellung von je 1 ME des Endproduktes E_1 sind 2 ME von Zwischenprodukt Z_1, 1 ME von Z_2 und 5 ME von Z_3 erforderlich. Aus 1 ME Z_1, 0 ME Z_2 und 1 ME von Z_3 wird 1 ME von E_2 erzeugt. Für die Produktion von E_3 sind pro ME jeweils 1 ME Z_1, 2 ME Z_2 und 3 ME von Z_3 erforderlich.

a) Stellen Sie die zugehörigen Stücklisten und die Verflechtungsmatrizen auf.

b) Bestimmen Sie, wie viel ME der Rohstoffe für je eine ME der Endprodukte benötigt werden.

Lösung

a) Darstellung der Verflechtung in **Diagrammen**.

Als **Fertigungsschema**

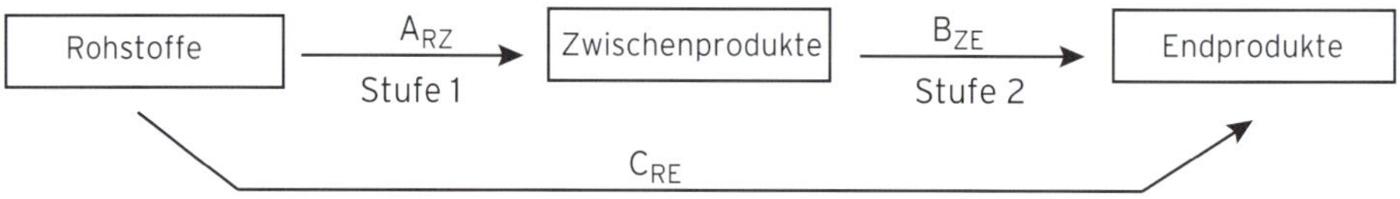

Als **Verflechtungsdiagramm**

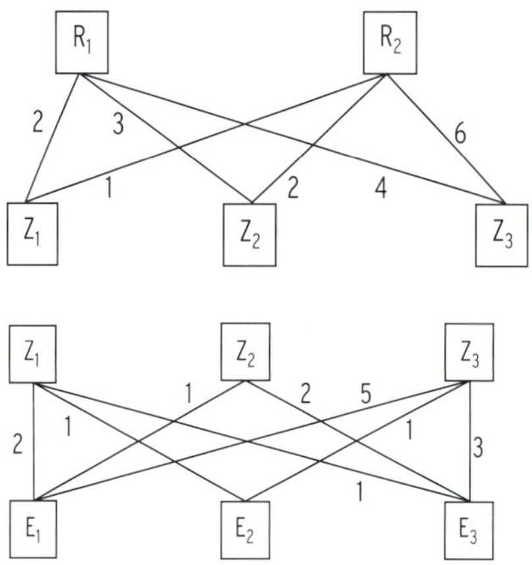

Als **Stückliste (Verflechtungstabelle):**

	Z_1	Z_2	Z_3
R_1	2	3	4
R_2	1	2	6

	E_1	E_2	E_3
Z_1	2	1	1
Z_2	1	0	2
Z_3	5	1	3

Aus den **Stücklisten** werden **Verflechtungsmatrizen** gebildet.

$A_{RZ} = \begin{pmatrix} 2 & 3 & 4 \\ 1 & 2 & 6 \end{pmatrix}$ $\quad$ $B_{ZE} = \begin{pmatrix} 2 & 1 & 1 \\ 1 & 0 & 2 \\ 5 & 1 & 3 \end{pmatrix}$

Rohstoff-Zwischenprodukt-Matrix A_{RZ} $\quad$ **Zwischenprodukt-Endprodukt-Matrix** B_{ZE}

Beachten Sie

Die Matrix A_{RZ} enthält den **Rohstoffeinsatz** für die **Zwischenprodukte,**
die Matrix B_{ZE} enthält den **Zwischenprodukteinsatz** für die **Endprodukte.**

b) Berechnung der **Rohstoff-Endprodukt-Matrix** C_{RE}

Für die Produktion von je einer ME E_1 braucht man
2 ME Z_1; für je 1 ME Z_1 braucht man 2 ME R_1, also insgesamt $2 \cdot 2 = 4$ ME R_1
und 1 ME Z_2; für je 1 ME Z_2 braucht man 3 ME R_1, also insgesamt $1 \cdot 3 = 3$ ME R_1
und 5 ME Z_3; für je 1 ME Z_3 braucht man 4 ME R_1, also insgesamt $5 \cdot 4 = 20$ ME R_1.
Für die Produktion von **je einer ME E_1** braucht man insgesamt 27 ME R_1.

Für die Produktion von je einer ME E_1 braucht man
2 ME Z_1; für je 1 ME Z_1 braucht man 1 ME R_2, also insgesamt $2 \cdot 1 = 2$ ME R_2
und 1 ME Z_2; für je 1 ME Z_2 braucht man 2 ME R_2, also insgesamt $1 \cdot 2 = 2$ ME R_2
und 5 ME Z_3; für je 1 ME Z_3 braucht man 6 ME R_2, also insgesamt $5 \cdot 6 = 30$ ME R_2.
Für die Produktion von **je einer ME E_1** braucht man insgesamt 34 ME R_2.

Multiplikation der **Rohstoff-Zwischenprodukt-Matrix** A_{RZ} mit der 1. Spalte der **Zwischenprodukt-Endprodukt-Matrix** B_{ZE} ergibt:

$$\begin{pmatrix} 2 & 3 & 4 \\ 1 & 2 & 6 \end{pmatrix} \cdot \begin{pmatrix} 2 \\ 1 \\ 5 \end{pmatrix} = \begin{pmatrix} 27 \\ 34 \end{pmatrix}$$

Zur Herstellung je 1 ME des Endproduktes E_1 werden 27 ME von Rohstoff R_1 und 34 ME von R_2 gebraucht.

Multiplikation der **Rohstoff-Zwischenprodukt-Matrix** A_{RZ} mit der **Zwischenprodukt-Endprodukt-Matrix** B_{ZE} ergibt:

$$\begin{pmatrix} 2 & 3 & 4 \\ 1 & 2 & 6 \end{pmatrix} \cdot \begin{pmatrix} 2 & 1 & 1 \\ 1 & 0 & 2 \\ 5 & 1 & 3 \end{pmatrix} = \begin{pmatrix} 27 & 6 & 20 \\ 34 & 7 & 23 \end{pmatrix}$$

Rohstoff-Endprodukt-Matrix C_{RE}

$$A_{RZ} \cdot B_{ZE} = C_{RE}$$

Zur Herstellung je 1 ME
des Endproduktes E_2 braucht man 6 ME von Rohstoff R_1 und 7 ME von R_2,
des Endproduktes E_3 braucht man 20 ME von Rohstoff R_1 und 23 ME von R_2.

Beachten Sie

Die Matrix C_{RE} enthält den **Rohstoffeinsatz** für die **Endprodukte.**

Beispiel 2

➲ Die Matarna GmbH in Bonn fertigt aus den Baugruppen B_1, B_2 und B_3 drei Typen von Geräten G_1, G_2 und G_3. Für die Herstellung dieser Baugruppen werden die Bauteile T_1, T_2 und T_3 benötigt. Die Matrix A beschreibt den Bedarf an Bauteilen für die Baugruppen, die Matrix C beschreibt den Bedarf an Bauteilen für die Gerätetypen.

$A = \begin{pmatrix} 4 & 2 & 2 \\ 3 & 3 & 2 \\ 1 & 4 & 3 \end{pmatrix}$; $C = \begin{pmatrix} 12 & 18 & 20 \\ 13 & 17 & 21 \\ 15 & 18 & 23 \end{pmatrix}$

Zeigen Sie: Die Matrix, die den Bedarf an Baugruppen für die verschiedenen Geräte angibt, ist $B = \begin{pmatrix} 1 & 2 & 2 \\ 2 & 1 & 3 \\ 2 & 4 & 3 \end{pmatrix}$.

Lösung

Fertigungsschema

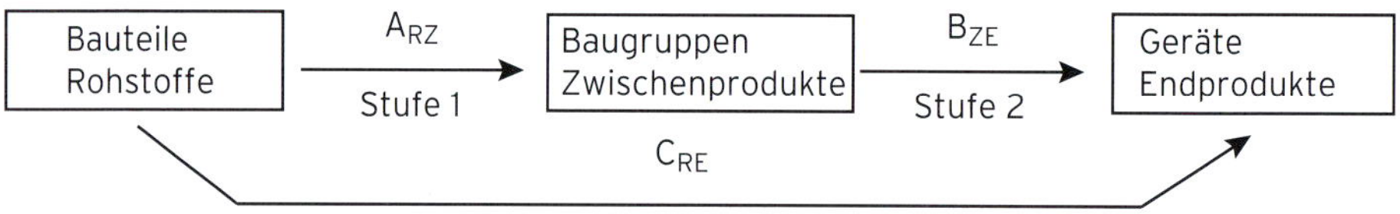

Gegeben: $A = A_{RZ}$; $C = C_{RE}$

Gesucht ist die Matrix $B = B_{ZE}$.

Zusammenhang: $A_{RZ} \cdot B_{ZE} = C_{RE}$

Multiplikation ergibt

$$\begin{pmatrix} 4 & 2 & 2 \\ 3 & 3 & 2 \\ 1 & 4 & 3 \end{pmatrix} \cdot \begin{pmatrix} 1 & 2 & 2 \\ 2 & 1 & 3 \\ 2 & 4 & 3 \end{pmatrix} = \begin{pmatrix} 12 & 18 & 20 \\ 13 & 17 & 21 \\ 15 & 18 & 23 \end{pmatrix}$$

Damit ist gezeigt: $B_{ZE} = \begin{pmatrix} 1 & 2 & 2 \\ 2 & 1 & 3 \\ 2 & 4 & 3 \end{pmatrix}$

Verflechtungsdiagramm:

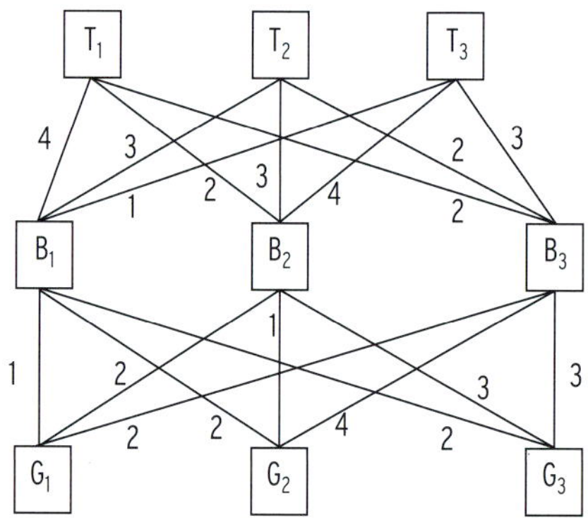

Hinweise:

1) **Bedeutung** des Elements $b_{32} = 4$ der Baugruppen-Geräte-Matrix $B_{ZE} = \begin{pmatrix} 1 & 2 & 2 \\ 2 & 1 & 3 \\ 2 & 4 & 3 \end{pmatrix}$:

   Zur Herstellung **eines Geräts vom Typ G_2** benötigt man 4 Baugruppen B_3.

2) B ist die Matrix, die den Bedarf an Baugruppen für die verschiedenen Geräte angibt. Für **ein** Gerät, z. B. G_2, werden zwei Baugruppen B_1, eine Baugruppe B_2 und vier Baugruppen B_3 benötigt.

Beispiel 3

➲ Die Holzmann AG produziert aus den Rohstoffen R_1 und R_2 die Zwischenprodukte Z_1, Z_2 und Z_3 und daraus die Endprodukte E_1, E_2 und E_3. Der Materialfluss in Mengeneinheiten (ME) ist dem Diagramm und der Tabelle zu entnehmen.

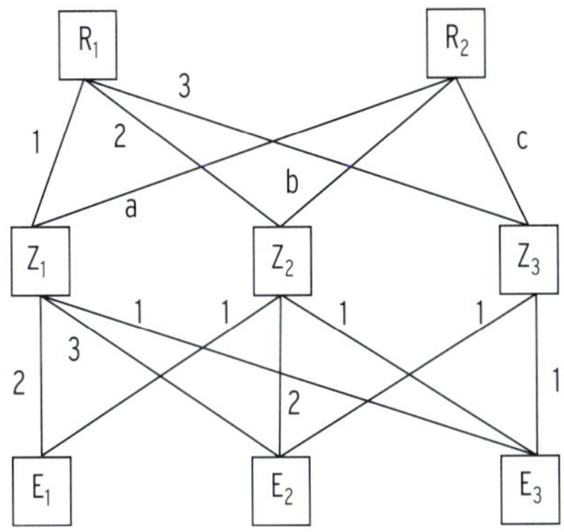

	E_1	E_2	E_3
R_1	...	...	...
R_2	3	8	5

Bestimmen Sie die Rohstoff-Endprodukt-Matrix.
Geben Sie den Verbrauch an Rohstoffen R_2 für je eine ME der Zwischenprodukte an, wenn a, b und c natürliche Zahlen ungleich null sind.

Lösung

Aus dem Diagramm:

Rohstoff-Zwischenprodukt-Matrix: $A_{RZ} = \begin{pmatrix} 1 & 2 & 3 \\ a & b & c \end{pmatrix}$

Zwischenprodukt-Endprodukt-Matrix: $B_{ZE} = \begin{pmatrix} 2 & 3 & 1 \\ 1 & 2 & 1 \\ 0 & 1 & 1 \end{pmatrix}$

Berechnung von $A_{RZ} \cdot B_{ZE} = C_{RE}$= $C_{RE} = \begin{pmatrix} 1 & 2 & 3 \\ a & b & c \end{pmatrix} \cdot \begin{pmatrix} 2 & 3 & 1 \\ 1 & 2 & 1 \\ 0 & 1 & 1 \end{pmatrix}$

$$C_{RE} = \begin{pmatrix} 4 & 10 & 6 \\ 2a + b & 3a + 2b + c & a + b + c \end{pmatrix}$$

Rohstoff-Endprodukt-Matrix: $C_{RE} = \begin{pmatrix} 4 & 10 & 6 \\ 3 & 8 & 5 \end{pmatrix}$

Durch den Vergleich von $A_{RZ} \cdot B_{ZE}$ mit $C_{RE} = \begin{pmatrix} 4 & 10 & 6 \\ 3 & 8 & 5 \end{pmatrix}$

$$\begin{pmatrix} 4 & 10 & 6 \\ 2a + b & 3a + 2b + c & a + b + c \end{pmatrix} = \begin{pmatrix} 4 & 10 & 6 \\ 3 & 8 & 5 \end{pmatrix}$$

ergibt sich ein lineares Gleichungssystem für a, b und c:

$$\begin{aligned} a + b + c &= 5 \\ 3a + 2b + c &= 8 \\ 2a + b &= 3 \end{aligned}$$

Mit $a, b, c \in \mathbb{N}^*$ kann die Gleichung $2a + b = 3$ nur gelöst werden für $a = 1$ und $b = 1$.
Einsetzen von $a = b = 1$ in die Gleichungen $3a + 2b + c = 8$
und $a + b + c = 5$ ergibt $c = 3$.

Ergebnis: Für eine ME von Z_1 wird 1 ME R_2, für eine ME von Z_2 wird 1 ME R_2 und für eine ME von Z_3 werden 3 ME R_2 benötigt.

Was man wissen sollte ... über einen zweistufigen Produktionsprozess

Darstellung eines zweistufigen Produktionsprozesses

• durch **Stücklisten:**

	Z_1	Z_2	Z_3
R_1			
R_2			

	E_1	E_2	E_3
Z_1			
Z_2			
Z_3			

	E_1	E_2	E_3
R_1			
R_2			

• durch **Verflechtungsmatrizen:**

$A = A_{RZ}$ Rohstoff-Zwischenprodukt-Matrix	**$B = B_{ZE}$ Zwischenprodukt-Endprodukt-Matrix**	**$C = C_{RE}$ Rohstoff-Endprodukt-Matrix**

• durch ein **Fertigungsschema:**

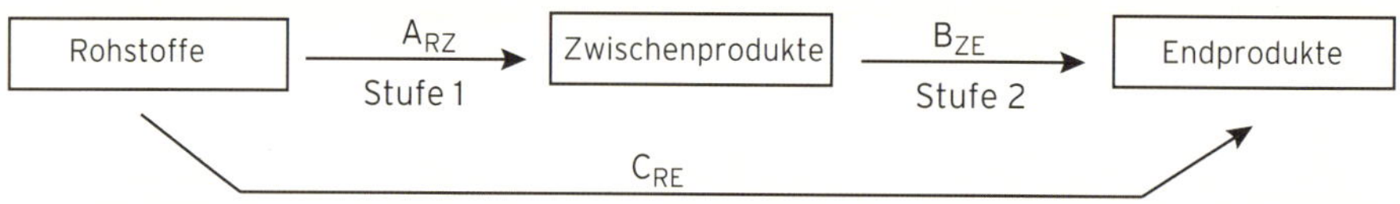

Die Matrix A_{RZ} beschreibt, wie viel ME der einzelnen Rohstoffe für je eine ME der Zwischenprodukte benötigt werden.
Die Matrix B_{ZE} beschreibt, wie viel ME der einzelnen Zwischenprodukte für je eine ME der Endprodukte benötigt werden.
Die Matrix C_{RE} beschreibt, wie viel ME der einzelnen Rohstoffe für je eine ME der Endprodukte benötigt werden.

Bemerkung: Die **Zeilenzahl von B** muss mit der **Spaltenzahl von A** übereinstimmen.
Die **Zeilenzahl von C** muss mit der **Zeilenzahl von A** übereinstimmen.

Zwischen den Verflechtungsmatrizen gilt der Zusammenhang:

$$A \cdot B = C$$

Merkregel: $A_{RZ} \cdot B_{ZE} = C_{RE}$

Hinweis: Es wird unterstellt, dass die Rohstoffe **nur** über die Produktion der Zwischenprodukte in die Endprodukte eingehen.

Aufgaben

1 Maschinenbau Weber in Aachen produziert in einem zweistufigen Produktionsprozess aus den Rohstoffen R_1, R_2 und R_3 die Zwischenprodukte Z_1, Z_2 und Z_3 und daraus die Endprodukte E_1, E_2 und E_3.
Die Rohstoff-Zwischenprodukt-Matrix A und die Zwischenprodukt-Endprodukt-Matrix B sind wie folgt gegeben (alle Angaben in Mengeneinheiten (ME)):

$$A = \begin{pmatrix} 1 & 2 & 3 \\ 2 & 3 & 4 \\ 4 & 4 & 5 \end{pmatrix}; \; B = \begin{pmatrix} 1 & 2 & 0 \\ 2 & 1 & 5 \\ 3 & 3 & 3 \end{pmatrix}$$

Berechnen Sie, wie viel ME der einzelnen Rohstoffe für je eine ME der Endprodukte benötigt werden.

2 Die Spielzeugfirma Leroy stellt aus drei Rohstoffen R_1, R_2 und R_3 Steckteile (Frontteile Z_1, Mittelteile Z_2 und Heckteile Z_3) für Spielzeugautos her. Der Hersteller verkauft als Endprodukte E_1, E_2, E_3 und E_4 Packungen mit Steckteilen. Für ein Frontteil benötigt man jeweils 1 ME R_1 und R_3 und 2 ME R_2, für ein Mittelteil jeweils 2 ME R_1 und R_2 und 1 ME R_3, für ein Heckteil 3 ME R_1, 5 ME R_2 und 2 ME R_3.
Die nebenstehende Tabelle gibt an, wie viele Steckteile in die einzelnen Endprodukte eingehen.
Bestimmen Sie, wie viele Rohstoffe in die einzelnen Endprodukte eingehen.

	E_1	E_2	E_3	E_4
Z_1	1	1	1	2
Z_2	0	1	3	4
Z_3	1	1	1	2

3 Ein Fertiggaragenhersteller produziert aus zwei Rohstoffen R_1 und R_2 drei Baugruppen B_1, B_2 und B_3 und daraus drei Typen von Fertiggaragen G_1, G_2 und G_3. Der Materialfluss in Mengeneinheiten (ME) ist dem Diagramm und der Tabelle zu entnehmen.

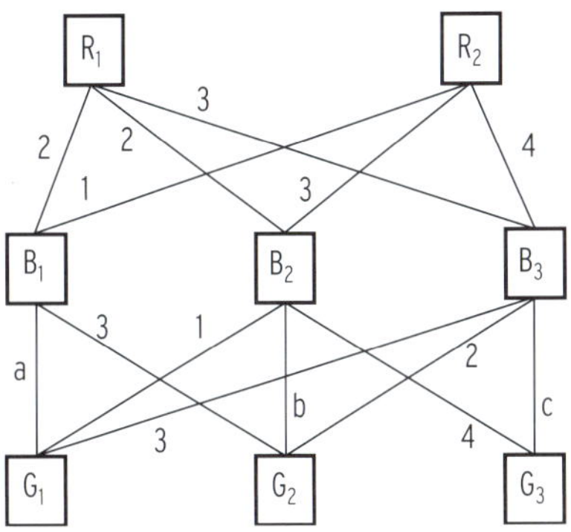

	G_1	G_2	G_3
R_1	15	18	20
R_2	17	20	28

Bestimmen Sie die Matrix, die den Bedarf an Baugruppen je Fertiggaragentyp angibt.

4 Ein Unternehmen stellt aus den Rohstoffen R_1 und R_2 die Zwischenprodukte Z_1 und Z_2 und daraus die Endprodukte E_1 und E_2 her.
Der Materialfluss in Mengeneinheiten (ME) ist den Tabellen zu entnehmen.

	Z_1	Z_2
R_1	2	1
R_2	3	1

	E_1	E_2
Z_1	a	c
Z_2	b	4

	E_1	E_2
R_1	12	10
R_2	14	d

Berechnen Sie die Werte a, b, c und d. Zeichnen Sie ein Verflechtungsdiagramm.

2.3 Produktions- und Verbrauchsvektoren

Beispiel 1

➲ Ein Unternehmen stellt aus drei Rohstoffen R_1, R_2 und R_3 Zwischenprodukte und daraus die Endprodukte E_1, E_2 und E_3 her. Die nebenstehende Stückliste gibt den Bedarf an Rohstoffen für je 1 ME der Endprodukte an.

	E_1	E_2	E_3
R_1	3	1	2
R_2	2	1	4
R_3	1	2	5

a) Berechnen Sie, wie viele Rohstoffe benötigt werden, um 2 ME von E_1, 5 ME von E_2 und 3 ME von E_3 herzustellen.

b) Ermitteln Sie, wie viele Endprodukte aus 27 ME von R_1, 35 ME von R_2 und 40 ME von R_3 hergestellt werden können.

Lösung

Für die Produktion von **je einer ME** E_1 braucht man 3 ME R_1,
je einer ME E_2 braucht man 1 ME R_1,
je einer ME E_3 braucht man 2 ME R_1.

a) Für die Produktion von **2** ME von E_1, **5** ME von E_2 und **3** ME von E_3

- braucht man $(3 \cdot \mathbf{2} + 1 \cdot \mathbf{5} + 2 \cdot \mathbf{3})$ ME R_1, also **17 ME** R_1.
- braucht man $(2 \cdot \mathbf{2} + 1 \cdot \mathbf{5} + 4 \cdot \mathbf{3})$ ME R_2, also **21 ME** R_2.
- braucht man $(1 \cdot \mathbf{2} + 2 \cdot \mathbf{5} + 5 \cdot \mathbf{3})$ ME R_3, also **27 ME** R_3.

Ergebnis: Für die Herstellung von 2 ME von E_1, 5 ME von E_2 und 3 ME von E_3 werden 17 ME von R_1, 21 ME von R_2 und 27 ME von R_3 benötigt.

In Matrixschreibweise: $\begin{pmatrix} 3 & 1 & 2 \\ 2 & 1 & 4 \\ 1 & 2 & 5 \end{pmatrix} \cdot \begin{pmatrix} 2 \\ 5 \\ 3 \end{pmatrix} = C_{RE} \cdot \vec{x} = \begin{pmatrix} 17 \\ 21 \\ 27 \end{pmatrix}$

b) Aus den Rohstoffen werden x_1 ME von E_1, x_2 ME von E_2 und x_3 ME von E_3 produziert.

Dann gilt für 27 ME R_1: $3 \cdot x_1 + 1 \cdot x_2 + 2 \cdot x_3 = 27$
für 35 ME R_2: $2 \cdot x_1 + 1 \cdot x_2 + 4 \cdot x_3 = 35$
und für 40 ME R_3: $1 \cdot x_1 + 2 \cdot x_2 + 5 \cdot x_3 = 40$

Lineares Gleichungssystem für x_1, x_2, x_3: $\left(\begin{array}{ccc|c} 3 & 1 & 2 & 27 \\ 2 & 1 & 4 & 35 \\ 1 & 2 & 5 & 40 \end{array}\right)$

Mit GTR/CAS:

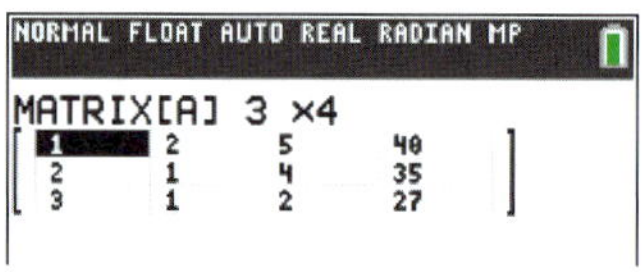

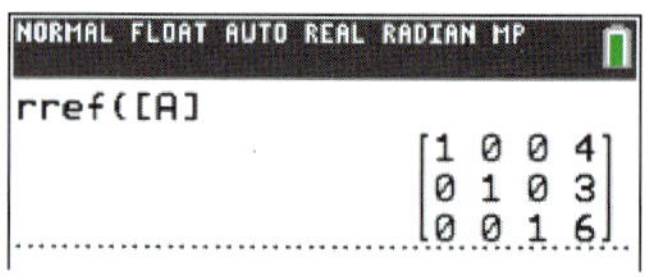

Lösung: $x_1 = 4$, $x_2 = 3$, $x_3 = 6$.

Ergebnis: Es können 4 ME von E_1, 3 ME von E_2 und 6 ME von E_3 hergestellt werden.

Produktionsvektor für die Endprodukte: $\vec{x} = \begin{pmatrix} x_1 \\ x_2 \\ x_3 \end{pmatrix} = \begin{pmatrix} 4 \\ 3 \\ 6 \end{pmatrix}$

LGS in Matrixschreibweise: $\begin{pmatrix} 3 & 1 & 2 \\ 2 & 1 & 4 \\ 1 & 2 & 5 \end{pmatrix} \cdot \begin{pmatrix} x_1 \\ x_2 \\ x_3 \end{pmatrix} = C_{RE} \cdot \vec{x} = \begin{pmatrix} 27 \\ 35 \\ 40 \end{pmatrix}$

Man unterscheidet:

- **Verbrauchsvektor** für die Rohstoffe: $\vec{r} = \begin{pmatrix} r_1 \\ r_2 \\ r_3 \end{pmatrix}$
- **Produktionsvektor** bzw. Verbrauchsvektor für die **Zwischenprodukte**: $\vec{z} = \begin{pmatrix} z_1 \\ z_2 \\ z_3 \end{pmatrix}$
- **Produktionsvektor** für die **Endprodukte**: $\vec{x} = \begin{pmatrix} x_1 \\ x_2 \\ x_3 \end{pmatrix}$

Beachten Sie

Verbrauchsvektoren besagen, wie viel ME an Rohstoffen bzw. Zwischenprodukten benötigt werden. **Produktionsvektoren** besagen, wie viel ME an Zwischenprodukten bzw. Endprodukten hergestellt werden.

Beispiel 2

➲ Eisen-Thiermann fertigt in einem zweistufigen Produktionsprozess aus den Rohstoffen R_1, R_2 und R_3 zunächst die Zwischenprodukte Z_1, Z_2 und Z_3 und daraus die Endprodukte E_1, E_2 und E_3. Die Rohstoff-Zwischenprodukt-Matrix A und die Zwischenprodukt-Endprodukt-Matrix B sind gegeben durch $A = \begin{pmatrix} 2 & 3 & 3 \\ 2 & 1 & 2 \\ 0 & 1 & 2 \end{pmatrix}$ und $B = \begin{pmatrix} 2 & 1 & 1 \\ 1 & 0 & 2 \\ 0 & 1 & 3 \end{pmatrix}$.

a) Berechnen Sie, wie viele Zwischenprodukte benötigt werden, um 6 ME von E_1, 7 ME von E_2 und 5 ME von E_3 herzustellen.

b) Ermitteln Sie, wie viel Endprodukte aus 34 ME Z_1, 26 ME von Z_2 und 30 ME von Z_3 hergestellt werden können.

c) Bestimmen Sie den Verbrauch an Rohstoffen, der zur Herstellung von 12 ME von E_1, 10 ME von E_2 und 12 ME von E_3 benötigt wird.

d) Für ein neues Produktionsverfahren gilt $C_{RE,neu} = \begin{pmatrix} 7 & 5 & 11 \\ 5 & 4 & 10 \\ 1 & 2 & 8 \end{pmatrix}$.

Der Lagerbestand von jeweils 15 ME von R_1 und R_2 und 25 ME von R_3 kann nicht vollständig zu Endprodukten verarbeitet werden. Bestätigen Sie diese Behauptung.

Lösung

a) Die Matrix $B = B_{ZE}$ gibt an, wie viel ME an Zwischenprodukten für die Herstellung von je einer ME der Endprodukte gebraucht werden.

Für die Produktion von **je einer ME E_1** braucht man 2 ME Z_1,
je einer ME E_2 braucht man 1 ME Z_1,
je einer ME E_3 braucht man 1 ME Z_1.

Für die Produktion von 6 ME von E_1, 7 ME von E_2 und 5 ME von E_3 braucht man $(2 \cdot 6 + 1 \cdot 7 + 1 \cdot 5)$ ME Z_1, also **24 ME** Z_1.

Für die Produktion von 6 ME von E_1, 7 ME von E_2 und 5 ME von E_3 braucht man $(1 \cdot 6 + 0 \cdot 7 + 2 \cdot 5)$ ME Z_2, also **16 ME** Z_2.

Für die Produktion von 6 ME von E_1, 7 ME von E_2 und 5 ME von E_3 braucht man $(0 \cdot 6 + 1 \cdot 7 + 3 \cdot 5)$ ME Z_3, also **22 ME** Z_3.

Ergebnis: Es werden 24 ME von Z_1, 16 ME von Z_2 und 22 ME von Z_3 benötigt.

D.h., die Multiplikation von B_{ZE} mit dem Produktionsvektor für die Endprodukte $\vec{x}$ ergibt den Verbrauchsvektor für die Zwischenprodukte $\vec{z}$.

In Matrixschreibweise: $\begin{pmatrix} 2 & 1 & 1 \\ 1 & 0 & 2 \\ 0 & 1 & 3 \end{pmatrix} \cdot \begin{pmatrix} 6 \\ 7 \\ 5 \end{pmatrix} = \begin{pmatrix} 24 \\ 16 \\ 22 \end{pmatrix}$ bzw. $B_{ZE} \cdot \vec{x} = \vec{z}$.

b) Für die Produktion von **je einer ME E_1** braucht man 2 ME Z_1,
je einer ME E_2 braucht man 1 ME Z_1,
je einer ME E_3 braucht man 1 ME Z_1.

Für die Produktion von x_1 ME von E_1, x_2 ME von E_2 und x_3 ME von E_3 braucht man $2 \cdot x_1 + 1 \cdot x_2 + 1 \cdot x_3$ (in ME) Z_1, insgesamt 34 ME Z_1,
und $1 \cdot x_1 + 0 \cdot x_2 + 2 \cdot x_3$ (in ME) Z_2, insgesamt 26 ME Z_2,
und $0 \cdot x_1 + 1 \cdot x_2 + 3 \cdot x_3$ (in ME) Z_3, insgesamt 30 ME Z_3.

Mit $\mathbf{B_{ZE}} \cdot \vec{x} = \vec{z}$ erhält man ein lineares Gleichungssystem für x_1, x_2, x_3.

$$\begin{aligned} 2 \cdot x_1 + 1 \cdot x_2 + 1 \cdot x_3 &= 34 \\ 1 \cdot x_1 + 2 \cdot x_3 &= 26 \\ 0 \cdot x_1 + 1 \cdot x_2 + 3 \cdot x_3 &= 30 \end{aligned}$$

In Matrixform: $\left(\begin{array}{ccc|c} 2 & 1 & 1 & 34 \\ 1 & 0 & 2 & 26 \\ 0 & 1 & 3 & 30 \end{array}\right)$; mit GTR/CAS: $x_1 = 10$, $x_2 = 6$, $x_3 = 8$

Lösungsvektor: $\vec{x} = \begin{pmatrix} x_1 \\ x_2 \\ x_3 \end{pmatrix} = \begin{pmatrix} 10 \\ 6 \\ 8 \end{pmatrix}$
(Produktionsvektor)

Ergebnis: Es können 10 ME von E_1, 6 ME von E_2 und 8 ME von E_3 hergestellt werden.

c) Die Matrix $A = A_{RZ}$ gibt an, wie viel ME an Rohstoffen für die Herstellung von je einer ME der Zwischenprodukte gebraucht werden.
Die Matrix $A_{RZ} \cdot B_{ZE} = C_{RE}$ (Rohstoff-Endprodukt-Matrix) gibt an, wie viel ME an Rohstoffen für die Herstellung von je einer ME der Endprodukte gebraucht werden.

Berechnung des Rohstoffvektors $\vec{r}$ für den Produktionsvektors $\vec{x} = \begin{pmatrix} 12 \\ 10 \\ 12 \end{pmatrix}$

$$\vec{r} = \begin{pmatrix} 2 & 3 & 3 \\ 2 & 1 & 2 \\ 0 & 1 & 2 \end{pmatrix} \cdot \begin{pmatrix} 2 & 1 & 1 \\ 1 & 0 & 2 \\ 0 & 1 & 3 \end{pmatrix} \cdot \begin{pmatrix} 12 \\ 10 \\ 12 \end{pmatrix} = \begin{pmatrix} 7 & 5 & 17 \\ 5 & 4 & 10 \\ 1 & 2 & 8 \end{pmatrix} \cdot \begin{pmatrix} 12 \\ 10 \\ 12 \end{pmatrix} = \begin{pmatrix} 338 \\ 220 \\ 128 \end{pmatrix}$$

Man braucht 338 ME R_1, 220 ME R_2 und 128 ME R_3.

Alternative: Berechnung über die Zwischenprodukte

$$\begin{pmatrix} 2 & 1 & 1 \\ 1 & 0 & 2 \\ 0 & 1 & 3 \end{pmatrix} \cdot \begin{pmatrix} 12 \\ 10 \\ 12 \end{pmatrix} = \begin{pmatrix} 46 \\ 36 \\ 46 \end{pmatrix}$$

Man braucht 46 ME Z_1, 36 ME Z_2 und 46 ME Z_3.

$$\begin{pmatrix} 2 & 3 & 3 \\ 2 & 1 & 2 \\ 0 & 1 & 2 \end{pmatrix} \cdot \begin{pmatrix} 46 \\ 36 \\ 46 \end{pmatrix} = \begin{pmatrix} 338 \\ 220 \\ 128 \end{pmatrix}.$$

Man braucht 338 ME R_1, 220 ME R_2 und 128 ME R_3.

d) Mit $C_{RE,neu} \cdot \vec{x} = \vec{r}$ erhält man ein LGS für x_1, x_2, x_3: $\begin{pmatrix} 7 & 5 & 11 \\ 5 & 4 & 10 \\ 1 & 2 & 8 \end{pmatrix} \cdot \begin{pmatrix} x_1 \\ x_2 \\ x_3 \end{pmatrix} = \begin{pmatrix} 15 \\ 15 \\ 25 \end{pmatrix}$

Die Umformung mit GTR/CAS ergibt: $\left(\begin{array}{ccc|c} 1 & 0 & -2 & 0 \\ 0 & 1 & 5 & 0 \\ 0 & 0 & 0 & 1 \end{array}\right)$

Die letzte Zeile entspricht der Gleichung $0 \cdot x_1 + 0 \cdot x_2 + 0 \cdot x_3 = 1$
$0 = 1$ (Falsche Aussage)

Das LGS hat keine Lösung.
Der Lagerbestand kann nicht vollständig verarbeitet werden.

Beispiel 3

➲ Im Unternehmen Warth werden aus zwei Rohstoffen R_1 und R_2 die Zwischenprodukte Z_1, Z_2 und Z_3 und daraus die Endprodukte E_1, E_2 und E_3 gefertigt. Die nachfolgenden Stücklisten geben den Bedarf in Rohstoffen für je 1 ME der Zwischenprodukte bzw. den Bedarf an Zwischenprodukten für je 1 ME der Endprodukte an.

	Z_1	Z_2	Z_3
R_1	3	2	2
R_2	1	3	1

	E_1	E_2	E_3
Z_1	2	6	0
Z_2	1	4	1
Z_3	0	3	2

a) Bestimmen Sie die Rohstoff-Endprodukt-Matrix.

b) Der derzeitige Lagerbestand ist 2100 ME von R_1 und 1300 ME von R_2. Es sollen 60 ME E_1, 40 ME E_2 und 45 ME E_3 hergestellt werden. Ermitteln Sie den Restbestand bzw. den zusätzlichen Bedarf an Rohstoffen.

c) Nach Beendigung eines Auftrages sind noch 76 ME R_1 und 66 ME von R_2 am Lager. Bestimmen Sie, wie viel ME der Zwischenprodukte produziert werden können, wenn von Z_2 doppelt soviele ME wie von Z_1 produziert werden.

Lösung

a) Für die Rohstoff-Endprodukt-Matrix $C = C_{RE}$ gilt: $A_{RZ} \cdot B_{ZE} = C_{RE}$.

$$A_{RZ} \cdot B_{ZE} = \begin{pmatrix} 3 & 2 & 2 \\ 1 & 3 & 1 \end{pmatrix} \cdot \begin{pmatrix} 2 & 6 & 0 \\ 1 & 4 & 1 \\ 0 & 3 & 2 \end{pmatrix} = \begin{pmatrix} 8 & 32 & 6 \\ 5 & 21 & 5 \end{pmatrix} = C_{RE}$$

b) Aus $C_{RE} \cdot \vec{x} = \vec{r}$ folgt durch Einsetzen von $\vec{x} = \begin{pmatrix} 60 \\ 40 \\ 45 \end{pmatrix}$: $C_{RE} \cdot \vec{x} = \begin{pmatrix} 8 & 32 & 6 \\ 5 & 21 & 5 \end{pmatrix} \begin{pmatrix} 60 \\ 40 \\ 45 \end{pmatrix} = \begin{pmatrix} 2030 \\ 1365 \end{pmatrix}$

$2100 - 2030 = 70$
Der Restbestand an R_1 beträgt 70 ME.
$1365 - 1300 = 65$
Der Bedarf an R_2 beträgt 65 ME.

c) Aus $A_{RZ} \cdot \vec{z} = \vec{r}$ folgt mit $\vec{z} = \begin{pmatrix} z_1 \\ 2z_1 \\ z_3 \end{pmatrix}$ durch Einsetzen $= \begin{pmatrix} 3 & 2 & 2 \\ 1 & 3 & 1 \end{pmatrix} \cdot \begin{pmatrix} z_1 \\ 2z_1 \\ z_3 \end{pmatrix} = \begin{pmatrix} 76 \\ 66 \end{pmatrix}$.

Ausmultiplizieren ergibt ein lineares Gleichungssystem für z_1 und z_3:

$$\begin{aligned} 3z_1 + 2 \cdot 2z_1 + 2z_3 &= 76 \\ z_1 + 3 \cdot 2z_1 + z_3 &= 66 \end{aligned} \quad \Leftrightarrow \quad \begin{aligned} 7z_1 + 2z_3 &= 76 \\ 7z_1 + z_3 &= 66 \end{aligned}$$

Das LGS hat die Lösung: $z_1 = 8$; $z_3 = 10$

Ergebnis: Es können 8 ME von Z_1, 16 ME von Z_2 und 10 ME von Z_3 produziert werden.

Was man wissen sollte ... über Verflechtungsmatrizen, Verbrauchs- und Produktionsvektoren

	$A_{RZ} \cdot \vec{z} = \vec{r}$	$B_{ZE} \cdot \vec{x} = \vec{z}$	$C_{RE} \cdot \vec{x} = \vec{r}$

Problemstellung

Für	$A_{RZ} \cdot \vec{z} = \vec{r}$	$B_{ZE} \cdot \vec{x} = \vec{z}$	$C_{RE} \cdot \vec{x} = \vec{r}$
ist **gegeben:**	$\vec{z}$	$\vec{x}$	$\vec{x}$
und **gesucht:**	$\vec{r}$	$\vec{z}$	$\vec{r}$

Lösung

durch **Einsetzen** des gegebenen Vektors.

Berechnung von	$A_{RZ} \cdot \vec{z}$	$B_{ZE} \cdot \vec{x}$	$C_{RE} \cdot \vec{x}$

ergibt den gesuchten Verbrauchs- oder Produktionsvektor.

Problemstellung

Für	$A_{RZ} \cdot \vec{z} = \vec{r}$	$B_{ZE} \cdot \vec{x} = \vec{z}$	$C_{RE} \cdot \vec{x} = \vec{r}$
ist **gegeben:**	$\vec{r}$	$\vec{z}$	$\vec{r}$
und **gesucht:**	$\vec{z}$	$\vec{x}$	$\vec{x}$

Lösung

Einsetzen des gegebenen Vektors ergibt ein **lineares Gleichungssystem**

für	z_1, z_2, z_3	x_1, x_2, x_3	x_1, x_2, x_3

Auflösung ergibt den gesuchten Verbrauchs- oder Produktionsvektor.

Merkregel

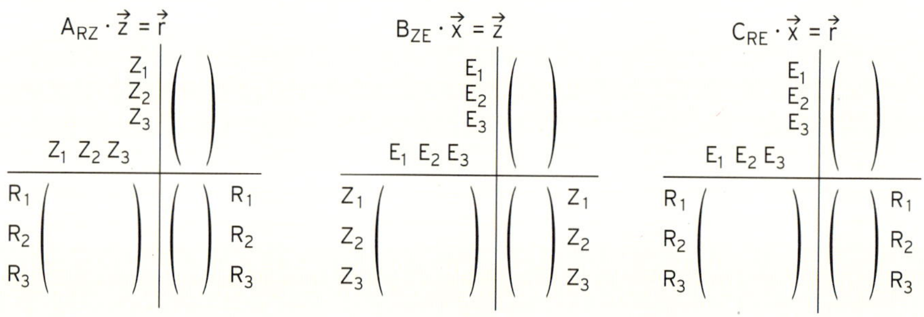

$A_{RZ} \cdot \begin{pmatrix} z_1 \\ z_2 \\ z_3 \end{pmatrix} = \begin{pmatrix} r_1 \\ r_2 \\ r_3 \end{pmatrix}$ $\quad B_{ZE} \cdot \begin{pmatrix} x_1 \\ x_2 \\ x_3 \end{pmatrix} = \begin{pmatrix} z_1 \\ z_2 \\ z_3 \end{pmatrix}$ $\quad C_{RE} \cdot \begin{pmatrix} x_1 \\ x_2 \\ x_3 \end{pmatrix} = \begin{pmatrix} r_1 \\ r_2 \\ r_3 \end{pmatrix}$

Aufgaben

1 Das Pharmaunternehmen Vetter stellt drei Präparate E_1, E_2 und E_3 her, die die Vitamine V_1, V_2 und V_3 in unterschiedlichen Anteilen enthalten. Das Verflechtungsdiagramm gibt an, wie viel ME Vitamin in jeweils einer ME Präparat enthalten ist.

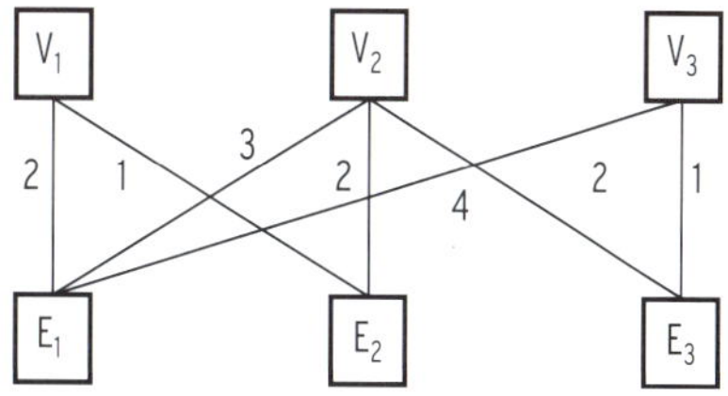

a) Beschreiben Sie die Verteilung der Vitamine auf die Präparate in Form einer Tabelle und der (V, E)-Matrix.

b) Für einen Auftrag werden von V_1 390 ME, von V_2 1020 ME und von V_3 660 ME verarbeitet. Berechnen Sie, wie viel ME der Präparate E_1, E_2 und E_3 damit gefertigt werden.

c) Für einen weiteren Auftrag sind 200 ME von E_1, 220 ME von E_2 und 240 ME von E_3 zu liefern. Ermitteln Sie, wie viel ME der Vitamine V_1, V_2 und V_3 der Betrieb dafür benötigt.

2 Die MKS Metallverarbeitung in Wuppertal stellt aus vier Rohstoffen R_1, R_2, R_3 und R_4 die Zwischenprodukte Z_1, Z_2 und Z_3 her. Diese werden dann zu den Fertigprodukten E_1, E_2 und E_3 zusammengesetzt. Die nachfolgenden Stücklisten geben den Bedarf an Rohstoffen für je 1 Stück der Zwischenprodukte bzw. den Bedarf an Zwischenprodukten für je 1 Stück der Endprodukte an.

	Z_1	Z_2	Z_3
R_1	3	2	2
R_2	4	1	5
R_3	0	3	1
R_4	0	4	3

	E_1	E_2	E_3
Z_1	8	12	6
Z_2	4	10	8
Z_3	2	5	4

Bestimmen Sie, wie viel Stück von jedem Rohstoff bzw. von jedem Zwischenprodukt zur Herstellung von 40 Stück E_1, 20 Stück E_2 und 50 Stück E_3 benötigt werden.

3 Ein Unternehmen der Pharmaindustrie stellt aus drei pflanzlichen Rohstoffen R_1, R_2 und R_3 die Substanzen S_1, S_2 und S_3 her. Aus diesen Substanzen werden die Medikamente M_1 und M_2 hergestellt. Die folgenden Tabellen zeigen den Materialbedarf in ME:

	S_1	S_2	S_3
R_1	1	2	2
R_2	4	3	2
R_3	1	5	1

	M_1	M_2
S_1	1	5
S_2	1	3
S_3	2	2

a) Erstellen Sie eine Tabelle, die den Rohstoffbedarf für die Medikamente darstellt.

b) Erfahrungsgemäß werden im Sommer 2000 ME des Medikaments M_1 und 1700 ME des Medikaments M_2 verkauft. Berechnen Sie den Bedarf an Substanzen, die dazu benötigt werden. Bestimmen Sie, wie viel ME von jedem Rohstoff benötigt werden.

c) Im Lager befinden sich 660 ME R_1 und 1140 ME R_2. Der Rohstoff R_3 ist nicht mehr vorrätig. Es werden gleich viel ME der Substanzen S_1 und S_3 benötigt.
Berechnen Sie die Menge an Substanzen S_1, S_2 und S_3, die aus den Lagerbeständen hergestellt werden können, wenn alle vorhandenen Rohstoffe verbraucht werden sollen.
Bestimmen Sie die Bestellmenge des Rohstoffs R_3.

4 Ein Unternehmen fertigt aus den Materialien R_1, R_2 und R_3 die Zwischenprodukte Z_1, Z_2 und Z_3. Diese werden dann zu den Endprodukten E_1, E_2 und E_3 verarbeitet.
Der Materialfluss in Mengeneinheiten (ME) ist durch folgende Tabellen gegeben:

	E_1	E_2	E_3
R_1	12	14	21
R_2	12	13	21
R_3	11	12	19

	E_1	E_2	E_3
Z_1	2	3	4
Z_2	1	2	2
Z_3	2	1	3

Berechnen Sie die Herstellmenge von jedem Endprodukt aus 80 ME Z_1, 50 ME von Z_2 und 40 ME von Z_3. Ermitteln Sie, wie viel ME von jedem Rohstoff benötigt werden.

5 Das Hightech-Unternehmen Kisko braucht für die Fertigung seiner Mikrochips M_1, M_2 und M_3 die Rohstoffe R_1, R_2 und R_3.
Aus den Mikrochips werden die Speicherbausteine E_1, E_2 und E_3 hergestellt.

Die nachfolgenden Stücklisten beschreiben den Materialfluss.

	M_1	M_2	M_3
R_1	4	3	3
R_2	2	4	2
R_3	4	5	1

	E_1	E_2	E_3
M_1	1	3	4
M_2	5	2	2
M_3	0	4	0

a) Berechnen Sie den nötigen Vorrat an Rohstoffen, damit ein Auftrag über 70 Stück von E_1, 100 Stück von E_2 und 60 Stück von E_3 bearbeitet werden kann. Ermitteln Sie die Fertigungszahlen von Mikrochips in der ersten Produktionsstufe für diesen Auftrag.

b) Im Lager befinden sich zurzeit 840 Stück M_1 und 960 Stück M_2. Berechnen Sie die Nachlieferung von M_3, wenn 120 Stück von E_1 produziert und der Lagerbestand an Mikrochips vollständig verarbeitet werden soll. Dabei darf bei M_1 eine „eiserne Reserve" von 100 Stück nicht unterschritten werden.
Berechnen Sie die Herstellmenge von E_2 und E_3.

6 Die Weber Metallbau GmbH stellt aus den Komponenten R_1, R_2 und R_3 die Bauteile B_1, B_2 und B_3 her. Daraus werden die Fertigprodukte E_1, E_2 und E_3 montiert.
Für 1 ME E_1 werden 20 ME R_1, 6 ME R_2 und 9 ME R_3 verbraucht, für 1 ME E_2 benötigt man 24 ME R_1, 14 ME R_2 und 11 ME R_3 und für 1 ME E_3 benötigt man 24 ME R_1, 12 ME R_2 und 15 ME R_3.
Im Lager sind 5280 ME der Komponente R_1, 2260 ME von R_2 und keine Komponenten R_3.
Die Fertigungsleitung hat zwei Optionen für die nächste Produktionsperiode:

- Von E_2 werden 50 ME produziert und das Lager soll vollständig geräumt werden.
- Ein Auftrag über jeweils 100 ME der Fertigprodukte E_1, E_2 und E_3 wird angenommen und abgearbeitet.

Erläutern Sie die Auswirkungen der beiden Möglichkeiten.

2.4 Kosten

Beispiel 1

➲ Ein Betrieb produziert aus den drei Rohstoffen R_1, R_2 und R_3 die Produkte P_1 und P_2. Der Materialfluss in Mengeneinheiten (ME) ist der Tabelle (Stückliste) zu entnehmen.
Die Rohstoffkosten betragen 7 GE (Geldeinheiten) für 1 ME R_1, 3 GE für 1 ME R_2 und 2 GE für 1 ME R_3. Berechnen Sie die gesamten Rohstoffkosten für die Produktion von 120 ME von P_1 und 80 ME von P_2.

	P_1	P_2
R_1	4	6
R_2	0	8
R_3	5	3

Lösung

Berechnung der **Rohstoffkosten** für zum Beispiel 1 ME von P_1:
In 1 ME von P_1 sind enthalten

				R_1	4
				R_2	0
Kosten für 1 ME	R_1	R_2	R_3	R_3	5
	7	3	2		$7 \cdot 4 + 3 \cdot 0 + 2 \cdot 5 = 38$

$$(7\ \ 3\ \ 2) \cdot \begin{pmatrix} 4 \\ 0 \\ 5 \end{pmatrix} = 38$$

Die Rohstoffkosten für 1 ME von P_1 betragen 38 GE.
Berechnung der **Rohstoffkosten** für zum Beispiel 1 ME von P_2:
In 1 ME von P_2 sind enthalten

				R_1	6
				R_2	8
Kosten für 1 ME	R_1	R_2	R_3	R_3	3
	7	3	2		$7 \cdot 6 + 3 \cdot 8 + 2 \cdot 3 = 72$

$$(7\ \ 3\ \ 2) \cdot \begin{pmatrix} 6 \\ 8 \\ 3 \end{pmatrix} = 72$$

Die Rohstoffkosten für 1 ME von P_2 betragen 72 GE.
Multiplikation von links mit dem **Kostenvektor** $\vec{k}^T$ (**als Zeilenvektor**) ergibt die Rohstoffkosten für je eine ME der Produkte.

$$(7\ \ 3\ \ 2) \begin{pmatrix} 4 & 6 \\ 0 & 8 \\ 5 & 3 \end{pmatrix} = (38\ \ 72)$$

Für die Herstellung von **1 ME** von $\mathbf{P_1}$ betragen die Rohstoffkosten 38 GE, **für 1 ME von $\mathbf{P_2}$** betragen die Rohstoffkosten 72 GE.

Rohstoffkosten für die Produktion von 120 ME von P_1 und 80 ME von P_2:
Multiplikation von Rohstoffkosten je ME P_1 und je ME P_2 mit dem Produktionsvektor ergibt die **Gesamtrohstoffkosten** (eine Zahl).

			P_1	120
Kosten für 1 ME	P_1	P_2	P_2	80
	38	72		$38 \cdot 120 + 72 \cdot 80 = 10\,320$

In Matrixschreibweise: $(38\ \ 72) \cdot \begin{pmatrix} 120 \\ 80 \end{pmatrix} = 10\,320$

Rohstoffkosten-vektor $\vec{k}^T$ **Produktions-vektor $\vec{x}$** **Gesamtrohstoffkosten**

Oder:

$\begin{pmatrix} 4 & 6 \\ 0 & 8 \\ 5 & 3 \end{pmatrix} \cdot \begin{pmatrix} 120 \\ 80 \end{pmatrix} = \begin{pmatrix} 960 \\ 640 \\ 840 \end{pmatrix}$ **Gesamtrohstoffbedarf;** $(7\ \ 3\ \ 2) \cdot \begin{pmatrix} 960 \\ 640 \\ 840 \end{pmatrix} = 10\,320$ **Gesamtrohstoffkosten**

Beispiel 2

Ein Computerproduzent stellt aus drei Rohstoffen R_1, R_2 und R_3 die Endprodukte E_1, E_2 und E_3 her. Die Tabelle gibt den Materialfluss in Mengeneinheiten (ME) an.

	E_1	E_2	E_3
R_1	2	4	3
R_2	4	2	5
R_3	3	1	6

Die Rohstoffkosten betragen 3 GE für je 1 ME R_1, 2,5 GE für je 1 ME R_2 und 6,5 GE für je 1 ME R_3. Die Fertigungskosten für eine ME von E_1 betragen 20 GE, für eine ME von E_2 15 GE und für eine ME von E_3 7 GE.

Für einen Auftrag werden 4 ME von E_1, 6 ME von E_2 und 5 ME von E_3 benötigt.

a) Berechnen Sie die Rohstoffkosten für diesen Auftrag.

b) Bestimmen Sie die variablen Herstellkosten und die Gesamtkosten für diesen Auftrag, wenn ein Fixkostenanteil von 300 GE zu berücksichtigen ist.

Lösung

a) Die Rohstoffkosten für je 1 ME von Endprodukt E_1 setzen sich wie folgt zusammen:

Für je 1 ME E_1 braucht man
von R_1 2 ME à 3 GE/ME = 6 GE
von R_2 4 ME à 2,5 GE/ME = 10 GE
von R_3 3 ME à 6,5 GE/ME = 19,50 GE

Rohstoffkosten je ME E_1: $6 + 10 + 19{,}50 = 35{,}5$

Rohstoffkosten je ME E_2: $4 \cdot 3 + 2 \cdot 2{,}5 + 1 \cdot 6{,}5 = 23{,}5$

Rohstoffkosten je ME E_3: $3 \cdot 3 + 5 \cdot 2{,}5 + 6 \cdot 6{,}5 = 60{,}5$

Rohstoffkosten K_R für diesen Auftrag: $K_R = 4 \cdot 35{,}50 + 6 \cdot 23{,}50 + 5 \cdot 60{,}50$

$K_R = 585{,}50$

Ergebnis: Die Rohstoffkosten für diesen Auftrag betragen 585,50 GE.

In Matrixschreibweise: $(3\ \ 2{,}5\ \ 6{,}5)\begin{pmatrix} 2 & 4 & 3 \\ 4 & 2 & 5 \\ 3 & 1 & 6 \end{pmatrix}\begin{pmatrix} 4 \\ 6 \\ 5 \end{pmatrix} = (35{,}5\ \ 23{,}5\ \ 60{,}5)\begin{pmatrix} 4 \\ 6 \\ 5 \end{pmatrix} = 585{,}50.$

b) Kosten für die Fertigung: $K_E = 20 \cdot 4 + 15 \cdot 6 + 7 \cdot 5 = 205$

In Vektorschreibweise: $K_E = (20\ \ 15\ \ 7)\begin{pmatrix} 4 \\ 6 \\ 5 \end{pmatrix} = \vec{k}_E^{\,T} \cdot \vec{x}$

Variable Herstellkosten: $K_v = K_R + K_E = 585{,}50 + 205$

$K_v = 790{,}50$

Fixkosten: $K_f = 300$

Gesamtkosten: $K = K_v + K_f = 790{,}50 + 300$

$K = 1090{,}50$

Ergebnis: Die **variablen Herstellkosten** betragen 790,50 GE, die **Gesamtkosten** belaufen sich auf 1090,50 GE.

Hinweis: Kostenvektoren sind **Zeilenvektoren,**
Verbrauchsvektoren und **Produktionsvektoren** sind **Spaltenvektoren.**

Beispiel 3

Die VELOTRITT GmbH stellt in einem zweistufigen Produktionsprozess zunächst aus den drei Ausgangsfarben (Rohstoffen) R_1, R_2 und R_3 die drei Modefarben (Zwischenprodukte) Z_1, Z_2 und Z_3 und aus diesen dann die Lackierungen für die Modelle City (E_1), Tour (E_2) und Berg (E_3) her. Gegeben sind die Rohstoff-Endprodukt-Matrix C und die Zwischenprodukt-Endprodukt-Matrix B.

$$B = \begin{pmatrix} 2 & 1 & 1 \\ 1 & 0 & 2 \\ 0 & 1 & 3 \end{pmatrix};\ C = \begin{pmatrix} 2 & 5 & 3 \\ 4 & 4 & 6 \\ 4 & 7 & 7 \end{pmatrix}$$

Die Kosten für die Rohstoffe, für die Fertigung der Zwischenprodukte und die Montage der Endprodukte betragen in Geldeinheiten pro Mengeneinheiten (GE/ME):

R_1	R_2	R_3
8	4	7

Z_1	Z_2	Z_3
12	8	4

E_1	E_2	E_3
8	10	12

Für einen Auftrag werden 3 ME von E_1, 5 ME von E_2 und 2 ME von E_3 hergestellt.

a) Berechnen Sie die gesamten Rohstoffkosten (Materialkosten) für diesen Auftrag.

b) Bestimmen Sie die Fertigungskosten je ME Endprodukt bei der Zwischenprodukt-fertigung.

c) Geben Sie die variablen Herstellkosten je ME der Endprodukte an.
Berechnen Sie die variablen Herstellkosten für diesen Auftrag.

Lösung

a) Die Rohstoffkosten für je 1 ME von Endprodukt E_1 setzen sich wie folgt zusammen:

Rohstoffkostenvektor $\vec{k}_R^{\,T} = (8\ \ 4\ \ 7)$

Für je 1 ME E_1 braucht man
von R_1 2 ME à 8 GE/ME = 16 GE
von R_2 4 ME à 4 GE/ME = 16 GE
von R_3 4 ME à 7 GE/ME = 28 GE

Rohstoffkosten je ME Endprodukt E_1: 16 + 16 + 28 = 60, also 60 GE

In Matrixschreibweise: $(8\ \ 4\ \ 7) \cdot \begin{pmatrix} 2 \\ 4 \\ 4 \end{pmatrix} = 60$

Rohstoffkosten je ME Endprodukt: $\vec{k}_R^{\,T} \cdot C = (8\ \ 4\ \ 7) \begin{pmatrix} 2 & 5 & 3 \\ 4 & 4 & 6 \\ 4 & 7 & 7 \end{pmatrix} = (60\ \ 105\ \ 97)$ (Spalte bzw. Eintrag jeweils E_1)

Rohstoffkosten für den Auftrag: $\vec{k}_R^{\,T} \cdot C \cdot \vec{x} = (60\ \ 105\ \ 97) \begin{pmatrix} 3 \\ 5 \\ 2 \end{pmatrix} = 899$

Die **Rohstoffkosten für diesen Auftrag** betragen 899 GE.

Beachten Sie

$\vec{k}_R^{\,T} \cdot C \cdot \vec{x}$ ergibt die **Gesamtmaterialkosten** für die Produktion $\vec{x}$.

b) Kostenvektor $\vec{k}_Z^T = (12\ \ 8\ \ 4)$

Fertigungskosten je ME Endprodukt
bei der Zwischenproduktfertigung: $\vec{k}_Z^T \cdot B = (12\ \ 8\ \ 4)\begin{pmatrix} \mathbf{2} & 1 & 1 \\ \mathbf{1} & 0 & 2 \\ \mathbf{0} & 1 & 3 \end{pmatrix} = (\mathbf{32}\ \ 16\ \ 40)$

Die Fertigung aller Zwischenprodukte, die z.B. in 1 ME von E_1 enthalten sind, kostet **32** GE.

c) **Rohstoffkosten je ME Endprodukt:** $\vec{k}_R^T \cdot C = (\mathbf{60}\ \ 105\ \ 97)$

Fertigungskosten je ME Endprodukt
bei der Zwischenproduktfertigung: $\vec{k}_Z^T \cdot B = (\mathbf{32}\ \ 16\ \ 40)$

Fertigungskosten je ME Endprodukt
bei der Endproduktfertigung: $\vec{k}_E^T = (\mathbf{8}\ \ 10\ \ 12)$

Variable Herstellkosten je ME Endprodukt (ohne Fixkosten)

$\vec{k}_v^T = (\mathbf{60}\ \ 105\ \ 97) + (\mathbf{32}\ \ 16\ \ 40) + (\mathbf{8}\ \ 10\ \ 12) = (\mathbf{100}\ \ 131\ \ 149)$

Variable Herstellkosten je ME Endprodukt

$$\vec{k}_v^T = \vec{k}_R^T \cdot C + \vec{k}_Z^T \cdot B + \vec{k}_E^T$$

Variable Herstellkosten für die Produktion von 3 ME von E_1, 5 ME von E_2 und 2 ME von E_3:

$\mathbf{K_v = \vec{k}_v^T \cdot \vec{x}} = (100\ \ 131\ \ 149)\begin{pmatrix} 3 \\ 5 \\ 2 \end{pmatrix} = 1253$

Ergebnis: Die variablen Herstellkosten für diesen Auftrag betragen 1253 GE.

Bemerkung: Man unterscheidet:

- **Kosten** für 1 ME der Rohstoffe **(Materialkosten)** $\vec{k}_R^T$

  Am Beispiel: Rohstoffkostenvektor $\vec{k}_R^T = (8\ \ 4\ \ 7)$

  1 ME R_1 kostet 8 GE, 1 ME R_2 kostet 4 GE; 1 ME R_3 kostet 7 GE (**Materialkosten**)

- **Kosten** für die Fertigung von je 1 ME der **Zwischenprodukte** bzw. **Fertigungskosten in Stufe 1** $\vec{k}_Z^T$

  Am Beispiel: Fertigungskosten in Stufe 1: $\vec{k}_Z^T = (12\ \ 8\ \ 4)$

  Die Herstellung einer ME Z_1 kostet 12 GE, einer ME Z_2 8 GE und einer ME Z_3 kostet 4 GE.

- **Kosten** für die Fertigung von je 1 ME der **Endprodukte** bzw. **Fertigungskosten in Stufe 2** $\vec{k}_E^T$

  Am Beispiel: Fertigungskosten in Stufe 2: $\vec{k}_E^T = (8\ \ 10\ \ 12)$

  Die Herstellung einer ME E_1 kostet 8 GE, einer ME E_2 kostet 10 GE und einer ME E_3 kostet 12 GE.

Die Kostenvektoren sind Zeilenvektoren.

Was man wissen sollte ... über Kosten

Rohstoffkosten je ME der Rohstoffe: $\vec{k}_R^{\,T}$

Rohstoffkosten (Materialkosten) je ME Endprodukt: $\vec{k}_R^{\,T} \cdot C_{RE}$

Bemerkung: Die Matrix C beschreibt, wie viele ME der Rohstoffe R_1, R_2, usw. pro ME Endprodukt gebraucht werden.

Fertigungskosten je ME Zwischenprodukt: $\vec{k}_Z^{\,T}$

Fertigungskosten je ME Endprodukt in Stufe 1: $\vec{k}_Z^{\,T} \cdot B_{ZE}$

Bemerkung: In Fertigungsstufe 1 werden Zwischenprodukte hergestellt.
Die Matrix B beschreibt, wie viele ME der Zwischenprodukte Z_1, Z_2, ... pro ME Endprodukt gebraucht werden.

Fertigungskosten je ME Endprodukt in Stufe 2: $\vec{k}_E^{\,T}$

Variable Herstellkosten $\vec{k}_v^{\,T}$ je ME Endprodukt: $\vec{k}_v^{\,T} = \vec{k}_R^{\,T} \cdot C_{RE} + \vec{k}_Z^{\,T} \cdot B_{ZE} + \vec{k}_E^{\,T}$

Multiplikation von $\vec{k}_v^{\,T}$ mit dem Produktionsvektor $\vec{x}$ für die Endprodukte ergibt die gesamten variablen Herstellkosten für die gegebene Produktion $\vec{x}$.

Gesamte variable Herstellkosten K_v^T: $K_v = \vec{k}_v^{\,T} \cdot \vec{x}$

Ist bekannt, wie viel Rohstoffe $\vec{r}$ und wie viel Zwischenprodukte $\vec{z}$ für die Endprodukte $\vec{x}$ gebraucht werden, kann man K_v auch berechnen mit:

$$K_v = \vec{k}_v^{\,T} \cdot \vec{x} = (\vec{k}_R^{\,T} \cdot C_{RE} + \vec{k}_Z^{\,T} \cdot B_{ZE} + \vec{k}_E^{\,T}) \cdot \vec{x}$$
$$= \vec{k}_R^{\,T} \cdot C_{RE} \cdot \vec{x} + \vec{k}_Z^{\,T} \cdot B_{ZE} \cdot \vec{x} + \vec{k}_E^{\,T} \cdot \vec{x}$$

Mit $\vec{r} = C_{RE} \cdot \vec{x}$ und $\vec{z} = B_{ZE} \cdot \vec{x}$ erhält man

K_v	=	$\vec{k}_R^{\,T} \cdot \vec{r}$	+	$\vec{k}_Z^{\,T} \cdot \vec{z}$	+	$\vec{k}_E^{\,T} \cdot \vec{x}$
K_v	=	K_R	+	K_Z	+	K_E
		Rohstoffkosten		**Kosten** für die Fertigung der **Zwischenprodukte**		**Kosten** für die Fertigung der **Endprodukte**

Die **Gesamtkosten K** ergeben sich aus den **variablen Herstellkosten K_v** und den **Fixkosten K_f**: $K = K_v + K_f$

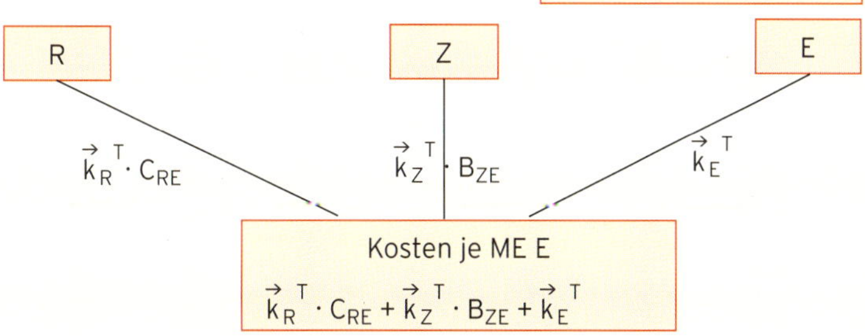

Gewinnermittlung

Beispiel 1

In einer Großkonditorei werden täglich drei verschiedene Torten gebacken. Dafür werden aus den drei Zutaten Ei, Mehl, Butter zwei verschiedene Teige und eine Creme hergestellt. Den Materialbedarf in Mengeneinheiten (ME) zeigen folgende Tabellen (Bei den Torten ist 1 ME dasselbe wie 1 Torte):

	Torte 1	Torte 2	Torte 3
Teig 1	2	2	1
Teig 2	1	1	1
Creme	2	1	2

	Torte 1	Torte 2	Torte 3
Ei	19	18	19
Mehl	10	10	9
Butter	15	17	19

Die Großkonditorei kalkuliert mit folgenden Kosten (in Geldeinheiten GE):

$\vec{k}_R^{\,T} = (0{,}1\ \ 0{,}2\ \ 0{,}6)$ Kosten für je eine ME der Zutaten,

$\vec{k}_Z^{\,T} = (0{,}8\ \ 1{,}0\ \ 0{,}6)$ Fertigungskosten je ME Teig/Creme,

$\vec{k}_E^{\,T} = (3\ \ 5\ \ 7)$ Fertigungskosten je Torte.

Die täglichen Fixkosten liegen bei 1200 GE.

Berechnen Sie die variablen Herstellkosten, wenn 100 Torten 1, 150 Torten 2 und 120 Torten 3 produziert werden.

Ermitteln Sie die Kosten, die auf jede dieser Torten durchschnittlich entfallen. Geben Sie den Gewinn an, wenn Torte 1 für 30 GE, Torte 2 für 35 GE und Torte 3 für 30 GE verkauft werden.

Lösung

Es gilt: **Variable Herstellkosten je ME der Endprodukte:**

$$\vec{k}_V^{\,T} = \vec{k}_R^{\,T} \cdot C_{RE} + \vec{k}_Z^{\,T} \cdot B_{ZE} + \vec{k}_E^{\,T}$$

$$\vec{k}_V^{\,T} = (0{,}1\ \ 0{,}2\ \ 0{,}6) \cdot \begin{pmatrix} 19 & 18 & 19 \\ 10 & 10 & 9 \\ 15 & 17 & 19 \end{pmatrix} + (0{,}8\ \ 1{,}0\ \ 0{,}6) \cdot \begin{pmatrix} 2 & 2 & 1 \\ 1 & 1 & 1 \\ 2 & 1 & 2 \end{pmatrix} + (3\ \ 5\ \ 7)$$

$$\vec{k}_V^{\,T} = (12{,}9\ \ 14\ \ 15{,}1) + (3{,}8\ \ 3{,}2\ \ 3{,}0) + (3\ \ 5\ \ 7)$$

$$\vec{k}_V^{\,T} = (19{,}7\ \ 22{,}2\ \ 25{,}1)$$

Variable Herstellkosten für den Auftrag: $K_V = (\vec{k}_R^{\,T} \cdot C_{RE} + \vec{k}_Z^{\,T} \cdot B_{ZE} + \vec{k}_E^{\,T}) \cdot \vec{x}$

$$K_V = (19{,}7\ \ 22{,}2\ \ 25{,}1) \cdot \begin{pmatrix} 100 \\ 150 \\ 120 \end{pmatrix} = 8312$$

Die variablen Herstellkosten betragen 8312 GE.

Gesamtkosten: $K = K_V + K_f = 8312 + 1200 = 9512$

Durchschnittliche Kosten pro Torte: $\frac{9512}{370} = 25{,}71$

Auf jede dieser 370 Torten entfallen etwa 26 GE an Kosten.

Einnahmen (Erlöse): $E = (30\ \ 35\ \ 30) \cdot \begin{pmatrix} 100 \\ 150 \\ 120 \end{pmatrix} = 11\,850$

Gewinn: $G = E - K = 11\,850 - 9512 = 2338$

Der Gewinn beträgt 2338 GE.

Beispiel 2

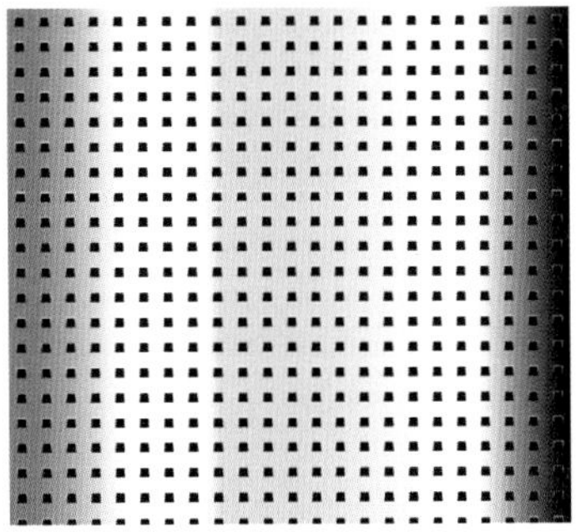

➲ Die Metallbausparte von Waldner fertigt aus drei Rohstoffen R_1, R_2 und R_3 die Zwischenprodukte Z_1, Z_2 und Z_3 und aus diesen die Endprodukte E_1, E_2 und E_3. Die folgenden Tabellen geben den Bedarf an Rohstoffen für je 1 ME der Zwischenprodukte bzw. den Bedarf an Zwischenprodukten für je 1 ME der Endprodukte an.

	Z_1	Z_2	Z_3
R_1	1	2	4
R_2	4	2	4
R_3	6	4	1

	E_1	E_2	E_3
Z_1	3	3	4
Z_2	4	3	2
Z_3	3	7	5

Die Kosten in Geldeinheiten (GE) pro ME für die Rohstoffe, die Kosten für die Fertigung der Zwischenprodukte und die Kosten für die Produktion der Endprodukte sind durch folgende Vektoren gegeben: $\vec{k}_R^{\,T} = (3\ \ 4\ \ 6)$; $\vec{k}_Z^{\,T} = (14\ \ 16\ \ 15)$; $\vec{k}_E^{\,T} = (65\ \ 80\ \ 75)$.

a) Für einen Auftrag über 20 ME von E_1, 10 ME von E_2 und 30 ME von E_3 betragen die Fixkosten 7000 GE. Berechnen Sie die Rohstoffkosten und die Herstellkosten der Zwischenprodukte.
Die Verkaufspreise je ME betragen für E_1 740 GE, für E_2 750 GE und für E_3 980 GE.
Berechnen Sie den Gewinn für diesen Auftrag.

b) In einer Werbeaktion kalkuliert der Betrieb bei dem Auftrag aus Teilaufgabe **a)** kostendeckend. Der Verkaufspreis in Geldeinheiten (GE) je ME von E_1 soll doppelt so hoch sein wie der von E_2 und der von E_3 um 6 GE höher als der von E_2.
Erläutern Sie die Festsetzung der Preise.

Lösung

a) **Kosten K_E für die Fertigung der Endprodukte:** $\qquad$ $\mathbf{K_E = \vec{k}_E^{\,T} \cdot \vec{x}}$

$$K_E = \vec{k}_E^{\,T} \cdot \vec{x} = (65\ \ 80\ \ 75)\begin{pmatrix}20\\10\\30\end{pmatrix} = 4350$$

Kosten K_Z für die Fertigung der Zwischenprodukte: $\qquad$ $\mathbf{K_Z = \vec{k}_Z^{\,T} \cdot \vec{z}}$

$\vec{z}$ ist der Produktionsvektor für die Zwischenprodukte.

Um die Kosten K_Z zu bestimmen, muss man zuerst die für den Auftrag benötigten Zwischenprodukte $\vec{z}$ berechnen: $\vec{z} = B_{ZE} \cdot \vec{x} = \begin{pmatrix}3 & 3 & 4\\4 & 3 & 2\\3 & 7 & 5\end{pmatrix}\begin{pmatrix}20\\10\\30\end{pmatrix} = \begin{pmatrix}210\\170\\280\end{pmatrix}$

Kosten K_Z: $K_Z = \vec{k}_Z^{\,T} \cdot \vec{z} = (14\ \ 16\ \ 15)\begin{pmatrix}210\\170\\280\end{pmatrix} = 9860$

Kosten K_R für die Rohstoffe: $\qquad$ $\mathbf{K_R = \vec{k}_R^{\,T} \cdot \vec{r}}$

$\vec{r}$ ist der Verbrauchsvektor für die Rohstoffe.

Für diesen Auftrag benötigte Rohstoffe: $\vec{r} = A_{RZ} \cdot \vec{z} = \begin{pmatrix}1 & 2 & 4\\4 & 2 & 4\\6 & 4 & 1\end{pmatrix}\begin{pmatrix}210\\170\\280\end{pmatrix} = \begin{pmatrix}1670\\2300\\2220\end{pmatrix}$

(benötigte Rohstoffe für die Herstellung der Zwischenprodukte).

Rohstoffkosten (Materialkosten): $K_R = \vec{k}_R^{\,T} \cdot \vec{r} = (3\ \ 4\ \ 6)\begin{pmatrix}1670\\2300\\2220\end{pmatrix} = 27530$

Variable Herstellkosten K_V für diesen Auftrag

$K_v = K_R + K_Z + K_E = 4350 + 9860 + 27530 = 41740$

Gesamtkosten: $K = K_v + K_f = 41740 + 7000 = 48740$

Ergebnis: Die Gesamtkosten betragen 48740 GE.

> **Beachten Sie**
>
> **Berechnung der Gesamtkosten:** $\mathbf{K = K_v + K_f}$
>
> $\mathbf{K = K_R + K_Z + K_E + K_f}$

Erlös E: $E = \vec{p}^{\,T} \cdot \vec{x}$

mit Preisvektor $\vec{p}^{\,T} = (740\ \ 750\ \ 980)$ (als Zeilenvektor)

$E = (740\ \ 750\ \ 980)\begin{pmatrix}20\\10\\30\end{pmatrix} = 51700$

Gewinn G = Erlös − Kosten $G = E - K = 51700 - 48740$

$G = 2960$

Der Betrieb erzielt bei diesem Auftrag einen Gewinn von 2960 GE.

> **Begriffe**
>
> **Erlös = Preis · Menge** $E = \vec{p}^{\,T} \cdot \vec{x}$ mit Preisvektor $\vec{p}$
>
> **Gewinn = Erlös − Kosten** $G = E - K = \vec{p}^{\,T} \cdot \vec{x} - \vec{k}_v^{\,T} \cdot \vec{x} - K_f$

Gewinnermittlung über Deckungsbeiträge

Rohstoff-Endproduktmatrix: $C_{RE} = A_{RZ} \cdot B_{ZE} = \begin{pmatrix}1 & 2 & 4\\4 & 2 & 4\\6 & 4 & 1\end{pmatrix} \cdot \begin{pmatrix}3 & 3 & 4\\4 & 3 & 2\\3 & 7 & 5\end{pmatrix} = \begin{pmatrix}23 & 37 & 28\\32 & 46 & 40\\37 & 37 & 37\end{pmatrix}$

variable Herstellkosten je ME Endprodukt: $\vec{k}_v^{\,T} = \vec{k}_R^{\,T} \cdot C_{RE} + \vec{k}_Z^{\,T} \cdot B_{ZE} + \vec{k}_E^{\,T}$

$\vec{k}_v^{\,T} = (3\ \ 4\ \ 6)\begin{pmatrix}23 & 37 & 28\\32 & 46 & 40\\37 & 37 & 37\end{pmatrix} + (14\ \ 16\ \ 15)\begin{pmatrix}3 & 3 & 4\\4 & 3 & 2\\3 & 7 & 5\end{pmatrix} + (65\ \ 80\ \ 75)$

$\vec{k}_v^{\,T} = (419\ \ 517\ \ 466) + (151\ \ 195\ \ 163) + (65\ \ 80\ \ 75) = (635\ \ 792\ \ 704)$

Stückdeckungsbeitrag:

Differenz von Verkaufspreis und variablen Herstellkosten

$\overrightarrow{db}^{\,T} = \vec{p}^{\,T} - \vec{k}_v^{\,T}$

$= (740\ \ 750\ \ 980) - (635\ \ 792\ \ 704)$

$\overrightarrow{db}^{\,T} = (105\ \ -42\ \ 276)$

Gesamtdeckungsbeitrag:

Stückdeckungsbeitrag · Produktion $DB = \overrightarrow{db}^{\,T} \cdot \vec{x} = (105\ \ -42\ \ 276)\begin{pmatrix}20\\10\\30\end{pmatrix}$

$DB = 9960$

Gewinn:

Gesamtdeckungsbeitrag minus Fixkosten $G = DB - K_f = 2960$

> **Beachten Sie**
>
> **Stückdeckungsbeitrag als Differenz aus Verkaufspreis und variablen Herstellkosten je ME Endprodukt:** $\vec{db}^T = \vec{p}^T - \vec{k}_v^T$
>
> **Gesamtdeckungsbeitrag DB als Produkt aus Stückdeckungsbeitrag** und **Produktion:**
> $$DB = \vec{db}^T \cdot \vec{x}$$
>
> **Gewinn** als **Gesamtdeckungsbeitrag minus Fixkosten: $G = DB - K_f$**

b) **Kostendeckend** bedeutet: **Erlös = Gesamtkosten**

a ist der Verkaufspreis je ME E_2.

Mit dem **Preisvektor** $\vec{p}^T = (2a \quad a \quad a+6)$

erhält man den **Erlös**: $E = \vec{p}^T \cdot \vec{x} = (2a \quad a \quad a+6)\begin{pmatrix}20\\10\\30\end{pmatrix} = 80a + 180$

Bedingung für a: $E = 48\,740$ $80a + 180 = 48\,740$

$a = 607$

Preisvektor für die Endprodukte: $\vec{p}^T = (1214 \quad 607 \quad 613)$

> **Beachten Sie**
>
> **Kostendeckend** bedeutet $E = K$ oder $G = 0$.

Aufgaben

1 Ein Produktionsprozess, bei dem aus den Rohstoffen R_1 und R_2 die Zwischenprodukte Z_1 und Z_2 und aus diesen die Endprodukte E_1 und E_2 hergestellt werden, wird beschrieben durch die Matrizen $A_{RZ} = \begin{pmatrix}2 & 4\\1 & 3\end{pmatrix}$ und $C_{RE} = \begin{pmatrix}10 & 14\\7 & 10\end{pmatrix}$.

a) Berechnen Sie den Verbrauch an Rohstoffen für den Auftrag über 25 ME E_1 und 20 ME E_2.
Der Vektor $\vec{k}_R^T = (2 \quad 6)$ beschreibt die Kosten für je 1 ME der Rohstoffe R_1 und R_2.
Berechnen Sie die Gesamtrohstoffkosten für den Auftrag.

b) Die variablen Herstellkosten je ME Endprodukt betragen 70 GE bzw. 130 GE. Die fixen Kosten liegen bei 6500 GE.
Ein Kunde will einen Auftrag über 300 ME E_1 und 250 ME E_2 erteilen und ist bereit, dafür 70 500 GE zu zahlen. Stellen Sie fest, ob der gebotene Betrag die Kosten deckt.
Ermitteln Sie den Überschuss oder den Verlust.

c) Die Marktpreise der Endprodukte E_1 und E_2 verhalten sich wie 1 : 3. Erläutern Sie, wie die Preise festgelegt werden müssen, damit bereits bei dem Auftrag aus Teilaufgabe a) Kostendeckung erreicht wird.

2 Die Huber GmbH verarbeitet drei Rohstoffe zu zwei Bauteilen und diese wiederum zu zwei Endprodukten. Folgende Tabellen zeigen, wie viele Mengeneinheiten (ME) der einzelnen Rohstoffe zu je einer ME eines Bauteils bzw. wie viele ME der einzelnen Bauteile für ie eine ME eines Endprodukts benötigt werden.

	B_1	B_2
R1	1	1
R_2	0	3
R_3	2	1

	E_1	E_2
B_1	1	2
B_2	3	1

a) Berechnen Sie den Verbrauch an Rohstoffen für je eine ME der Endprodukte.

b) Bestimmen Sie die Menge der einzelnen Endprodukte aus 42 ME von B_1 und 51 ME von B_2.

c) Im Rohstofflager befinden sich 100 ME von R_1. Der Lagerbestand von R_2 und von R_3 ist gleich groß. Berechnen Sie, wie viele ME der einzelnen Endprodukte produziert werden müssen, damit die Rohstoffvorräte gänzlich verbraucht werden. Erläutern Sie, wie groß dazu der Vorrat an R_2 bzw. an R_3 sein muss.

d) Die Huber GmbH kalkuliert mit folgenden Kosten (in Geldeinheiten GE):

$\vec{k}_R^{\,T} = (0{,}3 \quad 0{,}4 \quad 0{,}5)$ Kosten für je eine ME der Rohstoffe.

$\vec{k}_B^{\,T} = (0{,}8 \quad 1{,}2)$ Fertigungskosten je ME der Bauteile.

$\vec{k}_E^{\,T} = (2 \quad 3{,}5)$ Fertigungskosten je ME der Endprodukte.

Berechnen Sie die variablen Kosten, wenn 50 ME von E_1 und 50 ME von E_2 hergestellt werden. Bestimmen Sie die variablen Kosten je ME der Endprodukte.

3 Ein Pharmaunternehmen stellt aus drei Rohstoffen R_1, R_2 und R_3 drei verschiedene Grundsubstanzen Z_1, Z_2 und Z_3 und daraus drei verschiedene Kreislaufmittel E_1, E_2 und E_3 her. In den folgenden Tabellen ist der Materialfluss pro Mengeneinheiten (ME) des jeweiligen Folgeprodukts dargestellt.

	E_1	E_2	E_3
Z_1	2	1	3
Z_2	1	5	1
Z_3	2	4	0

	E_1	E_2	E_3
R_1	12	30	10
R_2	5	10	4
R_3	22	47	13

Die Rohstoffkosten je ME und die Fertigungskosten der Zwischen- und Endprodukte je ME entnehmen Sie folgender Tabelle (alle Angaben in GE):

R_1	R_2	R_3	Z_1	Z_2	Z_3	E_1	E_2	E_3
3	2	1	10	8	6	22	34	31

Das Unternehmen erhält einen Auftrag über 200 ME von E_1, 150 ME von E_2 und 300 ME von E_3 und rechnet mit Fixkosten von 14100 GE. Das Endprodukt E_1 wird zu 180 GE je ME, E_2 zu 205 GE je ME und das Endprodukt E_3 zu 185 GE je ME verkauft.
Berechnen Sie die Deckungsbeiträge und den Gewinn bei diesem Auftrag.

4 Die Weavables Ltd fertigt aus den elektronischen Bauteilen R_1, R_2 und R_3 die Zwischenprodukte Z_1, Z_2 und Z_3 und daraus drei Typen von Sensoren E_1, E_2 und E_3. Die folgenden Matrizen geben den Materialfluss in Stück an.

$B_{ZE} = \begin{pmatrix} 3 & 1 & 1 \\ 2 & 5 & 2 \\ 2 & 4 & 5 \end{pmatrix}$; $C_{RE} = \begin{pmatrix} 20 & 22 & 18 \\ 10 & 10 & 12 \\ 10 & 24 & 13 \end{pmatrix}$

Die Fertigungskosten in € je Zwischenprodukt betragen $\vec{k}_Z^{\,T} = (12 \quad 15 \quad 12)$, die Fertigungskosten in €, die je Stück eines Sensortyps bei der Montage der Zwischenprodukte anfallen, betragen $\vec{k}_E^{\,T} = (86 \quad 103 \quad 138)$.

Für einen Auftrag über 200 Stück E_1, 280 Stück E_2 und 220 Stück E_3 betragen die fixen Kosten 10 920 €. E_1 wird für 360 € je Stück, E_2 für 520 € je Stück verkauft.

Die variablen Herstellkosten je Sensortyp sind $\vec{k}_v^{\,T} = (296 \quad 420 \quad 370)$.

a) Erläutern Sie, mit welchen Kosten in €/Stück der Hersteller für die Bauteile R_1, R_2 und R_3 kalkuliert.

b) Die Leitung erwartet einen Gewinn von 25 % der Gesamtkosten.
Erkären Sie, wie sich diese Vorgabe erfüllen lässt.

5 Erläutern Sie, was mit dem Produkt berechnet wird.

a) $\vec{k}_R^{\,T} \cdot A_{R,Z}$ b) $\vec{k}_R^{\,T} \cdot A_{R,Z} \cdot B_{Z,E}$ c) $B_{Z,E} \cdot \vec{x}$ d) $\vec{k}_E^{\,T} \cdot \vec{x}$ e) $\vec{k}_Z^{\,T} \cdot B_{Z,E}$

6 Ein Unternehmen der Waldner Gruppe montiert aus den Bauteilen R_1, R_2, R_3 und R_4 drei Baugruppen Z_1, Z_2 und Z_3 und fertigt daraus die Enderzeugnisse E_1, E_2 und E_3. Der Materialfluss ergibt sich aus folgenden Tabellen, wobei die Bauteile, die Baugruppen und die Endprodukte in Stück angegeben sind.

	Z_1	Z_2	Z_3
R_1	4	0	4
R_2	2	3	4
R_3	5	1	3
R_4	3	3	2

	E_1	E_2	E_3
Z_1	5	3	1
Z_2	4	6	4
Z_3	2	2	7

Ein Kunde will Enderzeugnisse kaufen. Für diesen Auftrag müssen 425 Baugruppen B_1, 700 Baugruppen B_2 und 515 Baugruppen B_3 montiert werden. An Kosten (in €) entstehen: Materialkosten pro Bauteil $\vec{k}_R^{\,T} = (2 \quad 1 \quad 0{,}5 \quad 1)$, Fertigungskosten pro Baugruppe $\vec{k}_Z^{\,T} = (6 \quad 8 \quad 4)$ bzw. pro Enderzeugnis $\vec{k}_E^{\,T} = (85 \quad 70 \quad 105)$.

Die Enderzeugnisse E_1, E_2 und E_3 sollen zu einem Stückpreis von 300 €, 400 € bzw. 320 € verkauft werden.

Der Leiter der Fertigungsabteilung möchte informiert werden über diesen Auftrag.

Reichen die 5000 Bauteile R_2 im Lager für diesen Auftrag aus?

Analysiseren Sie die Gesamtkosten, wenn die fixen Kosten 6225 € betragen.

Vergleichen und bewerten Sie die Stückdeckungsbeiträge von E_1, E_2 und E_3.

7 Die Motorenfabrik AF stellt aus den Rohstoffen R_1, R_2 und R_3 in der ersten Produktionsstufe die Zwischenprodukte Z_1 und Z_2 her. Aus diesen werden in der zweiten Produktionsstufe die Endprodukte E_1, E_2 und E_3 hergestellt.

Das Diagramm zeigt den Materialfluss in Mengeneinheiten (ME).

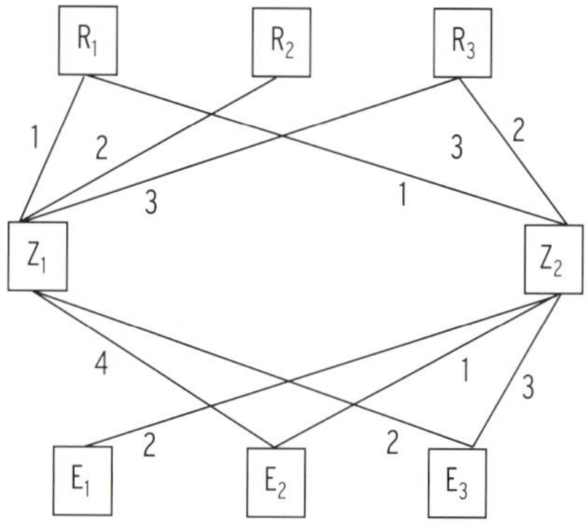

a) Bestimmen Sie die Matrix, die den Rohstoffverbrauch pro ME der Endprodukte angibt.

b) Berechnen Sie den Rohstoffverbrauch, um 10 ME von E_1, 5 ME von E_2 und 4 ME von E_3 herzustellen.

c) Die Rohstoffkosten je ME und die Fertigungskosten der Zwischen- und Endprodukte je ME entnehmen Sie folgender Tabelle (alle Angaben in €):

R_1	R_2	R_3	Z_1	Z_2	E_1	E_2	E_3
0,3	0,5	0,6	0,1	0,2	0,05	0,1	0,15

Für einen Auftrag über 50 ME von E_1, 60 ME von E_2 und 45 ME von E_3 betragen die fixen Kosten 120 €.

Das Endprodukt E_1 wird zum Preis von 12 € je ME, das Endprodukt E_2 zum Preis von 15 € je ME und das Endprodukt E_3 zum Preis von 20 € je ME verkauft.

Analysieren Sie die Gewinnsituation für diesen Auftrag.

d) Nach Abschluss des Auftrags ergeben sich folgende Rohstoffbestände:

R_1	R_2	R_3
40	88	16

Die Leitung möchte wissen, ob die Rohstoffbestände vollständig zur Produktion von Zwischenprodukten aufgebraucht werden können.

Test zur Überprüfung Ihrer Grundkenntnisse

1 Bei einem zweistufigen Produktionsprozess wird der Bedarf je Mengeneinheit an Roh- und Zwischenprodukten für die Endprodukte in dem folgenden Verflechtungsdiagramm verdeutlicht.

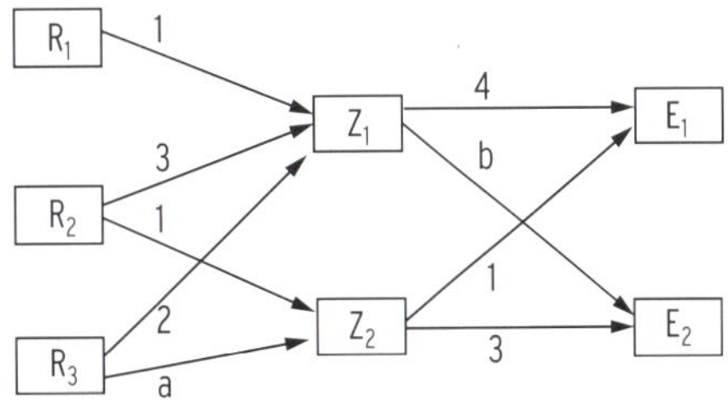

Die Rohstoff-Endprodukt-Matrix ist gegeben durch $C = \begin{pmatrix} 4 & 2 \\ c & 9 \\ 12 & 16 \end{pmatrix}$. Ermitteln Sie die fehlenden Werte a, b und c. Geben Sie die Rohstoff-Endprodukt-Matrix an.

2 Die SPIELETOP stellt aus drei verschiedenen Kunststoffgranulaten K_1, K_2 und K_3 drei Bauteile B_1, B_2 und B_3 her. Diese werden in drei verschiedene Spielsets S_1, S_2, und S_3 verpackt. Den Materialbedarf in Mengeneinheiten (ME) zeigen folgende Tabellen:

	B_1	B_2	B_3
K_1	2	0	2
K_2	1	2	2
K_3	1	2	0

	S_1	S_2	S_3
B_1	1	1	0
B_2	1	0	2
B_3	0	4	3

a) Erstellen Sie eine Tabelle, die den Granulatbedarf für die Spielsets zeigt.

b) Ein Auftrag über 10 ME S_1, 12 ME S_2 und 17 ME S_3 soll möglichst schnell ausgeführt werden können. Bestimmen Sie den nötigen Vorrat an Kunststoffgranulaten.

c) Ein Kunde bestellt 20 ME S_1, 30 ME S_2 und 100 ME S_3. Die variablen Herstellkosten je Spielset betragen 10 GE für S_1, 8 GE für S_2 und 12,5 GE für S_3. Die Fixkosten betragen 200 GE. Bestimmen Sie den Preis je Spielset, für den Kostendeckung erzielt wird, wenn der Preis für die Spielsets jeweils gleich sein soll.

3 In der Großkonditorei ALBERT werden zwei verschiedene Torten gebacken. Dafür werden aus den vier Zutaten Ei, Mehl, Butter, Zucker zwei verschiedene Teige und eine Creme hergestellt.Den Materialbedarf in Mengeneinheiten (ME) zeigen folgende Tabellen (Bei den Torten ist 1 ME dasselbe wie 1 Torte).

	Teig 1	Teig 1	Creme
Ei	3	2	4
Mehl	2	3	1
Butter	1	2	3
Zucker	3	2	4

	Torte 1	Torte 2
Teig 1	2	2
Teig 2	1	1
Creme	2	1

Die Großkonditorei kalkuliert mit folgenden Kosten (in Geldeinheiten GE):

$\vec{k}_R^{\,T} = (0{,}1 \quad 0{,}2 \quad 0{,}6 \quad 0{,}3)$ Kosten für je eine ME der Zutaten,

$\vec{k}_Z^{\,T} = (0{,}8 \quad 1{,}0 \quad 0{,}6)$ Fertigungskosten je ME Teig/Creme,

$\vec{k}_E^{\,T} = (3 \quad 5)$ Fertigungskosten je Torte.

Berechnen Sie die variablen Kosten, wenn von jeder Sorte 100 Torten produziert werden. Bestimmen Sie die variablen Kosten, die auf jede dieser Torten durchschnittlich entfallen.

3 Das Leontiefmodell

Lernsituation

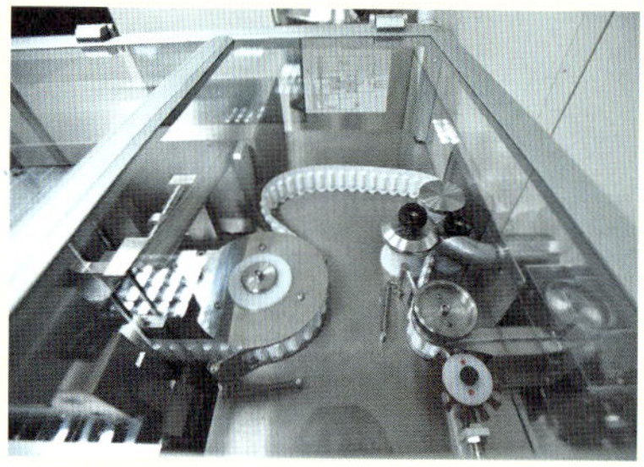

Die verschiedenen schmerzlindernden Präparate der Cerone AG werden in drei unterschiedlichen Produktionsabteilungen P_1, P_2 und P_3 hergestellt. Diese sind nach dem Leontiefmodell miteinander verflochten.
Die Liefermengen der folgenden Input-Output Tabelle sind in Leistungseinheiten (LE) angegeben.

	P_1	P_2	P_3	Markt
P_1	28	0	84	28
P_2	0	224	28	28
P_3	28	14	77	21

Berechnen Sie den zugehörigen Produktionsvektor.
Erstellen Sie die Technologiematrix A und erläutern Sie die Bedeutung der Elemente a_{11} und a_{21} der Technologiematrix.

Durch die Modernisierung der Produktionsabteilung P_3 verändert sich ihr Eigenbedarf. Der Parameter u in A_u beschreibt diese Auswirkung:

$$A_u = \begin{pmatrix} 0{,}2 & 0 & 0{,}6 \\ 0 & 0{,}8 & 0{,}2 \\ 0{,}2 & 0{,}05 & 0{,}8 - u \end{pmatrix};\ u \in \mathbb{R} \text{ mit } 0 \leq u \leq 0{,}8$$

Das Leitungsteam überlegt, ob die Produktion der drei Abteilungen P_1, P_2 und P_3 auf das Verhältnis 5 : 3 : 1 umgestellt werden soll.
Analysieren Sie unter Berücksichtigung des sich ergebenden Konsums, ob eine solche Umstellung möglich ist.

Bearbeiten Sie diese Lernsituation. Erwerben Sie die rechts aufgeführten **Qualifikationen und Kompetenzen**.

Qualifikationen & Kompetenzen

- Leontiefmodell anwenden
- Inputmatrix und Leontiefinverse berechnen
- Zusammenhang von Inputmatrix, Produktionsvektor und Konsumvektor erkennen
- Problemstellungen beim Leontiefmodell bearbeiten

3.1 Beschreibung des Leontiefmodells

Drei Betriebe A_1 (Autohersteller), A_2 (Zulieferbetrieb) und A_3 (Energieversorgungsunternehmen) beliefern sich gegenseitig und den Markt, die Betriebe sind miteinander verflochten.

A_1 produziert für den Konsum und liefert auch an die Betriebe A_2 und A_3. Um produzieren zu können, muss A_1 aber auch Güter von A_2 und A_3 und aus seiner eigenen Produktion beziehen.
Diese betriebliche Verflechtung der Sektoren (Betriebe) A_1, A_2 und A_3 ist gegeben durch ein Verflechtungsdiagramm (Gozintograph).

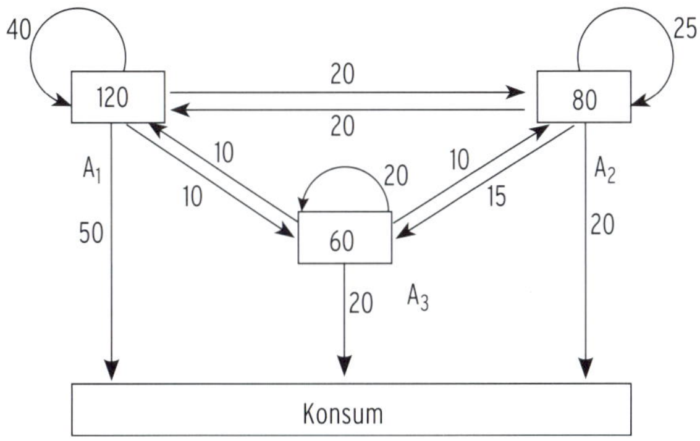

Die Zahlen im Diagramm geben die Warenströme in geeigneten Einheiten (z. B. GE oder ME) an.

Erläuterung: $A_1 \xrightarrow{20} A_2$ bedeutet: A_1 liefert 20 Einheiten an A_2.

A_1 produziert in einer Produktionsperiode 120 Einheiten eines Gutes.
Davon verbraucht A_1 40 Einheiten im eigenen Betrieb, A_1 liefert 20 Einheiten an A_2 und 10 Einheiten an A_3. Die restlichen 50 Einheiten ($50 = 120 - 40 - 20 - 10$) werden an den Konsum abgegeben.

Für die Produktion von 120 Einheiten müssen A_1 40 Einheiten der eigenen Produktion, 20 Einheiten des Gutes von A_2 und 10 Einheiten des Gutes von A_3 zur Verfügung stehen.
Die Verflechtung lässt sich in einer Input-Output-Tabelle darstellen.

→	A_1	A_2	A_3	Konsum	Produktion
A_1	40	20	10	50	120
A_2	20	25	15	20	80
A_3	10	10	20	20	60

Die Lieferungen untereinander, die Marktabgabe und die Produktion sind in Einheiten angegeben.

In der folgenden Produktionsperiode will Betrieb A_2 seine Produktion auf 96 Einheiten erhöhen, also um 20 %.

Dem Leontief-Modell liegt die (sinnvolle) Annahme zugrunde, dass die Produktionserhöhung von A_2 um 20 % eine Erhöhung der Lieferungen von A_1, A_2 und A_3 an A_2 um 20 % zur Folge hat.

Wir erhalten eine neue Input-Output-Tabelle:

	A_1	A_2	A_3	Konsum	Produktion
A_1	40	24	10	46	120
A_2	20	30	15	31	96
A_3	10	12	20	18	60

Die Spalten von A_1 und A_3 ändern sich nicht, da A_1 und A_3 ihre Produktion nicht verändern, aber als Folge der erhöhten Lieferungen an A_2 vermindert sich die Konsumabgabe.

Zusätzlich zur Produktionserhöhung von A_2 um 20 % senkt A_1 seine Produktion um 25 % auf 90 Einheiten, während A_3 seine Produktion um 40 % auf 84 Einheiten steigert.

Daraus ergeben sich folgende Änderungen bei den Lieferungen:

Die Lieferungen von A_1, A_2 und A_3 an A_1 (Spalte von A_1) vermindern sich um 25 % auf 30 Einheiten auf 15 Einheiten und auf 7,5 Einheiten. Die Lieferungen von A_1, A_2 und A_3 an A_3 (Spalte von A_3) erhöhen sich um 40 % auf 14, 21 und 28 Einheiten.

Wir erhalten eine neue Input-Output-Tabelle:

	A_1	A_2	A_3	Konsum	Produktion
A_1	30	24	14	22	90
A_2	15	30	21	30	96
A_3	7,5	12	28	36,5	84

Die Konsumabgabe errechnet sich aus der Differenz von Produktionsmenge und der innerbetrieblichen Lieferungen.

Aufgaben

1 Die drei Sektoren A_1, A_2 und A_3 eines Unternehmens sind nach dem Leontiefmodell miteinander verflochten. Die nebenstehende Tabelle stellt die Verflechtung dar.

	A_1	A_2	A_3	Konsum
A_1	80	30	30	60
A_2	20	60	10	60
A_3	0	30	70	0

Aufgrund einer veränderten Wirtschaftslage wird mit folgenden Produktionsmengen für die drei Sektoren gerechnet:

A_1, A_2 und A_3 produzieren 250 ME, 120 ME und 150 ME.

Stellen Sie für diesen Fall die Verflechtung in einer Tabelle dar.

3.2 Inputmatrix

Leontiefannahme:	Die Lieferungen an einen Sektor steigen oder fallen im gleichen Verhältnis wie die Produktion des Sektors.

Mit dieser Leontiefannahme kann man aufgrund einer gegebenen Verflechtung auf mögliche andere Fälle schließen, indem man diese Verhältnisse berechnet.

Produktion von A_1	Lieferung von A_1 an A_1	Lieferung von A_2 an A_1	Lieferung von A_3 an A_1
120	40	20	10
90	30	15	7,5
1	$\frac{1}{3}$	$\frac{1}{6}$	$\frac{1}{12}$
	$\frac{\text{Lieferung von } A_1 \text{ an } A_1}{\text{Produktion von } A_1} = \frac{40}{120} = \frac{30}{90} = \frac{1}{3}$	$\frac{\text{Lieferung von } A_2 \text{ an } A_1}{\text{Produktion von } A_1} = \frac{20}{120} = \frac{15}{90} = \frac{1}{6}$	$\frac{\text{Lieferung von } A_3 \text{ an } A_1}{\text{Produktion von } A_1} = \frac{10}{120} = \frac{7{,}5}{90} = \frac{1}{12}$

Entsprechende Verhältniszahlen lassen sich auch für A_2 und A_3 bestimmen. Die Verhältniszahlen nennen wir Inputkoeffizienten a_{ij} und fassen sie in der Inputmatrix A zusammen.

$$\text{Inputmatrix } A = (a_{ij}) = \begin{pmatrix} \frac{40}{120} & \frac{20}{80} & \frac{10}{60} \\ \frac{20}{120} & \frac{25}{80} & \frac{15}{60} \\ \frac{10}{120} & \frac{10}{80} & \frac{20}{60} \end{pmatrix} = \begin{pmatrix} \frac{1}{3} & \frac{1}{4} & \frac{1}{6} \\ \frac{1}{6} & \frac{5}{16} & \frac{1}{4} \\ \frac{1}{12} & \frac{1}{8} & \frac{1}{3} \end{pmatrix} = \frac{1}{48}\begin{pmatrix} 16 & 12 & 8 \\ 8 & 15 & 12 \\ 4 & 6 & 16 \end{pmatrix}$$

Hinweise: $a_{12} = \frac{1}{4}$ bedeutet, dass Betrieb A_1 (Sektor 1) $\frac{1}{4}$ der Produktion von Betrieb A_2 (Sektor 2) an Betrieb A_2 (Sektor 2) liefern muss.

bzw.: Betrieb A_2 benötigt $\frac{1}{4}$ Einheiten von A_1, um eine Einheit zu erzeugen. (Input je Produktionseinheit.)

$a_{32} = \frac{1}{8}$ bedeutet, dass Betrieb A_3 (Sektor 3) $\frac{1}{8}$ der Produktion von Betrieb A_2 (Sektor 2) an Betrieb A_2 (Sektor 2) liefern muss.

bzw.: Betrieb A_2 benötigt $\frac{1}{8}$ Einheiten von A_3, um eine Einheit zu erzeugen.

Die Betriebe A_1, A_2 und A_3 produzieren x_1, x_2 bzw. x_3 Einheiten.

Man erhält die folgende Verflechtungstabelle:

	A_1	A_2	A_3	Konsum	Produktion
A_1	$\frac{1}{3}x_1$	$\frac{1}{4}x_2$	$\frac{1}{6}x_3$	y_1	x_1
A_2	$\frac{1}{6}x_1$	$\frac{5}{16}x_2$	$\frac{1}{4}x_3$	y_2	x_2
A_3	$\frac{1}{12}x_1$	$\frac{1}{8}x_2$	$\frac{1}{3}x_3$	y_3	x_3

Es gilt der Zusammenhang:

$$\frac{1}{3}x_1 + \frac{1}{4}x_2 + \frac{1}{6}x_3 + y_1 = x_1$$

$$\frac{1}{6}x_1 + \frac{5}{16}x_2 + \frac{1}{4}x_3 + y_2 = x_2$$

$$\frac{1}{12}x_1 + \frac{1}{8}x_2 + \frac{1}{3}x_3 + y_3 = x_3$$

In Matrixschreibweise

$$\begin{pmatrix} \frac{1}{3} & \frac{1}{4} & \frac{1}{6} \\ \frac{1}{6} & \frac{5}{16} & \frac{1}{4} \\ \frac{1}{12} & \frac{1}{8} & \frac{1}{3} \end{pmatrix} \cdot \begin{pmatrix} x_1 \\ x_2 \\ x_3 \end{pmatrix} + \begin{pmatrix} y_1 \\ y_2 \\ y_3 \end{pmatrix} = \begin{pmatrix} x_1 \\ x_2 \\ x_3 \end{pmatrix}$$

Input-Matrix A | Produktions-vektor $\vec{x}$ | Konsum-vektor $\vec{y}$ | Produktions-vektor $\vec{x}$

Kurzform: $A \cdot \vec{x} + \vec{y} = \vec{x}$

Umformung nach $\vec{y}$: $\vec{y} = \vec{x} - A \cdot \vec{x}$

Ausklammern von $\vec{x}$: $\vec{y} = (E - A) \cdot \vec{x}$

Hinweis: $A \cdot \vec{x}$ beschreibt den innerbetrieblichen Absatz.

Beachten Sie

Bei einer Verflechtung nach dem Leontief-Modell ist

$\vec{x}$ der Produktionsvektor für eine Produktionsperiode,

$\vec{y}$ der Konsumabgabevektor (Marktvektor),

$A = (a_{ij})$ die Inputmatrix (oder auch Technologiematrix) und es gilt:

$$A \cdot \vec{x} + \vec{y} = \vec{x} \Leftrightarrow \vec{y} = (E - A) \cdot \vec{x}$$

Ein Inputkoeffizient a_{ij} besagt, wie viel Input man für 1 Einheit Output braucht.

Beispiel

Die Verflechtung der drei Zweigwerke A_1, A_2 und A_3 des Unternehmens SoliA nach dem Leontiefmodell ist durch folgende Tabelle gegeben:

		Lieferung an			
		A_1	A_2	A_3	Markt
Lieferung von	A_1	20	26	40	14
	A_2	10	39	80	1
	A_3	40	78	20	62

a) Bestimmen Sie die Inputmatrix A.

b) Die Zweigwerke A_1, A_2 und A_3 produzieren 120, 180 und 260 Einheiten an Gütern

Erstellen Sie die zugehörige Verflechtungstabelle (Input-Output-Tabelle).

Lösung

a) A_1 produziert (20 + 26 + 40 + 14) Einheiten = 100 Einheiten,

A_2 und A_3 produzieren 130 Einheiten bzw. 200 Einheiten.

Bestimmung der Inputmatrix A:

A_1 bezieht von A_1 20 Einheiten, dies entspricht einem Anteil von $\frac{20}{100} = 0{,}2$ an der Produktion von A_1.

A_1 bezieht von A_2 10 Einheiten, dies entspricht einem Anteil von $\frac{10}{100} = 0{,}1$ an der Produktion von A_1.

$$A = \begin{pmatrix} 0{,}2 & 0{,}2 & 0{,}2 \\ 0{,}1 & 0{,}3 & 0{,}4 \\ 0{,}4 & 0{,}6 & 0{,}1 \end{pmatrix} = \frac{1}{10}\begin{pmatrix} 2 & 2 & 2 \\ 1 & 3 & 4 \\ 4 & 6 & 1 \end{pmatrix}$$

b) Verflechtungstabelle

	A_1	A_2	A_3	Konsum	Produktion
A_1	24	36	52	8	120
A_2	12	54	104	10	180
A_3	48	108	26	78	260

Erläuterungen: $24 = 0{,}2 \cdot 120$ $108 = 0{,}6 \cdot 180$ $104 = 0{,}4 \cdot 260$

Konsumabgabe von A_1: $120 - (24 + 36 + 52) = 8$

Hinweise:

Berechnung des innerbetrieblichen Absatzes $A \cdot \vec{x} = \frac{1}{10}\begin{pmatrix} 2 & 2 & 2 \\ 1 & 3 & 4 \\ 4 & 6 & 1 \end{pmatrix} \cdot \begin{pmatrix} 120 \\ 180 \\ 260 \end{pmatrix} = \begin{pmatrix} 112 \\ 170 \\ 182 \end{pmatrix}$

Berechnung des außerbetrieblichen Absatzes (Konsumabgabe) $\vec{y} = \vec{x} - A \cdot \vec{x} = \begin{pmatrix} 120 \\ 180 \\ 260 \end{pmatrix} - \begin{pmatrix} 112 \\ 170 \\ 182 \end{pmatrix} = \begin{pmatrix} 8 \\ 10 \\ 78 \end{pmatrix}$

Was man wissen sollte ... über das Leontiefmodell

Die drei Sektoren Z_1, Z_2 und Z_3 sind untereinander und mit dem Markt nach dem Leontiefmodell verflochten.

Verflechtungstabelle (Input-Output-Tabelle)

	Z_1	Z_2	Z_3	Konsum	Produktion
Z_1	x_{11}	x_{12}	x_{13}	y_1	x_1
Z_2	x_{21}	x_{22}	x_{23}	y_2	x_2
Z_3	x_{31}	x_{32}	x_{33}	y_3	x_3

Erläuterungen: Die Input-Output-Tabelle gibt sowohl die Lieferungen der Sektoren untereinander als auch die Lieferung an den Konsum an.
x_{ij} ($x_{ij} \neq 0$) ist die Lieferung des Sektors i an den Sektor j.
Die Diagonalelemente x_{ij} (i = 1, 2, 3) sind die Eigenverbrauchsmengen der Sektoren Z_i.
Die Summe der Lieferungen von Z_1: $x_{11} + x_{12} + x_{13} + y_1 = x_1$ ergibt die Produktion von Z_1.

Leontiefannahme: Die Lieferungen an einen Sektor steigen oder fallen im gleichen Verhältnis wie die Produktion des Sektors.

Inputmatrix: (Technologiematrix)

$$A = \begin{pmatrix} \frac{x_{11}}{x_1} & \frac{x_{12}}{x_2} & \frac{x_{13}}{x_3} \\ \frac{x_{21}}{x_1} & \frac{x_{22}}{x_2} & \frac{x_{23}}{x_3} \\ \frac{x_{31}}{x_1} & \frac{x_{32}}{x_2} & \frac{x_{33}}{x_3} \end{pmatrix} \quad \text{mit } a_{ij} = \frac{x_{ij}}{x_j}$$

Produktionsvektor: $\vec{x} = \begin{pmatrix} x_1 \\ x_2 \\ x_3 \end{pmatrix}$ mit $x_i > 0$

Konsumvektor: $\vec{y} = \begin{pmatrix} y_1 \\ y_2 \\ y_3 \end{pmatrix}$ mit $y_i \geq 0$

Weitere Bezeichnungen für den Konsumvektor:
Marktabgabevektor, Nachfragevektor, Endverbrauchsvektor

Zusammenhang von Inputmatrix A, Produktionsvektor $\vec{x}$ und Konsumvektor $\vec{y}$:

$$A \cdot \vec{x} + \vec{y} = \vec{x} \quad \Leftrightarrow \quad \vec{y} = (E - A)\,\vec{x}$$

Aufgaben

1 Die beiden Sektoren S_1 und S_2 eines volkswirtschaftlichen Modells sind nach dem Leontiefmodell miteinander verflochten. Die folgende Tabelle zeigt die Verflechtung der beiden Sektoren und deren Marktabgabe. Ermitteln Sie die Inputmatrix A.

	S_1	S_2	Markt
S_1	8	4	8
S_2	10	12	18

2 Zwei nach dem Leontiefmodell miteinander verbundenen Zweigwerke Z_1 und Z_2 beliefern sich gegenseitig und den Markt.

Z_1 produziert 60 Einheiten und Z_2 100 Einheiten.

Die Produktionsmatrix A ist gegeben durch $A = \begin{pmatrix} 0{,}6 & 0{,}1 \\ 0{,}2 & 0{,}6 \end{pmatrix}$.

Bestimmen Sie die Anzahl der Produktionseinheiten die jedes der Werke an sich selbst, an die beiden anderen und an den Markt liefert.

3 Die drei Zweigwerke A_1, A_2 und A_3 eines Unternehmens sind nach dem Leontiefmodell miteinander verflochten. Die gegenseitigen Lieferungen sowie die Abgaben an den Markt sind für eine Produktionsperiode in folgender Tabelle dargestellt (in ME):

	A_1	A_2	A_3	Konsum
A_1	3	4	1	4
A_2	4	4	2	6
A_3	2	0	2	4

Geben Sie die Inputmatrix A an.

Berechnen Sie den innerbetrieblichen Absatz und die Summe aller Konsumabgaben bei einer Produktion von $\vec{x} = \begin{pmatrix} 24 \\ 20 \\ 16 \end{pmatrix}$.

4 Eine Volkswirtschaft, für die das Leontiefmodell zugrunde gelegt wird, besteht aus den drei Wirtschaftszweigen Z_1, Z_2 und Z_3. Die folgende Tabelle zeigt die Verflechtung der Wirtschaftszweige:

	Z_1	Z_2	Z_3	Konsum
Z_1	0	20	20	40
Z_2	50	15	50	10
Z_3	40	25	25	110

Bestimmen Sie die Inputmatrix A. Geben Sie die Lieferungen x_{21} und x_{23} an, wenn Z_1 die Produktion um 20 % erhöht, während Z_3 die Produktion um 20 % verringert.

5 Die Tiegelmann AG besteht aus den drei Werken Z_1, Z_2 und Z_3. Diese Werke sind nach dem Leontiefmodell miteinander verbunden. Das folgende Diagramm zeigt die Verflechtung.

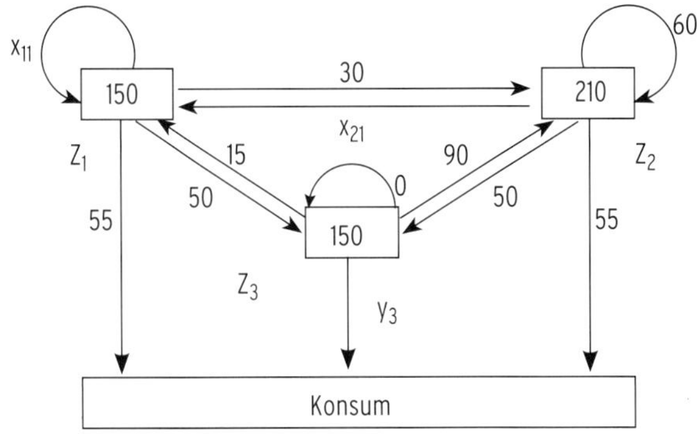

Bestimmen Sie die fehlenden Größen. Stellen Sie die Verflechtung in einer Input-Output-Tabelle dar und bestimmen Sie die Inputmatrix A.

6 Die Waldner Gruppe besteht aus den drei Zweigwerken Z_1, Z_2 und Z_3.
Die Zweigwerke sind untereinander und mit dem Markt nach dem Leontiefmodell miteinander verflochten.
Bestimmen Sie die Inputmatrix A, wenn gilt: $E - A = \begin{pmatrix} 0{,}6 & -0{,}2 & -0{,}2 \\ -0{,}1 & 0{,}8 & -0{,}1 \\ -0{,}2 & -0{,}2 & 0{,}7 \end{pmatrix}$.

Die derzeitige Produktion ist $\vec{x} = \begin{pmatrix} 400 \\ 600 \\ 300 \end{pmatrix}$.

Erstellen Sie die zugehörige Input-Output-Tabelle. Geben Sie den innerbetrieblichen Absatz an. Beschreiben Sie die Änderung des Elements x_{21} in der Tabelle, wenn Z_1 seine Produktion um 100 ME steigert.

7 Die drei Zweigwerke A_1, A_2 und A_3 der BISF sind nach dem Leontiefmodell miteinander verflochten. Im derzeitigen Produktionszeitraum beliefern sie sich und den Markt nach nebenstehender Input-Output-Tabelle:

	A_1	A_2	A_3	Konsum	Produktion
A_1	5	10	a	5	25
A_2	20	b	2,5	2,5	50
A_3	20	10	10	c	d

Zur Tabelle gehört folgende Inputmatrix $A = \begin{pmatrix} e & 0{,}2 & 0{,}1 \\ 0{,}8 & 0{,}5 & f \\ 0{,}8 & 0{,}2 & 0{,}2 \end{pmatrix}$.

a) Bestimmen Sie die fehlenden Größen in der Input-Output-Tabelle sowie der Inputmatrix A. Geben Sie die Bedeutung des Elements a_{32} der Inputmatrix A an.

b) Erläutern Sie die Bedeutung von $A \cdot \vec{x}$ im Leontiefmodell.

3.3 Problemstellungen beim Leontiefmodell

3.3.1 Die Konsumabgabe hängt von der gegebenen Produktion ab

Problemstellung: Gegeben ist die Verflechtung nach Leontief durch eine Tabelle oder durch die Inputmatrix A und der Produktionsvektor $\vec{x}$.
Gesucht ist die zugehörige Marktabgabe $\vec{y}$.

Lösung: Mit $A \cdot \vec{x} + \vec{y} = \vec{x} \Leftrightarrow \vec{y} = (E - A) \cdot \vec{x}$
erhält man durch Einsetzen von $\vec{x}$ den gesuchten Konsumvektor $\vec{y}$.

Beispiel

➲ Die drei Zweigwerke A_1, A_2 und A_3 der DAHL Control sind nach dem Leontiefmodell miteinander verflochten.
Dabei gilt folgende Inputmatrix $A = \begin{pmatrix} 0{,}2 & 0{,}2 & 0{,}2 \\ 0 & 0{,}6 & 0{,}4 \\ 0{,}4 & 0{,}4 & 0{,}1 \end{pmatrix}$.

Bestimmen Sie den Konsum, wenn die Produktion der drei Zweigwerke durch $\vec{x} = \begin{pmatrix} 30 \\ 60 \\ 40 \end{pmatrix}$ gegeben ist. Erstellen Sie eine Verflechtungstabelle.

Lösung

$$E - A = \begin{pmatrix} 1 & 0 & 0 \\ 0 & 1 & 0 \\ 0 & 0 & 1 \end{pmatrix} - \begin{pmatrix} 0{,}2 & 0{,}2 & 0{,}2 \\ 0 & 0{,}6 & 0{,}4 \\ 0{,}4 & 0{,}4 & 0{,}1 \end{pmatrix} = \begin{pmatrix} 0{,}8 & -0{,}2 & -0{,}2 \\ 0 & 0{,}4 & -0{,}4 \\ -0{,}4 & -0{,}4 & 0{,}9 \end{pmatrix}$$

Einsetzen von $\vec{x}$ in $(E - A) \cdot \vec{x} = \vec{y}$ ergibt den Konsumvektor: $\vec{y} = (E - A) \cdot \begin{pmatrix} 30 \\ 60 \\ 40 \end{pmatrix} = \begin{pmatrix} 4 \\ 8 \\ 0 \end{pmatrix}$

A_1 gibt 4 Einheiten und A_2 gibt 8 Einheiten an den Markt ab. A_3 liefert nichts an den Markt.

Beachten Sie

Eine Produktion mit $x_i \geq 0$ ist wirtschaftlich sinnvoll, wenn der Konsumvektor $\vec{y}$ in $(E - A) \cdot \vec{x} = \vec{y}$ nur nichtnegative Komponenten ($y_i \geq 0$) enthält.

Verflechtungstabelle

	A_1	A_2	A_3	Konsum	Produktion
A_1	6	12	8	4	30
A_2	0	36	16	8	60
A_3	12	24	4	0	40

Erläuterungen zur Berechnung: 1. Spalte: $6 = 0{,}2 \cdot 30$; $12 = 0{,}4 \cdot 30$
2. Spalte: $36 = 0{,}6 \cdot 60$; $24 = 0{,}4 \cdot 60$
3. Spalte: $8 = 0{,}2 \cdot 40$; $16 = 0{,}4 \cdot 40$
Konsum von A_1: $30 - 6 - 12 - 8 = 4$

Der Konsumvektor lässt sich auch mithilfe der Tabelle berechnen.

Aufgaben

1 Die drei Zweigwerke Z_1, Z_2 und Z_3 der Jarvus GmbH sind nach dem Leontief-Modell miteinander verflochten. Die gegenseitigen Lieferungen sowie die Abgaben an den Markt sind für eine Produktionsperiode in folgender Tabelle dargestellt:

	Z_1	Z_2	Z_3	Konsum
Z_1	245	20	200	235
Z_2	105	100	50	145
Z_3	140	0	100	260

Berechnen Sie die Marktabgabe der Zweigwerke, wenn in den Zweigwerken 600 ME (Z_1), 520 ME (Z_2) und 650 ME (Z_3) hergestellt werden.

2 Die folgende Inputmatrix A zeigt die Verflechtungen dreier volkswirtschaftlicher Sektoren A_1, A_2 und A_3 nach dem Leontief-Modell: $A = \begin{pmatrix} 0{,}3 & 0{,}1 & 0{,}1 \\ 0{,}2 & 0{,}4 & 0{,}2 \\ 0{,}05 & 0{,}1 & 0{,}6 \end{pmatrix}$.

a) Die Produktion der drei Sektoren ist gegeben durch $\vec{x} = \begin{pmatrix} 20 \\ 30 \\ 60 \end{pmatrix}$.

Geben Sie die vollständige Input-Output-Tabelle an.

b) Die Nachfrage nach den Produkten der Sektoren A_1 und A_2 hat sich erhöht. Deshalb wird die Gesamtproduktion in den Sektoren A_1 und A_2 jeweils um 50 % erhöht. Die Produktion in Sektor A_3 kann kurzfristig nicht erhöht werden. Ermitteln Sie, welcher Anteil der Produktionssteigerung an den Markt weitergegeben wird.

c) A_1 plant eine Produktion von 40 Einheiten, A_3 plant eine Produktion von 60 Einheiten. Berechnen Sie den Bereich für die Produktionsmengen von A_2, wenn jeder Sektor mindestens 10 Einheiten an den Markt abgibt.

3 Die drei Zweigwerke Z_1, Z_2 und Z_3 der Matarna GmbH sind nach dem Leontief-Modell miteinander verflochten.
Gegeben ist die Inputmatrix A durch $A = \frac{1}{10}\begin{pmatrix} 2 & 1 & 1 \\ 2 & 4 & 2 \\ 1 & 4 & 6 \end{pmatrix}$.

a) Berechnen Sie den Marktvektor für die Produktion $\vec{x} = \begin{pmatrix} 30 \\ 30 \\ 60 \end{pmatrix}$.

Stellen Sie für diesen Fall die Verflechtung in einem Diagramm dar.

b) Durch die Umstellung des Produktionsverfahrens wird die Lieferung von Zweigwerk Z_3 an Zweigwerk Z_1 überflüssig. Geben Sie die neue Inputmatrix an. Nach der Umstellung produzieren die drei Zweigwerke Z_1, Z_2 und Z_3 100 Einheiten, 60 Einheiten und x_3 Einheiten.
Ermitteln Sie den minimalen Wert von x_3, damit Zweigwerk Z_3 einen Anteil seiner Produktion an den Markt liefern kann.
Untersuchen Sie, ob Z_3 so viel produzieren kann, dass Z_3 50 % seiner Produktion an den Markt abgeben kann. Begründen Sie Ihre Entscheidung.

3.3.2 Die Produktion richtet sich nach der erwarteten Nachfrage

Problemstellung: Gegeben ist die Verflechtung nach Leontief durch eine Tabelle oder durch die Inputmatrix A und der Konsumvektor $\vec{y}$.
Gesucht ist der zugehörige Produktionsvektor $\vec{x}$.

Lösung: Bei gegebenem Konsumvektor $\vec{y}$ ist $(E - A) \cdot \vec{x} = \vec{y}$ ein lineares Gleichungssystem für x_1, x_2 und x_3.
Auflösung ergibt den gesuchten Produktionsgüter $\vec{x} = \begin{pmatrix} x_1 \\ x_2 \\ x_3 \end{pmatrix}$.
Für die Auflösung des LGS gibt es zwei Möglichkeiten:

$(E - A) \cdot \vec{x} = \vec{y}$
lässt sich lösen

mit dem Gauß-Verfahren $(E - A \mid \vec{y})$ oder mithilfe der Inversen $(E - A)^{-1}$: $\vec{x} = (E - A)^{-1} \cdot \vec{y}$

Hinweis: Die Matrix $(E - A)^{-1}$ heißt Leontiefinverse.

Beispiel

Die drei Zweigwerke A1, A2 und A3 eines Unternehmens sind nach dem Leontiefmodell miteinander verflochten.

Dabei gilt folgende Inputmatrix $A = \begin{pmatrix} 0,4 & 0,1 & 0,2 \\ 0 & 0,4 & 0,4 \\ 0,2 & 0,4 & 0,5 \end{pmatrix}$.

Berechnen Sie die Gesamtproduktion für den Marktvektor $\vec{y} = \begin{pmatrix} 6 \\ 4 \\ 24 \end{pmatrix}$.

Lösung

$$E - A = \begin{pmatrix} 1 & 0 & 0 \\ 0 & 1 & 0 \\ 0 & 0 & 1 \end{pmatrix} - \begin{pmatrix} 0,4 & 0,1 & 0,2 \\ 0 & 0,4 & 0,4 \\ 0,2 & 0,4 & 0,5 \end{pmatrix} = \begin{pmatrix} 0,6 & -0,1 & -0,2 \\ 0 & 0,6 & -0,4 \\ -0,2 & -0,4 & 0,5 \end{pmatrix}$$

Einsetzen des Marktvektors $\vec{y}$ in $(E - A)\vec{x} = \vec{y}$ ergibt ein

LGS für x_1, x_2, x_3: $\begin{pmatrix} 0,6 & -0,1 & -0,2 \\ 0 & 0,6 & -0,4 \\ -0,2 & -0,4 & 0,5 \end{pmatrix} \begin{pmatrix} x_1 \\ x_2 \\ x_3 \end{pmatrix} = \begin{pmatrix} 6 \\ 4 \\ 24 \end{pmatrix}$

Mit GTR/CAS:

```
NORMAL FLOAT AUTO REAL RADIAN MP
rref([C]
                    [1 0 0 100]
                    [0 1 0 140]
                    [0 0 1 200]
```

$C \triangleq (E - A \mid \vec{y})$

Lösung mithilfe der Leontiefinversen: $\vec{x} = (E - A)^{-1}\vec{y}$

```
NORMAL FLOAT AUTO REAL RADIAN MP
([E]-[A])^-1*[B]
                    [100]
                    [140]
                    [200]
```

$B \triangleq \vec{y}$

Produktionsvektor: $\vec{x} = \begin{pmatrix} 100 \\ 140 \\ 200 \end{pmatrix}$

Beachten Sie

Enthält die **Leontiefinverse** nur positive Elemente, dann lässt sich jede Nachfrage befriedigen. Einsetzen des Konsumvektors $\vec{y}$ liefert $\vec{x} = (E - A)^{-1} \cdot \vec{y}$ mit nichtnegativen Komponenten x_1, x_2 und x_3.

Aufgaben

1 Die drei Unternehmen W_1, W_2 und W_3 sind untereinander und mit dem Markt nach dem Leontief-Modell verflochten.

Es gelte die Inputmatrix $A = \begin{pmatrix} 0{,}5 & 0 & 0{,}5 \\ 0{,}2 & 0{,}2 & 0 \\ 0{,}3 & 0{,}4 & 0{,}2 \end{pmatrix}$.

a) In der vergangenen Produktionsperiode stellten die drei Unternehmen 260 Einheiten, 160 und 200 Einheiten her. Berechnen Sie die jeweiligen Marktabgaben.

b) Für die kommende Produktionsperiode wird erwartet, dass alle drei Unternehmen jeweils 20 Einheiten an den Konsum abgeben.
Berechnen Sie die Produktion jedes Unternehmens, um dieser Nachfrage gerecht zu werden. Ermitteln Sie dabei den Eigenverbrauch von W_3.

c) Zeigen Sie, dass in diesem Modell jede Nachfrage befriedigt werden kann.

2 Das Unternehmen Weavable fertigt tragbare Computersysteme in den drei Zweigwerken Z1, Z2 und Z3. Diese Zweigwerke sind nach dem Leontiefmodell verflochten. Für diese Verflechtung gilt folgende Inputmatrix: $A = \begin{pmatrix} 0 & 0{,}2 & 0{,}1 \\ 0{,}4 & 0 & 0{,}2 \\ 0{,}25 & 0{,}25 & 0 \end{pmatrix}$

a) Im 1. Quartal ist die Gesamtproduktion gegeben durch $\vec{x} = \begin{pmatrix} 1200 \\ 1000 \\ 1500 \end{pmatrix}$.
Geben Sie die Lieferungen untereinander und die Marktabgaben in einer Tabelle an.

b) Im 2. Quartal hat sich die Marktnachfrage nach den Produkten von Werk W_2 um 50 % auf 330 ME erhöht, während die Nachfrage nach den Produkten von Werk W_1 und W_3 stagniert. Berechnen Sie die prozentuale Steigerung der Produktion der einzelnen Werke, um diese Nachfrage zu befriedigen.

3 Drei nach dem Leontief-Modell verflochtene Zweigwerke Z_1, Z_2 und Z_3 beliefern sich gegenseitig und den Markt.

a) Gegeben ist die die Matrix $E - A = \frac{1}{10}\begin{pmatrix} 4 & -1 & -1 \\ -2 & 4 & -2 \\ -4 & -2 & 6 \end{pmatrix}$.
Bestimmen Sie k so, dass $A = k\begin{pmatrix} 6 & 1 & 1 \\ 2 & 6 & 2 \\ 4 & 2 & 4 \end{pmatrix}$ die zugehörige Inputmatrix ist.

b) Z_1 produziert 100 Einheiten, Z_2 150 Einheiten und Z_3 200 Einheiten.
Bestimmen Sie alle Liefermengen.

c) Im folgenden Produktionszeitraum bleibt die Nachfrage nach dem Produkt von Z_1 gleich, die Nachfrage nach dem Produkt von Z_2 beträgt 20 Einheiten, während die Nachfrage nach dem Produkt von Z_3 auf 30 Einheiten einbricht.
Untersuchen Sie die Veränderung der Produktionswerte der drei Zweigwerke.

3.3.3 Produktion und der Konsum sind teilweise gegeben

Problemstellung: Gegeben ist die Verflechtung nach Leontief durch die Inputmatrix A. Konsumvektor $\vec{y}$ und Produktionsvektor $\vec{x}$ sind teilweise unbekannt.

Lösung: Einsetzen der bekannten Komponenten von $\vec{x}$ und $\vec{y}$ in $(E - A)\,\vec{x} = \vec{y}$ ergibt ein lineares Gleichungssystem für die unbekannten Komponenten von $\vec{x}$ und $\vec{y}$.

Beispiel

➲ Die drei Zweigwerke Z_1, Z_2 und Z_3 des Unternehmens SolecoA sind nach dem Leontief-Modell miteinander verflochten.
Für die kommende Produktionsperiode gilt die Inputmatrix $A = \frac{1}{48}\begin{pmatrix} 16 & 12 & 8 \\ 8 & 15 & 12 \\ 4 & 6 & 16 \end{pmatrix}$.

Die Produktion von Z_1 und Z_2 ist gleich groß, beide Zweigwerke geben jeweils 10 Einheiten an den Markt ab.

Berechnen Sie die Produktion der drei Zweigwerke und die Marktabgabe von Z_3.

Lösung

$$E - A = \frac{1}{48}\begin{pmatrix} 48 & 0 & 0 \\ 0 & 48 & 0 \\ 0 & 0 & 48 \end{pmatrix} - \frac{1}{48}\begin{pmatrix} 16 & 12 & 8 \\ 8 & 15 & 12 \\ 4 & 6 & 16 \end{pmatrix} = \frac{1}{48}\begin{pmatrix} 32 & -12 & -8 \\ -8 & 33 & -12 \\ -4 & -6 & 32 \end{pmatrix}$$

Die Produktion von Z_1 und Z_2 ist gleich groß bedeutet $x_1 = x_2$: $\vec{x} = \begin{pmatrix} x_1 \\ x_1 \\ x_3 \end{pmatrix}$

Gleiche Marktabgabe bedeutet $y_1 = y_2 = 10$: $\vec{y} = \begin{pmatrix} 10 \\ 10 \\ y_3 \end{pmatrix}$

Einsetzen in $(E - A)\,\vec{x} = \vec{y}$ ergibt ein LGS für x_1, x_3, y_3:

$$\frac{1}{48}\begin{pmatrix} 32 & -12 & -8 \\ -8 & 33 & -12 \\ -4 & -6 & 32 \end{pmatrix} \cdot \begin{pmatrix} x_1 \\ x_1 \\ x_3 \end{pmatrix} = \begin{pmatrix} 10 \\ 10 \\ y_3 \end{pmatrix} \quad \text{bzw.} \quad \begin{pmatrix} 32 & -12 & -8 \\ -8 & 33 & -12 \\ -4 & -6 & 32 \end{pmatrix} \cdot \begin{pmatrix} x_1 \\ x_1 \\ x_3 \end{pmatrix} = \begin{pmatrix} 480 \\ 480 \\ 48y_3 \end{pmatrix}$$

LGS:
$$\begin{aligned} 32x_1 - 12x_1 - 8x_3 &= 480 \\ -8x_1 + 33x_1 - 12x_3 &= 480 \\ -4x_1 - 6x_1 + 32x_3 &= 48y_3 \end{aligned} \quad \Leftrightarrow \quad \begin{aligned} 20x_1 - 8x_3 &= 480 \\ 25x_1 - 12x_3 &= 480 \\ -10x_1 + 32x_3 - 48y_3 &= 0 \end{aligned}$$

Auflösung des LGS ergibt: $x_1 = 48$; $x_3 = 60$; $y_3 = 30$

Produktionsvektor: $\vec{x} = \begin{pmatrix} 48 \\ 48 \\ 60 \end{pmatrix}$

Konsumvektor: $\vec{y} = \begin{pmatrix} 10 \\ 10 \\ 30 \end{pmatrix}$

Aufgaben

1 Ein Wirtschaftsmodell nach Leontief besteht aus drei Sektoren A_1, A_2 und A_3.
Die Lieferungen der drei Sektoren untereinander und an den Markt sind gegeben durch die nebenstehende Tabelle:

	A_1	A_2	A_3	Konsum	Produktion
A_1	16	3a	40	12	40b
A_2	12	48	60	0	120
A_3	8a	72	25b	46	200

a) Bestimmen Sie a und b (a, b > 0) und damit die Lieferungen x_{12}, x_{31} und x_{33}.
Berechnen Sie die Inputmatrix A für a = 4 und b = 2.

b) In der kommenden Produktionsperiode kann A_2 den Markt nicht beliefern, die Konsumabgabe von A_3 ist doppelt so hoch wie die von A_1. Berechnen Sie die Produktion und die Marktabgabe von Sektor A_1, wenn der Sektor A_3 1680 Einheiten produziert.

2 Die drei Zweigwerke W_1, W_2 und W_3 eines Betriebs sind nach dem Leontiefmodell miteinander verflochten.
Die Verflechtung ist durch die Inputmatrix A gegeben: $A = \begin{pmatrix} 0{,}5 & 0{,}1 & 0{,}2 \\ 0{,}2 & 0{,}1 & 0{,}3 \\ 0{,}4 & 0{,}2 & 0{,}2 \end{pmatrix}$.

a) Bestimmen Sie x_3 im Produktionsvektor $\vec{x} = \begin{pmatrix} 20 \\ 40 \\ x_3 \end{pmatrix}$ so, dass das Zweigwerk W_1 den Markt nicht beliefert.

b) In der kommenden Produktionsperiode produziert W_2 40 Einheiten.
Zweigwerk W_1 liefert 30 % seiner Produktion an den Konsum.
Die Marktabgaben von W_2 und W_3 verhalten sich wie 1 : 4.
Berechnen Sie den Produktionsvektor und den Konsumvektor.

3 Drei Abteilungen A1, A2 und A3 der Velocity sind nach dem Leontiefmodell verflochten. Die Inputmatrix dieser Verflechtung ist gegeben durch $A = \begin{pmatrix} 0{,}5 & 0 & 0{,}5 \\ 0{,}2 & 0{,}2 & 0 \\ 0{,}3 & 0{,}4 & 0{,}2 \end{pmatrix}$.

a) A2 plant eine Produktion von 180 Einheiten und A3 eine Produktion von 270 Einheiten.
Jede der 3 Abteilungen möchte mindestens 20 Einheiten an den Markt abgeben.
Berechnen Sie, wie viel A1 mindestens produzieren muss und wie viel A1 höchstens produzieren kann.

b) Aufgrund einer veränderten Wirtschaftslage beliefert A2 den Markt nicht mehr und A1 produziert gleich viel wie A3. Ermitteln Sie die Marktabgabe von A1.
Bestimmen Sie das Verhältnis der Produktionen von A1 und A2.
Geben Sie den Anteil der Marktabgabe von A3 an der Produktion von A3 an.

Was man wissen sollte ... über die Problemstellungen beim Leontiefmodell

Es gilt folgender Zusammenhang:

$$A \cdot \vec{x} + \vec{y} = \vec{x} \quad \Leftrightarrow \quad (E - A) \cdot \vec{x} = \vec{y}$$

Die Inputmatrix A ist gegeben oder lässt sich mithilfe einer Tabelle bestimmen.

Fragestellungen:

Gegeben: Produktionsvektor $\vec{x}$ Gesucht: Konsumvektor $\vec{y}$ Lösung: Einsetzen von $\vec{x}$ in $(E - A) \cdot \vec{x} = \vec{y}$ ergibt $\vec{y}$.	Gegeben: Konsumvektor $\vec{y}$ Gesucht: Produktionsvektor $\vec{x}$ Lösung: $(E - A) \cdot \vec{x} = \vec{y}$ ist ein lineares Gleichungssystem für x_1, x_2, x_3. Auflösen dieses Gleichungssystems ergibt $\vec{x}$, auch mit $\vec{x} = (E - A)^{-1} \cdot \vec{y}$.	Gegeben: $\vec{x}$ und $\vec{y}$ teilweise Gesucht: Teile von $\vec{x}$ und $\vec{y}$ Lösung: Einsetzen in $(E - A) \cdot \vec{x} = \vec{y}$ ergibt ein lineares Gleichungssystem. Auflösen dieses Gleichungssystems ergibt die gesuchten Werte.

Hinweise: Ein Produktionsvektor $\vec{x}$ mit $x_i > 0$ ist wirtschaftlich sinnvoll, wenn der Konsumvektor in der Gleichung $(E - A) \cdot \vec{x} = \vec{y}$ nur nichtnegative Werte enthält ($y_i \geq 0$).

Eine beliebige Nachfrage kann befriedigt werden, wenn die Leontief-inverse $(E - A)^{-1}$ existiert und nur nichtnegative Elemente enthält.

Dann ist das LGS $(E - A) \cdot \vec{x} = \vec{y} \Leftrightarrow \vec{x} = (E - A)^{-1} \cdot \vec{y}$

eindeutig lösbar.

$[(E - A)^{-1}]^{-1} = E - A$

$A = E - (E - A)$

Aufgaben

1 Das folgende Diagramm zeigt die Verflechtung der TURBO Zweigwerke A_1, A_2 und A_3 nach dem Leontief-Modell (Angaben in Mengeneinheiten (ME)):

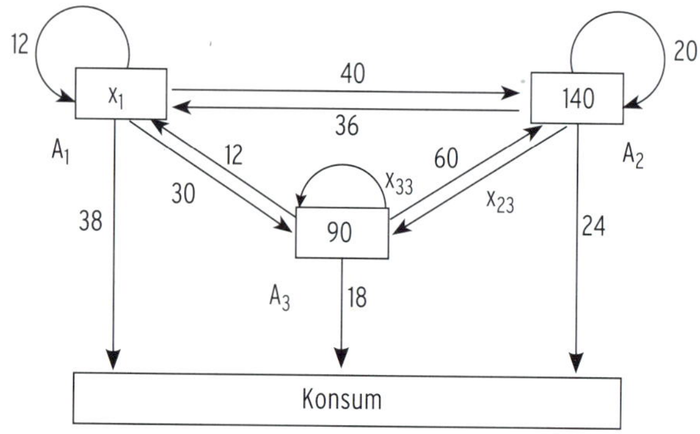

a) Bestimmen Sie die zugehörige Inputmatrix A.

b) Berechnen Sie für den neuen Marktvektor $\vec{y} = \begin{pmatrix} 67 \\ 9 \\ 18 \end{pmatrix}$ die Gesamtproduktion.

Stellen Sie die zugehörige Input-Output-Tabelle auf.

c) Das Zweigwerk A_2 produziert das 1,5-Fache von Zweigwerk A_1 und gibt die dreifache Menge von A_1 an den Markt ab.

Bestimmen Sie den Produktionsvektor und den Konsumvektor, wenn die Marktabgabe von Zweigwerk A_3 38 ME beträgt.

d) Aufgrund von Absatzschwierigkeiten liefert das Zweigwerk A_1 keine Güter mehr an den Markt. Die Zweigwerke A_2 und A_3 produzieren zusammen 263 ME und liefern zusammen 65 ME an den Markt.

Bestimmen Sie den Produktionsvektor und den Konsumvektor.

2 Die Verflechtung dreier volkswirtschaftlicher Sektoren A_1, A_2 und A_3 nach dem Leontief-Modell wird beschrieben durch die Inputmatrix $A = \frac{1}{20}\begin{pmatrix} 6 & 4 & 2 \\ 4 & 4 & 4 \\ 1 & 2 & 13 \end{pmatrix}$.

a) Beschreiben Sie die Auswirkung auf die Marktabgabe, wenn die Produktionsmengen aller Sektoren gleich sind.

b) Im nächsten Produktionszeitraum soll die Marktabgabe aller drei Sektoren gleich groß sein und Sektor A_3 825 Einheiten produzieren.

Berechnen Sie die Produktion und die Marktabgabe von Sektor A_1.

c) Gegeben ist die Matrix $B = \frac{1}{20}\begin{pmatrix} t & 4 & 2 \\ 4 & 4 & 4 \\ 1 & 2 & 0{,}2s \end{pmatrix}$ mit $s, t \in \mathbb{R}$.

Bestimmen Sie die Werte für s und t, sodass die Matrix B eine Inputmatrix nach dem Leontiefmodell ist.

Untersuchen Sie, ob für $s = 95$ und $t = 10$ jede Nachfrage befriedigt werden kann.

3 Die Unternehmen U_1, U_2 und U_3 sind untereinander und mit dem Markt nach dem Leontief-Modell verflochten.

Die Inputmatrix A beschreibt die Verflechtung: $A = \frac{1}{10}\begin{pmatrix} 2 & 1 & 8 \\ 2 & 6 & 1 \\ 2 & 2 & 0 \end{pmatrix}$.

a) Für den kommenden Zeitraum ist geplant, dass U_1, U_2 und U_3 200 Einheiten, 180 Einheiten bzw. 160 Einheiten produzieren.

Stellen Sie für diesen Fall die Verflechtung in einer Input-Output-Tabelle dar.
Geben Sie das Unternehmen an, das den kleinsten Anteil seiner Produktion an die beiden anderen Unternehmen liefert.

b) Bestimmen Sie die Produktion der einzelnen Unternehmen, wenn mit einer Nachfrage $\vec{y} = \begin{pmatrix} 88 \\ 20 \\ 52 \end{pmatrix}$ gerechnet wird.

c) Eine Marktstudie hat ergeben, dass die drei Unternehmen zusammen am Markt in Zukunft maximal 124 Einheiten absetzen können.
Das Verhältnis der Konsumabgaben beträgt $y_1 : y_2 : y_3 = 1 : 2 : 1$.
Berechnen Sie die zugehörige Produktion der drei Unternehmen.

4 Die Inputmatrix einer Verflechtung von drei Unternehmen A1, A2 und A3 nach Leontief ist gegeben durch $A = \begin{pmatrix} 0{,}4 & 2 - 0{,}004t^2 & 0{,}3 \\ 0{,}1 & 0{,}4 & 0{,}1 \\ 0 & 0{,}02(t-8) & 0{,}7 \end{pmatrix}$.

Dabei ist $t \in [16; 22]$ ein technologieabhängiger Parameter.

Es ist die Produktion $\vec{x} = \begin{pmatrix} 40t \\ 10t \\ 12t \end{pmatrix}$ geplant.

a) A1 gibt 328 Einheiten an den Markt ab. Ermitteln Sie den Wert von t und die zugehörige Marktabgabe der beiden anderen Unternehmen.

b) Bestimmen Sie t so, dass die Summe der Marktabgaben am größten ist.
Erläutern Sie Ihre Vorgehensweise.

5 Die Verflechtung der Werke U, V, W der Wild AG nach dem Leontief-Modell ist beschrieben durch die Inputmatrix $A = \begin{pmatrix} 0{,}1 & 0{,}3 & 0{,}4 \\ 0{,}1 & 0{,}2 & 0{,}1 \\ 0{,}2 & 0{,}1 & 0{,}3 \end{pmatrix}$.

Im laufenden Produktionszeitraum stellt das Unternehmen U 260 Einheiten her.
Unternehmen V liefert 40 Einheiten an den Markt.
Die Marktabgaben von U und W verhalten sich wie 3 : 2.
Ermitteln Sie die Produktion von V und W sowie die Marktabgabe von U und W.

6 Drei Betriebe B_1, B_2 und B_3 sind nach dem Leontief-Modell miteinander verflochten. Die Betriebe beliefern sich gegenseitig und den Markt. Aufgrund einer gesetzlichen Vorschrift darf Betrieb B_3 sein Erzeugnis nicht an den Markt abgeben. Die gegenseitige Belieferung und die Abgabe an den Markt betragen derzeit in Mengeneinheiten (ME):

	B_1	B_2	B_3	Konsum	Produktion
B_1	a	10	20	20	100
B_2	20	b	20	10	80
B_3	20	20	c	0	80

a) Bestimmen Sie die fehlenden Werte a, b und c und berechnen Sie die Inputmatrix.
In der nächsten Periode sollen folgende Mengen produziert werden:
B_1 150 ME, B_2 100 ME und B_3 110 ME.
Berechnen Sie den zugehörigen Konsumvektor.
Nach den Ergebnissen der Marktforschung wird erwartet, dass zukünftig 15 ME von B_1 und 20 ME von B_2 an den Markt abgegeben werden können. Berechnen Sie den neuen Produktionsvektor und ermitteln Sie die prozentuale Produktionsveränderung zur Ausgangssituation der einzelnen Betriebe.

b) Folgende Inputmatrix sei gegeben: $A = \begin{pmatrix} \frac{1}{2} & \frac{1}{8} & \frac{1}{4} \\ \frac{1}{5} & \frac{3}{8} & \frac{1}{4} \\ \frac{1}{5} & \frac{1}{4} & \frac{1}{2} \end{pmatrix}$

Außerdem sei der Produktionsvektor

$\vec{x}_t = \begin{pmatrix} t + 97 \\ -t^2 + t + 86 \\ 2t + 84 \end{pmatrix}$, wobei t das Quartal angibt, also $t \in \{1; 2; 3; 4\}$.

Berechnen Sie die Fertigungskosten in Abhängigkeit von t, wenn die variablen Herstellkosten pro ME bei Betrieb B_1 40 Geldeinheiten (GE), bei B_2 20 GE und bei B_3 30 GE betragen.
Bestimmen Sie, in welchem Quartal die Kosten am höchsten sind.
Wegen geänderter Fertigungsmethoden und der daraus resultierenden gesetzlichen Zulassung kann jetzt auch Betrieb B_3 sein Erzeugnis an den Markt abgeben.
Betrieb B_1 verlangt 250 GE pro ME, Betrieb B_2 200 GE pro ME.
Bestimmen Sie den Preis für das Produkt von Betrieb B_3 so, dass in dem kostenmaximalen Quartal durch Abgabe an die Endverbraucher für das Unternehmen kein Verlust entsteht.

Test zur Überprüfung Ihrer Grundkenntnisse

1 Eine Volkswirtschaft, für die das Leontiefmodell zugrunde gelegt wird, besteht aus den zwei Wirtschaftszweigen A_1 und A_2. Die folgende Tabelle zeigt die Verflechtung der Wirtschaftszweige. Ermitteln Sie die Inputmatrix A.

	A_1	A_2	Konsum
A_1	5	15	10
A_2	20	10	20

2 Die drei Zweigwerke W_1, W_2 und W_3 des Unternehmens PyroF sind nach dem Leontiefmodell miteinander verflochten. Die Verflechtung ist durch die Inputmatrix A gegeben:

$$A = \begin{pmatrix} 0{,}2 & 0{,}2 & 0{,}1 \\ 0{,}8 & 0{,}5 & 0{,}05 \\ 0{,}8 & 0{,}2 & 0{,}2 \end{pmatrix}$$

a) Die Zweigwerke liefern 24 Einheiten, 36 Einheiten und 12 Einheiten an den Markt. Erstellen Sie dazu einen Gozintographen.

b) In der Planung wird von folgendem Marktvektor ausgegangen: $\vec{y} = \begin{pmatrix} 20 \\ 40 - 3t \\ t^2 \end{pmatrix}$.
Bestimmen Sie einen sinnvollen Definitionsbereich für t.
Ermitteln Sie die Produktion für t = 2.

3 Das folgende Diagramm (Gozintograph) stellt die Verflechtung dreier Niederlassungen Z_1, Z_2 und Z_3 der ZAP GmbH nach dem Leontief-Modell dar (Angaben in ME).

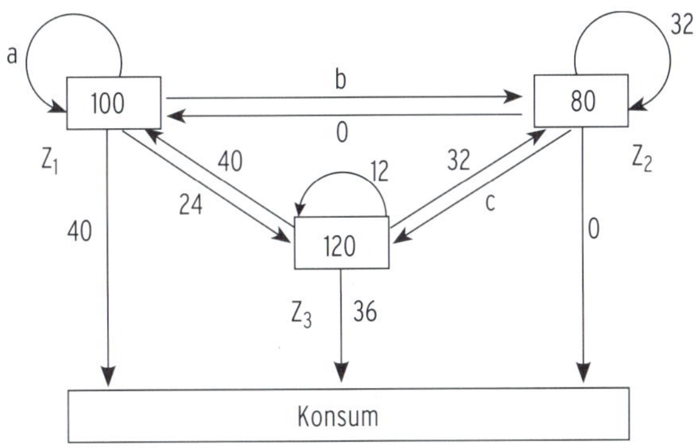

Die Lieferung von Z_1 an Z_2 beträgt 80 % des Eigenverbrauchs von Z_1.

a) Geben Sie die Inputmatrix A an.

b) Ermitteln Sie die Mindestproduktion der einzelnen Niederlassungen, wenn mit einer Nachfrage von $\vec{y} = \begin{pmatrix} 16 \\ 8 \\ 4 \end{pmatrix}$ gerechnet wird.

c) Im kommenden Produktionszeitraum rechnet man damit, dass Z_1 und Z_2 jeweils 60 ME und Z_3 80 ME herstellen.
Erstellen Sie die zugehörige Tabelle, die sowohl die Lieferungen der Niederlassungen untereinander als auch die Lieferungen an den Konsum angibt.

4 Stochastische Übergangsprozesse

Lernsituation

Für die zukünftige Marktpositionierung ihrer Automodelle hat ein großes Automobilunternehmen eine Untersuchung über Käuferwanderungen zwischen den verschiedenen Automodellen erstellen lassen. Das Kaufverhalten für die Modelle auf dem deutschen und dem europäischen Markt sah zu Beginn der Untersuchung wie folgt aus:

Tabelle 1	Käufer Benzinfahrzeug	Käufer Dieselfahrzeug	Käufer Erdgasfahrzeug
Deutschland	0,45	0,35	0,20

Weitere Ergebnisse zur Untersuchung der Käuferwanderung werden in Tabelle 2 dargestellt.

Tabelle 2 von \ nach	Käufer Benzinfahrzeug	Käufer Dieselfahrzeug	Käufer Erdgasfahrzeug
Käufer Benzinfahrzeug	0,48	a	0,04
Käufer Dieselfahrzeug	0,22	0,48	b
Käufer Erdgasfahrzeug	0,05	0,45	c

Ermitteln Sie für Tabelle 2 die Koeffizienten a, b und c.

Interpretieren Sie die Bedeutung der Zeileneintragungen in Tabelle 2 allgemein und anhand eines Beispiels.

Berechnen Sie, wie die Käuferwanderung in Deutschland nach einem Jahr aussieht, und erstellen Sie das zugehörige Übergangsdiagramm.

Prüfen Sie, ob sich das stabile Kaufverhalten der deutschen Konsumenten beschreiben lässt durch: 23 % aller Käufer erwerben ein Benzinfahrzeug, 47 % ein Dieselfahrzeug und 30 % ein Erdgasfahrzeug.

Interpretieren Sie Ihr Ergebnis.

Bearbeiten Sie diese Lernsituation. Erwerben Sie die rechts aufgeführten **Qualifikationen und Kompetenzen**.

Qualifikationen & Kompetenzen

- Informationen in Matrixform bringen und als Diagramm darstellen
- Stochastische Prozesse veranschaulichen
- Verteilungen berechnen
- Eine stabile Verteilung ermitteln

4.1 Käufer- und Wahlverhalten

In diesem Kapitel werden Austauschprozesse mithilfe von Übergangsmatrizen beschrieben. In einem Austauschprozess ändert sich ein bestehender Zustand.
Eine **stochastische Matrix** als Übergangsmatrix beschreibt die Wahrscheinlichkeiten, mit denen sich ein bestehender Zustand verändert.
In der Marktforschung z. B. bedient man sich solcher Matrizen, um aus erfassten Daten Schlüsse für das weitere Verhalten der Kunden (Markentreue, Markenwechsel) zu ziehen.

Beispiel 1

➲ Der Bahnhofskiosk verkauft wöchentlich 100 Exemplare der zwei Nachrichtenmagazine S und F. Die Kunden kaufen wöchentlich ein Magazin. Dabei kaufen 55 % der S-Leser und 65 % der F-Leser wieder das gleiche Magazin.

a) Zeichnen Sie einen Übergangsgraphen und bestimmen Sie die Übergangsmatrix.

b) Bestimmen Sie die Verkaufszahlen in der folgenden Woche, wenn in der jetzigen Woche 40 S-Magazine und 60 F-Magazine verkauft werden.

Lösung

a) **Übergangsgraph:**

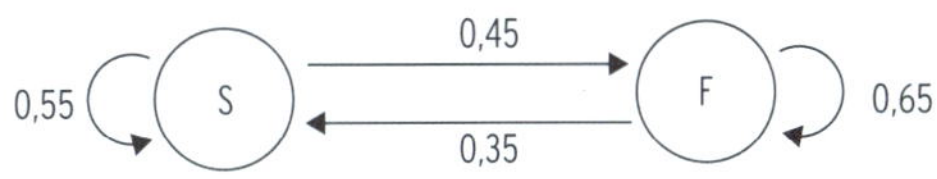

Übergangstabelle:

von \ zu	S	F
S	0,55	0,45
F	0,35	0,65

Übergangsmatrix:

$A = \begin{pmatrix} 0{,}55 & 0{,}45 \\ 0{,}35 & 0{,}65 \end{pmatrix}$ **(stochastische Matrix)**

Hinweis: Ein Leser von Magazin S kauft mit einer Wahrscheinlichkeit von 55 % wieder das Magazin S und mit einer Wahrscheinlichkeit von 45 % das Magazin F.
Ein Leser von Magazin F kauft mit einer Wahrscheinlichkeit von 65 % wieder das Magazin F und mit einer Wahrscheinlichkeit von 35 % das Magazin S.
Übergangsgraph und **Übergangsmatrix** beschreiben den Übergang von einem Zustand in den nächsten.
Dieser **Übergangsprozess** ist ein **stochastischer Prozess.**

Beachten Sie

Eine **stochastische Matrix** A ist **quadratisch** und hat nur **nichtnegative** Elemente.

Die **Summe der Elemente in jeder Zeile** ist 1.

b) Verkaufszahlen in der jetzigen Woche (40 60)
Startvektor $\vec{x}_0^{\,T} = (40 \quad 60)$
Hinweis: Der Startvektor beschreibt die **Anfangsverteilung,** den **Anfangszustand.**
Verkaufszahlen in der folgenden Woche
für das S-Magazin: 55 % von 40 + 35 % von 60 = 43
für das F-Magazin: 45 % von 40 + 65 % von 60 = 57

Kurzform mit Matrizen: $(40 \quad 60)\begin{pmatrix} 0{,}55 & 0{,}45 \\ 0{,}35 & 0{,}65 \end{pmatrix} = (43 \quad 57) = \vec{x}_1^{\,T}$

In der folgenden Woche Woche werden 43 S-Magazine und 57 F-Magazine verkauft.
Die Verkaufszahl der S-Magazine nimmt zu, die der F-Magazine nimmt ab.
Die Gesamtzahl der verkauften Magazine bleibt bei 100.

Beispiel 2

In einem Zweiparteienstaat mit den Parteien PS und PP haben langfristige Beobachtungen des Verhaltens der Bürger bei einer Wahl ergeben, dass 70 % der Wähler von Partei PS und 80 % der Wähler von Partei PP ihrer Partei treu bleiben. Die Wähler von Partei PS wechseln zu 30 % zur Partei PP, während sich umgekehrt 20 % der Wähler von Partei PP bei der folgenden Wahl für die Partei PS entscheiden.

a) Geben Sie die zugehörige Übergangsmatrix an.
b) Bei der letzten Wahl erhielt die Partei PS 25 % und Partei PP 75 % aller Stimmen. Bestimmen Sie die zu erwartende Stimmenverteilung nach der nächsten und der übernächsten Wahl.

Lösung

a) **Übergangsgraph:**

Übergangsgraph

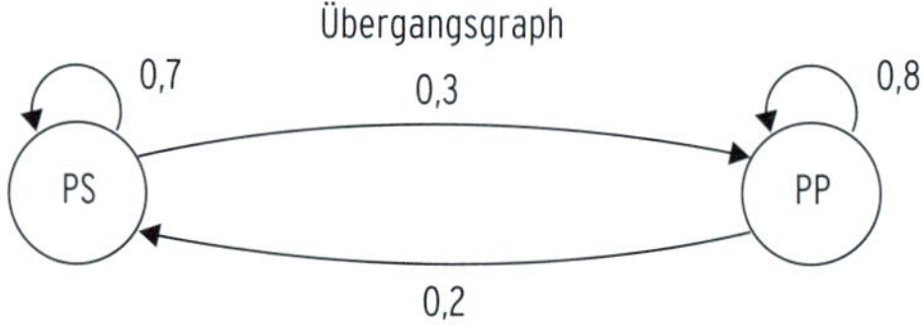

Übergangstabelle:

von \ zu	PS	PP
PS	0,7	0,3
PP	0,2	0,8

0,7; 0,3; ... lassen sich als Wahrscheinlichkeiten interpretieren.

Übergangsmatrix:

$A = \begin{pmatrix} 0{,}7 & 0{,}3 \\ 0{,}2 & 0{,}8 \end{pmatrix}$

stochastische Matrix

Hinweis: Die 1. Zeile bedeutet: 70 % der Wähler von PS wählen wieder PS.
30 % der Wähler von PS wechseln zur Partei PP.

Die Elemente der Hauptdiagonalen von A geben die Wahrscheinlichkeit an, dass ein Wähler bei der nächsten Wahl wieder die gleiche Partei wählt.

b) Für die Stimmverteilung nach der **nächsten** Wahl gilt:

Für Partei PS: $0{,}7 \cdot 0{,}25 + 0{,}2 \cdot 0{,}75 = 0{,}325$

und für PP: $0{,}3 \cdot 0{,}25 + 0{,}8 \cdot 0{,}75 = 0{,}675$

Mit dem Startvektor (Anfangsverteilung) $\vec{x}_0^{\,T} = (0{,}25 \quad 0{,}75)$

erhält man $\vec{x}_0^{\,T} \cdot A = (0{,}25 \quad 0{,}75) \cdot \begin{pmatrix} 0{,}7 & 0{,}3 \\ 0{,}2 & 0{,}8 \end{pmatrix} = (0{,}325 \quad 0{,}675) = \vec{x}_1^{\,T}$

Stimmverteilung nach der **nächsten** Wahl: $(0{,}325 \quad 0{,}675)$

Nach der nächsten Wahl hat die Partei PS voraussichtlich 32,5 %, die Partei PP 67,5 % aller Stimmen.

Stimmverteilung nach der **übernächsten** Wahl:

Mit dem Verteilungsvektor $\vec{x}_1^{\,T} = (0{,}325 \quad 0{,}675)$

erhält man: $\vec{x}_1^{\,T} \cdot A = (0{,}325 \quad 0{,}675) \cdot \begin{pmatrix} 0{,}7 & 0{,}3 \\ 0{,}2 & 0{,}8 \end{pmatrix} = (0{,}3625 \quad 0{,}6375) = \vec{x}_2^{\,T}$

Nach der übernächsten Wahl hat die Partei PS voraussichtlich 36,25 %, die Partei PP 63,75 % aller Stimmen.

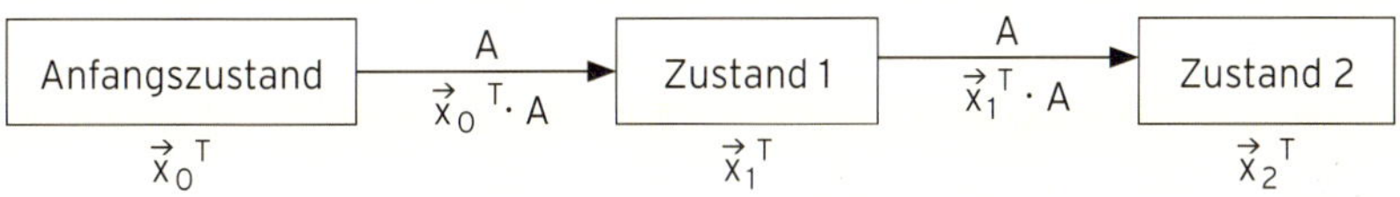

Oder:

Mit dem Startvektor $\vec{x}_0^{\,T}$ erhält man $\vec{x}_2^{\,T} = \vec{x}_1^{\,T} \cdot A = \vec{x}_0^{\,T} \cdot A \cdot A$

Mit $A \cdot A = A^2$: $\vec{x}_2^{\,T} = \vec{x}_0^{\,T} \cdot A^2$

Berechnung von A^2: $\begin{pmatrix} 0{,}7 & 0{,}3 \\ 0{,}2 & 0{,}8 \end{pmatrix} \cdot \begin{pmatrix} 0{,}7 & 0{,}3 \\ 0{,}2 & 0{,}8 \end{pmatrix} = \begin{pmatrix} 0{,}55 & 0{,}45 \\ 0{,}3 & 0{,}7 \end{pmatrix}$

Hinweis: Die 1. Zeile bedeutet für die übernächste Wahl: 55 % der Wähler von PS wählen wieder PS. 45 % der Wähler von PS wechseln zur Partei PP.

Mit dem Startvektor: $\vec{x}_0^{\,T} = (0{,}25 \quad 0{,}75)$

erhält man $\vec{x}_2^{\,T} = (0{,}25 \quad 0{,}75) \begin{pmatrix} 0{,}55 & 0{,}45 \\ 0{,}3 & 0{,}7 \end{pmatrix} = (0{,}3625 \quad 0{,}6375)$.

Bei der übernächsten Wahl wird mit einer Wahrscheinlichkeit von 36,25 % die Partei PS, mit einer Wahrscheinlichkeit von 63,75 % die Partei PP gewählt.

Allgemein gilt:

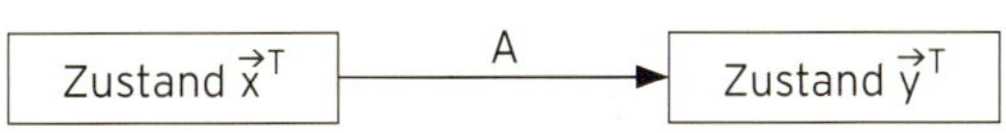

Aus Zustand $\vec{x}^{\,T}$ wird mithilfe der Matrix A der Zustand $\vec{y}^{\,T}$: $\vec{x}^{\,T} \cdot A = \vec{y}^{\,T}$.

Beispiel 3

➲ In einer Stadt mit den Theatern S und T stellt man durch Befragung folgendes fest: 70 % der Besucher von S kommen beim nächsten Mal wieder, der Rest besucht das Theater T. 60 % der Besucher von T kommen beim nächsten Mal wieder, der Rest geht ins Theater S.

a) Stellen Sie die Übergangsmatrix für diesen Prozess auf.

b) Im Theater S sind heute 100 Besucher, im Theater T 120 Besucher. Bestimmen Sie die voraussichtlichen Besucherzahlen bei der nächsten und der übernächsten Aufführung.

Lösung

Übergangsmatrix: $A = \begin{pmatrix} 0{,}7 & 0{,}3 \\ 0{,}4 & 0{,}6 \end{pmatrix}$

Für die Verteilung beim **nächsten Besuch** gilt

in Theater S: $0{,}7 \cdot 100 + 0{,}4 \cdot 120 = 118$

und in Theater T: $0{,}3 \cdot 100 + 0{,}6 \cdot 120 = 102$

In Matrixschreibweise: $(100 \quad 120) \cdot \begin{pmatrix} 0{,}7 & 0{,}3 \\ 0{,}4 & 0{,}6 \end{pmatrix} = (118 \quad 102)$

Bei der nächsten Aufführung sind im Theater S 118 und im Theater T 102 Besucher.
Die **Gesamtzahl der Besucher** bleibt gleich, da in der Übergangsmatrix jeweils die **Zeilensumme 1** ist.

Besucherzahlen beim zweimaligen Wechsel: $(118 \quad 102) \cdot \begin{pmatrix} 0{,}7 & 0{,}3 \\ 0{,}4 & 0{,}6 \end{pmatrix} = (123{,}4 \quad 96{,}6)$

Beim zweimaligen Wechsel sind im Theater S 123 und im Theater T 97 Besucher.

Oder:

Verteilung beim zweimaligen Wechsel:

Aus $\vec{x}_2^{\,T} = \vec{x}_1^{\,T} \cdot A = \vec{x}_0^{\,T} \cdot A \cdot A$ ergibt sich $\vec{x}_2^{\,T} = \vec{x}_0^{\,T} \cdot A^2$

Berechnung von A^2: $A^2 = \begin{pmatrix} 0{,}7 & 0{,}3 \\ 0{,}4 & 0{,}6 \end{pmatrix} \cdot \begin{pmatrix} 0{,}7 & 0{,}3 \\ 0{,}4 & 0{,}6 \end{pmatrix} = \begin{pmatrix} 0{,}61 & 0{,}39 \\ 0{,}52 & 0{,}48 \end{pmatrix}$

und damit $(100 \quad 120) \cdot \begin{pmatrix} 0{,}61 & 0{,}39 \\ 0{,}52 & 0{,}48 \end{pmatrix} = (123{,}4 \quad 96{,}6)$

Erläuterung: 0,39 ist die Wahrscheinlichkeit, dass ein Besucher von S bei seinem übernächsten Theaterbesuch das Theater T aufsucht.

Hinweis: Da man für diesen Austauschprozess immer die gleiche Übergangsmatrix verwendet, bezeichnet man die Zustandsfolge $\vec{x}_0^{\,T} = (100 \quad 120)$; $\vec{x}_1^{\,T} = (118 \quad 102)$; $\vec{x}_2^{\,T} = (123{,}4 \quad 96{,}6)$; ... als **Markowkette.**

Beispiel 4

➲ In der Nähe von zwei Supermärkten S_1 und S_2 wird ein neuer Supermarkt S_3 eröffnet. Bisher waren die beiden Supermärkte S_1 und S_2 die einzigen großen Einkaufsmärkte in der Umgebung.
S_1 hatte einen Marktanteil von 60 %, S_2 einen Marktanteil von 40 %.
Die Marktforschung rechnet mit folgenden wöchentlichen Kundenwanderungen:
In jeder Woche werden 20 % der bisherigen Kunden von S_1 zu S_3 und 30 % der Kunden von S_2 zu S_3 wechseln. Außerdem werden 10 % der Kunden von S_3 wieder zu S_1 und 10 % zu S_2 wechseln.

a) Stellen Sie die Kundenwanderung in einem Übergangsgraphen dar.
Erstellen Sie die Übergangsmatrix A, die die Kundenwanderung beschreibt.

b) Berechnen Sie den Marktanteil für jeden der drei Märkte aufgrund der ermittelten Kundenwanderung nach zwei Wochen.

Lösung

a) Unter der **Kundenwanderung** versteht man den Anteil der Kunden, die pro Woche von einem Markt zu einem anderen wechseln.
Der untersuchte Kundenkreis kauft entweder bei S_1 oder S_2 oder S_3 ein.

Das **Übergangsverhalten** lässt sich mithilfe eines Diagramms darstellen:
Übergangsgraph:

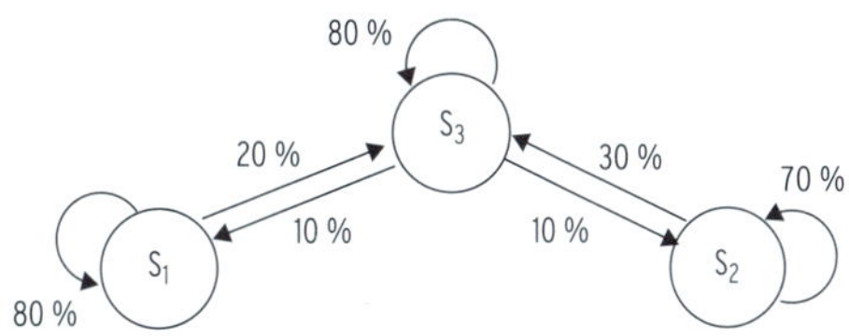

Übergangstabelle:

von \ nach	S_1	S_2	S_3
S_1	0,8	0	0,2
S_2	0	0,7	0,3
S_3	0,1	0,1	0,8

Übergangsmatrix A:

$$A = \begin{pmatrix} 0{,}8 & 0 & 0{,}2 \\ 0 & 0{,}7 & 0{,}3 \\ 0{,}1 & 0{,}1 & 0{,}8 \end{pmatrix}$$

Erläuterung:
Die 1. Zeile der Matrix A bedeutet, dass 80 % der Kunden von S_1 dem Supermarkt S_1 treu bleiben, niemand von S_1 zu S_2 und 20 % der Kunden von S_1 zu S_3 wechseln.
Die 2. Spalte von A bedeutet, dass kein Kunde von S_1 zu S_2 wechselt, 70 % der Kunden von S_2 weiterhin in ihrem Markt S_2 einkaufen und 10 % von S_3 zum Markt S_2 wechseln.

22 Bohner, Ott, Deusch - ISBN 978-3-8120-0696-5

b) S_1 hatte einen Marktanteil von 60 % und S_2 einen Marktanteil von 40 %, d. h., die **Anfangsverteilung** ist $\vec{x}_0^{\,T} = (0{,}6 \quad 0{,}4 \quad 0)$ (Startvektor).

Berechnung der **Verteilung nach der 1. Woche** durch Multiplikation von A mit der Anfangsverteilung: $\vec{x}_0^{\,T} \cdot A = (0{,}6 \quad 0{,}4 \quad 0) \cdot \begin{pmatrix} 0{,}8 & 0 & 0{,}2 \\ 0 & 0{,}7 & 0{,}3 \\ 0{,}1 & 0{,}1 & 0{,}8 \end{pmatrix} = (0{,}48 \quad 0{,}28 \quad 0{,}24) = \vec{x}_1^{\,T}$

Marktanteil für jeden der drei Märkte nach einer Woche:
48 % für Markt S_1, 28 % für Markt S_2 und 24 % für Markt S_3.

Für die **Marktanteile nach der 2. Woche** gilt: $\vec{x}_1^{\,T} \cdot A = (0{,}48 \quad 0{,}28 \quad 0{,}24) \cdot \begin{pmatrix} 0{,}8 & 0 & 0{,}2 \\ 0 & 0{,}7 & 0{,}3 \\ 0{,}1 & 0{,}1 & 0{,}8 \end{pmatrix} = (0{,}408 \quad 0{,}22 \quad 0{,}372) = \vec{x}_2^{\,T}$

Marktanteil für jeden der drei Märkte nach zwei Wochen:
40,8 % für Markt S_1, 22 % für Markt S_2 und 37,2 % für Markt S_3.
Die Kundenverteilung der aktuellen Woche erhält man, indem man die Kundenverteilung der Vorwoche mit der Übergangsmatrix A multipliziert:

$$\vec{x}_1^{\,T} = \vec{x}_0^{\,T} \cdot A$$
$$\vec{x}_2^{\,T} = \vec{x}_1^{\,T} \cdot A = \vec{x}_0^{\,T} \cdot A \cdot A = \vec{x}_0^{\,T} \cdot A^2$$
$$\vec{x}_3^{\,T} = \vec{x}_2^{\,T} \cdot A = \vec{x}_0^{\,T} \cdot A^3; \ldots$$

d. h., mithilfe von A^2 lässt sich die **Kundenverteilung nach 2 Wochen** berechnen bzw. mithilfe von A^3 lässt sich die **Kundenverteilung nach 3 Wochen** berechnen.

Beispiel:

$$\vec{x}_2^{\,T} = \vec{x}_1^{\,T} \cdot A = (0{,}6 \quad 0{,}4 \quad 0) \cdot A^2$$
$$\vec{x}_2^{\,T} = (0{,}6 \quad 0{,}4 \quad 0) \cdot \begin{pmatrix} 0{,}66 & 0{,}02 & 0{,}32 \\ 0{,}03 & 0{,}52 & 0{,}45 \\ 0{,}16 & 0{,}15 & 0{,}69 \end{pmatrix}$$
$$\vec{x}_2^{\,T} = (0{,}408 \quad 0{,}22 \quad 0{,}372)$$

Mit GTR/CAS:
$B \mathrel{\hat{=}} (0{,}6 \quad 0{,}4 \quad 0)$

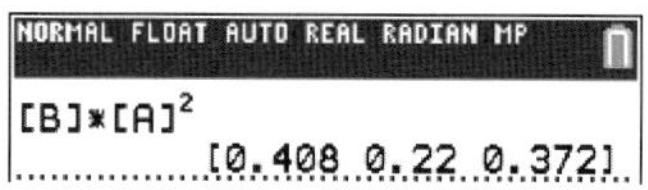

Hinweis: $\vec{x}_2^{\,T} = (0{,}408 \quad 0{,}22 \quad 0{,}372)$ ist die Verteilung nach zwei Wochen.

Erläuterungen zu A^2:
Die 1. Zeile der Matrix A^2 bedeutet für die Kundenwanderung in der 2. Woche:
Die Wahrscheinlichkeit, dass ein Kunde von S_1 seinen übernächsten Einkauf
- wieder in S_1 tätigt, beträgt 66 %;
- in S_2 tätigt, beträgt 2 %;
- in S_3 tätigt, beträgt 32 %;
- nicht in S_1 tätigt, beträgt $1 - 0{,}66 = 0{,}34$.

Beispiel 5

In der Stadt Essen gibt es drei Baumärkte B_1, B_2 und B_3. Das Ergebnis einer monatlichen Befragung bei 5000 Kunden zeigt das nebenstehende Diagramm:

a) Beschreiben Sie das Diagramm.

b) Erstellen Sie die Übergangsmatrix A.

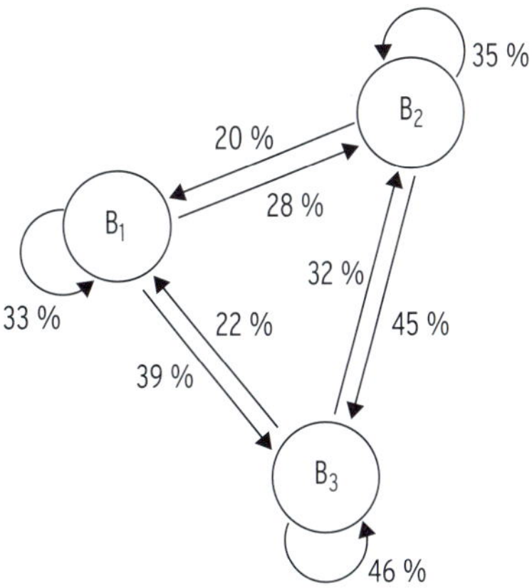

Anfangs kauften bei B_1 1000 Kunden ein, bei B_2 und B_3 jeweils 2000 Kunden.

c) Berechnen Sie mit der Übergangsmatrix die Kundenverteilung nach einem Monat. Beschreiben Sie, wie sich mithilfe der Übergangsmatrix die Kundenverteilung nach drei Monaten berechnen lässt.

d) Wie groß ist die Wahrscheinlichkeit, dass ein Kunde von B_1 seinen übernächsten Einkauf bei B_2 bzw. bei einem anderen Baumarkt tätigt?

Lösung

a) Der untersuchte Kundenkreis kauft entweder bei B_1 oder B_2 oder B_3 ein.
Jeden Monat bleiben 33 % der Kunden von B_1 bei B_1, 28 % der Kunden wechseln von B_1 zu B_2 und 39 % von B_1 zu B_3.
Jeden Monat wechseln 20 % der Kunden von B_2 zu B_1, 35 % der Kunden bleiben bei B_2 und 45 % wechseln von B_2 zu B_3.
Jeden Monat wechseln 22 % der Kunden von B_3 zu B_1 sowie 32 % zu B_2, 46 % der Kunden bleiben bei B_3.

b) Das Übergangsverhalten lässt sich mithilfe einer Tabelle darstellen:

Übergangstabelle:

von \ zu	B_1	B_2	B_3
B_1	33 %	28 %	**39 %**
B_2	20 %	35 %	45 %
B_3	22 %	32 %	46 %

Erläuterung: 33 % der Kunden von B_1 kaufen weiter bei B_1 ein, 28 % der Kunden wechseln von B_1 zu B_2 und **39 %** wechseln von B_1 zu B_3.

Übergangsmatrix

$$A = \begin{pmatrix} 0{,}33 & 0{,}28 & 0{,}39 \\ 0{,}20 & 0{,}35 & 0{,}45 \\ 0{,}22 & 0{,}32 & 0{,}46 \end{pmatrix}$$

c) Anfangsverteilung:
$\vec{x}_0^{\,T} = (1000 \quad 2000 \quad 2000)$

Kundenverteilung nach einem Monat:

$$\vec{x}_1^{\,T} = \vec{x}_0^{\,T} \cdot A = (1000 \quad 2000 \quad 2000) \cdot \begin{pmatrix} 0{,}33 & 0{,}28 & 0{,}39 \\ 0{,}20 & 0{,}35 & 0{,}45 \\ 0{,}22 & 0{,}32 & 0{,}46 \end{pmatrix} = (1170 \quad 1620 \quad 2210)$$

Nach einem Monat kaufen von 5000 Kunden 1170 im Baumarkt B_1, 1620 im Baumarkt B_2 und 2210 im Baumarkt B_3.

Die **Kundenverteilung nach 3 Monaten** erhält man, indem man die Kundenverteilung nach 2 Monaten mit der Übergangsmatrix A multipliziert:

$$\vec{x}_3^{\,T} = \vec{x}_2^{\,T} \cdot A$$

oder aus

$$\vec{x}_3^{\,T} = \vec{x}_0^{\,T} \cdot A^3$$

d) Man berechnet die erste Zeile der Übergangsmatrix A^2.
Sie beschreibt das Wechselverhalten der Kunden von B_1 beim übernächsten Einkauf.

$$(0{,}33 \quad 0{,}28 \quad 0{,}39) \cdot A = (0{,}33 \quad 0{,}28 \quad 0{,}39) \cdot \begin{pmatrix} 0{,}33 & 0{,}28 & 0{,}39 \\ 0{,}20 & 0{,}35 & 0{,}45 \\ 0{,}22 & 0{,}32 & 0{,}46 \end{pmatrix} = (0{,}25 \quad 0{,}32 \quad 0{,}43)$$

Die Wahrscheinlichkeit,
- dass ein Kunde von B_1 seinen übernächsten Einkauf bei B_2 tätigt, beträgt 0,32,
- dass er beim übernächsten Mal bei einem anderen Baumarkt einkauft, beträgt $0{,}32 + 0{,}43 = 0{,}75$ oder $1 - 0{,}25 = 0{,}75$.

Hinweis: Mit dem Startvektor $\vec{x}_0^{\,T} = (1 \quad 0 \quad 0)$: (100 % der Kunden kaufen bei B_1 ein.)
$(1 \quad 0 \quad 0) \cdot A = (0{,}33 \quad 0{,}28 \quad 0{,}39) = \vec{x}_1^{\,T}$; $(0{,}33 \quad 0{,}28 \quad 0{,}39) \cdot A$
$= (0{,}25 \quad 0{,}32 \quad 0{,}43) = \vec{x}_2^{\,T}$

Aufgaben

1 Entscheiden Sie, ob eine stochastische Matrix vorliegt. Begründen Sie Ihre Wahl.

a) $\begin{pmatrix} 0{,}5 & 0 & 0{,}5 \\ 0{,}5 & 0{,}7 & -0{,}2 \\ 0{,}1 & 0{,}1 & 0{,}8 \end{pmatrix}$ b) $\begin{pmatrix} 0{,}4 & 0{,}3 & 0{,}3 \\ 0{,}5 & 0{,}5 & 0 \\ 0{,}1 & 0 & 0{,}8 \end{pmatrix}$ c) $\begin{pmatrix} 0{,}8 & 0{,}1 \\ 0 & 0{,}7 \\ 0{,}2 & 0{,}2 \end{pmatrix}$ d) $\begin{pmatrix} 1 & 0 \\ 0{,}5 & 0{,}5 \end{pmatrix}$

2 Ein Institut prüft die Wasserqualität von Stränden in einer Urlaubsregion und vergibt hierfür ein bis drei Punkte. Das nachfolgende Diagramm beschreibt die Übergangswahrscheinlichkeiten für eine Zeiteinheit von einem Jahr. Interpretieren Sie das Diagramm.

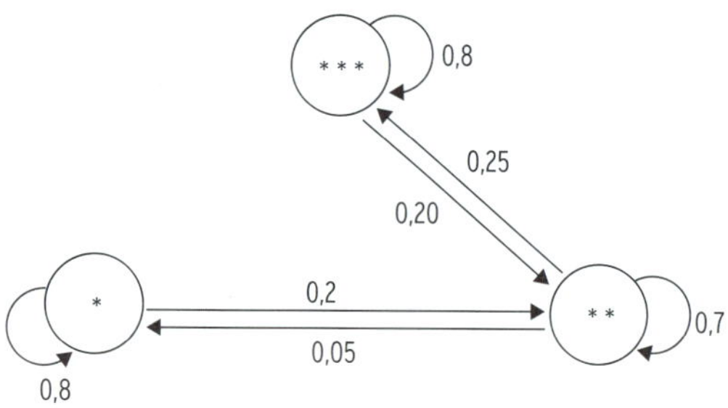

3 In einem fiktiven Staat stehen drei Parteien P1, P2 und P3 zur Wahl. Bei der letzten Wahl stimmte jeder 3. Wähler für P1 und jeder 2. Wähler für P2. Es besteht Wahlpflicht.
Die Prognose für die Wählerwanderung besagt, dass Partei P1 20 % seiner Wähler an Partei P2 verliert, der Rest der Wähler von Partei P1 bleibt seiner Partei treu. 10 % der Wähler von P2 wechseln zu P1 und 20 % zu P3, während 10 % der Wähler von P3 zu P1 und 20 % zu P2 wechseln.
Stellen Sie die zugehörige Übergangsmatrix auf. Geben Sie die zu erwartende Stimmverteilung nach der nächsten Wahl an.

4 Das Diagramm beschreibt bei einer Kreuzung den jährlichen Übergang der Blütenfarben pink (p), rot (r) und weiß (w) von einer Generation zur nächsten. Bestimmen Sie die Übergangsmatrix A und damit die Verteilung nach einem Jahr bzw. nach zwei Jahren, wenn die Verteilung der Pflanzen zu Beginn beschrieben wird durch

$\vec{x}_0^{\,T} = (p \quad r \quad w) = (4000 \quad 4000 \quad 4000)$.

Interpretieren Sie die Matrix A^2 ohne sie zu berechnen.

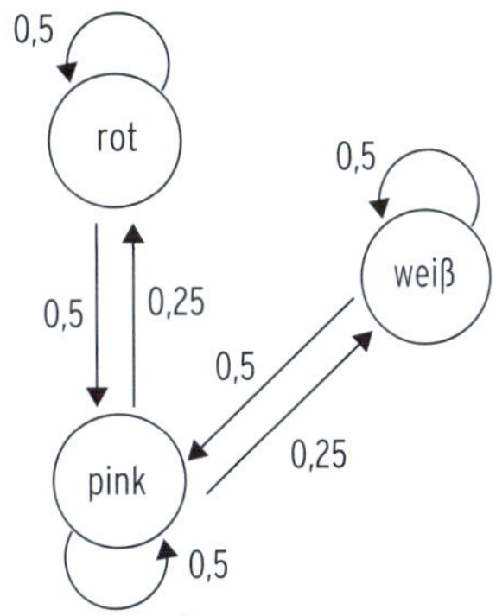

5 Drei Gasversorger G1, G2 und G3 konkurrieren in einer Kleinstadt um 4500 Haushalte.

a) Werbeaktionen veranlassen am Jahresende viele Verbraucher den Energieversorger zu wechseln. Von G1 wechseln 50 % zu G2 und 10 % zu G3. Von G2 wechseln 20 % zu G1 und 10 % zu G3. Von G3 wechseln 10 % zu G1 und 50 % zu G2. Die übrigen bleiben bei ihrem Versorger. Im Jahr 2015 sind 2000 Haushalte bei G1 und 1500 bei G2, die übrigen bei G3. Geben Sie die Übergangsmatrix an. Berechnen Sie, wie viele Haushalte von den einzelnen Energieversorgern im Jahr 2016 beliefert werden.

b) In der Nachbarstadt sind ebenfalls die Anbieter G1 und G2 sowie ein weiterer Anbieter G4 am Markt. Folgende Tabelle beschreibt das Wechselverhalten der Haushalte:

von \ zu	G1	G2	G4
G1	0,7	0,1	0,2
G2	0,3	0,6	0,1
G4	0,3	0,3	0,4

Nehmen Sie Stellung zur Behauptung: Die Kunden von G1 zeigen mehr Kundentreue als die von G4.
Im letzten Jahr bezogen 700 Haushalte ihr Gas von G1, 400 Haushalte von G2 und 300 Haushalte von G4. Ermitteln Sie die Verteilung in diesem Jahr.
Interpretieren Sie Ihr Ergebnis.
Bestimmen Sie die Wahrscheinlichkeit, dass ein Kunde von G1 zwei Jahre später von G4 sein Gas bezieht.

4.2 Stabilitätsvektor und Grenzmatrix

Bei Austauschprozessen ist die langfristige Einwicklung interessant. Eine besondere Stellung nehmen Verteilungen ein, die sich im Laufe des Prozesses nicht ändern. Man nennt diese Verteilungen **stationär (stabil).**

Beispiel 1

➲ Eine Population von Käfern enthält Tiere mit zwei verschiedenen Merkmalen X und Y (z. B. Farbe). Beobachtungen über längere Zeit zeigen, dass Käfer mit Merkmal X zu 60 % Nachkommen mit Merkmal X und zu 40 % solche mit Merkmal Y haben. Käfer mit Merkmal Y haben zu 80 % wieder Nachkommen mit diesem Merkmal, zu 20 % solche mit Merkmal X. Die Vermehrungsrate wird durch die Merkmale nicht beeinflusst.

a) Die Generation bei Beobachtungsbeginn enthält jeweils 50 % Käfer mit Merkmal X bzw. Merkmal Y. Berechnen Sie eine Verteilung von X und Y der nächsten Generation.

b) Bestimmen Sie eine Verteilung der Merkmale, die sich nicht mehr ändert.

Lösung

a) Übergangsdiagramm:

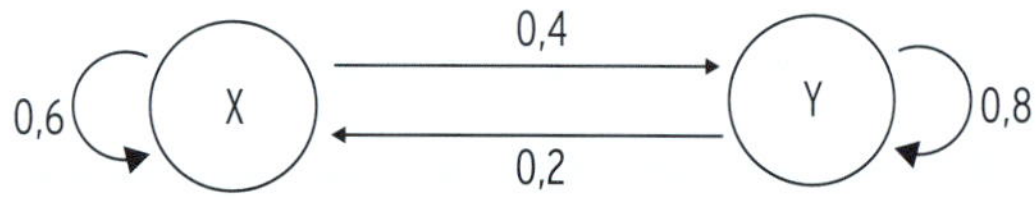

Übergangsmatrix: $A = \begin{pmatrix} 0{,}6 & 0{,}4 \\ 0{,}2 & 0{,}8 \end{pmatrix}$ Startvektor $\vec{x}_0^{\,T} = (0{,}5 \;\; 0{,}5)$

Verteilung in der nächsten Generation: $(0{,}5 \;\; 0{,}5) \cdot \begin{pmatrix} 0{,}6 & 0{,}4 \\ 0{,}2 & 0{,}8 \end{pmatrix} = (0{,}4 \;\; 0{,}6)$

Die nächste Generation enthält 40 % Käfer mit Merkmal X und 60 % Käfer mit Y.

b) Gesucht ist also die Verteilung, die sich durch Multiplikation mit A nicht mehr ändert, die **stationäre Verteilung.** Der **Stabilitätsvektor** (Fixvektor) $\vec{x}$ mit den Eigenschaften $\vec{x}^{\,T} \cdot A = \vec{x}^{\,T}$ und $x_1 + x_2 = 1$ beschreibt diese stationäre Verteilung.

Der Ansatz $\vec{x}^{\,T} \cdot A = \vec{x}^{\,T}$ führt auf: $(x_1 \;\; x_2) \cdot \begin{pmatrix} 0{,}6 & 0{,}4 \\ 0{,}2 & 0{,}8 \end{pmatrix} = (x_1 \;\; x_2)$.

Daraus folgt das LGS:

$$0{,}6x_1 + 0{,}2\,x_2 = x_1$$
$$0{,}4x_1 + 0{,}8x_2 = x_2$$

Mit Summe = 1: $x_1 + x_2 = 1$

Vereinfachung ergibt:

$$-\,0{,}4x_1 + 0{,}2\,x_2 = 0 \qquad (1)$$
$$0{,}4x_1 - 0{,}2x_2 = 0 \qquad (2)$$
$$x_1 + x_2 = 1 \qquad (3)$$

GTR/CAS (Gleichungen (2) und (3)): $x_1 = \frac{1}{3};\; x_2 = \frac{2}{3}$

Die **stationäre Verteilung** ist 33,33 % Käfer mit Merkmal X und 66,67 % mit Merkmal Y.

Der Stabilitätsvektor $\vec{x}^{\,T} = (\frac{1}{3} \;\; \frac{2}{3})$ beschreibt die stationäre Verteilung.

Beachten Sie: Für den **stationären (stabilen) Zustand** $\vec{x}^{\,T}$ gilt: $\vec{x}^{\,T} \cdot A = \vec{x}^{\,T}$.

Beispiel 2

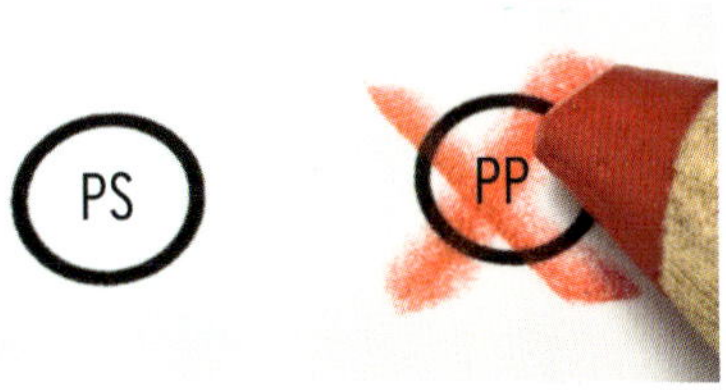

➲ In einem Staat mit den Parteien PS und PP (vgl. Seite 334) beschreibt die Übergangsmatrix $A = \begin{pmatrix} 0{,}7 & 0{,}3 \\ 0{,}2 & 0{,}8 \end{pmatrix}$ das Wählerverhalten. Bei der letzten Wahl erhielt die Partei PS 25 % und Partei PP 75 % aller Stimmen.

a) Berechnen Sie A^2 und interpretieren Sie die 2. Zeile.

b) Entscheiden Sie, ob es eine Stimmenverteilung gibt, die sich reproduziert.

c) Bestimmen Sie A^5.

Für A^{10} und A^{20} ergeben sich $A^{10} = \begin{pmatrix} 0{,}4006 & 0{,}5994 \\ 0{,}3996 & 0{,}6004 \end{pmatrix}$ und $A^{20} = \begin{pmatrix} 0{,}4000 & 0{,}6000 \\ 0{,}4000 & 0{,}6000 \end{pmatrix}$ (gerundet auf 4 Dezimalen). Interpretieren Sie.

Lösung

a) $A^2 = A \cdot A = \begin{pmatrix} 0{,}55 & 0{,}45 \\ 0{,}30 & 0{,}70 \end{pmatrix}$

0,30 bedeutet: Bei der übernächsten Wahl wählen die Anhänger von PP die Partei PS mit einer Wahrscheinlichkeit von 30 %.

0,70 bedeutet: Bei der übernächsten Wahl wählen die Anhänger von PP wieder die Partei PP mit einer Wahrscheinlichkeit von 70 %.

b) Für eine Stimmverteilung $\vec{x}^T = (x_1 \;\; x_2)$ mit $x_1 + x_2 = 1$, die sich **reproduziert,** muss gelten: $\vec{x}^T \cdot A = \vec{x}^T$

Bedingungen für x_1 und x_2: $(x_1 \;\; x_2) \cdot \begin{pmatrix} 0{,}7 & 0{,}3 \\ 0{,}2 & 0{,}8 \end{pmatrix} = (x_1 \;\; x_2)$

Mit $x_1 + x_2 = 1$ erhält man: $0{,}7x_1 + 0{,}2x_2 = x_1$

$0{,}3x_1 + 0{,}8x_2 = x_2$

Mit Summe = 1: $x_1 + x_2 = 1$

Vereinfachung ergibt:
$-0{,}3x_1 + 0{,}2x_2 = 0$ (1)
$0{,}3x_1 - 0{,}2x_2 = 0$ (2)
$x_1 + x_2 = 1$ (3)

GTR/CAS (Gleichungen (2) und (3)): $x_1 = 0{,}4;\; x_2 = 0{,}6$

Hat die Partei PS 40 % und die Partei PP 60 % aller Stimmen, ändert sich die Stimmenverteilung bei einer Wahl (Übergangsmatrix A) nicht mehr.

$\vec{x}^T = (0{,}4 \;\; 0{,}6)$ heißt **Stabilitätsvektor (stationärer Zustand).**

Probe: $(0{,}4 \;\; 0{,}6) \cdot A = (0{,}4 \;\; 0{,}6) \cdot \begin{pmatrix} 0{,}7 & 0{,}3 \\ 0{,}2 & 0{,}8 \end{pmatrix} = (0{,}4 \;\; 0{,}6)$

c) $A^5 = \begin{pmatrix} 0{,}41875 & 0{,}58125 \\ 0{,}3875 & 0{,}6125 \end{pmatrix}$

Die Matrixpotenzen A^n streben für $n \to \infty$ gegen die Matrix $\begin{pmatrix} 0{,}4 & 0{,}6 \\ 0{,}1 & 0{,}6 \end{pmatrix}$.

c) Dies bedeutet, dass sich die Wähler zu 40 % für Partei PS und zu 60 % für Partei PP entscheiden. Es gilt also: $\lim_{n \to \infty} A^n = \begin{pmatrix} 0{,}4 & 0{,}6 \\ 0{,}4 & 0{,}6 \end{pmatrix}$.

Die Zeilenvektoren sind alle **gleich** und entsprechen der **stationären Verteilung.**

Beispiele für verschiedene Startvektoren:

$(0{,}5 \quad 0{,}5) \cdot \begin{pmatrix} 0{,}4 & 0{,}6 \\ 0{,}4 & 0{,}6 \end{pmatrix} = (0{,}4 \quad 0{,}6)$ $\qquad (1 \quad 0) \cdot \begin{pmatrix} 0{,}4 & 0{,}6 \\ 0{,}4 & 0{,}6 \end{pmatrix} = (0{,}4 \quad 0{,}6)$

Hinweis: Jede beliebige Verteilung strebt gegen die stationäre (stabile) Verteilung (siehe Teilaufgabe b)).

Bemerkung: Die **Übergangsmatrix A^n stabilisiert sich** für $n \to \infty$ zur Grenzmatrix $G = \begin{pmatrix} 0{,}4 & 0{,}6 \\ 0{,}4 & 0{,}6 \end{pmatrix}$. Diese Matrix beschreibt die Grenzverteilung $(0{,}4 \quad 0{,}6)$ (langfristige Verteilung).

Beachten Sie:

Gilt für eine stochastische Matrix A $\lim_{n \to \infty} A^n = G$, so besteht die Matrix G aus lauter

gleichen Zeilen: $G = \begin{pmatrix} x_1 & x_2 & \cdots & x_n \\ x_1 & x_2 & \cdots & x_n \\ \cdots & \cdots & \cdots & \cdots \\ x_1 & x_2 & \cdots & x_n \end{pmatrix}$.

G heißt **Grenzmatrix.**

Der Zeilenvektor $\vec{x}^T = (x_1 \quad x_2 \ \ldots \ x_n)$ ist der **Stabilitätsvektor (Fixvektor).**

Die stationäre (stabile) Verteilung und die Grenzverteilung stimmen überein.

Berechnung des Stabilitätsvektors

Fixpunktgleichung: $\vec{x}^T \cdot A = \vec{x}^T$

Matrixpotenz A^n: $\lim_{n \to \infty} A^n = G$

Beispiel 3

➲ Die Wählerwanderung zwischen den Parteien B, C und D lässt sich beschreiben durch die Übergangsmatrix $A = \begin{pmatrix} 0{,}75 & 0{,}25 & 0 \\ 0{,}2 & 0{,}6 & 0{,}2 \\ 0{,}4 & 0{,}4 & 0{,}2 \end{pmatrix}$.

Untersuchen Sie, ob eine Partei langfristig verschwindet.

Lösung

$\lim_{n \to \infty} A^n = \begin{pmatrix} 0{,}4898 & 0{,}4082 & 0{,}1020 \\ 0{,}4898 & 0{,}4082 & 0{,}1020 \\ 0{,}4898 & 0{,}4082 & 0{,}1020 \end{pmatrix}$; Fixvektor $\vec{x}^T = (0{,}4898 \quad 0{,}4082 \quad 0{,}1020)$

Langfristig wählen 48,98 % die Partei B, 40,82 % die Partei C und 10,2 % die Partei D.

Langfristig verschwindet keine Partei.

Beispiel 4

➲ In der Stadt Essen gibt es drei Baumärkte B_1, B_2 und B_3 (vgl. Seite 339).

Die Übergangsmatrix $A = \begin{pmatrix} 0{,}33 & 0{,}28 & 0{,}39 \\ 0{,}20 & 0{,}35 & 0{,}45 \\ 0{,}22 & 0{,}32 & 0{,}46 \end{pmatrix}$ beschreibt den Anteil der Kunden, die jeden Monat von Baumarkt B_j zu Baumarkt B_i wechseln.

a) Berechnen Sie eine Verteilung, die sich aufgrund der oben genannten Kundenströme nicht mehr ändert. Geben Sie die zugehörige Grenzmatrix G an.

b) Bestimmen Sie die langfristige Verteilung für 5000 Kunden.
Diese Verteilung ändert sich, wenn zu Beginn alle Kunden bei B_1 einkaufen. Nehmen Sie Stellung zu dieser Behauptung.

Lösung

a) Gesucht ist also die Verteilung, die sich durch Multiplikation mit A nicht mehr ändert, die stationäre Verteilung. Der Stabilitätsvektor $\vec{x}^T$ mit den Eigenschaften $\vec{x}^T \cdot A = \vec{x}^T$ und $x_1 + x_2 + x_3 = 1$ beschreibt diese stabile (stationäre) Verteilung.

Der Ansatz $\vec{x}^T \cdot A = \vec{x}^T$ führt auf: $(x_1 \quad x_2 \quad x_3) \begin{pmatrix} 0{,}33 & 0{,}28 & 0{,}39 \\ 0{,}20 & 0{,}35 & 0{,}45 \\ 0{,}22 & 0{,}32 & 0{,}46 \end{pmatrix} = (x_1 \quad x_2 \quad x_3)$

Daraus folgt das LGS:
$$0{,}33x_1 + 0{,}20x_2 + 0{,}22x_3 = x_1$$
$$0{,}28x_1 + 0{,}35x_2 + 0{,}32x_3 = x_2$$
$$0{,}39x_1 + 0{,}45x_2 + 0{,}46x_3 = x_3$$

Mit Summe = 1:
$$x_1 + x_2 + x_3 = 1$$

Vereinfachung ergibt:
$$-0{,}67x_1 + 0{,}20x_2 + 0{,}22x_3 = 0 \quad (1)$$
$$0{,}28x_1 - 0{,}65x_2 + 0{,}32x_3 = 0 \quad (2)$$
$$0{,}39x_1 + 0{,}45x_2 - 0{,}54x_3 = 0 \quad (3)$$
$$x_1 + x_2 + x_3 = 1 \quad (4)$$

GTR/CAS (Gleichungen (2) bis (4)): $x_1 = 0{,}24$; $x_2 = 0{,}32$; $x_3 = 0{,}44$

Stabilitätsvektor (Fixvektor): $\vec{x}^T = (0{,}24 \quad 0{,}32 \quad 0{,}44)$

Die Verteilung: 24 % aller Kunden kaufen im Baumarkt B_1, 32 % in B_2 und 44 % in B_3, ist die **stationäre Verteilung.**

Die stationäre Verteilung stimmt mit der langfristigen Verteilung überein.
Die Zeilen der **Grenzmatrix** stimmen überein und entsprechen der langfristigen Verteilung (dem Stabilitätsvektor) $\vec{x}^T = (0{,}24 \quad 0{,}32 \quad 0{,}44)$: $G = \begin{pmatrix} 0{,}24 & 0{,}32 & 0{,}44 \\ 0{,}24 & 0{,}32 & 0{,}44 \\ 0{,}24 & 0{,}32 & 0{,}44 \end{pmatrix}$

Erläuterung: Langfristig beträgt die Wahrscheinlichkeit, dass ein Kunde
- von Baumarkt B_1 bei Baumarkt B_1 bleibt, 24 %,
- von Baumarkt B_1 zu Baumarkt B_2 wechselt, 32 %,
- von Baumarkt B_1 zu Baumarkt B_3 wechselt, 44 %.

Diese Wahrscheinlichkeiten gelten ebenso für die Kunden von Baumarkt B_2 bzw. B_3.

b) Der Stabilitätsvektor $\vec{x}^T = (0{,}24 \quad 0{,}32 \quad 0{,}44)$ beschreibt die langfristige Verteilung.
Berechnung der Kundenzahl für 5000 Kunden:
$0{,}24 \cdot 5000 = 1200$;
$0{,}32 \cdot 5000 = 1600$;
$0{,}44 \cdot 5000 = 2200$,
Fixvektor $\vec{x}^T = (1200 \quad 1600 \quad 2200)$
Die stationäre Verteilung ist 1200 Kunden im Baumarkt B_1, 1600 in B_2 und 2200 in B_3.
Die Anfangsverteilung spielt keine Rolle. Die stabile Verteilung stimmt mit der langfristigen Verteilung überein.
Probe für die Verteilung: Alle Kunden sind Kunden im Baumarkt B_1.

100 % der Kunden kaufen in B_1; Startvektor:	$\vec{x}^T = (1 \quad 0 \quad 0)$
Multiplikation mit der Grenzmatrix G ergibt den Stabilitätsvektor in %.	$(1 \quad 0 \quad 0) \cdot G = (0{,}24 \quad 0{,}32 \quad 0{,}44)$
Alle 5000 Kunden kaufen in B_1; Startvektor:	$\vec{x}^T = (5000 \quad 0 \quad 0)$
Multiplikation mit der Grenzmatrix G ergibt den Stabilitätsvektor für 5000 Kunden.	$(5000 \quad 0 \quad 0) \cdot G = (1200 \quad 1600 \quad 2200)$

Hinweis: Z. B.: 24 % von 5000 sind 1200.

Aufgaben

1 Für einen Austauschprozess gilt der Stabilitätsvektor $\vec{x} = (0{,}6 \quad 0{,}4)$ und das nebenstehende Diagramm. Bestimmen Sie die Übergangsmatrix A.
Übertragen Sie das Diagramm in Ihr Heft und vervollständigen Sie es.

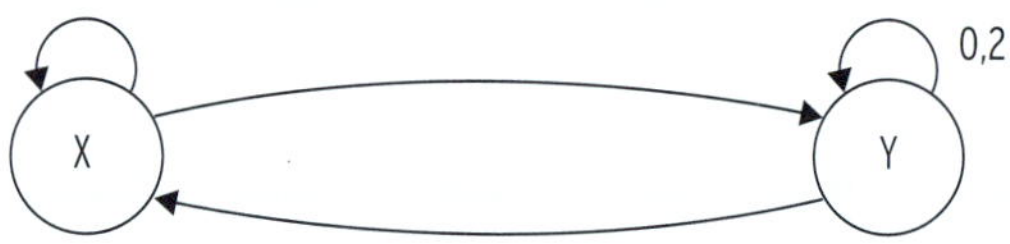

2 Eine Rothirschpopulation von 450 Rothirschen und seine Wanderungen in den Revieren X, Y und Z eines Waldgebietes wird durch eine Übergangsmatrix A beschrieben.

Die Potenzen A^n nähern sich für große n der Matrix G an: $G = \begin{pmatrix} \frac{16}{45} & g & \frac{6}{45} \\ \frac{16}{45} & g & \frac{6}{45} \\ \frac{16}{45} & g & \frac{6}{45} \end{pmatrix}$.

a) Bestimmen Sie g in der Grenzmatrix G.

b) Die stabile Verteilung der Hirsche ist unabhängig von der Anfangsverteilung. Prüfen Sie die Behauptung anhand der Anfangsverteilungen $(450 \quad 0 \quad 0)$ und $(250 \quad 100 \quad 100)$.

3 Die drei Autowaschanlagen W1, W2 und W3 in Minden haben das Wechselverhalten ihrer Kunden untersucht. Die Kunden von W1 verteilen sich bei der nächsten Autowäsche im Verhältnis 2 : 1 : 1 auf die drei Autowaschanlagen. Die Kunden von W2 wechseln das nächste Mal zu 25 % zu W1 und zu 25 % zu W3. 80 % der Kunden von W3 sind der Anlage treu, der Rest wechselt zu W1. Jeder Kunde wäscht sein Auto genau einmal pro Woche.

a) Bestimmen Sie die Übergangsmatrix für diesen Prozess.

b) In einer bestimmten Woche waschen von insgesamt 1000 Autofahrern 500 bei W1 und je 250 bei W2 und W3 ihr Auto. Bestimmen Sie die Verteilung in der Vorwoche und für die folgende Woche.

c) Bestimmen Sie die stabile Verteilung und geben Sie die Grenzmatrix an. Ermitteln Sie die langfristige Verteilung, wenn zu Beginn alle Autofahrer ihr Fahrzeug in der Anlage W1 waschen.

4 Drei Vollwaschmittel V1, V2 und V3 teilen den Markt unter sich auf. Das Wechselverhalten der Kunden nach jedem Kauf wird durch die Übergangsmatrix

$A = \begin{pmatrix} 0 & 0{,}6 & 0{,}4 \\ 0{,}4 & 0 & 0{,}6 \\ 0{,}5 & 0{,}5 & 0 \end{pmatrix}$ beschrieben.

a) Kaufen 175 Kunden V1, 200 Kunden V2 und 190 Kunden V3, so ist der Markt im Gleichgewicht. Überprüfen Sie diese Behauptung. Bestimmen Sie den zugehörigen Marktanteil für das Vollwaschmittel V2.

b) Anfangs kaufen alle Kunden das Vollwaschmittel V1. Berechnen Sie die Verteilung nach zweimaligem Kauf. Bestimmen Sie die Wahrscheinlichkeit, dass ein Käufer von V2 beim übernächsten Einkauf nicht mehr V2 kauft.

c) Beschreiben Sie das Wechselverhalten der Kunden von Vollwaschmittel V2, damit langfristig die Vollwaschmittel im Verhältnis 1 : 2 : 1 gekauft werden.

5 Im Stadtgebiet von Hamm sollen 30 Elektrosmarts an 3 Standorten X, Y und Z bereitgestellt werden. Ein Modell für die täglichen Veränderungen besagt, dass 60 % der entliehenen Autos abends am Standort X, 30 % in Y und 10 % in Z abgestellt werden.
80 % der in Y entliehenen Autos werden wieder in Y abgestellt, der Rest zu gleichen Teilen in X und Z. Von den in Z abgeholten Autos kehrt die Hälfte abends wieder zurück, 20 % werden bei X und Rest bei Y abgestellt.
Morgens stehen 50 % der Autos in X, 30 % in Y und 20 % in Z. Bestimmen Sie den Anteil der Autos (in %), die abends nicht am Standort Y abgestellt werden. Geben Sie eine sinnvolle Verteilung die Autos an den Standorten an.

6 Die gegebene Übergangsmatrix A beschreibt das wöchentliche Wechselverhalten der Kunden von drei Supermärkten S1, S2 und S3: $A = \begin{pmatrix} 0{,}8 & 0 & 0{,}2 \\ 0 & 0{,}7 & 0{,}3 \\ 0{,}1 & 0{,}1 & 0{,}8 \end{pmatrix}$.

Bestimmen Sie die Verteilung nach einer Woche, wenn sich zu Wochenbeginn die Kunden wie 2 : 2 : 1 auf alle drei Supermärkte verteilen.
Überprüfen Sie, ob sich langfristig eine feste Verteilung der Marktanteile der drei Supermärkte ergibt. Wenn ja, geben Sie diese Verteilung an.
Untersuchen Sie, ob sich die langfristige Verteilung der Marktanteile der drei Supermärkte ändern würde, wenn S1, S2 und S3 zu Beginn die gleichen Marktanteile gehabt hätten.

7 Drei Firmen U1, U2 und U3 bringen gleichzeitig ein neuartiges Produkt auf den Markt. Zu Beginn besitzt U1 einen Marktanteil von 40 %, U2 von 20 % und U3 von 40 %. Das Diagramm beschreibt das monatliche Wechselverhalten der Kunden.

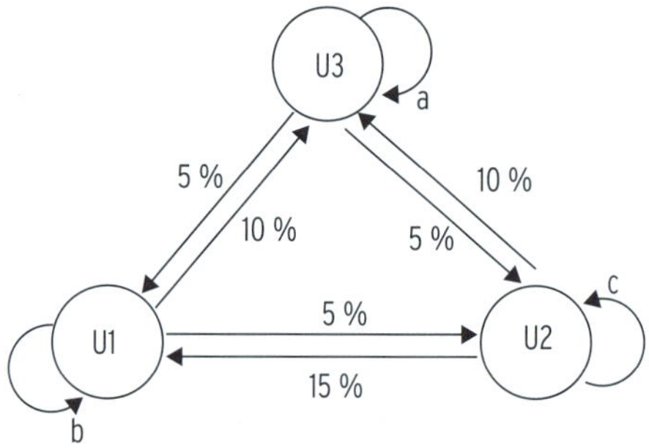

a) Bestimmen Sie die Marktanteile der Firmen nach einem Monat. Zeigen Sie, dass U1 nach zwei Monaten einen Marktanteil von etwa 38,1 % hat.

b) Nach einigen Monaten haben sich die Marktanteile eingependelt und verändern sich nicht mehr. Nennen Sie die Firma, die sich als Marktführer fühlen kann.

8 Ein Unternehmen mit 1200 Mitarbeitern arbeitet an den drei Standorten U, V und W. Im Rahmen der Personalplanung werden die über Jahre stabilen Quoten für den Wechsel der Standorte in einer Übergangsmatrix A festgelegt: $A = \begin{pmatrix} 0{,}7 & 0{,}2 & 0{,}1 \\ 0{,}1 & 0{,}85 & 0{,}05 \\ 0{,}1 & 0 & 0{,}9 \end{pmatrix}$.
Zu Beginn arbeiten sämtliche 1200 Mitarbeiter am Standort U.

a) Zeichnen Sie ein Übergangsdiagramm.
Ermitteln Sie die Verteilung auf die drei Standorte U, V und W nach dem ersten Jahr.

b) Untersuchen Sie, ob es eine Verteilung der 1200 Mitarbeiter gibt, die im nächsten Jahr gleich bleibt.
Wenn ja, geben Sie diese an.

c) Jan behauptet: Die Grenzmatrix lautet $G = \begin{pmatrix} 0{,}25 & 0{,}33 & 0{,}42 \\ 0{,}25 & 0{,}33 & 0{,}42 \\ 0{,}25 & 0{,}33 & 0{,}42 \end{pmatrix}$.
Nehmen Sie Stellung zu Jans Behauptung.

Aufgaben zu stochastischen Übergangsprozessen

1 Drei Wochenzeitschriften Z_1, Z_2 und Z_3 beherrschen den Zeitschriftenmarkt einer Kleinstadt. Das Diagramm beschreibt das monatliche Wechselverhalten der Leser.

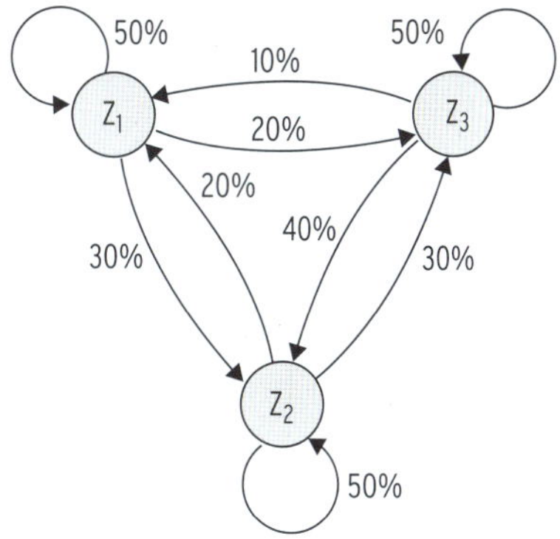

a) Erstellen Sie die Übergangsmatrix A für einen Monat und interpretieren Sie die Elemente der 2. Spalte.

b) Eine aktuelle Markterhebung hat ergeben, dass sich die Marktanteile der drei Zeitschriften wie 1 : 1 : 3 verhalten. Berechnen Sie die voraussichtlichen Marktanteile der drei Zeitschriften nach einem Monat und nach 2 Monaten.

c) Die Grenzmatrix lautet $G = \frac{1}{55}\begin{pmatrix} 13 & 23 & 19 \\ 13 & 23 & 19 \\ 13 & 23 & 19 \end{pmatrix}$.

Bestimmen Sie die langfristige Verteilung der Marktanteile auf 1 Dezimale gerundet.

2 Beim Vergleich zweier aufeinanderfolgender Landtagswahlen ergibt sich folgende prozentuale Wählerwanderung:

	an Partei C	an Partei S	an Nichtwähler
von Partei C	70 %	20 %	10 %
von Partei S	10 %	80 %	10 %
von Nichtwähler	40 %	20 %	40 %

Diese Wählerwanderung bei zwei aufeinanderfolgenden Landtagswahlen wird für die folgenden Fragen als konstant vorausgesetzt.

a) Bei einer Landtagswahl haben 45 % der Wahlberechtigten die Partei C und 35 % der Wahlberechtigten die Partei S gewählt. 20 % der Wahlberechtigten waren Nichtwähler. Bestimmen Sie den Anteil der Wahlberechtigten, die bei der darauffolgenden Landtagswahl die Partei C bzw. die Partei S wählen.

b) Es wird Folgendes angenommen: Bei zwei aufeinanderfolgenden Landtagswahlen ändert sich der Anteil der Nichtwähler an den Wahlberechtigten nicht, und auch das Wahlergebnis der beiden Parteien bleibt konstant.
Ermitteln Sie den Prozentsatz der Wähler der Partei C bzw. der Partei S.
Geben Sie den Anteil der Nichtwähler an den Wahlberechtigten an.

3 Die Grenzmatrix einer Verteilung ist gegeben durch $G = \begin{pmatrix} 0{,}25 & 0{,}35 & 0{,}40 \\ 0{,}25 & 0{,}35 & 0{,}40 \\ 0{,}25 & 0{,}35 & 0{,}40 \end{pmatrix}$.

Berechnen Sie $(800 \quad 700 \quad 600) \cdot G$. Interpretieren Sie Ihr Ergebnis.

4 Drei Autobauer A, B und C bringen aufgrund neuer Umweltvorschriften nahezu gleichzeitig einen neuen umweltfreundlichen Kleinwagen auf den Markt. Bisher waren die Marktanteile auf dem Kleinwagensektor wie folgt verteilt: A 40 %, B 30 % und C 30 %. Die Einführung der neuen Modelle bewirkt, dass 80 % der Käufer von A bei A bleiben, während 15 % der Käufer von A zu B und 5 % zu C wechseln. B behält 85 % seines Marktanteils, gibt aber an A 5 % und an C 10 % seines Marktanteils ab. C behält 60 % seines Marktanteils und gibt an A und an B jeweils 20 % seines Marktanteils ab.

a) Geben Sie die Verkaufszahlen für den Monat vor der Einführung der neuen Modelle an, wenn insgesamt 1,2 Mio. neue Autos in diesem Monat am Markt verkauft wurden.

b) Berechnen Sie die Verteilung der Marktanteile nach Einführung der neuen Modelle.

c) Langfristig wird den Autokäufern ein stabiles Wechselverhalten unterstellt. Untersuchen Sie, welcher der folgenden Vektoren die stationäre Verteilung (auf 2 Dezimalen gerundet) beschreibt:
$\vec{x}^T = (0{,}35 \quad 0{,}45 \quad 0{,}30)$; $\vec{y}^T = (0{,}50 \quad 0{,}30 \quad 0{,}20)$; $\vec{z}^T = (0{,}30 \quad 0{,}53 \quad 0{,}17)$.
Begründen Sie Ihr Ergebnis.

5 Der Kiosk verkauft täglich 75 Exemplare von zwei Tageszeitungen V und W. Dabei bleiben 70 % der V-Leser und 80 % der W-Leser ihrer Zeitung treu.

a) Bestimmen Sie die Übergangsmatrix.

b) Am Dienstag werden 40 V-Zeitungen verkauft. Bestimmen Sie die Verkaufszahlen der beiden Zeitungen für Montag und für Mittwoch.

c) Die Matrizenmultiplikation liefert $A^{20} = \begin{pmatrix} 0{,}40 & 0{,}60 \\ 0{,}40 & 0{,}60 \end{pmatrix}$.
Geben Sie die Bedeutung der Matrixelemente für die Verkaufszahlen der beiden Tageszeitungen an
Bestätigen Sie ihre Vermutung durch Berechnung des Fixvektors mithilfe eines LGS.

d) Ein Zeitschriftenverlag plant die Einführung einer dritten Tageszeitung T. Eine Marktanalyse ergab, dass je 10 % der Leser von V und W die neue Tageszeitung bevorzugen, aber auch einige der Wechselleser die neue Tageszeitung kaufen.
Ergänzen Sie die fehlenden Elemente der Übergangsmatrix $A^* = \begin{pmatrix} 0{,}\ldots & 0{,}25 & 0{,}\ldots \\ 0{,}15 & 0{,}\ldots & 0{,}\ldots \\ 0{,}2 & 0{,}1 & 0{,}\ldots \end{pmatrix}$.
Vor der Einführung kaufen 40 % der Leser die Zeitung V, 60 % die Zeitung W. Hat die neue Zeitung nach zwei Tagen einen Marktanteil von 15 %? Begründen Sie.

Test zur Überprüfung Ihrer Grundkenntnisse

1 Vervollständigen Sie das Diagramm. Bestimmen Sie die Übergangsmatrix.

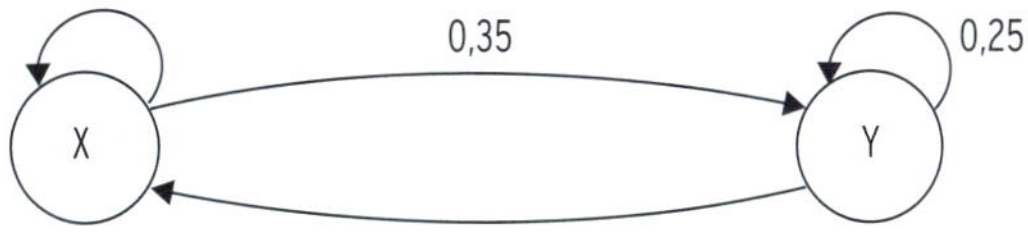

2 Gegeben ist die Übergangsmatrix $A = \begin{pmatrix} 0{,}7 & 0{,}1 & 0{,}2 \\ 0{,}1 & 0{,}8 & 0{,}1 \\ 0{,}05 & 0{,}05 & 0{,}9 \end{pmatrix}$.

Zeichnen Sie einen Übergangsgraphen. Bestimmen Sie die Verteilung $\vec{x}_1^{\,T}$ für den Startvektor $\vec{x}_0^{\,T} = (100 \;\; 80 \;\; 200)$.

3 Die Bewohner einer Stadt können zwischen drei Frisörsalons F, N und V wählen. Der nebenstehende Graph gibt das Wahlverhalten der Bewohner von einem Besuch zum nächsten an.
Es soll davon ausgegangen werden, dass die Gesamtanzahl der Frisörbesuche konstant bleibt.

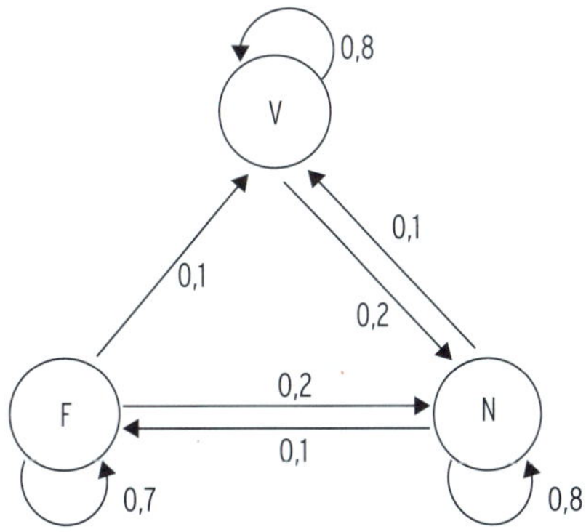

a) Geben Sie die in der zugehörigen Übergangsmatrix A fehlenden Werte an:

$A = \begin{pmatrix} & 0{,}2 & \\ 0{,}1 & 0{,}8 & 0{,}1 \\ & 0{,}2 & \end{pmatrix}$

b) Geben Sie den Wert d der Matrix $A^2 = \begin{pmatrix} a & b & c \\ d & e & f \\ g & h & i \end{pmatrix}$ an.
Interpretieren Sie diesen Wert.

4 In einer Population von 100 Individuen vererbt jedes Individuum auf seinen einzigen Nachkommen ein bestimmtes Merkmal in den Ausprägungen 1, 2 oder 3.

Die Übergangsmatrix für diese Vererbung lautet: $A = \begin{pmatrix} 0{,}2 & 0{,}8 & 0 \\ 0{,}1 & 0{,}5 & 0{,}4 \\ 0 & 0{,}2 & 0{,}8 \end{pmatrix}$.

Dabei bedeuten z. B. die Einträge in der ersten Zeile der Matrix:
Von den Individuen mit Merkmalsausprägung 1 haben 20 % einen Nachkommen mit Ausprägung 1, 80 % einen Nachkommen mit Ausprägung 2 und keines einen Nachkommen mit Ausprägung 3.
Geben Sie eine Verteilung der Merkmalsausprägungen an, die in allen nachfolgenden Generationen stabil bleibt.

5 Prüfungsvorbereitung – Lineare Algebra

• Ohne Hilfsmittel

1 In einem mehrstufigen Prozess ergeben sich folgende Zusammenhänge: $C_{RE} = \begin{pmatrix} 4 & 5 & 2 \\ 1 & 3 & 4 \\ 2 & 1 & 5 \end{pmatrix}$.

Die Produktion der Endprodukte erfolgt mit $\vec{m} = \begin{pmatrix} x \\ 2x \\ 3x \end{pmatrix}$.

Im Lager befinden sich noch die folgenden Rohstoffe: $\vec{r} = \begin{pmatrix} 20 \\ 19 \\ 19 \end{pmatrix}$.

Die Rohstoffpreise pro Mengeneinheit werden durch den Vektor $\vec{k}_R^{\,T} = (2 \;\; 3 \;\; 2)$ angegeben.

1.1 Bestimmen Sie die Anzahl der Endprodukte, die durch den vollständigen Verbrauch der Rohstoffe hergestellt werden können.

1.2 Berechnen Sie die Rohstoffkosten für die Produktion von 3 ME E_1, 2 ME von E_2 und 1 ME von E_3.

2 Drei Betriebe B_1, B_2 und B_3 sind nach dem LEONTIEF-Modell miteinander verflochten. Die gegenseitige Belieferung und die Abgabe an den Markt betragen in ME:

	B_1	B_2	B_3	Konsum	Produktion
B_1	a	10	20	20	100
B_2	20	b	20	10	80
B_3	20	20	c	0	80

Bestimmen Sie die fehlenden Werte und berechnen Sie die Inputmatrix.

In der nächsten Periode sollen folgende Mengen produziert werden:

B_1 150 ME, B_2 100 ME und B_3 110 ME. Berechnen Sie den zugehörigen Konsumvektor.

3 In einem System verteilt sich der Gesamtbestand auf die Zustände A und B. Zum Zeitpunkt n mit $n \in \mathbb{N}$ wird die Verteilung auf die Zustände A und B durch den Vektor $\vec{v}_n^{\,T} = (a_n \;\; b_n)$ beschrieben. Dabei gibt a_n denjenigen Anteil des Gesamtbestands an, der sich im Zustand A befindet, und b_n denjenigen Anteil des Gesamtbestands, der sich im Zustand B befindet.

Die Tabelle beschreibt die Übergänge zwischen den Zuständen von einem Zeitpunkt zum nächsten.

von \ nach	A	B
A	0,7	0,3
B	0	1

Mithilfe der zugehörigen Übergangsmatrix M kann die Entwicklung der Zustandsverteilung durch $\vec{v}_n^{\,T} \cdot M = \vec{v}_{n+1}^{\,T}$ beschrieben werden.

3.1 Erstellen Sie das zugehörige Übergangsdiagramm.

3.2 Für $\vec{v}_0^{\,T} = (a_0 \;\; b_0)$ gilt $0 < a_0 < 1$ und $0 < b_0 < 1$. Begründen Sie, dass mit zunehmendem Wert von n eine Koordinate des Vektors $\vec{v}_n^{\,T}$ kleiner wird, während die andere größer wird.

3.3 Geben Sie eine Zustandsverteilung $\vec{v}^{\,T}$ an, für die $\vec{v}^{\,T} \cdot M = \vec{v}^{\,T}$ gilt.

• Mit Hilfsmittel (GTR/CAS)

1 Ein namhaftes Teeunternehmen stellt aus drei unterschiedlichen Rohstoffen R_1, R_2 und R_3 vier unterschiedliche Zwischenprodukte Z_1, Z_2, Z_3 und Z_4 her. Durch die Endproduktion entstehen daraus drei Teesorten E_1, E_2 und E_3.

Die Produktionsmatrizen mit a, b, c $\in \mathbb{N}$ lauten:

$$A_{RZ} = \begin{pmatrix} 12 & 7 & 5 & 1 \\ 3 & 3 & 1 & 2 \\ 1 & a & b & 5 \end{pmatrix};\ B_{ZE} = \begin{pmatrix} 1 & 7 & 5 \\ 3 & 2 & 3 \\ 5 & 1 & 7 \\ 7 & c & 4 \end{pmatrix};\ C_{RE} = \begin{pmatrix} 65 & 108 & 120 \\ 31 & 38 & 39 \\ 90 & 47 & 97 \end{pmatrix}$$

Das Teeunternehmen erhält einen Auftrag zur Lieferung von 460 Mengeneinheiten [ME] der Teesorte E_1, 680 ME von E_2 und 840 ME von E_3.

1.1 Bestimmen Sie algebraisch die Parameter a, b, c $\in \mathbb{N}$ der Produktionsmatrizen. Erstellen Sie das Verflechtungsdiagramm, das zu diesem Produktionsprozess gehört. Berechnen Sie, wie viele ME der Rohstoffe für diesen Auftrag erforderlich sind.

1.2 Die Rezepturen der Teesorten E_1, E_2 und E_3 haben sich wie folgt geändert:

$$A_{RZ,\,neu} = \begin{pmatrix} 6 & 4 & 5 & 1 \\ 2 & 5 & 2 & 3 \\ 3 & 4 & 7 & 5 \end{pmatrix};\ B_{ZE,\,neu} = \begin{pmatrix} 1 & 7 & 5 \\ 3 & 2 & 3 \\ 5 & 1 & 7 \\ 7 & 5 & 4 \end{pmatrix}$$

Im Rohstofflager befinden sich Rohstoffmengen in Höhe von 75400 ME von R_1, 56000 ME von R_2 und 99800 ME von R_3.

Es liegt folgender Kundenauftrag vor: $\vec{x} = \begin{pmatrix} 500 \\ 300 \\ 400 \end{pmatrix}$.

Untersuchen Sie, welche Rohstoffmengen nachgekauft werden müssen, damit der Kundenauftrag ausgeführt werden kann.
Die Preise in Geldeinheiten pro Mengeneinheit [GE/ME] für die vorhandenen Rohstoffe sind durch den Vektor $\vec{k}_R^{\,T} = (0{,}25 \quad 0{,}4 \quad 0{,}5)$ gegeben. Die Preise in GE/ME für nachzukaufende Rohstoffe ergeben sich aus $\vec{k}_{R,\,neu}^{\,T} = (0{,}3 \quad 0{,}6 \quad 0{,}6)$
Die Kosten in GE/ME für die erste bzw. zweite Produktionsstufe sind durch die nachfolgenden Vektoren gegeben: $\vec{k}_Z^{\,T} = (1 \quad 4 \quad 3 \quad 7)$ und $\vec{k}_E^{\,T} = (12 \quad 8 \quad 15)$.
Die Fixkosten betragen 530 GE.
Die Erlöse pro Teesorte liegen bei 150 GE/ME für E_1, 220 GE/ME für E_2 und 120 GE/ME für E_3. Berechnen Sie für den Kundenauftrag den Gewinn.

2 Die drei Zweigwerke (Werk Z_1, Z_2 und Z_3) der Zürla-Kohlin GmbH sind nach dem Leontief-Modell miteinander verflochten. Gegeben ist die folgende Input-Matrix:

$$A = \begin{pmatrix} 0 & 1 & 0 \\ 0{,}25 & 0{,}35 & 0{,}2 \\ 0 & 0{,}6 & 0{,}2 \end{pmatrix}$$

Die gegenseitigen Lieferungen sowie die Gesamtproduktionsmengen und die Konsumabgaben sind im Folgenden in Mengeneinheiten (ME) angegeben.

2.1 Berechnen Sie die Leontief-Inverse $(E - A)^{-1}$ und zeigen Sie die Übereinstimmung mit: $\begin{pmatrix} 2 & 4 & 1 \\ 1 & 4 & 1 \\ 0{,}75 & 3 & 2 \end{pmatrix}$

2.2 Stellen Sie zum Konsumvektor $\vec{y} = \begin{pmatrix} 8 \\ 20 \\ 25 \end{pmatrix}$ die vollständige Input-Output-Tabelle auf.

2.3 Es ist geplant, dass die Werke Z_1 und Z_3 gleich viele Mengeneinheiten produzieren. Für den Konsum der Produkte von Werk Z_3 (in Mengeneinheiten) soll dann das Fünffache des Konsums der Produkte von Werk Z_1 (in ME) zur Verfügung stehen. Werk Z_2 stellt 30 Mengeneinheiten für den Konsum zur Verfügung. Beurteilen Sie, ob diese Vorgaben realisierbar sind, indem Sie hierzu den Produktions- und den Konsumvektor ermitteln.

2.4 Für die kommende Periode ist eine Produktion gemäß des Produktionsvektors $\vec{x} = \begin{pmatrix} 20a \\ a^2 \\ a^2 \end{pmatrix}$ mit $a \in \mathbb{R}$, $a > 0$, geplant.

2.4.1 Ermitteln und begründen Sie, für welche Werte von a sich ein realisierbarer Konsumvektor ergibt.

2.4.2 Für die von den Werken Z_1, Z_2 und Z_3 an den Markt abgegebenen Güter wird jeweils ein Preis von einer Geldeinheit pro Mengeneinheit verlangt. Zeigen Sie, dass für $a = 20$ die Einnahmen maximal sind und geben Sie den zugehörigen Konsumvektor an.

3 Der Markt für Anti-Schuppen-Shampoo wird von wenigen Herstellern beherrscht. Zwei konkurrierende Unternehmen Denkel und Brogta starten gleichzeitig aufwändige Werbeaktionen für ihr Produkt. Eine parallel dazu verlaufende Marktanalyse ergibt folgendes Kundenverhalten: 45 % der Denkel-Kunden halten dem Unternehmen die Treue, 25 % wechseln zu Brogta und 30 % kaufen ein Shampoo von anderen Herstellern; 20 % der Brogta-Kunden wechseln zu Denkel, genauso viele zu einem anderen Hersteller und der Rest sind Stammkunden von Brogta; 40 % der Kunden anderer Hersteller verbleiben bei diesen, 30 % wechseln zu Brogta und der Rest zu Denkel.

Die Marktuntersuchung liefert für den Monat März folgende Marktanteile:

Denkel: 25 %, Brogta: 30 %, andere Hersteller: 45 %

3.1 Stellen Sie das Käuferverhalten grafisch in einem Übergangsdiagramm und als Übergangsmatrix dar.

Die Werbeaktionen sollen über drei Monate durchgeführt werden. Berechnen Sie unter Berücksichtigung der Anfangsverteilung die Marktanteile nach den Werbeaktionen unter der Voraussetzung, dass die Kundenwanderung monatlich erfasst wird.

Beurteilen Sie den Erfolg der Werbemaßnahmen.

Sollte sich am Verbraucherverhalten nichts ändern, wird sich langfristig ein Gleichgewichtszustand ergeben. Ermitteln Sie den Fixvektor.

3.2 Durch weitere Marketingstrategien erzielen die Unternehmen Denkel und Brogta eine deutlich höhere Kundenbindung, so dass sich das Übergangsverhalten jetzt folgendermaßen darstellt:

von \ nach	Denkel	Brogta	Andere
Denkel	0,9	0	0,1
Brogta	0	0,8	0,2
Andere	0	0,5	0,5

Mehrere Monate nach Beginn der Marketingstrategien haben sich im Januar die Marktanteile $\vec{v}^{T}_{neu} = (0{,}3051 \quad 0{,}4068 \quad 0{,}2881)$ ergeben.

Ermitteln Sie die Marktanteile im Vormonat Dezember.

Untersuchen Sie die zukünftige langfristige Verteilung der Marktanteile.

Beurteilen Sie diese langfristige Entwicklung der Marktanteile unter Berücksichtigung der neuen Käuferwanderungen.

IV Analytische Geometrie

Lernsituation

Die Gemeinde Bankelitzhofen möchte ihre Freilichtbühne überdachen. Der Grundriss der Bühne ist das Viereck ABCD (siehe Abb.).
Dieses Viereck liegt in der x_1x_2-Ebene.
Die Bühne soll ein schräg liegendes Dach erhalten, dessen Ecken sich senkrecht über den Punkten A, B, C und D befinden. Dazu werden an den Punkten A, B und C senkrechte Masten aufgestellt. Die Masthöhen betragen 4 m bei A, 2 m bei B und 3 m bei C.

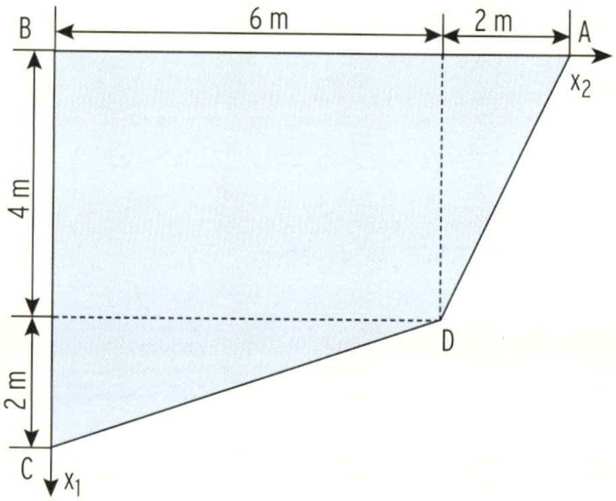

a) Bestimmen Sie die Höhe, in der sich die Ecke H des Daches, die senkrecht über D liegt, befindet.
Für die folgenden Aufgaben gilt:
$H(4|6|\frac{25}{6})$.

b) Das Dach wird durch den Balken s getragen, der die oberen Enden der bei A und C aufgestellten Masten verbindet. Berechnen Sie die Länge des Balkens.
Ein Querbalken verbindet die Ecke des Dachs, die senkrecht über D liegt mit dem Balken s im Punkt I (2,36 | 4,84 | 3,61). Aus Stabilitätsgründen sollen die Balken senkrecht aufeinander stehen. Überprüfen Sie.

c) Das Dach wird während der Bauphase mit einer Schutzfolie überzogen. Berechnen Sie, viel m^2 Folie benötigt werden.

Bearbeiten Sie diese Lernsituation. Erwerben Sie die rechts aufgeführten **Qualifikationen und Kompetenzen**.

Qualifikationen & Kompetenzen

- Mit Vektoren rechnen
- Abstände und Winkel berechnen
- Skalarprodukt berechnen und interpretieren
- Vektoren auf Kollinearität und Orthogonalität untersuchen
- Geometrische Veranschaulichung

1 Raumanschauung und Koordinatisierung

1.1 Punkte

Um den Hydranten zu finden, geht man vom Schild (Bezugspunkt) 3,8 m nach vorne und 1,9 m nach rechts. Durch diese zwei Zahlen ist ein Punkt (in der Ebene) eindeutig bestimmt: P(3,8 | 1,9).
Betrachtet man einen Punkt im Raum (z. B. Position eines Vogelhauses), benötigt man für die Höhe noch eine dritte Zahl, z. B. 2 (m).
Angabe des Punktes mithilfe von drei Zahlen: P(3,8 | 1,9 | 2).

Erläuterung zur Darstellung im dreidimensionalen Raum

Bezeichnung der Achsen:
x_1-, x_2- und x_3-Achse
Zur **Darstellung des Koordinatensystems** zeichnet man meist die positive x_1-Achse in einem Winkel von 135° gegenüber der x_2-Achse (Schrägbildwinkel).
Dabei wählt man für die x_2-Achse und x_3-Achse: 1 LE ≙ 1 cm,
für die x_1-Achse: 1 LE ≙ $0{,}5\sqrt{2}$ cm.

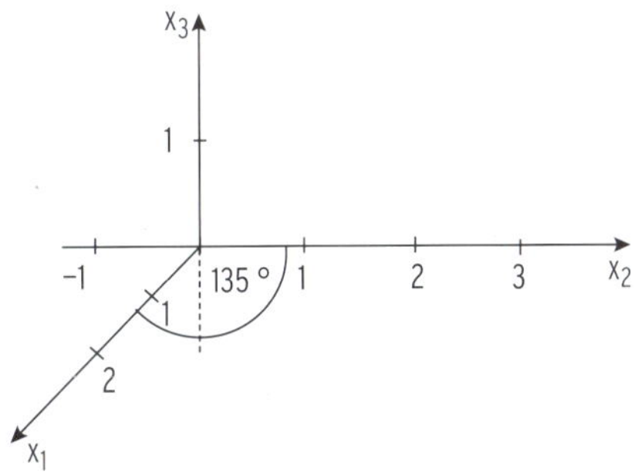

Lage des Punktes A(2 | 3 | 1,5)
Vom Ursprung O **(Bezugspunkt)** geht man
2 in Richtung der x_1-Achse: R(2 | 0 | 0)
3 in Richtung der x_2-Achse: P(2 | 3 | 0)
1,5 in Richtung der x_3-Achse: A(2 | 3 | 1,5)
$A(x_1 \mid x_2 \mid x_3) = A(2 \mid 3 \mid 1{,}5)$.

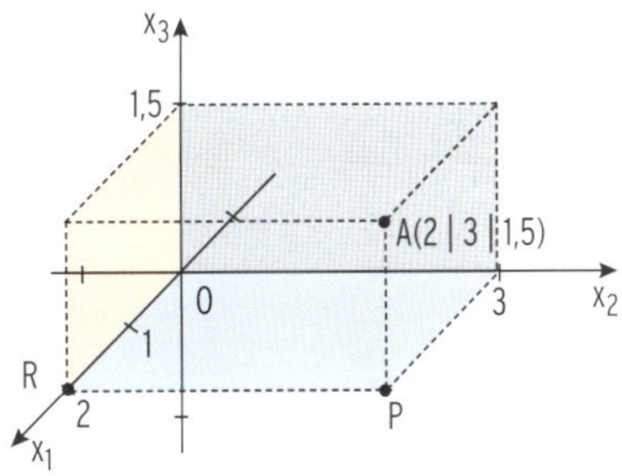

Weitere Punkte
S(−1 | 0 | 0) auf der x_1-Achse.
Q(1 | 3 | 0) in der x_1x_2-Ebene.
T(0 | −1 | 1) in der x_2x_3-Ebene.

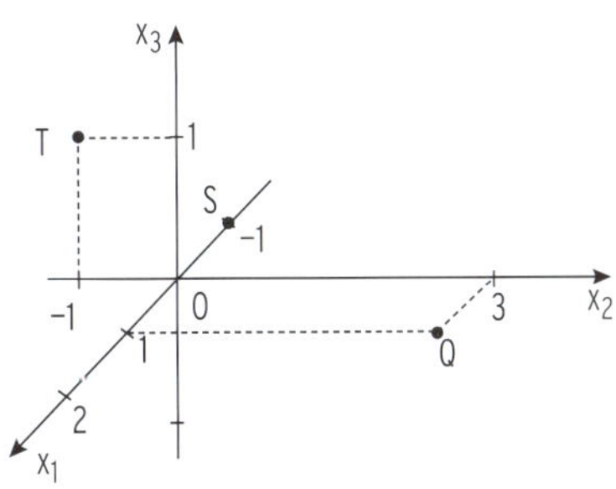

Beachten Sie

Der Punkt $P(x_1 \mid x_2 \mid x_3)$ liegt in der

$$\left.\begin{cases} x_1x_2\text{-Ebene} \\ x_2x_3\text{-Ebene}, \text{ wenn} \\ x_1x_3\text{-Ebene} \end{cases}\right. \begin{cases} x_3 = 0 \\ x_1 = 0 \\ x_2 = 0 \end{cases} \text{ ist.}$$

Der Punkt $P(x_1 \mid x_2 \mid x_3)$ liegt auf der

$$\left.\begin{cases} x_1\text{-Achse} \\ x_2\text{-Achse}, \text{ wenn} \\ x_3\text{-Achse} \end{cases}\right. \begin{cases} x_2 = 0 \wedge x_3 = 0 \\ x_1 = 0 \wedge x_3 = 0 \\ x_1 = 0 \wedge x_2 = 0 \end{cases} \text{ ist.}$$

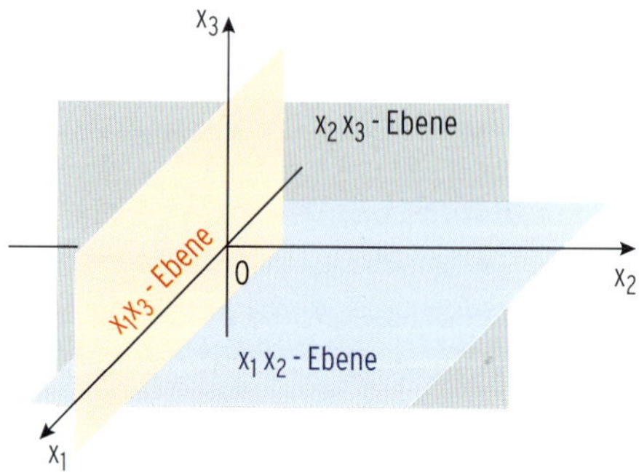

Beispiel 1

➲ Der Punkt $P(x_1 \mid x_2 \mid x_3)$ liegt im räumlichen Koordinatensystem (Anschauungsraum). Bestimmen Sie die Lage aller Punkte P, wenn für die Koordinaten gilt:

a) $x_1 = 0$

b) $x_1 = 2$ und $x_2 = 3$.

Lösung

a) Z. B. $P_1(0 \mid 1 \mid 0{,}5)$ und $P_2(0 \mid -1 \mid 1)$ erfüllen die Bedingung $x_1 = 0$.
Die Punkte $P\,(0 \mid x_2 \mid x_3)$ liegen in der x_2x_3-Ebene.

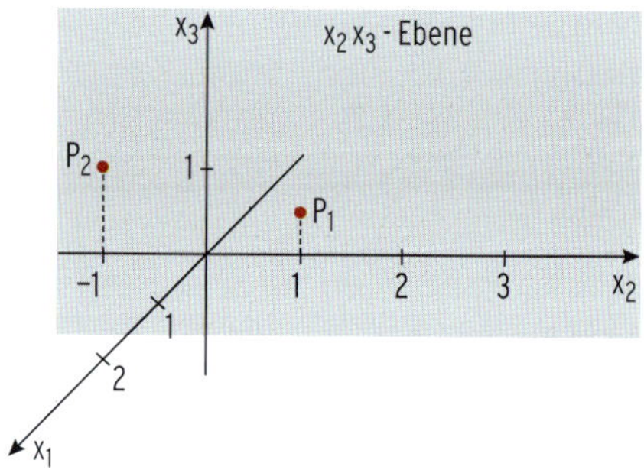

b) Z. B. $A(2 \mid 3 \mid 0)$; $B(2 \mid 3 \mid 1)$; $C(2 \mid 3 \mid 2)$
Die Punkte $P(2 \mid 3 \mid x_3)$ liegen auf einer Parallelen zur x_3-Achse durch den Punkt $A(2 \mid 3 \mid 0)$.

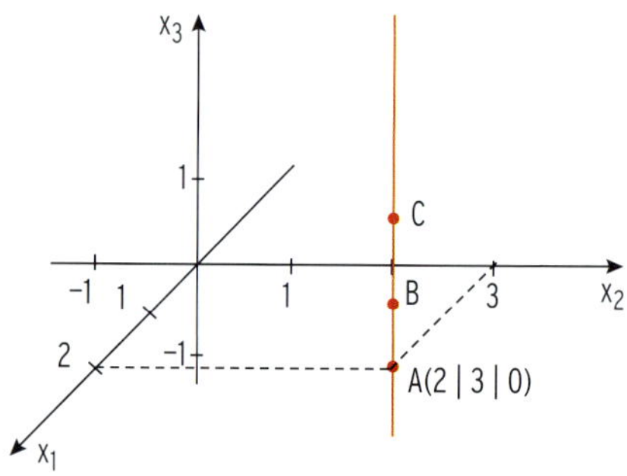

Beispiel 2

Gegeben ist eine Pyramide mit der Grundfläche ABC und der Spitze S.
In einem kartesischen Koordinatensystem haben deren Eckpunkte die Koordinaten $A(5|1|3)$, $B(9|4|3)$, $C(8|-3|3)$ und $S(1|-5|5)$.
Zeichnen Sie die Pyramide in ein geeignetes Koordinatensystem. Geben Sie die spezielle Lage der Grundfläche ABC im Koordinatensystem sowie die Höhe h der Pyramide an.

Lösung

Pyramide in einem geeigneten Koordinatensystem.

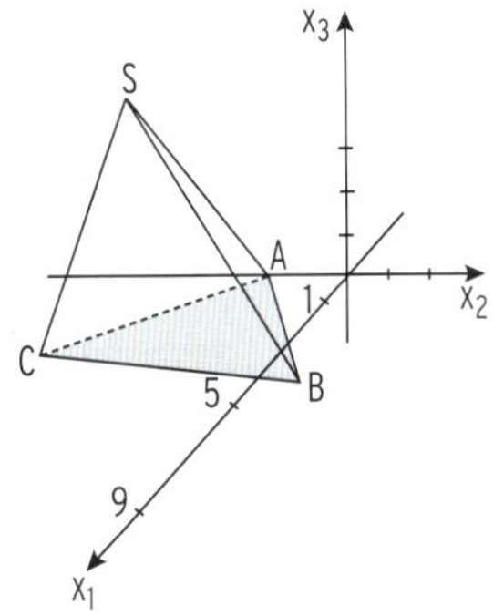

Da die x_3-Komponenten von A, B und C identisch sind liegt die Grundfläche parallel zur x_1-x_2-Ebene.
Höhe $h = 5 - 3 = 2$ (Differenz der x_3-Komponenten)

Aufgaben

1 Der Punkt $P(x_1 \mid x_2 \mid x_3)$ liegt im räumlichen Koordinatensystem.
Bestimmen Sie die Lage aller Punkte P, wenn für die Koordinaten gilt:

a) $x_1 = x_3 = 0$ b) $x_1 = 1$ c) $x_1 = 0$ und $x_2 = 1$.

2 Entnehmen Sie aus der Zeichnung die Koordinaten der Eckpunkte des Quaders.
Bestimmen Sie die Koordinaten der Kantenmitten.
Berechnen Sie die Länge der Diagonalen AC.

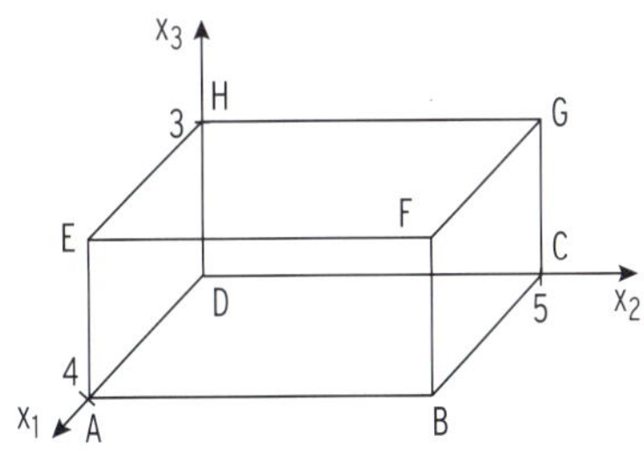

3 Gegeben sind die Punkte A(− 1 | 2 | 0), B(0 | 3 | 0) und C(2 | 4 | −1).

a) Die Punkte A, B und C werden um 2 in x_3-Richtung verschoben.
Geben Sie die Bildpunkte an.

b) Die Punkte A, B und C werden an den Koordinatenebenen gespiegelt.
Bestimmen Sie die Koordinaten der Bildpunkte bei Spiegelung an der
• x_1x_2-Ebene, • x_1x_3-Ebene, • x_2x_3-Ebene.

4 In einem räumlichen Koordinatensystem ist eine Garage festgelegt durch die Eckpunkte A, B, C, D, E, F, G und H.
Die Garage ist vorne 4 m und hinten nur 3 m hoch. Zur Unterbringung von Gartengeräten ist ein Abstellraum angebaut, der durch die Punkte D, C, P, Q, G, H festgelegt ist. P liegt auf der Verlängerung von BC (siehe Zeichnung; Maße in Meter).
Entnehmen Sie der Zeichnung die Koordinaten aller Punkte.

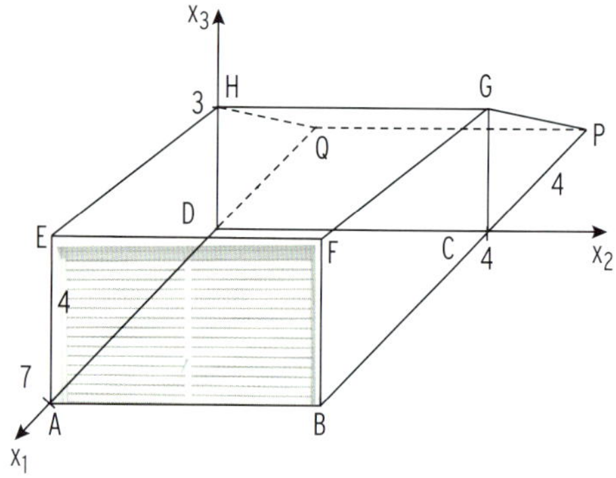

5 Die Punkte O, A, B und C sind die Eckpunkte einer Dreieckspyramide.
Berechnen Sie den Inhalt dieser Dreieckspyramide.

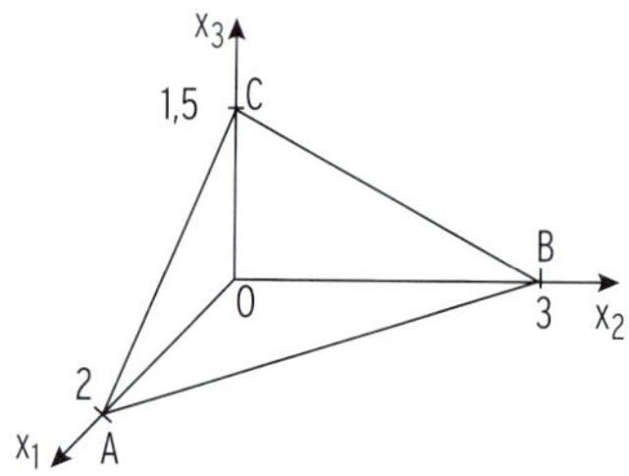

6 Die Verpackung für Schokotrüffel hat die Form eines geraden quadratischen Pyramidenstumpfes mit einer aufgesetzten geraden quadratischen Pyramide als Deckel.
Die Punkte B(10|10|0), D(0|0|0) und F(9|9|6) sind Eckpunkte des Pyramidenstumpfes.
Die Spitze der aufgesetzten Pyramide ist S.

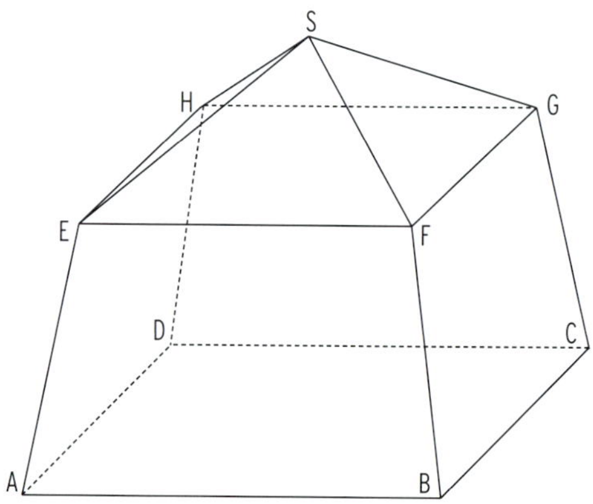

Geben Sie die Koordinaten der Eckpunkte A, E und H an.
Die Höhe der aufgesetzten Pyramide beträgt 3. Bestimmen Sie die Koordinaten von S.

7 In einem kartesischen Koordinatensystem ist eine Pyramide mit der rechteckigen Grundfläche ABCD mit A (3 | − 2 | 0) und der Spitze S(0 | 0 | 4) gegeben.
Die Grundfläche der Pyramide liegt in der x_1x_2-Ebene.
Bestimmen Sie die Koordinaten von B, C und D. Geben Sie die Kantenlängen der Grundfläche und die Höhe der Pyramide an.

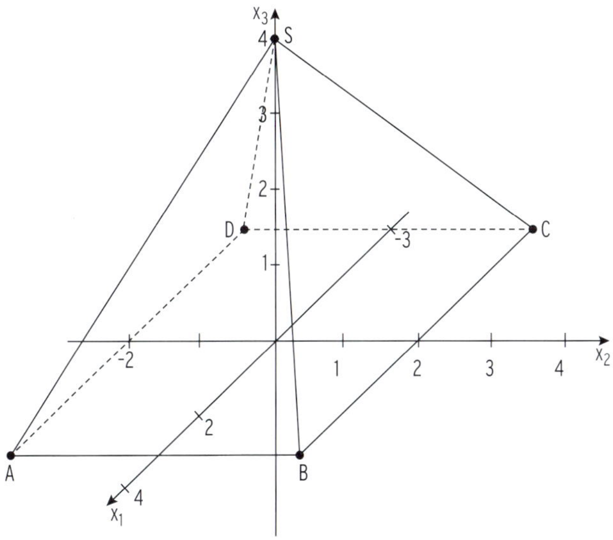

8 Gegeben sind die Punkte A (5 | 3 | 2), B (3 | 3 | 0) , C (1 | 3 | 2). Die Punkte A_1, B_1 und C_1 in der x_1x_3-Ebene entstehen durch Verschiebung der Punkte A, B und C um 3 parallel zur x_2-Achse. Dadurch erhält man ein Prisma. Zeichnen Sie das Prisma als Schrägbild in ein räumliches Koordinatensystem ein.
Geben Sie die Koordinaten der Punkte A_1, B_1 und C_1 an.

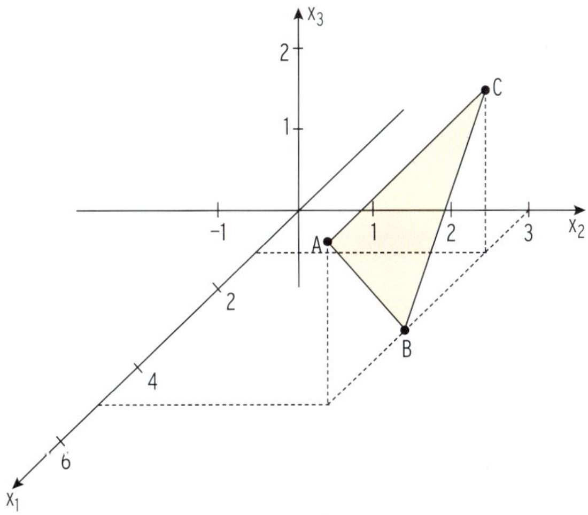

1.2 Vektoren

Die Pfeile repräsentieren den „Geschwindigkeitsvektor" eines Flugzeugs.
Die Pfeile sind parallel, gleichlang und gleichgerichtet.

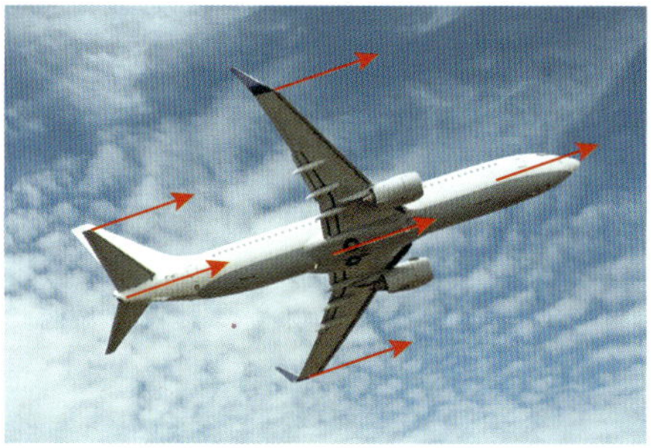

Verschiebung von Punkten

Das Dreieck ABC soll 3 LE nach rechts und 2 LE nach oben (parallel) verschoben werden.
Jeder Punkt des Dreiecks ABC wird in derselben Richtung und um dieselbe Länge verschoben.
Diese Verschiebung kann durch einen Pfeil dargestellt werden.
Man sagt: **Parallele, gleichlange und gleichgerichtete Pfeile** sind Vertreter (Repräsentanten) desselben Vektors $\vec{a}$.

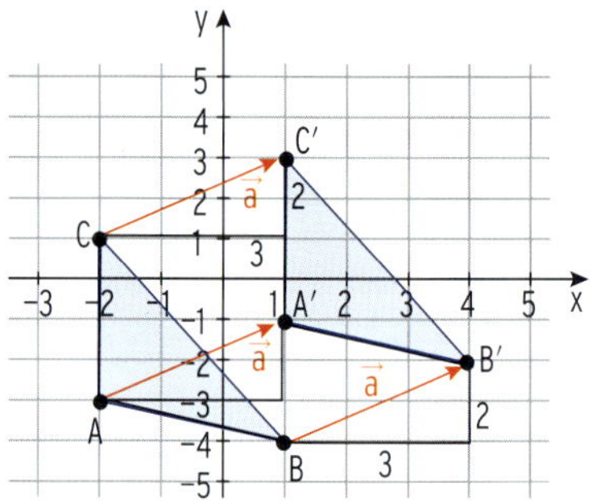

Der Vektor $\vec{a}$ hat die Komponenten 3 und 2. Er wird als Spaltenvektor dargestellt $\vec{a} = \begin{pmatrix} 3 \\ 2 \end{pmatrix}$.

Schreibweise: $\vec{a} = \overrightarrow{AA'} = \overrightarrow{BB'} = \overrightarrow{CC'}$

Darstellung eines Vektors im Raum

Um den Vektor $\vec{a} = \begin{pmatrix} 2 \\ 3 \\ 1{,}5 \end{pmatrix}$ im (rechtwinkligen) x_1, x_2, x_3-Koordinatensystem darzustellen, zeichnet man den Punkt A(2 | 3 | 1,5).
Der (Orts-)Vektor $\vec{a}$ wird nun dargestellt durch einen Pfeil mit Anfangspunkt O und Endpunkt A.

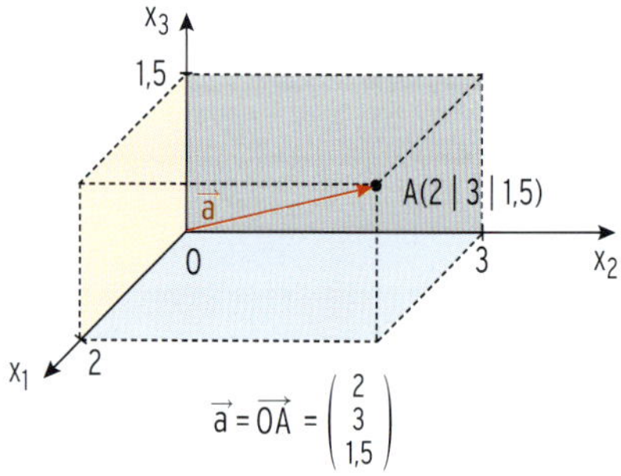

Hinweis: Die **Koordinaten** des Punktes A(a | b | c) stimmen mit den **Koordinaten** des Ortsvektors $\overrightarrow{OA} = \begin{pmatrix} a \\ b \\ c \end{pmatrix}$ überein.

Darstellung des Vektors $\vec{b} = \overrightarrow{OB} = \begin{pmatrix} 2 \\ -2 \\ 1{,}5 \end{pmatrix}$ im Raum:

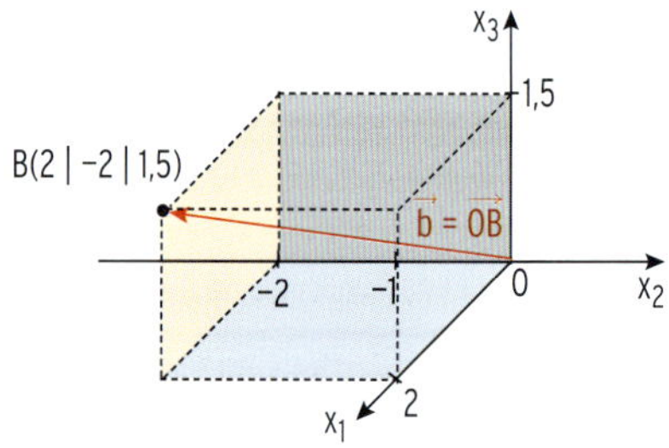

Aufgaben

1 Zeichnen Sie in einem Koordinatensystem drei Repräsentanten des Vektors $\vec{a}$.

a) $\vec{a} = \begin{pmatrix} 1 \\ 1 \end{pmatrix}$ b) $\vec{a} = \begin{pmatrix} 0 \\ 2 \end{pmatrix}$ c) $\vec{a} = \begin{pmatrix} -1{,}5 \\ 3 \end{pmatrix}$ d) $\vec{a} = \begin{pmatrix} -2 \\ -1 \end{pmatrix}$

2 Zeichnen Sie den Vektor $\overrightarrow{OA}$ in ein geeignetes Koordinatensystem ein.

a) A(1 | 1 | 1) b) A(–2 | 1 | 0) c) A(4 | 3 | –2) d) A(2 | 0 | 3)

3 Gegeben sind die Punkte A(–3 | –2); B(–1 | –4) und C(–2 | 2).
Zeichnen Sie das Dreieck ABC in ein Koordinatensystem ein.
Der Vektor $\vec{a} = \begin{pmatrix} 2 \\ 3 \end{pmatrix}$ beschreibt die Verschiebung des Dreiecks ABC.
Zeichnen Sie das verschobene Dreieck in das Koordinatensystem ein.
Geben Sie die Koordinaten der verschobenen Eckpunkte an.

4 Die Abbildung zeigt einen Quader.

a) Geben Sie die folgenden Vektoren an:
$\overrightarrow{OA}$, $\overrightarrow{OC}$, $\overrightarrow{OE}$, $\overrightarrow{AB}$, $\overrightarrow{DC}$, $\overrightarrow{AD}$, $\overrightarrow{EF}$

b) Das Rechteck OGDA wird verschoben und man erhält das Rechteck EFCB.
Geben Sie den Verschiebungsvektor an.

c) Der Punkt F wird an der x_1x_2-Ebene gespiegelt und es entsteht der Punkt F*.
Geben Sie den Ortsvektor zu F* an.

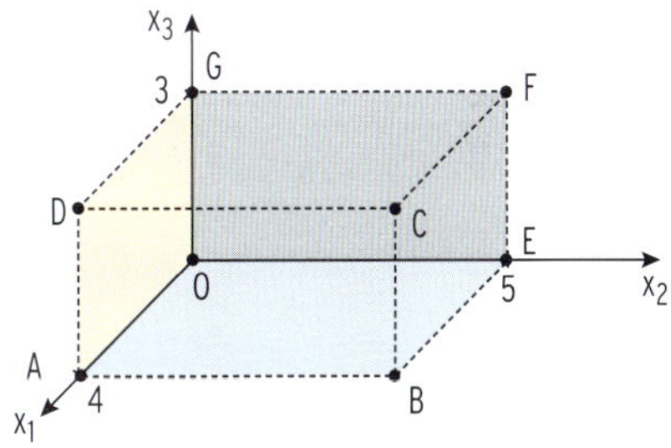

5 Geben Sie die Ortsvektoren $\overrightarrow{OA}$, $\overrightarrow{OB}$ und $\overrightarrow{OC}$ an.

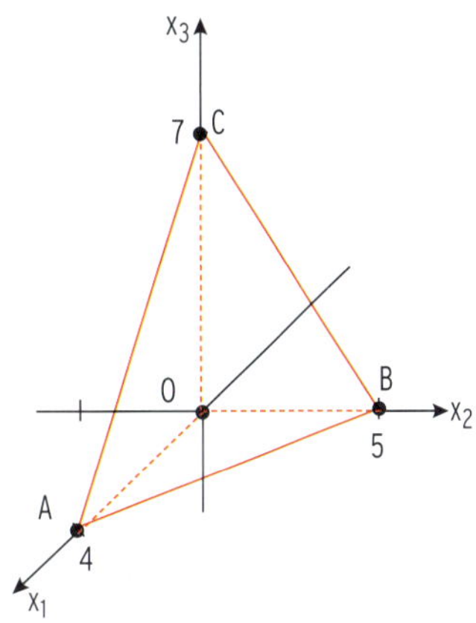

6 Gegeben ist der Vektor $\begin{pmatrix} -2 \\ 4 \\ 5 \end{pmatrix}$.

Bestimmen Sie die Vektoren $\vec{a}$, $\vec{b}$ und $\vec{c}$.

a) Durch Projektion auf die x_1x_2-Ebene entsteht der Vektor $\vec{a}$.

b) Durch Spiegelung an der x_1x_2-Ebene entsteht der Vektor $\vec{b}$.

c) Durch Projektion auf die x_1x_3-Ebene entsteht der Vektor $\vec{c}$.

7 Der Vektor $\overrightarrow{OX}$ beschreibt für jeden Wert von t, $t \geq 0$, einen Punkt.
Beschreiben Sie die Lage der Punkte.

a) $\overrightarrow{OX} = \begin{pmatrix} -2 \\ 5 \\ t \end{pmatrix}$ b) $\overrightarrow{OX} = \begin{pmatrix} 2t \\ 0 \\ 0 \end{pmatrix}$ c) $\overrightarrow{OX} = \begin{pmatrix} t \\ t \\ t \end{pmatrix}$

1.3 Rechnen mit Vektoren

1.3.1 Addition und Subtraktion

Addition von Vektoren

Beispiel für eine Vektoraddition: $\vec{a} + \vec{b} = \begin{pmatrix} 2 \\ 1 \end{pmatrix} + \begin{pmatrix} -3 \\ 2 \end{pmatrix}$

Geometrische Deutung der Vektoraddition

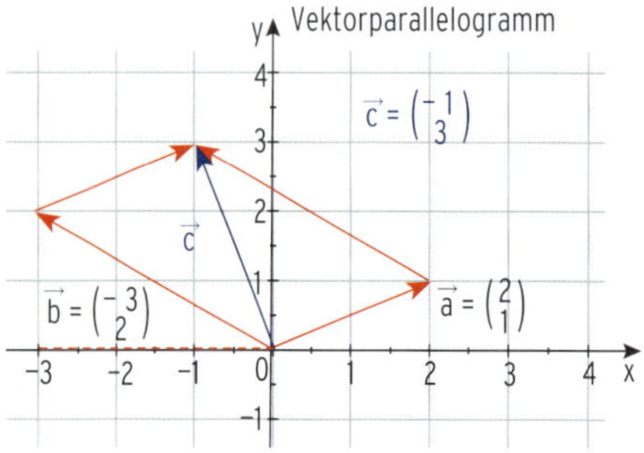

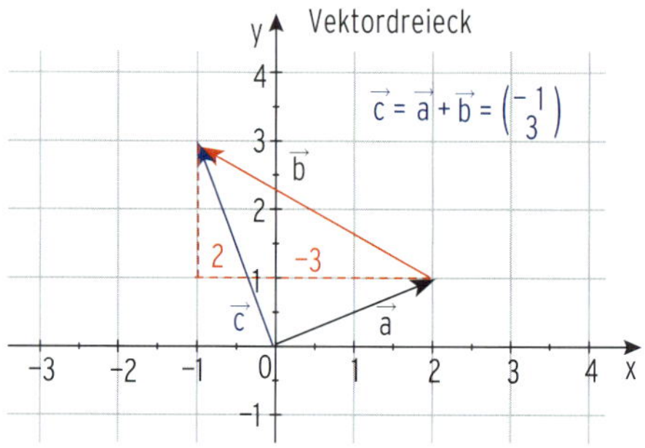

Berechnung: $\vec{a} + \vec{b} = \begin{pmatrix} 2 \\ 1 \end{pmatrix} + \begin{pmatrix} -3 \\ 2 \end{pmatrix} = \begin{pmatrix} -1 \\ 3 \end{pmatrix}$

Entsprechend gilt: $\vec{u} + \vec{v} = \begin{pmatrix} 5 \\ 4 \\ -2 \end{pmatrix} + \begin{pmatrix} -1 \\ 0 \\ 6 \end{pmatrix} = \begin{pmatrix} 4 \\ 4 \\ 4 \end{pmatrix}$

Beachten Sie

Addition von Vektoren: $\vec{a} + \vec{b} = \begin{pmatrix} a_1 \\ a_2 \\ a_3 \end{pmatrix} + \begin{pmatrix} b_1 \\ b_2 \\ b_3 \end{pmatrix} = \begin{pmatrix} a_1 + b_1 \\ a_2 + b_2 \\ a_3 + b_3 \end{pmatrix}$

Vorgehensweise beim Addieren von zwei Vektoren $\vec{a} + \vec{b}$:
Den Pfeil von $\vec{b}$ an den Endpunkt von Pfeil $\vec{a}$ ansetzen,
Der Vektor $\vec{c} = \vec{a} + \vec{b}$ ist dann bestimmt durch den Anfangspunkt von $\vec{a}$ und den Endpunkt des Pfeils von $\vec{b}$.

Beispiele

$\overrightarrow{OA} + \overrightarrow{AC} = \overrightarrow{OC}$

$\overrightarrow{AB} + \overrightarrow{BC} = \overrightarrow{AC}$

$\overrightarrow{OA} + \overrightarrow{AB} = \overrightarrow{OB}$

$\overrightarrow{OA} + \overrightarrow{AB} + \overrightarrow{BC} = \overrightarrow{OC}$

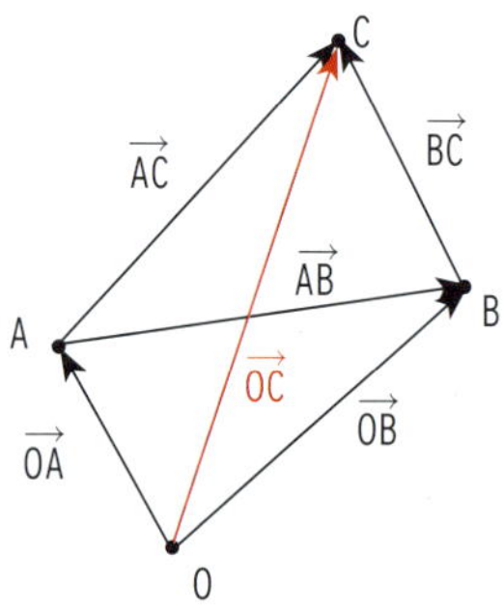

Subtraktion von Vektoren

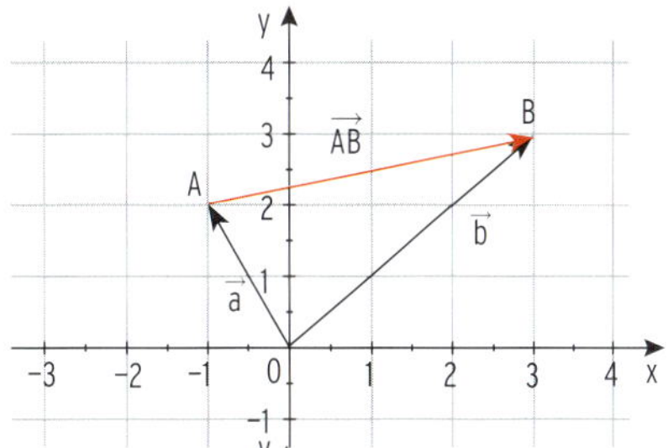

Beispiel

$\vec{b} - \vec{a} = \begin{pmatrix} 3 \\ 3 \end{pmatrix} - \begin{pmatrix} -1 \\ 2 \end{pmatrix} = \begin{pmatrix} 4 \\ 1 \end{pmatrix}$

Geometrische Deutung der Differenz

$\vec{a} + \overrightarrow{AB} = \vec{b} \Leftrightarrow \overrightarrow{AB} = \vec{b} - \vec{a}$

Mit $\vec{a} = \overrightarrow{OA}$ und $\vec{b} = \overrightarrow{OB}$ erhält man:

$\overrightarrow{AB} = \vec{b} - \vec{a} = \overrightarrow{OB} - \overrightarrow{OA}$

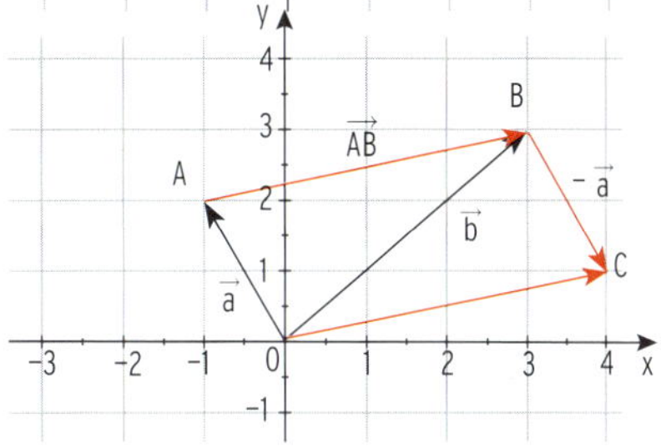

Erläuterung: $-\vec{a}$ ist der Gegenvektor von $\vec{a}$.

Addiert man zum Vektor $\vec{b}$ den Gegenvektor von $\vec{a}$, so erhält man den Differenzvektor

$\vec{b} + (-\vec{a}) = \vec{b} - \vec{a}$.

$\overrightarrow{AB} = \overrightarrow{OC} = \begin{pmatrix} 4 \\ 1 \end{pmatrix}$

Beispiel 1

➲ Gegeben sind die Punkte A(5 | 4 | −2) und B(− 1 | 0 | 6). Bestimmen Sie $\overrightarrow{AB}$ und $\overrightarrow{BA}$.

Lösung

Zugehörige Ortsvektoren: $\overrightarrow{OA} = \begin{pmatrix} 5 \\ 4 \\ -2 \end{pmatrix}$; $\overrightarrow{OB} = \begin{pmatrix} -1 \\ 0 \\ 6 \end{pmatrix}$

$\overrightarrow{AB} = \overrightarrow{OB} - \overrightarrow{OA} = \begin{pmatrix} -1 \\ 0 \\ 6 \end{pmatrix} - \begin{pmatrix} 5 \\ 4 \\ -2 \end{pmatrix} = \begin{pmatrix} -6 \\ -4 \\ 8 \end{pmatrix}$ $\overrightarrow{BA} = \overrightarrow{OA} - \overrightarrow{OB} = \begin{pmatrix} 5 \\ 4 \\ -2 \end{pmatrix} - \begin{pmatrix} -1 \\ 0 \\ 6 \end{pmatrix} = \begin{pmatrix} 6 \\ 4 \\ -8 \end{pmatrix}$

Beachten Sie

Für die Punkte $A(a_1 \mid a_2 \mid a_3)$ und $B(b_1 \mid b_2 \mid b_3)$ mit den zugehörigen Ortsvektoren

$\overrightarrow{OA} = \begin{pmatrix} a_1 \\ a_2 \\ a_3 \end{pmatrix}$ und $\overrightarrow{OB} = \begin{pmatrix} b_1 \\ b_2 \\ b_3 \end{pmatrix}$ gilt:

$\overrightarrow{AB} = \overrightarrow{OB} - \overrightarrow{OA} = \begin{pmatrix} b_1 - a_1 \\ b_2 - a_2 \\ b_3 - a_3 \end{pmatrix}$.

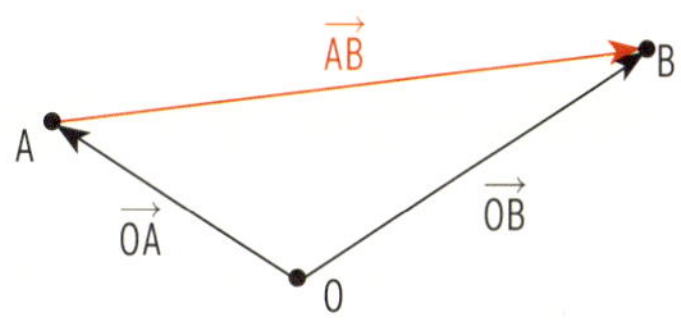

Beispiel 2

➲ Gegeben sind die Punkte A(−2 | −1 | 3), B(4 | 5 | −2), C(2 | −8 | 6) und D(8 | −2 | 1). Zeigen Sie, dass $\overrightarrow{AB}$ und $\overrightarrow{CD}$ denselben Vektor repräsentieren.

Lösung

$\overrightarrow{AB} = \overrightarrow{OB} - \overrightarrow{OA} = \begin{pmatrix} 4-(-2) \\ 5-(-1) \\ -2-3 \end{pmatrix} = \begin{pmatrix} 6 \\ 6 \\ -5 \end{pmatrix}$; $\overrightarrow{CD} = \overrightarrow{OD} - \overrightarrow{OC} = \begin{pmatrix} 8-2 \\ -2-(-8) \\ 1-6 \end{pmatrix} = \begin{pmatrix} 6 \\ 6 \\ -5 \end{pmatrix}$

Somit ist gezeigt: $\overrightarrow{AB} = \overrightarrow{CD}$.

Beispiel 3

Gegeben sind die Punkte A(0 | 1 | 2), B(−1 | 2 | 1) und C(3 | 2 | 0).
Berechnen Sie den Vektor $\overrightarrow{AB} - \overrightarrow{BC}$.

Lösung

$\overrightarrow{AB} = \begin{pmatrix} -1 \\ 2 \\ 1 \end{pmatrix} - \begin{pmatrix} 0 \\ 1 \\ 2 \end{pmatrix} = \begin{pmatrix} -1 \\ 1 \\ -1 \end{pmatrix}$; $\overrightarrow{BC} = \begin{pmatrix} 3 \\ 2 \\ 0 \end{pmatrix} - \begin{pmatrix} -1 \\ 2 \\ 1 \end{pmatrix} = \begin{pmatrix} 4 \\ 0 \\ -1 \end{pmatrix}$; $\overrightarrow{AB} - \overrightarrow{BC} = \begin{pmatrix} -5 \\ 1 \\ 0 \end{pmatrix}$

Aufgaben

1 Berechnen Sie $\vec{a} + \vec{b}$ bzw. $\vec{a} - \vec{b}$.

a) $\vec{a} = \begin{pmatrix} 2 \\ 1 \\ -4 \end{pmatrix}, \vec{b} = \begin{pmatrix} -7 \\ 5 \\ -4 \end{pmatrix}$ b) $\vec{a} = \begin{pmatrix} 10 \\ 0{,}5 \\ -2{,}5 \end{pmatrix}, \vec{b} = \begin{pmatrix} 3{,}5 \\ 0 \\ -6 \end{pmatrix}$ c) $\vec{a} = \begin{pmatrix} 0 \\ 0 \\ -13 \end{pmatrix}, \vec{b} = \begin{pmatrix} -1 \\ 5 \\ -8 \end{pmatrix}$

2 Addieren Sie die Vektoren $\vec{a}$ und $\vec{b}$ geometrisch.

a) $\vec{a} = \begin{pmatrix} 2 \\ -1 \end{pmatrix}, \vec{b} = \begin{pmatrix} -3 \\ 3 \end{pmatrix}$ b) $\vec{a} = \begin{pmatrix} -4 \\ 3 \end{pmatrix}, \vec{b} = \begin{pmatrix} -1 \\ -2 \end{pmatrix}$ c) $\vec{a} = \begin{pmatrix} 0 \\ 5 \end{pmatrix}, \vec{b} = \begin{pmatrix} 4 \\ -3 \end{pmatrix}$

3 Gegeben sind die Punkte A und B. Bestimmen Sie $\overrightarrow{AB}$ und $\overrightarrow{BA}$.

a) A(3 | 2 | −2), B(−5 | 3 | −6) b) A(−5 | 3 | −3), B(1 | 0 | 0)

4 Gegeben sind die Punkte A(5 | −1 | 2), B(6 | 4 | −2), C(0 | −7 | 8) und D(1 | −2 | 4).
Zeigen Sie: $\overrightarrow{AB} = \overrightarrow{CD}$.

5 Die Abbildung zeigt die Vektoren $\vec{a}$, $\vec{b}$ und $\vec{c}$.
Ein Schüler behauptet: $\vec{c} = \overrightarrow{OA} - \overrightarrow{OB}$.
Nehmen Sie dazu Stellung.

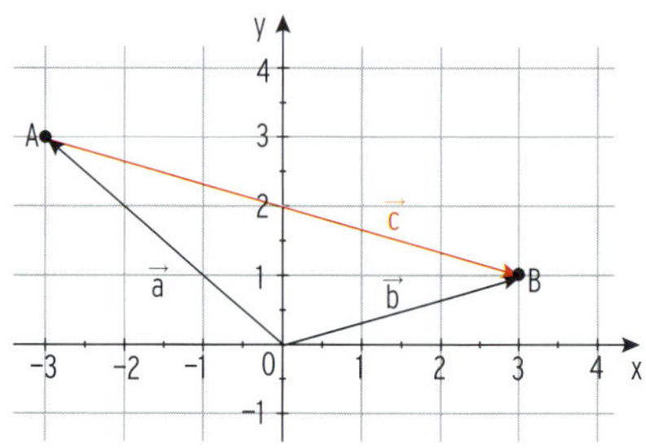

6 Gegeben sind die Punkte A(2 | − 2 | 1) , B(− 2| 2| 1) und C(− 2| − 2| 3).

a) Zeichnen Sie die Punkte A, B und C in ein geeignetes Koordinatensystem ein.

b) Geben Sie die Verbindungsvektoren der drei Punkte an.

c) Ergänzen Sie den Punkt D, so dass ABCD ein Parallelogramm ist.

d) Berechnen Sie $\overrightarrow{AB} - \overrightarrow{BC}$ und zeichnen Sie das Ergebnis in Ihr Koordinatensystem ein.

e) $\overrightarrow{AB} + \overrightarrow{BC} - \overrightarrow{AC}$ ist eine geschlossene Vektorkette. Überprüfen Sie.

1.3.2 Skalare Multiplikation

Die **skalare Multiplikation** ist die Multiplikation eines Vektors mit einer reellen Zahl (Skalar).

Beispiele

$3 \cdot \begin{pmatrix} 2 \\ 1 \end{pmatrix} = \begin{pmatrix} 6 \\ 3 \end{pmatrix}$ $\quad -5 \cdot \begin{pmatrix} 5 \\ 4 \\ -2 \end{pmatrix} = \begin{pmatrix} -25 \\ -20 \\ 10 \end{pmatrix}$ $\quad 0 \cdot \begin{pmatrix} 3 \\ -2 \\ 7 \end{pmatrix} = \begin{pmatrix} 0 \\ 0 \\ 0 \end{pmatrix} = \vec{o}$ $\quad 0 \cdot \vec{a} = \vec{o}$

Hinweis: Der Vektor $\vec{o} = \begin{pmatrix} 0 \\ 0 \\ 0 \end{pmatrix}$ heißt Nullvektor.

Beachten Sie:

Skalare Multiplikation: Ein Vektor $\vec{a}$ wird mit einer reellen Zahl k multipliziert, indem man jede Koordinate von $\vec{a}$ mit der reellen Zahl k multipliziert.

$$k \cdot \vec{a} = k \cdot \begin{pmatrix} a_1 \\ a_2 \\ a_3 \end{pmatrix} = \begin{pmatrix} k \cdot a_1 \\ k \cdot a_2 \\ k \cdot a_3 \end{pmatrix}$$

Geometrische Deutung der skalaren Multiplikation

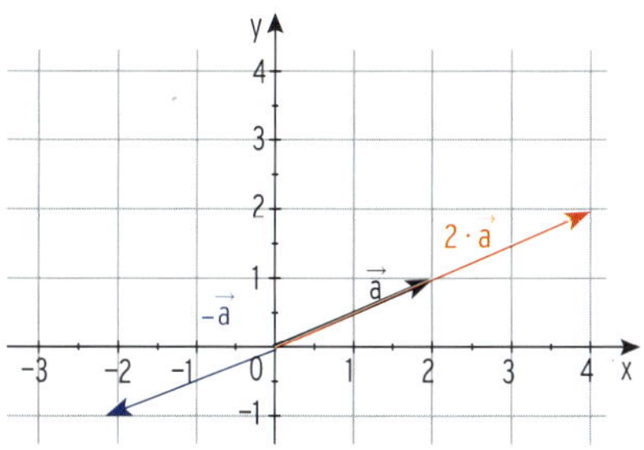

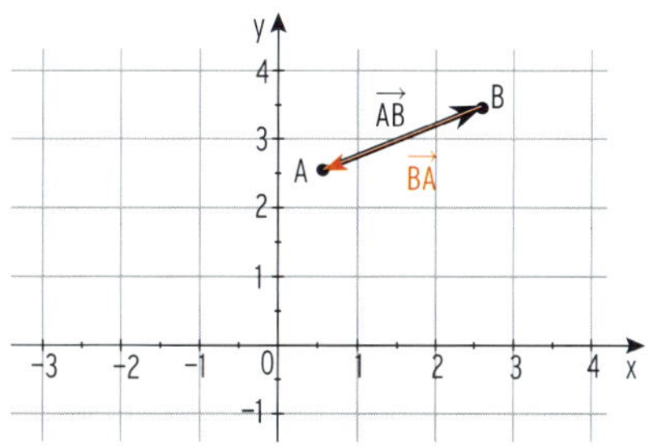

Bemerkung: Zwei Vektoren $\vec{a}$ und $\vec{b}$ sind parallel (kollinear), wenn es ein k gibt, sodass $\vec{a} = k \cdot \vec{b}$ ($\vec{a}$ ist skalares Vielfaches von $\vec{b}$).
Zwei parallele Vektoren heißen auch linear **abhängig**.

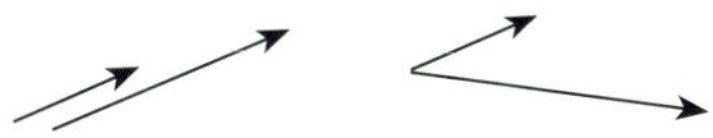

Beispiel

➲ Untersuchen Sie die Vektoren $\vec{a} = \begin{pmatrix} 2 \\ 3 \\ -5 \end{pmatrix}$ und $\vec{b} = \begin{pmatrix} -\frac{1}{3} \\ -\frac{1}{2} \\ \frac{5}{6} \end{pmatrix}$ auf Parallelität.

Lösung

Gesucht ist $k \in \mathbb{R}$, sodass $\vec{a} = k \cdot \vec{b}$.

$$\begin{pmatrix} 2 \\ 3 \\ -5 \end{pmatrix} = k \cdot \begin{pmatrix} -\frac{1}{3} \\ -\frac{1}{2} \\ \frac{5}{6} \end{pmatrix} \qquad \begin{aligned} 2 &= -\tfrac{1}{3}k \\ 3 &= -\tfrac{1}{2}k \\ -5 &= \tfrac{5}{6}k \end{aligned}$$

Für k = −6 erhält man drei wahre Aussagen. $\vec{a}$ und $\vec{b}$ sind **parallel (kollinear).**

1.3.3 Linearkombination von Vektoren

Man nennt eine Summe $r \cdot \vec{a} + s \cdot \vec{b}$ mit r, s ∈ ℝ, eine **Linearkombination** von $\vec{a}$ und $\vec{b}$.

Beispiele

$2\vec{a} + 4\vec{b} = 2\begin{pmatrix}2\\1\end{pmatrix} + 4\begin{pmatrix}-3\\2\end{pmatrix} = \begin{pmatrix}-8\\10\end{pmatrix}$

$4\vec{u} - 5\vec{v} = 4\begin{pmatrix}5\\4\\-2\end{pmatrix} - 5\begin{pmatrix}-1\\0\\6\end{pmatrix} = \begin{pmatrix}25\\16\\-38\end{pmatrix}$

Geometrische Deutung einer Linearkombination

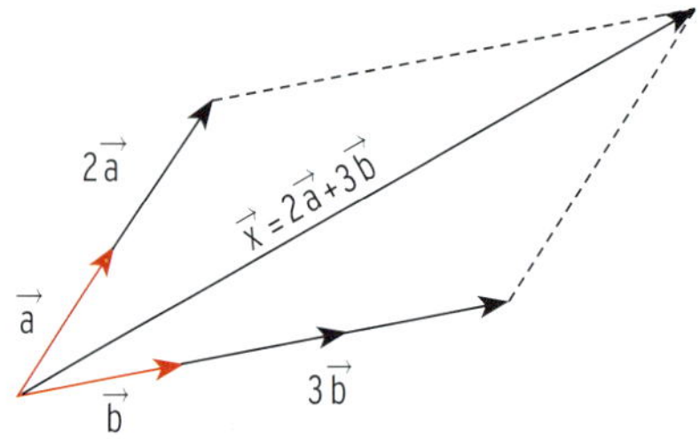

Beispiel 1

➲ Gegeben sind die Punkte A(2 | 3 | 7), B(1| 3 | 0) und C(4 | –1 | 2).
Berechnen Sie den Vektor $\overrightarrow{AB} - 3\overrightarrow{BC} + \overrightarrow{AC}$ bzw. den Vektor $\overrightarrow{AB} + \overrightarrow{BC} - \overrightarrow{AC}$.

Lösung

$\overrightarrow{AB} = \begin{pmatrix}1\\3\\0\end{pmatrix} - \begin{pmatrix}2\\3\\7\end{pmatrix} = \begin{pmatrix}-1\\0\\-7\end{pmatrix}$; $\overrightarrow{BC} = \begin{pmatrix}4\\-1\\2\end{pmatrix} - \begin{pmatrix}1\\3\\0\end{pmatrix} = \begin{pmatrix}3\\-4\\2\end{pmatrix}$; $\overrightarrow{AC} = \begin{pmatrix}4\\-1\\2\end{pmatrix} - \begin{pmatrix}2\\3\\7\end{pmatrix} = \begin{pmatrix}2\\-4\\-5\end{pmatrix}$

$\overrightarrow{AB} - 3\overrightarrow{BC} + \overrightarrow{AC} = \begin{pmatrix}-1\\0\\-7\end{pmatrix} - 3\begin{pmatrix}3\\-4\\2\end{pmatrix} + \begin{pmatrix}2\\-4\\-5\end{pmatrix} = \begin{pmatrix}-8\\8\\-18\end{pmatrix}$

$\overrightarrow{AB} + \overrightarrow{BC} - \overrightarrow{AC} = \begin{pmatrix}-1\\0\\-7\end{pmatrix} + \begin{pmatrix}3\\-4\\2\end{pmatrix} - \begin{pmatrix}2\\-4\\-5\end{pmatrix} = \begin{pmatrix}0\\0\\0\end{pmatrix}$

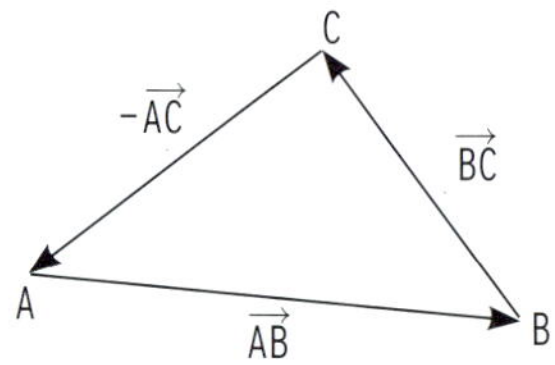

Hinweis: Geschlossene Vektorkette $\overrightarrow{AB} + \overrightarrow{BC} + (-\overrightarrow{AC}) = \vec{o}$.
Die Summe der Vektoren einer geschlossenen Vektorkette ergibt den Nullvektor.

Beispiel 2

➲ Gegeben sind Vektoren $\vec{a} = \begin{pmatrix}-2\\-2\\-1\end{pmatrix}$, $\vec{b} = \begin{pmatrix}-1\\5\\1\end{pmatrix}$ und $\vec{c} = \begin{pmatrix}-2\\4\\0{,}5\end{pmatrix}$.
Der Vektor $\vec{d}$ ist festgelegt durch $\vec{d} = \vec{a} + 2\vec{b}$.
Zeigen Sie: Die Vektoren $\vec{d}$ und $\vec{c}$ sind linear abhängig.

Lösung

$\vec{d} = \vec{a} + 2\vec{b} = \begin{pmatrix}-2\\-2\\-1\end{pmatrix} + 2\begin{pmatrix}-1\\5\\1\end{pmatrix} = \begin{pmatrix}-2\\-2\\-1\end{pmatrix} + \begin{pmatrix}-2\\10\\2\end{pmatrix} = \begin{pmatrix}-4\\8\\1\end{pmatrix} = \frac{1}{2}\begin{pmatrix}-2\\4\\0{,}5\end{pmatrix} = \frac{1}{2}\vec{c}$

Der Vektor $\vec{d}$ ist ein Vielfaches von $\vec{c}$.

Damit sind die Vektoren $\vec{d}$ und $\vec{c}$ linear abhängig.

Beispiel 3

➲ Gegeben sind die Punkte A(2 | −2 | 1), B(3 | 3 | 1), C(1,5 | 1,5 | 3) und D(1 | −1 | 3). Zeigen Sie: Das Viereck ABCD ist ein Trapez und kein Parallelogramm.

Lösung

Das Viereck ABCD ist ein **Trapez,** wenn im Viereck ABCD **zwei Seiten parallel** sind.

Zu zeigen ist: $\overrightarrow{AB} = r \cdot \overrightarrow{DC}$ (oder $\overrightarrow{AD} = r \cdot \overrightarrow{BC}$).

Mit $\overrightarrow{AB} = \begin{pmatrix} 1 \\ 5 \\ 0 \end{pmatrix}$ und $\overrightarrow{DC} = \begin{pmatrix} 0{,}5 \\ 2{,}5 \\ 0 \end{pmatrix}$ folgt: $\overrightarrow{AB} = 2\overrightarrow{DC}$ d. h.,

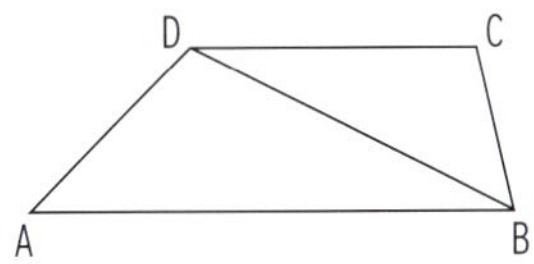

$\overrightarrow{AB}$ und $\overrightarrow{DC}$ sind parallel. Das Viereck ABCD ist ein Trapez.

Wegen $\overrightarrow{AB} \neq \overrightarrow{DC}$ ist das Trapez ABCD kein Parallelogramm.

Beispiel 4

➲ Die Punkte A(2 | 1 | 3), B(4 | 3 | 4), C(5 | 5 | 3) und D(3 | 3 | 2) bilden ein Viereck.

a) Zeigen Sie, dass die Punkte A, B, C und D in dieser Reihenfolge die Eckpunkte eines Parallelogramms sind.

b) Bestimmen Sie den Schnittpunkt S der Diagonalen des Parallelogramms.

Lösung

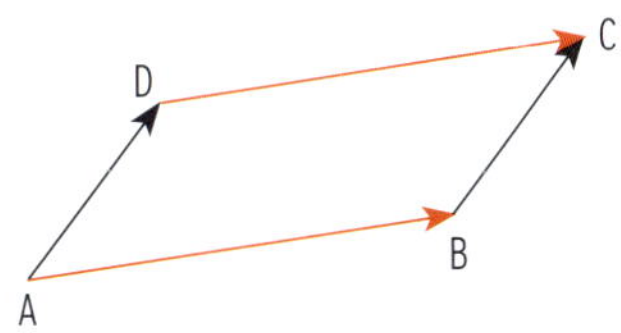

a) Bei positivem Umlaufsinn sind die Punkte A, B, C und D die Eckpunkte eines Parallelogramms, d. h., die Vektoren $\overrightarrow{AB}$ und $\overrightarrow{DC}$ müssen gleich sein.

Zu zeigen ist: $\overrightarrow{AB} = \overrightarrow{DC}$.

$\overrightarrow{AB} = \begin{pmatrix} 4 \\ 3 \\ 4 \end{pmatrix} - \begin{pmatrix} 2 \\ 1 \\ 3 \end{pmatrix} = \begin{pmatrix} 2 \\ 2 \\ 1 \end{pmatrix}$; $\overrightarrow{DC} = \begin{pmatrix} 5 \\ 5 \\ 3 \end{pmatrix} - \begin{pmatrix} 3 \\ 3 \\ 2 \end{pmatrix} = \begin{pmatrix} 2 \\ 2 \\ 1 \end{pmatrix}$

Die Bedingung $\overrightarrow{AB} = \overrightarrow{DC}$ ist erfüllt. Das Viereck ABCD ist ein Parallelogramm.

Hinweis: Es ist auch möglich, $\overrightarrow{BC} = \overrightarrow{AD}$ zu zeigen.

b) **Die Diagonalen eines Parallelogramms halbieren sich.**

Es gilt: $\overrightarrow{OS} = \overrightarrow{OA} + \frac{1}{2}\overrightarrow{AC} = \overrightarrow{OA} + \frac{1}{2}(\overrightarrow{OC} - \overrightarrow{OA})$

$= \overrightarrow{OA} + \frac{1}{2}\overrightarrow{OC} - \frac{1}{2}\overrightarrow{OA} = \frac{1}{2}\overrightarrow{OA} + \frac{1}{2}\overrightarrow{OC}$

$= \frac{1}{2}(\overrightarrow{OA} + \overrightarrow{OC})$

$\overrightarrow{OS} = \frac{1}{2}\left(\begin{pmatrix} 2 \\ 1 \\ 3 \end{pmatrix} + \begin{pmatrix} 5 \\ 5 \\ 3 \end{pmatrix}\right) = \frac{1}{2}\begin{pmatrix} 7 \\ 6 \\ 6 \end{pmatrix} = \begin{pmatrix} 3{,}5 \\ 3 \\ 3 \end{pmatrix}$; S(3,5 | 3 | 3)

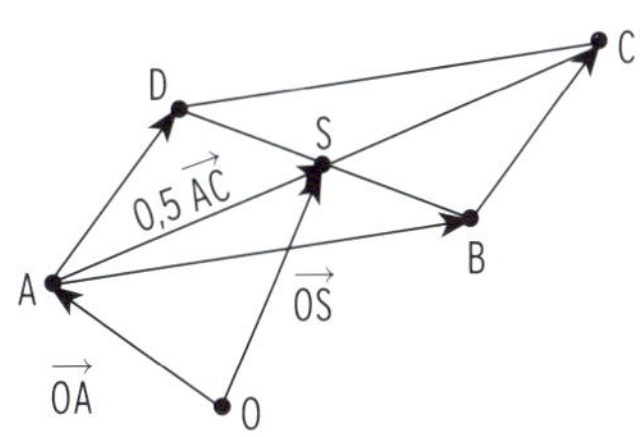

Hinweis: S ist der Mittelpunkt der Strecke AC.

Beachten Sie

Für den **Mittelpunkt** M der Strecke AB gilt:

$\overrightarrow{OM} = \overrightarrow{OA} + \frac{1}{2}\overrightarrow{AB}$ bzw. $\overrightarrow{OM} = \frac{1}{2}(\overrightarrow{OA} + \overrightarrow{OB})$

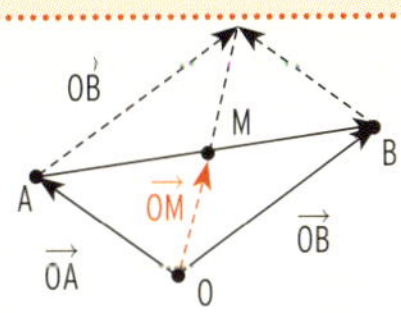

Linearkombination von Vektoren und LGS

Beispiel

➲ Gegeben sind die Vektoren $\vec{a} = \begin{pmatrix} 2 \\ -1 \\ 4 \end{pmatrix}$, $\vec{b} = \begin{pmatrix} 1 \\ 3 \\ -5 \end{pmatrix}$, $\vec{c} = \begin{pmatrix} 5 \\ 1 \\ 3 \end{pmatrix}$ und $\vec{d} = \begin{pmatrix} 0 \\ -7 \\ 15 \end{pmatrix}$.

a) Bestimmen Sie r und s so, dass gilt: $r\vec{a} + s\vec{b} = \vec{c}$. Interpretieren Sie geometrisch.

b) $\vec{d}$ kann nicht als Linearkombination von $\vec{a}$ und $\vec{b}$ dargestellt werden. Nehmen Sie Stellung. Interpretieren Sie Ihr Ergebnis.

Lösung

a) Vektorgleichung $r\vec{a} + s\vec{b} = \vec{c}$: $r\begin{pmatrix} 2 \\ -1 \\ 4 \end{pmatrix} + s\begin{pmatrix} 1 \\ 3 \\ -5 \end{pmatrix} = \begin{pmatrix} 5 \\ 1 \\ 3 \end{pmatrix}$

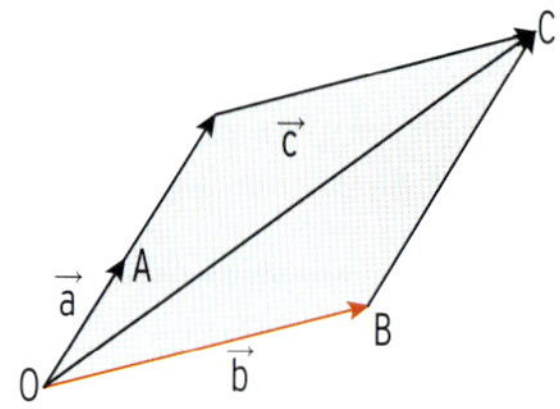

Dies entspricht dem LGS:

$$\begin{array}{cc} r & s \end{array}$$
$$\left(\begin{array}{cc|c} 2 & 1 & 5 \\ -1 & 3 & 1 \\ 4 & -5 & 3 \end{array}\right)$$

Umformung:

$$\left(\begin{array}{cc|c} 2 & 1 & 5 \\ 0 & 7 & 7 \\ 0 & -7 & -7 \end{array}\right)$$

$$\left(\begin{array}{cc|c} 2 & 1 & 5 \\ 0 & 7 & 7 \\ 0 & 0 & 0 \end{array}\right)$$

Ergebnis: s = 1, r = 2

Das LGS ist eindeutig lösbar.

Geometrische Interpretation:

Mit $\vec{a} = \overrightarrow{OA}$, $\vec{b} = \overrightarrow{OB}$ und $\vec{c} = \overrightarrow{OC}$ gilt: Die Punkte O, A, B und C liegen in einer Ebene .

b) Vektorgleichung $r\vec{a} + s\vec{b} = \vec{d}$: $r\begin{pmatrix} 2 \\ -1 \\ 4 \end{pmatrix} + s\begin{pmatrix} 1 \\ 3 \\ -5 \end{pmatrix} = \begin{pmatrix} 0 \\ -7 \\ 15 \end{pmatrix}$

Dies entspricht dem LGS:

$$\begin{array}{cc} r & s \end{array}$$
$$\left(\begin{array}{cc|c} 2 & 1 & 0 \\ -1 & 3 & -7 \\ 4 & -5 & 15 \end{array}\right)$$

Umformung:

$$\left(\begin{array}{cc|c} 2 & 1 & 0 \\ 0 & 7 & -14 \\ 0 & -7 & 15 \end{array}\right)$$

$$\left(\begin{array}{cc|c} 2 & 1 & 0 \\ 0 & 7 & -14 \\ 0 & 0 & 1 \end{array}\right)$$

Die dritte Zeile entspricht der Gleichung $0 \cdot r + 0 \cdot s = 1$

Diese Gleichung hat keine Lösung. $0 = 1$ (falsche Aussage)

Das LGS $r\vec{a} + s\vec{b} = \vec{d}$ ist **nicht** lösbar.

Geometrische Interpretation:

Mit $\vec{a} = \overrightarrow{OA}$, $\vec{b} = \overrightarrow{OB}$ und $\vec{d} = \overrightarrow{OD}$ gilt:

Die Punkte O, A, B und D liegen nicht in einer Ebene.

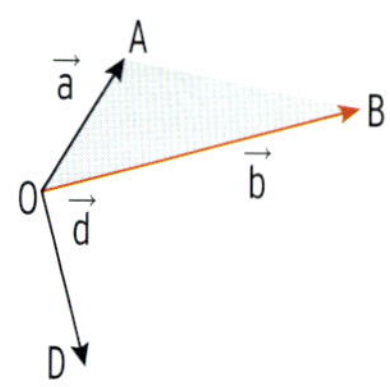

Aufgaben

1 Untersuchen Sie die Vektoren $\vec{a}$ und $\vec{b}$ auf Kollinearität.

a) $\vec{a} = \begin{pmatrix} 2 \\ -1 \\ 1 \end{pmatrix}$; $\vec{b} = \begin{pmatrix} -4 \\ 2 \\ -2 \end{pmatrix}$ b) $\vec{a} = \begin{pmatrix} 4 \\ -1 \\ 3 \end{pmatrix}$; $\vec{b} = \begin{pmatrix} -1 \\ 2 \\ 2 \end{pmatrix} + 3\begin{pmatrix} -1 \\ 0 \\ 3 \end{pmatrix}$

2 Gegeben sind die Vektoren $\vec{a} = \begin{pmatrix} 5 \\ -3 \\ 2 \end{pmatrix}$ und $\vec{b} = \begin{pmatrix} -3 \\ -4 \\ 7 \end{pmatrix}$.
Bestimmen Sie $\vec{x}$, wenn gilt:

a) $\vec{x} = 3\vec{a} + 2{,}5\vec{b}$ b) $\vec{x} = -(2\vec{a} - 4\vec{b})$ c) $3\vec{a} + 5\vec{x} = 2(\vec{a} - 3\vec{b})$

3 Gegeben sind die Punkte A(1 | 3 | 2), B(4 | −5| −2) und C(−1 | −2 | −4).
Bestimmen Sie die Vektoren
$\overrightarrow{AB}$, $\overrightarrow{BA}$, $\overrightarrow{AC}$, $\overrightarrow{CB} - \overrightarrow{CA}$ und $\overrightarrow{AB} - 4\overrightarrow{AC} + 2\overrightarrow{BA}$.

4 Gegeben sind die Punkte A(2 | 1 | 3), B(4 | −1 | 5) und C(4 | 2 | −7).
Bestimmen Sie die Koordinaten des Punktes D bzw. E, wenn gilt:
$2\overrightarrow{AB} + 3\overrightarrow{AD} = \overrightarrow{BC}$ bzw. $3\overrightarrow{EA} - 2\overrightarrow{EB} = \overrightarrow{CE}$.

5 Gegeben sind die Punkte A(1 | 4 | 5), B(2 | 3 | 6) und C(1 | −2 | 7). Die Vektoren $\overrightarrow{AB}$ und $\overrightarrow{AC}$ sind kollinear. Nehmen Sie Stellung. Interpretieren Sie Ihr Ergebnis.

6 Zwei Kinder ziehen eine Blumendekoration durch den Garten (siehe Abbildung).
Die Kraft des einen Kindes wird dargestellt durch den Vektor $\vec{F}_1 = \begin{pmatrix} -2 \\ 5 \\ 2 \end{pmatrix}$,
die des anderen Kindes durch $\vec{F}_2 = \begin{pmatrix} -2 \\ -3 \\ 3 \end{pmatrix}$.
Bestimmen Sie die resultierende Kraft
$\vec{F} = \vec{F}_1 + \vec{F}_2$.

7 Bestimmen Sie die Koordinaten des Mittelpunktes der Strecke AB.

a) A(−1 | 3), B(−2 | 6) b) A(2 | 3 | −1), B(−5 | 6 | 7)

8 Gegeben ist die Strecke AB mit Mittelpunkt M.
Zeigen Sie: Für jeden Punkt C der Ebene gilt: $\overrightarrow{CA} + \overrightarrow{CB} = 2\overrightarrow{CM}$.

9 Zeigen Sie, dass die Punkte A(2|1|− 2), B(3|2|− 1) und C(0|− 1|6) ein Dreieck bilden.

10 Bestimmen Sie r und s so, dass gilt: $r\begin{pmatrix} 4 \\ -1 \\ 2 \end{pmatrix} + s\begin{pmatrix} 1 \\ 2 \\ 5 \end{pmatrix} = \begin{pmatrix} 5 \\ -8 \\ -11 \end{pmatrix}$. Interpretieren Sie Ihr Ergebnis geometrisch.

11 Die Punkte O, A(2 | 3 | 0), B(−5 | 0 | 1) und C(1 | 1 | 3) liegen nicht in einer Ebene. Begründen Sie diese Behauptung.

12 In einem kartesischen Koordinatensystem sind die Punkte A(4 | 0 | 0), B(4 | 3 | 0), C(1 | 3 | 0) und E(5 | 2 | 3) gegeben. Die Eckpunkte A, B, C, D, E, F, G und H sind die Eckpunkte eines schiefen Prismas. Geben Sie die Koordinaten der Punkte D, F, G und H an.

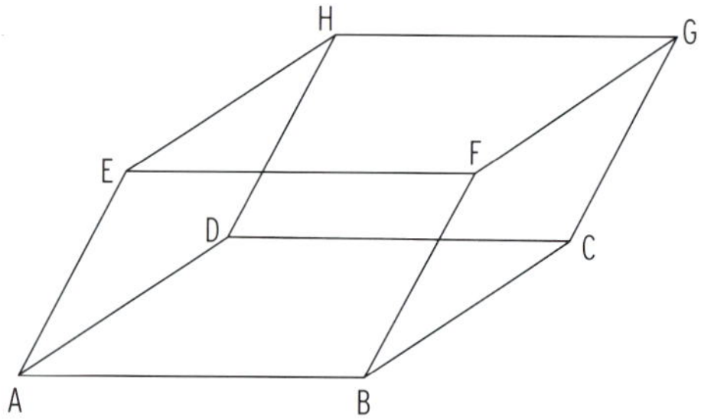

13 Gegeben sind die Punkte A(1 | 1 | 0), B(0 | 2 | 3) und C(1 | 0 | 6).

a) Bestimmen Sie den Punkt D, sodass das Viereck ABCD ein Parallelogramm ist.

b) Die Diagonalen dieses Parallelogramms schneiden sich in S. Bestimmen Sie die Koordinaten von S.

14 Die Punkte A, B, C und D bilden das Parallelogramm ABCD. Gegeben sind die Punkte B(−1 | 2 | 3) und C(2 | 3 | −4) sowie der Vektor $\overrightarrow{AB} = \begin{pmatrix} 2 \\ 1 \\ -1 \end{pmatrix}$.

a) Berechnen Sie die Koordinaten der Punkte A und D.

b) Beschreiben Sie die Diagonalen des Parallelogramms jeweils durch einen Vektor.

15 Gegeben sind die Punkte A(4 | −1 | 2), B(8 | 7 | 6), C(8 | 7 | 7) und D(6 | 3 | 5).

a) Zeigen Sie rechnerisch: Das Viereck ABCD ist ein Trapez und kein Parallelogramm.

b) Bestimmen Sie den Mittelpunkt der Diagonale AC.

16 Die Punkte A(5 | 4 | 0), B(−3 | 2 | −2), C(−3 | −4 | 4) und D(5 | −2 | 6) bilden das Viereck ABCD. Zeigen Sie, dass sich die Diagonalen AC und BD halbieren.

17 Gegeben sind die Punkte A(2 | 0 | 3), B(3 | 4 | 5), C(3 | 8 | 0) und D(2 | 2 | 0,5).

a) Bestimmen Sie den Mittelpunkt M der Strecke BC.

b) Das Viereck ADMB ist ein Parallelogramm. Überprüfen Sie.

c) Zeigen Sie, dass die Strecken AC und DM den gleichen Mittelpunkt besitzen. Bestimmen Sie die Koordinaten des Mittelpunktes.

18 Gegeben sind die Punkte A(3 | 0 | 0), B(0 | 4 | 0) und C(0 | 0 | 5).

a) Zeichnen Sie das Dreieck ABC in ein Koordinatensystem.

b) M_1 ist der Mittelpunkt der Strecke AB, der Mittelpunkt der Strecke BC heißt M_2. Zeigen Sie: Die Strecke M_1M_2 ist parallel zur Strecke AC und halb so lang wie diese.

19 Ein Flugzeug fliegt geradlinig durch die Punkte A(4 | 2 | 2,5) und B(14 | 9 | 3). Voraus befindet sich ein Berg mit der Bergspitze T(54 | 37 | 3,5). (1 LE ≙ 1 km)

Die Bergspitze liegt auf der Flugbahn. Nehmen Sie Stellung. Begründen Sie Ihre Antwort.

2 Maße und Längen

2.1 Abstand von zwei Punkten

Beispiel 1

➲ Gegeben ist der Punkt A(3 | 8 | 2).
Berechnen Sie den Betrag (die Länge) des Vektors $\vec{a} = \overrightarrow{OA}$.

Lösung

Für die Länge $|\vec{a}|$ erhält man mit dem Satz des Pythagoras:

$|\vec{a}| = |\overrightarrow{OA}| = \sqrt{3^2 + 8^2 + 2^2} = \sqrt{77} \approx 8{,}77$

Für einen Vektor $\vec{a} = \begin{pmatrix} 3 \\ 8 \\ 2 \end{pmatrix}$ gilt:

$|\vec{a}| = \left|\begin{pmatrix} 3 \\ 8 \\ 2 \end{pmatrix}\right| = \sqrt{77} \approx 8{,}77$

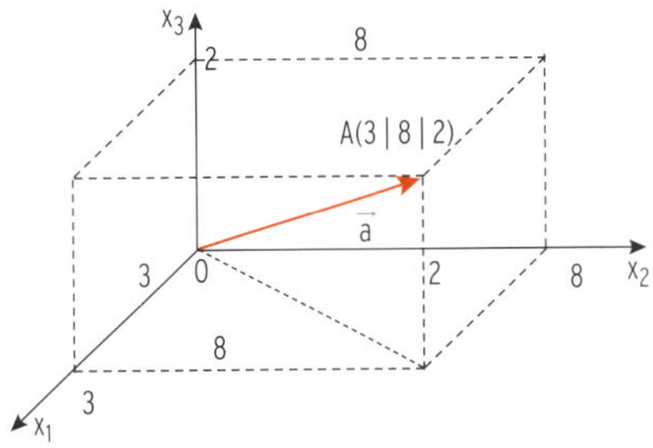

Beachten Sie

Der **Betrag eines Vektors** $\vec{a}$ ist die Länge des zugehörigen Pfeils.

$|\vec{a}| = \left|\begin{pmatrix} a_1 \\ a_2 \\ a_3 \end{pmatrix}\right| = \sqrt{a_1^2 + a_2^2 + a_3^2}$

Der Betrag (die **Länge**) eines Vektors ist eine **skalare Größe** (reelle Zahl).

Beispiel 2

➲ Gegeben sind die Punkte A(1 | −3 | 2) und B(3 | 2 | 4).
Berechnen Sie den Betrag des Vektors $\overrightarrow{AB}$.

Lösung

$\overrightarrow{AB} = \overrightarrow{OB} - \overrightarrow{OA} = \begin{pmatrix} 3 \\ 2 \\ 4 \end{pmatrix} - \begin{pmatrix} 1 \\ -3 \\ 2 \end{pmatrix} = \begin{pmatrix} 2 \\ 5 \\ 2 \end{pmatrix}$

Betrag des Vektors $\overrightarrow{AB}$: $|\overrightarrow{AB}| = \left|\begin{pmatrix} 2 \\ 5 \\ 2 \end{pmatrix}\right| = \sqrt{2^2 + 5^2 + 2^2} = \sqrt{33} \approx 5{,}74$

Beachten Sie

Gegeben sind die zwei Punkte $A(a_1 | a_2 | a_3)$ und $B(b_1 | b_2 | b_3)$.

Für den Betrag des Vektors $\overrightarrow{AB}$ gilt:

$|\overrightarrow{AB}| = \left|\begin{pmatrix} b_1 - a_1 \\ b_2 - a_2 \\ b_3 - a_3 \end{pmatrix}\right| = \sqrt{(b_1 - a_1)^2 + (b_2 - a_2)^2 + (b_3 - a_3)^2}$

Der Betrag des Vektors $\overrightarrow{AB}$ ist der Abstand der Punkte A und B.

Beispiel 3

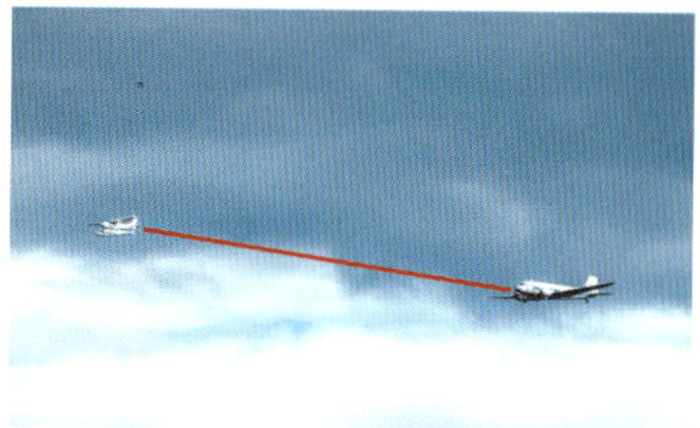

➲ Zwei Flugzeuge befinden sich in den Positionen $A(-4 \mid -7 \mid 3)$ und $B(5 \mid -3 \mid 4)$ (Koordinaten in km).
Überprüfen Sie, ob die Flugzeuge den geforderten Abstand von 8 km einhalten.

Lösung

Vektor $\overrightarrow{AB}$: $\overrightarrow{AB} = \overrightarrow{OB} - \overrightarrow{OA} = \begin{pmatrix} 5 \\ -3 \\ 4 \end{pmatrix} - \begin{pmatrix} -4 \\ -7 \\ 3 \end{pmatrix} = \begin{pmatrix} 9 \\ 4 \\ 1 \end{pmatrix}$

Für den **Abstand d der Punkte A und B** gilt: $d = |\overrightarrow{AB}| = \sqrt{9^2 + 4^2 + 1^2} = \sqrt{98} \approx 9{,}90$
Der Abstand von mehr als 8 km wird eingehalten.

Aufgaben

1 Gegeben sind die Punkte A und B. Berechnen Sie den Abstand der Punkte A und B.
a) $A(6 \mid -5 \mid 1)$, $B(-5 \mid 3 \mid 7)$
b) $A(-0{,}5 \mid -2 \mid 1{,}5)$, $B(2{,}5 \mid 0 \mid -0{,}5)$
c) $A(10 \mid 7 \mid -5)$, $B(0 \mid 0 \mid 0)$
d) $A(4 \mid -3 \mid 2)$, $B(-4 \mid 3 \mid -2)$

2 Die Abbildung zeigt einen Würfel.
S ist der Schnittpunkt der Raumdiagonalen. Bestimmen Sie den Abstand hat S von den Eckpunkten des Würfels.

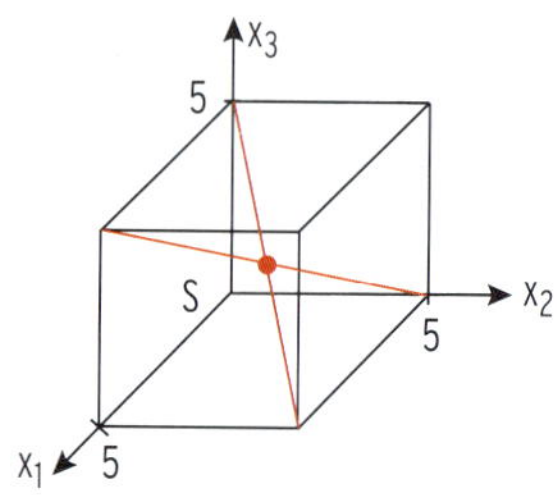

3 Gegeben ist eine Pyramide mit der Grundfläche ABC und der Spitze S.
In einem kartesischen Koordinatensystem haben deren Eckpunkte die Koordinaten $A(5|1|3)$, $B(9|4|3)$, $C(8|-3|3)$ und $S(1|5|-1)$.
a) Weisen Sie nach, dass die Grundfläche ABC ein gleichschenkliges Dreieck ist. Bestimmen Sie die Länge der zwei Schenkel.
b) Geben Sie die spezielle Lage der Grundfläche ABC im Koordinatensystem sowie die Höhe h der Pyramide an.

4 Die Abbildung zeigt ein gerades Prisma ABCDEF mit
$A(0|0|0)$, $B(8|0|0)$, $C(0|8|0)$ und $D(0|0|4)$.
Bestimmen Sie den Abstand der Eckpunkte B und F.

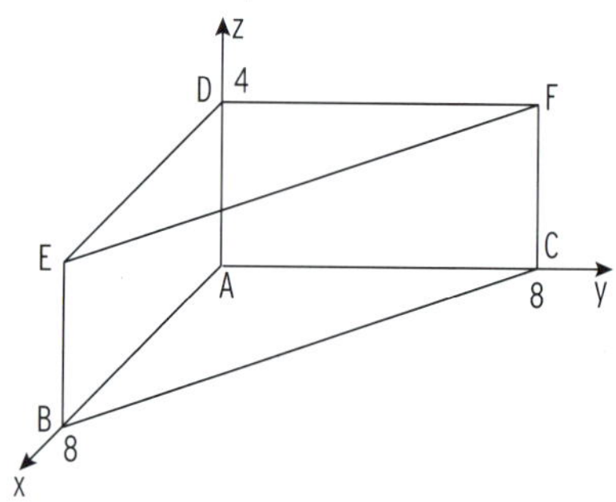

2.2 Skalarprodukt

$\overrightarrow{b_a}$ ist die **senkrechte Projektion** von $\vec{b}$ auf $\vec{a}$

Für $0° < \alpha < 90°$ ergibt sich: $\left|\overrightarrow{b_a}\right| = |\vec{b}| \cdot \cos\alpha$.

$\vec{a}$ und $\vec{b}_a$ sind kollinear.

Hieraus folgt: $|\vec{a}| \cdot \left|\overrightarrow{b_a}\right| = |\vec{a}| \cdot |\vec{b}| \cdot \cos\alpha$.

Man definiert dieses Produkt als **Skalarprodukt** $\vec{a} \cdot \vec{b}$.

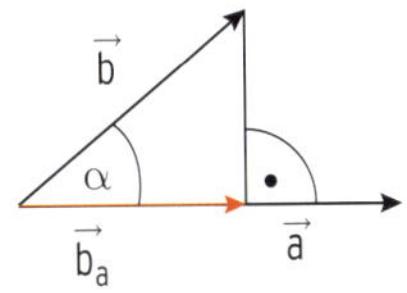

Beachten Sie

Ist α der Winkel zwischen den Vektoren $\vec{a}$ und $\vec{b}$,
so bezeichnet man das Produkt
$\vec{a} \cdot \vec{b} = |\vec{a}| \cdot |\vec{b}| \cdot \cos(\alpha)$
als Skalarprodukt von $\vec{a}$ und $\vec{b}$.

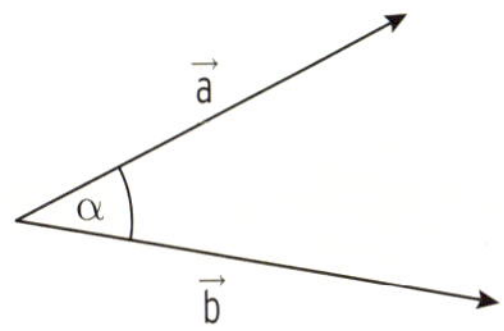

Sonderfälle:

$\alpha = 0°$: $\vec{a} \cdot \vec{b} = |\vec{a}| \cdot |\vec{b}| \cdot \cos(0°) = |\vec{a}| \cdot |\vec{b}| \cdot 1$

$\vec{a} \cdot \vec{b} = |\vec{a}| \cdot |\vec{b}|$

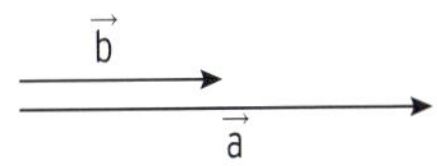

$\alpha = 180°$: $\vec{a} \cdot \vec{b} = |\vec{a}| \cdot |\vec{b}| \cdot \cos(180°)$

$= |\vec{a}| \cdot |\vec{b}| \cdot (-1) = -|\vec{a}| \cdot |\vec{b}|$

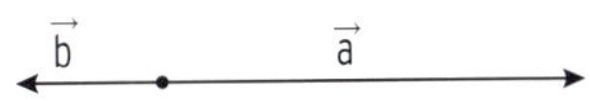

$\alpha = 90°$: Die Vektoren $\vec{a}$ und $\vec{b}$ stehen **senkrecht aufeinander**.
$\vec{a}$ und $\vec{b}$ sind **zueinander orthogonal.**
Dann gilt wegen $\cos(90°) = 0$: $\vec{a} \cdot \vec{b} = 0$.

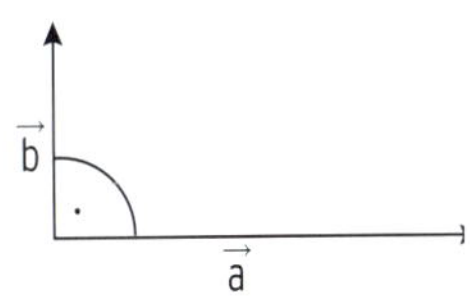

Beachten Sie

Zwei Vektoren $\vec{a}$ und $\vec{b}$ sind zueinander orthogonal, wenn $\vec{a} \cdot \vec{b} = 0$.

$$\vec{a} \perp \vec{b} \Leftrightarrow \vec{a} \cdot \vec{b} = 0$$

Skalarprodukt in Koordinatenform

$$\vec{a} = \begin{pmatrix} a_1 \\ a_2 \\ a_3 \end{pmatrix}; \vec{b} = \begin{pmatrix} b_1 \\ b_2 \\ b_3 \end{pmatrix}$$

$$\vec{a} \cdot \vec{a} = |\vec{a}| \cdot |\vec{a}| \cdot \cos(\alpha) = |\vec{a}| \cdot |\vec{a}| \cdot \cos(0°) = (|\vec{a}|)^2 \cdot 1 = \left(\sqrt{a_1^2 + a_2^2 + a_3^2}\right)^2 = a_1^2 + a_2^2 + a_3^2$$

Für $\vec{a} \cdot \vec{a}$ gilt: $\vec{a} \cdot \vec{a} = a_1 a_1 + a_2 a_2 + a_3 a_3$

Für $\vec{a} \cdot \vec{b}$ gilt: $\vec{a} \cdot \vec{b} = a_1 b_1 + a_2 b_2 + a_3 b_3$ (ohne Beweis)

Beachten Sie

Gegeben sind die Vektoren $\vec{a} = \begin{pmatrix} a_1 \\ a_2 \\ a_3 \end{pmatrix}$ und $\vec{b} = \begin{pmatrix} b_1 \\ b_2 \\ b_3 \end{pmatrix}$. Dann gilt:

$\vec{a} \cdot \vec{b} = |\vec{a}| \cdot |\vec{b}| \cdot \cos(\alpha)$ **Skalarprodukt**

$\vec{a} \cdot \vec{b} = a_1b_1 + a_2b_2 + a_3b_3$ **Skalarprodukt in Koordinatenform**

Ist $\vec{a} \cdot \vec{b} = 0$, so stehen die Vektoren $\vec{a}$ und $\vec{b}$ senkrecht aufeinander.

Beispiele

a) $\begin{pmatrix} 1 \\ 2 \\ -1 \end{pmatrix} \cdot \begin{pmatrix} -3 \\ 1 \\ 5 \end{pmatrix} = -3 + 2 - 5 = -6$

b) $\begin{pmatrix} 2 \\ 2 \\ -1 \end{pmatrix} \cdot \begin{pmatrix} 6 \\ -2 \\ 1 \end{pmatrix} = 12 - 4 - 1 = 7$

c) $\begin{pmatrix} -1 \\ 3 \\ 4 \end{pmatrix} \cdot \begin{pmatrix} -1 \\ 1 \\ -1 \end{pmatrix} = 1 + 3 - 4 = 0$, d.h., die Vektoren $\begin{pmatrix} -1 \\ 3 \\ 4 \end{pmatrix}$ und $\begin{pmatrix} -1 \\ 1 \\ -1 \end{pmatrix}$ sind zueinander orthogonal.

d) Berechnung von $|\vec{a}|$ mithilfe des Skalarprodukts: $\vec{a} \cdot \vec{a} = (|\vec{a}|)^2$

$\vec{a} \cdot \vec{a} = \begin{pmatrix} 1 \\ 3 \\ -2 \end{pmatrix} \cdot \begin{pmatrix} 1 \\ 3 \\ -2 \end{pmatrix} = 1 \cdot 1 + 3 \cdot 3 + (-2) \cdot (-2) = 1 + 9 + 4 = 14 = (|\vec{a}|)^2$

$|\vec{a}| = \sqrt{14}$

Mithilfe der Formel für den Betrag eines Vektors: $|\vec{a}| = \left(\sqrt{a_1^2 + a_2^2 + a_3^2}\right)^2$:

$\vec{a} = \left|\begin{pmatrix} 1 \\ 3 \\ -2 \end{pmatrix}\right| = \sqrt{1^2 + 3^3 + (-2)^2} = \sqrt{14}$

Beispiel

➲ Bestimmen Sie b_1 so, dass die Vektoren $\vec{a} = \begin{pmatrix} 4 \\ -3 \\ 1 \end{pmatrix}$ und $\vec{b} = \begin{pmatrix} b_1 \\ 2 \\ -2 \end{pmatrix}$ senkrecht aufeinander stehen.

Lösung

$\vec{a} \cdot \vec{b} = \begin{pmatrix} 4 \\ -3 \\ 1 \end{pmatrix} \cdot \begin{pmatrix} b_1 \\ 2 \\ -2 \end{pmatrix} = 4b_1 - 6 - 2 = 4b_1 - 8 = 0$ Ergebnis: $b_1 = 2$

Die Vektoren $\vec{a} = \begin{pmatrix} 4 \\ -3 \\ 1 \end{pmatrix}$ und $\vec{b} = \begin{pmatrix} 2 \\ 2 \\ -2 \end{pmatrix}$ stehen senkrecht aufeinander.

Aufgaben

1 Die Vektoren $\vec{a} = \begin{pmatrix} 2 \\ 1 \\ 2 \end{pmatrix}$, $\vec{b} = \begin{pmatrix} -1 \\ 2 \\ 0 \end{pmatrix}$ und $\vec{c_t} = \begin{pmatrix} 4t \\ 2t \\ -5t \end{pmatrix}$ spannen für jeden Wert von t mit $t \in \mathbb{R} \setminus \{0\}$ einen Körper auf. Die Abbildung zeigt den Sachverhalt beispielhaft für einen Wert von t.
Zeigen Sie, dass die aufgespannten Körper Quader sind.

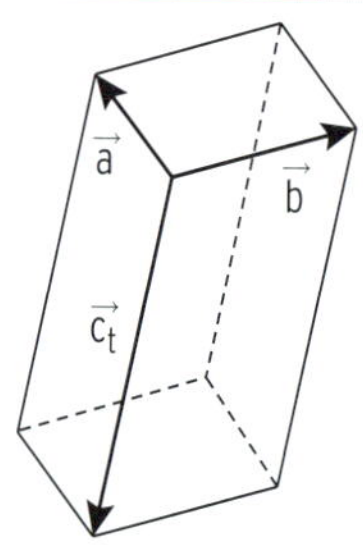

2.3 Winkel zwischen zwei Vektoren

Beachten Sie

Für den **Winkel** α zwischen den Vektoren $\vec{a} \neq \vec{o}$ und $\vec{b} \neq \vec{o}$ gilt:

$\vec{a} \cdot \vec{b} = |\vec{a}| \cdot |\vec{b}| \cdot \cos(\alpha)$ bzw. $\cos(\alpha) = \dfrac{\vec{a} \cdot \vec{b}}{|\vec{a}| \cdot |\vec{b}|}$

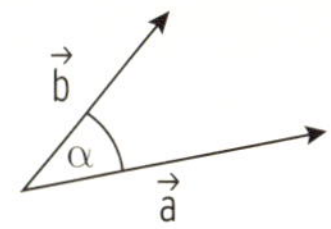

Beispiel 1

➲ Berechnen Sie den Winkel zwischen den Vektoren $\vec{a} = \begin{pmatrix} 1 \\ -2 \\ 3 \end{pmatrix}$ und $\vec{b} = \begin{pmatrix} 4 \\ -2 \\ 1 \end{pmatrix}$.

Lösung

Betrag des Vektors $\vec{a}$: $|\vec{a}| = \left|\begin{pmatrix} 1 \\ -2 \\ 3 \end{pmatrix}\right| = \sqrt{1^2 + (-2)^2 + 3^2} = \sqrt{14}$

Betrag des Vektors $\vec{b}$: $|\vec{b}| = \left|\begin{pmatrix} 4 \\ -2 \\ 1 \end{pmatrix}\right| = \sqrt{4^2 + (-2)^2 + 1^2} = \sqrt{21}$

Winkelberechnung: $\cos(\alpha) = \dfrac{\vec{a} \cdot \vec{b}}{|\vec{a}| \cdot |\vec{b}|} = \dfrac{\begin{pmatrix} 1 \\ -2 \\ 3 \end{pmatrix} \cdot \begin{pmatrix} 4 \\ -2 \\ 1 \end{pmatrix}}{\left|\begin{pmatrix} 1 \\ -2 \\ 3 \end{pmatrix}\right| \cdot \left|\begin{pmatrix} 4 \\ -2 \\ 1 \end{pmatrix}\right|}$

$\cos(\alpha) = \dfrac{4 + 4 + 3}{\sqrt{14} \cdot \sqrt{21}} = \dfrac{11}{\sqrt{14} \cdot \sqrt{21}} = 0{,}642$

Winkel: $\alpha = 50{,}1°$

Beispiel 2

➲ Gegeben sind die Punkte A(–3 | –5 | 2) und B(2 | –3 | –2) und C (4 | 5 | 7).
Berechnen Sie den Winkel zwischen den Vektoren $\overrightarrow{AB}$ und $\overrightarrow{AC}$.

Lösung

Vektor $\overrightarrow{AB}$: $\overrightarrow{AB} = \overrightarrow{OB} - \overrightarrow{OA} = \begin{pmatrix} 2 \\ -3 \\ -2 \end{pmatrix} - \begin{pmatrix} -3 \\ -5 \\ 2 \end{pmatrix} = \begin{pmatrix} 5 \\ 2 \\ -4 \end{pmatrix}$

Vektor $\overrightarrow{AC}$: $\overrightarrow{AC} = \overrightarrow{OC} - \overrightarrow{OA} = \begin{pmatrix} 4 \\ 5 \\ 7 \end{pmatrix} - \begin{pmatrix} -3 \\ -5 \\ 2 \end{pmatrix} = \begin{pmatrix} 7 \\ 10 \\ 5 \end{pmatrix}$

Winkelberechnung: $\cos(\alpha) = \dfrac{\overrightarrow{AB} \cdot \overrightarrow{AC}}{|\overrightarrow{AB}| \cdot |\overrightarrow{AC}|} = \dfrac{\begin{pmatrix} 5 \\ 2 \\ -4 \end{pmatrix} \cdot \begin{pmatrix} 7 \\ 10 \\ 5 \end{pmatrix}}{\left|\begin{pmatrix} 5 \\ 2 \\ -4 \end{pmatrix}\right| \cdot \left|\begin{pmatrix} 7 \\ 10 \\ 5 \end{pmatrix}\right|}$

$\cos(\alpha) = \dfrac{35 + 20 - 20}{\sqrt{45} \cdot \sqrt{174}} = \dfrac{35}{\sqrt{45} \cdot \sqrt{174}} = 0{,}396$

Winkel: $\alpha = 66{,}7°$

Aufgaben

1 Berechnen Sie den Betrag des Vektors $\vec{a}$.

a) $\vec{a} = \begin{pmatrix} 2 \\ -3 \\ 5 \end{pmatrix}$ b) $\vec{a} = \begin{pmatrix} -2 \\ 0 \\ 1 \end{pmatrix}$ c) $\vec{a} = \begin{pmatrix} 0 \\ 0 \\ 3 \end{pmatrix}$ d) $\vec{a} = \begin{pmatrix} \sqrt{5} \\ 4 \\ \sqrt{7} \end{pmatrix}$

2 Berechnen Sie die Länge des Vektors $\overrightarrow{AB}$.

a) A(0 | 0 | 0); B(1 | 3 | 4) b) A(0 | 0 | 4); B(0 | 0 | 7) c) A(4 | −2 | 3); B(0 | −1 | −3) d) A(−7 | 6 | 0,5); B(3 | −2 | −0,5)

3 Die Punkte A(2 | 4 | 3), B(4 | 6 | 4), C(2 | 7 | 6) und D(0 | 5 | 5) liegen in einer Ebene. Untersuchen Sie, ob das Viereck ABCD ein Quadrat ist.

4 Die Punkte A(4 | −1 | 2), B(2 | 3 | −1) und C(1,5 | 3 | 1,5) bilden ein Dreieck.

a) Bestimmen Sie den Mittelpunkt M der Seite AB. Berechnen Sie die Länge der Seitenhalbierenden CM.

b) Untersuchen Sie, ob das Dreieck ABC gleichschenklig ist.

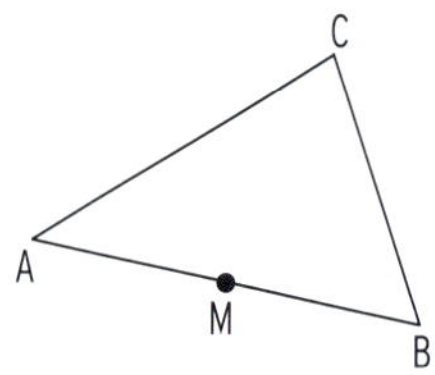

5 Berechnen Sie den Winkel zwischen den Vektoren $\vec{a}$ und $\vec{b}$.

a) $\vec{a} = \begin{pmatrix} -4 \\ 2 \\ -1 \end{pmatrix}$; $\vec{b} = \begin{pmatrix} 3 \\ -3 \\ -2 \end{pmatrix}$ b) $\vec{a} = \begin{pmatrix} 0 \\ -2 \\ 4 \end{pmatrix}$; $\vec{b} = \begin{pmatrix} 2 \\ -3 \\ -3 \end{pmatrix}$

6 Gegeben sind die Punkte A(−4 | 5 | −2) und B(2 | 3 | 2) und C(−4 | 3 | 4). Berechnen Sie den Winkel zwischen den Vektoren $\overrightarrow{AB}$ und $\overrightarrow{AC}$.

7 Untersuchen Sie, ob die Vektoren $\vec{a}$ und $\vec{b}$ zueinander orthogonal sind.

a) $\vec{a} = \begin{pmatrix} 1 \\ 3 \\ -2 \end{pmatrix}$; $\vec{b} = \begin{pmatrix} 1 \\ -1 \\ -1 \end{pmatrix}$ b) $\vec{a} = \begin{pmatrix} 10 \\ -3 \\ -4 \end{pmatrix}$; $\vec{b} = \begin{pmatrix} 2 \\ 3 \\ 3 \end{pmatrix}$

8 Bestimmen Sie einen Vektor $\vec{n}$, der senkrecht auf dem Vektor $\vec{a} = \begin{pmatrix} 2 \\ 5 \\ -3 \end{pmatrix}$ steht.

9 Gegeben sind die Punkte A(3 | 3 | 5), B(−1 | −1 | 1) und C(2 | 2 | −1).

Zeigen Sie: $\vec{n} = \begin{pmatrix} 1 \\ -1 \\ 0 \end{pmatrix}$ steht senkrecht auf $\overrightarrow{AB}$ und auf $\overrightarrow{AC}$.

Geben Sie einen weiteren Vektor an, der senkrecht auf $\overrightarrow{AB}$ und auf $\overrightarrow{AC}$ steht.

10 Gegeben sind die Punkte A(1 | 3 | 3), B (5| 1 | −1) und C(3 | 5 | −5). Zeigen Sie: Das Dreieck ABC ist gleichschenklig-rechtwinklig mit dem rechten Winkel im Punkt B.

11 Gegeben ist das Viereck ABCD mit den Eckpunkten A(0| 0|0), B(− 3| 1|4), C(2| − 4|4) und D(5 | − 5| 0).

Weisen Sie nach, dass das Viereck ABCD ein Parallelogramm, aber kein Rechteck ist.

12 In einem kartesischen Koordinatensystem ist die senkrechte Pyramide ABCDS gegeben. Die Kantenlänge der quadratischen Grundfläche ist 5, die Höhe der Pyramide ist 7.

a) Geben Sie mögliche Koordinaten der Eckpunkte der Pyramide an.

b) Mindestens einer der Eckpunkte soll so verschoben werden, dass sich das Volumen der Pyramide vervierfacht. Dafür gibt es mehrere Möglichkeiten.
Geben Sie für zwei dieser Möglichkeiten jeweils die Koordinaten der verschobenen Eckpunkte an und begründen Sie Ihre Angabe.

c) Bestimmen Sie den Neigungswinkel einer Seitenfläche.

13 Ermitteln Sie die Koordinaten eines Punktes C, der vom Punkt A(− 2|1|4) genauso weit entfernt ist, wie der Punkt B(− 3|− 2|7).

14 Die Abbildung zeigt eine Dreieckspyramide mit den Eckpunkten O, A, B und C.
Berechnen Sie den Winkel zwischen den Kanten AB und BC.

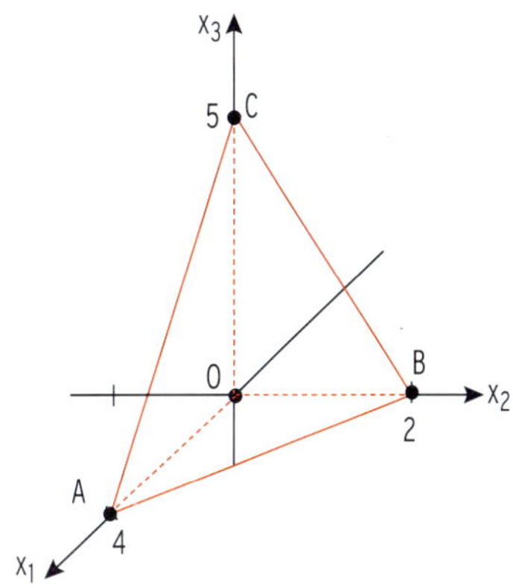

15 Gegeben sind die Vektoren $\vec{a} = \begin{pmatrix} 3 \\ 1 \\ -4 \end{pmatrix}$, $\vec{b} = \begin{pmatrix} 5 \\ -7 \\ 2 \end{pmatrix}$ und $\vec{c} = \begin{pmatrix} 2 \\ 1 \\ 2 \end{pmatrix}$.

a) Zeigen Sie, dass $\vec{a}$ orthogonal zu $\vec{b}$ und nicht orthogonal zu $\vec{c}$ ist.

b) Gegeben ist ein weiterer Vektor $\vec{d} = \begin{pmatrix} -4 \\ 4 \\ d \end{pmatrix}$ mit $d \in \mathbb{R}$.
Zeigen Sie, dass es kein d gibt, sodass der Vektor $\vec{d}$ orthogonal zu $\vec{a}$ und auch orthogonal zu $\vec{b}$ ist.

16 Gegeben sind die Punkte A (− 2|1| −2), B (1| 2| −1) und C (1|1| 4) sowie für eine reelle Zahl d der Punkt D (d|1| 4).

a) Zeigen Sie, dass A, B und C Eckpunkte eines Dreiecks sind.

b) Das Dreieck ABD ist im Punkt B rechtwinklig. Ermitteln Sie den Wert von d.

2.4 Flächen- und Volumenberechnungen

Flächenberechnungen

Zwei Vektoren $\vec{a}$ und $\vec{b}$ spannen ein Parallelogramm auf.

Für den Flächeninhalt dieses Parallelogramms gilt:

$$A = |\vec{a}| \cdot h$$

Mit $\sin\varphi = \frac{h}{|\vec{b}|} \Rightarrow h = |\vec{b}| \sin(\varphi)$

folgt: $A = |\vec{a}| \cdot |\vec{b}| \cdot \sin(\varphi)$

oder $A = |\overrightarrow{AB}| \cdot |\overrightarrow{AD}| \cdot \sin(\varphi)$

mit $\cos(\varphi) = \frac{\vec{a} \cdot \vec{b}}{|\vec{a}| \cdot |\vec{b}|}$

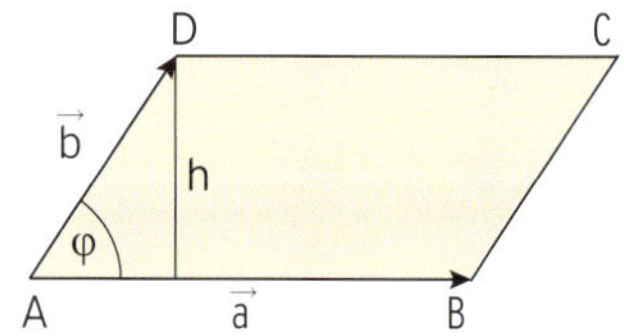

Für den Flächeninhalt eines Dreiecks,

das von den Vektoren $\vec{a}$ und $\vec{b}$ aufgespannt wird,

gilt: $A = \frac{1}{2} \cdot |\vec{a}| \cdot |\vec{b}| \cdot \sin(\varphi)$

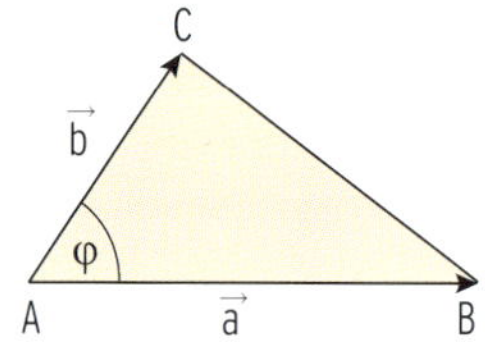

Für den Flächeninhalt eines rechtwinkligen Dreiecks

gilt: $A = \frac{1}{2} \cdot |\vec{a}| \cdot |\vec{b}|$ mit $\vec{a} \cdot \vec{b} = 0$

oder $A = \frac{1}{2} \cdot |\overrightarrow{AB}| \cdot |\overrightarrow{AC}|$

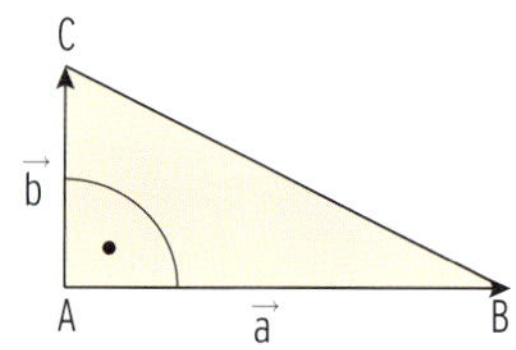

Beispiel 1

➲ Gegeben sind die Punkte A(1 | − 1 | 1), B(4 | 1 | 5) und C(− 1 | 4 | 0).
Zeigen Sie, dass das Dreieck ABC bei A einen rechten Winkel hat und berechnen Sie den Flächeninhalt des Dreiecks

Lösung

$\overrightarrow{AB} = \begin{pmatrix} 3 \\ 2 \\ 4 \end{pmatrix}$ und $|\overrightarrow{AB}| = \sqrt{9 + 4 + 16} = \sqrt{29}$

$\overrightarrow{AC} = \begin{pmatrix} -2 \\ 5 \\ -1 \end{pmatrix}$ und $\overrightarrow{AC} = \sqrt{4 + 25 + 1} = \sqrt{30}$

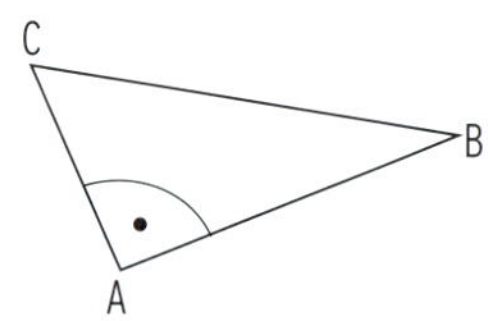

Das Dreieck ABC hat bei A einen rechten Winkel,

wenn $\overrightarrow{AB} \cdot \overrightarrow{AC} = 0$ $\qquad \overrightarrow{AB} \cdot \overrightarrow{AC} = -6 + 10 - 4 = 0$

$\overrightarrow{AB}$ und $\overrightarrow{AC}$ sind orthogonal.

Flächeninhalt $\qquad A = \frac{1}{2} \cdot |\overrightarrow{AB}| \cdot |\overrightarrow{AC}| = \frac{1}{2} \cdot \sqrt{29}\,\sqrt{30} = 14{,}75$

Beispiel 2

Gegeben sind die Punkte A(2 | 2 | 4), B(1 | 2 | − 1), C(5 | 5 | 0) und D(6 | 5 | 5).
Zeigen Sie, dass das Viereck ABCD ein Parallelogramm ist.
Berechnen Sie den Flächeninhalt des Parallelogramms.

Lösung

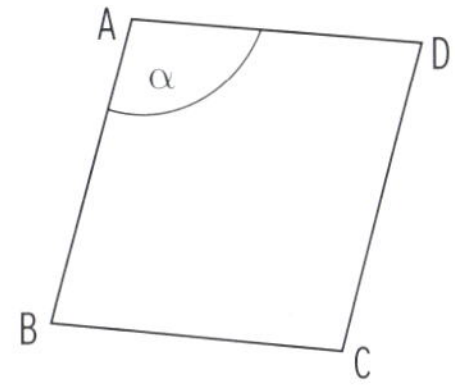

a) $\overrightarrow{AB} = \begin{pmatrix} -1 \\ 0 \\ -5 \end{pmatrix}$

$\overrightarrow{DC} = \begin{pmatrix} -1 \\ 0 \\ -5 \end{pmatrix}$

Das Viereck ABCD ist ein Parallelogramm,

wegen $\overrightarrow{AB} = \overrightarrow{DC}$.

b) Flächeninhalt des Parallelogramms

$\left|\overrightarrow{AD}\right| = \left|\begin{pmatrix} 4 \\ 3 \\ 1 \end{pmatrix}\right| = \sqrt{26}$; $\left|\overrightarrow{AB}\right| = \sqrt{1+25} = \sqrt{26}$

Winkel bei A: $\cos(\alpha) = \frac{\overrightarrow{AB} \cdot \overrightarrow{AD}}{\left|\overrightarrow{AB}\right| \cdot \left|\overrightarrow{AD}\right|} = \frac{\begin{pmatrix} -1 \\ 0 \\ -5 \end{pmatrix} \cdot \begin{pmatrix} 4 \\ 3 \\ 1 \end{pmatrix}}{\sqrt{26} \cdot \sqrt{26}} = -\frac{9}{26}$

$\alpha = 110{,}25°$

in die Flächenformel einsetzen: $A = \left|\overrightarrow{AB}\right| \cdot \left|\overrightarrow{AD}\right| \cdot \sin(\alpha)$

$A = \sqrt{26} \cdot \sqrt{26} \cdot \sin(110{,}25°) \approx 24{,}39$

Hinweis: Das Dreieck ABC hat den Flächeninhalt $A = \frac{1}{2} \cdot \left|\overrightarrow{AB}\right| \cdot \left|\overrightarrow{AD}\right| \cdot \sin(\alpha)$.

Aufgaben

1 Gegeben sind die Punkte A(4 | 0 | 0), B(4 | 6 | 0), C(4 | 6 | 3) und D(4 | 0 | 3).

a) Begründen sie, warum das Viereck ABCD ein Rechteck ist.

b) Zeichnen Sie das Rechteck in ein räumliches Koordinatensystem ein.
Berechnen Sie den Flächeninhalt des Rechtecks.

2 Das Dreieck ABC mit den Punkten A (3 | 3 | 3), B (6 | 7 | 3) und C (2|10 | 3) ist im Punkt B rechtwinklig .

Weisen Sie nach, dass das Dreieck ABC den Flächeninhalt $\frac{25}{2}$ besitzt.

3 Die Punkte A(0 | 4 | 0), B(4 | 4 | − 4) und C(0 | 4 | − 4) bilden ein Dreieck.

Berechnen Sie den Flächeninhalt des Dreiecks ABC.

4 Gegeben sind die Punkte A(3 | 1 | 0), B(1 | 1 | 0) und C(3 | − 1 | 2). Bestimmen Sie die Koordinaten eines Punktes D so, dass das Viereck ABCD ein Parallelogramm ist. Berechnen Sie den Flächeninhalt dieses Parallelogramms.
Geben Sie einen weiteren Punkt P an, sodass A, B, C und P die Eckpunkte eines Parallelogramms sind.

5 Die Punkte A(1 | − 4 | 3), B(2 | 4 | − 2) und C(− 1 | 4 | 1) sind die Eckpunkte eines Dreiecks. Zeigen Sie, dass das Dreieck einen rechten Winkel besitzt und berechnen Sie den Flächeninhalt des Dreiecks. Berechnen Sie die beiden nicht rechtwinkligen Innenwinkel.

6 Ein Turm auf einem Spielplatz besteht aus vier 4,50 m langen, vertikal stehenden Pfosten, vier horizontalen Balken und einem Dach in Form einer geraden Pyramide. Die Abbildung zeigt den Turm schematisch. Die Dicke der Bauteile des Turms soll vernachlässigt werden. In einem kartesischen Koordinatensystem können die Enden der Pfosten für einen Wert von z mit $z \in \mathbb{R}$ modellhaft durch die Punkte A (2| − 3 | z), B, C und D (− 3 | − 2| z) sowie E (2| − 3 | 4), F (3 | 2| 4), G (− 2| 3 | 4) und H dargestellt werden, die Spitze des Dachs durch den Punkt S (0 | 0 | 5). Dabei beschreibt die $x_1 x_2$-Ebene den Untergrund; eine Längeneinheit im Koordinatensystem entspricht 1 m in der Wirklichkeit.

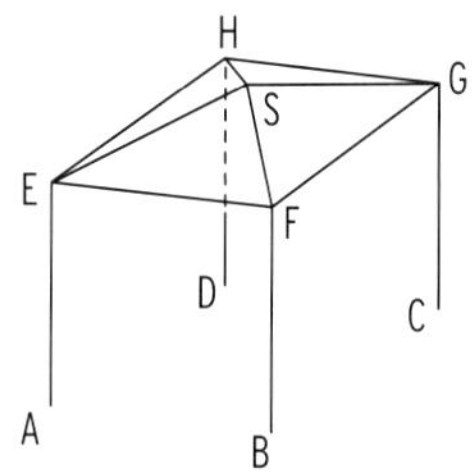

a) Geben Sie an, wie tief die Pfosten in den Untergrund hineinreichen.

b) Geben Sie die Koordinaten des Punkts H an. Weisen Sie nach, dass das Viereck EFGH ein Quadrat ist.

c) Berechnen Sie die Dachfläche.

7 An einem Haus ist ein dreieckiges Sonnensegel befestigt (siehe Abbildung). Die Ecken des Sonnensegels sind die Punkte A(2|7|8), B(1|2|9) und C(9|1|6) bezüglich eines Koordinatensystems mit der Längeneinheit 1 m.

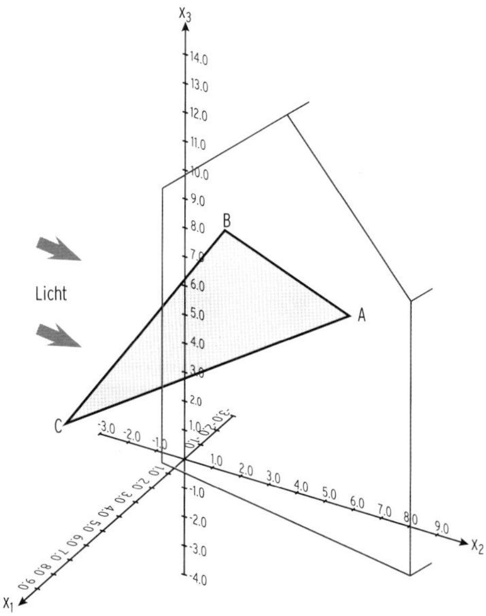

a) Berechnen Sie den Winkel des Sonnensegels bei C und den Flächeninhalt des Sonnensegels.

b) Untersuchen Sie ob, ein Lichtstrahl mit dem Richtungsvektor $\begin{pmatrix} -16 \\ -5 \\ -41 \end{pmatrix}$ senkrecht auf das Sonnensegel trifft.

Volumenberechnung

Senkrechtes Prisma

(Die Grundfläche G ist hier ein Viereck oder ein Dreieck, das von den Vektoren $\vec{a}$ und $\vec{b}$ aufgespannt wird; $\vec{c} \perp G$.) Für das **Volumen** eines senkrechten Prismas gilt: $V_{Pr} = G \cdot |\vec{c}|$

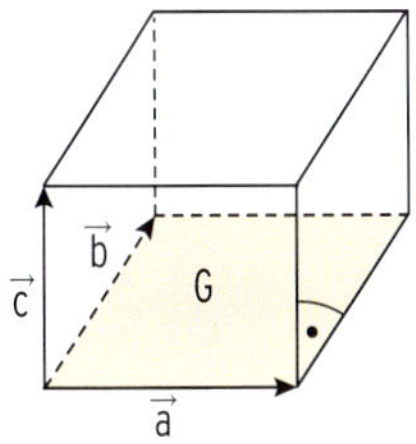

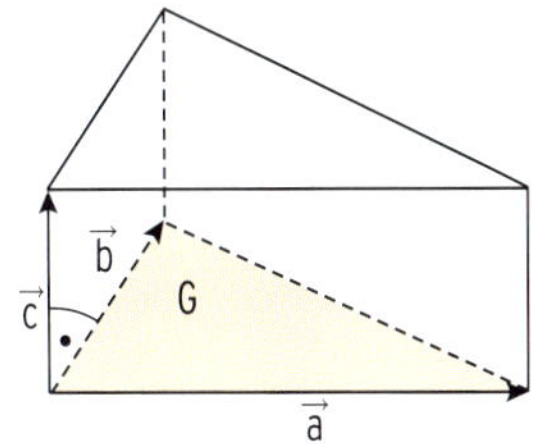

Pyramide

(Die Grundfläche G ist hier ein Dreieck oder ein Viereck; $\vec{c} \perp G$.)

Für das Volumen einer Pyramide gilt: $V_{Py} = \frac{1}{3} \cdot G \cdot |\vec{c}|$

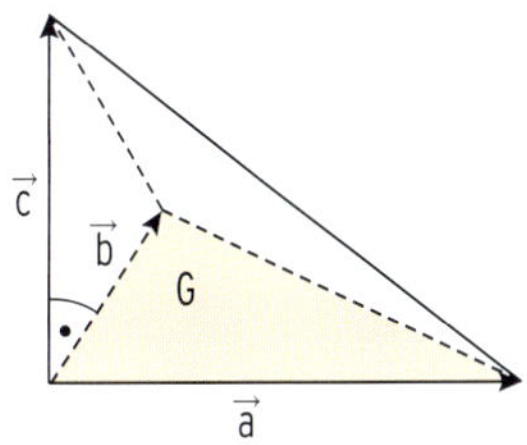

dreiseitige Pyramide

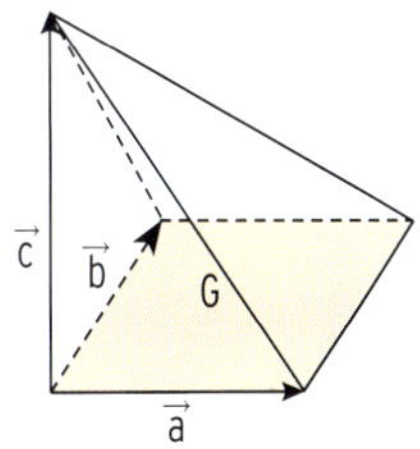

vierseitige Pyramide

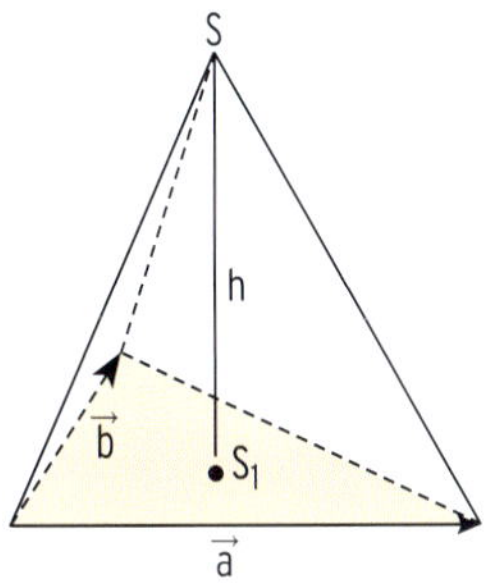

$V_{Py} = \frac{1}{3} \cdot G \cdot |\overrightarrow{S_1S}|$

Der Vektor $\overrightarrow{S_1S}$ steht senkrecht auf $\vec{a}$ und $\vec{b}$.

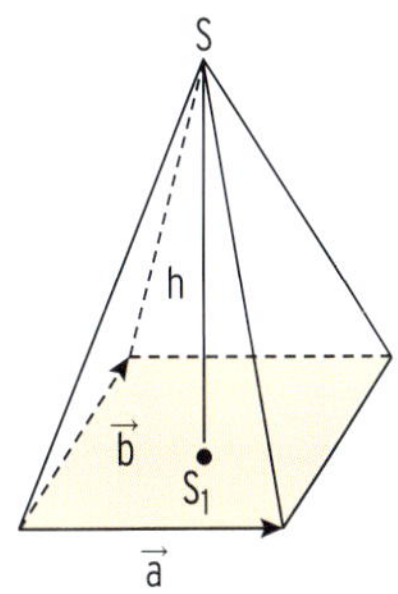

Beispiel 1

➲ Berechnen Sie das Volumen der Pyramide OABC.

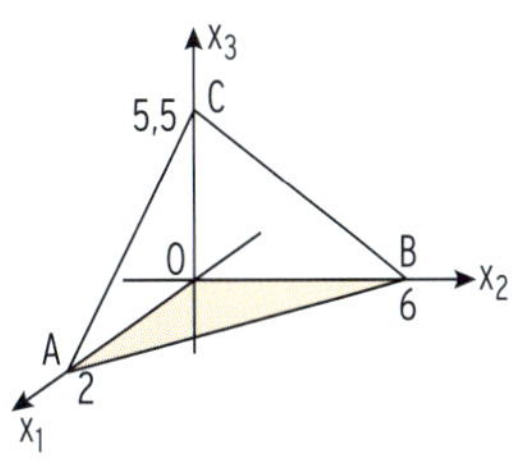

Lösung

Das Dreieck OAB hat bei O einen rechten Winkel, Grundfläche $G = \frac{1}{2} \cdot 2 \cdot 6 = 6$

Volumen $V = \frac{1}{3} \cdot G \cdot h$ mit $h = 5{,}5$

$V = \frac{1}{3} \cdot 6 \cdot 5{,}5 = 11$

Beispiel 2

Gegeben sind die Punkte A(2 | 2 | 0), B(4 | 8 | 0) und S(6 | 4 | 6,5).
Der Punkt S_1 ist die senkrechte Projektion von S auf die x_1x_2-Ebene.

a) Das Dreieck AS_1B und der Punkt S bilden eine Pyramide. Zeichnen Sie die Pyramide als Schrägbild in ein räumliches Koordinatensystem ein.

b) Zeigen Sie: Das Dreieck AS_1B ist rechtwinklig und gleichschenklig.

c) Berechnen Sie das Volumen der Pyramide AS_1BS.

Lösung

a)

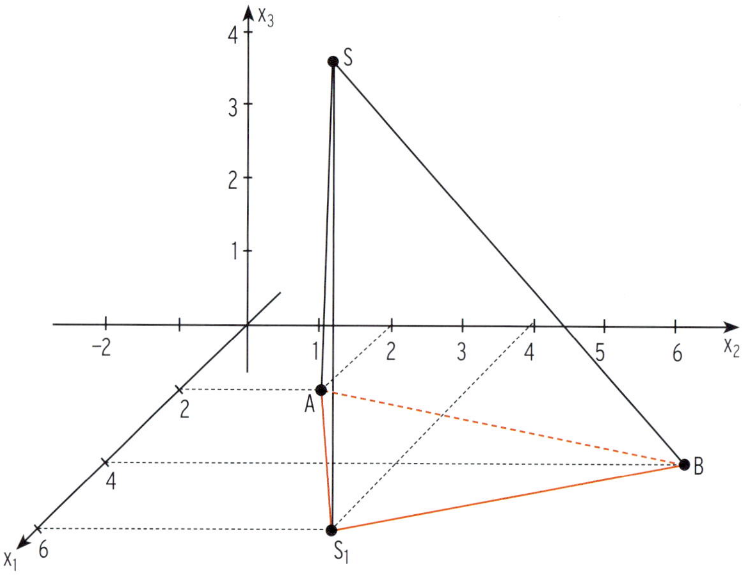

b) Senkrechte Projektion von S auf die x_1x_2-Ebene: $x_3 = 0$ $S_1(6 \mid 4 \mid 0)$

$\overrightarrow{AS_1} = \begin{pmatrix} 4 \\ 2 \\ 0 \end{pmatrix}$; $\overrightarrow{S_1B} = \begin{pmatrix} -2 \\ 4 \\ 0 \end{pmatrix}$; $\overrightarrow{AB} = \begin{pmatrix} 2 \\ 6 \\ 0 \end{pmatrix}$

Das Dreieck AS_1B ist rechtwinklig, denn $\overrightarrow{AS_1} \cdot \overrightarrow{S_1B} = 0$

Wegen $\left|\overrightarrow{AS_1}\right| = \left|\overrightarrow{S_1B}\right| = \sqrt{16+4} = \sqrt{20}$

ist das Dreieck AS_1B gleichschenklig.

c) Flächeninhalt des Dreiecks AS_1B: $G = \frac{1}{2} \cdot \left|\overrightarrow{AS_1}\right| \cdot \left|\overrightarrow{S_1B}\right|$

$G = \frac{1}{2}\sqrt{20}\,\sqrt{20} = 10$

Für die Höhe der Pyramide AS_1BS gilt: $h = \left|\overrightarrow{S_1S}\right| = \left|\begin{pmatrix} 0 \\ 0 \\ 6{,}5 \end{pmatrix}\right| = 6{,}5$

Volumen der Pyramide: $V = \frac{1}{3}\,G \cdot h$

Mit G = 10 und h = 6,5 $V = \frac{1}{3} \cdot 10 \cdot 6{,}5 \approx 21{,}67$

Aufgaben

1 Die Punkte A(0 | 2 | 0), B(2 | 2 | − 2) und C(0 | 2 | − 2) bilden ein Dreieck.

a) Berechnen Sie den Flächeninhalt des Dreiecks ABC.

b) Das Dreieck ABC und der Punkt D(0 | 5 | − 1) bilden eine Pyramide.
Zeichnen Sie die Pyramide als Schrägbild in ein räumliches Koordinatensystem ein.
(x_2-und x_3-Achse mit 1 LE= 1 cm; x_1-Achse mit dem Schrägwinkel 45 ° und 1 LE = $\frac{1}{2}\sqrt{2}$ cm.)

c) Berechnen Sie den Rauminhalt der Pyramide.

d) Bestimmen Sie einen Punkt S auf der x_2-Achse, der mit den Punkten A, B und C eine Pyramide mit dem gleichen Volumen bildet.
Es gibt keinen solchen Punkt auf der x_1-Achse. Begründen Sie diese Aussage.

2 Die Grundfläche eines Spielplatzes liegt in der x_1x_2-Ebene. Auf ihm steht eine innen begehbare, senkrechte Pyramide aus Holz mit den Eckpunkten A(3 | 8 | 0), B(12 | 11| 0), C(9|20|0), D(0|17|0) und der Spitze S(6|14|10).
Paralleles Sonnenlicht fällt in Richtung $\begin{pmatrix} 0 \\ -4 \\ -3 \end{pmatrix}$ auf den Spielplatz.

a) Der Schatten der Pyramidenspitze fällt auf den Punkt S´(6 | $\frac{2}{3}$ |0). Überprüfen Sie.

b) Zeigen Sie: Die Pyramide hat eine quadratische Grundfläche.
Berechnen Sie den umbauten Raum.

c) Zum Bau werden zuerst die Seitenflächen der Pyramide vorbereitet. Berechnen Sie dazu die Länge einer Pyramidenkante und den Winkel α zwischen zwei Pyramidenkanten bei S.

3 Ein Zelt hat die Form eines senkrechten Primas, sein Boden ist rechteckig (vgl. Abb. 1).
Gegeben sind vier seiner Eckpunkte:
$P_1(2 \mid -1 \mid 0)$; $P_2(2 \mid 1 \mid 0)$; $P_3(2 \mid 0 \mid 3)$ und $P_5(-3 \mid 1 \mid 0)$. Alle Längen sind in der Einheit Meter angegeben.

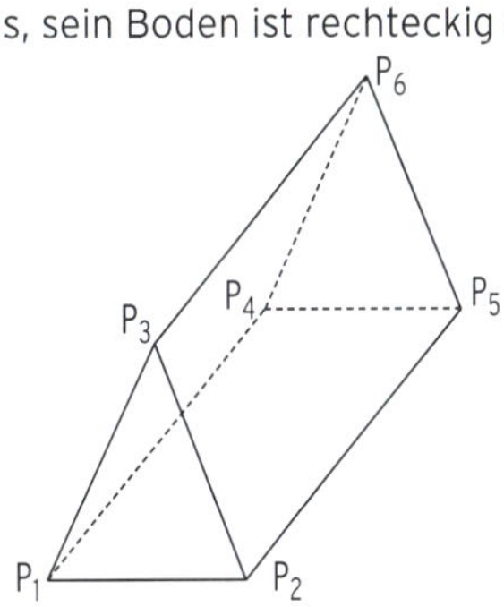

Abb. 1

a) Bestimmen Sie die Koordinaten der restlichen Eckpunkte.

b) Zeigen Sie, dass das Dreieck $P_1 P_2 P_3$ gleichschenklig ist.

c) Bestimmen Sie das Volumen des Zeltes.

4 Berechnen Sie das Volumen und die Oberfläche der Pyramide (vgl. Abb. 2).

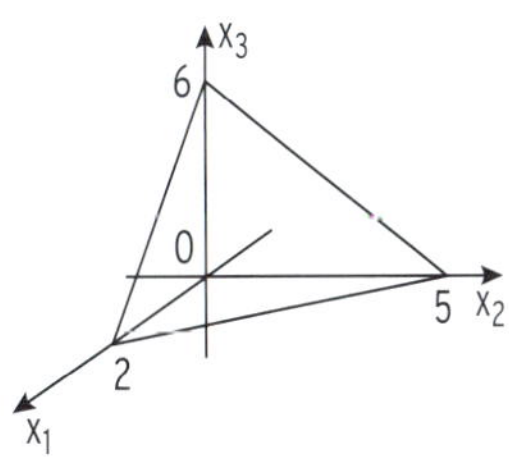

Abb. 2

Test zur Überprüfung Ihrer Grundkenntnisse

1 Gegeben sind die Vektoren $\vec{a} = \begin{pmatrix} 1 \\ -2 \\ 1 \end{pmatrix}$ und $\vec{b} = \begin{pmatrix} 0 \\ 1 \\ 4 \end{pmatrix}$. Berechnen Sie.

a) $-\vec{a} + 3\vec{b}$
b) $\vec{a} \cdot \vec{b}$
c) $|\vec{a}|$
d) Winkel zwischen $\vec{a}$ und $\vec{b}$

2 Die Punkte A(2|− 4| 1) und B(0|3| − 5) liegen im Anschauungsraum.

a) Geben Sie den Ortsvektor von A an. Bestimmen Sie den Vektor $\overrightarrow{AB}$.

b) Gegeben ist der Punkt D(1|0| 2). Bestimmen Sie einen Punkt C, sodass $\overrightarrow{AB} = \overrightarrow{CD}$. Bestimmen Sie einen Punkt E so, dass $\overrightarrow{AB} = \overrightarrow{DE}$.

3 Im abgebildeten Sechseck ABCDEF sind jeweils zwei Seiten parallel zueinander.

a) Stellen Sie die Vektoren $\vec{x}$ und $\vec{y}$ jeweils mithilfe der Eckpunkte des Sechsecks dar:

$\vec{x} = \vec{b} + \vec{c} + \vec{d}$

$\vec{y} = \vec{a} + \vec{c}$

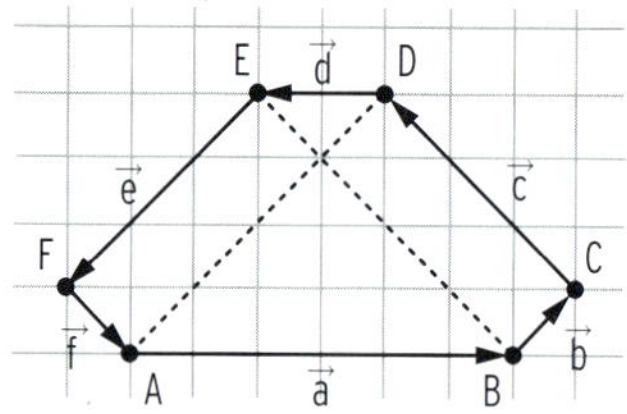

b) Stellen Sie den Vektor $\overrightarrow{FB}$ mithilfe von drei der Vektoren $\vec{a}$, b, $\vec{c}$, $\vec{d}$, $\vec{e}$ und $\vec{f}$ dar.

c) Der Punkt A hat in einem kartesischen Koordinatensystem die Koordinaten $x_1 = 6$, $x_2 = 2$ und $x_3 = -4$. Der Mittelpunkt der Strecke AB wird mit M bezeichnet. Der Punkt K(2|0|8) ist der Mittelpunkt der Strecke AM. Ermitteln Sie die Koordinaten von B.

4 Für ein Computerspiel werden ein Beachvolleyballfeld (Spielfeld, Netz und Tribüne) vereinfacht, aber maßstabsgetreu in einem kartesischen Koordinatensystem dargestellt (vgl. Abbildung). Eine Längeneinheit im Koordinatensystem entspricht 1 m in der Realität; die x_1x_2-Ebene beschreibt den Sandboden.
Die Tribüne wird durch ein Viereck mit den Eckpunkte G(− 4 | 0 | 0), H(−4 |16 | 0), I(−10 | 20 | 4) und J(−10 | − 4 | 4) dargestellt.

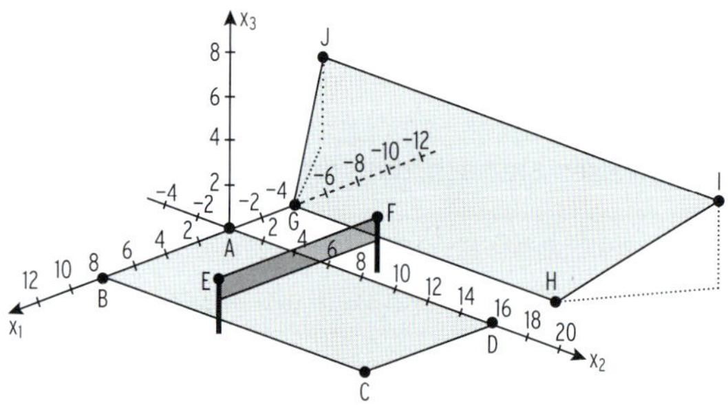

a) Zeigen Sie, dass die Tribüne die Form eines Trapezes hat, in dem zwei gegenüberliegende Seiten gleich lang sind.

b) In der Realität nimmt man an, dass pro Person 0,5 m² der Tribüne eingenommen werden. Ermitteln Sie die Anzahl der Zuschauer, die im Computerspiel dargestellt werden müssen, um eine voll besetzte Tribüne zu zeigen.

5 Die Punkte P(6| 6| 3), A(0| 8| 3) und Q(0| 0| 3) sind Eckpunkte einer massiven dreiseitigen Pyramide mit der Spitze S(4| 6| 10). Berechnen Sie das Volumen.

3 Prüfungsvorbereitung – Analytische Geometrie

• Ohne Hilfsmittel

1 Gegeben sind die Punkte $A(6|\,2|-4)$ und $K(2|\,0|-1)$.

1.1 Der Punkt M ist der Mittelpunkt der Strecke AB und der Punkt K ist der Mittelpunkt der Strecke AM. Bestimmen Sie die Koordinaten des Punktes B.

1.2 Geben Sie die Koordinaten eines Punktes C an, sodass $\overrightarrow{AC}$ orthogonal zu $\overrightarrow{AK}$ ist.

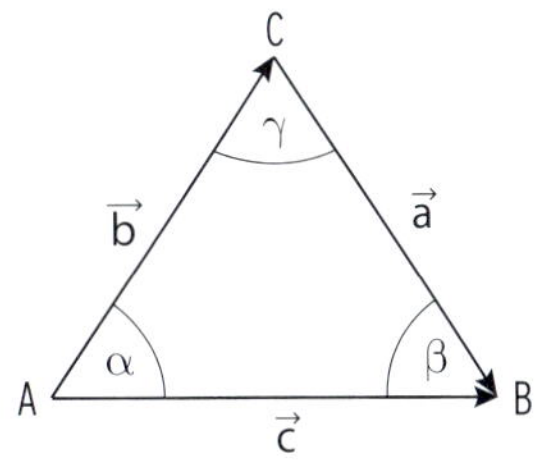

2 Gegeben ist das Dreieck ABC mit den Eckpunkten $A(6|\,2|-4)$, B und C sowie mit den Vektoren $\vec{a} = \begin{pmatrix} 2 \\ -4 \\ k \end{pmatrix}$ $(k \in \mathbb{R})$, $\vec{b} = \begin{pmatrix} -2 \\ 8 \\ 6 \end{pmatrix}$ und $\vec{c}$.

2.1 Geben Sie den Wert für den Parameter k so an, dass $\gamma = 90°$ ist.

2.2 Der Punkt P sei gegeben durch die Bedingung $\overrightarrow{OP} = \overrightarrow{OA} + \frac{1}{2}\vec{b} + \frac{1}{4}\vec{c}$. Begründen Sie, warum P im Inneren des Dreiecks ABC liegt.

3 Gegeben ist eine Pyramide mit der Grundfläche ABC und der Spitze S. In einem kartesischen Koordinatensystem haben die Eckpunkte die Koordinaten $A(5|\,1|\,3)$, $B(9|\,4|\,3)$, $C(8|-3|\,3)$ und $S(1|\,5|-1)$.

3.1 Weisen Sie nach, dass die Grundfläche ABC ein gleichschenkliges und rechtwinkliges Dreieck ist.

3.2 Geben Sie die spezielle Lage der Grundfläche ABC im Koordinatensystem sowie die Höhe h der Pyramide an. Bestimmen Sie das Volumen.

4 Die Vektoren $\vec{a} = \begin{pmatrix} 0 \\ 2 \\ 0 \end{pmatrix}$ und $\vec{b} = \begin{pmatrix} -3 \\ 2 \\ 4 \end{pmatrix}$ spannen ein Parallelogramm auf.

Zeigen Sie, dass die Vektoren $\vec{b} - \vec{a}$ und $\vec{a}$ zueinander orthogonal sind.

Berechnen Sie den Flächeninhalt des Parallelogramms.

• Mit Hilfsmittel GTR/CAS

1 Ein Sandkasten, dessen obere Kanten das Quadrat ABCD bilden, soll als Schutz vor Verschmutzung einen Holzdeckel in Form einer senkrechten Pyramide mit der Spitze S erhalten (siehe Skizze). (1 LE = 1 dm)

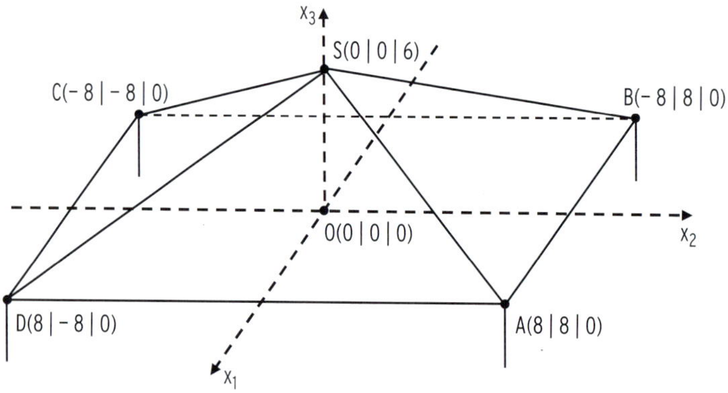

1.1 Berechnen Sie den Winkel zwischen den Kanten AS und BS.

1.2 Berechnen Sie, wie viel Quadratmeter Holz für den Bau des Deckels benötigt werden.

Der entstehende Abfall sowie Verbindungselemente bleiben unberücksichtigt.

2 Gegeben sind die Punkte A(8| 0| 2), B(2| 0| 2), C(2| 2| 8) und D(8| 2| 8).

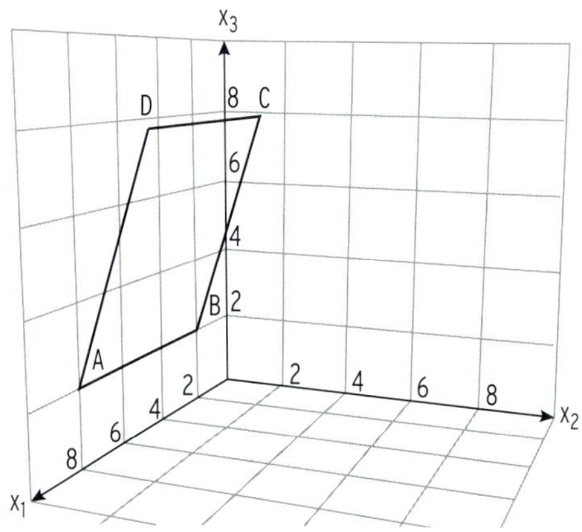

2.1 Zeigen Sie, dass das Viereck ABCD ein Rechteck ist.

2.2 Das Rechteck ABCD modelliert eine zum Lüften in den Innenraum um die Achse AB gekippte Fensterscheibe. Im geschlossenen Zustand liegt diese Fensterscheibe in der x_1x_3-Ebene. Der Koordinatenursprung liegt in einer unteren Ecke des zugehörigen Zimmers.

2.2.1 Berechnen Sie, um welchen Winkel die Fensterscheibe gekippt wurde.

2.2.2 Bestimmen Sie die Koordinaten der oberen Eckpunkte der Fensterscheibe, wenn sie geschlossen ist.

Anhang

1 Lösungen der Tests

Test zur Überprüfung Ihrer Grundkenntnisse
Lehrbuch Seite 29

1

a) $e^{x-4} = 2 \Leftrightarrow x - 4 = \ln(2) \Leftrightarrow x = 4 + \ln(2)$

b) $e^x = 2e^{-x} \quad |\cdot e^x$

$e^{2x} = 2 \Leftrightarrow 2x = \ln(2) \Leftrightarrow x = \frac{1}{2}\ln(2)$

c) $\left(2 + \frac{3}{2}x\right)e^{x+1} = 0 \Leftrightarrow 2 + \frac{3}{2}x = 0 \Leftrightarrow x = -\frac{4}{3}$

2

a) $g(x) = a e^{-x} + b$

Punktprobe mit A(0|4):	$a + b = 4$
Punktprobe mit B(1|2):	$a e^{-1} + b = 2$
GTR/CAS:	$a \approx 3{,}16$
	$b \approx 0{,}84$

b) $f(x) = a e^{kx} + b$; Asymptote: $y = 2$, also $b = 2$; für $x \to -\infty$; damit $k > 0$

Punktprobe mit A(0|1,5):	$a + 2 = 1{,}5$
	$a = -0{,}5$

3 Gleichsetzen: $f(x) = g(x)$

$-2e^{-x} + 4 = 2e^x \quad |\cdot e^x$

$-2 + 4e^x - 2e^{2x} = 0 \quad |:(-2)$

$1 - 2e^x + e^{2x} = 0$ (Lösung mit Substitution)

oder als binomische Formel $(1 - e^x)^2 = 0$

$1 - e^x = 0$ für $x = 0$ (doppelte Schnittstelle)

Die Graphen von f und von g berühren sich.

4 Der Graph von f mit $f(x) = (3 - x)e^x$ schneidet die Abszissenachse in 3.
Der Graph von f wird um 2 nach rechts verschoben und mit Faktor 2 in Ordinatenrichtung gestreckt, also schneidet der Graph von g die Abszissenachse in 5.
Eine Streckung in Ordinatenrichtung verändert die Nullstelle nicht.

5 $f(x) = -\frac{1}{2}e^x + 3$

a) Der Graph von f hat eine waagrechte Asymptote mit $y = 3$ für $x \to -\infty$
$S_y(0|2,5)$

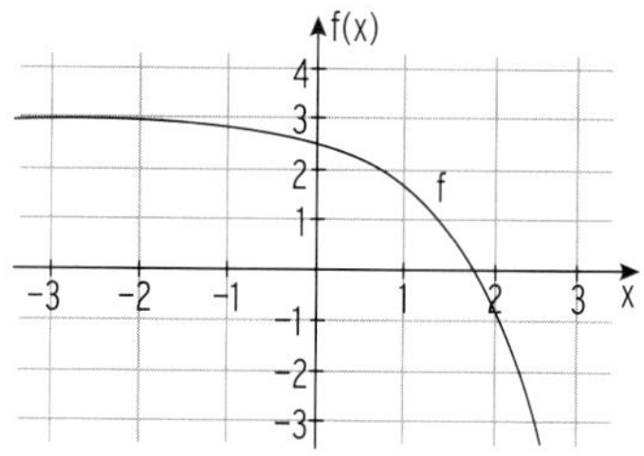

Der Graph von f verläuft unterhalb der Abszissenachse:
Nullstelle von f

Bedingung: $f(x) = 0$ $\quad -\frac{1}{2}e^x + 3 = 0 \quad | \cdot (-2)$

$$e^x - 6 = 0$$
$$e^x = 6$$

Logarithmieren: $\quad x = \ln(6)$

Der Graph von f verläuft unterhalb der Abszissenachse für $x > \ln(6)$.

Intervall: $\quad (\ln(6); \infty)$

b) $f(2) = -\frac{1}{2}e^2 + 3 \approx -0,69$

Der Graph von f muss um $-\left(-\frac{1}{2}e^2 + 3\right) \approx 0,69$ in Ordinatenrichtung verschoben werden.

Funktionsterm: $g(x) = -\frac{1}{2}e^x + \frac{1}{2}e^2$

6 Höchstpreis: $p_N(0) = 5,8$
Marktgleichgewicht MG(2,40 | 3,23)

Die Nachfrage nach den Fanartikeln entsteht zu einem Preis von unter 5,8 GE/ME.
Bei einer Nachfrage von 2,40 ME und einem Preis von 3,23 GE/ME stimmen Angebot und Nachfrage überein.

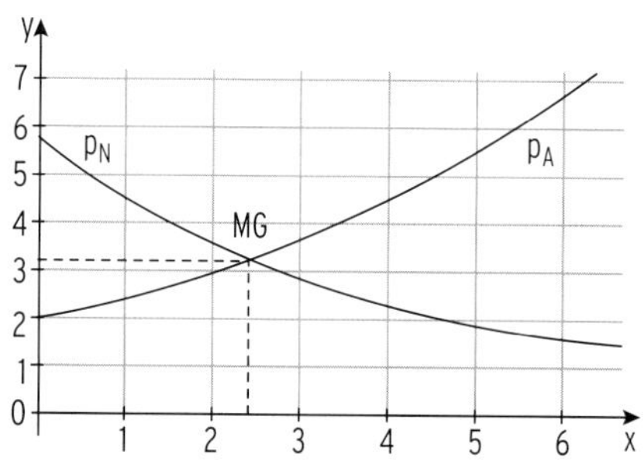

Test zur Überprüfung Ihrer Grundkenntnisse
Lehrbuch Seite 55

1

a) $f'(x) = (2 + 2x)e^{x-4}$ b) $f'(x) = 3 + \frac{8}{3}e^{-4x}$ c) $f'(x) = (2{,}5 - 1{,}5x)e^{-0{,}5x}$

2 $f(x) = (x - 2)e^x$; $f'(x) = (x - 1)e^x$

$m = f'(2) = e^2$

Tangentengleichung: $y = e^2x - 2e^2$

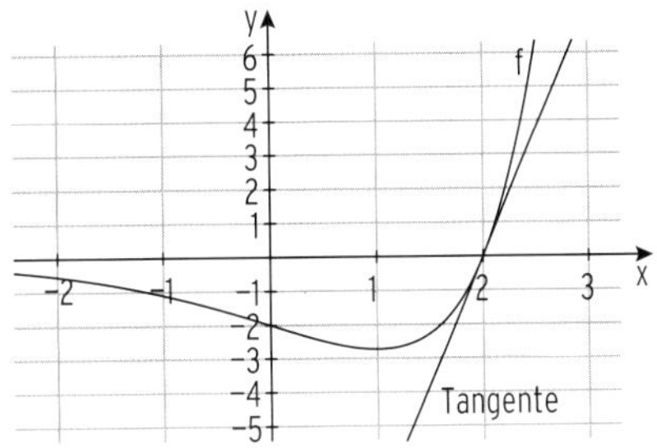

3 $p_N(x) = (4 - 0{,}5x)e^{2-\frac{x}{4}}$; $p_N'(x) = \frac{1}{8}(x - 12)e^{2-\frac{x}{4}}$; $p_N''(x) = \frac{1}{32}(16 - x)e^{2-\frac{x}{4}}$

Ökonomisch sinnvoller Definitionsbereich:

Bedingung: $p_N(x) = 0$ $x = 8$

$D_{ök} = [0; 8]$

$p_N''(x) > 0$ für $x \in [0; 8]$, damit ist das Schaubild von p_N linksgekrümmt.

4 $f(t) = (t + 6)e^{-0{,}4t}$; $f'(t) = (-0{,}4t - 1{,}4)e^{-0{,}4t}$; $f''(t) = (0{,}16t + 0{,}16)e^{-0{,}4t}$; $t \geq 0$

a) $f'(3) = -0{,}78$

Die Masse nimmt nach 3 Minuten um 0,78 g/Minute ab.

b) Die Masse nimmt in der Wendestelle am stärksten ab.

$f''(t) = 0$ für $t = -1 < 0$

f hat keine Wendestelle ($t \geq 0$).

$f''(0) = 0{,}16 > 0$ Der Graph von f ist linksgekrümmt.

Die Masse nimmt am Anfang am stärksten ab.

$f'(0) = -1{,}4$

Die Masse nimmt am Anfang um 1,4 g/Minute ab.

5 Wachstumsgleichung $f(t) = 6{,}8 \cdot 1{,}018^t = 6{,}8\,e^{0{,}0178\,t}$

$t = 0$ entspricht 01.01.2009; $f(t)$ in Milliarden

Ansatz: $f(t) = 10$ $\quad 6{,}8 \cdot 1{,}018^t = 6{,}8\,e^{0{,}0178\,t} = 0$

Lösung der Gleichung: $\quad t \approx 21{,}666$

Etwa im August 2030 überschreitet die Erdbevölkerung die 10-Milliarden-Grenze.

Die Vereinten Nationen gehen von einem geringeren Wachstum als 1,8 % aus.

Momentane Änderungsrate von f im Jahr 2030: $f'(21) = 0{,}176$

Die Erdbevölkerung nimmt im Jahr 2030 um ca. 176 Millionen pro Jahr zu.

6 $a(t) = 2t^2e^{-0{,}5t}$; $a'(t) = (4t - t^2)\,e^{-0{,}5t}$; $a''(t) = (4 - 4t + 0{,}5t^2)\,e^{-0{,}5t}$

Bedingung: $a''(t) = 0$ $\quad (4 - 4t + 0{,}5t^2)\,e^{-0{,}5t} = 0$

Lösung der Gleichung: $\quad t_1 \approx 1{,}17$; $t_2 \approx 6{,}83$

Mithilfe der Skizze:
In $t_2 = 6{,}83$ ist der Absatzrückgang maximal.

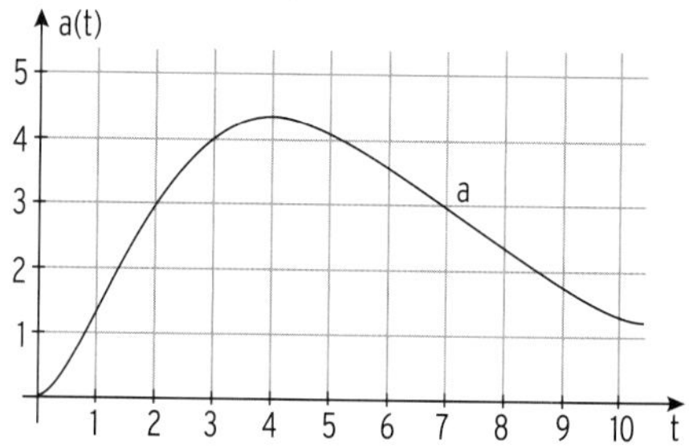

Absatzrückgang in $t = 6{,}83$: $\quad a'(6{,}83) = -0{,}63$

Absatz in $t = 6{,}83$: $\quad a(6{,}83) = 3{,}07$

Hinweis: In $t_1 = 1{,}17$ ist die Absatzzunahme maximal.

Test zur Überprüfung Ihrer Grundkenntnisse
Lehrbuch Seite 78

1

a) $f(x) = 4 + \frac{1}{x}$

$D_{max} = \mathbb{R}\setminus\{0\}$

waagrechte Asymptote: $y = 4$

senkrechte Asymptote: $x = 0$

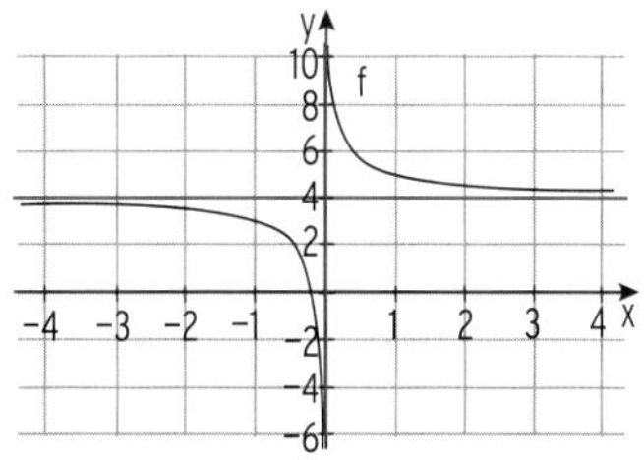

b) $f(x) = \frac{1}{x - 5}$

$D_{max} = \mathbb{R}\setminus\{5\}$

waagrechte Asymptote: $y = 0$

senkrechte Asymptote: $x = 5$

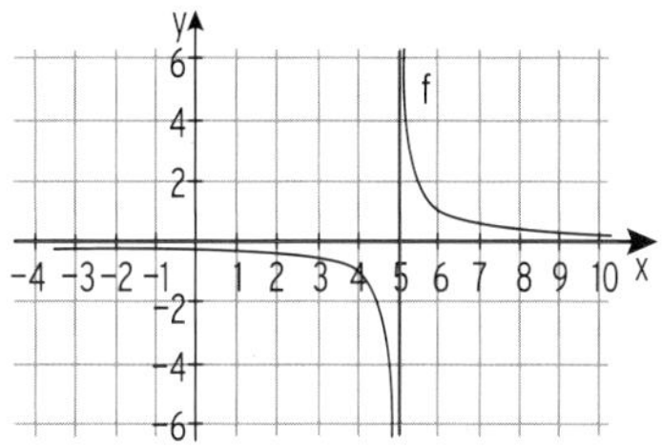

c) $f(x) = \frac{2 - 4x}{x} = \frac{2}{x} - 4$

$D_{max} = \mathbb{R}\setminus\{0\}$

waagrechte Asymptote: $y = -4$

senkrechte Asymptote: $x = 0$

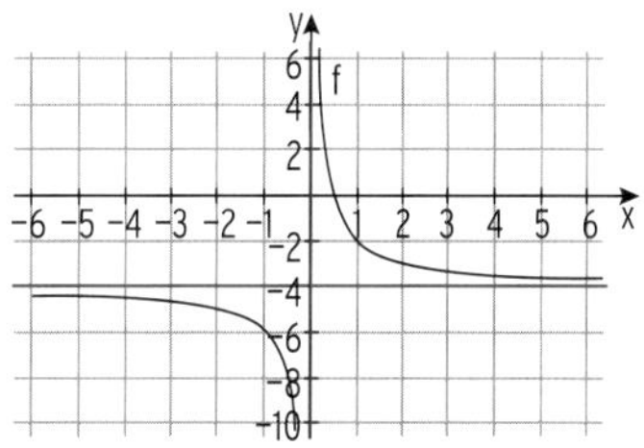

2 Der Graph hat die senkrechte Asymptote $x = 2$ und die waagrechte Asymptote $y = 3$ und verläuft durch den Punkt $P(0 \mid 2)$. Der Graph der Funktion g hat diese Eigenschaften.

3 Isoquante $I_{200}(x) = \frac{12}{x - 1} + 3$

a) $48 = 3x + 4y \Rightarrow$ Gleichung der Isokostengeraden $y = I_{K_{48}}(x) = -\frac{3}{4}x + 12$

b) $I_{200}'(x) = -\frac{12}{(x - 1)^2} = -\frac{3}{4}$ für $x = 5$; Berührpunkt $(5 \mid 6)$

Gleichung der kostenminimalen Isokostengeraden: $y = -\frac{3}{4}x + 9{,}75$

Zugehörige minimale Kosten: $K = 3 \cdot 5 + 4 \cdot 6 = 39$

4 $K(x) = \frac{1}{6}x^3 - 2x^2 + 14x + 12$

a) $k \rightarrow B$; $k_v \rightarrow A$

k hat die Polstelle $x_1 = 0$.

Das Schaubild von k hat die Ordinatenachse als senkrechte Asymptote.

Das Schaubild von k_v ist eine Parabel.

b) $k(x) = \frac{1}{6}x^2 - 2x + 14 + \frac{12}{x}$ $\qquad k_v(x) = \frac{1}{6}x^2 - 2x + 14$

c) $k'(x) = \frac{1}{3}x - 2 - \frac{12}{x^2}$

$k(6) = \frac{1}{6} \cdot 6^2 - 2 \cdot 6 + 14 + \frac{12}{6} = 10$

$k'(6) = -0{,}33$; $k'(6{,}5) = -0{,}12$; $k'(7) = 0{,}09 > 0$

Die minimalen Stückkosten werden zwischen 6,5 und 7 ME angenommen.

5

a) Marktgleichgewicht: $p_A(x) = p_N(x)$

Gleichgewichtsmenge: $x_1 = x_G \approx 3{,}83$

Gleichgewichtspreis: $p_A(3{,}83) = p_N(3{,}83) = 126{,}62$

Marktgleichgewicht: MG(3,83 | 126,62)

b) Preiselastizitätsfunktion der Nachfrage $e_N(x) = \frac{p_N(x)}{x} \cdot \frac{1}{p_N'(x)} = \frac{200 - 5x^2}{-10x^2}$

grafische Darstellung:

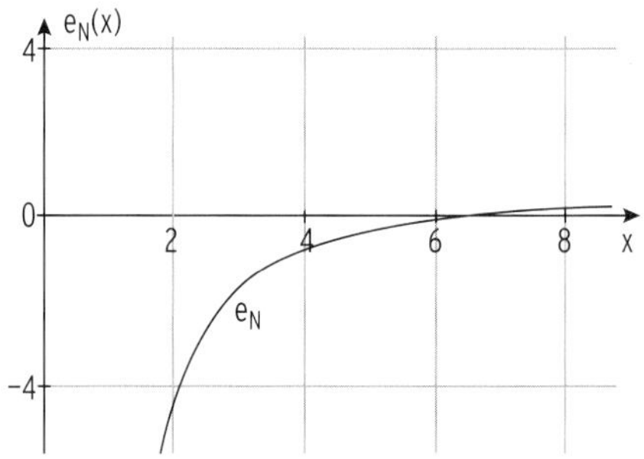

c) Preiselastizitätsfunktion des Angebots:

$e_A(x) = \frac{p_A(x)}{x} \cdot \frac{1}{p_A'(x)} = \frac{20x + 50}{20x} > 1$

Das Angebot ist für $x > 0$ elastisch .

d) Elastizität von Angebot und Nachfrage

im Marktgleichgewicht:

$e_N(3{,}83) = -0{,}86$; $e_A(3{,}83) = 1{,}65 > 1$

Das Angebot im Marktgleichgewicht ist elastisch.

Die Nachfrage im Marktgleichgewicht ist unelastisch.

Test zur Überprüfung Ihrer Grundkenntnisse
Lehrbuch Seite 134

1 Stammfunktion von f

a) $f(x) = \frac{1}{7}(x^3 + 3x^2 + 4)$; $F(x) = \frac{1}{7}\left(\frac{1}{4}x^4 + x^3 + 4x\right) + c$

b) $f(x) = -\frac{3}{2}x + 4e^{1-2x}$; $F(x) = -\frac{3}{4}x^2 - 2e^{1-2x} + c$

2 Stammfunktion F von f mit $f(x) = \frac{1}{2}(x + 5x^3)$ und $F(0) = 3$

$F(x) = \frac{1}{2}(\frac{1}{2}x^2 + \frac{5}{4}x^4) + c$

$F(0) = c = 3$

und damit $F(x) = \frac{1}{2}(\frac{1}{2}x^2 + \frac{5}{4}x^4) + 3 = \frac{1}{4}x^2 + \frac{5}{8}x^4 + 3$

3 $F(x) = (2x - 1)e^{-0,5x} + 6$

$F'(x) = 2e^{-0,5x} + (2x - 1) \cdot (-0,5)e^{-0,5x} = (\frac{5}{2} - x)e^{-0,5x} = f(x)$

4 $f(x) = -0,25(x - 1)(x - 2) = -0,25(x^2 - 3x + 2) = -\frac{1}{4}x^2 + \frac{3}{4}x - \frac{1}{2}$

Zwei Flächenstücke:

$\int_0^1 f(x)\,dx = \left[-\frac{1}{12}x^3 + \frac{3}{8}x^2 - \frac{1}{2}x\right]_0^1 = -0,21$

$\int_1^2 f(x)\,dx = 0,04$

Gesamtinhalt $A = 0,21 + 0,04 = 0,25$

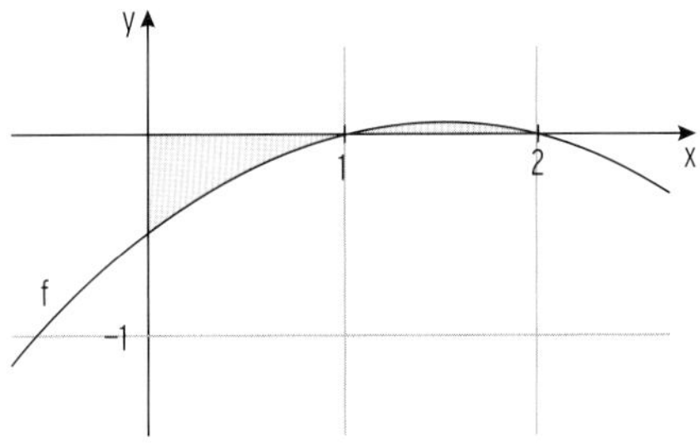

5 $f(x) = \frac{1}{4}x^2 + 4$

Gleichung der Tangente an den Graphen von f in $x = 2$: $y = x + 3$

Inhalt der Fläche: $\int_0^2 (f(x) - (x + 3))\,dx = \frac{2}{3}$

$A = \frac{2}{3}$

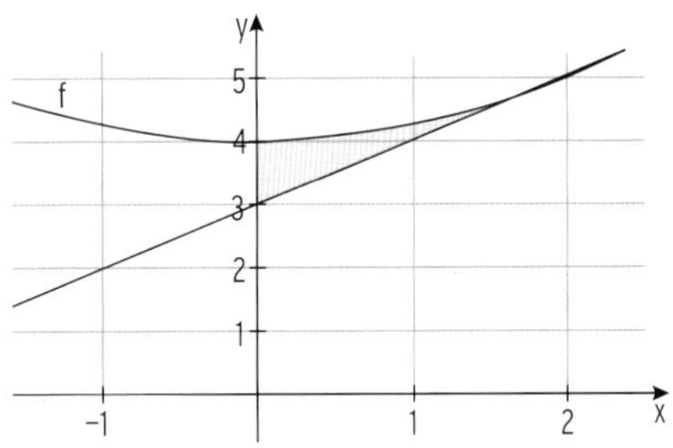

6 $f(x) = 0{,}5\,e^{0{,}5x}$

Inhalt der Fläche: $\int_0^3 f(x)\,dx = \left[e^{0{,}5x}\right]_0^3 = e^{1{,}5} - 1 = 3{,}48$

7 (1) falsch: $m \approx -1$

(2) falsch: $F'(0) = f(0) = 0{,}5$

(3) wahr: f hat drei Extremstellen.

(4) wahr: mehr als 6 Kästchen mit 1 FE lassen sich vollständig einbeschreiben.

(5) falsch: $\int_0^4 f'(x)\,dx = f(4) - f(0) = 0 - 0{,}5 = -0{,}5$

Test zur Überprüfung Ihrer Grundkenntnisse
Lehrbuch Seite 203

1

a) $6 \cdot (\frac{1}{5})^3 = \frac{6}{125}$

b) $6 \cdot \frac{1}{5} \cdot \frac{1}{4} \cdot \frac{1}{3} = \frac{1}{10}$

2 $p = 3{,}1\,\%$; X: Anzahl der defekten Ventile unter 3 Ventilen

$P(A) = P(X = 0) = 0{,}969^3 = 0{,}9099$

$P(B) = P(X = 1) = 3 \cdot 0{,}031 \cdot 0{,}969^2 = 0{,}0873$

3

a) $P(A) = \frac{5}{30} = \frac{1}{6}$

B: b b oder $\bar{b}$ b

$P(B) = \frac{5}{30} \cdot \frac{4}{29} + \frac{25}{30} \cdot \frac{5}{29} = \frac{1}{6}$

Die Ereignisse sind gleich wahrscheinlich.

b) Man weiß, dass die ersten beiden Platten nicht rot sind (bedingte Wahrscheinlichkeit).

Dann sind 10 von 28 Platten rot.

$P = \frac{10}{28} = \frac{5}{14}$

Alternative

$$P_{\bar{r}\bar{r}}(\bar{r}\,\bar{r}\,r) = \frac{\frac{20}{30} \cdot \frac{19}{29} \cdot \frac{10}{28}}{\frac{20}{30} \cdot \frac{19}{29}} = \frac{10}{28} = \frac{5}{14}$$

4

a) Baumdiagramm

d: gedopt

p: Testergebis ist positiv

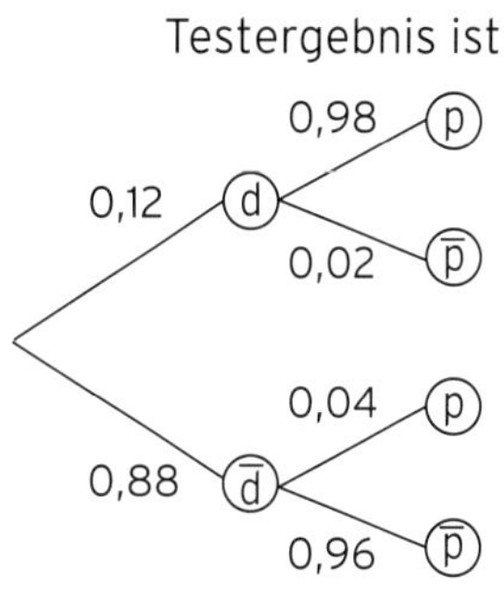

b) $P(E_1) = 0{,}12 \cdot 0{,}98 = 0{,}1176$

$P(E_2) = 0{,}88 \cdot 0{,}04 = 0{,}0352$

$P(E_3) = 0{,}12 \cdot 0{,}02 + 0{,}88 \cdot 0{,}96 = 0{,}8472$

5 X: Preis in €

	Welle ist zu lang ohne Härtefehler	Härtefehler	ohne Fehler
$P(X = x_i)$	3 %	4 %	93 %
Preis in €: x_i	35	−55	95

$E(X) = 35\,€ \cdot 0{,}03 - 55 \cdot 0{,}04 + 95\,€ \cdot 0{,}93 = 87{,}20$

Der durchschnittliche Preis (Erlös) beträgt 87,20 €.

Test zur Überprüfung Ihrer Grundkenntnisse
Lehrbuch Seite 223

1 X: Anzahl der fehlerhaften Vasen; X ist $B_{50;\,0,1}$-verteilt

$P(A) = P(X = 0) = 0{,}9^{50} = 0{,}0052$

$P(B) = P(X = 6) = 0{,}1541$

$P(C) = P(X \leq 6) = 0{,}7702$

$P(D) = P(X > 6) = 1 - P(X \leq 6) = 0{,}2298$

$P(E) = P(6 < X < 10) = P(X \leq 9) - P(X \leq 6) = 0{,}9755 - 0{,}7702 = 0{,}2053$

2 Die Zufallsvariable X beschreibt die Anzahl der defekten Diodenleuchten.

X ist $B_{200;\,0,05}$-verteilt.

Mittelwert: $\mu = n \cdot p = 200 \cdot 0{,}05 = 10$

Standardabweichung: $\sigma = \sqrt{n \cdot p \cdot (1-p)} = \sqrt{200 \cdot 0{,}05 \cdot 0{,}95} = 3{,}08$

$P(\mu - \sigma \leq X \leq \mu + \sigma) = P(6{,}92 \leq X \leq 13{,}08) = P(7 \leq X \leq 13)$

$= P(X \leq 13) - P(X \leq 6) = 0{,}8701 - 0{,}1237 = 0{,}7464 = 74{,}64\,\%$

Mit einer Wahrscheinlichkeit von 74,64 % sind unter den 200 Leuchten 7 bis 13 defekte Leuchten.

3

a) $P(A) = 3 \cdot 0{,}96^2 \cdot 0{,}04 = 0{,}1106 = 11{,}06\ \%$

Alternative

X: Anzahl der Passagiere, die den Flug antreten. X ist $B_{3;\,0,96}$-verteilt.

$P(X = 2) = 0{,}1106$

$\overline{B}$: alle 5 Passagiere treten den Flug an.

$P(B) = 1 - P(\overline{B}) = 1 - 0{,}96^5 = 1 - 0{,}8154 = 0{,}1846$

Alternative

X: Anzahl der Passagiere, die den Flug nicht antreten. X ist $B_{5;\,0,04}$-verteilt.

$P(1 \leq X \leq 5) = 1 - P(X = 0) = 1 - P(X = 0) = 1 - 0{,}8154 = 0{,}1846$

b) X: Anzahl der Passagiere, die den Flug antreten. X ist $B_{300;\,0,96}$-verteilt.

$P(290 \leq X \leq 296) = P(X \leq 296) - P(X \leq 289) = 0{,}9980 - 0{,}6571 = 0{,}3409$

4 $p = 5\ \%$ für mangelhafte Ware; $n = 50$

X: Anzahl der mangelhaften Prüfstücke

a) X ist binomialverteilt, da es nur zwei mögliche Ergebnisse gibt und man vom Experiment: Ziehen mit Zurücklegen ausgehen kann.

b) Erwartungswert $\mu = 2{,}5$ Standardabweichung $\sigma = 1{,}54$

c) $P(A) = P(X = 3) = 0{,}2199$ $P(B) = P(X \leq 3) = 0{,}7604$

$\mu - \sigma = 0{,}96$; $\mu + \sigma = 4{,}04$

$P(C) = P(1 \leq X \leq 4) = P(X \leq 4) - P(X = 0) = 0{,}8964 - 0{,}0769 = 0{,}8195$

d) Bedingung für den kleinsten Stichprobenumfang n:

$P(X \geq 1) \geq 0{,}90$ ergibt $P(X = 0) \leq 0{,}1$

$0{,}95^n \leq 0{,}1$ für $n \geq 45$

Der kleinste Stichprobenumfang beträgt 45.

Test zur Überprüfung Ihrer Grundkenntnisse
Lehrbuch Seite 258

1 Aus $2\Phi(c) - 1 = \gamma = 0{,}78$ folgt $\Phi(c) = \frac{1+\gamma}{2} = 0{,}89$ und damit $c = 1{,}2265$ (GTR/CAS)

2 Gemeinsamkeiten
n = 2500; Basis zur Bestimmung von VI (Vertrauensintervall)
Unterschiede
Nullstellen der Parabel geben das gesuchte VI an, bei der Konfidenzellipse fehlt die Parallele mit $y = 0{,}436 \cdot 2500 = 1090$.
Ellipse 90 % -VI; Parabel 95,4% -VI
An der Ordinatenachse sind angetragen, bei der Ellipse: absolute Häufigkeit;
bei der Parabel: relative Häufigkeit
Parabel: VI = [0,4163; 0,4559]   Ellipse: VI =[0,4198; 0,4523]
Der Aussage des Providers ist zuzustimmen.

3 n = 500
Schätzwert für p: $h = \frac{16}{500} = 0{,}032$
Vertrauensintervall für p zum Konfidenzniveau 95 %: c = 1,96

$$VI = \left[0{,}032 - 1{,}96 \cdot \sqrt{\frac{0{,}032 \cdot (1 - 0{,}032)}{500}};\ 0{,}032 + 1{,}96 \cdot \sqrt{\frac{0{,}032 \cdot (1 - 0{,}032)}{500}}\right]$$ oder direkt mit GTR

VI = [0,0166; 0,0474]
Die Wahrscheinlichkeit p liegt zwischen 0,0166 und 0,0474.
Erwartungswerte für die Anzahl fehlerhafter Schrauben: 8,3 und 23,7

4 n = 100
p ist die Wahrscheinlichkeit, dass das Medikament regelmäßig eingenommen wird.
Schätzwert für p: h = 0,8
Vertrauensintervall zu einem Vertrauensniveau von 99 %: c = 2,58

$$VI = \left[0{,}8 - 2{,}58 \cdot \sqrt{\frac{0{,}8 \cdot (1 - 0{,}8)}{100}};\ 0{,}8 - 2{,}58 \cdot \sqrt{\frac{0{,}8 \cdot (1 - 0{,}8)}{100}}\right]$$

VI = [0,6968; 0,9032]
oder direkt mit GTR/CAS
Die Wahrscheinlichkeit, dass das Medikament regelmäßig eingenommen wird, liegt zwischen 69,7 % und 90,3 %
Aussage falsch:
Man kann nicht davon ausgehen, da 69,7 % < 75 % ist.

5 $n = 300$; $h = \frac{1}{4}$; $\gamma = 90\ \%$, also $c = 1{,}64$
Mit Formel: VI = [0,2090; 0,2910]

$0{,}2090 \cdot 60 \cdot 3000 = 37620$; $0{,}2910 \cdot 60 \cdot 3000 = 52380$

Die Einnahmen liegen zwischen 37620 und 52380 €.

Mit GTR/CAS: VI = [0,2089; 0,2911]

Test zur Überprüfung Ihrer Grundkenntnisse
Lehrbuch Seite 281

1 1

a) $(6{,}5\;\;5\;\;6)$ b) $\begin{pmatrix} -3 \\ -29 \\ 7 \end{pmatrix}$ c) $\begin{pmatrix} 0{,}25 & 7 \\ -3{,}5 & 2 \end{pmatrix}$ d) $\begin{pmatrix} 8 & 0 \\ 7 & 1 \end{pmatrix}$

2 $\begin{pmatrix} 8 & 4 \\ 4 & 2 \end{pmatrix} \cdot \begin{pmatrix} 2 & -3 \\ -4 & 6 \end{pmatrix} = \begin{pmatrix} 0 & 0 \\ 0 & 0 \end{pmatrix}$

Bei reellen Zahlen gilt: Das Produkt zweier Zahlen ergibt Null, wenn einer der Faktoren Null ist.

3 $A \cdot B = \begin{pmatrix} 5 & 1 & 6 \\ 5 & 6 & 48 \\ -2 & 7 & 14 \end{pmatrix}$ $B \cdot A = \begin{pmatrix} 27 & -7 & 15 \\ -4 & 8 & -16 \\ 1 & 2 & -10 \end{pmatrix}$ $A \cdot B \neq B \cdot A$

4 Multiplizieren ergibt das LGS

$$\begin{aligned} x_1 + 3x_2 + 4x_3 &= 8 \\ 3x_2 + 6x_3 &= 9 \\ 5x_1 + 12x_2 + 18x_3 &= 39 \end{aligned}$$

mit der Lösung $x_1 = 3$; $x_2 = -1$; $x_3 = 2$.

5 a) $A^{-1} = \frac{1}{10}\begin{pmatrix} 2 & -4 \\ 1 & 3 \end{pmatrix}$

b) $A^{-1} = \begin{pmatrix} 0 & -1 & 1 \\ 0{,}5 & 0{,}5 & -0{,}5 \\ -1 & 0 & 1 \end{pmatrix}$

6 $\begin{pmatrix} 1 & 0 \\ 7 & -3 \end{pmatrix}^{-1} \cdot \begin{pmatrix} 1 & 9 & 21 \\ 1 & 3 & 93 \end{pmatrix} = \begin{pmatrix} 1 & 9 & 21 \\ 2 & 20 & 18 \end{pmatrix}$

Das Wort Abitur wurde verschlüsselt.

7 a) $A \cdot B = E = \begin{pmatrix} 1 & 0 \\ 0 & 1 \end{pmatrix}$

b) $C \cdot \begin{pmatrix} 1 \\ 1 \end{pmatrix} = C \cdot \begin{pmatrix} 1 \\ 0 \end{pmatrix} + C \cdot \begin{pmatrix} 0 \\ 1 \end{pmatrix} = \begin{pmatrix} 4 \\ 2 \end{pmatrix} + \begin{pmatrix} 2 \\ 3 \end{pmatrix} = \begin{pmatrix} 6 \\ 5 \end{pmatrix}$

Test zur Überprüfung Ihrer Grundkenntnisse
Lehrbuch Seite 311

1 $A \cdot B = C$

$$\begin{pmatrix} 1 & 0 \\ 3 & 1 \\ 2 & a \end{pmatrix} \cdot \begin{pmatrix} 4 & b \\ 1 & 3 \end{pmatrix} = \begin{pmatrix} 4 & b \\ 13 & 3b+3 \\ 8+a & 2b+3a \end{pmatrix} = \begin{pmatrix} 4 & 2 \\ c & 9 \\ 12 & 16 \end{pmatrix}$$

$c = 13$; $8 + a = 12 \Rightarrow a = 4$; $3b + 3 = 9 \Rightarrow b = 2$

Probe mit $a = 4$ und $b = 2$ in $2b + 3a = 16$: $2 \cdot 2 + 3 \cdot 4 = 16$; $16 = 16$

2

a) Es gilt $A_{RZ} = (K; B)$; $B_{ZE} = (B; S)$; $C_{RE} = (K; S)$ Verflechtungsmatrizen

Aus $A_{RZ} \cdot B_{ZE} = C_{RE}$ folgt $C = \begin{pmatrix} 2 & 0 & 2 \\ 1 & 2 & 2 \\ 1 & 2 & 0 \end{pmatrix} \cdot \begin{pmatrix} 1 & 1 & 0 \\ 1 & 0 & 2 \\ 0 & 4 & 3 \end{pmatrix} = \begin{pmatrix} 2 & 10 & 6 \\ 3 & 9 & 10 \\ 3 & 1 & 4 \end{pmatrix}$

b) Es gilt $\vec{r} = C_{RE} \cdot \vec{x}$: $\begin{pmatrix} 2 & 10 & 6 \\ 3 & 9 & 10 \\ 3 & 1 & 4 \end{pmatrix} \cdot \begin{pmatrix} 10 \\ 12 \\ 17 \end{pmatrix} = \begin{pmatrix} 242 \\ 308 \\ 110 \end{pmatrix}$

Die Spielzeugfabrik muss dazu einen Vorrat von 242 ME von K_1, 308 ME von K_2 und 110 ME von K_3 haben.

c) Gesamtkosten für den Auftrag $\vec{x} = \begin{pmatrix} 20 \\ 30 \\ 100 \end{pmatrix}$: $K = \vec{k}_V^{\,T} \cdot \vec{x} + K_f$

$$K = (10 \quad 8 \quad 12{,}50) \cdot \begin{pmatrix} 20 \\ 30 \\ 100 \end{pmatrix} + 200 = 1890$$

Die gesamten Kosten für den Auftrag betragen 1890 GE.

Gesamtzahl der Spielsets $20 + 30 + 110 = 150$

Preis je Spielset, um Kostendeckung zu erzielen: $1890 : 150 = 12{,}60$

Bei einem Preis je Spielset von 12,60 GE wird Kostendeckung erzielt.

3 $K_v = (\vec{k}_R^{\,T} \cdot A_{RZ} + \vec{k}_Z^{\,T} \cdot B_{ZE} + \vec{k}_E^{\,T}) \cdot \vec{x}$

$$= \left((0{,}1 \quad 0{,}2 \quad 0{,}6 \quad 0{,}3) \cdot \begin{pmatrix} 3 & 2 & 4 \\ 2 & 3 & 1 \\ 1 & 2 & 3 \\ 3 & 2 & 4 \end{pmatrix} \cdot \begin{pmatrix} 2 & 2 \\ 1 & 1 \\ 2 & 1 \end{pmatrix} + (0{,}8 \quad 1{,}0 \quad 0{,}6) \cdot \begin{pmatrix} 2 & 2 \\ 1 & 1 \\ 2 & 1 \end{pmatrix} + (3 \quad 5) \right) \cdot \begin{pmatrix} 100 \\ 100 \end{pmatrix}$$

$$= (21 \quad 18{,}8) \cdot \begin{pmatrix} 100 \\ 100 \end{pmatrix} = 3980$$

Die variablen Kosten betragenn 3980 GE. Durchschnittlich entfallen auf jede Torte variable Kosten von $\frac{3980}{200}$ GE = 19,9 GE.

Test zur Überprüfung Ihrer Grundkenntnisse
Lehrbuch Seite 331

1 $A = \begin{pmatrix} \frac{5}{30} & \frac{15}{30} \\ \frac{20}{50} & \frac{10}{50} \end{pmatrix} = \begin{pmatrix} \frac{1}{6} & \frac{1}{2} \\ \frac{2}{5} & \frac{1}{5} \end{pmatrix}$

2

a) $\vec{y} = \begin{pmatrix} 24 \\ 36 \\ 12 \end{pmatrix}$

Mit $\vec{x} = (E - A)^{-1} \cdot \vec{y}$

ergibt sich $\vec{x} = \begin{pmatrix} 138 \\ 316 \\ 232 \end{pmatrix}$.

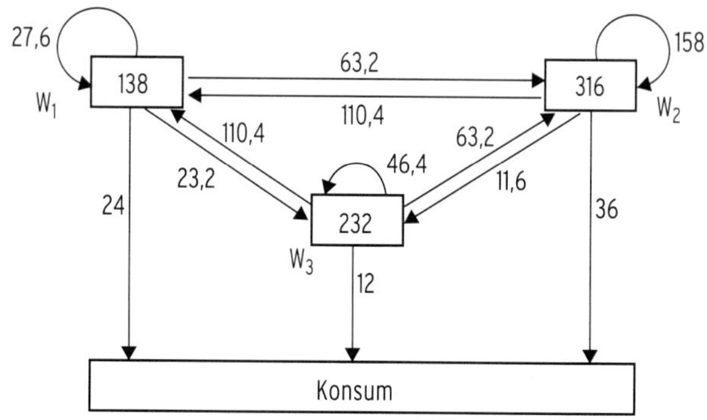

b) $40 - 3t = 0 \Leftrightarrow t = \frac{40}{3}$ also $t \in [0; \frac{40}{3}]$

Für $t = 2$

$\vec{y} = \begin{pmatrix} 20 \\ 34 \\ 4 \end{pmatrix}$

Einsetzen von $\vec{y}$ in $\vec{x} = (E - A)^{-1} \cdot \vec{y}$ ergibt $\vec{x} = \begin{pmatrix} 118 \\ 276 \\ 192 \end{pmatrix}$.

Zugehörige Produktion: 118 GE von W_1, 276 GE von W_2 und 192 GE von W_3.

3

a) Es gilt wegen $b = 0{,}8a$: $a + 0{,}8a + 24 + 40 = 100 \Rightarrow a = 20$; $b = 16$

$c = 80 - 32 = 48$

Inputmatrix $A = \begin{pmatrix} 0{,}2 & 0{,}2 & 0{,}2 \\ 0 & 0{,}4 & 0{,}4 \\ 0{,}4 & 0{,}4 & 0{,}1 \end{pmatrix}$

b) $\vec{x} = \begin{pmatrix} 40 \\ 40 \\ 40 \end{pmatrix}$

c) Input-Output-Tabelle:

	Z_1	Z_2	Z_3	Konsum	Produktion
Z_1	12	12	16	20	60
Z_2	0	24	32	4	60
Z_3	24	24	8	24	80

Test zur Überprüfung Ihrer Grundkenntnisse
Lehrbuch Seite 351

1

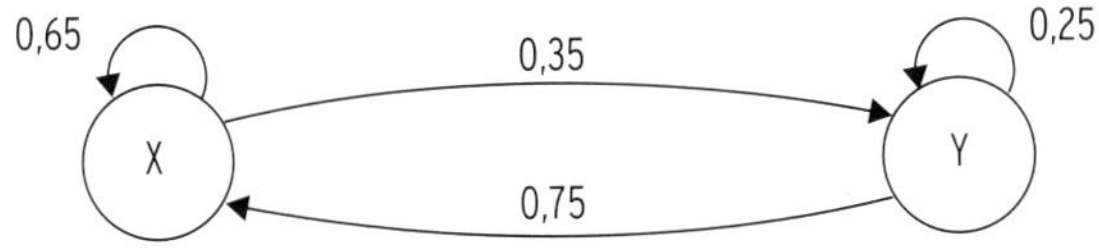

2 Übergangsgraph:

$\vec{x}_1{}^T = \vec{x}_0{}^T \cdot A = (88 \;\; 84 \;\; 208)$

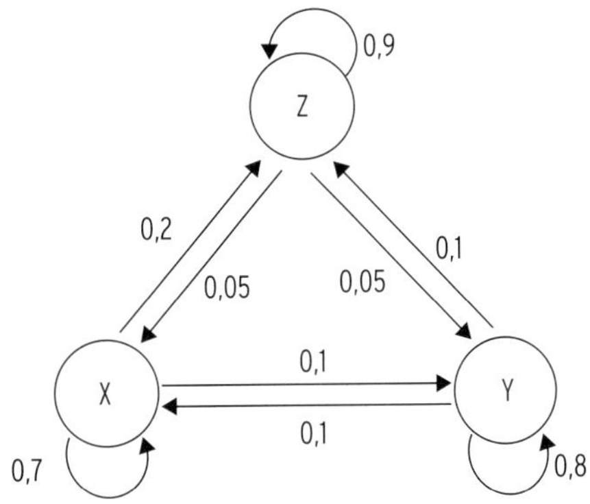

3

a) $A = \begin{pmatrix} 0,7 & 0,2 & 0,1 \\ 0,1 & 0,8 & 0,1 \\ 0 & 0,2 & 0,8 \end{pmatrix}$

b) 2. Zeile von A multipliziert mit 1. Spalte von A ergibt d:

$d = (0,1 \;\; 0,8 \;\; 0,1) \cdot \begin{pmatrix} 0,7 \\ 0,1 \\ 0 \end{pmatrix}$

$d = 0,07 + 0,08 = 0,15$

Die Wahrscheinlichkeit, dass ein Kunde von N seinen übernächsten Besuch bei F macht, beträgt 0,15.

4 Stabilitätsvektor $\vec{x}^T = (x_1 \;\; x_2 \;\; x_3)$

$\vec{x}^T \cdot A = \vec{x}^T$ führt auf das LGS:

$0,2x_1 + 0,1x_2 = x_1$

$0,8x_1 + 0,5x_2 + 0,2x_3 = x_2$

$0,4x_2 + 0,8x_3 = x_3$

Umformung:

$-0,8x_1 + 0,1x_2 = 0$ (1)

$0,8x_1 - 0,5x_2 + 0,2x_3 = 0$ (2)

$0,4x_2 - 0,2x_3 = 0$ (3)

Summe gleich 1: $x_1 + x_2 + x_3 = 1$ (4)

Lösung: $x_1 = 0,04$; $x_2 = 0,32$; $x_3 = 0,64$

Es gebnügt, das LGS aus den Gleichungen (2) bis (4) zu lösen.

Stabile Verteilung: (0,04 0,32 0,64)

Test zur Überprüfung Ihrer Grundkenntnisse
Lehrbuch Seite 386

1 $\vec{a} = \begin{pmatrix} 1 \\ -2 \\ 1 \end{pmatrix}; \vec{b} = \begin{pmatrix} 0 \\ 1 \\ 4 \end{pmatrix}$. Berechnen Sie.

a) $-\vec{a} + 3\vec{b} = \begin{pmatrix} -1 \\ 5 \\ 11 \end{pmatrix}$

b) $\vec{a} \cdot \vec{b} = 0 - 2 + 4 = 2$

c) $|\vec{a}| = \sqrt{1+4+1} = \sqrt{6}$

d) $\cos(\alpha) = \frac{\vec{a} \cdot \vec{b}}{|\vec{a}| \cdot |\vec{b}|} = \frac{2}{\sqrt{6} \cdot \sqrt{17}} \Rightarrow \alpha \approx 78{,}58°$

2 A(2|− 4| 1); B(0|3| − 5)

a) Ortsvektor $\overrightarrow{OA} = \begin{pmatrix} 2 \\ -4 \\ 1 \end{pmatrix}$ $\qquad \overrightarrow{AB} = \begin{pmatrix} 0-2 \\ 3-(-4) \\ -5-1 \end{pmatrix} = \begin{pmatrix} -2 \\ 7 \\ -6 \end{pmatrix}$

b) $\overrightarrow{AB} = \begin{pmatrix} -2 \\ 7 \\ -6 \end{pmatrix} = \overrightarrow{CD} = \begin{pmatrix} 1-c_1 \\ 0-c_2 \\ 2-c_3 \end{pmatrix}$ Daraus ergibt sich $\begin{pmatrix} c_1 \\ c_2 \\ c_3 \end{pmatrix} = \begin{pmatrix} 3 \\ -7 \\ 8 \end{pmatrix}$

Für den Punkt C gilt (3 | − 7| 8).

$\overrightarrow{AB} = \begin{pmatrix} -2 \\ 7 \\ -6 \end{pmatrix} = \overrightarrow{DE} = \begin{pmatrix} e_1-1 \\ e_2 \\ e_3-2 \end{pmatrix}$ Daraus ergibt sich $\begin{pmatrix} e_1 \\ e_2 \\ e_3 \end{pmatrix} = \begin{pmatrix} -1 \\ 7 \\ -4 \end{pmatrix}$

Für den Punkt E gilt E(− 1 | 7| − 4).

3

a) $\vec{x} = \vec{b} + \vec{c} + \vec{d} = \overrightarrow{BE}$ $\qquad \vec{y} = \vec{a} + \vec{c} = \overrightarrow{FE}$

b) $\overrightarrow{FB} = \vec{f} - \vec{e} - \vec{c}$

c) $\overrightarrow{OB} = \overrightarrow{OA} + 4\,\overrightarrow{AK}$ ergibt B(− 10 | − 6| 44)

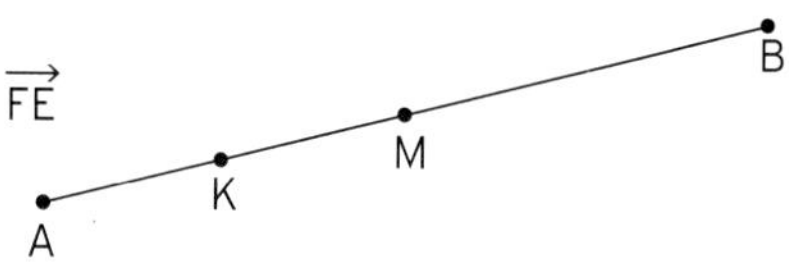

4

a) $\overrightarrow{GH} = \begin{pmatrix} 0 \\ 16 \\ 0 \end{pmatrix}; \overrightarrow{IJ} = \begin{pmatrix} 0 \\ -24 \\ 0 \end{pmatrix}$; $\overrightarrow{GH}$ und $\overrightarrow{IJ}$ sind kollinear und es gilt $|\overrightarrow{GJ}| = \left|\begin{pmatrix} -6 \\ -4 \\ 4 \end{pmatrix}\right| = \left|\begin{pmatrix} -6 \\ 4 \\ 4 \end{pmatrix}\right| = |\overrightarrow{HI}|$

b) Mittelpunkte der Seiten GH und IJ sind M(− 4 | 8 |0) und N(− 10 | 8 |4)

Fläche $A = \frac{1}{2} \cdot (|\overrightarrow{GH}| + |\overrightarrow{IJ}|) \cdot |\overrightarrow{MN}| \approx 144$

$\frac{144}{0{,}5} = 288$ (Zuschauer)

5 $\overrightarrow{QA} = \begin{pmatrix} 0 \\ 8 \\ 0 \end{pmatrix}$ mit $|\overrightarrow{QA}| = 8$ $\qquad \overrightarrow{QP} = \begin{pmatrix} 6 \\ 6 \\ 0 \end{pmatrix}$ mit $|\overrightarrow{QP}| = \sqrt{72}$

Winkel bei Q: $\cos(\alpha) = \frac{\overrightarrow{QA} \cdot \overrightarrow{QP}}{|\overrightarrow{QA}| \cdot |\overrightarrow{QP}|} = \frac{48}{8\sqrt{72}} \Rightarrow \alpha = 45°$

Flächeninhalt des Dreiecks: $A = \frac{1}{2} \cdot |\overrightarrow{QA}| \cdot |\overrightarrow{QP}| \sin(45°) = 24$

Volumen der Pyramide: $V = \frac{1}{3} \cdot 24 \cdot 7 = 56$

2 Mathematische Zeichen

Vergleiche

$a = b$	a ist gleich b
$a \neq b$	a ist ungleich b
$a < b$	a ist kleiner als b
$a \leq b$	a ist kleiner oder gleich b
$a > b$	a ist größer als b
$a \geq b$	a ist größer oder gleich b
$a \approx b$	a ist ungefähr gleich b
$a \triangleq b$	entspricht, z. B. 1 LE $\triangleq$ 1 cm

Logische Zeichen

$a \wedge b$	a und b
$a \vee b$	a oder b
$a \Leftrightarrow b$	a gleichwertig (äquivalent) b
$a \Rightarrow b$	aus a folgt b

Mengen und Zahlen

$\mathbb{N}$	Menge der natürlichen Zahlen mit null
$\mathbb{N}^*$	Menge der natürlichen Zahlen ohne null
$\mathbb{Z}$	Menge der ganzen Zahlen
$\mathbb{Q}$	Menge der rationalen Zahlen
$\mathbb{R}$	Menge der reellen Zahlen
$\mathbb{R}^*$	Menge der reellen Zahlen ohne null $\mathbb{R}^* = \mathbb{R}\backslash\{0\}$; $x \in \mathbb{R}$; $x \neq 0$
$\mathbb{R}_+$	Menge der positiven reellen Zahlen mit null; $x \in \mathbb{R}$; $x \geq 0$
$\mathbb{R}_+^*$	Menge der positiven reellen Zahlen ohne null; $x \in \mathbb{R}$; $x > 0$
$x \in M$	x ist Element von M
$x \notin M$	x ist nicht Element von M
$\{x \in M \mid ...\}$	Menge aller x aus M, für die gilt ...
$\{a, b, c, d\}$	Menge mit den Elementen a, b, c, d
$A \subseteq B$	A ist Teilmenge von B
$A \cap B$	Schnittmenge von A und B
$A \cup B$	Vereinigungsmenge von A und B
$A \setminus B$	Differenzmenge von A und B
$\varnothing$	leere Menge
∞	unendlich

$[a; b] = \{x \in \mathbb{R} \mid a \leq x \leq b\}$

$[a; b) = \{x \in \mathbb{R} \mid a \leq x < b\}$ auch $[a; b[$

$[a; \infty) = \{x \in \mathbb{R} \mid a \leq x < \infty\}$

$\lvert a \rvert$	Betrag von a
a^n	a hoch n; n-te Potenz von a
$\sqrt{a}$	Quadratwurzel aus a; $a \geq 0$
$\sqrt[3]{a}$	3. Wurzel aus a; $a \geq 0$
n!	n-Fakultät
n!	$= n \cdot (n-1) \cdot \ldots \cdot 2 \cdot 1$

Funktionen

f	Funktion
f(x)	Funktionswert an der Stelle x
D	Definitionsbereich
W	Wertebereich
$P(x \mid y)$	Punkt P mit den Koordinaten x und y

Geometrie

$P(x_1 \mid x_2 \mid x_3)$	Punkt P mit den Koordinaten x_1, x_2 und x_3
(AB)	Gerade durch A und B
AB	Strecke mit den den Endpunkten A und B
$\overline{AB}$	Länge der Strecke AB
ABC	Dreieck mit den Endpunkten A, B und C
$g \parallel h$	g ist parallel zu h
$g \perp h$	g steht senkrecht auf h

3 Stichwortverzeichnis

A

B

D

E

F

G

W

Z

Abbildungsverzeichnis